中国近代人物日记丛书

温州市图书馆 编　沈洪保 整理

林骏日记

上

中华书局

图书在版编目(CIP)数据

林骏日记/温州市图书馆编;沈洪保整理. —北京:中华书局,
2018.2
(中国近代人物日记丛书)
ISBN 978-7-101-12818-5

Ⅰ.林… Ⅱ.①温…②沈… Ⅲ.林骏(1863~1909)–日记
Ⅳ.K825.46

中国版本图书馆 CIP 数据核字(2017)第 224854 号

书　　名	林骏日记(全二册)	
编　　者	温州市图书馆	
整 理 者	沈洪保	
丛 书 名	中国近代人物日记丛书	
责任编辑	张玉亮	
出版发行	中华书局	
	(北京市丰台区太平桥西里 38 号　100073)	
	http://www.zhbc.com.cn	
	E-mail:zhbc@zhbc.com.cn	
印　　刷	北京瑞古冠中印刷厂	
版　　次	2018 年 2 月北京第 1 版	
	2018 年 2 月北京第 1 次印刷	
规　　格	开本/850×1168 毫米　1/32	
	印张 25⅝　插页 7　字数 650 千字	
印　　数	1-2000 册	
国际书号	ISBN 978-7-101-12818-5	
定　　价	98.00 元	

筱竹遺墨 光緒廿八年壬寅正月只葉餘佚 廿九年癸卯正月之二月十二止

頗宜茨室日記六冊

《颐宜茨室日记》钞本封面

望日甲午陰朝羽儀宋子樞來坐談劇久久福
局送到中外邸報計十八紙過仲妹家薄暮全李麗
生送羽儀妹丈出東門上航船蓋君定是日上郡因
受唐君叔王之招乘輪舶以赴沐也宵雨而返宵閣
家藏名人書札
十六日乙未陰雨天色沈寒朝遽煉粹琳晉郡探望
羽儀妹夫并問輪舶幾時開行也夕過妹家一談宵
往陶尖殿觀劇
十七日丙申陰陳粹琳自郡回謂遇羽儀妹丈輪舶
令早開行也稟釘日報一冊申刻雷始發聲萬藝俱勤
吾鄉俗語雷響驚蟄前月旦不見天討凌三日始交蟄
節恐月內必晴少雨多也宵閱日報也叔伍秩庸待即
近奏日俄開戰而我中立實足貽笑環球夫下斷無
他國在己國地界打伐而可置之不問者若如
此則無論何國戰勝而東三省非我有矣噫中邦政府
似此長睡不醒不肯全部之國到
強必相率效尤競畫界而劉據瓜分之慘見諸自前黃
種之衰其曷能免乎可哀也哉
十八日丁酉陰往李彬臣表兄家晤談宵雨往陶尖殿
觀劇鄭一山亦來同觀

日记中关于日俄战争之感触

竹生先生家藏本凍翁為邑茂才好詩善卜筮風雅自喜晚年薑花嗜飲亦一老名士也歿後數載嗣子不肖籍產蕩盡悵無存令見殘卷為之瞪然

三日乙巳雨到館申後周小泉表弟過余為渠三房徑訂姻於葉耕經之妹為人所關邀余全往葉家說情宵學祚

四日庚午雨到館改甲班課出文課福潤句送到日報宵學祚

五日辛未朝雨夕霽來復不到館董田人過訪論殺解食鴉片之毒法如下 㟃峒沙鑱三分 滿盧鑱一分膽礬十文甘草五文

柿溙六文 同年鑱水煮混涼些服下即解 申刻率諸生到明倫堂

聽演說姚子琪門人有進喬之喜擬聯語以贈乞鄭一山書之其句云團體一家以和為貴高遷喬木依仁而居宵學祚

六日壬申晴天氣頗寒到館宵姚子琪不來為是夜有鶯遷之喜

七日癸酉晴到館宵雨旋止演祚

八日甲戌晴到館宵徐李芄門人送來國粹報第二冊是日邑民為米價騰貴鳴鑼罷市勢甚洶洶各處米店均遭倒毀沿街諸肆堅閉不啓莊捕主至暮出署彈壓

日记中关于邑民因物价腾涌罢市的记载

梅仙葉雲村孫生幾實均在者至二歡是夕演儺狗之記傳奇本沈大洗
鋪故事彼外人雖間以兄崖弟以妻勸夫節義一門觀之足以起頑反壬
懦已其詳其諧記中附成七言四絕

貨佛說嗚呼人之好求佛者何其愚也日日到寺焚香拜禱固無益也夫
第一土偶耳枯朽無靈豈有禍福致人之行設筵以求福佛固不知叩頭
以免禍佛亦不佑彼阮不知來以不能佑人摘香花而殷供養遍貽君
子之笑柄矣在惡人行險欲資來以免禍佛即有靈亦不見佑況佛
而并無其靈安彼何為哉孔子曰敬鬼神而遠之又曰未能事神焉
能事鬼聖言如此可不知所戒歟

觀劇有感 有序

屠狗記院本敘大沈鋪石弟遺事其時代與里居均未之詳
沈氏昆仲身列儒林而家素裕大性嗜酒不慎擇交有甲乙
某無賴之流也大與之友稱其交利其多金因大好酒日
導以飲必醉兩後已復見其柔懦可欺也時携蜚語難間
其弟土深信而遂鋪又向鋪讒大并勒其鳴官析產自立門
戶鋪不為勒然大自送鋪後日在醉鄉朝出暮返二人必相遇
一日天寒雪甚甲乙扶大將送之歸至中途推大于地醉倒雪
中鋪偶過之見兄僵卧即背負遞家嫂氏感其義留酒飯大
醒妻興以告大名鋪而反詆之且責其存心不良竊去身畔
之藏銀也先是大與甲乙至坤沽飲有以玉杯來售者二人暗與

日记中录存的林氏文章

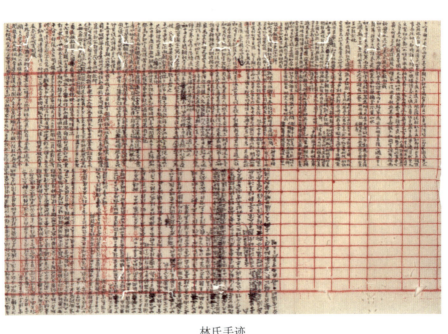

林氏手迹

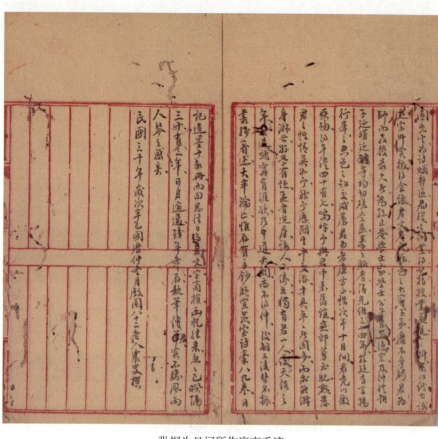

张枞为日记所作序言手迹

《中国近代人物日记丛书》出版说明

编辑出版《中国近代人物日记丛书》，旨在为学术界提供完备、可靠的基本资料。

日记体裁的特殊性，使其具有其他种类文献所不具备的史料价值。日记中的资料，有的为通行文献所不载，有的可与通行文献相互印证、补充，有的可以订正通行文献中的讹误。中国近代许多著名的历史人物都留有非常丰富的日记，较为著名的有晚清四大日记翁同龢《翁文恭公日记》、李慈铭《越缦堂日记》、王闿运《湘绮楼日记》、叶昌炽《缘督庐日记》等，都是具有较高史料价值、经常被学者征引的重要文献。

然而许多日记文献藏于图书馆、博物馆、研究机构或个人手中，学者访求不便。为此，系统发掘整理这类文献，是一项很有意义的工作。中华书局于二十世纪七十年代开始策划《中国近代人物日记丛书》，出版了多个品种，受到学术界的重视与好评，《翁同龢日记》、《郑孝胥日记》等至今仍是引用率较高的近代日记整理本。

新世纪以来，我们继承这一传统，加大近代人物日记的出版力度，试图通过进一步完善整理体例、新编更便利使用的索引、搜集更完备的附录资料等方式，使这套丛书发挥更大的作用，继续为学术研究贡献力量。

编好这套丛书，一定会遇到不少困难，但我们相信，在学术

下　册

前　言

　　《林骏日记》原名《颇宜茨室日记》,作者林骏(1862—1909),字宝熙,号籥云。又因其父名林竹缘,故又号小竹。瑞安城关人。林骏出身于书香门第,其父为教育名家,家教甚严。林骏从小勤奋力学,不停砥砺,又从同邑诗赋名家洪炳文问学,学业益进。因文名既振,大家子弟靡不争聘其为师。而教授最久者,为孙止庵学士家。宣统元年(1909),因病不幸去世,年仅47岁。

　　林骏留下《颇宜茨室日记》,据其妹夫张枫的孙子张钧孙说,现在见到的订成九册的日记是其二伯,即林骏的外甥张毓戚整理手抄的。林骏英年早逝,后来家境困难,子女对父亲的手稿没有保管好,过了好多年,大约三十年代,手稿移交到张枫手中时,已经残缺不全,张枫为了保存这部日记,就叫其二儿子张毓戚整理誊抄,所以我们见到的是一部残缺的日记。该日记纸本,深红色直格,半叶十行,大小开本统一。版心有的书"杨仁大"、"薛裕顺"、"余仁一",有的无字。中华人民共和国成立后,土改前,张枫的小儿子张慕骞把这部日记以及其他大量手稿资料送交给温州市图书馆,于是温州市图书馆收藏了这部宝贵的日记手抄稿。

　　《颇宜茨室日记》开头有一篇张枫民国三十年(1941)冬写的《故明经内兄林小竹别传》,可以说是这部日记的代序,今附于全书末尾。

　　这部日记底本共九册,所记内容如下:

　　林骏的日记确实是按他原来构想的体例写的。从时间上看，林骏日记距离现在已经一百多年了，日记中除了像流水账记写平日的生活之外，还记有朝野新闻、人物轶事、社会风貌等内容；又有许多私塾中的教学考问笔记、读书书目、观戏的剧目，以及自撰与他人之诗词、书信等作品，这都为后人研究清末社会，提供了珍贵的资料。

　　我们先看他在日记中提到的当时阅读的报纸，有《时务报》《新闻报》《昌言报》《中外日报》《知新报》《申报》《新民丛报》《同文沪报》《白话报》等。一百年前，这些上海、杭州的报纸，给温州的知识分子带来了新的知识，帮助他们开了眼界，给他们灌注了新的思想。

　　比如光绪三十年正月十七日："宵，阅《日报》，中叙伍秩庸侍郎，近奏日俄开战，而我中立，实足贻笑环球，天下断无他国在己国地界打仗，而可置之不闻不问者，若如此，则无论何国战胜，而东三省非我有矣。噫！中邦政府，似此长睡不醒，不特东三省非我所有，即全部之国，列强必相率效尤，竞画界而割据，瓜分之惨，见诸目前，黄种之衰，其曷能免？可哀也哉！"1904年，日本和俄国为争夺中国东北与朝鲜，在中国东北发动了战争。而腐朽的清政府竟然对在自己国土上发生的战争宣布"局外中立"，听任中国领土遭受日俄践踏，听任人民遭受杀戮与凌辱。所以当时像林骏这样的具有爱国之心的知识分子，会在日记中记下自己痛心疾首无比悲愤的感想。又如，光绪三十年十二月二十三日写道："宵，过李丽生表弟处，坐谈甚久。归，检破纸堆中，有前年瓯人留学日本，愤俄强占东三省，大告同人勤王率师恢复文，计千馀言，哀音急节，读之令人心伤。"接着林骏就把那一千馀言的慷慨激昂、大声疾呼的"爱国宣言"抄录在日记中。

　　又如光绪二十四年四月初十日，"是日早晨，人有自瓯郡来者，详说郡城王心斋观察、周胜军军门、王雪庐太守，近以拆毁衙署之事，访拿首恶，获则械送，鸟奔兔逐，几致举国若狂，甚至十馀岁之童，被褫公堂，加以笞杖，何上官之聋瞆如斯也。"作者记下百姓"囊空谷昂，艰于生计，怨忿日积，乘机窃发"闹事而官府镇压的情景。又如，光绪三十二年闰四月八日中记载："是日，邑民为米价腾贵，鸣锣罢市，势甚汹汹，各处米店，均遭倒毁，沿街诸肆，坚闭不启，庄捕主至暮出署弹压，竟为众人所辱。夜半，张邑令出示，定价米一升制钱三十文，准于十五日开局平粜，而人心始靖。"把当时瑞安米价腾涨，居民罢市，邑令开局平粜的情景记录下来。

如光绪二十九年四月廿二日，温积熟课。除了提问中国的史学"汉文帝、景帝政治若何"等题目之外，还提问："舆地，甲、乙，厦门、广州所属何省？而广州贴近何口，所离之地共若干里？到其地最早者在泰西何国？计西历约若干年？继至者系何国之人？天文，丙问：月离地共若干里？水、火、金、木、土，以及地球诸星，与日相距，其里数几何？"又光绪三十年十月初六日："译学：'不违农时'至'然而不王者未之有也。'译英、法、日文随便。"光绪三十四年一月二十日写着："本年西北教员吕梨轩嵹授国文，包小亭作雨授地理，姜文初兆辛授史学，胡哲甫授算，家棣甫任体操，阮商缄亨授音乐，监学潘子璜。"从这些记载看，一百年前设置的课程已经很先进，除了传统的文史之外，还有地理、数学、外语、音乐、体育等等，其他处还提到光学、电学、化学、地质学、天文学等，可以说，当时他们已经接触到人类前沿的知识与思想，这一点，实在是令我们后人感到惊讶的。

日记中还记下日食、月食的具体时间。如光绪二十四年十一月，"十六日，大晴。卯正初刻月食，至辰末始复圆"。又如记光绪二十九年三月朔日丙辰之日食，"计浙江杭州府六分三十三秒，初亏辰形,中栽西洋花,娟好可爱,同坐久之,始告别。轩兄遂购鲫鱼、冬笋、山药、菜心等件,计十一罐,返棹而回。"

光绪三十年十月五日记载,"是日考永、平二场童生。偕叶云村、李友樵往铁井栏街同昌照相局拍照"。可知当时已有照相馆开业,这或许是目前有关温州摄影事业初创时期的一条较早的史实记载。

光绪三十三年四月十八日,拟作《佞佛说》:"呜呼!人之好求佛者,何其愚也。日日到寺焚香拜祷,固无益也。夫佛一土偶耳,枯朽无灵,岂有祸福致人之术?设筵以求福,佛固不知;叩头以免祸,佛亦不佑。彼既不知,又不能佑,人携香花而殷供养,适贻君子之笑柄矣。在恶人行险欲资求以免祸,佛即有灵,亦不见佑,况佛而并无其灵矣。佞何为哉!孔子曰:'敬鬼神而远之。'又曰:'未能事人,焉能事鬼。'圣言如此,可不知所戒欤!"在当时有这种非佛思想,也是林骏的思想开明与先进的表现,这是难能可贵的。

光绪二十四年七月初九,孙诒让请他校对《周礼正义》:"申后,同中恺公子去谒中容先生,以先生所著《周礼正义》授余分校也。余坚辞,识见固陋,不足当此任,先生不允,遂袖其书而归。"光绪三十四年八月廿五日:"巳刻,同步连步行还家。孙延曙门人过访,遣仆持赠仲容先生所著《周礼正义》十二册,为酬昔年校勘之劳也。不值,遂去。"瑞安不乏文史人才,孙诒让托林骏校勘他的大著《周礼正义》,可见林骏学问赅博、治学严谨,是孙诒让信得过的人。又如,光绪廿四年戊戌正月十九日,"孙学士止庵先生以暖轿来接余上馆",把"德栯季芃、延曙宾谷、延春□□三叔侄,女弟子韵葱、韵芙二姊妹,共五人"请他执教。亦可见其学识与教学能力在当时的瑞安是属第一流的。

　　林骏的《颇宜茨室日记》不仅是一部内容丰富的日记,而且文笔很好。如光绪二十三年七月赴杭州去参加省试,从温州坐船到上海,从上海坐船到杭州,考试结束后,坐船经富春江,到兰溪,到金华,到丽水,再坐蚱蜢舟回到温州,一路记来,笔致简洁而生动形象,那些诗文,宛然如绘,淡雅隽永而富有情感。这些优美的文字,读后使人回味无穷。

　　日记可以说是作者记自己每日所见所闻所感所思,许多是私人琐事,也联系到一些国家大事。即使写到国家大事,也是以个人的眼光去看,或者事件直接间接地与自己有关。林骏的日记情况也是这样。有人说有的人日记是记起来给别人看的,但大多日记则是个人秘密的保存,是自己与自己灵魂的对话,是自己隐秘情感的宣泄,自己的日记是不愿意让别人窥视的。从林骏的日记看,就是记下来给自己看的,其本意并非拿出来发表。如光绪廿四年九月初八日日记:"阅《申报》中载皇太后懿旨,谓祖宗旧制不可遽改,复黜策论,以时文应试。噫!今夏之间,曾奉圣谕,以策论取士,未阅数月,而令其复旧。朝令夕改,反复无常,凡属官僚行政且犹不可,况为一国之君主乎?古人有言曰:'牝鸡司晨,惟家之索。'吾不知后来之患,其将作何底止耶?深为扼腕,欲诉无从。"这里明白地写出自己对朝廷政令"朝令夕改"的不满,他年轻气盛,竟敢用下"牝鸡司晨"一词,如此矛头直指慈禧太后,假如此日记落到"觉悟高"的人手里,一旦向上呈报,岂不招来死罪?光绪二十四年十月朔日,"袖香烛出东郭拜谒城隍神。巳刻,赴馆节录《日报》谭、林二京卿《狱中寄恨》诗,并日本随员森君大来《景福宫词》……"在那个专制时代,抄录这些诗,说不定也会有杀头之罪的。由此可见,林骏的日记是记起来给自己看的,否则这些敏感的问题是不敢写到日记里边的。

　　此外，林骏在日记中抄录了许多当时名人的诗文，而这些诗文在近年出版的著作集中不少是缺漏的，如《井上有李拟作文》、《汲长孺以便宜持节发河内仓粟振平民赋》、《拟谢灵运从斤竹涧越岭溪行诗》、《秦穆公用之而霸拟作文》、《秋月照帘栊拟作诗》，还有悼念黄通政的挽联等，在胡珠生编注的《孙锵鸣集》里都未收录。又，宋恕联语"不分物我惟求是，兼爱己人稍近公"，中华书局《宋恕集》亦未收。又，孙诒让的《题汉阳叶氏藏卓忠贞牙印拓本》诗，张宪文编辑的《孙诒让遗文辑存》中也未收录。而《郑峻甫绮峦先生六十寿言代吕文起太守》潘猛补编《吕渭英集》亦未收。这些遗文遗诗可以增加后人研究先贤的资料，亦是弥足珍贵的。

　　另外，日记底本的天头留有不少文字，为保持相关的资料，均移入正文的适当位置。为与正文有别，一般用小号字。

　　林骏那时日复一日记下点点滴滴，似乎只是记录自己的生活，以便将来回忆人生之用，而现在竟成了我们后人研读历史的活生生的资料，这大概是林骏意想不到的吧。

　　百年之前的林骏日记能够整理点校出版，从文史研究角度来说是有特殊价值的。该日记点校工作得到了温州市图书馆负责人的支持，卢礼阳、王妍等同志的帮助，在此一并致谢！

沈洪保

2014 年 2 月 15 日

光绪二十三年(1897)^①

正 月

元日　　阴

朝起,焚香盥手,读《周易》一卷。夕,酣卧半日。是夜朔风凛冽。戌初下雪,至晓未霁。

初二日

朝,雨雪。在斋中试笔,作五言一律。夕,雪霁,拥炉阅《瓯江竹枝词》。是日戌时立春,烧樟叶饮春茶。

初三日　　阴,微雪

终日赴亲友家贺年。

初四日　　雨霰

朝,阅《咫进斋丛书·寒秀草堂笔记》。夕,与李彬臣表兄坐谈半日。宵,在玉君家饮圆真酒,归觉畏寒,身形瑟缩,□□伏枕,不堪终夜矣。

初五日　　晴

□□□□,□有寒疾,□被酣睡者终日。

---

① 原稿题识曰:"颇宜茨室日记,林上舍小竹遗墨,清光绪二十三年丁酉正月之十二月。""颇宜茨室日记,丁酉。"

初六日　　　大雨霰,寒甚

闭门养疴终日。

初七日　　　大雨霰

终日在斋中检订旧作。宵,寒气逼人,拥炉阅太鹤山人诗。

初八日　　　大雨雪

朝,看《阅微草堂笔记》。夕,阅《俗字编》。遣仆赴卫房宫后庭,折腊梅两三枝,供养胆瓶,清香满几,足沁诗肠也。

初九日　　　晨刻雪霁

同郑君一山登城眺雪半日。夕,作肆经堂师课赋,至三更始脱稿。寒甚,有冰。

初十日　　　晴

晨,同仆登万松、集云二山,省先人墓,途中得五言一律,有"山瘦雪微露,松高枝半枯"之句。夕,在林君湘涛楚澜家饮福首酒。宵,有冰,早眠。

十一日　　　晴

晨,同云苓偕仆,买舟赴丁田震轩妹丈处贺年,薄暮欲归,震兄坚留,遣仆先返。晚饭后乘月,同震轩、紫玉、芸苓来大店下观灯,并看演梨园。中途遇玉君,夜半始返。是夜,余宿剑胆琴心吟舫中,与云苓抵足而眠。

十二日　　　晴

晨,同云苓、玉君二表弟附舟自汀川归。夕,酣卧斋中半日。潘君云生鼎过访,不遇而去。宵,挑镫阅《赋学正鹄》。

十三日

朝,阴。录近作诗。申刻,雨,作肆经堂师课赋,至二更始脱稿。

十四日　　　雨

晨,横阳陈君见初昙来访,坐谈半日。夕,作肆经堂师课赋,至三更始完篇。赋题《蓬莱宫中花鸟使》,以本题下句"绿衣倒挂扶桑暾"为分韵押脚。考"花鸟使":唐明皇天宝末,遣使采民间美女纳之宫中,号曰花鸟使。"绿衣倒挂"原诗注云:"岭南珍禽有倒挂子绿毛红嘴,如鹦鹉而小,自东海来,非尘埃中物。东坡词云:倒挂绿毛幺凤,正此鸟也。又,以十二月来,好集美人钗上,谓之收香倒挂。"坡翁此诗,原托咏梅花,蓬莱宫中盖言其地,花鸟使盖指倒挂也。作此题者其中曲折,实难下笔,余再三构思,犹嫌草草未惬意也。

十五日　　阴

朝,在斋中复改昨夕□构赋。午后,赴西垣岳丈家座谈。未后,访孙君仲闿治泽,遇之,门人季广亦在,谈至薄暮而返。宵,寒甚,大雨霰,阅《苏文忠公诗集》。

十六日　　雨雪

朝,上馆。诸门人拜谒,受学者胡生绳荪、菓荪、王生焕章共三人耳。夕,在馆。宵,馆主人胡方谷诵芬前辈设席留饮。同席者杨君筱村世环、项君小溪维韬、林君树斋颐、项君玉绳维垣、胡君小谷,并余计六人。

十七日　　雨水节

朝雨,陈生瀛藻来上馆。夕,在馆与诸门人说书论文。宵,大雨霰,同仆冒冷赴惠佑王庙看演梨园,三鼓始返。

十八日　　晴

终日在馆,与诸门人酌议读书课程。宵,乘月同李彬臣表兄赴陶尖庙看演梨园。林君和叔调梅、李韫斋表兄、芸苓表弟亦在同看,至二鼓始别。

十九日

朝晴。在馆,与门人说《纲鉴易知录》。午刻,震轩妹丈自汀川犹辗转不寐,起剔残灯,阅《续齐谐》二三幅。

十四日　　阴

终日在馆,改陈生瀛藻窗课文。宵,阅纪文达公《阅微草堂笔记》。

十五日　　阴

朝,在馆,改胡生绳苏窗课文。夕,阅《癸巳浙墨》。宵雨,李芸苓表弟过访,在书斋阅《时务报》第十九册。

十六日　　晴

朝,在馆阅《十三经·礼记注疏》。夕,在馆录陈介石孝廉旧作四书文。中途遇孙季恒公子,言余前日所构肆经堂赋五艺都入彀,膏火加赏,胜人一筹,心中暗喜,不可言状,此课卷孙仲颂先生校阅也。宵,在李玉君表弟家,与舅母闲话一更许。转访金秀珏,茶话良久始返。是夜大雷雨。

十七日

朝,少雨。在馆改叶生庆梓窗课赋。夕,晴。在馆看《皇朝骈文类苑》笺牍类。宵,鹤坡舅氏来舍,茶话至二鼓。余在斋中挑镫改削庆梓七言律诗共四首,中有梅须题云:"竹松曾许推前辈,桃李于今属后来。叶落蝉还惊鬓老,天寒蜂未掠香回。"此四句自谓浑脱甚佳。

十八日

晨起闻鸠。巳刻,来馆看《骈文类苑》笺牍类。夕,少雨,在馆倚枕看书,不觉朦胧睡去,醒时已薄暮矣。宵,坐斋中看《骈文类苑》序记类,时月明如昼,虚白生窗,高吟有兴,至三鼓始寐。

十九日　　晴

终日在馆,改陈生瀛藻、胡生绳苏窗课文。宵,挑镫录旧作试帖宵,挑镫阅金台书院四书文。

十七日　雨

终日在馆,作中东师课文,至薄暮始脱稿。宵,檐雨乍霁,明蟾挂楹,坐斋中作试帖诗。

十八日　晴

朝,在馆覆改昨夕所作文。午刻,赴张□□朝煦前辈家饮福首酒。王甫臣岳祥前辈、王夔拊姻兄在坐。盘飧隔宿,臭腐蒸人,不堪下箸,诸君不免嗟嚅。余亦含怒,忍饥而返。申刻,抄师课文。薄暮,寄郡。宵初,震轩妹丈偕谢芳生姻丈自丁田来。饭后,同入市观灯,至三鼓。是夜,城隍神排驾游巡沙堤,同社诸君恨执其事者失于周旋,中途阻驾,不令回宫。震轩谓余曰:"神聪明正直,灵爽丕照,人竟能左右之,轻亵已甚,其不激神之怒也幸。"余曰:"瑞俗近陋,相沿日甚,是宜革之为急。昔曾涤斋相国有迎会之禁,殆以是欤?"

十九日　晴

朝,家慈偕震轩妹丈、小甥女秀云泛舟赴丁田,余送至河干而返。夕,在馆,改胡生绳荪、茱荪窗课文。宵,伍凤楼表伯过舍。余同金君秀珏携香烛赴小沙堤拜谒城隍神。

二十日　晴

终日在馆,改陈生瀛藻窗课文。宵,改叶生庆梓窗课赋、试帖一首、绝诗二首。

廿一日　晴

朝,在馆阅《咫进斋丛书》三十五举。夕,代震轩补抄再续三十五举中缺幅。宵,作覆呈洪楝园师书札。

廿二日　晴

朝,在馆与门人说书。夕,阅《大题文府》四书文。宵初,同李云苓表弟在城隍神前执香。向杨仁大纸铺（构）〔购〕来《西学书目表》、《读西学书法》共二本。

廿三日　　晴

终日在馆，作玉尺师课文，至薄暮始脱稿。宵，大雷电以风，困倦卧斋中。

廿四日　　雨

朝，在馆与门人说书。夕，作玉尺师课文第二篇，薄暮未就。宵，挑镫足成之，又作试帖诗二首。

廿五日　　晴

朝，遣仆袖师课文赴丁田震轩妹丈处改削。夕，在馆改叶生庆梓师课文。薄暮，仆自丁田归，展读轩兄评阅，谓余二篇近作都若黄茅白苇，未入题奥。涂乙满纸，披览之下，甚觉颜汗，纳闷久之，而又感良朋切磋之益不可忘也。

廿六日　　阴

在馆闷坐终日。

廿七日　　阴

朝，在馆阅《赋海大观》。夕，作肄经堂县课赋，是《三竿两竿之竹》题。捉笔构思，嫌无惬句，再三易稿，犹未成篇。宵，挑镫又构思，半夜始成之。

廿八日　　晴

朝，与同社诸友登西岘山仓圣庙祭谒，盖仓颉圣帝诞日也。午刻，在管君杏浦瞻洛家饮酒。宵，作肄经堂第二篇赋，借家园绿竹以寄意，仿六朝体格，至四鼓始脱稿，颇得意。

廿九日　　晴

朝，在馆复改《审首篇赋》半日。夕，作经解，是"二十有二人"，题属《书·舜典》中。宵,挑镫草就解一通、赋二篇,至四鼓就枕。

三十日　　晴

朝,遣仆携《经解赋》诸作,赴震轩妹丈处改削。在馆阅瑞邑志乘。夕,改胡生绳荪窗课文。宵,过李西垣岳丈家谈,至三鼓而返。

四　月

朔日　　晴

朝,访郑一山兄,索书小儿名帖,盖因玉君表弟奉慈命,以长子涣文拜余为义父也,余为之咳名以赠。夕,在馆抄经解一道。宵,阅《宋诗钞》。

初二日

朝晴。在馆抄府肄经堂赋一篇。午刻,雨寻止。未后,抄赋第二篇。薄暮寄郡。宵,精神困倦,伏几而卧,至夜半。

初三日　　晴

朝,在馆书寄洪棟园师函一封。夕,作中东永县文而未就。宵,捉笔足成之。至四鼓,又作试帖诗一首。

初四日　　晴。立夏节

晨,遣仆赴丁田震轩兄改削。巳刻,在馆与门人说书。夕,改胡生绳荪窗课文,又改稚菊表弟县课文。宵,阅《明文才调集》。

初五日　　雨

朝,在馆与门人说书。夕,捉笔抄中东县课文。薄暮虹见于西,雨寻止。宵,访金秀珏,谈良久,二鼓后,家仆来促余归。再三惊讶,始言:"有一老者,来至殿巷河畔,遇鬼,故促主早归也。"余额笑久之,同返。

初六日　　　晴

朝,在馆与诸生说书。夕,捉笔构思,欲作玉尺官课文而未就。宵,倦早眠。

初七日

朝晴,在馆足成玉尺官课文。午刻,震轩妹丈自丁田来,即邀改削。申刻,返舟归。薄暮,访洪君莱仙不遇。宵,大雷雨,在斋中倦眠。

初八日　　　微雨

朝,在馆作试帖诗一首。夕,抄玉尺官课文。宵,挑灯作玉尺第二篇文,至四鼓脱稿。

初九日

朝晴,在馆抄玉尺第二篇文。夕雨,阅《时务报》二十二册。宵,雨寻止,中庭见月,倦卧斋中。

初十日

晨晴,在郑君一山馆中,拍谈良久。已刻,到书院与门人说书。夕,雷雨,改削胡生绳荪窗课文。宵,读《袁文笺正》孙小玫簪花图、尹似村公子诗集诸序。

十一日

朝,微雨。在馆。午刻,家慈偕震轩妹丈自丁田归。夕,阴,同震轩、芸苓、玉君诸中表,往天后宫看三连升班演《三国志》一出。薄暮,震轩返丁田。宵,困倦早眠。

十二日　　　少雨

朝,在馆,作《春归曲》五言一首。夕,代泾琳表弟作《祭项母王太孺人》文,未成篇。宵初,困倦思眠,倚枕和衣而睡。醒时,荒鸡乱唱,起剔残灯,草草续成祭章,坐以待旦。

十三日

晨,雷雨。陈丹卿表弟合窆乃祖叔和先生,于集云山高家垟。余与诸友送葬至北郭而返。午初到馆,与门人说书。夕,阅《秋雨盦随笔》。薄暮,晴,丹卿表弟来邀,盖是夜设奠成主,招余与张君紫峰行赞襄事也。归时,月斜半墙,大雾漫漫,前路几不分远近。

十四日　　晴

朝,在丹卿表弟家,书虞祭文。午刻,饮酒,在坐蔡君见龙、张君紫峰诸亲友共十四人。申后,大风,过薛松樵家,看白芍药一枝,娟秀如睹可人。宵,静坐书斋,至更阑始睡。

十五日

朝,雨。在馆,改叶生耕经窗课赋。夕,阴,阅《秋雨盦随笔》。宵,阅《时务报》第二十六册。

十六日　　小晴

朝,在馆,改胡生绳苏窗课文。夕,阅《秋雨盦随笔》。宵,困倦早眠。

十七日　　阴,少雨

终日在馆,作中东书院师课文。薄暮,郑一山来,索观余所作肄经堂诸赋,击节者久之。留饭,谈至更深始去。

十八日　　大雨

终日在馆闷坐。宵,大雷电,金秀珏来访。亥刻,挑灯复改中东师课文,又作试帖一首,至天曙。

十九日　　雨

朝,遣仆携师课文赴丁田,邀震轩兄一阅。在馆出赋题。夕,抄中东文。薄暮寄郡。宵,阅《明文才调集》。

二十日　　小满节。雨

朝在馆出会课题。夕,改陈生瀛藻文。宵,改胡生绳苏文,至五鼓。

廿一日

朝,晴。在馆作试帖诗。夕雨,阅李石《续博物志》。宵,阅《广群芳谱》。是日,先伯考菊缘府君忌日。

廿二日

朝,雨。在馆,阅《广群芳谱》。夕,雨寻止,阅《事类统编》。宵,挑灯阅《渊鉴类函》。

廿三日　　　晴

朝,在馆欲作道课肄经堂赋,只作一小序而止。题是《永嘉竹间多牡丹》,出李石《续博物志》。午刻,震轩妹丈自丁田来邀饭。未后,余与同行,访金君秀珏,并购薄葵扇①数把,又过李玉君表弟家,谈良久而回。薄暮,震轩归丁田。宵雨,作肄经堂第一段赋,倦甚停笔。

廿四日　　　晴

终日在馆,作肄经堂道课赋。宵,挑灯复改至四鼓。

廿五日　　　少雨

晨,旧仆杜茂珍来折柏枝,说女弟子孙氏韵莲殇故,系孙止庵学士女孙也,随余问字三年,聪明颖悟,且有宿根,近解作诗,才尤超逸,洵可人也。遽遭夭折,何造物之多忌也?余悼惜久之。巳刻,赴馆闷坐半日。夕,在馆作释义一通。宵,阅《时务报》中《盛世元音》。

廿六日　　　阴

终日在馆中,作策问一道。宵雨,倦眠。

廿七日　　　阴

朝,在馆捉笔誊赋一篇、释义并策问各一篇。申刻,泛舟赴丁田

---

① 薄葵扇,即今之"蒲葵扇"。

震轩妹丈处。薄暮抵其家。宵,宿剑胆琴心吟舫中。

廿八日

朝晴。在丁田,作策问一道。夕,雷雨,同余君松舫、震轩妹丈,在西书室中坐谈时事半日。宵,抄肆经堂赋半篇,至三鼓始睡。

廿九日

朝,大雨。抄赋半篇,并试帖诗。夕,阴,少雨,抄释义一道。宵,与震轩妹丈坐谈,抄策问半篇,三鼓始睡。

五 月

朔日

朝雨。在丁田,抄策问半篇。傍午,同潘星斋买舟归里。夕,大雷雨,在斋中抄策问一篇。薄暮寄郡。宵,苦雨闷坐。

初二日

朝,微雨,在馆改叶生庆梓窗课赋。夕,晴,改胡生绳荪窗课文。宵,倦甚早睡。

初三日　　晴

终日在馆,改胡生窗课文。宵,阅亭林先生《日知录》。

初四日

朝,晴,在家解拆钱债。午刻,在李玉君家饮酒。夕,雷雨寻止,在斋中抄录旧文。薄暮,虹见于东。宵,访郑一山兄,邀与同游市上,途遇郑君小谷,立谈良久。雷电交作,大雨将至,各别而归。

初五日　　晴。端午节

朝,在家研朱写辟蝎符。夕,阅《崇百药斋诗文集》。宵,阅黄漱兰太史赋钞。

初六日

朝晴。在斋中捉笔作中东书院道课文,将成半篇。午刻,雷声大作,停笔。未刻,雨雹,平地水高半尺。余家屋漏,几无干处,所藏之书大半沾湿。余爇炉烘焙几次。宵,雨,倦眠。

初七日　　雨

朝,坐斋中续成昨夕所作中东书院文。夕,捉笔抄就。薄暮寄郡。宵,阅《时务报》第二十七册。

初八日

朝阴,在斋中阅黄漱兰太史赋钞。午刻,雨,震轩妹丈自丁田来,李彬臣、韫斋二表兄亦至,邀饭,共谈至申后而去。宵,挑灯录先曾祖石笴公诗。

初九日　　阴

终日在斋中录旧诗。宵,访郑一山,谈良久而返。

初十日　　阴

朝,在馆改削叶生庆梓窗课赋。夕,改陈生瀛藻窗课文。宵,访郑一山,方君晓畦亦在,坐谈二鼓,家仆送雨具来,始觉阶雨作丁丁响矣。

十一日　　雨

在馆终日改陈生瀛藻窗课文。宵,书祭关壮缪祝文。

十二日　　雨

在馆终日改陈生瀛藻窗课文。宵,校阅黄漱兰太史赋钞彻夜。是夜五鼓,各文武官僚致祭关帝。

十三日

朝晴,在馆阅《西堂杂俎》一集。申刻雨,阅《西堂杂俎》二集。宵,访秀珏与陶紫玉,谈至二鼓,乘月而归。

十四日　　雨

在馆终日改陈生瀛藻窗课文。宵，阅《茶香室丛钞》。

十五日　　雨

朝，在馆阅《南宋杂事诗》。夕，改胡生绳荪窗课文。宵，金秀珏来访，谈至二鼓而去。

十六日　　雨

朝，在馆阅《茶香室丛钞》。夕，郑君一山、王君墨林过馆，谈良久去。后，欲作中东师课文，构思至暮而未下笔。宵，无事。

十七日　　晴

终日在馆中作中东师课文，至薄暮始脱稿。宵，作试帖诗一首。三鼓就枕。次女蕙娟少伤风热，呱呱竟夜，余与内子几不寐矣。

十八日

朝阴。在馆誊就中东师课文，遣仆赴丁田震轩妹丈处改削。夕雨，阅《子史精华》《佩文韵府》。宵，苦雨，闷极，无事。

十九日　　大雨

朝，在馆抄中东师课文。夕，阅《纲鉴易知录》，作玉尺经古赋一段停笔。宵，苦雨倦眠。

二十日　　大雨

终日馆作玉尺经古赋二段。夕，阻雨，不赴馆，在斋中作赋三段。宵，挑灯作赋一段，始完篇，又作试帖诗。

廿一日　　大雨

终日在馆中，复改经古赋，嫌未惬意。薄暮，托一山兄抄就代投。宵，精神疲倦，伏枕早眠。

廿二日　　夏至节

朝雨，在馆改胡生菓荪窗课文。午刻，李鹤坡舅氏过舍，强余去应省试,以囊涩无赍辞,又感老人家企望情深也。夕,晴,改胡生绳荪、林生宰甫窗课文。宵,倦甚早眠。

廿三日　　晴

终日在馆,阅《得月楼赋钞》。宵,无事。

廿四日　　阴

在馆与门人说书,阅《赋海大观》。午刻,接到震轩妹丈来函,托余代抄《松城观风》文。余覆一书,约以明日。未刻,郑君一山、方君晓畦过馆,邀余登隆山游玩,辞不去。作府肄经堂赋三段停笔。宵,困倦早眠。

廿五日　　晴

朝,买舟赴丁田,近午抵岸。夕,即捉笔抄四书文并《瓯海形势论》各一篇。傍晚,董君志谦投刺来拜客,震轩邀饭,固辞。宵初,偕余君松舫来。余与轩兄坐吟舫中拍谈,至四鼓始去。

廿六日　　阴,微雨

终日在丁田,代抄《盐场利弊说》一道、《温州风俗记》一篇、《东瓯竹枝词》共十绝。宵,挑灯欲续成府肄经堂赋作半段。妹来吟舫中谈论家事,至二漏下而寝。

廿七日　　阴,微雨

终日在吟舫中续成府肄经堂赋共四段,嫌未惬意,又改窜半日。宵初,欲仿作厉樊榭论印绝句,因专论浙人,余自憾于此等书所阅甚少,而又无印谱可寻,与震轩妹丈翻筒倒箧搜阅殆尽,惟《虞初新志》中,载周栎园书印谱后文三篇,皆属浙人读画闲评,中论浙人工篆刻,略见一二,余始幸有可下笔处。又拍谈,至二更深始睡。

廿八日　　朝雨,夕晴

终日在丁田,作论印共六绝。宵,并赋誊就,邀震轩妹丈改削至三鼓。

廿九日　晴

巳刻，买舟自丁田归。近午抵岸。夕，在斋中抄赋共四段。宵，微雨，同郑君一山、方君晓畦、姜君岳仙赴协镇砖屏后，看喜春花班演《柴桑口吊丧》一出。

三十日　晴

朝，在馆抄赋共四段。夕，与门人说书。宵，同李云苓、玉君二表弟、孙忱叔公子在协镇砖屏后看演梨园。遇雨，踉跄归。

六　月

朔日　晴

朝，在馆作论印四绝赠一山，郑兄报以一论。又捉笔抄肄经堂府课七绝共六首。夕，抄论一篇。薄暮寄郡。宵，倦甚早眠。

初二日　晴

在馆欲作玉尺决科文，题是《子华使于齐》二章，构思半日，嫌无新颖之意。夕，捉笔只成一讲。宵，挑灯作道宪决科文，限期甚迫，至天明始脱稿。

初三日　晴

朝，在馆复改昨宵所作决科文。午后，家慈买舟赴丁田，余送至河干而返。未后，赴馆捉笔抄就文一篇。薄暮，与一山兄合寄郡城。宵，欲续成玉尺决科文，静坐构思，精神昏倦，伏几而卧。二妹在旁，屡呼不醒，迨睡觉已鸡声唱曙矣。

初四日　晴

终日续作玉尺决科文，并抄就。薄暮缴卷。晚饭后，心力俱疲，即伏枕。是日在馆。

初五日

朝阴，有雨。在馆阅《明文才调集》。夕，晴，旋雨，改林生宰甫窗课文。宵，改胡生绳荪文至三鼓。

初六日

朝雨，在馆誊道县决科文一篇。近日家慈在震轩妹丈处，遣仆赴丁田请安，并携文邀轩兄一阅。夕，阴，改胡生绳荪、莫荪窗课文。宵，雨，来玉君表弟家，同大舅母谈至二漏下归。

初七日　　　晴

终日在馆，改陈生瀛藻窗课文。宵，李芸苓表弟过访乞借《癸巳浙墨》，谈至二鼓去。余又挑灯改陈生瀛藻窗课文一篇，至天曙。

初八日　　　晴

终日在馆，改削叶生庆梓窗课赋，共三篇。宵，来玉君表弟家，谈至二鼓归。是日傍晚，闻雷声轰轰然而无雨。

初九日　　　晴

朝，在馆阅《癸巳浙墨》。午前，家仆来报，震轩妹丈自丁田来，余即归。玉君表弟亦至，邀饭，谈坐半日。薄暮辞归。宵，乘月访郑君一山，同方君晓畦，露坐拍谈，又出前宋古制钱相示，至二鼓而返。

初十日　　　晴

朝，在馆阅《癸巳直墨》。夕，阅《戊子浙墨》。宵，录玉尺决科超等一二名文。

十一日　　　晴

朝，在馆与门人说书。夕，项濂溪先生过馆，闲谈半日辞去。改林生宰甫窗课文。宵，同一山步月至二鼓。

十二日　　　初伏。晴

朝，在斋中作府宪决科文。午后始脱稿。申刻，金秀珏自丁田来,递到震轩妹丈函,始知余妹昨宵亥刻分娩,幸举一男,中心忻喜不可言状,仍在斋中捉笔抄文。薄暮寄郡。宵,阅《癸巳浙墨》。

十三日　　晴

晨刻,在馆与门人说书。午刻,买舟赴丁田震轩妹丈家道贺,并请家慈安。申刻,回舟。时湖风吹襟,船流如驶。抵岸,皓月东升,已渐渐在牛斗间矣。

十四日　　晴

终日在馆,研朱校阅《明文才调集》。宵,姜尧夔、包雨臣、小亭昆仲、陈丹卿表弟乘月来访,并索孙君仲阊所临《高贞碑》文折扇。时下二漏始去。

十五日　　晴

朝,在馆改胡生菉苏窗课文。夕,炎歊逼人,挥汗不止,研朱校阅《明文才调集》,改林生宰甫窗课文。薄暮,闻雷而雨师未来洒道。宵,月明如昼,虚白生窗,李西垣岳丈过舍,谈至二鼓始归。

十六日　　晴

终日在馆阅《癸巳直墨》。是夜,次女蕙娟偶感暑气,眠坐不安,予与内子提抱至天曙。

十七日　　晴

终日在馆阅《癸巳直墨》。宵初,延林君梅仙诊视次女,谓肝热太过,下一剂药可渐平愈也。是夜,天气炎热,余挥汗不止,露坐月下,花影满身,如得一片清凉世界矣。漏四下始寐。

十八日　　晴

洪棣园师自江右归,晨登堂谒之。巳后,赴馆阅《两般秋雨盦随笔》。夕,改削陈生瀛藻窗课文。是日,蕙娟食梅仙先生药,心热近渐退矣。宵,过金秀珏家,谈至二鼓而返。

赴馆阅《两般秋雨盦随笔》。宵，邀李芸苓闲谈，王晓周亦至，又遣仆邀邵、林二人，询以不平之事孰为之倡，余此时愤极，拍案叫骂不已，几致失声矣。

初二日　　晴

终日在馆，改陈生瀛藻窗课文。宵，闷坐半夜。

初三日　　晴

朝，在斋中闷坐半日。夕，在馆改胡生绳荪窗课文。宵，鹤坡舅氏邀余尝新，不赴席，与金秀珏露坐谈恨事至夜半。

初四日　　晴

在斋中闷坐终日。傍晚，访一山兄，携轮船茶食诸费托其尊人赴郡交缴。宵，在玉君表弟家尝新，同席者王君夑拊、李子琳、芸苓、玉君、蔚文表侄，偕余六人耳。

初五日　　晴

朝，在馆改胡生绳荪窗课文。夕，阅《秋雨盦随笔》，并《庚午闱墨》。宵，阅《函德堂试帖诗》。

初六日　　晴

朝，在馆阅《两般秋雨盦随笔》。夕，天气炎热，在斋中假寐半日。宵，在馆主人胡方谷前辈家尝新，同席者项渭渔、小坪、小溪诸君。席散辞归，时交三鼓。

初七日　　晴

朝，赴卫房宫，同在社诸君拜祝圣母寿。午刻，在陈竹生先生家饮福酒，在席者邵棠甫师、胡声石前辈、周眉仙诸人。申后归，小腹作痛，倚枕睡觉，时已薄暮。宵初，同金炼百①、管丹山、姜岳仙、李彬

---

①　底本作"金百炼"，笔误，下文多处出现，均作"金炼百"，径改。

臣、芸苓昆仲、洪晓村诸君，在后宫假山亭子上设席饮酒。二鼓席散，看三升班演《渔家乐》一出。

初八日　　晴

朝，在馆阅《两般秋雨盒随笔》，中有黄桐石咏《桃源》句云："草木自生无税地，子孙长读未烧书。"意极新颖。又，中载番禺张南山维屏工诗，五言如《落叶》云："有时兼雨点，无处着烟痕。"《松滋城外》云："江抱孤城曲，天围大野圆。"《浮湘》云："雾因衡岳重，月到洞庭多。"《汉阳晚眺》云："西风吹汉水，秋色满江城。"《思归》云："霜浓枫叶醉，水活荻苗肥。"七言如《独坐》云："纵无清露蝉终洁，果有名花蝶易痴。"《感秋》云："名心淡似秋云影，客梦清于古井波。"《北程纪游》云："如何东下钱唐水，不入南条禹贡篇。"《下第遣怀》云："恋岫云容多黯澹，送春天气易悲凉。"余阅之心有所悟，故节录于此。夕，在馆改陈生瀛藻窗课文。宵倦早眠。

初九日

晨，微雨虹见。在馆阅《两般秋雨盒随笔》。夕，雨旋霁。在斋中检订旧作文。宵，雨寻止。随家慈在卫房宫看三升班演《双鸳鸯》一出。

初十日　　晴。立秋节

终日在斋中，检点书簏。时余将有武林之行。宵初，访郑君一山，同坐月下，谈至二鼓归。

十一日　　大风微雨

终日在馆，阅《两般秋雨盒随笔》。宵，李芸苓表弟来访，谈至二鼓而去。

十二日　　大风雨

终日在家中，阅《那文毅公奏议》。宵，倦甚早眠。

十三日　　　大风雨

朝,请胡声石老伯来就馆。夕,在家中检点行装。宵初,访黄君楚臣,谈至二更而返。

十四日　　　雨

朝,买舟赴丁田震轩妹丈家辞行。金君秀珏亦来附舟,抵岸已近午时。留饭,与妹子谈家事半日。申后返舟,归家已暮。宵,李芸苓表弟来访,谈良久去。余出门访金君秀珏,遇之,至三鼓始归。

十五日　　　雨

朝,南岸郑增荣义叔过访,又赠余程仪并土产二色。余款留午饭,席间谈及城中近日积雨,碧涨平堤,南岸少雨,沟渠之水未见添尺,何地隔一二里,阴晴不定竟如斯也。夕,欲赴诸亲友家辞行,因阻大雨,不能出门。余心几闷。宵,坐斋中,看《鹏程便览》。二更后,李芸苓过访,约订明日起程期。

十六日　　　晴

朝在家中,收拾行箧。夕,赴诸亲友处辞行。宵初,同李芸苓、杨润谷二君乘舟晋郡。是夜,推篷露坐,天心月朗,湖风吹衣,爽快不可言状。夜过半始就枕。

十七日　　　晴

晨刻,舟抵温。上岸寓乘凉桥下来升客栈。夕,困倦就枕,睡觉时已申后。薄暮,张君肖维来访。宵,饮酒过多,沉醉早眠。

十八日　　　晴

朝,在寓中阅《戊子直墨》。申刻,访旧馆人张君光禧,遇之,谈至薄暮而返。宵初,胡君芷卿来招饮,同芸苓表弟至其家就饮,席散辞归,已月到天心时候。是夜,热甚不寐,月下独坐,因得五律一首云:"秋未消残暑,当空河汉横。墙高藏树影,阶曲乱虫声。作客多艰苦，羁人半利名。无言还兀坐，顿起故园情。"

十九日 晴

朝，李玉君表弟自瑞安来温，余同赵君醉墨，赴院夫黄桂处买轮船牌单。午刻，郑君一山、方君晓畦、唐君叔桐、章君子贞，接踵过访。议与同寓，因数椽湫隘，安榻无从，故暂为分寓。未刻，被酒醉，卧良久。宵，雨寻止，郑一山过寓，坐月下拍谈，至夜半。

二十日 晴

巳刻，偕郑一山兄出双门，上回鹘山，登揖峰亭，亭址广拓一二丈，奇石四围，峭青嵌碧，绕阶细草，一带芊绵，中多名人楹帖。楚蕲李士彬刺史集句云："百川气势若豪俊；诸峰罗列似儿孙。"长洲彭祖润太史集成语云："一览众山小；濯足万里流。"馀联不能备录。亭侧有楼，牓曰寄楼，前岁余济臣刺史驻瓯职司榷务，捐俸创建，亭亦其重整也。楹敞三间，高约数仞，明窗四面，孤屿双塔之影，彷佛在虚檐间。孙太仆琴西先生题其额曰塔景山房。济臣自撰长联悬之于壁，有云："良辰尽为官忙，只扰攘蜗角微名，蝇头末利；此地原非我有，权领取鹿城山色，蜃海潮声。"长洲彭君祖润赠以七言楹语，有"聊学米颠来拜石，每怀康乐此登楼"之句。又有碑记列亭左侧，并《赠寄尘》诗镌之于版，都属太仆笔墨。雕栏屈曲，云气往来，时则海雨随风吹过，疏敲桐叶，丁丁作响。余偕郑君一山，踞坐石上，闭目少息，顿觉万虑俱消。盘桓半日，心乐未免忘返。未刻，雨霁，进城，缓步回寓。默录题壁诗文，又作《登揖峰亭》五律一首，《题寄楼》一绝句。宵初，月明如昼，汲水就浴，至四鼓始睡。

廿一日 晴

晨，过郑一山兄寓，邀留早饭，即同晓畦、叔桐二君赴谢池巷院夫黄桂家领牌单。午刻，超武兵舶抵温江口。夕，在寓中少睡，章君子贞过访。宵初，孙芙士公子过寓，谈馆事良久而去。

廿二日　　　晴

终日同李芸苓、杨润谷、赵醉墨诸君在寓中收拾行装，作上轮舶计。薄暮，李君叔诚过寓。是夜同芸苓、玉君二表弟侨寓双门内富记衣庄中，蚊子攒肤，骚扰难堪，不寐彻晓。

廿三日

卯刻，东方未白，即同李芸苓、玉君、郑一山、唐叔桐、方晓畦、杨润谷、赵醉墨、章子贞诸君税帮船，载行李转上超武兵舶。但见波涛滚滚，舟在中流，运动维劳，筋力几殆。午正开行。盖船屋虽尽高敞，约济五百馀人，无如同乡赴试，诸君心艳价廉，负笈附舟，不堪纪数。是以地窄人多，安席无从，龟伏相形，难免局促。芸苓、玉君二昆仲含怒每形于色。余独依船窗纵观排闷，时则海角东南突起黑云，疏雨过江，彩虹驾影，若远若近，恍挂船头。居片时，霁色横空，水天一碧，日落西隅，霞光散紫，豁开眼界，顿觉烦恼都消。戌初，微雨旋止。亥刻，余始就枕，酣睡沉沉，几不知身在舟中。

廿四日　　　朝雨，寻止

在超武兵舶中，检点随身行李。未刻，抵宁波码头，计水程由温至宁约有一千馀里，一昼夜竟到，兵舶之力也。申刻，同李芸苓、玉君、杨润谷、赵醉墨、唐叔桐、章子贞诸人驾舢板船转上北京轮舶。为游申江计，一山、晓畦乘乌篷船过西兴。北京之船较超武更大一倍，有广厦千间之象。酉初开行，维时江天昏黑，岸侧电灯高悬，照耀如星，摇风不减，倚窗旷览，心顿忘倦。是夜，与芸苓抵足而眠，但觉海风浪浪，潮声如雷，终宵聒耳，余独不寐达旦。

廿五日

早晨，北京轮舶抵申江。午初，同李芸苓、玉君、杨润谷、章子贞、唐叔桐诸君起岸,坐东洋车,赴英租界三洋泾桥西首,侨寓大方客栈。馆人姓汪,名炳荣,慷慨纳交,不同筲斗,相得甚欢。沪俗,一日餐惟二顿。午饭后,偕同伴诸君至各名胜处游眺,街衢宽阔,横可三四丈,夹道树阴匝绿,行不见人,马骤车驰,但闻铃响,沙尘飞扑,细上衣裾。两边店铺骈联,间以洋房,檐牙高啄,如翚斯飞,金石古玩陈列一一。余于此实目不暇给。游至薄暮,始缓步回寓。晚饭后,又挈伴出游,惟见士女如云,都披罗绮,粉香扇影,不让重三时节,修禊湖上行咏丽人矣。路甚曲折,不辨远近,转税东洋车过四马路,沿途电灯高悬,照耀直同白昼。舍车徒步,登高升楼。又登沪江第一楼,唱妓高坐上座,抱弹琵琶,婉转歌喉如簧,声脆荡人心目,听竟忘疲。维时徒倚朱栏,俯视长街,来往行客,丛集如蚁,正所谓笙歌彻夜,六代繁华,天上人间,长乐无极,痴情人当此世界,真觉魂消也。游兴未阑,转过几弯曲巷,流妓鹄立,争欲迎新,挽余衣袖者几次,终前行不顾。时夜过半,始回馆舍。同寓友戏余曰:"彼既有情,子独无意,桃花流水,地近仙源,不作渔郎而去问津,真莽汉也。"余乃答以白香山诗二句:"'门前冷落车马稀,老大嫁作商人妇。'臻此境况而伤何如乎?"又曰:"仆之游观,直如醉翁之游,意不在酒矣。"众始嘿然,四漏报尽,爇烛操笔,写第一号家书。又作《沪上冶游歌》一章。残窗斜月,乱鸡唱晓,乃息灯而寝。

廿六日　　晴

朝,同芸苓、玉君二表弟过上马路,购纱扇并缎鞋,因价太昂,空手而返。午后,在寓中被酒醉卧,至申刻始醒。同王熏如芳藻拍谈半日。宵初,挑灯独坐,心感沪上风俗奢华,作《申江有感》六绝句。

廿七日　　晴

朝,同芸苓、玉君二表弟过四马路购时样花鞋,并铜鱼钥二枚。

夕,收拾行李,以独轮木车载之,出铁马路江桥口停步,转过无锡快船。同舟者芸、玉二弟,章粿士、子贞叔侄,杨润谷,唐叔桐,赵醉墨,许叔粔表兄,林总仙,胡崧甫,共十一人,船甚狭小,不堪安枕。傍晚,自申江口起程,是夜余独与林君总仙,踞船头露坐达旦。满天星斗,两袖清风,夹岸荻芦声战如雨。一钩残月,高挂梢头,此时有感作客之苦,因偶吟一绝,以散闷怀:"坐话终宵倚小舟,荻芦瑟瑟水悠悠。一钩残月天将曙,客路凄凉近暮秋。"辰刻,舟暂停嘉善城外,舟子上岸买蔬菜一顷。饭后,始解缆鼓桨而行。

廿八日　　　晴

余因昨宵露下久坐,身觉发热,旋畏风寒。终日在舟中醅卧,至薄暮始起。是夜亥刻到杭城,舟泊武林门外拱辰桥头过宿。

廿九日　　　晴

早辰,自武林门外拱辰桥将随身行李搬入帮船,即时解缆而行。已刻过尤家坝。午刻抵太平桥,起岸,同芸苓、玉君、润谷、子贞、叔桐、醉墨诸君税寓双眼井巷陈家前厅右首。馆主人姓陈,名侃,字侃如,仁和秀士也。下午,安顿行箧,洒扫榻尘。宵初,大雷雨,汲水就浴。二漏下,始展席就枕而寝。

三十日

朝晴。同芸苓、玉君诸人在寓中闲话半日。午后,大雷雨,继之以风。闻贡院诸厂棚合藩臬二衙署,照墙门前旗杆一时经狂飙吹折,被屋栋压毙者一老媪,被厂棚压毙者一小孩。时旁观者不胜骇异,谓吾生以来,片时风起,一扫都空,真罕观也。余于是往观之,都如所述。噫嘻!风伯飓母,何毒虐如斯乎?宵,檐雨如绳,泥泞阻路,艰于行步,闭门早眠。

八 月

初一日 　雨

朝,过郑君一山寓。夕,同芸苓表弟赴长庆街购进场考具半日。宵,同唐君叔桐、赵君醉墨诸友至醉六斋书庄买书,因价太昂而未获购。

初二日

晨刻,雨。在寓倚竹椅观书半日。夕,阴,震轩妹丈过访。傍晚,同芸苓往青云街买铜锅、烛翦诸物。宵初出门,举足无力,回寓解衣伏枕而眠。

初三日 　晴

晨起写第二号家书。午刻,往访永嘉郡人郑老海,托伊递送家书,不遇。转托吴君乙生而返。申刻,李君幼梅过寓,谈论至暮。晚饭后,同唐君叔桐在文瑞楼书庄购来《五经汇解》、《茶香室经说》、《香咳集》各一部而归。

初四日

朝晴。访洪博卿师,不遇。转访方晓畦,遇之,谈良久而返。午刻,端木仲锡先生过寓,订入闱誊录事。夕,雷雨,在寓中倚枕看书半日。宵,阻雨,不出门访友。

初五日

朝雨。在寓闷坐半日。夕,晴,震轩妹丈过访,同往竹简书庄购来王念孙《读书杂志》、《增广诗句题解》、《湖山诗句题解》各一部。

初六日

朝晴。同章君子贞往青云街,看主考并监临各官僚进贡院,士女争观者甚众。夕，大雷雨，在寓与诸友茶话半日。宵，苦雨，静坐至二漏下就枕。

初七日

朝雨。在寓检点书籄。午刻，阴，震轩妹丈过访，同往访章君羿士，领瑞邑宾兴盘费。未刻，饮酒过多，微冒风寒，蒙被酣卧，至二鼓始起。

初八日　　　晴

巳刻，乘轿同芸苓、玉君二表弟暨同寓诸友进贡院，从东左路而入，大门高悬楹联，是阮芸台元宫保抚浙时所撰，有云："下笔千言，正桂子香时，槐花黄后；出门一笑，看西湖月满，东浙潮来。"吐属蕴藉，写尽赴试时情景。近午，始听唱名接卷。余坐西文场育字五号，联号者永邑陈君子万寿宸，本科拔贡同邑郑君缉甫骏、茂才芸苓坐枝字号，震轩妹丈坐东如字三十九号，玉君坐仕字号。未刻，安排枕褥，假寐半日。宵初，仍倚枕而卧，至五鼓始得题目。首题"子曰道之以政"两章；次题"及其广大"四句；三题"悦周公仲尼之道至豪杰之士"也。诗题"又见承平大有年"得年字。是时，被号军唤醒，睡眼朦胧，看题字几不辨矣。

初九日　　　晴

早辰，欲下笔作首艺，而构思颇苦，至薄暮勉强成篇。上灯时，构次艺，心怀颇畅，至夜半始就。三艺构成时，天已曙。

初十日　　　晴

早辰，录誊草稿，共三篇。中午，握管抄就。申刻，始停笔，续牌投卷而出，日已向晚。是夜，仆人安银徒感风寒，手足如冰，延吴君小竹诊视曰："疾恐不可为也。"余同诸友闻而骇之，终宵忙碌，拨火煎茶，异地生愁，艰苦不堪言状。

十一日 晴

已刻,乘轿进场。是日考二场。余坐西清字第三十号,无一同郡共号者。午后,震轩妹丈来号舍中,索观首场文。余辞未录,拍谈半日,至暮始去。宵初,倚枕养神良久,至夜半始出题目《易经》题"其称名也小"四句;《书经》题"卿士从"五句;《诗经》题"公车千乘"至"烝徒增增";《春秋》题"泰伯使术来聘";《礼记》题"尊用牺象山罍,郁尊用黄目"。蓺烛构思片刻,忽朦胧倦睡。

十二日 阴,少雨

早晨构思下笔,近午始成。《易》艺用墨裁体。下午,构成《书》、《诗》两艺,《书》用骈联体,《诗》用四言韵语,颇得意。宵初,作《春秋》文用《公》、《穀》体。二鼓后,作《礼记》文用训诂体,颇不草率。四漏下,握管抄《易》文一篇,息烛少睡。恍惚间火光从号舍中起。余惊起视之,邻号灯无片影,万籁寂然,心头捉摸,不解其由,旋倚枕养神,东方发白。

十三日 晴

早辰,握管抄《书》、《诗》二艺。午饭后,抄《春秋》、《礼记》二艺。又誊草稿,共五篇。申后,投卷而出,时同寓诸君比余出,计早半日。宵初,同芸苓往文星巷访震轩,精神恍惚,迷路而返。

十四日 晴

午刻,乘轿同唐君叔桐先进场。余本号坐唱字,浙俗,每遇第三场,赴考者皆可乱号。余亦未能免俗,邀震轩、芸苓、玉君暨同寓诸友,共坐东始字号。下午,无事,操笔誊清次场五经文五篇,首场四书文三篇,至三鼓始毕。是夜,天宇无尘,月明如水,芸苓邀余散步,在明远楼前沽酒畅饮,微醉。四鼓将尽,始归号舍。天近发亮,号军送到策题:第一问经学;第二问史学;第三问数学;第四问舆地;第五

廿四日　　晴

早晨，自包家集起程，四十五里，顺风船驶。午刻过桐庐，得七言二绝："恨却名心未肯删，耳听流水响潺潺。隔溪山色青如染，半在篷窗一枕间。""百里程途计短长，人家都在水云乡。布帆一幅因风力，渡过桐江半夕阳。"四十里，申刻过七里泷。望严先生钓台，得诗一绝一律。《过七里泷》云："群山向背迭争奇，急水回滩碧卷漪。忽讶雷声翻脚底，潭龙一震上天池。"《钓台》云："事业薄炎刘，烟波一领裘。姓名埋泽国，身世傲王侯。明月空今古，白云任去留。层台高矗处，江水自悠悠。"行六十里，戌刻抵乌石滩。是夜，舟泊滩头过宿。

廿五日　　晴

晨，自乌石滩起程，五十里。午刻抵麻车埠少停，傍岸有江山船数叶，船高于屋，四面设以明窗，中金石古玩，几榻安排，帐启流苏，香闻兰麝，婵娟坐绣，风趣动人；或有抱弹琵琶者，指捻弦索，入耳泠然。余乃邀耀君、芸苓过舟而望，不与清谈，为门外人，奚免姗笑。顷之解缆，行三十里。申刻至李埠，十里。薄暮抵兰溪，即税永康船转运行李过船。是晚，泊兰溪县南郭外沙湖畔停宿。

廿六日　　晴

朝，自兰溪县南郭外起程，五十里。申刻余同芸苓、夔拊二君上岸，赴金华府城外，买白糖止渴。是晚，停泊金华府通远门外大桥边过宿。

廿七日

朝晴。自金华城外起程，十五里。午初至岭下铺，三十五里。未刻至石塘，两山夹水，曲折回溪，地甚清幽，不啻桃源古洞。余竟夕踞坐船头，观之忘倦，口占一律，以慰客怀："劳劳怜过客，无定是

萍踪。流急滩头水,阴生岭背松。村遥烟隐屋,天暝寺沉钟。一雨
催诗兴,高吟起卧龙。"申后大雷雨。是夜,泊舟野桥埠。

廿八日　　雨

朝,自野桥埠起程,十里。近午过杨公桥,滩浅石露,篙夫下水,
扶舟而行,筋力几殆,行十里。薄暮,抵花街桥头,停泊一宵。

廿九日　　雨

晨,自花街桥头起程,十里。巳刻至烈桥,十里。午刻至永康。
申刻起岸,侨寓李协和,过塘行检点行李进内。是夜困倦殆甚,沉沉
偃卧,几不知蝶与周矣。

九　月

朔日　　晴

早辰,同芸苓、耀君、小谷、夑拊、小菊、桢叔诸友坐篮舆,自永康
起程,行十五里,午刻至黄堂。行十五里,未刻至石柱街。申刻至黄
碧街,计历程途约过二十五里。日向晚,下舆觅栈,侨寓公馆。

初二日

早辰,坐篮舆自黄碧街起程,行十里,辰末至龟溪头。十里,巳
刻至黄龙。午刻抵缙云县,暂寓李家铺。薄暮微雨,与耀君挑灯闲
谈,过夜半。

初三日

早辰,同郑小谷、陈耀君、林小菊、王夑拊、桢叔昆仲、芸苓表弟
冒雨坐簰,自缙云起程,二十里。辰末,过东渡行十里。巳初至章
坑。又二十里。午初至馆头,但见四面都山,翠竹青松,盘旋云气,
人家一带,茅舍竹篱,鸡犬桑麻,别成村落,昔陶彭泽记云:"此中人,

无论魏晋,乃不知有汉。"余历其境,非虚语也。约行数里,篁夫邀至其家,煮茗款客,雅相敬慕,又出山薯以食,味最甘脆。一饭顷转,泛篁顺流而下。午末,雨霁,得七言一绝:"溪边云影滞松痕,茅舍人家一带存。欲买青山藏隐好,不因世事扰尘烦。"又得七言一律:"溪曲如肠转九回,林荫密护绿成堆。四山雾气蒙蒙起,一水滩声滚滚来。击楫中流原有志,离乡经月不衔杯。桃花艳说当年盛,岭上何人更补栽。"行三十里,至岩泉口,水急石危,小谷失足坠溪,几遭不测。余与耀君诸人停篁以待,对此急流,心增悚惧。久之始行,计程十里许,未刻至清林。又五里,至奚渡。山壁渐远,两岸都是平野。申初抵下河。同芸苓出蚨钱,雇梭船一只,将随身行箧运入船中。时夕阳半岭,鸦噪满林,独立滩头,归思顿触。是夜,舟泊沙滩最浅处一宿。

初四日　　早辰,微雨寻止

乘梭船自下河起程。巳刻至石帆。午刻至金水。未刻至海口,行数里上岸,同芸苓游石门,观瀑布。余负手仰瞻,恍若天河倒泻,一落千丈,水溅岩石,乱如散珠,到此奇境,卓乎巨观,较之大龙湫飞瀑,不多让也。因作长歌以纪其事:"银河倒泻天门开,半空涌出金银台。万迭苍厓拔地起,白龙喷沫冲霄来。巨石曾经五丁手,混沌凿破今何有?大声水上发嗢哕,孰假之鸣大小扣。随风错落生珠玑,九天仙披一品衣。高冈千仞超万象,盘旋云气日轮飞。偃阳城头乍悬布,十丈五丈空记数。惟此琼瑰万斛泉,天上黄河共奔注。负手独立襟生寒,蔑以加矣卓大观。晶光四射月临阙,不作仙人掷杖看。"又谒刘诚意伯祠,得诗云:"凿壁何年驾石梁,先生旧是钓游乡。君臣鱼水同诸葛,帷幄机谋媲子房。一卷郁离真道妙,千秋图谶半荒唐。蒹葭露白空洄溯,读罢残碑立夕阳。"中多名人楹联,惟丹阳李燨堂对语云:"倒泻银河流万古;擘开铁壁矗千层。"额题"喷玉"二字,是闽江雷鋐手迹。题名石刻不可胜纪,遍览良久,始下舟。时日将沉西矣。又行数十里,至青田县西门外。是晚,停泊前仓一宿。满天星斗,映水光寒,心急思归,竟夜不堪辗转,因枕上得句云:"城头鼓角报更初,芦战声声又满渠。星斗一天人不寐,红灯摇处捕溪鱼。"

初五日　　晴

天未曙,自青田前仓起程,三十里至温溪,始红轮东上。行四十里,巳刻至桑溪。午初至下峃。午正至小荆。行三十里,未刻至礁头。申刻至夏仙。远望江心双塔尖顶。薄暮抵温西郭外,雇小舟替行李至南门,一里许起岸,欲与芸苓觅寓过宿。时丽生泾琳表弟贩货在郡,猝尔相逢,中心喜极,共叙寒暄,同往饭铺各饱一餐。饭后,税河乡船,三人共载而行。终宵坐舟中拍手畅谈,顿忘客况。

初六日　　晴

晨,乘河乡船自温抵瑞。起岸招仆,挑行李归家。慈母暨姊妹、妻儿交相庆。家慈又曰:"自儿七月中旬启行,无日不萦梦想。"老人倚望游子,可不思乎? 近午,震轩妹丈自丁田来,留饭,余为述途中近况。薄暮,返舟。宵初,因经旬在旅途辛苦,身子困倦殆甚,倚枕早眠。

初七日　　晴

朝,在斋中,检行箧中书卷归邺架。夕,彬臣、蕴斋二表兄过访,茶话半日。薄暮,往西垣岳丈家问安,留晚饭。时南门外诚记鱼行帮伙与同业争买客货,蛮触相持,势不两下。更深,胡君稚鹤来,含怒言曰:"我之同伙被伤,中间器皿又遭破碎,势至此,气竟难平也。"岳丈命余同往,调停良久,事终未定。比归,漏已三下。

初八日　　晴

终日余同黄君镜湖、胡君稚鹤,在西垣岳丈家定议构呈词赴告县尹。薄暮,蒋屏侯孝廉、蒋雨樵国学来请息讼,以戏酒致谢,始中止。宵初,挑镫阅《聊斋志异》。

初九日

先祖母忌日。朝晴,同郑君乙山、王君赓廷、林君和叔、刘君蓉波、赵君幼竹、郑君启法登西岘山阁,公祭文昌梓潼君。午刻,在一山家饮酒。未后,席散,诸君冒雨辞归,而余独留谈论良久。家仆送雨具来。辞别,循途过陈丹卿表弟家,省问姑母。时宿疾复作,骨瘦难支,倚枕呻吟,懒于言笑,见余来,始开目视曰:"今日重九,是我母忌日。余不能燃香烛,亲赴拜祭,心甚恨恨。"余慰之再三,始无语。天晚告别。宵初,设馔祭先祖母。饭后,身子困倦,早眠。

初十日　　阴

终日在斋中,补录闱中首场文。宵初,腹中作痛,就枕早眠。

十一日　　微雨

朝,黄君楚臣过访。夕,在斋中阅《读书杂志》。宵,左臂微痛,倦倚角枕,蒙被早眠。

十二日

朝阴。在斋中,补录秋试二场经文。午后,冒雨驾舟赴丁田,抵岸时天已暮。宵,同震轩妹丈、大妹子叙谈至夜半。

十三日　　阴,微雨。寒露节

朝,同震轩妹丈、余君松舫,在吟舫中论文半日。夕,轩兄评阅余省试首二场文。余坐妹子房中论家事。时寓甥在旁,提抱调笑久之。宵,挑镫阅《绘像天雨花》。

十四日

朝阴。在丁田,坐吟舫中,与轩兄论文。下午,二人过松舫馆畅谈,至暮而回。宵,挑灯阅《绘像天雨花》,并《鸿雪因缘》。疏雨敲窗,秋声战叶,兀然独坐,不觉凉气逼人。

十五日

朝晴。买舟自丁田归,轩兄附舟,款留午饭。夕,雨,芸苓、玉君二表弟闻轩兄来,接踵过访,叙谈至未后。蔚文表侄来报,乃祖霎时间左臂麻木倾跌在地,强扶始起。芸苓匆忙归。余与震轩、玉君同往问安。至暮归家,渠亦返舟。宵,雨声侵枕,秋梦生凉,倚榻高眠,无复忆旅途之苦。

十六日 雨

终日雷声辈然,在斋中阅《香咳集》。宵初,过鹤坡舅氏家问安,预议补廪事。比归,时交二鼓。

十七日

朝,阴,赴馆与诸门人说书。夕,阅《带经堂集》卷十三"北征日记"。傍晚,大雨,平地水深二寸,天色渐昏,恐路曲难辨,冒雨匆匆自馆中归,湿透衣襟,双屐没水,抵家已更深时候。宵,阅《续齐谐记》。

十八日 晴

朝,在馆补录秋试日记。午后,过鹤坡舅氏处问安,以家慈在其家故也。突闻乡榜获隽信,吾邑惟陈君朴山中副车,兴趣索然,窃叹功名得失,竟难决之如斯也。谈论未久,家仆来报姑母凶音,即往探望,但觉气息如丝,不可救药。余斯时双泪暗吞,五内进裂,嗟我祖父母所遗爱者,惟先府君与姑二人,殡宫未卜,先后遽逝,苍茫增感,回首何堪!宵初,在丹卿表弟家,与张君紫峰酌议丧事。归时三漏初下。

十九日 晴

终日在丹卿表弟家,同张紫峰代为料理丧事。薄暮,雨。宵深,始霁。是夜，姑母丑时大殁。余送殓归，银蟾已斜挂西楹矣。

二十日　　阴

朝，在馆出馆课题目。夕，补录秋试日记。薄暮，微雨。宵初，阅《茶香室经说》。

廿一日

朝晴。在馆补录秋试日记。夕，阅《秋雨盒随笔》。薄暮，雨。宵初，内子腹痛，至寅刻分娩，震帷三索，而又得男，实萱堂之福庇也。

廿二日

朝阴。在馆补录秋试日记。夕，微雨，同李玘斋、池仲鳞论文至暮。宵初，访金秀钰，遇之，谈论良久，归时已交二鼓。

廿三日

朝阴。在馆补录秋试日记。夕，冒雨过李玉君表弟家，谈及家菊樵先生于是日晨刻逝世。余闻之不胜惊骇，先生素精岐黄术，称为国手，人来求针灸者，户外为之屡满，或遇奇疾，经先生手即便解脱，古之扁仓不是过也。近数岁间，有陈小玉发掘祖墓一事，举族愤恨，赴官伸诉，褫陈衣顶，积劳任怨，先生之力居多。今事未成，长者遽逝。余以一木难支倾厦，滋惧惟有中心饮泣而已。宵，访李芸苓表弟，遇之，谈至二更而返。

廿四日　　微雨

朝，在书斋录近作诗。夕，过郑一山兄书院，乞书合家年庚红帖。宵，读《太鹤山人诗集》。

廿五日　　阴

朝，为儿作汤饼会，又取燠桐二字以名之。巳刻，赴馆录近作诗。夕，改胡生绳苏窗课文。宵，过李玉君表弟家，谈至二鼓而返。

廿六日　　阴，少雨

终日在馆，改胡生某苏窗课论。宵，访金君秀珏，遇之，谈至二漏下归。

廿七日　雨

朝,在馆出馆课题目。夕,改胡生绳苏窗课文。宵,读《白氏长庆集》。

廿八日　晴

家慈设帨之辰,又逢周甲。晨刻,整衣冠,登堂拜寿。巳刻,震轩妹丈自丁田来贺,芸苓、玉君二表弟陆续来拜。午刻,设福首酒,陈君湘涛、董君星三各来就饮。未刻,席散,驾舟袖香烛,赴拱瑞山拜谒文昌君。申后,归舟。同震轩暨诸表兄弟坐书斋畅谈半日。宵初,进菊花酒,为慈母寿,并招诸亲友作团圞会,维时双枝庭烛,蕊结花红,一室祥光,灿然横溢,高堂观之喜极。余亦顾而乐之,因作长歌以纪家庆云。

廿九日　晴

先大父忌日。朝,在书斋与震轩妹丈谈文半日。中后,轩兄驾舟归丁田。宵,金君秀珏过访,谈论至二鼓后始去。

三十日

朝,阴。在馆阅《甲午乡墨》。夕,微雨,阅《读书杂志》。宵初,金君秀珏过访,谈良久,去时二漏已下。

十　月

朔日　雨

晨,谒洪棟园夫子,不遇。巳刻,赴馆改胡生绳苏窗课文。夕,改胡菉苏、林生宰甫窗课文。宵初,李芸苓表弟过访,在书斋畅谈至半夜。

初二日　　阴

朝,在馆出馆课题目。夕,伸纸欲作中东书院府课文,构思颇苦,至暮未下一语。宵,情绪无聊,和衣倚枕,不觉鼾眠。

初三日　　晴

巳刻,赴馆作中东书院府课文。申刻脱稿,犹嫌草草。薄暮,黄君楚臣过馆。宵初,挑灯改易一讲,并换作后二比,意始略定。

初四日　　雨

朝,在馆作试帖诗一首。夕,握管抄中东文。薄暮寄郡。宵初,访郑君一山,谈至二漏下始返。

初五日

朝,阴,在馆,誊清府课文。夕,晴,阅《甲午直墨》。薄暮,自馆中归,路遇黄君楚臣,立谈片刻。宵初,访金君秀珏,遇之。转过李西垣岳丈家,畅谈至三鼓而归。

初六日　　阴

朝,在馆阅《大题文府》、乡会墨,仅见各四书文。夕,欲作玉尺书院官课文,题属《中庸》二十章。中成文不下百馀首,前人名作,又如林立,一时遽难措手。日暮,只成一讲。宵初,另寻柱义构之,苦无新意,未易下笔,蒙被就寝。

初七日　　朝晴,夕雨

镇日在馆,作玉尺书院官课文。天向晚,始脱稿。宵,挑灯复改窜至二鼓。

初八日

朝,晴。在馆作试帖诗一首,题是《耕道猎德》,出《扬子方言》中下,双关语,颇得意。夕,雨,握管抄玉尺官课文,薄暮始就。宵初,访郑君一山,邀其代为缴送,又谈论至二漏下,乃出门别归。

初九日 晴

晨刻,往管竹君瞻淇家送殡,盖合窆其先人广文君也。夕,在馆邀门人绳苏赴杨德大纸铺购本科闱墨,孙君辛农延畛来馆谈文,良久始去。宵,访一山兄,遇之,拍谈至二鼓。

初十日 晴

朝,在馆读本科闱墨。午刻,往吴□□家饮福首酒,席未散匆匆辞归。未刻,往管竹君家归祔拜主。宵初,见月,坐书斋读《太鹤山人诗》。

十一日

朝,晴,在馆作中东书院县课文,只成一讲,停笔。午刻,往竹君上舍家饮酒,在坐李仲宽馀芳前辈,余味兰思孝、胡硕卿承恩、徐让卿维新、王省三希曾、吴松初锡申诸君,共余七人。夕阳西坠始散。薄暮,大雨旋止。宵初,与田东青老伯闲谈家事至二鼓。

十二日 晴

朝,在馆,黄君楚臣过访。夕,续作中东书院县课生题文,至暮,只成起一比。宵,挑灯,草草续就后半篇,中权以阴阳寒暑两义分柱,题属《中庸》"执法其两端,用其中于民"二句,衬贴两端,题字颇合拍。

十三日 晴

早辰,往韩君毓芝家送殡。午前,过益斋叔家谈论良久。夕,在斋中抄县课文。薄暮寄郡。宵初,挑灯作县课童题文,只成前八行,停笔。

十四日 晴

朝,在馆续成县课童题文,中多用骈语,颇新颖。午后,复改窜半日,心恐晷短,不及交缴,即握管草草抄就,时天色已暮。自馆中归,途遇洪君晓村,立谈良久而别。宵初,月明如昼,洪栋园师遣伻来邀,说孙学士家明岁设馆事,谈良久,转同李芸苓表弟出南关,赴陈府庙看旧三连福班演《定军山》一出。

十五日　　晴

终日在馆,录改近作文。宵初,乘月出南关陈府庙看旧三连福班演《公孙瓒收纳赵子龙》一出。

十六日　　晴

终日在馆,阅本科《浙江闱墨》。宵初,同庆蒸内弟,在南关陈府庙看演《临江会》一出。

十七日　　晴

朝,在馆阅《大题文府》四书文。夕,欲作中东师课文,构思半日,始成一讲。宵初,洪栋园师过舍,约订明春孙学士家馆事,谈良久,执灯送师归。转访家益斋叔,遇之,坐谈至二鼓归。独坐书斋,挑灯续作起中后,共六比。精神困倦,遂和衣欹枕而睡。

十八日　　晴

朝,赴崔云亭家送葬,又过孙兰叔家赴吊。夕,在县署抄呈词半日。因近日族姓伤丁,都由陈庆瀛发掘祖墓所致,余独出名赴县控诉,并祈县主提讯定拟方雪宗祖之冤,即以泄合族之愤。宵初,过益斋叔家坐谈至二鼓归。

十九日　　阴

朝,在馆复改窜中东师课文半日。夕,握管抄师课文,又作试帖诗一首。薄暮寄郡。宵初,过西垣岳丈家谈论至二鼓归。

二十日　　晴

朝,在馆读随园老人骈体文。夕,欲作楹语以赠叶生耕经,构思半日,苦无新意。宵初,挑灯复思,半夜倦眠,至五鼓醒,忽得句云:

"学派衍东嘉，有子能文，下笔著书参博议；联姻来京兆，使君得妇，登堂具庆佐欢颜。"

廿一日　晴

朝，在馆与门人菒荪说书，杨君润谷过访，坐谭半日。午后，彬臣表兄倩余编定李氏宗支谱，研朱校阅良久。宵，挑灯读惜阴书院西斋课赋。是夜，大星飞陨，从正南而下，光若长虹，至一刻许始灭。王君学周见之，凤楼表伯转为余言，故笔之以志异。

廿二日　阴，微雨

朝，在馆阅《东瓯选胜赋》。午后，伸纸作肄经堂课赋，静坐构思，略成二段。申后，黄君楚臣过馆，始败兴停笔。赋题系"王右军五马出游"，下以"治尚慈祥民安讼息"八字为押脚。考天子六马，左右骖；三公九卿，驷马左骖。汉制，九卿则二千石，亦右骖；太守驷马而已。其有朝臣出使为太守，增一马，故曰五马。王右军为永嘉太守，故出以五马自随，后谢灵运为郡守，亦有五马陈设，犹汉制也。宵，挑灯作赋六段，足成之。又作试帖诗一首。眼光晕绿，力倦不胜，迨就枕窗色已曙。

廿三日

晨阴，在馆，嫌昨宵所作赋大不称意，复窜改半日。午后，始伸纸磨墨，握管整抄。时天将下雨，窗暝如暮，眼眵眵字几不辨，篇幅过长，又恐晷短不及抄，就率涂墨淡，无可易换，恨恨至上灯时寄郡。宵初，访金秀珏，谈论至二鼓。

廿四日　雨

晨，坐斋中，读陆剑南七律诗。近午，同郑一山兄冒雨乘轿出城，至小衔衕下舟，盖为叶生耕经赴廿五都澄头张家去接亲也。往返计水程四十馀里。宵初始回舟。饮佳期酒，席散时交二漏，家仆执灯来接,余始辞归。

廿五日　　　晴

朝,与郑一山兄赴叶仲宣丈家道贺。午刻,饮人情酒。申刻,席散辞归。宵初,过益斋叔家,又过西垣岳丈家,与友樵、庆蒸内弟坐谈至二鼓,索借《西厢记传奇》而归。

廿六日　　　晴

朝,在馆改林生宰甫窗课文。近午,叶仲宣丈遣人来邀,盖叶生耕经有结缡之喜。是日,行庙见礼,邀余去同一山兄行襄赞事也。日将晡,女客始坐席。余偕孙仲容先生、郑一山兄、洪君小石、胡生绳荪、耕经坐洞房中饮酒。薄暮席散,仲容刑部先归,余与仲宣丈坐谈良久辞归。宵深,访金秀珏,剧谈至夜半。

廿七日　　　阴

朝,在馆出馆课题目。夕,改菜荪窗课论。宵初,李芸苓表弟过访,谈论至二鼓。

廿八日　　　阴

朝,在馆阅本科浙墨。夕,在陈君润兰家饮酒。时门人瀛藻有结缡之喜,故邀予赴宴。薄暮席散。宵初,访金君秀珏,欲其为将伯,以近日食指渐繁,床头囊罄故也。

廿九日　　　晴

朝,在馆改林生宰甫窗课文一篇。夕,改胡生绳荪窗课文三篇。宵初,阅《寒秀草堂笔记》。

十一月

朔日　　　晴

朝,在馆与门人说书。夕,改林生宰甫窗课文。薄暮,与胡、林二生论制艺。宵初,代丹卿表弟作祭母文。夜将半,闻人声汹汹,余惊视之,开窗一望,红焰冲天,问诸行人,说大沙堤失火,伤毙一鹤发老人也。此时闻之,不胜增感,就枕彷徨,心如撞鹿。

初二日 晴

朝,在陈丹卿表弟家,同诸亲友祭奠姑母。午后,偕伍凤楼表伯过飞云渡,赴南岸郑树兰姻叔家送葬。船抵岸,日已沈西。宵初,余为填神主讳,凤楼表伯行赞襄事。夜过半,和衣始睡。

初三日 晴

早晨,乘舟,偕凤楼表伯抵宋家埭上岸接主。日午,设席纵饮,山肴野蔌,颇有田家风味。席散辞别,驾舟而返。时夕阳影堕,微风吹波,纤月如钩,斜挂天半,睹此暮景,恍在云林画意之间。

初四日 晴

朝,在馆阅《大题文府》四书文。夕,欲作中东书院道课文,静坐构思,至申后伸纸下笔,始成半篇。宵初,挑灯续作,至四鼓脱稿。

初五日 晴

朝,在馆作试帖诗。夕,握管抄中东道课文。薄暮寄郡。宵初,在益斋从叔家,酌议明日吊祭事,周吟筬前辈作祭章,余定讣文稿,洪小峰门人书讣文牌,至三鼓各辞归。

初六日 晴

是日,家叔祖菊樵先生来复之期,诸亲友都来吊丧,益斋从叔邀余至其家,穿素服代为止客,忙碌终日。宵初,过玉君表弟家,与舅母谈家事,至二鼓归。

初七日 晴

朝,在馆改胡生某荪窗课论。夕,阅《大题文府》四书文,又作玉尺官课,只成前八行。宵初,访郑君一山,谈至二鼓而回。

初八日　　晴

早晨,驾舟过飞云江,赴前金地方找租。午后赴馆,端木仲锡先生过访,闲谈至申后辞去。宵,挑灯续作玉尺官课文,鸡声唱晓始脱稿。

初九日　　晴

朝,在馆嫌玉尺文未惬意,复改窜半日,并作试帖诗,又改陈生瀛藻官课文。午后,握管抄文,至中权日向晚停笔。宵初,访李芸苓表弟,步月同行,至二鼓。

初十日　　阴

朝,在馆,续抄玉尺文,并试帖诗。夕,改胡生绳苏窗课文。宵,过西垣岳丈家畅谭至三鼓。是夜,大店下遭回禄之灾,延烧五十馀家。此李彬臣表兄为余述之也。

十一日　　阴

早晨,赴东山上埠地方找租。巳刻,赴馆与门人说书。夕,腹胀作痛,闷坐馆中半日。宵初,阅《续齐谐记》未半幅,困倦欲眠,旋倚枕少息,槐安梦幻,莫问前身。

十二日　　雨

终日小腹作痛,闷坐馆中。

十三日　　雨

朝在馆,阅陈检讨四六。夕,改胡生绳苏窗课文。宵,过李玉君表弟家,芸苓踵至,叙谈良久,又出品莲和尚《金陵纪游书札》相示,洋洋洒洒,不啻千馀言,吐属温雅,亦贾阆仙、佛印一流人也。余不能与此僧作诗酒交,心甚惆怅。二漏下始归。

十四日　　晴

朝,在馆出馆课题目,改胡生绳苏试帖诗。夕,看袁简斋先生骈体文,又阅《皇朝骈文类苑》序记类。宵,同张君肖维步月闲行,至二鼓。

十五日　　　晴

朝,在馆看《皇朝骈文类苑》。午刻,震轩妹丈自丁田来邀饭。申刻,出门同行,过李玉君表弟家,与大姈母谈论良久。日暮返舟。宵初,访门斗郭堃取本科誊录卷,谈片刻而归。

十六日　　　晴

终日在馆,阅陈检讨四六。宵,过鹤坡舅氏家,谈至二鼓而返。

十七日　　　阴

朝,在馆阅《有正味斋骈体文》。夕,改陈生瀛藻《瘦马》七律二首。宵初,访郑一山兄,遇之,畅谈至二鼓。

十八日　　　阴

朝,在馆阅《有正味斋骈体文》。午刻,赴周子敬姻丈家饮人情酒,同席者叶寿如诸人。申刻席散,寿如先去,时筱菊、卣臣二君作挢蒲之戏,余观之忘倦,至暮回家。宵初,过李玉君表弟家,又访秀珏,谈至二鼓,冒冷而归。

十九日　　　阴

在馆阅《袁文笺正》。夕,补作《李西垣岳丈六秩寿序》,只成半篇。宵初,访金秀珏,畅谈至夜半。

二十日　　　阴

终日在馆,续成寿序下半篇,又改胡生菓苏窗课论。宵初,过西垣岳丈家,谈至二鼓而归。

廿一日　　　阴

早晨,同彬臣外兄赴东山上埠找租。午刻,回家。夕,微雨,寻止。在馆复改寭寿序,至□草稿始觉略定。宵初,过李玉君家,与彬臣谈至更深而返。

廿二日

朝,微雨,寻止。赴张君紫峰家送殡。夕,晴,在馆阅《佩文韵府》《子史精华》诸书。宵初,伸纸欲作中东府课赋,构思良久,倦,倚角枕而睡。

廿三日　　阴。早晨,天雨豆

巳刻赴馆,作中东府课赋二段停笔。午刻具衣冠,同薛玉坡、林友槎、李子常、余味兰、王赓廷、杨稚田、李玉君、徐昭甫诸君出西关,赴晏公庙,为张君紫峰接主。未刻在馆,作赋一段,又与门人论制艺。宵初,同蔚文表侄往紫峰家饮回山酒。同席者李幼梅、王赓廷、姜岳仙、李声石诸人,二鼓席散。归坐斋中,困倦不堪,即就枕。

廿四日　　雨

朝,在馆作赋一段。夕,作赋一段。宵初,始续成之,复加改窜,至夜半始定。

廿五日　　阴,微雨

朝,在馆阅《钱氏三世五王集》。午后,访孙君仲闿,遇之,盖因陈家盗葬祖垄有重事以相托也。申刻赴馆,兀坐半日。宵,在益斋叔家,谈论至二鼓而返。坐斋中作《铁券》五古一首,脱稿已三漏将残。

廿六日　　晴

朝,在馆出馆课题目。午后,访孙仲闿公子,谈良久,同往访仲容先生,托以要事,先生亦为之扼腕,自言愿出臂以相助。余不胜感激。薄暮,过益斋叔家。宵初,挑镫作《金涂塔》七古一首,至三鼓始成。

廿七日　　晴

先府君生辰。朝,在馆握管抄府课肆经堂赋,并古二首。夕,誊

盗发乡贤冢墓公禀二纸,呈孙刑部。宵初,过李西垣岳丈家,谈论至
二漏下归。

廿八日　　晴。冬至节

终日在馆,改胡生绳荪、菉荪窗课文。宵初,过李芸苓表弟家,
谈时事至夜半。

廿九日　　晴

终日在馆,改胡生菉荪、陈生瀛藻窗课文。宵初,过郑一山家,
谈片刻而归。

三十日　　阴

朝,在馆出赋题与叶生耕经。夕,阅《有正味斋骈文》。宵初,李
庆蒸内弟、叶耕经门人来访,论文至二鼓始去。

十二月

朔日　　晴

朝,在馆研朱校阅黄漱兰太史课赋。夕,握管复改李西垣岳父
六十寿言,以震轩妹丈谓中段承继一节措词未明晰也,至暮稿始定。
宵初爇烛,另誊一纸,至三鼓。

初二日　　晴

早晨,袖寿言缓步访丁田震轩妹丈,中途遇林君伯鳞。巳刻,至
其家,轩兄辄为改削,始成完璧。妹提抱寓甥在旁嬉笑,亭亭玉树,
不愧家驹。余为调谑久之。申刻,辞别,足力几屡,迟迟我行,归家
已日落矣。宵初,访金君秀珏遇之,至二鼓归。中途遇陈竹生前辈,
欲访西垣岳丈,强邀余同去。闭门太早,剥啄不闻,各拱手而别。

初三日　　晴

朝,在馆改陈生瀛藻窗课文。近午,孙君仲闿相伴,过孙仲容先

生家，酌议详文事。夕，写信寄郡，付家益斋叔。时叔在瓯为盗葬案构词呈控王心斋观察也。宵初，过李西垣岳丈家，袖寿言与友樵内弟，陈竹生先生亦至，畅谈至三鼓而返。

初四日　　晴

终日在馆，改削胡生绳荪窗课文。薄暮，邀李稚菊表弟代赴马屿收租，送至飞云江头而返。宵初，访郑一山、金秀珏兄，又过李西垣岳丈家，谈至三鼓归。

初五日　　晴。早晨，檐瓦见霜

巳刻，赴馆改削胡生绳荪窗课文。夕，改削叶生耕经窗课赋一篇。宵，改削陈生瀊藻窗课文一篇。

初六日

朝阴，在馆阅《大题文府》四书文。夕，微雨，阅《艺苑菁华》四书文。宵初，挑灯欲作玉尺官课文，构思至二鼓，恨少新意，竟未下笔。

初七日　　微雨

早晨，洪子迁表伯来访，强邀上郡，盖近日洪、饶二姓，以南关筑屋之事构讼半年，成兹巨怨。余一时迫于亲情，竟允之，约以明晚。巳刻，赴馆作李岳丈寿联八言一对："周甲延釐，天增椿寿；建寅纪首，觞晋椒馨。"夕，访孙中闿公子，谈论半日。宵初，挑灯构玉尺官课文，至五鼓始脱稿。

初八日　　雨

朝，在馆复改玉尺文半日。午后，偕仲闿谒仲容先生，取寄郡信，以字有舛错，付闿兄换去。余同孙刑部前辈坐颐园论诗文良久。时胡君杏村来，余始辞别，转过仲闿家说知。冒雨归。薄暮，遣仆邀芸苓表弟，以玉尺文托代抄缴。宵初，洪德斋表弟来，强邀上郡，即令仆检点行装，同星卿前辈乘河乡船赴瓯，终夜辗转，心绪难安。

初九日 雨

晨刻,舟抵郡,侨寓同和栈。早饭后,过益斋叔寓,袖函同往康宁巷访王书吏,托投道署。午后,与益斋叔在寓闲话半日。申刻,过院夫吴乙生家看中东书院府县诸课案。宵初,在同和栈与木藜仙、叶寿如、洪星卿诸前辈谈论至二鼓。

初十日 雨

晨,在郡寓与许叔租表兄背议筑屋侵占之事。午前,府隶邀两造赴署听审。是时,自恨退避无从。午后,家仆仓猝来郡,报有紧急事须归家,私喜乘闲可辞去,子迁表伯坚执挽留,谓阅时无几,成人之美,亦君子事也。勉强随诸君赴府署,代为一质。府主坚令我辈出保结,幸众口一辞,碍难出结,犹不能全受其愚。申后,即买小舟同叶寿如、许叔租归,抵岸时下三漏。

十一日 阴

朝,与震轩妹丈、金秀珏兄在斋中谈洪家事半日。家慈责余上郡致触众怒,后悔莫及。申刻,震轩驾舟归丁田。宵,独坐无聊,阅《时务报》第四十八册以排闷。

十二日

晨阴,叶生耕经过访,出封课题目。近午,李韫斋、稚菊二中表来舍,谈洪家事半日,并说近日众怒难犯,与余为雠,又遭家慈指摘,方寸难安。夕,看《阅微草堂笔记》。薄暮,微雨。家益斋叔来访。宵,李玉君来谈至二鼓而去。

十三日 雨

朝,在斋中闷坐半日。夕,遣仆邀郑一山兄来,写封开印信红单。薄暮始去。宵初,家益斋叔遣仆来报,陈庆瀛被我族人扭送县署付差管押,余闻之大为之快。噫!陈贼为我辈有不共戴之仇,道遥法外,避迹四载,先祖有灵,今竟被获,昔子房博浪之椎不中,窃谓较胜一筹也。即时出门,过益斋家抄呈词赴署,听候讯断,至二鼓始归。

十四日　　晴。早晨,瓦霜如玉

家中换新,忙碌终日。宵初,在益斋叔家酌议坟案事,至二鼓归。

十五日　　晴。晨有霜

在斋中录旧作诗。近午,益斋叔遣仆来邀,即赴其家,谈论至暮。宵初,过李西垣岳丈家,谈良久,转访李芸苓,不值。时霜满一天,月明如水,数声乌鹊向东而飞,逐影归家,漏已三下。

十六日　　晴。晨有霜

在斋中改削叶生耕经窗课赋,共二篇;七律二首。宵初,改削叶生赋一篇。月斜粉墙,鸡声唱晓,始就枕。

十七日　　晴

终日在斋中改削叶生耕经赋,共三篇。薄暮,震轩妹丈过舍,谈片刻返舟。宵初,李芸苓表弟、金秀珏兄接踵过访,谈至二鼓始去。

十八日　　阴

朝,在斋中改叶生耕经窗课赋一篇。夕,改陈生瀛藻窗课文一篇,又抄控陈庆瀛呈词一纸。宵初,微雨,改陈生窗课文一篇,至四鼓。

十九日　　朝微雨寻止

在斋中改削陈生瀛藻窗课文一篇。夕,又改削一篇。薄暮,访林和叔兄,谈时事,上灯时而归。宵初,过鹤坡舅氏家,坐谈至二鼓。

二十日　　阴,微雨

朝,在书斋阅《赋役全书》。夕,阅《瑞安县志》。宵初,阅《白氏长庆集》。

二十一日 阴，微雨

朝，赴馆放假，并袖窗课文付还陈生瀛藻。夕，在斋中看《白氏长庆集》。宵初，过益斋叔家，与周吟筐、林鉴亭二前辈谈论，至三鼓归。

廿二日 雨

晨，许竹友黼宸孝廉折柬来邀，盖近日创设农学会，欲将余家昔年所掌藉田作众用也。考国朝雍正五年，知县何诗奉部文建立坛宇，置藉田四亩九分，坛中祠奉先农神农氏、厉山氏、后稷氏，祭品、祭仪悉如先师庙。每岁仲春吉亥，有司率属出东郊行耕藉礼，令农夫终亩计一岁收获，以供祭祀之粢盛，直省府州县均如是。余家充礼科吏缺约计五世，此田盖由有司授余先祖，经掌每岁收获之谷，额定九石五斗，每石粜价银限一两二钱八厘之数，共粜价一十一两三钱七分九厘六毫，均照历年早谷粮价出粜，定以二月为期，内动支银四两作祭费，盈馀之银扫数专款批解储存藩库，可见我家掌管田亩经收田谷，亦只代公效劳，实未敢饱入私囊矣。而孝廉遽以是田作众用，其视帝籍为儿戏，目巨典为具文，吾知后来必踵告朔饩羊之迹也。夕，谒章云峰太老伯商议藉田事。章封翁同谱兄昧三孝廉献猷之胞叔，寿逾八旬，鹤发童颜，精神矍铄，孙曾林立，四世同堂，忠厚可风，里闾咸称道之，为先大父密友，义重分金，两家如同室，待余无殊子侄，家中有难措手事，即走询之，均赖指示，此亦吾家中一梁栋也。宵，爇烛，阅历年家藏案牍，至三鼓，腰腹作痛始寝。

廿三日

朝晴，在斋中阅《茶香室丛钞》。夕，阴，李鹤坡舅氏过访，金秀珏亦至，谈时事半日。宵，过益斋叔家，与周榴仙畅谈，至三鼓归。

光绪二十四年(1898)①

正 月

元日　晴

晨起,盥手焚香读《易》。午后,金君秀□□□年。是日申正日食,至酉初复圆。各祠庙鸣鼓,拜□□□□,秋伐鼓于朝,用币于社之例也。

初二日　阴

晨窗试笔。午刻,彬臣表兄来贺年。夕,芸苓、玉君二表弟来贺年。傍晚,陈丹卿弟来谈论至更深,檐瓦敲雨,丁丁作响,余乃赠雨具以行。

初三日　晴

早晨,洪栋园夫子过访,适余赴诸亲友家贺年,遇诸途。夕,坐书斋读《十八家诗钞》卷二中谢元晖五古。日暮,访林和叔,酌议札种藉田事。时黄仲弢太史、孙中容主政创设务农会,欲借重藉田为之倡也。余屡不允其假,有拂同会诸君之意,群起怨言。和叔劝余暂为假之,必不作荆州久借矣。勉强应允,约以明日订定。宵阅《时务报》第五十册。

---

① 原稿题识曰:"颇宜茨室日记贰册,筱竹遗墨,光绪廿四年戊戌正月之十二月。"

初四日　　晴

早晨,同林和叔过许竹友孝廉家,各立合同耕种藉田租札。竹友前辈又邀余入务农会,坐股一分。时陈式卿范亦至,共谈农学半日。夕,在鹤坡舅氏处论时事至暮。是日,瑞俗为诸神下降之期,余家未能免俗。亥刻,爇香烛设茶果,拜接诸神。

初五日　　晴

早晨,同仆出东郭,登万松山,谒先高高祖富山公墓。越周湖诸岭,寻滴水岩,由东迆北,登集云山,谒先曾大父石筍公、诚轩公诸墓。手抚明十世祖淳庵公、十一世祖吸川子墓碑。下山日已过晡,循途至高家垟,闻梅花香,遣仆折两三枝而返。宵初,在稚菊表弟家饮圆真酒。席散,观玉君作挎捕戏,归时漏已三下。

初六日　　晴

终日坐书斋看《阅微草堂笔记》。宵初,挑灯看新科《福建闱墨》。

初七日　　晴

终日坐书斋看《阅微草堂笔记》。宵初,吴之屏来访,索观余近作诗文,畅谈至夜半始去。

初八日　　晴

朝,乘小舟同李芸苓表弟、金秀珏兄,赴丁田张震轩妹丈处贺年。午饭后,偕诸人看迎神,又赴后里宫,看三星班演《前槐花》一出。吾邑风俗:凡各乡当新正之月,名曰会市,家家妇女,艳妆游行陌上;亲朋相拜贺者,亦于是日俱至,茶果纷陈,肴馔盛列,东主弥尽殷勤,犹存古人风韵。宵初,与芸苓、紫石、秀珏诸君来道上游玩,至夜深始返。时张君震轩患风热,辅车作痛,故不偕余同游也。

初九日　　晴

早晨,在汀田,闻土人来白:昨夜丑刻,东门外丰湖硐桥庙失火,延烧市店及楼屋,约计二百馀家,破椽坏栋,湖中填溢,水为不流。仓猝闻变,心加惊骇良久。巳刻,与李君芸苓宪章、杜君紫石宝英、金君秀珏、震轩妹丈坐揽英书舫闲谈。未后,赴后里宫看三星班演《杨延昭赴西辽取宝刀》一出。宵初,赴前林地主庙看新日绣班演《三仙图》一出,至三鼓归。

初十日　　晴

朝,同芸苓表弟乘舟自汀田赴仙峡周鹿峰锡牲表兄家拜年,邀午饭。未刻,偕诸中表至莘塍看迎神。薄暮回舟。宵初,月色皎甚,身子困倦,就枕早眠。

十一日　　晴

头眩作痛,足行无力,倚枕养神竟日。宵初,月白如银,出门散步,过李玉君表弟家,转过西垣岳丈家,谈至二鼓而返。

十二日　　雨

朝,孙中恺公子来访。夕,郑君一山索观家藏五百罗汉尊佛石拓像,此石刻在天宁寺,经兵燹后未免瓦缺不全,一山近阅《邸报》中志及此事:"欲求全本,不吝重金购换"云云。闻余家有此旧刻,故乐为寓目。宵初,叶生耕经过访,二鼓始去。挑灯录《玉甑山房剩稿》。

十三日　　雨

巳刻,郑一山兄来舍,索观家藏古画,启缄发箧,纵览殆徧。郑君谓余曰:"昔人谓拥书万卷,权拜可称小诸侯,吾子旧藏墨宝甚富,虽南面王无以易也。"又曰:"米家书画载满一船,以君所藏颇厚,私号君家为小米,孰则过之,他日当置一跋以赠。"余唯唯。展读把玩,终日忘倦。傍晚辞去。宵,阅纪文达公《笔记》。

十四日

朝,阴有雾。坐书斋看《见闻随笔》。夕,微雨,身子困倦,假寐半日。是日丑时立春，家家烧樟叶饮春茶，爆竹声轰，不遑接耳。

十五日

朝雨。坐书斋看《阅微草堂笔记》。申初，阴，赴显佑庙看聚昌班演《伍员过昭关》一出。近暮，访李仲宽馀芳前辈，遇之，出茶茗以待，座间谈及与余家为世交，又言先君子于友朋中情谊最为亲厚，不分贫富，有古人车笠之风，然独吾二人交尤深，何意中道见弃，失我良友，每值深宵风雨，回忆翦烛清谈，两相对榻，今竟无复再聚，墓馀宿草，怅触奚堪。余闻此片言，顿触思亲之感，又兀坐良久，始告别。

十六日 晴

朝，同彬臣表兄赴惜字局收买字纸。午后，过学计馆，交务农会股分钱文，总司会计者孙中恺、王雪璞二君也。薄暮，访郑君乙山，谈良久归。宵深，赴显佑庙看聚昌班演《番天印》戏文，事属宋初，迹涉怪妄，蛇足之论，斯为近矣。

十七日

朝阴。坐斋中看《阅微草堂笔记》。夕，代伍凤楼朝光表伯写一函与池君鹏南化龙。宵初，雨，赴显佑庙看聚昌班演《别仙桥》戏文，至三鼓归。

十八日

朝阴。访洪栋园夫子，遇之，议抬禀事。午前，震轩妹丈来贺年。午刻，小饮，邀玉君表弟来陪席。申刻，大雨，鹤坡舅氏遣仆，招震轩夜饮。余亦随去共饮，至二漏下而归。

十九日

晨雨，寻止。巳刻，孙学士止庵先生以暖轿来接余上馆。诸门人拜谒，受学者德枬季芄、延曙宾谷、延春□□三叔侄，女弟子韵葱、韵芙二姊妹，共五人。午刻，孙中恺公子设席留饮，同席者洪君小湘、孙君忱叔、季芄昆仲。夕，与诸生说《纲鉴易知录》。宵初，雨霁。过鹤坡舅氏家，谈论至更深始返。是日下午，震轩返棹回丁田，余在馆不及送别。

二十日　　晴

朝，在馆与门人延曙说《左传》"昭七年，楚子使然丹简兵"节、《孟子》书"周霄"章。夕，与德桴说《史记》五帝本纪。宵初，伴家慈暨次妹子过大舅母家一叙，二鼓后接慈母归，妹子留宿。

廿一日　　晴

晨，有霜，在馆阅《丁酉浙墨》。夕，与门人德桴说《曲园四书文》。宵初，赴大舅母家携次妹子归。

廿二日　　晴。晨，霜点瓦如银

在馆与门人延曙说《左传》"昭十五年，楚费无极害朝吴"节，《孟子》书"彭更"章。夕，调印泥校点《陈止斋集》首卷古体诗，原本系孙止庵学士所校阅，原注系孙太仆琴西先生笔墨也。宵，过玉君表弟家，与舅母谈至更深而返。

廿三日　　阴

朝，在馆与门人德桴说《通鉴》。夕，研朱握管录《陈止斋集》第一卷眉批。宵，微雨，芸苓表弟过访，谈至二漏下而去。

廿四日　　晴

终日在馆，调印泥校点《止斋集》第二、三卷古体诗。薄暮，与门人德桴说曲园先生《四书文》。宵，过西垣岳丈家，与庆蒸内弟谈至二漏始返。

廿五日　　晴

朝，在馆与延曙说《春秋》"昭十六，韩起聘郑"节，说《孟子》书"有攸不为臣"节。夕，与德桴说《通鉴》"赵简子豫让"三、四节，又校《止斋集》卷四古体诗。

廿六日 晨小雨,旋霁

在馆说《春秋》"韩起请环"节,《孟子》书"戴不胜"章。夕,校点《止斋集》卷五。宵,阅《粉妆楼外史》。是日,天色晴和,渐有春意。

廿七日 卯刻大雷雨

在馆说《春秋》"郑六卿饯韩起"节,《孟子》书"不见诸侯"章。夕,校点《止斋集》卷六七。宵,录《玉瓿山房剩稿》。夜窗敲雨,影对檠灯,春恨恼人,不堪沉闷。

廿八日 阴

朝,在馆说《春秋》"郯子来朝"节,《孟子》"去关市之征"节。宵初,大风,阅《史记》项羽列传。是日,校《止斋集》卷八九十。

廿九日 雨

终日在馆,校点《止斋集》卷十一二。宵,冒雨过家益斋叔处,酌议钱款至夜半。

卅日 晴,旋雨

晨,访郑一山兄。在馆说《左传》"有星孛于大辰"节,《孟子》"禹掘地而注之海"节。夕,阅《丁酉江西乡墨》。宵,书祭文昌君祝章。

二 月

朔日 阴

朝,在馆阅江西乡墨。午饭后,同孙君中恺、门人延曙游颐园,看山茶花大如碗,红白相间,鲜妍可爱。延曙偷折二朵袖归。傍晚,震轩妹丈遣伻来,询考甄别事,写一函报之。宵,雨,早眠。夜半闻剥啄声,送到中山甄别题目一纸。四书题:"夫如是,故远人不服,则修文德以来之,既来之。"试帖题:"春入山村处处花",得山字,苏文忠诗句。因限期迫促,披衣遽起。即时伸纸磨墨,危坐构思,至天曙始成半篇。

初二日　　　阴,天气寒冷

早辰,遣仆袖题纸,送震轩妹丈续作甄别文下半篇,至午始就。来人催促,握管潦草书之,恐不及待。邀郑一山兄作试帖诗,匆匆送缴。余此时嫌文未经磨琢,字画不整,中心几闷。未后,同一山出门游玩半日。宵初,困倦早睡。

初三日　　　晴

朝,在馆出馆课题。四书题:"傅说举于版筑之间"。诗题:"九陌楼台生细霭",得台字,陆放翁句。午饭后,同门人季芃、宾谷在放生池边小步。调印泥校点《止斋集》卷十三。宵,阅《时务报》第五十一册三四幅。

初四日　　　阴

朝,在馆说《左传》"昭十八年,宋卫陈郑皆火"节,《孟子》"孔子惧,作《春秋》"节。夕,身子困倦,伏几而卧。宵,挑灯看《东瓯选胜赋》。

初五日　　　晨霜铺瓦,色白如银

在馆与门人说书。午后,洪栋园夫子邀余作《观风赋》。赋题:"谢灵运登江中孤屿",以题字为押脚。明晨送交。危坐构思半日。宵初,李西垣岳丈过访,去后作赋,至五鼓始脱稿。

初六日　　　晴

朝,在馆阅《尊经书院四集文》。近午,仆来说震轩至。又誊《观风赋》一篇,呈栋园师。夕,阅《高青邱诗集》。宵初,金秀珏兄来招震轩小饮,邀余陪席,食顷同归。与李君芸苓、陶君子玉、金君品三昆仲作六博戏,至天曙。

初七日　　雨,窗昏如暝

终日与震轩妹丈,秀钰兄,蕴斋、彬臣二表兄作六博戏,继之以烛,时下三漏始就寝。

初八日　　晴

早晨,震轩归丁田,余赴馆与延曙说书。夕,改德栲《绿萼梅》律诗一首。宵初,月色如银,中庭小步,忽闻雁声,即成五言一律有①。

初九日

朝,微雨。在馆出赋题。《春草碧色》,以题为韵;试帖,"砚池笔架小江山"。与延曙说书。夕,阴,改季苊窗课文。宵,大风雨,倦甚早眠。

初十日

晨,雨旋止。周子敬姻丈折柬来请,为伊孙毓崧发蒙。夕,赴馆改德栲窗课赋。宵雨,在子敬家饮酒。同席者朱寅谷、周眉仙、榴仙,炜来、笺来昆仲,共六人。

十一日　　雨

朝,在馆与延曙说书。午后,闻雁声,改德栲窗课文,又试帖二首。宵初,书仲春祭文昌君祝文。近日齿痛,左颊微肿,烦热不堪其苦。

十二日　　微雨

终日在馆校点《止斋集》卷十四。是日午后,孙季苊门人袖来其尊人止庵先生所拟"傅说举于版筑之间"题,一起讲"尝思商之贤相,首推阿衡,莘野之就征,似无异历山之发迹,然其躬耕乐道,早以天下为己任,此不足为尹奇也。若夫未遇之前,躬胥靡之贱役;既遇之

---

① "五言一律"下,底本本有一"有"字,似要抄录诗句,但未抄录。

后,膺良弼之旁求,斯固有始愿所不到此者,吾于商之中兴得一相焉曰傅说"。读此文,觉秀气盘旋,令人咀嚼不尽,诗曰"老树着花无丑枝",信斯言也。改延曙《感时论》,中有刺李合肥主和议之谋,比之宋汪黄,又言今之天下,虽刘基再出,孔明更生,亦不能为也云云。言甚激烈,此生年少,而举笔有大议论,洵可畏也。申刻,黄君楚臣来,谈及章云峰太老伯,年逾八旬,偶感风痰,即于是日未后辞世。闻之不胜感激,余家与翁为三世旧交,问疑质难,半赖指点,今忽溘逝,如折一梁栋也。刻又以馆事羁绊,亲不行送殓,心甚恨恨。宵,书仲春祭关壮缪祝文。

十三日　阴,旋雨

终日在馆校点《止斋集》十五、十六两卷。宵初,访朱君寅谷,不值。转访金君秀珏,遇之,谈至二漏始归。

十四日

朝阴,天气极寒。在馆出馆课题目。《井上有李》、《双燕归来伴昼长》。校点《止斋集》卷十七。午后,叶君声石鉁来馆,谈西人传教事。声石问曰:"西人之教近于黄老,今之受其教者,盖纷纷矣。子亦愿此乎?"余应曰:"我辈儒者也,读圣贤书,惟知受孔子教,他不知所受。"夏君耀西德庚踵至,袖中出戴羡门《春帆入蜀图》相示,阔尺五许,长可三四丈。按是图作自嘉庆羡门先生备兵巴蜀时,倩叔讷绘之,附题二绝句,画笔澹远,不让郭熙。刘文清公墉弁其首,字画峭劲,苍苍入古,后经兵燹,遗失难寻。其曾孙子开启文太守后购之骨董肆中,喜获先人手迹,自跋其尾,计得失终始,共七十七年,又倩人题咏,率皆一时名宿。今子开来瓯司榷务,托夏君代乞止庵先生题之,故获寓目。噫!传家墨宝,百年沦没,而得自一朝,此亦神灵呵护使然也。余有前明先宫詹公画卷,昔先曾祖在蒋攸铦相国砺堂幕,购之沧州,今藏于家,睹此墨迹,因触余心,故并笔之。申刻,校点《止斋集》卷十八。宵雨,阅《湖北乡墨》。

十五日 阴

朝,在馆与延曙说《孟子》书。夕,遣仆赴芸苓表弟处开玉尺书院课题,生《致中和》三句;童题《夫微之显》。阅《尊经四书文》。宵,挑灯构思,欲作玉尺文未下笔,精神疲倦,倚枕而眠。其夜大雷雨。

十六日 雨

朝,在馆与延曙说《左传》。夕,作玉尺官课,只成前八行。宵,挑灯续作之,至三鼓脱稿。

十七日 雨

朝,在书斋作试帖诗,题《寰海镜清》,得清字。夕,访郑君一山,谈论半日。薄暮,过陈君璞山钟琦家,遣一价邀邵仲溥,其人渔利无餍,近于垄断者流。余有微润,竟被其侵蚀者,舌锋相角,至于大骂。陈君亦从旁严责,面赤颊汗,自觉羞容难掩。噫!小人阴险,洵可恨也。是夜,挑灯作玉尺官课童题文,至四鼓脱稿。

十八日 晴

朝,在馆握管抄玉尺官课生题文。午后,同孙中恺、季芃二公子,及其子延曙过颐园游玩。红桃半吐,映水生媚。仲君手折数枝,归供瓶中。申刻,抄童题文。薄暮未完,灯右续抄之。遣仆交缴。李彬臣表兄过访,谈至二漏而去。

十九日 晴

朝,在馆改季芃百花生日祝词,共四绝。出赋题。《苔痕上阶绿赋》,以题为韵;诗题"竹外桃花三两枝"。夕,阅《高青邱诗集》,灯右阅《时务报》第五十二册。

二十日

朝晴。在馆与延曙说《左传》。仆袖来郡城肄经堂甄别题目一纸。生赋题《东山丝竹赋》，"安石不出如苍生何"八字为押脚；童赋题《晋王右军墨池赋》，以题七字为韵脚；生试帖题《小轩临水为花开》；童试帖题《江寒晴不知》、《且园晚眺》、《飞霞古树行》。夕，下笔作赋，共四段。宵，微雨，郑君一山来访。亥刻，续作赋四段，至五鼓脱稿。

廿一日　　　晴

朝，在馆改季芄、耕经二生肄经堂赋。夕，作试帖诗一首，五古一首。握管抄赋，并古今体诗。薄暮寄郡。宵初，访金君秀珏，遇之，谈至二漏归。

廿二日　　　晴

终日在馆，改季芄窗课文一篇、延曙歌体诗一首。宵初，腹痛作泻，精神困疲，身又畏风，即邀李稚菊表弟诊视，谓用心太过，脾胃稍损，下大腹皮、白芍等药。

廿三日　　　阴

终日在馆，改季芄窗课赋。宵初，身子困倦早眠。是夜腹泻不止，精神稍为之减。服午时茶一盏。

廿四日　　　大晴

终日在馆，改耕经窗课赋，共三篇。是日午后，郑君一山来馆，说昨日肄经堂赋寄郡逾限不录，余陡闻之，一时胸气愤恨难平。

廿五日　　　阴

早晨，备牲醴赴东门瓮城王公祠拜祭，盖昔日我先大父与同社诸君创会拜祝，是年适值余家祭也。按王公讳祚昌，号十洲，上饶人，选贡。明万历四十年任瑞，仁风惠政，卓著一邑。疾卒，囊无积钱，父老悯其清廉，为置方柜于通衢，听民乐助。不浃日，满数百缗，始获殡。立庙于东关城中，以示不忘。载之邑乘，历有年所。今则祠宇荒凉，苔藓满壁，将就倾圮，余有意兴筑之，而未邀同志。午后，在书斋阅先曾祖《承德府志》稿本。申刻，倦甚，倚枕酣卧半日。宵初微雨，邀林君漱泉、柳君琴山、项君鹤庚、李稚菊表弟享馐，席散时交二鼓。

廿六日　　阴雨

早晨，震轩买舟来接家慈赴汀田。午后，赴馆阅《时务报》第五十三册。宵雨，挑灯阅曲园先生《纪游绝句》诗笺六页，系曲园手录，寄孙琴西先生，字画高古，不同俗笔，篇末有止庵先生跋语："壬申三月十八，夜读一过，大贤屐迹，为寒乡山水光华多矣。年愚弟孙锵鸣拜读并记。"共三十三字，图印红晕，墨迹犹新。余曾读先生旧刻诸诗，窃慕其为人，今亲睹笔墨，何幸如之，心有所羡，即刻握管录其诗，以备朝夕呻唔已耳。

自杭州至福宁杂诗："云山南望路迢迢，却好风光转柳条。多谢兰溪贤令尹，绿波春水放兰桡。兰溪令吴焕卿，余门下士也。知余有福宁之行，具舟来迎。""记客新安五载馀，江干岁岁费舟车。富春山色桐庐水，算理多年未读书。余从前客授新安，岁一往还，必由钱唐江溯流而上。""舟窗闲坐倚雕棂，两岸烟峦似旧青。料得山灵还识我，重来只少一奴星。奴子孙福，乃昔年从余往返新安者，后以老乞归。庚辛之乱，不知所终，至今思之。""指点西台又钓台，客星楼上暂徘徊。祠前一十七回过，来见先生第一回。七里泷谒严先生祠，从前十七度过此，均未一登也。""姊妹花开傍画栏，虚烦翠袖进龙团。那知据桉村夫子，止取周官六典看。时携《周礼注疏》于舟中读之，取其委曲繁重，足以消磨客况也。""廿载论文旧友生，此来快听好官声。从知吏治无他异，只与文章一样清。舟至兰溪，吴焕卿大令来迎。焕卿从学于余，余极赏其文笔之清，及成进士，以知县来浙，余语李小荃抚部曰：'此君作令必佳。'公问故，余曰：'昔见其文气甚清，卜其作令亦必了了也。'""玉座荒凉异昔时，兰溪城外偃王祠。何当更访陵山庙，手拓昌黎半段碑。兰溪有徐偃王庙，昔曾游焉，今倾圮过半矣。或言龙游陵山偃王庙有韩文公碑，尚存半段，余昔过龙游，未之知也，以诗记之，行且托人往访。""自过金华滩转高，篙师撑折万张篙。西津桥畔重回首，辛苦轻舟压怒涛。西津桥在永康城外。""何处芙蓉五朵峰，入山便与画图同。篮舆不走红尘路，只在泉声山色中。永康有五峰之胜，昔人所谓分明朵朵翠芙蓉者也。然入山后峰峦重迭，亦莫辨何者为五峰耳。""试从木末一登临，绿柳红桃偏水浔。毕竟南来春信早，春分未过已春深。""阳冰旧治在山乡，名迹流传颇未荒。道左丰碑丞相墓，岭头桓表状元坊。缙云城外，有宋丞相赵公神道碑，惜未访其名。岭上有状元坊，为明状元詹骙建其岭，即以状元名。"①"桃花高岭路湾环，曲曲溪流面面山。松竹丛中一条路，行人都在翠微间。""才经半岭日将斜，汉寿祠前且啜茶。却喜县官能解事，课民岭上种桃花。桃花岭本无桃花，盖以形得名。道光间，缙云令熊君种桃万树，以副其名。乱后斩伐殆尽，今县令徐君又议补种之。""冯公岭上却金馆，见说前人此却金。重迭红笺书吉语，碑头姓氏费搜寻。冯公岭有屋一区，颜曰却金馆，有碑云江右何公却金处。万历十五年，胡绪、蔡廷臣、喻均立石，而馆当孔道，为冠盖往来休息之所。碑又居门外正中，适当树墓门之处，有司供张者贴红笺书吉语于其上，字迹遂为所掩。余命从者层层揭去，始得见之。""出山便至厦河边，三日篮舆此息肩。我本烟波一渔父，故宜来此坐篾船。厦河在处州城外，有两种船，曰渔船，曰篾船，余此所坐篾船也。"②"石门洞口雨中过，雨后山光翠更多。行到岩前看瀑布，直从天半泻银河。""山中诚意旧儒宫，妇竖能

---

① 底本原校："詹骙登淳熙乙未第，原作'宋'是。止庵老人。"
② 底本原校："厦河小船，似以船形如梭得名，曰梭船。止园老人。"

谈佐命功。我向堂前拜遗像,旗峰西矗鼓峰东。石门洞为刘伯温先生
读书处,遗像尚存,曰旗曰鼓,乃其左右二峰也。""故人仗节镇东瓯,一别西
湖又几秋。今夕且园一樽酒,从头听话雁山游。温州见方子颖观察,共
饭于其署中之且园,纵谈至夜分,并示《雁山游草》一卷。""更烦高会集群
贤,特为征人启别筵。领略怡园好风景,不辞半日此留连。方子颖观
察、裕昭甫太守、陈友三大令饯余于曾氏之怡园。园有泉石花木之胜,亦东瓯
一胜地也。""华盖山头暮色催,肩舆草草出城隈。如何好事诸君子,
肯逐康成车后来。余将发温州,有徐君杏汀至逆旅来见,又有陈君仲珊至旅
舍,而余已发,遂追及之于舟,因纪以诗,藉存一日之雅也。""飞云渡口水茫
茫,历历风帆海外樯。江面乱流行十里,依稀风景似钱唐。""平桥曲
水路纡徐,一叶轻舟载笋舆。沿路饱看南雁荡,浓青浅黛染衣裾。自
平阳坐小舟,行三十里至钱仓,一路山色甚佳,层峦迭嶂,应接不暇,盖即所谓
南雁荡矣。""榕树阴中曲曲堤,直从萧渡到琳溪。瓜皮艇子沿堤去,
未碍溪桥三尺低。""山溪行尽又山冈,且喜松篁夹路长。想见山中
生计足,高高下下菜花黄。""岭上岩岩分水关,令人回首故乡山。归
途傥践山灵约,雁荡天台咫尺间。余此行因急于至闽省视老母起居,未及
一探天台、雁荡之胜。方子颖观察订归途游雁荡,并愿为雁荡作主人,然余又
急于回杭补行诂经之课,未必能如约也。分水关乃闽浙分界处。""榕城开府
亲家翁,此去偏悭一笑同。今日入疆观教令,训词忠厚古人风。闽抚
王补帆,余同年生,又亲家翁也。此行往返匆匆,未及至榕城相访。自入分水
关于半岭塘,见君教令四条,皆六言韵语,劝其士民,以敦品励学,息讼止争,知
君用意良厚也。""自为衰亲千里来,敢烦地主具尊罍。白琳多谢黄明
府,洗我征尘酒一杯。余以定省来闽,故行甚速,过福鼎县未及少留也。而
县令黄□□明府使人追及之于白琳逆旅中,治具丰腆,意甚愧之。""五蒲大
小尽跻攀,又度崎岖六六湾。见说武夷山九曲,此行四入武夷山。大
五蒲、小五蒲,均岭名也。自此至蒋洋,山形缭曲,故有三十六湾之名矣。""四

山云气已模糊,旋觉阴霾一扫无。若比当年衡岳例,鲰生何敢望韩苏。是日初登车,云气迷蒙,及上五蒲岭也,已有微雨。余以是日所经多高岭,深以雨行为忧,默祷于神,旋即开霁,晴日杲杲,盖神佛之佑也。”“石壁嶙峋高插天,大王岭在万峰巅。明朝更度观音岭,历尽危途仗佛怜。入霞浦境后,岭路尤峻,而大王岭及观音岭为最。”“天梯回望倚云根,水复山重不可论。却羡阿兄来领郡,万山深处一官尊。天根亦岭名,度天梯岭,即福宁矣。”“水陆舟车一月忙,征衫又此拜高堂。修书先报老莱妇,为说慈闱寿且康。余行抵琳溪,壬甫兄使人来迎,询知慈亲康健,即驰书报内子知之。”

廿七日　　晨雨,旋霁

在馆与延曙说《左传》。夕,说《通鉴》兼《易知录》。更初,过玉君表弟家,谈至二漏而返。

廿八日　　阴

朝,在馆出题目。《伯夷辟纣居北海之滨》;试帖题“南浦波平春水生”,得“春”字。改叶生耕经窗课赋。夕,校点《止斋集》卷十九,阅曲园、止园二先生诗笺,又王六潭咏霓比部诗,即手录之。

曲园:中秋之夕,与儿妇、孙儿女、外孙儿女,曲园看月,口占二绝句,以博一笑。

大好光阴八月中,最难有月却无风。盘中瓜果盆中饼,也学吴侬拜月宫。

不醉中秋又四年,偶乘清兴一流连。展开八尺冰纹簟,席地团团坐月边。时新得东洋迭席,即布之曲水亭中,席地而坐。

止园:黄婆行并引。黄婆祠在上海龙门书院西,仅隔一墙。乾嘉以来,为布商会集之所,岁时祈赛,选舞征歌,游观之盛,甲于一城。自番布盛行,远商不至,祠亦冷落,无有过而问者,为作此诗。

松江之布天下闻,滑如凝脂皎如雪。褌夫贩妇辇金来,争入市门车脱辖。齐纨鲁缟交驰名,北走徐淮南闽越。泉刀流溢意气豪,黄婆祠里笙歌发。黄婆不知何时人,白发荆钗青布裙。来自何方莫可考,一廛托处申江滨。络车机床出手制,日以纺织教乡邻。清霜落野砧杵动,寒月入窗灯火亲。开场列隧百货达,闾阎殷赈风俗醇。传闻昔年香火盛,撞钟伐鼓秋复春。自从番布入中土,诡技淫巧日相聚。大邦缯纩无光辉,妖服斑斓满编户。但知耳目悦新奇,不辨质地孰良窳。女红失业半惰游,求免饥寒无处所。祀事不修过问稀,蓬蒿没阶苔生础。一物盛衰奚足论,太息人心不复古。我来祠下数经过,西风落叶鸣庭柯。手爇瓣香且一揖,帷帐缺落县丝窠。曩时浩穰不再见,黄婆黄婆奈汝何?

六潭:送曾劼刚少司马还朝四律:

天山西北鄂罗斯,帝遣通侯仗节时。赖以片言消反侧,贤于十万远移师。运筹记读征轺笔,活着能参覆局棋。道是中朝人第一,单于应悔识君迟。

伏波铜柱旧时功,遥望扶南似掌中。未许契丹求割地,如何魏绛善和戎。山横安子边氛恶,江绕宣光落照红。至竟虏廷谭汉使,故知兵部有家风。

恒河旧产菩提树,此日都栽莺粟花。谁遣毒流中土遍,可无缙敛入关赊。惩羹且蓄三年艾,贡赆争随八月槎。独有怒江呜咽水,春风怨不到天涯。侯与英商存缅祀垂成而适受代。

上林旦晚望鸿飞,喜遁征夫有衮衣。西海帛书驰武节,东山霖雨待公归。沧波万里乘风利,宫树千条近曙晖。记得天津桥畔路,昔来杨柳尚依依。

宵,阅《永嘉县志》。是日,中恺公子以荷叶包供予食,此物以麦糁粉为之,形圆如荷叶,角周四折,中实葱菜,食之味最甘脆,齿颊俱芬,因用东坡先生和黄鲁直食笋韵,以纪其事。

廿九日　　微雨。终日朔风大作,天气极寒

在馆出赋题《春寒赋》,以"春寒花较迟"为韵;诗题《琴声》、《笛韵》,五律各一首。补抄惜阴书院古今体诗抄本目录。宵,过玉君表弟家,问舅母安,以近日舅母稍患风寒也。

三 月

朔日　　大晴

朝,在馆改延曙感时诗,补改旧作诗。夕,校阅《止斋集》卷二十、廿一。宵初,同张君小维胲,过包雨臣馆,纵谈时事,至二漏归。

初二日　　薄晴

终日在馆,补改旧作诗。更初微雨,过西垣岳丈家,与林君梅仙、友樵内弟谈至三漏而返。

初三日　　薄霁

朝,在馆补改旧作诗。夕,阅《且瓯集》。更初,过玉君表弟家,至二鼓归。挑镫阅《客窗闲话》。

初四日　　阴

朝,在馆补改旧作诗。夕,改季芃窗课赋、五律三首。宵初,补抄旧作诗。

初五日

朝,晴。在馆改季芃试帖诗二首。未后,慈亲偕震轩妹丈自汀

田归。更初，微雨，金君秀钰来与轩兄畅谈，至二鼓。补抄旧作诗。

初六日　　晴

巳刻，请震轩妹丈为二子燠枬、燠枏发蒙，邀芸苓表弟作陪。夕，出所录旧作，付轩兄评阅。宵初，设上馆酒，在坐李西垣岳丈、震轩、芸苓、稚菊、玉君诸中表、金秀珏兄，觥筹交错，主客畅谈，漏三下始席散。

初七日　　大晴

朝，在书斋与轩兄论文，出馆课题《东里子产》；诗题"燕外晴丝卷"，得"丝"字。遣仆送馆。近午，蕴斋表兄来邀饭。午后，同震轩访林君总仙，遇之。杨君志龄踵至。总仙家藏多古画，余乃索观，始出相示，一为赵文敏公画马图，幅长二丈许，首尾装以黄绫，题跋甚夥，中间列文敏真迹，傍有小方印二，"赵氏子昂松雪书画"共八字，近籀文体，泥色甚紫。骐皇数十，以淡墨工笔为之，或先或后，有饮水者，有在林下者，有腾踔相搏者，有昂首掉尾者，一起一伏，逼肖全神，昔曹将军画马擅其长，观此不多让也。一为仇英《二乔观书图》，绘以黄绢，色甚黝。丹青着笔，芳容粉态，如睹可人。一为王翚山水画册，共八页，每幅之尾，李石农观察题一绝句，末款识"西岩三兄大人属题，石农李銮宣"，共一十三字。一为《榆楼校诗图》，一为《湖上吟秋图》，此二图都属任渭长笔墨，是端木叔总先生家故物。又有董思白草书，笔势潇洒，有飞鸿戏沼气象。睹此墨宝，古香古色，爱不释手。观竟，总仙谈及余家藏有永嘉古砖，《玉甂集》曾载之，今不知遗失属诸谁氏手。余因有所感，窃意千古秘珍，有以得之，必有以失之，岂殊尤之品，果招造物之忌乎？抑孙曾不能守，而轻弃以予人乎？心羡此砖，伤塞翁之失，在我亦无如何也。日向晚，始辞别。轩兄转向志龄乞借《广艺舟双楫》一册袖归。宵初，阅《南宋杂事诗》。

十五日　　阴。清明节

迎城隍神。朝,阅《日知录》。夕,阅《南宋杂事诗》。宵雨,阅《续齐谐记》。

十六日　　薄晴

终日在书斋,作中东府课生题《陈亢问于伯鱼曰雨》章;童题《子贡问友》四章;诗题"竹室生虚白",得"生"字。更深有雨。

十七日　　微雨

朝在书斋,复握管改昨夕所课文。夕,抄文,并作试帖诗。薄暮寄郡。宵,倦眠。

十八日　　大雨

晨起,在书斋校点《止斋集》卷廿五六七八九三十。午后,郑一山兄过访,索观《瑶华道人诗钞》稿本。宵,阅《盛世元音》。

十九日　　阴

朝,在馆校点《止斋集》卷三十一。午后,同季芄、延曙看老日绣班演《碧玉簪》一出。宵初,在灯幔下游行。

二十日　　薄晴

朝,在书斋作灯谜数则。午后,遣仆呈洪棟园夫子一阅。张君肖维胲来。宵初,携甥女秀绵、蕙女,枏、栙两儿在灯幔下游玩。

廿一日　　晴

终日在书斋,作中东师课生题《天下有道则庶人不议》;策题《问汉通西域而匈奴遂微,唐以南诏攻吐蕃,宋以蒙古破女真,而边患愈炽,得失之故安在?试详言之》,诗题"天际长江巴字回",得"天"字,王维《送崔太守》诗,上句"雾中远树刀州出"。是夕,城隍神游幔,携甥女儿女出游,至二鼓归。

廿二日　　晴

日有晕,周径可四五丈。朝,在书斋作中东师课。午后,李芸芩表弟来阅《日知录》、《策府统宗》。更初,携甥女蕙女在大街看城隍神出游,灯花斗艳,光彩射人,游客往来,几如江潮奔涌也。

廿三日　　大晴

朝,在馆抄师课文。夕,作策问一道,试帖一首,并抄就。薄暮寄郡。宵初,倦甚,倚枕鼾眠。

廿四日　　晴

朝,在馆改季芃小课,校点《止斋集》卷三十二。夕,阅止庵先生丙戌沪游日记。

廿五日　　晴

朝,在馆阅《边事汇钞》。午后,震轩妹丈来,余归畅谈。申刻,偕诸甥女泛舟。归改季芃小课。更初,阅纪晓岚先生试帖诗。是夜,雾气弥漫,对面不见。

廿六日　　晴

朝,在馆阅《边事汇钞》。午后,向中恺公子索观黄仲弢太史所书折篆,共旧作四首,因录之。《庚寅春,戏和同人祭金危危诗》:"垣西执法应星占,老忆莼羹未下盐。韩愈送穷传戏笔,王充诘术付疑签。朝朝如愿探囊具,岁岁长恩箸录添。相祀千官资纠肃,土风越祝未须严。"简越缦丈。"凫舄新闻候吏占,西行重服玉华盐。闲吟鹤背腰缠贯,亲作蝇头手署签。宝乞黄瓶从此聚,香知红袖夜来添。雍郊漠暏迷烟草,太息君才似马岩。"简云门。"来年镜听得祥占,忍把妍书比嫫盐。讥日诃诋应有说,会天校秾竟无签。且欣春去朱明至,莫遣金成白发添。粗服乱头饶大嚼,何如斋沐写楞严。"简廉生丈。"沈林学易玩辞占,诗思尤如水着盐。几日操蹄劳野祝,一家开口发邮签。裁笺喜动宾朋问,举烛翻令故实添。却笑玉阳廉又侈,黄金别有秘方严。"简子培兼示可庄。改季芃小课。宵初,阅纪文达公《笔记》。

廿七日　晴

终日在馆，改季芄窗课。宵初，大风，闻雷而无雨。过舅母家，谈至二漏始返。

廿八日　晴

晨，赴馆出馆课题《我非生而知之者》；诗题"舞雩归咏春风香"，得"香"字。偕同社诸君，登西岘山公祭仓颉帝君。午刻，在管君杏浦家享馂。申刻，赴馆，改季芄小课《饯春词》四绝。宵初，在舅母家，谈论至二漏。

廿九日　晴

朝，在鹤坡舅氏家，为乃文表侄发蒙。夕，在馆出赋题与季芄，《在陋巷赋》，以"斯是陋室，惟我德馨"为韵；诗题《陈平宰肉》，得"分"字。与耕经，赋题《花坞夕阳迟》，以题为韵；诗题"春兼三月闰"，得"春"字。更初，在舅氏家饮酒，至二鼓归。是夜，大雷雨。

三十日　阴

朝，在馆抄录前日所作策问一通。夕，阅止庵先生《沪游日记》诗节录《将由龙门赴钟山戏为杂诗七绝寄逊学翁以博一笑》："祠官香火借消闲，岂足为师强抗颜。六印漫夸苏季子，一时管领四名山。温州之肆经，上海之龙门，兼求志史学、掌故两斋，今又领江宁之钟山，直垄断耳，思之一笑。""老年行役妇人从，语出礼经恐未公。独许两儿携伉俪，望孙心事切衰翁。同人多劝余携眷属者，因命两儿各挈其妇以来。""远道临歧嘱付多，故将豪语压骊歌。成名安事毛锥子，奈此儒门破例何。三儿不喜八股，命偕次婿张霭起天津从事于北洋海防。""八行书尺非灵券，竟向西官乞宝符。今日始知山长贵，不容关节到龙图。京朝官请托私函，俗谓之八行书。龙门肄业生额三十六，今出缺三，求者纷至，竟有挟外国领事官书至者,掷还不收。士习卑鄙至此,向所未闻。""百重堆案气先降,纵有龙文笔懒扛。伏老何尝亲口授,黄童江夏况无双。门人黄叔庸相从,为余襄校,山长有幕宾,其亦创例欤。""门巷重来认故巢,旧游鸥鹭早神交。如何鸠鹊纷栖托,寄语鱼龙莫混淆。龙门钟山旧学闻余至,多欲住院,乃有候补丞倅,借肄业为名,先期移入者,岂以书院中有仕宦捷径乎?殊不可解。此去拟书'客座四约'揭于厅事,禁请托,其一也。""讲院长年水绕门,雨馀犹带草泥痕。城南不少山林好,特向将军借朴园。昔日钟山,予去后改为牙厘局。今于故址重建,闻极宏敞,而地甚低洼,门外终年常满水,山长所居屋尤潮湿不堪。周海舲军门有朴园,在冶山麓,幽胜特绝,次儿诒绩过津与之商借,似承许可。"宵初,过李岳丈家畅谈。

闰三月

朔日　　晴,北风极大

终日在馆,改叶生耕经课赋二篇。宵,阅《烧饼歌》。

初二日　　雨

终日在馆,改季芷窗课。宵初,阅《客窗闲话》。

初三日

晨雨。章君子贞家赴吊。在馆改季芷赋一,试帖诗二。夕,阴,改延曙论。宵初,见星,过西垣外舅、玉君表弟家。

初四日　　大晴

终日在馆,校点《诗·周颂》兼录眉批,原本系止庵先生手笔。改季芷小课文一,试帖诗一。宵,阅《东莱博议》。

初五日

晨,微雨。与延曙说书。夕,阴,欲作玉尺书院官课,构思颇苦

而未下笔。生题"君子食无求饱"一章；童题"我将去之"；诗题"红树
枝头日月长"，得"长"字，上句"碧沙洞里乾坤别"，曹唐《刘阮洞中
遇仙》诗。宵初，倦眠。

初六日　　阴

终日在斋中，作玉尺生题文，至薄暮脱稿。伍凤楼表伯过访。
宵初，作童题文，用《文选》体，颇得意，至三鼓脱稿，又作试帖诗。

初七日　　雨

赴馆出课题"于我如浮云"；诗题"蓬莱宫中日月长"，得"长"
字。抄玉尺官课文二篇，竟日至暮，遣仆送交。宵，过玉君表弟家，
与舅母谈论，以玉君近日困于六博，耗尽囊金，不堪室人交谪，有如
斯也。

初八日　　晴

终日在馆，校点《诗·大雅》兼录眉批。补改季芃《寒食禁烟
歌》。宵初，过玉君表弟家，与林紫来杲初丈、彬臣表兄畅谈。是日，
苏运卿锦霞大令卸篆，袁新栽培明府来接任。

初九日　　雨

朝，在馆出赋题《帘波赋》，以"湘帘疏织浪纹稀"为韵。改延曙
律诗。午刻，黄君楚臣过馆。夕，改季芃窗课。更初过玉君表弟家。

初十日　　半晴半雨

阅《国朝八家四六文》、《西堂杂俎二集》，止庵先生《沪游日记》
诗附录《连日得雨，池荷盛开，院中诸生皆为之诗，余亦作五古一
首》："一雨洗炎燠，生意观百族。池荷亦争开，早凉送芳馥。苍佩红
罗襦，亭亭出新沐。在远香益清，静立气自肃。乘时发华英，匪以悦
耳目。绕阑日百回，相对慰幽独。睠我同学友，新诗如珠玉。曷为
君子花，师说其三复。"出赋题付叶生耕经，《玉兰花赋》，以"色白微

碧香味似兰"为韵;诗题《浣花遨头宴于杜子美草堂沧浪亭》,得"游"字。宵,作中东县课文;生题"劳之来之,匡之直之,辅之翼之,使自得之,又从而振听之";童题"饱食暖衣,逸居而无教,则近于禽兽,圣人有忧之";诗题"师道立则善人多"得"师"字,"腹有诗书气自华"得"华"字。时交三鼓,始成半篇,倦甚而眠。

十一日　雨

朝,在馆续作县课文下半篇。夕,抄文。试帖诗,倩芃弟作之。薄暮寄郡。宵,阅《国朝八家四六文》。

十二日　薄晴

朝,在馆改季芃小课。午后,泛舟赴丁田。申刻,抵岸。更初,坐书舫中,与轩兄论文良久,困倦殆甚,就枕而眠。

十三日　大晴

朝,在丁田,与轩兄闲谈。午后,泛舟携二甥女归。申刻,抵家。宵初,作府肄经堂赋,生《废冗员论》、《变兵制策》;童《崇节俭论》、《广积谷策》;赋题《十四夜月赋》,以"万事将圆未圆好"为韵;《十六夜月赋》以"十分未见一分残"为韵;赋得残月得"残"字,五言十二韵。时交四漏脱稿,是课与郑君一山合作,策论归郑兄作,余作赋。

十四日　大晴

朝,在馆出馆课题《春省耕》;诗题"乱山衔月半床明",得"床"字。复改府肄经堂赋半日。午后,作五排诗。申刻,遣仆付一山兄抄就寄郡。灯右倦甚,早眠。

十五日　立夏节

朝晴,重庆迎城隍神。在书斋作赋次篇,仿六朝体格,颇得意。午后,小雨,倩一山兄来抄赋。薄暮寄郡。宵初,同芸苓表弟在灯幔下游行,至二鼓。

不必取譬于井也,访古迹于于陵,令人流连而不能去者,以井上也,将谓仲子砺漱石枕流之节,而澹泊自安,不愿以心为形役,有取于古井之不波乎?而仲子之廉,非必取鉴于井也,考于陵之逸事,至今传播为美谈者,以井上所有也。所有维何曰有李?在豪族侈谦游之乐,浮瓜与沉李同夸,仲子虽阀阅名家,而一自息交绝游,无复豪华故态,安用李以供筐筥之将,兹何以有于井上也?灼灼者华耶,青青者子耶,此不必深论,第思仲子抱瓮往还久已,出入井间成蹊,识幽人之履,忽际此饥驱路绝,念累累之下垂,能无心焉?数之而深幸其有也乎?风人讲赠答之仪,报李与投桃,并咏仲子虽簪缨旧族,而既以绝人辟世,无多邻里周旋,安取李以结琼瑶之好,兹何以有于井上也?其成林之已久耶,抑新植之初荣耶,亦何容过问?第思仲子灌园馀暇,料必游观李下,分甘为娱老之谋,乃当此糊口计穷,揣离离之将陨,安能惄然置之,而视若无有也乎?然自仲子之廉言之,谓此李即首阳薇蕨也奚不可?其视郑之鼋羹,楚之熊蹯,犹粪土也。谓井上即待清之北海,登歌之西山也奚不可?其视七万户之临淄,七十里之王圃,犹污渠也。噫!芳园无恙,未知叙乐在何时;生理艰难,何嫌一味之专飨;亲舍云遥,安得置怀而归献?荒畦萧瑟,惟期一饱之堪求;匍匐而往,其如蟪食过半何?而岂知天之曲成廉士者在此李也。井上之有,能无为仲子幸耶!

宵,倦眠。

廿四日　　　大雨

朝,在馆阅《竹笑轩赋钞》。夕,作县课肄经堂赋三段停笔。更初,李芸苓表弟来。夜半,续作赋,共六段。

廿五日　　　阴

朝,在馆改昨夜所作赋。午刻,作肄经堂赋第二篇,心怀颇畅,脱稿仅数刻许,又作试帖一首。邀一山兄抄就寄郡。更初,过西垣岳丈家,三漏始返。是日,孙中恺公子出鱼胏以佐餐,此鱼产自江右鄱阳湖,当秋中桂花开时最为肥美,故名桂花鱼。洪叔林太史宰馀干所惠寄也。食之甘脆异常,不减鲈胏。

廿六日 大晴

终日在馆,改季芄、延曙窗课。更初,过李玉君表弟家,与品莲和尚论诗,谈及梦中作诗得一绝,醒后仅记"觅诗箱"三字,足成之:"性耽翰墨类疯狂,赢得双瞳镇日忙。才放吟情偷一息,梦中犹记觅诗箱。"又述止园先生题图诗:"趺坐长松下,岚光满碧山。同参无上品,心共白云闲。"自言平日好咏白香山诗,颇得三昧,凡经史书传亦时为寓目,惟佛经宿缘太浅,披览浑如隔膜。又言凤耽游览,一年中寄迹于名山川者十有七八矣。此则缁流之秀者也。

廿七日 大晴,天气颇热

晨起腹痛。夕,赴馆出赋题,与叶生耕经题《漂母饭信》,以"吾哀王孙而进食"为韵;诗题《严子陵钓台》《淮阴侯钓台》五律。改季芄绝诗,计共八首。更初,大风,阅《时务报》第五十九册。

廿八日 阴

在馆。午刻,登西岘山,与同社诸君公祭仓颉圣帝,以重庆来为祝谒。夕,诸门人不在馆,过县署与黄楚臣畅谈半日。更初,同金秀钰在小沙堤看同福班演《衣珠记》。

廿九日 大晴

朝,在馆改季芄窗课赋。午刻,震轩妹丈自丁田来,同去小沙堤看同福班演《分水钗》一出。薄暮返棹。更初,同秀钰看演《蔡钏记》。

四 月

朔日　　晴,天气极燥

终日在馆,改季芃窗课,补出课题《则茅塞之矣》;诗题"月色江声共一楼"。得"楼"字。更初,大风雨雷电,书孟夏雩祭祝文,阅《永嘉集外编》。

初二日　　阴

朝,在馆改季芃《兰亭集序书后》五古。夕,录《诗·小雅》《桑扈》、《都人士》篇眉批。姜君彤轩周辅过馆畅谈。阅止庵先生《沪游日记》,节录其诗《虚谷索诗,书一律付之》:"到处云林好置身,一庵近与草堂邻。重逢萍梗缘非浅,本色须眉写易真。说法原来无我相,授诗或亦有前因。今朝分饷伊蒲供,涤尽膻腥舞脏神。虚谷日前来见,欲为余再写半截小像,索予前诗,尽忘之矣,因赋。此首末二语,谓其馈我素馔二种甚佳也。"瑞邑择初三日县试。是夜,同胡稚鹤、郑一山二君为醉石内弟送考,天将曙归。看集云山巅,灯火星星,若上若下,而又明灭不定,问诸父老,曰此神灯也。大加诧异。

初三日　　薄晴

朝,在馆覆校《诗·小雅》。夕,改季芃窗课,倦眠半日。薄暮,谒止庵先生。是日,县试首场,已冠题目"我善为陈"二句,未冠题"王曰无畏",次题"无遏籴";诗题"凡今谁是出群雄",得"群"字。宵初,在场前看接考。

初四日　　大晴

朝,在馆阅止庵先生《诗稿》,诗节录《竹居纳凉作诗一首,赠楚瑶并题其竹居图》诗:"千竿万竿冶山竹,庭前环立森寒玉。绿云入户染衣裾,人间烦暑都驱除。南阳卧龙茅结庐,此中乃是凤雏居。琅玗碧实清且腴,苞采自与凡禽殊,圣君在上来衔书。"①《重宴鹿鸣纪恩》诗:"岩栖心共白云闲,身外浮荣念早删。蕊榜重开鸣鹿宴,冰衔许厕执羔班。时艰俯仰频蒿目,暮齿光华转汗颜。岂有馀生能补报,也同龟鹤老深山。""寒微敢共相门论,异数偏同例可援。乾隆丁卯,浙江乡试,梁山舟同书以大学士梁诗正之子重宴鹿鸣,由侍讲加学士衔,今镇青中丞,援此上请。忝向艺林夸盛事,不追往咎荷宽恩。余以劾前浙帅私人被议罢官。久疏舞蹈腰无力,犹绕觚棱梦有痕。试数齐年周海内,徐朱以外几人存。湖南徐芸渠郎中菜,广西朱镜堂观察德澄,皆余乙未同年,此次亦加衔与宴。""深宵喜语动门楣,尚记山中得报时。弟占兄先惊座客,孙成祖志慰重慈。先大父积学,以诸生终,先大母常以为言,故以科第望余兄弟尤切,余乡举时大母年八十一矣。八方祝嘏躬逢盛,余乡会两试,皆遇恩科获中。三少同房事亦奇。余卷初由王西楼师呈荐,取中后拨入王书农师房,与钱仑仙振伦、童薇研华同在一房,时钱年十七,童年十五,余年十九,而官年亦十七,钱官至司业,辄假归不出,童官至总宪。六十驹光流水去,而今白尽鬓边丝。""立班回忆侍丹宸,一卧沧江三十春。宫观尚蒙稽古力,余连主江宁、上海及吾郡邑诸书院,今之院长,亦犹宋之祠禄然。烟萝遂老灌园身。翻因衰朽叨增秩,敢为穷通叹积薪。犹有假年痴愿在,琼林高会更垂绅。""长乐称觞庆榜开,又持荡节向南来。楚江今获萍如斗,君去岁典湖南试。吴市今看骏有台。得士能增科目重,论文要挽海澜回。近科屡有厘正文体之谕。门前多少新桃李,半是君

① 天头有八行红批,乃孙诗自注:"楚珏自题其室曰会实轩,余兄为书额。楚珏嗜古博雅,能读书,从汪梅村老儒游,自构书室于此,枕冶山之麓,有终焉之志。近为其尊人怂恿,应下科乡试,颇思从事举业。诗末句及之。楚珏之六弟宝书,字玉森,年始十九,亦工文,皆佳子弟也。"

家手自栽。令叔漱兰侍郎视学江苏五载,君与仲彀侍讲皆随侍襄校。"《胡小玉大令惠寄邛竹杖》:"龙孙拔地奋两角,孤根上引缭而曲。亭亭七尺青琅玕,削以为杖坚比玉。吾友远宦古剑门,十年契阔谊弥敦。手自封题意郑重,来从江水初发源。东出巫峡达瓯海,儿童惊喜争传观。博望传中识名早,今得把玩堪娱老。倚壁定作蛟龙吟,敲石立噤鸟乌噪。我忧衰暮足力孱,扶持顿觉行步好。叨荷厚意报何时,岁寒直节期相保。"

夕,改季芃窗课。更初,过李西垣外舅家,与林君梅仙畅谈。归,看纪文达公《阅微草堂笔记》。

初五日　　大晴

终日在馆,阅尊经书院四书文。林鉴亭肇衡丈来。傍晚,大雷雨。宵,看《阅微草堂笔记》。

初六日　　阴

终日在馆,拟作县试首场文。宵,过李玉君表弟家。是日,发首场案,榜首胡佐尧,第三蒋黼墀,余旧岁受业生也。

初七日　　薄晴

朝,在馆阅杜诗。夕,改延曙五律诗。季芃袖来止庵先生拟作县试文一起讲。

　　战陈而自矜善为,大贤深慨世变焉。夫战陈古人不得已而为之者也。乃各自矜其善,世变至此,孟子能无深慨乎? 尝思孔子所慎者三,战居其一,时君问陈而对以未学,而圣人所不敢轻议者,莫战陈若也。盖甲兵之事,凶器也;疆场之间,危地也。整军经武,先王之所不能废,实先王之所不忍言也,乃嚣嚣然自矜其能,且纷纷然各竞其能,而世变极矣。

出馆课题《焉用稼子曰诵诗三百》;诗题"楚江巫峡半云雨",得

"江"字。止庵先生拟作一讲,且吾周以教稼开基,而《豳风·七月》一诗备陈农事,说者以吾朝卜世三十,卜年七百为发祥于此焉,岂知力穑服田未足语经纶之大,而通经致用,尤宜揽风雅之全夫? 乃知细民所务,大儒有不屑为,而太师所陈,修士要当深究矣。宵初,潘君云生、李玉君表弟来。是夜,大雷雨。

初八日   晴,热甚

朝,在馆阅《尊经课艺四刻》。是日,县试二场,首题《万室之国一人陶》;《诗经》题《溥天之下》四句;诗题"一纸可敌百万军",得"清"字,出南宋林景熙《嘉禾谒陆宣公祠》诗,上句"皇恩雷动清九垠"。申刻,潘君云生来馆,邀余作飞卷,即握管代构经艺一篇,用《文选》体,草作蝇头字以付之。时天将暮,雷雨大作,电光穿牖,惊颤不已。中闾公子遣仆送余归。宵初,李彬臣表兄来。

初九日   阴

终日在馆,改季芄窗课、延曙五古诗。更初,过西垣岳丈家,向醉石内弟索观二场文。

初十日   大晴

终日在馆,改叶耕经窗课赋。傍晚,发二场榜,案首傅师说。宵初,闻雷,访郑一山,畅谈至三鼓。是日早晨,人有自瓯郡来者,详说郡城王心斋观察、周胜军军门、王雪庐太守,近以拆毁衙署之事,访拿首恶,获则械送,鸟奔兔逐,几致举国若狂,甚至十馀岁之童,被褫公堂,加以笞杖,何上官之聋瞆如斯也。吾以为此事皆由年不顺成,谷价腾贵,仰事俯畜,人意莫遂所激而起,况又增加土药之税,农苦税重,不种莺粟,无从获利,囊空谷昂,艰于生计,怨忿日积,乘机窃发,夫何足怪? 有司不辨其故,犹以威势胁众,不明时局之艰,首举善政,以纾民困。吾恐将来之患,不知作何底止也。杞人之忧,诚有难忘者。

十一日　　阴

朝,在馆改叶耕经窗课赋。午刻,热甚,归家就浴。申刻,闻雷,微雨,抄近作窗课文。薄暮,过鹤坡舅氏家,阻雨,邀饭,至二鼓归。

十二日

朝,薄晴。在馆录近作文。午刻,李昧莼过馆畅谈。申后,微雨,潘君云生、黄君楚臣陆续而来,改小课。更初,同李彬臣表兄在场前看接考。是日县试,三场首题《布帛长短同,则贾相若;麻缕丝絮轻重同,则贾相若》;赋题《扪虱而谈当世之务赋》,以"王景略博学好兵书"为韵;诗题"有文事必有武备",得"文"字,律诗四首。

十三日　　阴

终日在馆,改季芃窗课,又录近作赋。宵初,过玉君表弟家,同鸿秋舅氏坐谈时事。是夜大雨。

十四日　　乍晴乍雨

终日在馆点《止斋集》卷三十四、五、六、七、八。申刻,出三场榜,案首许壬,第六许申,十二许祥,皆竹友先生嗣君也。出经艺课题《思乐泮水》六句;诗题"云向苍梧湘水深",得"深"字,杨巨源《僧院听琴》诗,上句"离声怨调秋堂夕"。更初,困倦早寐。

十五日　　乍晴乍雨

朝,在馆抄近作文。午后,丁田舟子来,余遂乘舟去。坐舟中看《时务报》第六十一册。申刻抵岸。更初,在吟舫中与轩兄谈论,不觉沉沉睡去。

十六日

朝阴,在丁田与张君星阶坐吟舫中,谈近事。时潘君云生鼎以贩买薯丝来,共与之畅谈。申刻,偕震轩妹丈、李云洲、金司务秀钰泛舟归。更初,同轩兄过余文一纸铺,与余君松舫、姜君尧衢、包雨臣、筱亭昆仲坐谈。人言东郭外,人声汹汹,捣荡米铺。刘藜山兴邦总戎、陈紫峰殿元守备,陆续出巡,关门不发。居片时,二僚乘轿回署,余亦挈伴而归。是日,县试四场,四书题一"于我如浮云"至"子曰我";试帖题"坐中年少皆贤豪"。得"豪"字。

十七日　晴

朝,在馆震轩妹丈过馆,倩中闿公子书自撰吟舫中楹语:"桐阴满院清于水;莲叶当门香胜花。"畅谈半日。午后,偕轩兄过诸舅氏家。申刻,返舟丁田,余亦赴馆。更初,过玉君表弟家,身子疲倦,坐立不安,即归。

十八日　晴

朝,在馆改延曙窗课论。夕,校点《止斋集》卷三十九。更初,访金司务秀珏,遇之畅谈,贻予以冰雪酥二包,辞还。是日辰刻,出县试四场榜:第一名陈谟。

十九日　阴,微雨

朝,在馆出赋题《汉高祖拔剑斩蛇赋》,以"大蛇当径拔剑斩之"为韵。改季芃经艺文。夕,校点《止斋集》卷四十、四十一。宵,过余文一纸铺,与余君松舫、味兰昆仲、姜君尧衢、杨君志龄、包君雨臣、陈君仲芬、芸苓表弟坐谈至二鼓。是日县试五场题目"贤贤易色句,人人亲其亲句,日日新句,新新为大句。"均作一讲。饭后,面试一讲《五霸》题也。

二十日　阴,微雨

终日不在馆,录旧作古体诗。傍晚,出门看县试五场榜,案首:傅师说。更初,过玉君表弟家,忍饥坐谈至二鼓。

廿一日

先伯考忌日。朝晴,录《止斋集》眉批。午后,大风雨,平地水积二寸。点《止斋集》卷四十二三。宵初，酒酣眠，夜半睡觉，蚊子攒肤，不堪搔痒，起剔残灯，阅《苏文忠公集》卷四十三。时则新雨初霁，残月半窗，夜景清凉，爽人心腑，快读一番。漏壶五下，乃息灯复寝。

　　廿二日　　大晴

　　补出课题《夏后氏以松》；诗题《刘寄奴射蛇》，得"洲"字。终日点《止斋集》卷四十四、五、六、七。何君子华观光过馆，袖来圣井楹帖，乞中闾公子补书，楹语系止园老人笔墨也。宵初，过西垣岳丈家，二鼓归。鹤坡舅氏过舍，谈近事良久。圣井山楹语："一勺仙泉通水府；千盘峻岭入天都。"

　　廿三日

　　朝晴。在舍改季芘《咏枇杷》五古。夕，雷雨旋霁。点《止斋集》卷四十八。更初，雨，倦眠，至二鼓睡觉，改季芘赋半篇。

　　廿四日　　阴，有风

　　终日在馆，续改季芘窗课赋下半篇。更初，大雷雨以风，余眠不觉，四鼓醒后，挑灯阅尤西堂《右北平集》。

　　廿五日　　雨

　　朝，在馆改季芘试帖诗。夕，在书斋录段紫沧广瀛先生文稿。更初，倦眠，夜半始起，改季芘《石竹》、《玉兰》二律，中有句云："花满洛阳推旧种，枝分王氏有家风。园林今日添春画，莫误潇湘烟雨丛。"自谓刻画石竹二字尽佳。

　　廿六日　　阴雨

　　终日在馆，改延曙《俄人租旅顺口大连湾事论》；改季芘试帖诗。阅黄漱兰体芳通政《二木叹》，盖指京外有位者徐、张二公而言也。"泰山从古无颓时，梁木从古无坏期。天为万世建师表，隆化原不区

华夷。鹤而轩,猴而冠,鬼蜮而人面,猥以樗材窃恩眷。平生亦解谈
诗书,肝肠乃随桀犬变。岂不闻屏翰固本如苞桑,况复泮林密迩鸮
所翔。岂不闻柏署兰台翼风教,况复中兴干栋推三湘。咄哉单鹰觑
吾土,匪直蓬莱失左股。彼绝日月夫何尤,斯文种子忘其祖。我朝
虽曰虚无人,那堪大道丛荆榛。束发儿童发上指,恨不匍匐呼帝宸。
吁嗟乎! 通家绝交辱柱下,蠢顽更有桓司马。幸赖孤桐峙朝阳,远
求大木支大厦。我思南山有竹达革深,卫公之灵震古今。何不先射
双木偶,更拔长剑诛其心。憨山老人愤笔。”更初,访芸苓表弟、金司
务秀珏,均遇之。

廿七日[①]　　　终日大雨

在馆改季芘试帖诗。点《止斋集》卷四十九、五十。宵,倦眠。
是日午后,中阊公子出腌菜以食嚼之,舌本生甘,香味不减谏果,闻
此物产自川蜀,系赵寅臣亮熙观察所贻。止庵先生曾作诗以纪其事,
有“亟洗腥盘进芳辣,顿觉肝肠瀹冰雪”之句。

廿八日　　　朝雨

在馆出课题“吾来岂匏瓜也哉”;诗题“月照高楼一曲歌”。得
“歌”字。午后,门人季芘、延曙登藤花楼,检家藏诸名人诗本贻予,
《通父诗存》、《信甫遗稿》、《素心阁诗草》、《炳烛斋诗集》、《从政遗
规》,共六本。点《止斋集》卷五十一。更初,叶生耕经过访,谈至二
鼓去。近数日延曙以眼下作痛,不在馆。

廿九日　　　阴雨

朝,在馆点《止斋集》卷五十二,并附录一卷。录陈石士学使、富
海帆中丞重刻序二通。夕,改季芘窗课。宵,过玉君表弟家。

---

① “廿七”下,底本漏一“日”字,按例程补。

三十日　　大晴

辰,访林和叔。巳刻赴馆,覆录《止斋集》眉批,并钱士云二跋语。午后,黄君楚臣宝琮过馆。改季芃试帖诗。其夜雨,困倦殆甚,就枕早眠。

五　月

朔日　　雨

朝,在馆重校《止斋集》三十四五两卷,又录宋文宪濂公跋语。夕,改季芃试帖诗。更初,抄段稿。

初二日　　雨

终日改季芃窗课。灯右录段稿。

初三日　　晴

朝,在斋中录段稿。夕,握算子推算家账。宵初,鹤坡舅氏遣仆来邀,即过其舍省问,以舅氏前日患泻故也。是日,夏至节。

初四日

朝阴。早起闻鸠声,在斋中录段稿。夕,半晴半雨,改叶耕经窗课赋。宵初,过玉君表弟家。

初五日

朝雨。在斋中书雄黄字。午后晴,郑一山兄来,同出门游玩半日。更初,设馔祭祖先,被酒早眠。

初六日　　大晴,热甚

朝,在斋中阅《时务报》第六十二册。午后,郑一山兄来,同出门赴陈府庙看品玉班演《绣襦记》。更初,挑灯读段稿。

初七日

朝晴。在馆改延曙论。夕,雷雨,改季芃《集云山晚行》七古。

宵初,倦眠,大雨滂沱,漏湿枕席,余惊而起。是日,仲容先生为李味
莼录旧作于笺端,获观因而笔之。题汉阳叶氏藏卓忠贞牙印拓本。"奇
节邈千古,犹惊手泽传。丹心湛十族,碧血化三年。虬篆镌牙巧,猩
殷落纸妍。徒燕书闲缺,屑涕检遗编。"

初八日　　朝雨,夕阴

终日在馆,作玉尺官课文。生题"子曰当仁不让于师";童题"每
人而悦之";诗题《蒲剑》,得"阳"字。宵初,阅《太霞山馆诗文集》,
泰邑董霞樵𪩘先生著,门人季芃赠余也。

初九日　　大晴

朝,在馆抄玉尺书院官课文。午刻,天气甚热,闻蝉声。夕,改
季芃七律四首,中有《萤灯》题:"满院凄凉初落月,隔帘历乱不禁
风。"《蝉琴》:"深防鬓老伤青褪,能解阴清伴绿眠。最是高槐凉处
坐,南熏应好和琴弦。"《蚁阵》:"国拓槐安初报捷,垒营土垤自成军。
莫言斗力寻常事,微物犹能解策勋。"《蜂衙》:"输课漫夸千户富,分
曹未了一生忙。蜜官名重存金翼,花县春深领众芳。装点楼台成径
寸,微虫也得侍君王。"此等题关合最难着笔,嫌原本未能熨贴入微,
故易四五联,以作观摩之助。宵初,有月,出门过舅氏家。

初十日　　大晴

朝,在馆补出赋题《周瑜纵火烧曹兵》,以"舳舻千里旌旗蔽空"
为韵;诗题《指甲花》、《脚丁药》,均七律。改延曙七古诗。夕,阅《西
堂杂俎》二、三集。宵初,李彬臣、芸苓二中表过访。

十一日　　大晴

在馆阅《袁文笺正》,兼看《有正味斋骈体文》。申刻,姜君彤轩
过访。宵初,月明如昼,书关壮缪寿诞祝文。是日晨刻,往父执木藜
仙先生家祭吊吴孺人。

十二日　　大晴

终日在馆,代止庵先生作《普陀山佛见寺募疏》。普陀山,一名补陀山,在定海东。中闿公子出其尊人旧作赋并诗,备录之。

汲长孺以便宜持节发河内仓粟振贫民赋今日朝廷须汲黯

盖闻民以食为天,救饥当如火之急,臣惟国是利,行权非患官之侵,汉兴六十馀年,当孝武之嗣位,制薄海而君临,承孝景重熙之绪,有恢张鸿业之心。稽礼文于往古,显巍翼于来今。方且令祠官修山川之祠,为岁事曲加礼,盖务乎人给家足,泽滂化斟。然而金穰木饥,苍昊不能弥缺憾;尧潦汤旱,盛朝亦岂乏灾祲。惟贤臣不以文墨自拘,斯编户之疮痍立起;惟明主能为穷阎屈法,斯皇仁之沦浃弥深。

时则有汲长孺者,著族濮阳,策名汉室,初因任子而得官,旋自宫寮而进秩。掌殿廊之宾赞,见惮以严;杖使节以驰驱,周谋罔失。视东粤之相攻,驾单车而远出。谓彼蛮触之争,无劳庙堂之诘。固已命不辱于简书,识远超刀笔矣。未几,河内以失火烧千馀家闻,天子复使往视焉。于是度函谷之欹崟,涉淇泉之潏泌。虽然,馆驿荒寒,未改间阎比密。问到火云一炬,尚无焦头烂额之人;伤哉水旱万家,正是啼饥号寒之日。

则见室同悬磬,市偏吹箫,有色皆菜,无腹不枵。鼠壤雀巢,计已穷于罗掘;木根少实,生且尽乎夭乔。老弱捐瘠于沟渠,山愁水惨;妇孺颠连于道路,梗断蓬飘。写流民之图,谁为驿上;赋哀鸿之什,莫不声销。而官斯土者,方且假太平以缘饰,盛游燕而逍遥。筹备既疏于先事,挽回莫救于一朝。其黠者以为驰贷粟之书,弛征既利妨于己;其愿者亦欲奏发棠之请,沽恩恐议格于朝。

　　黯乃喟然太息曰:河内不自有仓乎?积岁年之所入,诚出纳之有经,顾为民而请命,岂终食之可停?况既衔旨于原隰,奚俟报可于庙廷?闲者减卫士,罢苑马,天子之爱民甚矣。纶綍之下,固昭若日星也。利人民,安国家,大夫出疆则专之。春秋之义,又炳若丹青也。黯虽无状,其敢拘牵乎成例,而酿灾患于未形?遂毅然假便宜以行事,实无非恪奉夫皇灵。

　　由是仓氏庾氏,奔走来趋;吾老吾幼,谨呼塞涂。谕之以丹诏,示之以虎符。出陈因于高廪,流苾芬于通衢。捧仁浆与义粟,恍量玉而炊珠。凡兹鹄面鸠形,馑于是亦粥于是;即在嵁岩穷谷,无不啜亦无不铺。大夫何力焉,咨度只将夫使指;吾君之赐也,高厚共戴乎庙谟。然非长孺之识权宜,引大体,亦安能布深宫之德意,而拯民命于斯须。

　　乃知循资按格者,俗士之准绳;达变通权者,非常之树立。冯骥燔券于薛邑,孟尝嘉其智能;陈汤奋绩于郅支,萧育为之呜唈。值事会之方殷,岂故常之可执。惟为国为民之意真,斯已溺已饥之情急。长孺之还报也,武帝释其矫制之非,增其赏功之级。信乎古所谓社稷之臣,犯颜直诤,视宏汤其蔑如;守节当官,非贲育所能及。而他如谏浑邪之赏滥,恶张汤之文深,无不以尊主庇民为汲汲。

　　惜乎帝之于黯,武帐之见。敬礼若有所加,积薪之言,主心不无少歉。虽知谋国之忠,终忌批鳞之犯。淮阳卧治,瞻紫闼而途屯;汾水秋风,吊茂陵而云黯。惟我国家,玉烛道亨,丹墀露湛,布郡邑者吏尽龚黄,奉简命者人皆韩范。偏灾偶告,轸宸念之惓惓;内帑频颁,惠群生而喈喈。水衡之缗钱不惜,挽粟飞刍;神仓之玉粒分留,联樯接舰。又奚烦冠盖之纷驰,相与慕汉臣之遗范哉！

池塘芳草年年绿得年字。

草亦多情者，池塘得气先。芳魂殊脉脉，绿意自年年。屈指韶光转，惊心物候妍。为传春信息，依旧碧芊绵。雨细鱼吹浪，风柔蝶弄烟。是谁盘马地，又到听鹂天。别绪怀人切，诗才入梦仙。晴波浮太液，蕃厖荷恩偏。

拟谢灵运从斤竹涧越岭溪行诗

晓策循崇崖，晨光半微显。仰瞩林霏开，俯眄花露泫。泪潺足底泉，盘纡陟危岘。岭穷气益严，溪旋途亦转。颇忻俗虑澹，终疚天机浅。颢穹日悠悠，白云自舒卷。万籁寂无音，苍翠已满眼。握兰知谁贻，素襟孰与展？洗耳从巢居，沉冥息众辨。安得同怀客，行歌且自遣。

宵初，被酒早眠。夜半始起，挑灯复改募疏彻旦。

十三日

朝晴。在馆。夕，闻雷无雨。录《止庵先生题图》诗。

戴羡门尚书春帆入蜀图，为子开太守题并引

羡门尚书名三锡，无锡人，乾隆癸丑进士。初宰山右，后调四川，历任县令丞倅牧守，擢至藩司。不三年，叙四川总督兼成都将军，后内召为工部侍郎衔，卒赠尚书。此图作于嘉庆己卯、庚辰间，道光壬寅经乱失去，同治间其曾孙子馀于金陵市肆得之，以畀其从兄子开太守。子开尊人涧邻方伯守温时，与余旧好，今子开来郡司榷，出图属题，为赋此诗。

蜀江清驶蜀山碧，蚤岁梦中看历历。此行载鹤来自东，一笑推篷皆旧识。风云际会岂偶然，百城坐拥东西川。筹边楼上重回首，岷峨山水真前缘。丹青流转近百年，万事过眼如云烟。

故家文物有扶护，知君世德长绵延。

　　薄暮，谒洪楝园夫子，袖募疏呈师改削。宵初，雨。欲访章味三孝廉，不果。以鹤坡舅氏得心气疾，奉慈母命过其家省问，至二鼓始返。

　　　　陈君讳国荣①，字瀛仙，永嘉慈善家绥亭先生之哲嗣也。先生有子六，惟君最幼。君少时天资聪颖，每为东嘉明经徐公杏汀所器重，稍长从富阳明经夏公文若游。穷经济学，多所心得。当清末造，病科举学不屑道，独潜心于新学。阅历既久，觉世界趋势非教育不足以救国，乃集同志创办时敏、同文两小学，为吾瓯新学先导。旋复有志自治，力谋根本改革，曾入永嘉县自治研究所毕业。后因自治停办，遂无意进取，赋诗写生以自适。本年秋由浙江瓯海道地方自治讲习分所毕业，即任永嘉自治讲演员。又组织同伦社，揣摩群学，志欲实行地方自治。因乏互助，能力不得充分发展，乃郁郁于怀，故其《咏鹦鹉》诗有"乱时绝色仍凡品，浊世能言亦祸因"之句也。不料讲演热心，因劳致疾，医治无效，延数日竟不治。没于古历十二月十三日卯时，得年三十有五。君生平工诗善书画，每有所作，深为侪辈赞许。而遭时之劫，不得展布所学，岂不惜哉？同人等谊属知交，情难自己，兹特定十一年古历正月廿三日上午九时，假座永嘉城内曾氏怡园开会追悼，凡属同谊，请赐哀诔挽联，不胜感激之至。

十四日　　大晴

　　终日在馆，出馆课题《齐东野人之语也》；诗题"昼长吟罢蝉鸣树"，得"吟"字。录段紫沧稿。震轩妹丈寄来《鹭鸶叹》古风一章，托

---

　　①　从"陈君讳国荣"至"不胜感激之至"非底本正文，是底本此处之夹页，为保留资料，特为录入。

物兴怀,颇得风人赋比兴之旨。宵初,乘月访章君味三,遇之,坐谈时事至二鼓。

十五日　　大晴。寅刻月蚀

朝,在馆阅《时务报》第六十三册。夕,抄段紫沧稿。章君味三过馆。宵初,热甚,早眠。

十六日　　大晴

朝,在馆抄段稿。午后,味三递函来,托余代作祭黄母金太宜人文。即下笔作半篇。宵初,月色生白,启窗当风,续成之,至四鼓始脱稿。

十七日　　大晴,热甚

晨,章味三兄来取昨所作祭章,余嫌未妥,袖棨园师改削,经师窜易廿馀字,而余心始定。午后,赴馆抄紫沧文稿。宵,早眠。

十八日　　大晴

终日在馆抄段稿。黄君楚臣来馆。薄暮,访郑一山,遇之,畅谈二鼓归。

十九日　　大晴

朝,在馆阅《时务报》第六十四册。午刻,家仆来报,震轩妹丈自丁田来,归家邀饭。韫斋表兄来。午饭后,同过三舅氏家省问,以舅氏旧疾复作,饮食少减,前日头患昏晕故也。薄暮,归舟。宵初,奉母命过舅氏家,至二鼓归。

二十日　　大晴

朝,在馆阅《时务报》第六十四册。夕,改季芃窗课赋二段。热甚,停笔。宵初,齿痛早眠。

廿一日　　大晴

终日在馆,齿痛,改季芃窗课赋。出课题《一怒而诸侯惧》;诗题

"修竹压檐桑四围"，得"檐"字。补出赋题《团扇赋》，以"团扇风前众绿香"为韵。宵初，早眠。

廿二日　　大晴

终日在馆，齿痛少减，为章君味三增改祭黄母金宜人文。阅五月初五、十二两日邸抄，载杨深秀、宋伯鲁二御史，奏时文改作策论，以正文体，旨俞允，以本届岁试为始，此后乡会诸试均例为改定。余读此抄，不胜奋然而起曰：夫八股作俑，始于安石，元明以降，仍袭旧制，以致课举子业者，目不睹经史，日以八股为事，逞其技巧，以媚宗工。调板必重平和，近于宋人词曲；辞句勉求藻丽，似乎美女簪花。侥幸以图功名，苟且以邀利禄，问谁实事求是者而愿为通儒，即有一二好古之士，应试闱场，屡遭摈弃，此前明亭林先生因为之扼腕也。我朝自仁庙御极之日，文运昌明，乡会试改用策论，后因放笔为之，不顾忌讳，廷臣驳奏，仍复旧章。今者朝廷力求维新，首以厘正文体为务，凡为素王之子孙，是宜锐意图进，务求根柢，枕经葄史，引古证今，赎前愆，收后效，将来可成为庙堂之器，不知若何臻美也。《语》曰："齐一变，至于鲁；鲁一变，至于道。"中邦为文物之薮，变鲁最易，当路者诚能鼓励而振兴之，十年教训，十年生聚，文质之治，惟均可以监于三代而无让已。呜呼！是诚可羡也。宵初，李蕴斋表兄来访。

廿三日　　大晴

早晨，谒楝园师。巳刻，赴馆代芄弟汇订《湘学新报》，共六门。日午，苦热，归家就浴。齿痛愈甚，过稚菊表弟家一诊。下石斛、生地、沙参、麦冬、勾藤等药，谓肝肺甚热，投此可占勿药也。申刻，仍在馆阅《时务报》六十五卷。宵初，过舅氏家省母，与芸苓表弟露坐闲谈至二鼓。

廿四日　　大晴

终日在馆,校点《经史百家杂钞》哀祭类。宵初,过三舅氏家省问,至二鼓返。

廿五日　　大晴

终日在馆,校点《经史百家杂钞》哀祭类。薄暮,过三舅氏家省问,至宵深始返。

廿六日

早晨,大雨,旋霁。赴馆看《史记·项羽本纪》。午后,大风闻雷声,骤雨如注,申刻始止。天气近凉,颇得秋意。校点《经史百家杂钞》传志类。宵初,爇烛检旧书。

廿七日　　大晴

终日点校《经史百家杂钞》传志类。宵初,阅《古文类纂》。

廿八日　　大晴

朝,访郑君一山。开来经古师课策论题。生,策问《经学朱陆异同论》;童,策问《岳武穆金牌之召浑浚争功论》。在馆阅《策府统宗》。夕,阅《策海》,并《日知录》。宵,过鹤坡舅氏家省母。

廿九日　　大晴

终日在馆,阅《文献通考》经义考。宵初,过郑君一山家。

三十日　　大晴

终日在馆,阅《策学备纂》、《稽古日钞》。宵初,访一山兄,遇之,至更深而返。

六　月

朔日　　大晴

朝,在馆写函与震轩妹丈。夕,作策问。宵初,过玉君表弟家省母。

初二日　　大晴

终日在馆,作经古师课论。宵初,李芸苓表弟来。

初三日　　大晴

朝,谒栋园师,袖经古师课策论呈阅。在馆,夕,改季芃师课策论。闻雷声。宵初疏雨,过西垣岳丈家,与友樵内弟坐谈。归录《玉甊山房遗诗》。

初四日　　大晴

终日在馆,改季芃、延曙窗课论。申刻,闻雷声大风,阅《说文》抄本。宵初,伍凤楼表伯来。

初五日　　晨,虹见,大雷雨,旋霁

终日在馆,抄师课经古策论。命季芃、延曙二弟对《说文》字抄之。更初,在岳丈家尝新,陈竹生老伯在上坐。

初六日　　晴

终日在馆,阅《时务报》中"变法通议"诸论。宵初,过鹤坡舅氏家省母。

初七日　　晴

终日在馆,阅《商务摘要》。宵初,李韫斋表兄来。

初八日　　晨雨,旋晴

终日在馆,作《富国强兵论》上篇。薄暮脱稿。宵初,过鹤坡舅氏家省母。

初九日

晨,大雨,虹见于西。母自舅家归。是日,余家尝新,不赴馆。中闿公子屡遣伻来邀尝新。午刻,赴席,在坐姜彤轩兄,孙中恺、季恒、季芃三公子,延曙门人。席散辞归。薄暮,轩兄自丁田来。宵初,大雨。设席尝新,同席伍凤楼表伯,震轩妹丈,陈丹卿,李丽生、稚菊、玉君三中表,周元来义弟,李庆蒸内弟并余,共九人。是夜,轩兄返舟归。

初十日

晨,大雨,虹见。在馆作《富强论》中篇。夕,改削季芃《经古论》。更初,楝园师遣伻折柬来约,以明午试新,余婉辞以谢之。宵初,闻雷,大雨达旦不休。

十一日

朝雨,旋霁。止庵先生折柬来邀尝新,辞谢不去。买舟同仆赴丁田震轩妹丈处,为寓甥周岁作贺。夕,同轩兄畅谈时事,作《威信外夷策》。宵初,闻雷,饮试新酒。席散,与妹子坐兰房谈论至二鼓。

十二日　　　　半晴半雨

在丁田。朝,同潘星斋谈论。夕,与震轩妹丈坐西书室论文,时凤仙花盛开,满阶红缀,颇得生趣。宵初,白虹东见,长如匹练。阅《日报类编》。

十三日　　　　虹见,晴雨不定

晨起束装欲归,妹坚留中止。作《富国强兵论》下篇。午后脱稿,震轩妹丈代为改削。宵初,同诸甥女在吟舫中露坐乘凉,至更深始眠。

十四日　　　　虹见,半晴半雨

朝,驾舟自丁田归。午后,赴馆覆改季芃《经古论》,以昨夕斧削嫌草草也。宵,伍凤楼表伯来。

十五日　　　　暂晴暂雨

竟日在馆,抄官课经古策论,共十二页,手目俱疲。日向暮,托叶江梓友壻袖经古卷交缴,以逾期不收。又闻卷已阅竣,不胜愤激。

宵初,伍凤楼表伯来,二鼓去。

十六日 旋雨旋晴

终日在馆,阅《时务报》第六十六册。是日午刻,蔡书城先生来馆,畅论时事,又谈及先曾祖所藏遗书暨石刻印章散失在罗阳某氏家。余一时聆之,恨不插翼飞去取回。薄暮,访林和叔,遇之。阻雨,坐谈至更深始返。阅《潜确类书》残本。

十七日 晴雨不定

辰,访郑一山兄,遇之。巳刻赴馆,校点《古文辞类纂》。午后,姜君彤轩过馆。宵初,稚菊表弟邀余尝新,席散阻雨,坐谈至三鼓始归。阅《古文雅正》。

十八日 乍晴乍雨

竟日在馆,校点《古文辞类纂》。薄暮,同中闽公子访莘农说酒捐事。宵初,过鹤坡舅氏家一谈即归。黄君楚臣、芸苓表弟接踵过访。

十九日 有风,乍晴乍雨

竟日在馆,校点《古文辞类纂》,看经古超等卷。孙莘农来馆说酒捐事。宵初,李丽生表弟来,谈至二鼓去。

二十日 立秋节。终日东北风大起,骤雨倾盆,平地水长尺许,窗昏如暝

操管录先曾祖《玉甀山房遗稿》。宵深,天气颇凉,闲倚枕簟,近觉有三分秋意。

廿一日 雨

朝,在馆与延曙说《荀子・议兵篇》。夕,校点《古文辞类纂》。申刻,大雨如注,沟衢水溢,人行皆没胫。馆主人以肩舆送余归。宵,大风复作,挑灯阅《渔洋精华录》。

廿二日　　　雨

早起小步后圃，陡见先人厝屋被风吹倒，心如攒弩，即时遣仆邀工作来修葺。午后，芸苓表弟过访，邀余出门游玩，在军局前观钓鱼半日。宵，课儿子读书。其夜风止。

廿三日　　　大晴

朝，在馆改作《鹭鸶叹》和韵三十二韵。宵，阅《新闻报》。是日午后，阅《古文辞类纂》。

廿四日　　　大晴，热甚

经日在馆，校阅《古文辞类纂》。宵初，迅雷少雨，阅《新闻报》。

廿五日　　　大晴，酷热

终日在馆，校阅《古文辞类纂》。是日傍晚，闻雷无雨，旋见黑云遮日，倏成五色，若隐若见，状如凤翅。问诸父老，皆云此谓大鹏鸟，又谓之旱伤，以余观之，近齐东之语耳，但未知是何祥异也。宵初，李韫斋表兄来。

廿六日　　　大晴，酷热

终日在馆，作卫房圣母寿诞祝文。是日，邀黄楚臣兄为芃弟备文补送府试。宵初，李韫斋表兄来索观余所作经古卷。阅《新闻报》。身子困倦，伏枕少睡，夜过半始睡觉，复改窜祝文至天曙。

廿七日　　　大晴

早起，誊圣母祝文，并《鹭鸶叹》古风。遣仆同《新闻报》送丁田震轩妹丈处。巳刻，赴馆阅《古文辞类纂》。夕，阅张孝达之洞尚书所著《劝学篇》，内外共二十四篇，其中陈说利弊最为平允。宵初，过鹤坡舅氏家，与芸苓表弟畅谈。

廿八日　　　大晴。三伏

朝，在馆改季芃窗课论题《荆轲入秦》。午刻，震轩妹丈自丁田来。申刻,同轩兄过授龄表兄家,林君旦评、许君伯云先在,共坐畅谈至傍晚。震轩返舟归。更初,过玉君表弟家。

廿九日　　大晴

朝,在馆,孙君芙士过馆。阅《时务报》第六十六册。午后,写书寄丁田,改芃弟窗课论题《处士横议》。是日,季芃奉尊人命赴郡应试。宵初,谒止庵先生,并为芃弟送行。

七　月

朔日

晨雨,旋霁。已刻,赴馆为延曙说《孟子》书。午刻,同金炼百、姜岳仙、洪晓村、李芸苓、管仲凌、丹三昆季赴卫房宫拜圣母,主祭李彬臣表兄,祭毕在寄鸥书室中享馂馀。席散,诸君作叶子戏。余独去访章君味三。日向晚归。宵,访金君秀珏,遇之,畅谈至二鼓。

初二日　　大晴

晨,郑君一山来访。已刻,赴馆为延曙说《孟子》书。接程弟郡城信,初七考瑞安。午后,同孙君中恺过其弟家,与姜彤轩、陈国珍二君畅谈良久。回馆阅《时务报》第六十七册。

初三日　　大晴

早辰,独步赴丁田,途中热甚,汗流浃背。已刻,至震轩妹丈家,以寓甥左股患热疖,故去一问焉。夕,与轩兄夫妇坐谈。薄暮,雷雨,欲归不得。是夜,震轩妹丈束装赴郡,寓甥睡未安,妹终宵不能合眼,余亦为之提抱至天明。

初四日　　大晴

在丁田,终日与妹互抱寓甥。是日,寓儿左股热疖渐近平愈。

初五日

早晨，虹见，有雨旋霁。金珏老司自郡过丁田。巳刻，买舟归。阅《天雨花》。夕，赴馆，为延曙说《易知录》，写函寄郡与震轩妹丈。宵，阅《时务报》第六十八册。是夜，有雨。

初六日　　雨

朝，在馆点《纲鉴易知录》。夕，校点《经史百家杂钞》。宵，闷极早眠。五鼓大雨。

初七日　　朝雨

在馆点《纲鉴易知录》。夕，覆阅《时务报》六十八册。宵，在卫房宫观戏。

初八日　　大晴

朝，在馆点《纲鉴易知录》。夕，校点《经史百家杂钞》。宵初，同余君味兰、李芸林表弟、蔚文表侄在卫房宫观戏。

初九日　　大晴

朝，在馆点《纲鉴易知录》。夕，校点《经史百家杂钞》。申后，同中恺公子去谒中容先生，以先生所著《周礼正义》授余分校也。余坚辞，识见固陋，不足当此任，先生不允，遂袖其书而归。宵初，同郑一山、陈丹卿、李彬臣、芸林、金秀钰、李蕴斋在卫房宫观戏。

初十日　　大晴

早辰，赴马槽坦看府试首场案，榜首曾一传，予门人季芃名列第三十三。在馆点《纲鉴易知录》。夕，点《经史百家杂(编)〔钞〕》，写函寄郡与门人季芃。宵，阅《惜阴书院东斋杂作》。

十一日　　大晴

终日在馆，点《纲鉴易知录》，点《诗·小雅》。宵初，访黄君楚臣。

十二日

朝,晴,西北风大起。在馆点《纲鉴易知录》。夕,点《诗·小雅》。宵,困倦早睡。是夜,大雨异常。

十三日　　　终日东北风大起,继以骤雨,河渠皆满

在斋中校《周礼正义》。宵初,早眠。是夜,闻雷声,风顿息。

十四日　　　雨

朝,在馆研朱点《纲鉴易知录》。午后,阅宋君燕生存礼来函,中言康主政有为之女名同薇,字文僴,在上洋女学堂掌教,此女通中西之学,随父著书与有力焉。近欲游历东洋,广探风教,昔之道韫,固不能专美于前,非所谓女中之丈夫欤? 申刻,点《诗·小雅》并录眉批,校《周礼正义》。宵初,风楼表伯、鹤坡舅氏过舍。是夜,月明如昼,在斋中录先曾祖《玉瓯山房残稿》。闻邻舍哭泣声,始知周姻母万孺人子时仙逝,系子敬丈之继配也。

十五日　　　大晴

辰,赴铺儿桥看府试二场案,榜首许壬,门人季艽列首图第十六名。巳刻,赴馆点《纲鉴易知录》。夕,校《周礼正义》。宵初,陈丹卿表弟来。亥刻,乘月访家益斋叔。

十六日　　　晴

朝,在馆点《纲鉴易知录》,夕,校《周礼正义》。宵阅《昌言报》,李芸苓、稚菊二表弟来邀余去协镇署中看戏。

十七日　　　晴

朝在馆点《纲鉴易知录》。午后,过余君松舫馆,坐谈良久而回。校《周礼正义》。孙君星农来说酒捐事。宵初,在李子琳表弟家饮节酒。是夜亥子二时有雨。

十八日

辰晴。赴铺儿桥看府试三场案,榜首徐萱荫,艽弟名列第十一。

巳刻,在馆点《纲鉴易知录》。午饭后与孙君中闿过姜彤轩馆,畅谈良久。申刻,闻雷,少雨,旋霁。校《周礼正义》。宵,倦眠。

十九日　　晴

朝,在馆点《纲鉴易知录》。午刻,林梅仙过馆,留饭,畅叙良久。改延曙《淮阴侯论》。薄暮,雷,少雨。过岳丈家,与庆蒸内弟谈至更深而返。阅《昌言报》。

二十日

朝,晴。在馆点《纲鉴易知录》。午后,校《周礼正义》。申后,闻雷,微雨。同中闿公子赴大隐庐看府试四场案,居首者张亮道,季芃弟名列第六。宵雨,早眠。是日,延曙腹痛不在馆。

廿一日　　阴,少雨

朝,在馆点《纲鉴易知录》。午后,写函与震轩妹丈。校《周礼正义》。宵,过玉君表弟家。

廿二日　　阴

晨起,闻邻舍哭声大振,知周寅夅老伯于是日寅刻逝世,痛悼不已。巳刻,买舟赴丁田妹丈家望寓甥,留午饭,与妹子坐谈半日。申后,返棹归。闻府试全案已发,芃弟名列第六,不胜之喜。宵,阅《昌言报》。

廿三日　　大晴

朝,在馆,姜彤轩过馆。访季芃,以其自郡归也。点《纲鉴易知录》。夕,校《周礼正义》。薄暮,谒止庵先生道贺。宵,阅《昌言报》。

廿四日　　大晴

朝,在馆点《纲鉴易知录》。夕,校《周礼正义》。薄暮,过金文兴帽铺,与张小维、金飐民谈至更深始别。

廿五日　　晴

朝,在馆点《纲鉴易知录》。午刻,归家,访金君飐民。未刻,回馆阅《史记·平津侯主父列传》。宵，阅《新闻报》。

廿六日　　大晴

朝，在馆点《纲鉴易知录》。夕，校《周礼正义》。宵，访金飕民，托以购书之事。

廿七日　　晴

朝，在馆点《纲鉴易知录》。夕，校《周礼正义》。宵初，庆蒸内弟来取近购之书，余亦购来石印廿二子书，共二函计十六本。亥刻，雨，阅《廿二史纪事提要》残本。

廿八日

朝，晴。在馆点《纲鉴易知录》。午前，仆报震轩妹丈自丁田至，即假馆归，留饭，畅谈近日考试事。轩兄又代余购来《无邪堂答问》五册、《续富国策》四本、《格致书院课艺》十三本。薄暮，冒雨返棹。宵，大雨如注，被酒早眠。

廿九日

朝，晴。在馆。周鹿峰表兄过馆，托说酒捐事，辞之。点《纲鉴易知录》。夕，雨，校《周礼正义》。宵，雨，阅《纲鉴补》。连日延曙以齿痛不在馆。

三十日　　阴

朝，在馆点《纲鉴易知录》。夕，校《周礼正义》。宵初，微雨，过玉君表弟家坐谈，冒雨而归。

八　月

朔日　　晴

朝，在馆点《纲鉴易知录》。夕，校《周礼正义》。宵，阅《纲鉴补》。是夜,大雨。

初二日 晴

终日在馆,作《节用爱人经义》。宵初,芸苓表弟来访。亥刻,作《子产惠民论》。

初三日 晨雨,旋晴

巳刻,赴馆抄经义。饭后,过季恒公子家畅谈。未刻,回馆抄论。薄暮寄郡。宵初,过玉君表弟家,谈至二鼓而归。

初四日 晴

早起,改耕经道课卷。巳刻,赴馆点《纲鉴易知录》。夕,阅《格致书院课艺》。宵倦早眠。

初五日 晴

朝,在馆阅《格致书院课艺》,夕,阅《昌言报》中《筹海篇》。宵,阅《新闻报》。

初六日 朝阴,夕雨

终日在馆,作《筹边策》。宵初续成。

初七日 晴

终日在馆,作《大蒐于天津赋》。宵深续成,用《文选》体。是日晨刻小雨。

初八日 晴

朝,在馆阅《纲鉴易知录》。夕,复改《筹边策》。宵,过鹤坡舅氏家,便中道及余家生计维艰,不堪挪措。舅氏慰余再三,始辞归。是夜小雨。

初九日

朝晴。在馆誊策并赋。午后,谒洪楝园夫子。申刻,雨,阅《宋元学案》。宵,作《学案书后》。是夜大雨。

初十日

朝阴。在馆复改窨所作《书后》。夕雨,誊就,遣仆呈楝园夫子改削。宵初,过鹤坡舅氏家,舅氏以番饼十圆借余,解拆中秋节账也。

十一日 晴

终日在馆,抄《观风策论》,共四艺,腕力疲极。宵初,同芸苓表弟出门步月,过聚星斋与包雨臣、小亭昆仲,余松舫、林幼卿畅谈。

十二日 晴

朝,在馆点《纲鉴易知录》。夕,改延曙《论李斯》。宵初,过李玉君表弟家,与舅母坐谈家事。

十三日 晴

朝,在馆点《纲鉴易知录》。夕,校《周礼正义》。宵初,自馆归,闻庭前山茶嫩蕊,被枘儿乱摘殆尽,不胜愤怒,拍案大骂,晚餐亦为之却。

十四日 晴

朝,在馆点《纲鉴易知录》。夕,校《周礼正义》。薄暮,同恺兄谒仲颂先生,袖所校《周礼正义》第廿一卷还之。宵初,田东升伯过访,谈及合城流言都传:"皇上近日为太后所废,并严拿维新党羽,康长素、梁卓如为党魁,宋伯鲁、杨深秀二御史次之。京城闭门搜索,势甚汹汹,深为可畏。太后再垂帘听政,以慰民心"等语。余陡闻之,不胜惊骇,尝观历朝史册,国家衰替,都有非常变故,矧我朝洋人横行内地历有年所,借名租界,实逞雄心,近又两宫自相鱼肉,不顾大局,吾知内乱外侵,交相递起,其患伊何底乎?此特天数使之然耳!我生不辰,逢此百罹,惟有深为滋惧而已。谈既毕,兀坐良久始去。

十五日

朝,阴。倚枕看《续齐谐记》。午后,狂风骤雨,不获出门,看《百子金丹》。宵初,苦雨,早就枕。是日,以中秋佳节,故放假一日。

十六日　　　终日大风雨,平地水积一尺许

阅《昌言报》第四册。宵,无事。是日,阻雨不赴馆。

十七日　　　阴雨

晨,出门,路遇林君友槎,说季芃弟择二十日接亲。余以馆东刻有喜事,故不赴馆,遣仆欲雇舟到丁田,适章君味三来遂止,邀余同访刘菊仙、林和叔,均遇之。谈京都近事甚久。夕,偕郑一山过章宅祠塾,与章味三、金荇舲畅谈。味三出消梨饷客,味最清腴。至暮始散。宵阅《中东战纪》。

十八日　　　阴

巳刻,买舟赴丁田震轩妹丈家,维时河水涨溢,径路难辨,行道之人涉波没胫。余以上岸不便行,遣舟子篙舟至其门首,已午正矣。留饭,与轩兄夫妇谈家事良久。借新衣数袭。申刻,始返棹归。宵,过鹤坡舅氏家,坐谈至二鼓。

十九日　　　阴

终日在岳家,与胡君稚鹤、郑君乙山收管人情,以漱芳内弟明日有婚娶喜事也。宵,还天愿,余亦随众拈香叩拜。

二十日　　　晴

终日在岳家,与郑君一山收管人情。宵初,漱芳内弟行合卺礼,余夫妇奉岳命为调谐花烛。邑俗:凡人家有嫁娶之喜,都择夫妇双全、子息繁衍者从旁相礼,谓之利市人。此吾乡俗例也。更深,饮佳期酒,席散时交二鼓。归阅《南宋杂事诗》。

廿一日　　　大晴

巳刻,整衣冠赴岳家道贺,又赴馆东孙学士止庵先生家为芃弟作贺。午刻,在岳家饮闹房酒。薄暮,看新人。黄樾庭、李友兰、林

梅仙、雨臣诸君亦在。

廿二日　　　大晴

朝,在岳家与陈竹生前辈、胡君稚鹤、郑君一山畅谈。午刻,赴孙止庵先生家饮人情酒。余居首位,同席者洪子迁表伯,项葱畦前辈,涤秋、小溪昆仲,胡君小谷。中阎公子掌壶。筵散时,已申后。归家陡闻益斋族叔于二十日亥刻逝世,中心耿耿者不已,即赴其家一唁。宵初,在岳家与诸内弟作马吊戏,至四鼓归。

廿三日　　　大晴

朝,因身子疲倦,高卧晏起。夕,在斋中阅《格致书院课艺》。灯下阅《盛世危言》。

廿四日　　　大晴

终日在斋中,作道肄经堂策问。灯右倦甚早眠。

廿五日　　　大晴

终日在馆,作道课策问。灯右作策问至四鼓,始息灯而寝。

廿六日　　　大晴

终日在馆,誊清所作策问,首尾共十二道。家仆有事赴丁田,便呈轩兄改阅。宵,倦早眠。

廿七日　　　大晴

朝,在馆为延曙抄《易知录》破幅。夕,作策问,用四言体,以郑兄一山强予再构一道故也。宵初,过族兄庆章家,议捐款改筑大宗祠。时祠宇凋敝,栋椽将倾,故有此创举。谈至二鼓始归。

廿八日　　　大晴

朝,在馆点《纲鉴易知录》。午刻,家仆报张震轩妹丈来,饭后同去谒孙仲容先生,谈京城之事甚久,至暮辞别。轩兄返舟。宵,过族兄庆章静山家,酌议盗葬祖墓事。

廿九日　　　大晴

终日在馆,疲倦殆甚,倚枕阅《杨家传》以解困。宵初,校阅张孝达之洞尚书所著《劝学篇》上册。

九　月

朔日　　　晴

终日在馆,点《纲鉴易知录》,校阅《劝学篇》下册。宵,过祖芬叔家,坐论良久而归。

初二日　　　大晴

终日在馆节录史事。宵初,族中兄弟增栙、兆藻辈过访,坐谈至二鼓而去。

初三日　　　大晴

朝,邀杨君雨村作呈词,向县控诉。余独出名,以族中衰落无人倡为之也。午后,同族兄弟静山、增栙诸人请李仲宽父执赴大宗祠,指针定向。先生谓宗祠坐向坤艮兼未丑,本年小利,明年大利,或可改筑。聚谈久之始散。归,抄呈词赴署投递。宵,身子困倦早眠。

初四日

朝阴,在馆点《纲鉴易知录》。夕雨,节录史事。宵初,过郑君一山家,以道肆经堂违限课卷寄还也。中心愤闷者,终夕谈良久归。

初五日　　　阴

余生日也。朝,在馆节略史事。夕,阅《青云赋钞》,欲作经古赋,构思良久,苦无头绪,竟未下笔。宵初,阅《赋海大观》。

初六日　　　阴雨

终日在馆,作经古赋题《采菊东篱下》,以"三径未荒,松菊犹存"

为押脚。薄暮脱稿。宵霁有月，独坐书斋。复改日间所作赋。是日，先大父生辰。

初七日　　晨雨旋阴

终日在馆，作《经古论》，题《练军改习洋操》，拟欲分作十条。宵初，作《经古论》。

初八日　　大晴

终日在馆，作《经古论》。宵初，作《经古论》。是日，阅《申报》中载皇太后懿旨，谓祖宗旧制不可遽改，复黜策论，以时文应试。噫！今夏之间，曾奉圣谕，以策论取士，未阅数月，而令其复旧。朝令夕改，反复无常，凡属官僚行政且犹不可，况为一国之君主乎？古人有言曰："牝鸡司晨，惟家之索。"吾不知后来之患，其将作何底止耶？深为扼腕，欲诉无从。

初九日　　大晴

先大母忌日。朝，在馆作《经古论》。是日，重阳佳节。午后，中恺公子约同人登隆山游眺，忱叔、季恒二公子，姜君彤轩叱马前行，余与恺、芄昆仲步行随之，未几登山，坐观海亭子上，但见水天一碧，云幕四张，秋风吹襟，松林谡谡，倚眺久之，不觉心与俱远也。日将暮下山，过明因寺，女僧献茶，即辞出。沿途过东税关，时夏君耀西在关分司榷务，遇之，强邀畅谭，天暝始缓步由郭门而入。宵初，月明如昼，张君肖维过访，坐谈至二鼓而去。

初十日　　大晴

朝，在斋中誊所作《经古论》，呈栋园夫子改削。近午，同林和叔、王赓延、郑一山、章味三、刘菊仙、郑启法诸君登西岘山鳌山阁，拜祭文昌君。是年值祭归启法，族兄弟静山、毓卿、增枬辈来邀余，上底九坦山，阅视松木多少，意欲采刘贩卖，得赀为改筑宗祠计。又为山人谢学勤写山札一纸，同族之人都押以花字，土人出红薯饷客，食之最为甘脆。夕阳影乱，始各言归。宵初，同谱兄弟在紫垣夫人家享馂。席散，诸人过章氏祠堂畅谭，和叔调琴奏《碧天秋思》一曲，味三又出海上名伎小影共十数页以观。月斜粉墙，乃各别归。

十一日　　晴

朝，在馆作《叶水心文集》书后。午后，仆来馆报震轩妹丈自丁田来，即誊就付仆代呈改削。薄暮归家，而轩兄已返舟去，惟留所改《书后》于几上，涂乙过半，愧甚感甚。宵初，抄经古卷共八页，至四鼓始寝。

十二日　　晴

终日在馆，抄策问并赋、书后各一篇，手腕作痛，疲倦殆尽。宵初，过族兄静山家，又过岳丈家，谈至二鼓而返。

十三日　　阴

朝，在馆点《纲鉴易知录》。午后少睡，嘱季芄复誊官课论并书后各一，略为删改，以昨日交卷匆遽，未能详阅故也。宵初，同郑一山、王赓廷、章味三、蒋仲笙、许中笙、林和叔、孙忱叔、林漱泉、管中凌、洪藻卿、王药如诸君，在菊仙处小饮。席散，诸人作马吊戏。味三强邀余与一山过其书塾中一谈，至三鼓冒雨而归。

十四日　　微雨

朝，在馆改延曙《天下归仁论》。午后少睡，与叶君声石坐谈，阅《段紫沧文稿》。宵初，阅佩文斋《广群芳谱》。

十五日　　雨

朝，在馆点《纲鉴易知录》。夕，阅佩文斋《广群芳谱》。时馆中木芙蓉盛开，朝白晚红，媚秀可爱，作诗四绝。宵初，张君肖维来访，余以改筑祠堂集众捐款有事而出，未与之遇。

十六日 阴

终日在馆,阅《段紫沧文稿》。薄暮微雨,灯右阅《广群芳谱》。

十七日 阴

朝,在馆阅《段紫沧文稿》。夕,阅《劝学篇》。宵初,过张君肖维家,袖《劝学篇》校对讹字,又坐谭良久归。

十八日 阴

终日在馆,重校《劝学篇》。以前次草草校正,舛讹甚多。灯下张君肖维过访,畅谈良久,又索观余近日所作诗文,至三鼓始去。

十九日 雨

朝,在馆阅《大题文府》四书文。夕,作中东师课文,只成一讲,灯下足成之。又作策问一道,至五漏始寐。

二十日 朝雨,虹见于西

在馆抄中东师课文。夕,抄策问并诗,阅宋燕生前辈沪上所寄手札,其中语近日京都之事甚详,读竟为之三叹息。

廿一日 晴

终日在馆,阅《后汉书·应奉许慎列传》。以府课肄经堂赋题出在此中也。灯下阅《西南夷》等传。

廿二日 乍阴乍晴

终日在馆,阅《赋海大观》,并分类赋鹄。欲作府肄经堂赋,构思半日,恨无头绪,只成一段。宵初,挑灯续作之,至四鼓始脱稿,颇得意,乃息灯少睡。是夜有风。

廿三日 晴

终日在馆,作试帖诗,并作《读后汉大秦列传题后》七古。宵,过玉君表弟家,与舅母坐谭良久而归。是日早晨,过胡芳谷前辈处,借观《佩文韵府》,查"爻间"典故。近午,门人绳苏袖书送馆,始知题旨本《汲冢周书・王会解》也。

廿四日　　阴

朝,在馆点《纲鉴易知录》。午刻,归家祭拜伯考,以昨日生辰忘祭故也。未后,赴馆阅《段紫沧文稿》。宵初,阅《汉魏丛书》中《汲冢周书・王会解》。

廿五日　　半阴半晴

朝,在斋中阅《续齐谐记》。午后,奉岳父,在其家整衣冠陪客,以是日二姨出阁,叶仲宣丈遣人接取妆奁也。胡君稚鹤亦在,畅谈至暮始归。宵初,看《阅微草堂笔记》。

廿六日　　大晴

朝,在馆阅《后汉书・西南夷传》。午刻,赴岳丈家,以是日二姨出阁,行告庙礼,岳命余作小相。未刻,赴馆阅《段紫沧文稿》。薄暮,仍赴岳丈家陪(家)〔客〕,与邵建平丈、胡稚鹤畅谈,至二鼓始归。

廿七日　　大晴

朝,在馆点《纲鉴易知录》。夕,誊盗葬呈词,付族人上郡赴府辕控诉。宵初,挑灯阅旧作赋。

廿八日　　大晴

家慈寿日。晨初,登堂叩谒拜贺。巳刻,赴馆。洪栋园夫子过馆坐谈良久。夕,改削季芃窗课赋。宵初,伍凤楼表伯过访,出陈菊甫超英侍御函与余观,谈论久之而去。

廿九日

先曾祖诞辰,先大父忌日。早晨阴,同仆乘渡船赴宋家埭称租,田家留餐。薄暮,冒雨,由横渡乘舟而归,已上灯时候。是夜,困倦早眠。

三十日　　阴雨

终日在馆,改季芃课卷。宵初,访郑君一山,雨窗坐谈甚久,雨止始归,阅《中外日报》。

十　月

朔日

早晨晴,袖香烛出东郭拜谒城隍神。巳刻,赴馆节录《日报》谭、林二京卿《狱中寄恨》诗,并日本随员森君大来《景福宫词》。点《纲鉴易知录》。近午,李蕴斋、潘星斋过馆,谈良久去。夕,阴雨,改季芄窗课。宵初,阅《骈文类苑》,大雨达旦。

《狱中诗》谭嗣同①:

久拼生死一毛轻,臣罪偏由积毁成。自晓龙逢非俊物,何尝虎会敢徒行。圣人安有胸中气,下士空思身后名。缧绁到头真不怨,未知谁复请长缨。十一日。虎会,周时人。讽简子罢推车,因置酒与群臣饮,以虎会为上客。

长鲸跋浪足凭凌,靖海奇谋愧未能。安耻□边多下策,当思殷武有中兴。孤臣顿作隍中鹿,酷吏终羞殿下鹰。平日敢言成底事,□□秋水已如冰。十二日。

□□□□□□□,孤忠毕竟待天扶。丝纶阁下千言尽,车盖亭边一字无。经授都中愧盲杜,诗成狱底学髯苏。朝来鹊喜频频送,尚忆墙东早晚乌。十三日。

林旭:青蒲饮泣知无补,慷慨难酬国士恩。欲为公歌千里草,本初健者莫轻言。

《景福宫词》:神王山色郁崔巍,不见三年玉辇回。黼座尘封

---

① 此《狱中诗》三首系戊戌六君子之一杨深秀所作,误传为谭嗣同作。

勤政殿,虚悬日月照蒿莱。

憔悴芙蓉怨素秋,哀湍喷薄响岩幽。可怜宫殿微风极,燕雀高栖庆会楼。

坤宁小阁闭青苔,鬼火星星恨未灰。剩溅白头宫监泪,玉壶楼下进香来。

乾清宫外醉香桥,桥下潺湲水一条。流恨不消红藕死,露花风叶泣萧萧。

《昌德宫观女乐引》:昌德古宫倚山作,溪峦窈窕藏琼阁。门楼牌坊不记名,是日赐筵大合乐。氍毹红照演庆堂,嘉宾琴瑟东西厢。梨园弟子娇结束,绛唇珠袖排两行。先是内庭教歌舞,传头髣髴开元谱。技成凤纸金名呼,念奴玉笛花奴鼓。鼓舞盘盘迎拍捯,鬖鬖髻仄鹅钗斜。孔翎翠羽摇冉冉,垂手香颤双枝花。

《鼓舞》:反袂飕飕风乍起,炼钢一掣柔绕指。公孙蓦隐神合离,白虹紫电射秋水。

《剑舞》:是何少年衫笠姿,长身玉立携蛾眉。低回似怨新婚别,扑朔迷离浑不知。

《男舞》:惊散一双雄蛱蝶,乐极哀来泪交睫。汉宫不见倾国人,只听蝉声催落叶。

《叶舞》:曲终不觉月在檐,凉漪满殿吹细帘。韩廷衮职亲进酒,捧杯还倩双玉纤。行人既醉心愉悦,曲中悲欢几回阅。出门遥拜庆运宫,两国猜嫌从此绝。按:大来森君,字槐南,现年三十六岁,乃春涛先生之长公子。春涛先生之文名,为日本学士所最推重者也。

初二日　　　雨

终日改延曙窗课《卫懿公好鹤论》。宵初,与高峣乡人坐谈至二鼓。

初三日　　雨

朝,在馆点《纲鉴易知录》。夕,阅《陈检讨集》。宵初,燃焗检阅县试正场考卷。

初四日

朝,雨。在馆阅经古书院超特卷。午刻,小霁,林君梅仙来馆,主人邀饭,坐谈良久,郑一山、孙闻甫陆续来访,索观经古卷。作《重建许峰山景福禅寺募疏》。宵初,阅吴锡麒骈体文。

初五日　　晨,微雨旋霁

谒楝园师。巳刻,赴馆点《纲鉴易知录》。夕,改季芄窗课文。宵初,同杜茂珍谈论良久,改季芄小课。

初六日　　晴

终日在馆,改季芄窗课文。宵初,誊洪楝园夫子《观风超》等卷。

初七日　　晨,虹见微雨

在馆改季芄小课文四书题《秦穆公用之而霸》,止庵先生拟作后二比。楝园夫子过馆谈论考试事。夕,困倦伏案假寐半日。宵初,写县取全案册。

　　止庵先生拟作文:亡虞者转而霸秦,用与不用异也。夫霸秦之奚,即亡虞之奚也。非穆公用之,何能至此?尝思亡国之大夫,难可与图存,曷望其能以君霸哉!岂知际遇之通塞,而功名之显晦,因之人苟抱有用之才,一旦得时之驾,际遇既通,功名遂显,乌得以其前之所为,而议其碌碌无能耶?□□是非,奚之智于秦,而愚于虞也。吾读《秦誓》终篇,穆公盖尊信黄发者也,奚也以耄耋之年而神明奉之,其视在虞时之旅进旅退者何如哉?七十以前之岁月空抛,七十以后之风云忽合,遭际何真,敢不感激而图报？霸图之展也，以东道不通之秦，一朝拓土开疆，遂列会盟于上国，则老成人之谋国周矣。假使奚不遇秦，岂能显勋名于汧渭以西哉！亦非奚之厚于秦而薄于虞也。吾观三良殉主，穆公又善得士心者也。奚也以羁旅之臣而腹心委之，其视在虞时之淡焉漠焉者何如哉！痛故主于马齿之前，遇兴君于牛口之下，经纶焕发，顿觉气象之一新，霸业之隆也。以西陲僻处之秦，至今龙兴虎视，如争雄长于中原，一孤臣诒谋远矣。假使秦不用奚，岂能振声灵于桓文之后哉！

初八日 阴，北风甚大

终日在馆，改季芃课文。是日，黄君楚臣过馆，说学宪临温考试，定于本月十七日取齐，行文已到县矣。又接永礼书、林子耀来函，办考典籍照府试名次造册，不必如前之汇挨等例，本年余家值办，陡闻此信，中心为之一宽。宵初，写弥封册。

初九日 大晴寒甚

终日在馆，改季芃窗课，誊止庵先生拟作文。申后，家仆来报，震轩妹丈同杜君紫石自丁田来，即假馆归，闲谈至暮。更初返舟，月色甚佳。访郑君一山，时近二鼓归。写坐号册。

  附录拟作文：舜之居深山之中，与木石居，即山居。以论古圣，可先观其所与居者矣。夫舜德为圣人，而其始固山中人也。观其所与居者，非木石是何？尝思居天下之广居者圣人也夫！居曰广居，则其所与居者不已有，天下归仁之象哉！然即广居时之所与居者以观圣人，而圣人见，不若即穷居时之所与居者以观圣人，而圣人益见，知此乃可与论舜。吾试言，舜之所居贰室馆甥之日，舜固居尧之宫矣。其所与居者，非九男即二女也。顾当其有鳏在下，则所居殊寂寂矣。垂裳南面之年，舜固居尧之位矣。其所与居者，非五臣即四岳也。顾方其侧陋未扬，则所居殊郁郁矣。且夫舜之所居，正不一矣。陶于河滨，渔于雷泽，耕稼于历山之下，要皆可作深山观也。吾考皇古之民，有构木为巢者矣，有凿石为室者矣。舜之居得毋近是，然深山之居，舜岂绝无所与哉？抑岂别有所与哉？今夫山之中其蓊蔚而成林者非木耶，其礧砢而塞径者非石耶，然则舜之所与居者，岂能舍木石而别求所与，则谓之与木石居可也夫。天下物之无知者，莫木石若也，无知者而可与居乎？然而木乃山之精英，石乃山之筋骨，木石固与山俱来者也。有山即有木石，舜既居是山，乌得以其无知也者而耻与为邻？天下物之无情者，莫木石若也，无情者而可与居乎？然而山有木而烟云潏渤，山有石而梯栈钩连，山固与木石相附者也，非木石不成山。舜既居是山，安得以其无情也者而羞与为伍？试进观其所与游者。

初十日 　　大晴

终日在馆，改季芃窗课。宵初，同郑君一山写年貌册籍。

十一日 　　大晴

朝，在家校对院试各册籍。夕，在馆改季芃窗课。宵初，郑君一山来代余凑写年貌清册，余以左眼微热，不与同写。

十二日

朝，雨。往王君赓壬玉卿家送殡。夕霁，在馆改季芃窗课。宵初，同郑君一山步月出南门，过陈府庙观剧，演《百花台传奇》，三鼓始归。

十三日 　　大晴

晨，有霜。在家汇钉院试各册籍。夕，在馆改季芃窗课。阅止庵先生拟作四书文后二比。宵初，月白如银，张君肖维过访，索观近作,坐谈至二漏下始去。

　　　　附录拟作后二比:国家将兴,必有祯祥。应天以实不以文,故仁君图治,议封禅则谦让,未遑祯祥而言必有,得毋过于文饰乎? 而非文也。国家景运初开,举百年昏塞晦盲之气荡涤一新,于是日月焕其光华,星辰昭其景庆,下至草木虫鱼,各得遂其天性,而野茧生、嘉禾苗,皆思出其异,以显皇极之休征,盖明王兴起,其几之先动者,理有确然可凭也夫,岂谀臣文饰之辞所得与? 圣人语常不语怪,故大儒修史,遇符瑞则删削不书,祯祥而言必有,毋乃邻于迂怪乎? 而非怪也。国家太平有象,合两间五行百产之精,英华尽泄,所以麟凤呈其仪舞,龙马献其图书,其在山林岳渎,岂知媚我君王而荣光溢宝藏开,皆欲效其灵,以彰一朝之瑞应,盖大业勃兴,其兆之先见者,事固灼然可信也夫! 岂方士迂怪之说所能参?

十四日　　　大晴

晨,有霜。在家汇钉院试诸册籍。申刻,往王君晓周桢干家送葬。宵初,有月,黄君楚臣,郑君一山,蕴斋、稚菊昆仲代余填试卷名,并写年貌各册。

十五日　　　大晴,寒冷甚酷

终日在馆,改季芄小课题文。郑君一山举一男,拜余为义父。是夕,咳名之日,邀中闱公子书闳桴二字以名之。宵初,月明如昼,黄君楚臣过访,相与检点诸册卷,即时送署盖印。

十六日　　　阴

终日在馆,改季芄窗课。宵初,在斋中挑灯构呈词,为唐宗师景崇学士将临温郡,控告革生陈庆瀛盗掘祖墓事,至三鼓始脱稿。

十七日　　　阴雨

朝,在家与黄君楚臣、彬臣、蕴斋、稚菊诸中表、友樵内弟校对考试册籍。夕,访族兄静山,又装点行李,先邀楚臣、田东青伯赴郡,听候学宪临郡办公。

十八日   雨

朝,往中闾公子家,为伯陶诒钧先生暨兰叔诒沅公子送葬。夕,在家收拾行囊。薄暮,同茂珍乘夜航船晋郡。

十九日

朝,阴。晨刻抵郡。同茂珍以小舟替载行李归寓。夕,晴,阅《段紫沧文稿》。宵初,李伊人过访,索观近作《论行文秘诀》,至三鼓。是夜,西北风大起,寒冷难堪。

二十日   大晴

余以昨宵睡迟,左目复红,视物甚艰,心极焦灼,假寐终日。宵初,就枕。震轩妹丈过访,余以睡去不知,而轩兄径去。

廿一日   大晴

左目红色微退,养神终日,宵眠甚早。

廿二日   大晴

左目红色较昨日略退,倚枕静养,半醒半睡者终日。宵眠颇早。

廿三日   大晴

左目红色大退。在寓阅《剑虹居制艺》。宵眠甚早。

廿四日   大晴

朝,过郑一山兄寓。夕,过李彬臣表兄寓。宵初,友樵内弟过访。是夜,纱帽河失火,被焚者四十馀家,红光烛天,目为之眩。

廿五日   大晴

朝,在考寓卖册。夕,看诸考生填册。薄暮,写家函,托正和局寄瑞。宵初,郑君一山过访。

廿六日   大晴

终日在考寓卖册。宵初,同郑君一山、友樵内弟过郭教谕公寓,

说填新册。乡俗：凡新生入学者初次赴郡岁考，学书门斗及门政，必倩人说填
新册。喜银，富者或付洋四五元，或二三元，或钱二三千；贫者或钱一千，或钱
五六百，或钱三四百，谓之填新册，亦近时陋习也。转过院夫吴乙生家，推
算膏伙账务至三鼓。

廿七日　　大晴

终日在考寓卖册。是日辰刻，唐春卿宗师马牌已到。写家函。
薄暮，夏君涤笙过访。宵初，过郑君一山寓，章君味三亦至。阅《龚
定庵文集》，谈至三鼓而回。

廿八日　　大晴

朝，过季芄弟试寓。夕，在考寓卖册。洪博卿夫子、季芄门人过
访。宵初，过孙氏诒善试馆，与项篆仙、季芄坐谈。又拈出二"四书"
题以为课。

廿九日　　朝晴，夕阴

稚菊表弟自瑞来郡，问讯家中消息，平安志喜。看诸童生来考
寓买卷册。宵初，过诒善试馆。与项篆仙、芄弟坐谈至二鼓。

十一月

朔日　　大晴

终日在寓中，看赴考诸童生买卷册。宵初，同刘老元、稚菊表弟
在考棚前游行，登酒楼饮酒至三鼓。

初二日　　大晴

终日在寓中，看赴考者买卷册。是日午刻，唐春卿宗师到郡。
薄暮，写家函。宵初，同稚菊表弟、刘老元兄在考棚前游玩，过酒馆
饮酒至三鼓。

初三日　　大晴

朝，在寓中看诸赴考者买卷册。夕，过李芸苓表弟、季芤门人诸寓。宵初，早睡，为来朝考经古计也。四鼓始起早餐，迫听唱受卷，已三竿日上矣。

初四日　　大晴

终日在场中，作赋一篇、试帖一首。震轩妹丈代余作论。论题《傅介子陈汤论》；赋题《雁荡山赋》，以"天下奇秀无逾此山"为韵；诗题"境静鱼鸟闲"，得"闲"字。薄暮，投卷而出。宵，饭后早睡，为明日考正场计。四鼓始起，迫进场领卷，时天甫曙。

初五日　　大晴

终日在场中，作四书文一篇、易经艺一篇、试帖一首。首题《子曰岁寒》两章；经题《象曰：天地交泰，后以财成天地之道，辅相天地之宜，以左右民》；诗题"敦俗劝农桑"，得"敦"字。首题，余有旧作忘带随身，恨恨然作此篇，尚觉机神流走。申末，投卷领签而出。是夜，在诒善试馆为芤弟送考。

初六日　　大晴

是日，考童生经古。朝，在寓中，看诸廪生画押。夕，在考棚前为芤弟接考。宵初，过诒善试馆，与季恒公子、姜君彤轩、叶君仲辛坐谈，至三鼓归寓。

初七日　　大晴。天气颇热

是日，考乐、平童生。朝，在寓闲坐半日。午后，过诒善试馆，同项篆仙、孙季芤赴简玉书庄购书画，因价太昂，只买来《巧搭网珊》一部而返。薄暮，发生员古学案，榜首王国琛，余名在次取二十，震轩妹丈名列备取第六，总计全数，五县约壹百多名，此真千古罕闻。余在季芤寓，叶生耕经来报，闻之，蹒跚而返。

初八日　　大晴

早起,杨君小园来说,瑞邑县前大街失火,延烧数十馀家,中心惊骇者半日。夕,在寓中检点册籍,交外号房用戳。宵初,过诒善试馆,为芃弟改削窗课,三鼓归寓。震轩妹丈过宿,以明日覆试经古,同伴进场也。五鼓睡起晨炊,煮熟餐为一饱,始出。

初九日　　阴

终日在场中,覆考经古。赋题《拟宋广平梅花赋》,以"出群之姿何以别乎"为韵,《三顾草庐赋》,以"三顾臣于草庐之中"为韵;诗题"野水无声自入池",得"声"字。杂作之题尽夥。余以晷促,只作一赋一诗而已。拟题藏有旧作,韵脚不合,故另作。出时日已向晚。宵初,录震轩正场首艺。是夜,瑞安、泰顺进场,为稚菊表弟、季芃门人在场前送考。五鼓微雨。

初十日　　冬至节。朝,阴雨

在寓中酣睡半日。午后,在考棚前看接考。薄暮,发童生古学案,合五县共二百馀名,榜首许维中,季芃弟在正取第三十一名。宵初,同稚菊表弟在酒馆饮酒半醉,归寓困倦而眠。四鼓始起,过诒善试馆,为芃弟送考,以明早招诸童进院覆试经古也。

十一日　　大晴

朝,在考棚前游玩,过骨董肆中,购来旧诗笺一纸,题为《懊恼》,诗七言四律,末款"枫溪老渔书"五字,不知谁氏遗墨,诗颇峭丽,亦系名士手笔。夕,过彬臣表兄寓。宵初,发生员一等案,榜首王兆藻,震轩妹丈名列第八,余竟不售,中心纳闷,挑灯兀坐,抑郁无聊,即蒙被而睡。

附录《懊恼》词:望岁心情比望君,看挥羽扇对斜曛。未分黑白聊同奕,略认丹黄漫论文。虻误伊言盟是海,苦留余住梦为云。仙源特与刘郎守，鸡犬中宵静不闻。

雾迷三里入孤城，蚁阵空排梦未成。双泪尽垂何满子，一声齐唱董逃行。籤钱已罄还令赎，斗草全输且说赢。最恨自家堤畔柳，漫天飞絮泄春情。

别来华屋到岩阿，几处沧桑一刹那。夫壻他家貂不足，郎君旧巷燕何多。遥天唤鹤才惊浦，昨夜牵牛已渡河。辜负陈王空秣马，但将诚素托微波。

也有埋香到马嵬，几人真个堕楼来。事能如愿凭郎福，语解瞒人爱婢才。难弃难从多宛转，又惊又悔屡徘徊。似闻略定和亲计，一曲琵琶塞上哀。

十二日

是日考永嘉、玉环童生正场。朝，阴雨，阅《剑虹居制艺》解闷。夕，晴，在寓中兀坐半日。宵初，过诒善试馆。

十三日　　大晴

是日覆试异等生员。在寓中闷坐终日。薄暮，悬乐清提覆牌。宵初，双门外被火，延烧者惟茅屋数间而已。过季芄寓，坐谈良久而返。

十四日　　大晴

终日在寓中兀坐。宵初，悬瑞安提覆牌，共计一百五十七名，余门人季芄在其列，中心为之一宽。康乐坊里失火，风势甚大，被烧约数十馀家。夜半，稚菊表弟束装回瑞。是夜，月华皎洁，同芙士公子在孙氏诒善试馆，为季芄、叔印送考，以明早赴院听候提覆也。

十五日　　大晴

早晨，自孙氏试馆归寓，与震轩妹丈坐谈半日，留午饭。夕，同轩兄、一山兄在场前接考，而芄弟早出。过诒善试馆，觉身子疲倦，

倚枕少睡。薄暮,悬永、泰提覆牌。宵初,月色如冰,震轩邀余赴兵
房画武试诸童花押。过院夫吴乙生家,取膏伙款,不遇。转过季芃
寓,阅提覆小讲,不能入觳,中心郁闷,拂袖而返。

十六日　　　大晴。卯正初刻月食,至辰末始复圆

早起,往吴乙生家取番饼九枚。归寓,轩兄、王君星华接续过
访。夕,独坐寓中,旅怀难遣。宵,月华澄洁,散步庭前,出门过孙氏
诒善试馆,更漏三下始返。

十七日　　　晴

朝,在寓中阅《剑虹居制艺》。夕,酒饮过多,沉睡半日。宵初,
揭永、瑞、泰三县新进案,吾瑞拨入府学者共十名,较去年加增一名,
季芃适为之殿,幸哉! 闻是夕看榜者甚众,人如潮涌,踏倒不计其
数,中有一练军破额裂肤,生死莫决。

十八日　　　阴雨,天气极寒

朝,遣仆杜茂珍买小舟,欲往丁田震轩妹丈家,为襟丈奉直公送
葬。船价太昂,中止。衷怀沉闷,兀坐半日。夕,录旧作试帖诗,灯
右无事,余以骨肉至亲,为考试之事所羁,不及送葬,心觉歉甚,倚枕
辗转,夜不成眠。

十九日　　　雨,寒甚,山有微雪

朝,在寓中拟作提覆二起讲,与芃弟看题,系长搭,以前日应试
未合法也。申后,写家书并寄震轩妹丈,函付季芃带瑞。宵,苦寒意
懒早眠,拥抱衾裯,冷如拨水。

附拟作 "其事上也敬"至"臧文仲居蔡"。事上更伸其敬,
而不敬者竟以居蔡闻矣。夫敬以事上,子产固与平仲之善交久
敬并著矣。彼不敬之大者如文仲,何为以居蔡闻乎? 今夫敬慎
所以不败,而骄侈适以取亡,此要君之臧孙,亦尝求后而致大

矣。乃若尽臣心于朝右，伸威无忘咫尺之严；而作虚器于私家，窃位竟切鬼神之奉。敬尔在公之谓，何独怪熏莸殊品者，觉心劳作伪，转向朽骨以乞灵也。子产之合道，恭以行己，其先见矣。夫允恭克让，读《谟典》者，奉若蓍蔡之虔；修己安人，切躬行者，常凛燕居之守。列国卿材，惟晋肸齐婴，洵堪与惠人之子产比矣，岂若楚围之投龟，诟天不能恪恭，以将事乎？然不徒见其恭也，事上待下，其合道又如此者，圣人之徒也。"匡章曰"至"井上有李"。卫道者有其人，穷廉者有其物矣。夫所谓圣人之徒，以能述圣言，而不失乎人伦者也。若无人伦之仲子，养廉不食，亦何幸有李在乎？且士生三代后，行圣人之法行，述圣人之法言，岂不以躬励廉隅，明其嫌于瓜李哉？乃继起有人，甘向异端而独辟；而疗饥无术，方幸硕果之仅存。瞻言吾党，固得圣学薪传也。彼延抱瓮之馀生，夫亦得天所赐已。

二十日 雨，天色颇寒

朝，在寓录旧作试帖诗。夕，写书寄孙季芃，并拈论题二附寄延曙。宵，闷极早睡。

廿一日 阴

终日在寓，录旧作试帖诗。宵，寒极，闷坐无聊，归家心急，挑灯作《寒夜旅舍有怀》五古一首：

> 疏雨响阶叶，尖风吹壁帷。一夜不成寐，独坐空支颐。作客已经月，出门苦别离。区区名与利，人生半为羁。天涯畴知己，世路多险巇。取士误颜标，冬烘良可嗤。抱此不平恨，照影孤灯知。岁序忽云莫，迅疾驹光驰。为问春消息，窗梅已破枝。平安报庭竹，团圝酌金卮。不如归故里，聊慰高堂思。

廿二日 晴

朝，在寓，震轩妹丈倩余抄白纸禀帖，为棍徒张朝龙扣考事。

夕,过曾君温如处,说结银多少。宵初,许秬村表兄过寓,蓺烛畅谈,至二漏始去。

廿三日　　大晴,晨有霜

季芃弟自瑞来郡,以本晚酉刻唐宗师传命进见也。过寓谈论半日,出止庵先生拟作相示。夕,抄旧作文。宵,过季芃寓,坐谈良久而归。

廿四日　　大晴,有霜

早起,代轩兄抄白禀。饭后,同刘老元、杜茂珍往各新进处收算牌灯钱。季芃买舟回瑞,余送至河干而返。夕,同震轩妹丈,过东阳春客栈,与学书王质甫坐谈至暮。宵,闷坐良久始就枕。

廿五日　　大晴

朝,在寓沉闷不堪,抄旧作以解烦。夕,轩兄过寓,同往书肆中,伊购《庸庵全集》,余亦购来《春在堂丛书》。此书卷数约计四百四十七卷,种类纷繁,如观瀚海,洵读书家之秘宝也。宵初,同震轩妹丈访李君中谷、贾君鸿初,均遇之。余又访唐君蕭裳,说结银款。迨归寓时交三鼓。

廿六日　　阴

朝同杜茂珍至山脚门,访胡芷卿不遇,又赴各新进处收取牌灯费。午刻,金秀珏自瑞来,留午饭。夕,同震轩妹丈至纱帽河,看来福班演剧。宵初,胡芷卿兄过访,余以昨宵观书睡迟,伤风怯寒,身子不快,倚枕少睡,朦胧间闻声即起,剪烛叙谈至三鼓。是夜,眠甚不安,身汗淋漓,几浃枕褥。

廿七日　　阴

先府君生辰。终日同茂珍往各处收取牌灯费。是夕,周身筋骨酥麻,两腰尤痛,此亦过劳之故。宵,眠甚早。

廿八日　　晨虹见，日如黄金色，天气颇热

朝,同茂珍往各新进处收牌灯开费。夕,震轩妹丈邀余同行游玩,到郡东山下,登玉皇阁,倚槛纵览,但觉罗浮山色,孤屿塔影,一碧波光,上下万顷,飞鸢跕跕在天半云烟中,小如瓜子,都历历在目。徘徊久之乃下,循途过华盖山谒双忠祠,访资福寺,寻吸江亭,海风甚大,余心畏寒,少憩即下。日向晚,各别归寓。宵,大雨。挑灯阅《曲园杂纂》。

廿九日　　阴

终日同茂珍往各新进处收取牌灯开费。宵,闷坐半夜始眠。

三十日　　雨

朝,同茂珍往各新进处收取结银款。夕,季芃过寓,出《春在堂全集》相示,坐谈至暮。宵,出门收取结银款。亥刻,归寓。代震轩妹丈楷书白禀。

十二月

朔日　　甚雨

终日冒雨同茂珍收取结银费。宵初,雨霁见星,过余君松舫、姜君尧夔寓,谈论至三鼓而回。

初二日　　大晴

终日同茂珍出门往各处收取册结费。宵,阅《春在堂全集》中"曲园杂纂"。是日,季芃折柬来招饮,余遣人持名帖婉谢之,不赴席。

初三日　　晴

朝,季芃过访,邀余另拟《墨子论》一篇,呈唐春卿宗师,允之,以

明日持赠。午后,同茂珍出门收取结银款。季芃遣人送到中容先生与梁卓如孝廉书,其中论及《墨子》颇详,可藉此作为桂义。宵初,揭武新进榜,震轩妹丈过宿。阅《墨子间诂》,至三鼓始和衣而睡。

附录:仲颂先生复梁卓如孝廉书①

卓如先生侍史:前读大著《变法通议》,于中国贫弱颓败之故,洞究原本,俾圆颅方趾之伦,昭然发其蒙蔀,微管之望,中外翘切,深以未得奉手承教为憾。

顷奉诵惠毕,猥荷藻饰,谓劣有逾涯分,申纸觥绎,尤增愧悚。诒让少溺于章句之学,于世事无所解。曩读墨子书,深耆其撢精道术,操行艰苦,以佛氏等慈之恉,综西士通艺之学,九流汇海,卓尔巨派。徒参非儒之论,蒙世大诟,心窃悁之。擘校廿年,略有所悟,遂就毕本补缀成诂,然《经》《经说》诸篇,闳义妙恉所未窥者尚多,窃谓此经揭举精理,引而不发,造微之论,几欲突过西人。惠施、公孙龙窃其绪论,乃流于儇诡口给,遂别成名家一派,非墨子之意也。

拙著印成后,间用近译西书,覆事审校,复有所获,如《经下》云"火不热",似即西人热学之滥觞,盖热无尽界,光热相生,大抵不逾二百度已足成火,而西学所能成之热有增至三四千度者。新法日孳,热度所至,亦复无竟,则一星之燃,不翘冰界矣。而说乃以目见火不见热为释,似无大深意,或非其本恉,抑或光学家所谓日光带七色,极热乃在其暗线内之理。先秦时倘已发其端,二者之说觊有一当未能定也。又《经上》云"仳有以相撄,有不相撄也"。此疑即《几何原本》所云两直线于同面行至无

---

① 民国五年刻本《籀庼述林》卷十,题作《与梁卓如论墨子书》,文句亦有多处不同。

穷,不相离亦不相远而不得相遇。"有以相撄",即不相离不相远之意;"有不相撄",即不得相遇之意。此或亦形学之精诣欤?又如《经下》"住景二",似即歧光之说;《说上》"无久之不止,有久之不止"二语,似即力学永静永动之理,若此诸义,蓄之胸中者甚多,因于西书所见甚少,其算例精繁者又苦不能尽解,愧未洞窥宦□,间有管蠡,未敢著之于篇。以执事孯综中西,当代魁士,又深服膺墨子,辄刺一二奉质,未审卓见以为何如。要之,此数篇文义既苦奥衍,章句又复褫贸①。昔贤率以不可读置之,爻山刊误,致力甚勤,而于此四篇,竟不着一字。专门之学,尚复如是,何论其它?唯贵乡先达兰浦、特夫两先生,始用天算光重诸学发挥其恉,惜所论甚少。又两先生未遘精校之本,故不无望文生训之失。盖此学晐举中西,邮彻旷绝,几于九译乃通,宜学者之罕能津逮也。近欲博访通人,更为《墨诂》补义,倘得执事庚续陈、邹两先生之遗绪,宣究其说,以惠学子,斯亦旷代之盛业,非第不佞所为望尘拥篲翘盼无已者也。承询学约,乃前年倭议初成,普天愤懑之时,诒让适以衔恤家居,每与同人论及时局,忧愤填胸,辄有缀述,聊作豪语,强自慰藉,大要不出尊著说群之恉,而未能精达事理。揆之时势,万不能行。平生雅不喜虚憍之论,不意怀抱郁激,乃竟躬自蹈之。及诵尊议,乃知富强之原,其事深远,非一蹴所能几,深悔前论之孟浪,已拉杂摧烧之矣。向亦未以示人,不审道希学士从何得之。辱荷垂问,弥切颜汗。此外,间有校缉,大都刍狗已陈,屠龙无用,不足以即尘阅览。勉拾旧刻两种,藉用侑函,不足当大雅一笑也。匆

① "贸"字,底本作"黄",《汉语大字典》未收。《籀𢌳述林》卷十作"贸"字,据改。

匆陈臆,恭叩著安,伏希荃鉴不赐。小弟孙诒让顿首,外附奉拙著五
册,敬希察存。

初四日　　阴

朝,在寓拟作《墨子》论一篇。午刻,脱稿。夕,震轩妹丈过访,
强邀改削。遣茂珍付季芘藏之。余袖蚨钱二三吊,赴大街购杂色货
物。宵,出门收取结银款。途中遇管君中凌,邀至酒馆饮酌,至三漏
回寓。

初五日　　雨

是日晨刻,诸优等生员暨五县新进诸童,赴试院谢考,遣茂珍散
给花红。余检点行李作归家计。午后,托田东青伯雇河乡船,寻觅
半日,竟成子虚,含怒良久。宵,乘夜航船归。其夜西北风甚大,枕
藉舟中,不堪瑟缩。

初六日　　朝,细雨

光绪二十五年(1899)^①

正 月

元日　大晴,热甚

早起试笔,□□□□□文稿,课枬、栲两儿读书。李彬臣表兄来贺□。□□□登岘山谒文昌君,又过望江桥谒竹崖公祠。饮酒至□刻,席散,赴诸舅氏家贺年。宵,阅《集思堂外集》。

初二日　雨

终日在斋中,删易旧岁日记。宵阅《春在堂全集》中曲园之杂纂。其夜天气极寒,山有微雪。

初三日　阴

朝,赴李西垣外舅、许笑梅、洪子迁、伍凤楼三表伯、李笛樵太夫子、陈丹卿表弟家贺年。夕,同族人赴大宗祠与匠氏酌议改筑事。宵,阅《齐谐记》。

初四日　雨

朝,郑君一山、□君仲笙金镛、门人延曙接□□贺年。族兄静山、增枬□匠人廷兰来,立写批约预订改筑宗祠日子。夕,阅《新齐谐》。

---

　　① 原稿题识曰:"颇宜茨室日记三册,筱竹遗墨,光绪廿五年己亥正月之十二月。""颇宜茨室日记,己亥。"

是日,内子生日。宵初,坐兰房凭肩谈未嫁时事,至夜半。

初五日 雨,日暂见

朝,磨墨刷印名片,遣仆赴亲友家道贺。午刻,金司务秀珏来贺年。夕,过玉君表弟家,与妗氏坐谈至暮。宵初,小睡。夜起,挑灯阅《永嘉县志》遗闻类。

初六日

朝雨。阅《阮氏笔述》。李玉君表弟来贺年。午刻,西风大作,雨顿息,蔚蓝天影,虚白窗痕,心喜初晴,阅《瓯乘拾遗》。未后,出门访郑君一山,邀同去游玩。过李氏小园。邑人相传谓之假山。中有邱壑花木之胜,池亭楼馆,结构幽深,其先人曾以八景名其胜:一洗砚亭,二泳锦池,三卧溪桥,四醉月坪,五美人岩,六留云洞,七听松楼,八读易庐。余偕郑君暨其园主幼梅钥小憩庐中,地展三弓,仅堪容膝,阶环溪水,檐压竹松,峰岚迭翠,仿佛匡庐,洵为习静之所。牓题"卷石山房",旁识"乾隆辛丑莑谷书"七字。楹悬一竹节联云:"人从诗里至;鸟向画中啼。"字画古峭,真名人手迹。时一山门弟子林庆铭亦在,主人相与导引,指点胜处。余喜此地幽雅,约以来年借居读书,李君幼梅颔之。日晚,始各别归。宵,阅《新齐谐》。

初七日

晨晴,旋阴。偕仆登万松山,省高高祖富山公墓。夕,同族弟兆藻登集云山,省二世祖正仲公、十世祖澹庵公、曾大父石笥公、诚轩公诸墓。薄暮,调糊泥换贴宜春帖子。更初,黄君楚臣过访。其夜雨。

初八日 雨

晨,郑一山兄过访,遣仆邀刘建勋兄,装订家藏《辽史拾遗》、《南疆绎史》、《乐贤堂诗集》、《卓忠毅公遗稿》等书。余亦剪纸糊裱《灵

寿县志》《春池诗钞》《古今韵略》《不易居诗钞》破幅,计十二本,
勤动竟日,腰为之酸痛。薄暮,看燃火盆,红光满天,颇有春气。邑
俗谓是日为长八日,家家皆设火盆,叠松根作柴烧之,火要明亮,可
卜一年财气,名曰亮火盆。此风相沿已久,旁邑皆无,亦鲁人猎较之
例也。雁湖先生《且瓯集》载有《长八日火盆歌》,以纪其事。宵初,
阅曲园先生所著《右台仙馆笔记》。

初九日　　晴

辰刻,买舟赴仙峡周鹿峰表兄家贺年。小坐即告别。转赴丁田
震轩妹丈处贺年。抵其家时已卓午,适项君小溪在吟舫中,与之坐
谈一顷。李玉君表弟亦至。饭后往前林、后李二宫观剧。薄暮返
舟。妹子坚留,余辞以明晨开馆,始允。至家已一更许。是夕,月色
皎洁,有晕径二丈。出门过西垣外舅家,坐谈至三漏。

初十日　　晴

辰刻开馆,为延曙说《通鉴》。午刻,馆主人设盛馔款余。同席
者中阆公子,曙、春二门人,共四人耳。夕,阅《右台仙馆笔记》。宵
初,吴之屏来贺年,坐谈至更深而去。阅《新齐谐》。

十一日　　雨

朝,在馆点《纲鉴易知录》。夕,阅《右台仙馆笔记》。薄暮,袖鹰
蚨一翼,访刘君菊仙,遇而予之。客腊同人为洪楝园夫子制五十寿
言,以此为之作屏仪也。时许竹友、洪星卿、藻卿在其家作马吊戏。
余立谈片刻,遂出。循途访郑一山兄,息灯坐谈良久。归,更深,李
韫斋、吴之屏、周晓秋接续过访,出瓜子饷客,畅谈至三鼓始去。

十二日　　晴

朝,袖鹰蚨一翼,过刘建勋兄家付之。以前日为余装订书本作
工金也。赴馆改延曙日记,说《通鉴》,至"汉高帝七年冬十月,长乐

宫成,诸侯群臣皆朝贺"。见注有"东朝"二字,窃案:高祖御长乐宫受朝贺时,未央宫未建。及八年春二月,上至长安,萧何治未央宫,自惠帝以后,皆御未央,而长乐为太后所居,谓之东朝。张孝达尚书《劝学篇·教忠第二》云:"减东朝之上供,发少府之私钱。"今称太后为"东朝",盖本于此。夕,黄君楚臣,族兄弟兆藻、德薡接踵过馆。宵,有月,出门过楚臣、兆藻家。

十三日 阴

朝,在馆点《纲鉴易知录》。午刻,中闾公子出新购古画。一楹联,系李石农观察集《坐位帖》所书;一花卉《春猫扑蝶图》系袁琨所绘。又邀余过季恒家看画。一中幅,系董思白笔墨,字画峭劲;一山水册页四幅,系周大令椄山手迹,秀逸绝伦,洵墨宝也。观毕,谈一顷,始回馆阅《右台仙馆笔记》。宵初,李彬臣表兄过访,谈捐纳事甚久。更深,余袖英蚨五翼,过兆藻家与之,系改创大宗祠工费也。循途访黄楚臣,遇之,章珍生丈亦在,畅谈至夜半归。

十四日 晴

终日在馆阅《右台仙馆笔记》。宵初,黄楚臣过访,谈顷即出门。过妗氏家,更深始返。调糊泥裱贴《蒙求》、《神童》诸书。乡俗,儿童初发蒙者□读此二书。至四鼓,为二儿明后日上馆计也。是夜,蟾镜如银,爱月不成寐,朦胧睡去,天色将曙。

十五日 晴

朝,在馆点《纲鉴易知录》。夕,补作《过李氏小园八景》诗,只成四首,时天已暮。宵初,西垣外舅折柬来招饮,席散辞别,赴陶尖庙观剧,至三鼓归。

十六日 雨

晨刻,送枡、枓两儿上馆谒师。巳刻,赴馆阅《汉书蒙拾》,考证

"筬舆"二字,本《史记·张耳陈馀传》:"上使泄公持节往问之筬舆前。"注韦昭曰:"如今舆床,人舆以行。"师古曰:"筬舆者,编竹木以为舆形,如今之食舆。高时行榜笞刺剟委困,故以筬舆处之。"索隐曰:服虔云"编竹木如今峻,可以粪除也。"何休注《公羊传·文十五年》:"齐人归公孙敖之丧,胁物而归之,笋将而来也。笋音峻,笋者竹筬,一名编舆,齐、鲁以北名之曰笋。"《正韵》:"笋,音峻,竹舆也。"郭璞《三苍》注云:"筬舆,土器。音鞭。"故特录之,以备参考。夕,续作《八景》诗四首。宵初,邀族兄弟兆藻来谈,至二鼓而去。

十七日　雨

朝,在馆覆改《八景》诗,又得七言一绝。结二句云:"为折梅枝清供养,一瓶秋水读南华。"夕,家仆报震轩妹丈来贺年,即假馆归,同蕴斋、芸苓诸中表畅谈半日。宵初,同震轩妹丈、芸苓表弟赴陶尖庙观剧,演《玉蜻蜓》一出。

十八日

晨霁,天气颇燥。与震轩妹丈坐书斋论诗良久。近午,玉君表弟遣仆来招轩兄饮酒,余亦陪席。申刻,席散。余与芸苓冒雨赴陶尖庙观剧,轩兄不去。宵初雨,鹤坡舅氏来招饮。席散,轩兄独归,余又与芸苓去观剧,迨散场归家,时交四鼓。

十九日　雨

朝,震轩妹丈索观家藏名人诗笺,即出观之。午前丁田舟子来接家慈。金司务秀珏来访,留饭。未刻,震轩妹丈随慈母赴丁田,余送至河干而返。余君松舫、张君翼臣访震轩,余答以既归,谈半顷,即辞别。补订《贯道堂文集》、《古今韵略》共七本。黄楚臣、项篆仙二君接踵过舍,薄暮而去。宵初,倦眠,三鼓睡觉,起坐剔灯,阅《承德府志》草本,维时电光穿牖,雷声峇然,中心战栗不已。又阅一时许,始息灯就寝。

二十日　　阴雨

朝,在馆,林老芳过馆,说收钱粮事,良久乃去。阅《右台仙馆笔记》。夕,为栅、枬二儿写识字簿。宵初,刘建勋兄冒雨送还《水道提纲》、《梅雪堂诗集》、《桃溪雪》《帝女花》传奇、《尚书考辨》、《弟子职注》,共十六册,以前日托伊装订也。坐谈家务良久而去。复携去《那文毅公奏议》四十八册、《凤巢仙馆诗集》四册,邀其重为裁订。阅《灵寿县志》。其夜四鼓雨止。

廿一日　　晴

已刻,赴馆。黄君楚臣过访。午餐后,阅曲园先生所撰《牙牌数》一卷,其中"开算之数",余竟茫然。时门人延曙暨其尊人中闿公子在旁指点,并出牙牌以陈之,始稍觉悟。未申二刻,阅《右台仙馆笔记》。宵,阅《春在堂诗编》。

廿二日　　晴

晨,洪子迁表伯过舍,说前日收钱粮琐事,良久始去。已刻,赴馆誊旧腊赴道府二宪控告盗葬呈词。午后,为延曙检视残缺书本,贻我以郑缉之《永嘉郡记》、《培远堂手札节存》共四册。中闿公子出其家君止园先生所题《陶峰寺一净和尚六十小像》七古诗。

　　　附录　贞白真人旧游处,岭上白云如白羽。禅师胸中水镜清,开堂来作名山主。也知謦欬生风雷,坐使榛荆化庭宇。不须洗耳听松风,自有摩尼在掌中。

宵,田东升伯、黄楚臣来,坐谈甚久。构呈词,为恶佃私斫荫木,明日向县主控诉故也。

廿三日　　阴

朝,在馆誊改夜间所构呈词,邀黄君楚臣代抄投递。夕,阅《茶香室三钞》。近暮,洪楝园夫子过馆,袖来《适园记》一通。余展而读之,爱不释手。其中铺叙曲折,皆近《虞初新志》笔墨,蜃楼海市,幻境皆真,盖先生寓意以成之也。李笛樵太夫子有数绝句题诸首。谈顷乃去。宵,阅《新齐谐》。

廿四日 阴

朝,阅《辽史拾遗》。午餐后,族中兄弟邀余同上集云山,阅视以前日勘定山界,倩山人筑垱以限之也。时山高径仄,足力颇弱,不胜倾跌,迨归家已上灯时候。宵初,倦甚早眠。夜半睡觉,起阅《新闻报》。

廿五日 朝阴晚雨

在馆录洪楝园夫子所著《适园记》。宵,阅《新闻报》。

廿六日

卯刻起,同族兄弟静山、增栐辈,至大宗祠拈香,督匠人运斤规削栋木,以是月初吉,为改筑兴工也。巳刻,赴馆。午后,暂雨即霁,录《适园记》眉批,又校点一通。王竹君喆来。宵,读《十八家诗钞》陆游七律诗。是日为先君忌日。

廿七日 阴。朝雨旋止

在馆为延春、韵葱抄律诗。夕,抄止庵先生所记《有元名胜谥号录》①。洪楝园夫子、项篆仙来。薄暮,过叶寿如丈家。宵初,访族弟兆藻不遇。过玉君表弟家。黄楚臣来。阅《茶香室三钞》。

廿八日 晴

终日在馆,录《宋诸帝诞日节名考》、《先哲生卒考略》。黄楚臣来。宵,过玉君表弟家,与妗氏坐谈极久。

---

① 底本此篇名似有笔误,疑为"名贤"。此篇胡珠生编注《孙锵鸣集》(上海社会科学院出版社2003年)中未收而无法核订。

廿九日　　　晨阴午雨,旋霁

在馆补录《先哲生卒考略》。洪晓蔷、项篆仙、黄楚臣接踵过访。阅《茶香室三钞》。宵初,同静山兄、兆藻弟访刘昧之先生,以创建宗祠吉日托为覆选也。先生言先君精六壬术,与彼最相契。又与余谈遁甲奇门之事甚详,漏二下归。书《祭文昌君寿诞祝文》。夜半有雨。

三十日　　　阴

在馆,朝,写祭文昌君颁胙肉条。午餐后,出门访郑一山不值,归馆阅《茶香室三钞》。宵初,又访一山,始遇之。郑缉夫骏声亦至,共约明日考中东甄别送卷事。

二　月

一日　　　晴

在馆阅《癸巳直墨》。午后,临《高贞碑》大字一开,阅《茶香室三钞》。宵初,和衣早睡。夜半闻啄剥声,惊醒,即提灯启户而观,始知郑沛丰绮峦姻丈,送到中东甄别题目并课卷。生:"河海之于行潦类也,圣人之于民亦类也"。童:"今国家闲暇及是时"。诗题,生:"中和节进农书";得"唐"字。童:"二分春色到花朝"。得"分"字。以限期大促,即下笔结构,至天曙脱稿。

初二日　　　晴

朝,作试帖诗,并抄文一通,即送一山处寄郡交缴。午后,赴馆录《玉瓶山房剩稿》。宵初,以财神诞日,余家设馔祀之,此亦迎富之遗意也。其夜五鼓,官僚公祭文昌君。余家董其事,凤楼表伯暨楚臣代行料理。身子困倦,和衣侧睡至天明。

初三日　　大晴

在馆。午餐后，同仲恺、季芄昆季暨门人延曙游颐园，与中容先生、戴瀛仙、叶耕经，坐辛夷花下清谭良久。回馆录旧作古今体诗，临《高贞碑》大字一开。是日以梓潼帝君诞日，余家设主供奉，燃香烛叩祝。

初四日　　大晴。日淡红色，天气颇燥

在馆阅《茶香室三钞》。午刻，偕叶兰垞、门人季芄至棟园夫子家饮寿酒，以夫子五旬大庆，同门制寿言为祝嘏也。席散，日已晡矣。补钉《奉贤县志》共四册。宵初，郑一山来，索观家藏名人手札。夜雨敲檐，作响丁丁，即彷徨辞去。

初五日　　雨

在馆抄《宋贤里居字谥录》，临大字一开。午刻，仆报震轩妹丈驾舟送老母归，即假馆回家。午餐后，偕轩兄至诸舅氏处问安。向晚返棹。宵，阅《茶香室三钞》。是日开夜课馆。亥刻有雨。

初六日　　大晴

在馆，补抄齐息园少宗伯《水道提纲》卷首序。临大字二开。改季芄旧冬日记。宵，阅《茶香室三钞》。

初七日　　大晴

在馆补抄《水道提纲》缺幅，并录钦定《四库提要》序，出吕后论题。宵，阅《茶香室三钞》。

初八日　　大晴

在馆阅《新闻报》：浙江学政唐春卿宗师，以丁内艰，即日卸篆回籍，奉谕旨，遣兵部右侍郎文治接任。前辈先生云：前戊戌，浙省学政屡放屡换，计共六人。前戊戌浙江学政换者计六人。首姚元之侍郎，场规酷严。次廖鸿荃侍郎，福建侯官人。府学题："乐节礼乐"。一名金玉墀。

瑞学题："人而不仁如礼何"。一名周国琛。次李国杞侍读，安徽太和县人，以贼败。次季芝昌詹事，常州江阴县人，壬寅廷试第三人。府学题："仕则慕君"。一名许登墀。瑞学题："曰得其所哉"二句。一名陆羽仪。馀二人姓氏、职官、里居均忘之矣。蔡书城先生云。今复逢戊之年，首徐寿蘅树铭相国以老耄辞，□□□□□继之，□□□□□□又继之，次春卿侍郎，终以文少司马叔平，计数有五，何值此岁，竟不利于文衡若斯也，因笔之以记异。临《高贞碑》大字三开。明晨丁祭。是夕丙，门人季芃、延曙、延春叔侄至孔庙观诸佾生习乐习舞，不到馆。宵，月色甚佳，为春、葱二门人抄律诗。

初九日　　　大晴

在馆，终日写仲春祭文帝颁胙票。薄暮，蔡书城先生来，晤谈间论及曾大父手藏古帖一册，末附以阮文达公跋语，又图章一"为士为农"四字，系赵之琛次闲先生手刊，字画古劲，洵堪珍玩，为固社吴君肇钧所得，其祖号凤梧，其尊人号桂华，亦世习儒者也。余闻之中心颇羡，自憾年来为馆事所羁，不获出门采访遗物乞还，无聊之极，然未知后日可能完璧归赵否耶。宵，阅《茶香室三钞》。

初十日　　　雨

在馆阅《史记·吕后本纪》，临《高贞碑》大字二开，改延曙《吕后论》。项篆仙来。宵，阅《崇百药斋续集》，书《仲春祭梓潼帝君文》。

十一日　　　雨

在馆，点《纲鉴易知录》，临《高贞碑》大字二开。

蔡书城先生来。宵，挑灯，欲下笔构玉尺官课文，茫无头绪，即就枕而眠。生题"子谓卫公子荆"三章；童题"谷不可胜食也"至"与鱼鳖不可胜食"；诗题，生："田间笑语催蚕耕"，得"耕"字。童："犍耕躬稼角挂经"。得"经"字。

十二日　　朝雨夕霁

在馆观徐季和致祥宗师《校士录》。作玉尺官课文,至晚始成半篇。宵,有月,与震轩妹丈坐谈。

十三日　　晴

在馆续作玉尺文后二比。震轩妹丈过馆。宵,有月,作试帖诗。

十四日

早起,誊昨夕所作玉尺官课首艺文。倩震轩妹丈改削。近午,族兄弟静山、兆藻邀余上九坦山,阅视松木。中途遇雨,衣裳湿透,恨无雨具,苦不堪言,踉跄而归。抄官课文。傍晚雨霁,夕阳照树,天开图画,足豁双眸。震轩返舟。宵,困倦早眠。

十五日　　大晴

在馆构玉尺官课次篇文,并抄。傍晚交缴。其夜月白如银,阅《经史百家杂钞》。

十六日　　大晴

在馆代耕经作试帖诗。习《高贞碑》大字二开。为李玉君表弟作联语送潘家,有云:"有仓鹊遗书,药饵无灵空束手;唱别离一曲,故人永诀为伤春。"宵,月色颇佳,过刘建勋家,酌前日装钉书本工价。

十七日　　大晴

在馆点《纲鉴易知录》,抄《宋贤里居字谥录》。临大字二开。宵初,薛君席儒定三来招饮,三鼓席散归。薛君习武,膂力过人,弓马熟娴。与余为癸未同岁,戊子应武科举第六,是日移居姜增□家,故为设宴。

十八日　　大晴

在馆抄《浮沚先生年谱考略》。黄楚臣来。临大字二开。宵,阅

《那文毅公奏议》。是日延曙以腹痛不到馆。

十九日

朝雾。西垣外舅邀余至南门裕昌鱼行,议分伙事。午后,西北风大起,少雨,天气颇寒,督铜匠铰链书箱洋锁。薄暮,访郑一山,中途遇雨,衣裳尽湿。宵,过西垣岳丈家。其夜天降米雪,身拥衾裯,冷如拨水。

二十日　　　大晴

在馆抄《艮斋先生节略》。临《高贞碑》大字二开。时窗明几砚,临颖欣然。阅《赋学正鹄》。宵,过西垣外舅家。

廿一日　　　大晴

在馆点《纲鉴易知录》。阅《赋学正鹄》。项篆仙来。宵,阅旧作律赋。

廿二日　　　晴

在馆阅《赋学正鹄》。临《高贞碑》大字二开。宵,阅《图绘宝鉴》。

廿三日

朝阴。在馆阅《永嘉县志·金石类》、《且园赓唱集》。午后,作道宪肄经堂甄别赋。生题:"且园",以"高公以自号名之"为韵。诗题:"自琢春词剪烛看",得看字。童题:"书出清明二月天",以题字为韵。诗题:"燕子无人自入帘"。得帘字。申刻,大雨晦冥,只作一序停笔。宵,作生童赋各一,试帖诗二。达旦不眠。

廿四日　　　寒食节,雨

朝,复作赋第三篇。斯时自觉鼓衰力竭矣。均倩一山兄抄就,即时遣人送郡交缴。午后,赴馆临《高贞碑》大字二开。宵,拥衾早眠。

廿五日　　阴。清明节

朝,王赓廷来,索观余近作中东、玉尺两书院文。夕,备祭礼偕族兄弟登九坦山,谒二世祖、先曾祖墓。更初,招同族伯叔享馂,其夜雨闻雷。

廿六日　　雨

终日在家,补钉《宋诗钞》、《内自讼斋》①、《樗亭诗集》。西垣外舅过舍,邀余共议鱼行亏本事。

廿七日　　阴雨

朝,在岳丈家议城南鱼行事。午刻,至项鹤庚家饮福首酒。申刻,张肖维来。傍晚访郑一山遇之。

廿八日　　阴雨

终日在岳丈家,议城南鱼行事。始知此中曲折皆由黄镜湖万清播弄所致,心甚恨之。镜湖前为温府游击,以赃败革职,工于逢迎取悦,亦穿窬小人一流也。

廿九日　　阴,日暂见

朝,过李兆藻家收取结银款。午后,至小沙堤观剧。门人季芃邀余至其家,设坐同观。更初,同叶生耕经访孙中恺公子,说城南鱼行事。

三　月

朔日　　阴

朝,在岳丈家。午后,偕西垣岳丈暨叶中宣丈谒中容先生,祈为

---

① 《内自讼斋》似是《内自讼斋文选》简称。

向王筱木前辈处说情,先生写一函邀余同去,不遇而返。申刻,至宗祠,看匠氏运矩量度栋桷广狭尺寸。宵,阅梅村诗。

初二日　　　大晴

朝,偕岳丈至王谷农稼公子家,说鱼行事,不允。夕,在叶仲宣丈家,与戴瀛仙酌议极久。宵,在岳丈家。

初三日　　　阴,日暂见

先祖母生辰,朝书亥日祭先农文。午后,门人延曙来,邀内书室观家藏墨拓,良久辞去。郑一山踵至,相与出东郭游玩。日向莫,蒙蒙细雨,各别归。宵,阅《佩文斋广群芳谱》。此数日以清明佳节迎城隍神,不到馆。

初四日

朝阴晡晴。在馆阅《茶香室三钞》。临大字二开。宵,阅褚河南《同州圣教序》拓本。其夜五鼓有雨达旦。

初五日　　　朝雨夕晴

在馆录近作《肄经堂甄别赋》。宵,在岳丈家论鱼行事极久。

初六日　　　大晴

朝,在馆阅《茶香室三钞》。午刻,假馆归,适张震轩妹丈自丁田来。是宵,城隍神回宫,同轩兄挈甥女儿辈,在大街金文兴帽铺,看迎灯至二鼓。

初七日　　　大晴

朝,与震轩谈诗半日。夕,族中人伯舆辈邀余出东郭,过匠人廷兰家,规削栋木为之一督,震轩亦相与步行归丁田。宵,访郑一山,同至礼房处领官课卷。

初八日

朝晴。在馆阅《茶香室三钞》。晡雨闻雷,为韵葱抄七绝诗。

初九日 阴

阅《茶香室三钞》。宵,过族弟兆藻家,议筑建宗祠事。是日在馆。余近日精神恍惚,饮食少减,都由作文太多失养之故。

初十日 阴

终日在馆,作聚星书院四书文。申刻完篇,嫌未合拍,辄弃去。宵,阅《群芳谱》。其夜五鼓有雨。

十一日 晨雨旋阴。谷雨节

阅《茶香室三钞》,并《大题文府》。宵初,访郑一山,坐谈良久,径归。是日在馆。

十二日 阴雨

终日在馆,作玉尺官课文。生题:"子之武城",二节。诗题:"丰年玉",得"丰"字。童题:"天下归殷久矣"至"武丁"。诗题:"桃花潭水深(三)〔千〕尺"。得"口"字。宵,过族弟兆藻家,说筑宗祠事。

十三日 大晴

朝,在馆,作玉尺官课文。夕,以宗祠改筑,不暇到馆。族叔祖星枬来。宵,作中东书院府课文,至四鼓草草完篇。生题:"有楚大夫于此"至"使齐人傅之";童题:"一齐人傅之";诗题:"研揣声音"。得"诗"字。时窗前蔷薇盛开,花月相映,颇饶幽趣。

十四日 朝晴夕雨

在馆复改夜间所作中东书院府课文,前二段全窜。作试帖诗,并抄。宵,友樵内弟来,谈文至三鼓。

十五日 雨

终日在馆,抄玉尺官课文,以舛讹太多,故弃之。宵初,在族弟兆藻家,招诸伯叔议事,刻因族蠹振三横行狂悖,欲同人挫辱之,以少折其锋也。

十六日　　　晴

早起,补抄玉尺官课文。以精神困惫,不赴馆,出门游玩终日。宵初,在族弟兆藻家,同伯叔辈说振三事极久。

十七日　　　大晴

在馆阅洪栋园夫子《翰墨因缘录》。习大字二开。构呈词,因差役贪贿匿票不办,故作词以控之。宵,饮酒微醉,倚枕睡去。夜半始起,开窗一望,月色如银,小步中庭,但见蔷薇花落满地,丛铺掩映,几疑积雪,静立久之,始掩户而眠,漏已五下。

十八日　　　大晴

在馆抄控差役呈词。习《高贞碑》大字二开。宵,阅《凤巢仙馆诗文集》。

十九日　　　朝,微雨即止

在馆阅《湖北乡墨》。夕晴,作中东师课文,至暮脱稿。题:“什一,去关市之征,今兹未能”。诗题:“李将军南山射虎”,得“山”字。宵,复加改窜,四鼓始寝。

二十日　　　大晴

在馆抄中东书院师课文,作试帖诗,改延曙诗。其原本《观棋》云:“黑白枰间布,纵横壁上观。兴亡都一着,休作等闲看。”《看画》云:“山水毫芒内,风云咫尺时。蛟龙虽绘画,际会岂无期。”此生年未弱冠,而得此超凡之笔,洵可畏也,故特记之。宵,过西垣外舅家。

廿一日

朝雨。在馆阅《春在堂诗编》。夕霁,临《高贞碑》大字二开。宵,过族叔祖成良家,说族蠹振三事极久。

廿二日　　　大晴

朝,在馆题《适园记》后,只成二绝。午饭后,邀陶山郑云峰先生

乘小舟出北郭，至河埭桥，舍舟步行登九坦山，定先祖父母吉壤方
向，己亥兼乾巽，兹岁坐煞不利卜葬，与昔年先府君所定之位，乾巽
兼戊辰，竟成反背，姑为听之而已。日向晚返棹而归。先生年八十
有六，好黄老术，鬓须皆白，精神矍铄，行步如飞，殆有夙根者耶。宵，
过族弟毓钦家。

廿三日　　大晴

在馆阅《十八家诗钞》，临《高贞碑》大字二开。续成题后诗四绝
句。洪栋园夫子过馆。宵，同族人在竹崖公祠谈族蠹事极久。

廿四日　　大晴

朝，过族弟兆藻家，谈兴筑宗祠事极久。夕，赴馆阅《适园记》。
宵，早眠

廿五日　　大晴

在馆阅《盛世危言》，临《高贞碑》大字二开。点《纲鉴易知录》。
薄暮，张肖维、周晓秋过访。宵，阅《增补事类统编》。

廿六日　　阴

终日在馆，作肄经堂府课赋，题："先立夏三日，天子迎夏于南
郊"，以"招摇指巳盛德在火"为韵；茧税说试帖，题："五帝会诸仙人
于紫薇宫"。得"宫"字。拟徐玑孟夏游谢公岩五律二首，用原韵，薄
暮完篇。震轩妹丈来。宵，阅《十三经注疏》、《礼记集解》、《皇朝五
经汇解》。

廿七日　　雨，立夏节

在馆，作试帖诗乙首，拟诗二首，补抄《李忠定公集》缺幅。宵，
余松舫、金秀珏来，同震轩妹丈坐谈至二漏。

廿八日　　朝阴

集同人登西岘山，公祭仓颉圣帝。午刻，饮馂馀酒。席散，震轩

妹丈乘舟冒雨归丁田。宵,过族弟兆藻家坐谈极久。

廿九日　　　雨

晨刻,偕兆藻请大宗祠始祖神主,暂置竹崖公祠。已刻,赴馆录旧作四书文,临大字二开。宵,倦眠。

三十日

朝阴。在馆,阅《春在堂随笔》。夕霁,临《高贞碑》大字二开。宵,在兆藻家谈钱款事。

四　月

初一日　　　大晴

在馆改延曙《攻乎异端论》。临《高贞碑》大字二开。阅《春在堂随笔》。宵,访郑一山遇之。

初二日　　　晴

朝,在馆校点《纲鉴易知录》。夕,阅《大题文府》。宵,阅《汤海秋稿》。

初三日　　　晴,日有晕

终日在馆,作中东书院县课文,四书题:"万钟则不辨礼义而受之,万钟于我何加焉?"薄暮脱稿。宵,李韫斋表兄来。

初四日　　　晴

终日同族弟毓钦,在大宗祠中课督工人拆卸旧栋。抄县课文,并试帖诗。薄暮寄郡。宵,倦早眠。是日闻黄楚臣患时疫殁故。其人平日笃于友谊,性尽愚戆,忽撄奇疾,遽尔以没,胡天之不佑善人如斯也? 中心耿耿者不已。

初五日　　　晴

终日在大宗祠中督工,以是日吉,倩石工定大堂礤础故也。薄暮,与族兄静山反唇,因伊假公济私,狡焉思逞。余甚不平,然横逆之加,其何以免? 宵,项篆仙偕毓钦来慰劝。写雩祭祝文并颁胙票。

初六日　　乍阴乍雨

晨,往张桂生家送葬。夕,赴馆阅惜阴书院西斋课赋。宵,李芸苓表弟来。

初七日　　阴雨

晨,往周子敬丈家为姻母万孺人送葬。夕,赴馆作经古书院官课赋,题目:"东方朔上书,自言诵四十四万言",以"远心旷度赡智宏材"为韵。构思颇苦,只成一段。宵,作经古赋脱稿,时曙色射窗,意嫌不佳,即拉碎之。自恨一番心力之徒费也。

初八日　　雨

是晨周子敬丈为吴、万二孺人迎主反袝,余以亲戚故往迎之。午后,往刘钟福家送葬。归,阅《师竹斋赋钞》。宵,倦早眠。

初九日　　雨

终日在馆,改作经古书院官课赋。宵,阅《日知录》、《格致书院课艺》。

初十日　　雨,日暂见

在馆终日作钱法策问一道。宵,作永县肄经堂赋,题目:"四月八日,五香水浴佛",以"龙华之会浴佛之期"为韵。至天曙,只成六段。

十一日　　雨

朝,在馆足成昨宵县课赋,计二段,又试帖诗一首,题:"霁色清和日已长",得"和"字。邀一山兄抄缴。夕,改誊前日所作策问。宵,阅《惜阴书院西斋课赋》。

十二日

朝阴。以仲妹许字赵家,是日行纳采礼,检点半日。夕霁,赴馆作经古书院童赋,题目:《异书浑似借荆州赋》,以题为韵。薄暮脱稿。宵,月色甚佳,困倦早眠。

十三日　　朝阴夕雨

在馆改延曙论,作《梅雨潭观瀑歌》一章、试帖诗二。宵,郑一山来。

十四日　　大雨滂沱

朝,在馆考定大宗祠祖先各神主,倩馆东中闾公子填讳。夕,项篆仙来,为韵葱抄绝句诗。宵,过寿恒族叔家。

十五日　　阴雨

在馆终日阅《济南大宗世系族谱》。临《高贞碑》大字二开。改延曙窗课论。宵,同震轩妹丈谈论至夜半。

十六日　　朝晴

书请胡雪帆先生襄赞,并各房长护奉神主红贴。夕,与震轩妹丈谈论。薄暮返舟。宵,月色皎洁,邀郑一山兄写新建宗祠楹帖。

十七日　　晴

卯刻,赴大宗祠,以是晨新祠竖柱故也。午刻,同众人饮酒被醉,沉眠至薄暮始醒。东北风极大。宵,过族弟毓钦家。

十八日　　雨

在馆点《纲鉴易知录》,抄《陈文节公年谱》,临《高贞碑》大字二开,录《林氏宗谱》。宵,倦甚早眠。

十九日　　大雨

在馆点《纲鉴易知录》,临《高贞碑》大字一开。抄《陈文节公年谱》,作入祠奉安神主祝文。宵,邀郑君一山填写配享各祖先神主,至四鼓。

二十日

朝阴。抄中东书院师课旧作文。夕,往宗祠与项篆仙坐谈。宵初，大雨如注，作祭梁祭土地并门神祝文。

廿一日 雨

卯刻，新祠上梁，请许竹友孝廉、孙中闾公子来攀抱梁栋，邀胡雪帆先生、郑一山明经来陪客。辰刻，同族人奉祖先神主入祠。午刻，设席请匠人，并族中诸伯叔。宵，设宴请许、孙二君、雪帆先生、一山兄、祖芬叔、毓卿，余为之执壶劝酒。

廿二日 阴

在馆，朝改延曙五古诗。午后出门，邀李芸苓面议，与王玉卿约立合同执据，盖为祖遗礼房缺分，托玉卿代接奉公也。申后赴馆，抄延春、韵葱五律诗。宵，过族叔祖成良家。

廿三日 阴

在馆，项篆仙来。校《东瓯大事记》，此书系止庵先生所编录也。临《高贞碑》大字一开。宵，阅苏文忠公诗。

廿四日

朝，在馆校《东瓯大事记》。项篆仙来。夕，录旧作四书文。宵，倦早眠。

廿五日 雨

朝，在馆阅《赋海大观》。夕，阅《春在堂随笔》。宵，阅《宋诗钞》。

廿六日 大晴

朝，阅《吴梅村诗稿》。夕，偕项篆仙过池仲鳞虬、张肖维陔二君书馆，与项冀轩蔚臣、鸿书廷骅说结银事，顺路往长春道院一游。时馆东孙仲恺公子，为嫡母叶太淑人作冥寿，招浮屠氏拜忏，梵呗之声，不绝于耳。洪栋园夫子亦至，立观久之始别。宵，阅《味闲堂赋钞》。

廿七日 大晴

朝，往鲍沛森先生家送殡。震轩妹丈自丁田来，留午饭。夕，赴馆，临《高贞碑》大字一开。抄《文节公年谱》。宵，被酒醉眠。

廿八日　　大晴。芒种节

在馆作《美人》、《风筝》七言二律。临《高贞碑》大字一开。改延曙《劝耕歌》七古。宵，过章珍生丈家一谈。

廿九日　　阴雨

在馆作《题张母薛孺人行述后》五古，临《高贞碑》大字一开，阅《春在堂随笔》。宵，倦早眠。

五　月

朔日　　朝雨

往章珍生丈家吊祭林太孺人。赴馆习大字一开。夕霁，阅《春在堂随笔》。宵，往章子贞家饮祭七酒，在席蒋子乐丈、姜舜璇、方晓畦、鲍蓉圃、友樵内弟。

初二日　　微晴

在馆作《明妃墓》、《杨妃墓》七言二律。临《高贞碑》大字一开，抄《陈文节公年谱》。项篆仙来。宵，阅《春在堂随笔》。

初三日　　晴

终日出门，收取旧岁结银款。

初四日　　阴雨

朝，出门，收取旧冬册结钱款。夕，在家料理账务。宵，过族弟毓钦家。

初五日　　晴。端阳节

朝，在家书雄黄字。午后，携甥女秀莲，枌、栲两儿，往锦湖观竞渡。宵，族弟毓卿来招饮。

初六日 晴

朝,过族弟毓钦家。夕,买舟往丁田。申刻,抵岸,时震轩妹丈有事往岩下,故不遇。宵,与妹子坐西书室谈论至二鼓。

初七日 晴

在丁田。晨刻,震轩妹丈自岩下归。午后,张君星阶拱辰来,与轩兄坐西书室闲谭。余心倦,倚枕而眠,至暮始觉。宵,与妹子坐谈。轩兄有事,乘夜买舟,访李漱梅。

初八日

巳刻,买舟冒雨自丁田归,即赴馆为延春、韵葱抄古诗,习大字一开。阅《宋史》。薄暮,访王玉卿不遇,过族弟毓钦家,坐谈至二鼓。家仆送篝灯来,乃归。

初九日 阴雨,日暂见

在馆阅《角山楼类腋》、《得月楼赋钞》。宵,倦眠。是日闻黄通政抱河鱼之疾,遽归道山,惜哉!

初十日 大雨滂沱

在馆作经古师课赋,题"铁汉楼",以"可谓毅然大丈夫矣"为押脚。宵,邀郑一山来。阅经古官课卷,书祭关帝诞辰祝文。

十一日

阴雨,天气颇热。在馆作经古师课赋。郑一山来。薄暮,闻雷,虹见。宵,倦眠,夜半始起,足成课赋收束一段。

十二日 晴,旋阴

临《高贞碑》大字一开。抄近作诗。薄暮,访洪楝园师不遇。过一山兄处,坐月下畅谈。月有晕。

十三日 大晴

早晨,袖近作古今体诗,访洪楝园夫子,坐花信楼论诗极久。已刻,赴馆作玉尺官课文。宵,李云林表弟来。月有晕。

十四日　　　大晴

终日在馆,作玉尺官课文。是日午刻,震轩妹丈自丁田来。宵,同坐月下纵谈,至三鼓。蚊子攒肤,不堪其扰。

十五日　　　晴,夏至节

朝,与震轩妹丈坐论,并出官课文一阅,谓此文作法完密,余微哂之。作试帖诗一首,题"竹粉有新意",得"新"字。午后,轩兄携甥女归,余附舟至城隍庙拜谒。宵,郑一山兄来,代余抄官课卷,月有晕。

十六日　　　大晴

在馆习《高贞碑》大字一开。是夕戌亥二时月食。过鹤坡舅氏家,坐谈极久。

十七日　　　大晴,天气颇热

在馆。宵,过郑一山家,坐谈良久。归路遇项篆仙、余味兰、王建夫,坐森东兴漆铺,倾谈至二鼓。

十八日　　　大晴

终日在馆,覆改经古书院师课赋。宵初,访郑一山遇之。周鹿峰表兄、李云林表弟过舍,露坐倾谭,至二鼓。

十九日　　　大晴

在馆读《十八家诗钞》杜甫七律。张震轩妹丈来。阅《新闻报》,中记及前月廿二日,闽省厦门天雨沾人衣,殷殷作胭脂色。古史策纪"天雨血",殆即是欤?噫!上天示变,此地将罹兵刃之灾矣。临《高贞碑》大字一开。薄暮,轩兄返舟,不及送别。是日为金危危日,作祭诗古风一章以纪之。

二十日　　　大晴

在馆作拟杜少陵《诸将五首》,用原韵。临《高贞碑》大字一开。

宵,倦眠。

廿一日　　大晴

在馆誊师课赋,临《高贞碑》大字一开。宵,困倦殆甚,伏枕早眠。其夜五鼓有雨。

廿二日　　晨雨,旋霁

在馆,抄《陈文节公年谱》,习《高贞碑》大字一开。始闻蝉声。宵,倦眠。是日,感寒气,腹痛,患泻,嚼杨梅三百馀颗始愈。耄翁诗云"日啖荔枝三百颗",亦可与坡老抗衡也。洪栋园夫子、项篆仙过馆。

廿三日　　大晴

在馆校阅《温州史事丛钞》,此书系止园老人所手辑也。习《高贞碑》大字二开。宵,访郑一山不值。

廿四日　　早晨微雨,旋霁

抄《陈文节公年谱》,阅《绘图三公奇案》。宵,阅《一片石》、《第二碑》传奇,中叙前明娄妃事最详,此书系蒋清容士铨先生所填本也。是日在馆。

廿五日　　大晴

早晨,郑一山来,言王赓廷染疫殁故。余闻之叹曰:"同谱友中又弱一个矣。"为之伤感不已。赴馆阅《绘图三公奇案》,临《高贞碑》大字二开。宵,倦眠。

廿六日　　大晴

在馆,阅袁了凡先生《纲鉴补》、《宋史·王安石传》。项篆仙来。宵,倦眠。

廿七日　　大晴

在馆作《商鞅王安石合论》。临《高贞碑》大字一开。宵,露坐乘凉。

廿八日　　　大晴

在馆作盗葬呈词,并抄。以是日告期,叩辕投递故也。宵,阅
《得月楼赋钞》。

廿九日　　　大晴,天气炎热

在馆复改前日所作师课赋。申刻,闻雷。宵,大雨。抄师课赋。

三十日　　　小暑节。朝雨,夕晴

在馆抄师课论,并试帖诗一,拟杜诗五。临《高贞碑》大字二开。
宵,阅《新闻报》。

六　月

朔日　　　大晴

在馆阅《绘图三公奇案》,临《高贞碑》大字一开。申刻,同中恺、
季芘二昆季,叶兰垞出南门,至庄济庙,看老荣升班演剧。过义记鱼
行,何君子华邀入,其地枕飞云江边,当风而坐,潮声山色,颇畅襟怀,
坐谈久之,天暝始辞别。宵,访郑一山遇之,谈论至二鼓。

初二日　　　晴

在馆阅《南巡盛典》,改延曙《缇萦上书代父论》。申刻,闻雷,大
风疏雨即止。临《高贞碑》大字一开。宵,偕李云林表弟至天后宫,
看老荣升班演剧。

初三日　　　大晴,天气极热

校阅《东瓯史事丛钞》,临《高贞碑》大字一开。宵,同李芸林表
弟至天后宫,看老荣升班演剧,至三鼓归。

初四日　　　晴

身子困倦,不赴馆。补钉《宋诗钞》残本。午后,张震轩妹丈来,

谈论半日。薄暮返舟。宵,伍凤楼表伯、李云林表弟来。

初五日　　大晴

在馆抄《陈文节公年谱》,阅《翼駧裨编》,校《温州史事丛钞》。宵,过郑一山家一问,以其子闳栻近日微患暑热也。

初六日　　大晴

晨,虹见,邀稚菊表弟过一山家,为其子闳栻一诊,以感暑气甚轻,投青蒿、鳖甲、川贝等药。巳刻,赴馆抄《陈文节公年谱》,临《高贞碑》大字二开,钉叶兰垞所赠《唐诗归》残本,以中间多钟伯敬、谭友夏二先生圈点评选,颇有可观,故钉而存之。阅《春在堂随笔》。申刻,有野人网得海龟来售者,体圆如盆,前二足若枦形,后足略小,以水沃之,其行矫健,迥异常龟。馆东视此物甚大,出钱购来,研朱书数字于其背,倩人放之于江。余因作《放龟行》以纪其事。其夜有雨。

初七日

朝雨。在馆抄《陈文节公年谱》。午晴,饭后,过余君松舫馆一谭。未刻,回馆临《高贞碑》大字一开,阅《格致镜原》。宵,早眠。

初八日　　大晴

在馆抄《陈文节公年谱》,临《高贞碑》大字一开。宵,访李云林表弟。

初九日　　大晴

曝书。宵,梦事甚奇,中心惊颤,起坐达旦。

初十日　　大晴

曝书。申后,柳君琴山袖金陵局本《三国史》来售,余以大小番饼共八枚付之。宵,访郑一山,遇之。

十一日　　晴

曝书。午后,闻雷少雨。宵,苦热。访余松舫,时周晓秋亦来,共坐谈至二鼓。阅《魏志》。

十二日

晨,虹见,少雨旋霁。在馆抄《陈文节公年谱》。午后,闻雷少雨,即晴。临《高贞碑》大字二开。写函寄汀川震轩妹丈。宵,过族弟毓卿家,谈顷转访郑一山,露坐月下,倾谭更深始归。阅《春在堂随笔》。是夜西北风极大。

十三日　　阴雨,西风大起

在馆抄《陈文节公年谱》,临《高贞碑》大字一开。宵,阅《三国史·魏志》。连日炎歊逼人,忽逢骤雨,竹簟凉生,颇有三秋爽气,快甚快甚。

十四日　　初伏。阴雨,日暂见

在馆阅《崇百药斋文集》,改延曙《蕉雨》、《松风》五言二律,临《高贞碑》大字二开。宵,有风,阅《新闻报》。

十五日　　大晴

巳刻,震轩妹丈自丁田来。阅《新闻报》。午刻,在西垣岳丈家尝新。薄暮,虹见。宵初,自家尝新,在座者伍凤楼表伯,震轩、彬臣、韫斋、玉君、稚菊诸中表,周元来如弟,并余共八人。席散,郑君一山来,与轩兄坐月下畅谈至三鼓。是夜,西南风极大。

十六日　　大晴

以昨夕饮食过多,腹痛患泻,不赴馆,倚枕看《知新报》"六士传"。薄暮,震轩妹丈返舟。宵初,月色如银,强步出门以解闷。陡闻一山兄之祖母于是日午刻寿终,故顺路至其家一唁。太孺人年届九旬,素常健饭,无疾而终,洵足异也。

十七日　　大晴

在馆阅《西堂杂俎》二集、《袁文笺正》。临《高贞碑》大字一开。

宵,在鹤坡舅氏家饮试新酒。席散与舅氏、瀛琳表弟,坐月下倾谈至三鼓。

十八日　　大晴

在馆作敛钱伙助小启,为亡友王赓廷抚孤养赡计也。阅《小东山草堂骈体文》,临《高贞碑》大字一开。申刻,遣仆袖所作小启呈削,为增易十馀字付还。薄暮,访章味三遇之,便中论及启词有数处意未熨贴,嘱余再加改易,颔之。谈顷归。宵,阅《绣像续小五义》。

十九日　　晴

晨,复袖昨夕所作小启,访棣园夫子,为之易十数字。赴馆抄《陈文节公年谱》,以止庵先生编次较前本尤详晰也,故复录之。临《高贞碑》大字二开。点《经史百家杂钞》。宵,过郑一山家,其子闳梓患暑热,特为一问。章味三来,付还助伙小启,原草改易三四联,删窜十馀句,较底稿尤胜,又感良朋切磋之益不可忘也。露坐月下,谭良久始去。

二十日　　晴

晨,偕李稚菊表弟过一山家,为闳梓一诊,谓感暑大重,须和剂药以治之,下金石斛、湖丹皮、骨皮露等味。赴馆抄《陈文节公年谱》,临《高贞碑》大字一开,点《经史百家杂钞》。申后,闻雷,下三两点雨止。薄暮,试浴极爽快。宵,访章味三,论文至三鼓归。其夜月晕极大。

廿一日　　阴,日暂见

晨,偕稚菊过一山家,为其子一诊,谓身热已退,可疏胃气,下旋覆花、绿柿蒂、大力子等味。在馆抄《陈文节公年谱》,临《高贞碑》大字一开,点《经史百家杂钞》。薄暮,闻雷。宵初,疏雨,天色凉甚,挑灯阅《新闻报》。

廿二日　　大晴

晨，偕稚菊表弟过一山家，为闳枰一诊，下薏仁、竹茹等药。在馆抄《陈文节公年谱》，临《高贞碑》大字一开，点《经史百家杂钞》。薄暮，访林和叔。宵，闻雷，疏雨，阅《续小五义传》。

廿三日　　大晴

晨，偕稚菊表弟过一山家，为义儿闳枰一诊，以健脾，下北沙参、冬柿蒂等味。赴馆抄《陈文节公年谱》，临《高贞碑》大字二开，点《经史百家杂钞》。申后，闻雷，无雨。宵，李子琳表弟邀余饮荐新酒，在座丁肖松前辈、吴漱石、潘雨臣。席散，坐谈极久。

廿四日　　晴。中伏

荷花生日。在馆作学渊书院课艺，临《高贞碑》大字二开。薄暮，雷雨。宵，苦热，倦眠。

廿五日　　晴，天气颇热

在馆作学渊书院课艺。宵，作试帖诗，抄四书文。

廿六日

未刻，少雨即霁。在馆作策问未就。是日东家卓午荐新，邀余就席，在坐叶寿如、洪小湘、周树浏，中恺、季芁昆仲，门人延曙也。宵，季芁家尝新邀饭，却之。宵，雷雨，作策问，至四鼓始脱稿。

廿七日

朝，在馆抄策问。午刻，归家就浴，闻雷，骤雨即止。至李玉君表弟家试新，在席王君夔拊、鲍君沛森、蕴斋、云林、稚菊诸昆仲。席散，过王甫臣丈家一谭。有事至县署，与程君星帆相遇。宵，苦热，当风而眠。

廿八日　　晴

在馆抄《陈文节公年谱》，临《高贞碑》大字二开。点《经史百家杂钞》。宵,阅《续小五义传》。

廿九日　　大风,日暂见

朝,在馆抄《陈文节公年谱》。夕,在家补钉《宋诗钞》。更初,大雨倾盆,过玉君表弟家,冒雨而归。

七　月

朔日　　大风骤雨

朝,访郑一山,遇雨归。夕,补钉《青邱诗集》。宵,读青邱诗。其夜闻雷,风止。

初二日

朝雨。在馆抄《陈文节公年谱》。夕晴,临《高贞碑》大字一开。点《经史百家杂钞》。宵,伍凤楼表伯过访。

初三日　　晴

终日在馆,作道课文。宵,作后二比,并试帖诗。四鼓始寐。是日立秋。

初四日　　大晴

早起,抄道课文一篇毕,即束装赴乡收租。时潮候已过,至江头而渡船早篙潮西上矣,不及,遂归曝书。宵,初就浴,当风而眠。

初五日　　晴

朝,同族弟毓卿乘渡船过桐乾乡,坐船中热闷不堪。午刻抵岸。夕,同族中兄弟过前阳洲渍诸村收租,并为今春筑宗祠捐钱伙助。宵,热甚,当风高卧达旦。

初六日　　晴

朝,乘舟自桐乾乡归,倦甚,酣卧半日。申后,雷小雨。宵,阅

《广群芳谱》蕙兰类。

初七日　　晴

晨，同诸友往卫房宫拜祝圣母。午刻，在金君炼百家饮福酒。未后雷雨。薄暮，晴霁。宵，在林萼仙丈家饮福酒。

初八日

朝晴。在馆抄《陈文节公年谱》。夕，临《高贞碑》字二开，点《经史百家杂钞》。章味三孝廉赠余印石一架，雕刻颇觉精致。申刻，闻雷小雨。宵初，同李漱梅，伍梅荃，管杏浦、彬臣、蕴斋、芸林、稚菊诸昆仲，在卫房宫观剧，至三鼓乃归。

初九日　　晴

在馆抄《陈文节公年谱》，临《高贞碑》字一开，点《经史百家杂钞》。申后，闻雷小雨。宵初，同芸林、稚菊、玉君、子琳诸中表，在卫房宫观剧，至四鼓。

初十日　　晴

在馆抄《陈文节公年谱》，临《高贞碑》字二开，点《经史百家杂钞》。宵，阅《曾文正公集》。

十一日　　大晴

在馆抄《陈文节公年谱》，临《高贞碑》字一开。抄《七家·尚䌹堂试帖》，点《经史百家杂钞》。宵，迅雷，大雨如注，余心惊颤，不安早眠。

十二日

朝晴。抄《七家试帖诗》。巳刻，赴馆阅《赋学正鹄》。午刻，门人延春家荐新，邀余赴席。夕，闻雷微雨，阅《赋海大观》。宵，倦，早眠。

十三日

巳刻，赴馆。洪叔林太史来访，中恺公子邀饭，余辞去。夕，雷雨,作经古书院课赋,题"黄石公授张子房兵书",以"穀城黄石秘授阴符"为韵,此题名作如林,搜索枯肠,未有新意,率写数行,终落前人窠臼,故未成篇。

十四日　　阴

在馆作经古赋,始成篇。宵,作试帖诗,题"闲拈蕉叶题诗咏",得"题"字。其夜微雨。

十五日　　晴

在馆改所作经古赋终日。宵,阅《味闲堂赋钞》。

十六日　　阴,日暂见

在馆作《渔家乐》诗一章。阅旧岁《时务》各报。是夜,东北风甚大。

十七日　　雨,微晴

巳刻,赴馆,季苊、延曙以昨夕均感风寒,不在馆。余归作经古策问,至晚脱稿,以不佳弃去。宵,访郑一山,谈极久。

十八日　　阴雨

改作经古策问。宵,西风大起,极凉。

十九日　　阴

终日抄经古策问并赋,腕力极疲。宵,族人金满来,谭论甚久。作经古书院童生赋,题"广寒宫",以"众仙同日咏霓裳"为韵,脱稿时交四漏。

二十日

抄童生经古赋,作《渔家乐》诗。申刻,向礼房处缴卷,阻雨,虹见,至晚始归。宵,同族人露坐月下,畅谈至四鼓。

廿一日　　晴,暂雨

作经古童生次篇赋。午刻,脱稿,即抄就。访郑一山,合送礼房处。申后，震轩妹丈自丁田来，留宿。宵初，录经古赋。

廿二日　　　晴

早晨，震轩妹丈泛舟归丁田。赴馆临《高贞碑》字二开。是日困倦殆甚，无事。宵，迅雷，大雨如注，夜凉。

廿三日

朝雨，天气清凉，颇有秋意。在馆作道课肆经堂赋，题"未到中秋先赏月"，以题为韵。午刻脱稿。夕晴，作试帖诗，抄赋。薄暮寄郡。宵初，录近作赋。

廿四日　　　大晴

在馆抄《陈文节公年谱》，点《经史百家杂钞》，改阅延曙《咏史》七律二首。原本《方正学》云："慷慨赋诗悲社稷，从容投笔了恩雠。读书种子斯文绝，正学庐名此日留。二女招魂归不得，秦淮河畔水悠悠。"《卓忠毅》云："鼙鼓声中战血痕，南飞燕子啄皇孙。逆鳞不畏云雷厄，骑虎归来风雨昏。管魏移忠何足法，夷齐仗节莫轻论。"吾党中惟此生最年少，其造语如此，洵不易才也。宵，过玉君表弟家，同舅母坐谈极久。

廿五日　　　雨

早起，抄《七家试帖诗》。赴馆抄《陈文节公年谱》，临《高贞碑》字二开，点《经史百家杂钞》。薄暮，柳君琴山过访，以《格致竞原》一部来售，余喜得此书，即付大小墨西哥银圆各一枚易之。谈良久辞去。宵，过卫房宫游览。时同社诸君，延盲人唱词，俗名娘娘词。灯烛斗艳，直同上元，陈设古玩，颇有可观，游行士女，不啻如云，闲玩久之，三漏乃归。

廿六日　　　晨雨即止

在馆抄《陈文节公年谱》，点《经史百家杂钞》。宵，过卫房宫游玩,至二鼓归。

廿七日 晴

在馆抄《陈文节公年谱》,临《高贞碑》字一开,点《经史百家杂钞》。宵,访郑一山。

廿八日

早晨,往郑君一山家。是日,郑兄为祖母李太孺人开吊,邀余同洪晓蔷、小石、方晓畲、周远秋诸君作赞襄。近午,骤雨旋霁,就饮。申刻,归。宵,倦,早眠。其夜子时大雨达旦。

廿九日

早晨,大雨,旋霁。抄《七家试帖诗》。在馆点《经史百家杂钞》。宵,阅《续小五义传》。其夜子丑二时大雨。

三十日

早起,抄《七家试帖诗》。在馆抄《陈文节公年谱》,临《高贞碑》字一开,点《经史百家杂钞》。宵,阅《续小五义传》。

其夜微雨。

八 月

朔日 晴

早辰赴馆,初与门人延曙说四书文,以其近日奉乃祖止园先生命,留心八股,将为应童试计,故特先发硎也。巳刻,买舟往丁田。午刻,抵震轩妹丈家。饭后同杜君紫石、震轩兄、金秀珏往陈司徒庙观剧,薄暮始返。宵雨,不便出门,身子倦甚,与甥女秀绵抵足而眠。

初二日 阴

朝,同杜君紫石、余君松舫、张君翼臣、金秀珏坐西书室谈论。

蓼洲□龙先生来,说其家栽有风痴草,考万历旧志,东瓯有草产山谷间,叶如箸,其叶一折,风痴一次,二三如之。土人每借此为占,故名风痴草。计今岁飓风一次,验叶亦只一折。余向闻之犹疑,兹目睹之始信。噫! 草木无知,抑何有先见之明也? 盖天所钟使之然耳,彼阶蓂应候可类推矣。即同余、张二君往观,茶话间出所著《韵谱》上下二册相示,并以蒲萄饷余,坐谈极久。夕,震轩妹丈出赵定斋钧先生所纪《过来语》二册示余,其中记事甚详,有关修身齐家治国之事者,语语真切,可作座铭读之,爱不释手。宵,挑灯更加细阅,至二漏下始寝。是夕,竺君雅周访轩兄留宿,余眠不知。其夜微雨。

初三日　　阴

早起,与雅周、震轩二君坐西室谈论甚久。金君子彝鼎勋来,邀轩兄书墓志勒石。竺君辞去,子彝坐语移时亦去。午饭后,假寐半日。宵,同妹子谈家事,阅《过来语》。

初四日　　大晴

朝,买舟自丁田归,午刻抵家。夕,访郑一山、王玉卿、金秀珏,均遇之。又过栋园夫子处。阅师课经古卷,此课博师居首,余次之。夫子语余曰:"子近来所作,渐臻精致,他日必独成一家。勉之!"余愧且感,谈良久始别。宵,过一山兄家,闻方君晓畦平章曰:"近日后河街有怪事,抖头姓者,洪氏子也。家无中馈,屋惟一椽,素开烟馆为生涯,近染时疫,无人调治,数日殇故,棺停小屋,魂灵不散,屡屡见形,每至夜深,猝与人遇,或逐或啸,令行道者毛发为之悚。"噫! 若是人也,生无人以事,死又无人以祭,为若敖馁鬼,宜其精结而神聚,变形为厉矣。可畏也,亦可悲也。

初五日　　大晴

早起,抄《七家试帖诗》,以前日旷功,加抄二首。在馆抄《陈文节公年谱》,临《高贞碑》字一开,点《经史百家杂钞》。宵,族弟毓卿过访,谈至二鼓去。以客来不遑食饭。顷,过一山家。是日一山为祖母终七之期,邀僧道广设道场,梵呗之声,不绝于耳。余坐久之,四漏始归。

初六日　　　阴

早起,抄《七家试帖诗》,以前日旷功,加抄三首。在馆抄《陈文节公年谱》。午刻,假馆归。饭后,冒雨出门,同王玉卿兄过故友黄楚臣家,检点昔岁案牍。申刻,赴馆临《高贞碑》字一开,点《经史百家杂钞》。宵,阅《大题文府》。大雨达旦。

初七日　　　雨,天气颇凉

在馆终日作府课文,四书题"齐战";诗题"深山大泽龙蛇远"。得"深"字。题尽典赡,故运用经史裁对,颇费功夫,仅作至中权停笔。宵,足成后二比,并试帖,至四鼓就枕不成寐,辗转殆甚,精神大觉恍惚。余始惧心血欲枯,用心太过,实非养生之道,宜力戒之以保身。

初八日　　　大晴

在馆抄府课四书文。薄暮寄郡。宵,抄《七家试帖诗》,以前日旷功,加抄九首以补之。宵初,伍凤楼表伯、李彬臣表兄陆续过访。

初九日　　　半晴半阴

早起,抄《七家试帖诗》。在馆抄《陈文节公年谱》。过胡生绳荪家,借《曲园课孙草》,以去年改试策论,凡家藏八股文,倒箧均付诸一炬,空手而返。宵,校阅《七家试帖诗》。其夜月有晕。

初十日　　　晴

早起,抄《七家试帖诗》。在馆抄《陈文节公年谱》,临《高贞碑》字二开。震轩妹丈过馆,项篆仙来。薄暮归,轩兄返舟。宵初,有月,李彬臣、韫斋二表兄来。过子琳表弟家,时稚菊抱小恙,故往一问。

十一日

早起，抄《七家试帖诗》。在馆抄《陈文节公年谱》。午刻，阴，旋雨。出门过薛君松樵家，算找春祭款。归家午餐，旋回馆，与延曙说《通鉴》，至"淮南王上书"节，中有云："臣闻道路言，闽越王弟甲弑而杀之，甲以诛死。"又云："闽越王郢发兵距险，其弟馀善乃与相宗族谋"云云。按注：甲者闽越王弟之名，下文言其弟馀善，殆即甲欤？又言，因立馀善为东越王，盖天子嘉其讨郢，而即以是封馀善也。上言甲以诛死，下又言因立馀善，文本不相符，然核其书中，闻诸道路语意，其所谓诛死者，盖传闻之误，可明征矣。非此文自为矛盾也。因延曙有疑于此，故特明之。叶耕经来，送还学渊课卷并赏钱。薄暮访郑一山，遇之。宵初，震轩妹丈乘舟来为端阳斗龙争胜之事，解和未了故也。

十二日　　旋雨旋晴

早起，抄《七家试帖诗》。在馆改延曙《苍舁叟传》。是日午刻归家，时震轩在玉君表弟家留饭，余适往，亦被留。宵，过林顺泰南货店，与族弟毓钦坐谈，三鼓归。阅《新闻报》。

十三日　　旋雨旋阴

早起，抄《七家试帖诗》。在馆抄《陈文节公年谱》。午刻归，轩兄已返舟。过县库，与程君星帆算找春祭款。未刻回馆，抄《年谱》，为延春、韵蕙抄律诗。宵，有月，过玉君表弟家，与妗母论家事，至二鼓。

十四日　　旋雨旋阴

在家解拆账务。宵，检理旧藏四书文至五鼓。

十五日　　朝阴，天气颇燥热，午后大雨

是日检理四书文。薄暮，过新宗祠一阅，以近日圬人涂屋脊也。

访一山兄,遇之,坐谈一顷。宵,赏月,一家人团坐,饮燕颇快,洵天伦之乐事也。

十六日　　晴

终日在家,检理残本四书文。是日午刻,丁田舟子来,谓轩兄邀余往赏月,以偿前约,因有事不去。宵,月色皎洁,作《十六夜见月》诗。

十七日　　乍晴乍阴

早起,抄《七家试帖诗》。在馆抄《陈文节公年谱》。午刻,馆东邀饮。席散,同季芄、延曙二叔侄往忠义庙观剧。宵,月明如昼,作《十七夜赏月》诗。

十八日　　大晴

朝,在馆抄《陈文节公年谱》。午刻归家,整理残缺四书文。薄暮,访陈竹生前辈。宵,整钉残本四书文

十九日　　大晴

早起,抄《七家试帖诗》。在馆抄《陈文节公年谱》。午刻归家,族弟毓卿来,同往新宗祠督工。宵,同洪栋园夫子,郑君一山、中闿、季芄昆季,门人延曙在忠义庙观剧,至四鼓,步月而归。

二十日　　大晴,天气甚燥

早起,抄《七家试帖诗》。在馆抄《陈文节公年谱》。午前,刘菊仙、管中凌过馆。改延曙试帖诗。宵,访郑一山,谈论甚久。是夜有月。

廿一日　　阴

早起,抄《七家试帖诗》。在馆抄《陈文节公年谱》,阅经古书院超等卷,临《高贞碑》字一开。宵,无事。

廿二日　　大晴

在馆阅《旧唐书·吐蕃传》、《万姓统谱》。宵,疲倦殆甚,就枕

早眠。

廿三日　　　大晴

终日在馆,作府课肄经堂赋,题"边静不收蕃帐马",以题为韵。薄暮脱稿。宵初,访郑一山,遇之。倦甚,早眠。

廿四日　　　阴

是日余家设建普利道场于城隍庙。巳刻,随慈母,同彬臣表兄乘舟至庙拈香。以府课肄经堂限期太促,袖携笔砚,坐斋宫改窜昨夕所作赋,并作试帖诗。午刻,震轩妹丈、云岑表弟来。薄暮,微雨,旋霁。宵,谢神。家母先返,余同彬臣收拾器皿,至三鼓乘舟乃归。与轩兄夜话极久。

廿五日　　　阴雨,日暂见

余以震轩妹丈来,不到馆。誊昨所作赋。作《咏秋》七律四首。《秋意》《秋声》《秋影》《秋韵》。此等题极难摹拟,必须用超逸之笔,方能制胜,又限用王渔洋先生《秋柳》韵,益难着笔,搜索终日始成,自觉有一二得意之句。宵,作《咏钱武肃王金涂塔》七古。

廿六日　　　大晴

早起,以所作古今体诗邀轩兄一阅,代易三十馀字,余心始定。在馆临《高贞碑》字二开。改延曙试帖诗,题"读书秋树根","秋"。止庵先生有拟作。宵,身子困倦殆甚,早眠。是日午后,震轩妹丈返舟丁田归。

拟诗:"读书何处好,期与昔人游。静对瑶阶树,刚逢玉宇秋。攀条凉露湿,散帙古香浮。待月琴横膝,吟风叶打头。涛声三径和,灯味一庐幽。典策光遥射,园林暑早收。会心平拍案,垂荫恰当楼。幸得窥温室,奇文细校雠。"

廿七日　　　大晴

在馆欲下笔作玉尺官课文,题"子曰学如不及"两章。此题陈陈

公年谱》毕功。宵，稚菊表弟邀余往赖家，同王君夔拊、芸苓、玉君二表弟，以成主代行襄赞事，留饭。辞别，过月如族叔家，谈良久。归，阅《玉楼春稗史》。夜闻鹏鸟声。

初三日　　大晴

早起，抄《七家试帖诗》。在馆抄控盗葬呈词，此次底稿，杨君雨村为余捉刀。林梅邃姻兄过馆。申后，赴县署投递。宵，与延曙说《赋学正鹄》。二鼓放学。连日馆中木犀花盛开，余袖数枝归供胆瓶，挑灯静坐，清香袭人，颇有诗意。

初四日　　大晴

早起，抄《七家试帖诗》，录《渔家乐》四首，赠李蕴斋表兄。在馆临《高贞碑》字二开，点《经史百家杂钞》。中闿公子出俞曲园先生近作诗相示。宵，为延曙说《大学》，至二鼓归。

> 诗附录《礼闱揭晓孙儿陛云获售口占一律》："未冠先登乡饮筵，孙中举年十八。五回孤负杏花天。五赴会试未售。已拚学校司丁祭，本科大挑二等。谁料科名利戌年。余庚戌进士，至今科戊戌四十九年。尚冀青云能远到，早看紫电徧流传。苏沪均有电报。固由祖德留犹在，一半还因汝母贤。二儿妇贤，孝且好善。"

> 《陛云以第三人登第再赋一律》："毡笔才题淡墨香，又闻胪唱九天长。未符吾邑戌年盛，德清两状元，康熙庚戌蔡启僔，壬戌蔡升元，皆戌年也。已发先茔午夜光。先高祖明远府君墓树，二月间连夕放光。梓里补全三鼎甲，德清状元二人，榜眼一人，尚未有探花。棘闱阅历六科场。自丙戌至戊戌，七科会试矣，因一科未赴，故实历六科。微名追溯真堪笑，云路无风鹤退翔。入学第一，乡试第二，今殿试第三。"

> 《邱亭侍郎以诗贺陛云登第即次其韵》："长安棋局几番新，

且博虚名慰老身。科第寒家传五代，自先祖南庄府君至陛云五代矣。探花吾郡得三人。顺治辛丑吴光，光绪丙子冯文蔚，及陛云而三。已题黄榜名堪喜，未副红闱意勿嗔。陛云继娶许氏，乃中表妹也。自幼失母，育于吾家。甲午岁，陛云会试，赋诗赠行，以状元期之，若果得元，亦与唐卢储第一仙人许状头同一佳话矣。惜其未能也。分得龙头刚一角，生年太岁合逢辰。陛云生于戊辰。"

初五日　　晴

余生日也。早起，抄《七家试帖诗》，在馆临《高贞碑》字二开，点《经史百家杂钞》，为延春、韵葱二姊妹抄今体诗。宵，改延曙试帖诗，题"秋月照帘栊"，得"秋"字。止庵先生有拟作。

拟诗："一样帘栊月，偏生别后愁。照人如有意，作客忽惊秋。树杪金风起，阶前玉露浮。高悬银蒜押，遥对水晶球。砧杵寒声急，楼台暮霭收。清光穿户入，散步讶波流。锦字凭谁寄，瑶宫忆昔游。江郎怀彩笔，离思写悠悠。"

初六日　　大晴

先大父生辰。早起，抄《七家诗》。在馆临《高贞碑》字一开，校《桎花馆试帖》。午刻归家，祭谒先祖父。饭后，回馆点《经史百家杂钞》。为延曙说韩愈《争臣论》。宵，说《曲园四书文》。二鼓放学，往天后宫观喜春花班演剧，与林总仙、和叔二君相遇。

初七日　　大晴

早起，抄《七家诗》。在馆临《高贞碑》字二开，写函寄震轩妹丈，校《澹香斋》、《尚絅堂试帖诗》。宵，作试帖诗。二鼓放学。同郑一山访章君味三，乃兄粦士先生先在，坐谈极久，味三出纨扇相示，盖以赠余，扇头笔墨为赵绍平振琦学士所书也。字画秀挺，览之爱不释手，今将暂留行箧，待倩名手画之，始成全璧以赠。余深感之，而又羡章君之交谊独殷也。三漏别归。

初八日　　大晴

早起，抄《七家试帖诗》。在馆临《高贞碑》字二开，点《经史百家杂钞》。林君梅邃过馆。宵，为延曙抄《纲鉴》缺幅。

初九日　　大晴

早起，抄《七家试帖诗》。巳刻，同郑一山、启法、林和叔、刘菊仙诸君登西岘山阁公祭梓潼君，值祭者章味三孝廉也。计同谱八人，昔岁郑紫垣、赵星璇先后辞世，今春王赓廷又没，唐贤诗云："遥知兄弟登高处，遍插茱萸少一人"，正为我辈感也。夕，邀郑一山、洪小石、李友樵登高，至隆山观海亭游眺，寺僧烹茗以待，日向晚始下山归。宵，在味三家享馐。是日先祖母忌辰。午刻，陈丹卿表弟来拜。

初十日　　大晴

早起，抄《七家试帖诗》。在馆临《高贞碑》字一开。午饭后，仲恺公子邀余出门游玩。过放生池，登话桑楼远眺，此楼盖为黄通政先生燕游之所，地广三亩许，高可三四丈，昨岁先生醵赀构之，四抱山影，一水横门，倚槛纵览，风帆沙鸟，一一在目。今乃栋宇粗成，圬涂之工未竟，而通政遂归道山。止庵先生联："开府清新，参军俊逸，香火共一堂，每当月夕花晨，结习难忘，定有吟声空际落；青山北郭，白水东城，渔樵分半席，遥忆天容海色，暮年多病，恨无眼福望中收。"噫！堂开绿野，耆旧凋零，对此河山，曷胜增慨！在池边观钓鱼者半日，进郭门，过林漱泉碗店，时和叔、藻卿、幼梅先在，坐谈极久。申后，往忠义庙观喜春花班演剧。宵，同郑一山兄步月至二鼓。

十一日　　大晴

早起，抄《七家试帖诗》。整衣冠，偕同谱兄弟往刘菊仙家，为其萱堂李太孺人祝寿。在馆临《高贞碑》字一开。午后，欲下笔作诗，毫无意兴,遂止。同季芄、延曙叔侄过颐园,与蔡书城先生、叶生耕经坐谈极久。薄暮,仆报轩兄来,遂归。宵,到馆阅《过来语》。往卫房宫观剧,至三鼓归。

　　十二日　　大晴

　　早起,抄《七家试帖诗》。在馆阅何悔馀栻先生《剑光集》,临《高贞碑》字一开。午后,倦甚,假寐半日。宵,往刘菊仙家饮寿酒,博师居首席,其次陈紫峰、蒋仲笙、许中笙、郑一山、管中凌、李幼梅、夏味秋、林漱泉、洪晓蔷、藻卿昆仲、陈式卿、刘菊仙也。席散,与一山步月至三鼓。

　　十三日　　阴

　　早起,抄《七家试帖诗》。在馆临《高贞碑》字一开,补作《九日登隆山观海亭七古》一章。宵,阅《窥园诗钞》,为门人延曙说《经世文编》储功篇。其夜微雨。

　　十四日　　阴,稀雨

　　早起,抄《七家试帖诗》。在馆临《高贞碑》字二开,作《残柳》七言一律。宵,阅《味闲堂赋钞》。

　　十五日　　阴雨,日暂见

　　早起,抄《七家试帖诗》。在馆临《高贞碑》字一开,改叶兰垞试帖诗。午刻归。夕,同毓卿族弟出北门,过农家催送租谷,沿途登九坦山,往山人谢学银家催收山租,出园果以待,日晚始归。宵雨,阅《申报》。二鼓后,章味三、郑一山二君过访,章君出所作明日祭大妹文相质,酌易十数字,谈至三鼓始去。

　　十六日　　阴雨

　　早起,抄《七家试帖诗》。在馆临《高贞碑》字一开,读《澹如轩诗存》。宵,过族弟毓卿家一谭。阅《申报》。

十七日　　阴雨

早起,抄《七家试帖诗》。在馆,临《高贞碑》字一开,改叶兰垞小课文,作《败荷》、《疏蓼》七言二律。宵,课桪儿读书,阅《申报》二纸。

十八日　　阴雨

早起,抄《七家试帖诗》。在馆,临《高贞碑》字三开。作《寒芦》七言一律。宵,访月如叔不遇。是日午后,洪楝园师过馆,坐谈甚久。

十九日　　阴,天气颇凉

早起,抄《七家试帖诗》。在馆临《高贞碑》字一开。作《枯桐》七言一律。宵,为祠基事被人所负,中心愤恨。同毓卿至月如家,大声唾骂良久而出。然此事亦无可挽回也。余生平性尚硬直,视人如己,凡所遇之事,皆不能遂愿,都由世人狡诈,未事预防,故一入其间,荆榛满地,竟成棘手。自今以后,宜力加痛戒,断不可作芸人舍己之事,安分读书,免遭机变。

二十日　　晴

晏起,在馆临《高贞碑》字一开。录四书文眉批,为延曙讲解,便见了然。点《经史百家杂钞》。何默斋懿典过馆。宵,过舅氏家,与芸苓表弟说祠基事甚久。访毓卿不遇。归阅《申报》。

廿一日　　晴

早起,抄《七家试帖诗》。在馆临《高贞碑》字一开,点《经史百家杂钞》。薄暮,北风极大。宵,访族弟毓卿遇之。

廿二日　　阴

早起,抄《七家试帖诗》。在馆临《高贞碑》字一开,点《经史百家杂钞》。薄暮,雨。宵,课枬、桪两儿读书。阅《申报》,其夜雨。

廿三日　　阴雨,日暂见

早起,阅《申报》。在馆临《高贞碑》字一开。中恺公子出宋燕生存礼先生沪上所作《束发篇》五古。点《经史百家杂钞》毕。项篆仙过馆。宵，访郑一山兄，谈论极久。归阅《申报》共八纸。夜雨。

　　附录：《束发篇答枚叔见赠①》：戊戌夏季□□□劝驾出山，作此□谢之，非高也，知天下无可为也。束发惜分阴，常恐曜灵匿。乡国号颜子，宁屑百夫特。弱龄蓬转飙，逾立凤垂翼。结客思黄金，黄金安可得。漫漫人海中，孤直吾道穷。盈盈嗟一水，彼美隔西东。梦绕天孙石，眼枯精卫功。朝云非我仇，不雨迷荆邱。登高望中原，尘沙暗齐州。儒侠流风尽，巨盗交献酬。悲来独哽咽，微管念桓侯。驱车且四顾，猛虎纷当路。归哭一何苦，虎啸一何怒。卞庄彼何人，慨然欲追步。追步不及东，追步不及西。追步不及南，追步不及北。四顾灵踪绝，太息谢骖服。托命礼观音，移情存净域。踽踽素臣身，栖栖大泽滨。殷勤再三赠，强饭抑酸辛。缄口密复密，鞮鍫警骚人。方今海内外，五言古诗，识者或推日本功臣副岛（姓）苍海（号）为第一，其诗不落汉魏后，然竟得立大功成大志，则不能比矣。

廿四日　　　微晴

早起，抄《七家试帖诗》。在馆临《高贞碑》字一开。午饭后，馆主人出折迭扇相示，有缪佑孙旧作录诗，博师暨燕生先生题《濯足万里流图》诗。观毕邀孙中恺、季芘二公子，延曙门人，同林君喜田，游塔院寺，登话桑楼，与项君声玉遇，良久归馆。宵，访族弟毓卿遇之，谈顷归，阅《申报》。

　　缪诗：玉佩琼琚下九垓，漫天风雪酿花胎。千年老鹤垂头睡，一夜东风万树开。不羡仙人十贲文，红窗坐拥海东云。数

---

　　①　枚叔，底本缺，据中华书局《宋恕集》补。《宋恕集》题作《束发篇——答枚叔〈幽人行〉之赠》

声铁笛天鸡晓,耐得清寒定是君。

片霞飞度海天遥,明月楼台闻玉箫。此际孤山老居士,狂吟独对西泠桥。题画梅。

娟娟态度趁轻罗,曾托虞兮作艳歌。一自幽怀属芳草,楚天风露为谁多。题画虞美人。

雨后严滩放棹游,万松翠拥钓台秋。幻舆崖壑真吾事,却恐名山笑不休。题画。

博师:谁是乘风破浪才,海天昂首白云开。胸中久蓄澄清志,且向沧溟濯足来。

燕生诗:积水茫茫不可极,青天一发燕南北。思量未是濯缨时,濯足中流意亦得。楼船横海彼丈夫,妙年更慕列仙儒。想见临风动长啸,不知何处是蓬壶。辛卯初秋。

廿五日

朝晴。在馆临《高贞碑》字二开。午饭后,同中闿公子访洪叔林锦标太史,时洪杏峰表伯、方君晓畦亦在共坐,议论极久,出藕粉饷余。申刻冒雨归馆。宵,过鹤坡舅氏家,与芸苓表弟坐谈片刻归。

廿六日　　雨

在馆临《高贞碑》字一开。作《傲菊》、《衰草》七律各一首。宵,阅《申报》。

廿二日　　雨

早起,抄《七家试帖诗》。在馆,临《高贞碑》字一开。作《荒苔》、《破蕉》、《瘦竹》七律各一首。宵,作《老槐》七言一律。

廿八日　　乍晴乍阴

在馆临《高贞碑》字一开。作《古榕》七言一律。宵,同毓卿弟过成良公家议众田事,坐谈至四鼓。

廿九日

先曾祖生辰,先大父忌日。朝阴,抄《七家试帖诗》。夕雨,身子困倦,假寐半日。宵,阅《申报》。

十　月

朔日　　阴

早起,抄《七家试帖诗》。在馆临《高贞碑》字一开,以馆中有客,故假馆归。夕,补钉《高青邱诗集》。宵初,过西垣外舅家,与友樵内弟、李君友兰炳然坐谈良久,又往考棚前游玩。三鼓,为许君孟钱送考,以明日县试正场,许君为一山受业生,因伊所托故也。

初二日

晨晴。抄《七家试帖诗》,录旧作古诗。申后雨,过大宗祠,为近日祠中被人晾谷,故一时招集族人,加罚红烛,燃谢祖前也。宵,访郑一山不遇。归阅《申报》。是日县试,首场四书题已冠:"是为王者师也"至"子之君";未冠:"如有周公之才之美使骄"。诗题"今年又见一升平"。得"平"字。

初三日

朝晴。早起,抄《七家试帖诗》。在馆临《高贞碑》字一开。午后,归家收租。未后,冒雨回馆。阅徐宗师《校士录》。宵,倦,早眠。是晨,洪栋园夫子过馆。

初四日　　大晴

早起,抄《七家试帖诗》。在馆临《高贞碑》字一开。改延曙《驳吕东莱"郑伯克段于鄢"论》。叶君仲辛重光过馆。宵,阅《申报》共七纸。

初五日

晨，骤雨，旋霁。抄《七家试帖诗》。在馆临《高贞碑》字一开，作《题家榕庄松阴读书小照》，得七言四绝。宵，微雨，同郑君一山、方君晓畦过蔡漱泉冠英书馆一谭，出炒桃以饷，至二漏归。其夜雨。

初六日

晨雨。早起，抄《七家试帖诗》。在馆临《高贞碑》字一开。午刻餐，饭馆主人出南京板鸭相饷，味甚鲜美，与吾乡所制腊鸡相类，其甘脆殆有过之者欤？问此物，系周明经晓芙恩煦先生寄赠也。夕阴，录《曲园课孙四书文》眉批，与延曙看。宵，闻县署发正场案，同稚菊、玉君二表弟往观，案首冯燮尧，次蔡锡龄、朱襄、张璞、方鸿初、洪锦瓖、蔡梦槐、郭弼、彭华、黄鼎，此十人皆前列也，稚菊名列十三。过一山、稚菊处一谈，至二漏归。

初七日　　　雨

朝，抄《七家试帖诗》。稚菊表弟来索旧作经文，启箧检与之。叶耕经过访。夕，在馆临《高贞碑》字一开。宵，过一山、稚菊家一谈。是夜，县试二场，余以连日积雨，路多泥泞，艰于行步，不往送考。

初八日　　　晴，天气颇热，近仲春时候

晨，访林和叔，为藉田租谷事。在馆临《高贞碑》字一开，为延曙说《曲园四书文》，改叶兰垞窗课文。兰垞袖家藏古帖来，余观之，中有运判游师雄《题六骏碑》，考证甚确，特笔之，以备稽览。是夜大雾，二鼓后，买舴艋，同族弟增枌下乡称租，枕藉舟中，四鼓始觉。

　　　　附录《运判奉议游公题六骏碑》：

　　　　师雄旧见唐太宗六马画像，世传以为阎立本之笔，十八学士为之赞。晚始得《唐陵园记》，云太宗葬文德皇后于昭陵，御制刻石文并六马像赞，皆立于陵后，敕欧阳询书。高宗总章二

年,诏殷仲容别题马赞于石座,即知赞文乃太宗自制,非天策学士所为明矣。欧阳询书今不复见,惟仲容之字仍存,如写白蹄乌,赞云平薛仁果时乘。由此益知,唐史悮以果为杲耳。距陵北五里,自山下往返四十里,崄径峭崄,欲登者难之,因谕邑官仿其石像带箭之状,并丘行恭真塑于邑西门外太宗庙廷,高庳丰约,洪纤寸尺,毫毛不差,以便往来观览者。又别为绘图刻石于庑下,以广其传焉。元佑四年端午日,武功游师雄景叔题,京兆府醴泉县尉刁玠书,主簿蔡安时篆额,知县事吕由圣立石。

此序列在碑首,以下画六马,各题以赞,分东西排书,惟飒露紫一马,添画一将,披甲胄,腰悬弓袋,作拔箭之状,倚马胯旁,馀皆无之。今仍照原碑序次,录之如右:

气耷三川,威凌八阵。紫燕超跃,骨腾神骏。

平东都时乘,駏前中一箭。

西第一紫燕。

飒露紫

孤矢载戢,氛埃廓清。月精按辔,天驷横行。

平刘闼时乘,前中六箭,背三箭。

西第二黄马黑喙。

拳毛䯄

耸辔平陇,回鞍定蜀。倚天长剑,追风骏足。

平薛仁果时乘。

色四蹄俱白。西第三纯黑。

白蹄乌

特勒骠

东第一黄白色,喙黑色。

平宋金刚时乘。

应策腾空,承声半汉。天险摧敌,乘危济难。

青骓

东第二苍白杂色,前中五箭。

平窦建德时乘。

足轻□□,神发天机。策兹飞练,定我戎衣。

什伐赤

东第三纯赤色,前中四箭,背中一箭。

平世充建德时乘。

瀍涧未静,斧钺申威。朱汗骋足,青旌凯归。

初九日

天将曙,舟抵下郑,少停岸侧,其时大雾漫天,沿湖船楫往来,都在蒙蒙中,但闻欸乃之声,远近不辨,倚舷四望,如展画图,吟兴颇饶,信口得七言一绝。久之,日出雾消,始同增枬上岸,过田家,留晨餐。收租毕,下船,转到沈畚黄高木家称租,时已卓午,即返棹,危坐舱中,阅《申报》。申刻,至岱石,余上岸,过丁田震轩妹丈家一谭,舟子舣舟以待。夕阳西下,话别归舟,抵家已上灯时矣。宵,倦,早眠。

初十日

朝阴。早起抄《七家试帖诗》。为藉田租谷事,写函托许竹友先生。在馆临《高贞碑》字一开。午后,天色晦霾欲雨,改延曙试帖诗,题“汉高祖拔剑斩蛇”。得“王”字。余亦拟作一首。申后微雨,毓卿邀余往宗祠中,会众议更衣亭田租事良久,话别回馆。是宵,开夜课,改延曙《虞美人》七律诗。

十一日　　朝阴夕雨

在馆,洪栋园夫子过馆。临《高贞碑》字一开。改叶兰垞窗课文。是日,延曙以四书文开课题"与其进也"。诗题"共登青云梯"。得"梯"字。作一讲,笔意甚清矫,余心喜之,略加点易付还。宵二鼓放学归,过李玉君表弟家一谈,始知县试二场榜已发,一名胡凤奎,次冯燮尧、朱襄、蔡锡龄、洪锦骧、方鸿初、张璞、黄兆元、徐彪、金蕴岳,稚菊表弟列第五十。是场题目"子曰大哉,尧之为君也"三章;经题"乃求千斯仓,乃求万斯箱";诗题"十月涤场",得"豳"字。

十二日　　半晴半阴

早起,抄《七家试帖诗》。在馆临《高贞碑》字一开,改延曙《周亚夫论》。申刻,家仆报震轩妹丈来,即归一叙,谈顷返舟归丁田。宵,就馆,延曙出止庵先生所拟二开讲一观。二鼓放学归,闷极兀坐。是夜,东风甚大,县试三场。余不去为稚菊送考。

　　附录　进有可与,以其一念之诚也夫? 童子之见,非求进之诚,何以能此? 夫子嘉其一念之诚,故与之。子意若曰:吾尝言不得中,行而与之,因思夫狂者之进取,诚以其锐于图进也。顾狂简可裁,固美其进取之锐,而童蒙求我,必许其求进之诚。夫既介吾徒而来谒,殊令我有教无类之心,为之怦然一动者,亦奚忍摈之于门墙外也?

　　若曰:吾自杏坛设教以来,未尝强人而进之使从我游者,以其无心于进也。顾无心于进者,不强之使进,教诲非可以滥施。而有心于进者,必引之使进,门墙岂容于过峻? 彼既踵门而请谒,其一念之诚,有令我深相嘉许者,亦奚忍麾之使去也?

十三日 雨

早起,抄《七家试帖诗》。在馆临《高贞碑》字一开。改叶兰垞窗课文。林君梅仙过馆,快谈极久。宵霁月出,改延曙窗课文。二漏后,访稚菊弟弟,阅三场文,谈论颇久,乘月而归。是日,三场题目,首题"见善如不及"至"行义以达其道";赋题"不知谁是谪仙才",以"九转丹成鼎待开"为韵;诗题"林园无俗情",得"无"字。律诗题"菊枕菊梦"。论题"自中西通商以来,事端交涉,掣肘滋多,非力求富强之道,不足以制胜,当以何者为先论"。

十四日 晴

早起,抄《七家试帖诗》。在馆临《高贞碑》字一开,作《息夫人》七律一首。薄暮腹痛,假馆归。宵,过南郭陈府庙,同林梅仙、叶耕经、李友兰、章子贞、李友樵、庆蒸诸内弟观剧。三鼓冒雨归。阅徐宗师《校士录》。

十五日 晴

早起,抄《七家试帖诗》。在馆临《高贞碑》字一开。作《虞美人》七律一首。宵,延曙出止庵先生所拟《乘桴浮于海》一讲相看。

　　附录　尝读《书》,有曰:"若济巨川,用汝作舟楫",古明良会合之盛,岂非吾所深愿哉!无如利济空怀,随所往而有末之之叹,况乃周流已倦,不得已而兴退举之思,纵一苇之所如,凌万顷之茫然,故土虽可怀乎,有一往不顾者矣。

十六日 大晴

早起,抄《七家试帖诗》。在馆临《高贞碑》字一开。林梅仙过馆,留午餐,快谈极久。阅《图绘宝鉴》。宵初,以延曙困倦贪睡,放学独早。访稚菊表弟,坐谈一顷,闻三场县案已发,榜首朱襄,次蔡锡龄、洪锦骧、冯燮尧、方鸿初、项辅唐、金蕴岳、张璞、吕棠、郑栋选。

时余因月光皎洁，天宇无尘，转访郑一山，论诗快谈至三鼓。

十七日　　阴

早起，抄《七家试帖诗》。在馆临《高贞碑》字一开。为中闺公子摘宋元人诗句五六联，嘱胡琴舟寅先生作画。成题画四绝句。一画李晞古仙山楼阁，一画风帆联捷，亦为孙君题作也。宵，放学后，过玉君表弟家，与潘君云笙、韫斋表兄坐谈至三鼓。

十八日　　雨

晨起，《抄七家试帖诗》。郑绮峦先生代余往屿头收租，心甚感之。在馆改延曙、兰垞窗课文。宵，作《菊梦》七律一首。是日县试四场，题目"虽令"；诗题"卖剑买牛"。得"龚"字。

十九日

朝阴。抄《七家试帖诗》。郑一山为榕庄来乞图，出图并诗，倩郑君题还之。在馆作《菊枕》七律一首，临《高贞碑》字一开。抄近作诗廿馀首，付季芃弟代呈棟园师改削。夕霁，阅《剑虹居制艺》。宵，阅四书文。

二十日　　大晴

终日在馆，录挽黄通政楹联，手力为之疲。宵，过李玉君表弟家，与瀛琳表弟、金君炼百坐话甚久。以近日涣文患风热，余去一问也。是夜，发县试四场案，一名洪锦骧、冯燮尧、朱襄、蔡锡龄、方鸿初、项辅唐、金蕴岳、朱冕、张璞、林仁任，共十名。

廿一日　　大晴

早起，抄《七家试帖诗》。在馆校点《七家试帖诗》。宵，访郑一山，坐谈极久。

廿二日　　大晴

朝，在家，汇清称租佃户姓名，付族弟增枏，往桐乾乡收租。午刻,震轩妹丈来,糊补册页。薄暮,轩兄返舟。宵,闷极,早眠。

廿三日　　大晴

在馆临《高贞碑》字一开。点《经史百家简编》。宵,过李玉君表弟家,同彬臣表兄、管中凌、丹三昆仲,快谈至二鼓。归写各册牌头。是日考县试五场,题目"恭、其行己也句。喜、子路闻之喜句。入、以事其父兄句。学,则三代共之句。"诗题"冬岭秀孤松"。得"松"字。

廿四日　　大晴,西风极大

早起,写各册牌头。在馆临《高贞碑》字一开。改叶兰垞窗课文,点《经史百家简编》。

廿五日　　大晴

在馆点《经史百家简编》。项篆仙过访。宵,同震轩妹丈闲话甚久。

廿六日

朝,在馆阅《剑虹居制艺》。夕,在家与毓卿、增枬辈算大宗秋季收租谷账。许秬村表兄来订约明春坐馆事。宵,录近作诗。是日发县试全案,一名朱襄,次洪锦骧、冯燮尧。闻朱君居首,而榜下众人竟汹汹不服者,何耶?

廿七日　　乍晴乍雨

朝,同震轩妹丈论诗,并出近作杂体一削。夕,轩兄返舟。余书全案草册,至更深始就。

廿八日　　大晴

晨起,与蔡作来照全案考生名姓,挨次填卷,并弥封标号,至更初始毕。宵,邀郑君一山来,写年貌册。

廿九日　　晴

朝,以盗坟案中,族蠹永新在押身死,其妻来余家骚扰,即邀合族伯叔辈,赴县署向门政告诉,始定。夕,写坐号册。宵,邀郑一山兄,写年貌册。林君梅邃来。

三十日　　阴

终日在家,同蔡作来、郑德瀛写唱名册。是日午刻,同震轩妹丈往稚菊表弟家饮闹房酒,与鹤坡舅氏坐话半日。宵,陈丹卿表弟来,与轩兄坐话极久。钉点名各册籍。

十一月

朔日

朝阴。林君庭兰、金君秀珏过访,与震轩妹丈坐话半日。午刻大雨,同一山、震轩二君,往稚菊表弟家饮人情酒。席散,日已暮。宵,校对卷册名次讹字。是夜托房友蔡作来,同田东升伯先赴郡应公,余以有事羁绊未偕往。

初二日

朝雨。震轩妹丈归丁田。鹤坡舅氏、许秬村、李彬臣表兄来。夕霁,过孙中恺公子家吊唁,以近日恺兄居母张宜人丧故也。宵,细雨,乘小舟赴郡。

初三日　　阴

早晨,舟抵郡,检点册籍。午,小雨。夕,假寐半日。宵,倦甚,早眠。是日,考永正场,已冠首题“咏而归句”;次题“予欲无言”。未冠首题“喜怒哀乐之未发句”;次题“不称其力”;诗题“东晋江山称永嘉”。得“山”字。

初四日　　晴

终日在寓,看诸考生来买册卷。薄暮,同蔡作来出门游玩。宵寒,甚早眠。

初五日　　大晴,有霜

终日在寓,看诸考生来购卷册。宵,项篆仙来。二鼓后,同伍宝滋表弟、杜茂珍工人往酒楼饮酒,至四鼓归。

初六日　　朝阴夕晴

终日在寓,看诸考生来买卷册。洪棟园夫子、周仲明、叶兰垞来。宵初,各廪保来寓查阅诸考生籍贯,余校对印卷至四鼓,和衣而眠。是日,考乐清、平阳正场。乐,已冠首题"三乐损者三乐乐";次题"丹朱之不肖"。未冠首题"如得其情";次题"何取于水也";诗题"钟鼓乐清时"。得"清"字。平,已冠首题"比干";次题"无目者也";未冠"从耳目之欲句,若汤"。

初七日

朝晴。李韫斋表兄、稚菊、桂琳二表弟自瑞来,邀与合寓。看诸生来购卷册。夕阴。是日人来填册者甚众,应接不暇,余力几殆。宵,邀宝滋、桂琳数河间姹女钱,共十馀贯,为明日应发铺班诸项也。就枕时交五鼓。

初八日　　晴

终日看诸考生购卷册,并看各廪保画花押。是日送卷,媵以册籍。宵初,汇钉年貌清册。洪星卿姻丈来。其夜,瑞邑进场,余同诸人检点牌灯,兼为韫斋、稚菊送考。

初九日　　晴

震轩妹丈过寓,说瑞邑题目。首题"虽欲勿用山";次题"而王";诗题"以文为瑞"。得"文"字。丁田舟子来接轩兄归。余以蚨钱一贯托带家中付用。宵,同一山兄过厝库司前吴益生家,算膏伙钱款,先取墨西哥银圆而归。

初十日　　　晴,天气颇暖

检点行李,作旋里计,邀稚菊表弟代余买零星物件。宵初,乘河乡船返瑞,蒋鲁芹丈思源附舟。其夜月明如昼,独坐舟中纵览,爱月不眠,至四鼓始闭目少息。

十一日　　　晴

早晨,舟抵岸,收拾行李归家。午刻,往鹤坡舅氏家,为舅母管孺人送葬。乘舢板船,随舅氏,同彬臣、云林、丽生、玉君诸昆仲、管君丹三赴廿五都岩山,过安义堡城。薄暮始至,是夜月色皎洁,露坐新冢上,谈论至曙。

十二日　　　晴,有雾

早起,同诸中表换吉服,迎主下船。午刻抵西门小码道,其时诸亲友陆续来接。至未刻,虞祭毕,留餐。过小宗同族人酌议争继事。宵,饮轿后酒,余掌壶。三鼓,席散归。是日,覆永乐二场。永首题"伯夷目不视至伯夷之风者";乐"柳下惠不至柳下惠之风者";经题"日短至则伐木取竹箭"。

十三日　　　晴

朝,倦甚晏起。午刻,往舅氏家饮人情酒,同蒋中笙、管中凌闲话半日。宵,舅氏留饭,至三鼓归。

十四日　　　晴

终日在馆,点《经史百家简编》。午后,精神困倦,伏案假寐半日。宵,蟾月如银,阅家藏书札,读高青邱七律诗。

十五日　　　大晴,天气颇暖

终日在馆点《经史百家简编》。宵,阅先曾祖家书。

十六日　　　有雾细雨

在馆临《高贞碑》字二开。点《经史百家简编》。薄暮,晴霁。

宵,阅《申报》二纸。

十七日 阴

早起,抄《七家试帖诗》。在馆临《高贞碑》字一开。叶兰垞自郡来,问二场十五日题目。瑞"曾子居武城至子思同道";平"禹稷当平世至颜回同道";经题"复以见天地之心";诗题"枫林橘树丹青合"。得"青"字。校点《经史百家简编》。项篆仙来。薄暮,看府试二场案,一名洪锦骧。宵,李丽生表弟来,代数姹女钱,共廿三贯。

十八日 早辰,细雨旋晴

许秬村表兄过访。终日在馆,作盗葬呈词并抄,以邑尊有事晋省,故不去投递。宵,族弟毓卿、增枬来谈良久。抄《七家·西泅试帖诗》。

十九日 晴

早起,抄《七家试帖诗》。在馆抄祭小宗祖先文。夕,往小宗祠拜祖,饮节酒,至暮而归。宵,抄《七家试帖诗》。途中闻十八日府覆三场题目,四县合考。永"见牛";乐"求鱼";瑞"驱蛇";平"食牛";赋题"雁宕或上雁宕闻天鸡";诗题"健笔凌鹦鹉"。得"□"字;七律"寒鸦雀"。

二十日 冬至节。细雨旋阴

朝,抄《七家试帖诗》。午刻,设馔往大宗祠拜祖,祭毕招族人饮。宴席散,日已薄暮。宵,过玉君表弟、毓卿族弟家一谈。

廿一日 阴

早起,抄《七家试帖诗》。巳刻过馆,以馆主人延僧道诵经,故假馆归。转过胡生绳荪家,与余君松舫、王君竹君喆坐谈极久,闲话间闻府试末覆题目"作四起讲:力不赡也句;学不厌句;敦薄夫句;行何为踽踽凉凉句。"夕,抄《七家试帖诗》。宵,设馔祭祖先。过玉君表弟家一谈。其夜微雨,北风极大。

廿二日 雨

朝,在家抄高峇收租佃户姓氏草簿,邀伍宝滋表弟,同家仆往高峇收租。夕,在馆点《经史百家简编》。宵,阅《剑虹居文稿》。

廿三日 朝,微雨旋霁

在馆阅《大题文府》。作永县封课四书文,题是"孟子曰待文王而后兴者"一章,以数月未下笔作文,思路颇滞,勉强只成一讲。宵,阅《段紫沧时文》。

廿四日 阴雨

在馆作永嘉封课成起中共四比。宵,作后二长比,并试帖诗,至四鼓始寝。

廿五日 阴

朝,访一山兄,出所作文相证,为易数字始定。在馆抄永县封课文并试帖诗。项篆仙来。薄暮雨,季芃出其尊人止庵先生所作《陈君作贤传赞》一篇①,以观读之,笔力不减汉魏。先生近患目耗,年过八旬,此赞共五百馀字,腹稿构成,信口授录,故笔之以为宝。将永县课卷付仆交信局寄郡。宵,李丽生表弟来。抄《七家试帖诗》。

附录《陈君作贤传赞》:

陈君名序传,字作贤,三都大山人。其先世自淹村来迁,相传为文节公后,世习儒业。咸丰末,粤寇据台栝,平阳奸民潜出钩结,散布伪钱,招诱徒党,聚于钱仓山中,自号金钱会。吾邑乱民,亦群起附之。守令养痈寝成大乱,郡兵不能制,福建即用道焕堂张公奉檄来温剿办。初至,驻营邑东之隆山,择日出师,

---

① 胡珠生编注《孙锵鸣集》(2003年上海社会科学院出版社),题作《陈汝传赞》,且文字略有不同。

命民团乡导前驱，君时为大山团长，锐气深入，至洲滧遇伏阵亡，时辛酉十二月十七日也。张公飞马救援不及，遂进营澄江，直捣贼巢。未三月，巨恶次第就擒，悉置之法，无漏网者，四境肃清，惜君不及见，顾亦可以无恨矣。

光绪己亥十二月，哲嗣建陶招魂，葬于本之原，乞余为之传。赞曰：

伟矣陈君，名贤之裔。登莫春堂，问诗问礼。世习儒书，内行纯美。咸丰之季，粤氛孔迩。平有伏莽，攘臂思起。吾邑乱民，群附如蚁。虽则蚁附，乌合方始。及此驱除，不烦一矢。彼惛无谋，肉食者鄙。下慢上偷，纲维毕弛。告之话言，如填充耳。涓涓之流，末乃大溃。窥我城池，残我州里。民无宁居，流离奔徙。余时治团，画疆而理。君我东邻，守望相倚。悯此横流，乱何以弭？桓桓张公，率师莅止。檄君前驱，飙发电驶。深入贼地，于江之滨。遇伏而亡，发犹上指。怒潮哀号，寒日生齿。马革不还，丧我壮士。张公闻之，拔剑斫几。卷旆疾趋，压贼之垒。不及三月，草薙禽狝。六七巨魁，暴尸于市。凶徒什伯，如刈半苽。血流满沟，河流尽紫。君没有知，目其瞑矣。我念生民，皆有一死。为国捐躯，名光青史。作乱而诛，臭不可洗。一为人豪，一为逆鬼。孰荣孰辱，舜跖之比。伟矣陈君，流芳千禩。郁郁佳城，故居尺咫。魂归来兮，云旗旖旎。天佑忠良，昌其孙子。止园老人孙锵鸣，时年八十有三口授，四子论谌书。

廿六日 阴雨

朝，在馆陈君见初来。见初工丹青，有倪迂遗风，善山水，尤善写真，兼工诗，与余旧交。去年失偶，遂弃家改易道装，隐居雁荡之净名院，自号月壶道人，日以游山为乐，有《雁峰八大观》诗。近以中阎公子居母丧,故延道友为张太宜人作道场诵经也。暌隔数年,倏尔相晤,乐与抱膝而谈者半日。夕,点《经史百家简钞》毕。临《高贞碑》字二开。阅《新闻报》数纸,中言遂溪县李平书大令,止庵先生昔年掌教申江龙门书院所得之士。素得民心,颇有古循吏之风。今法人占据碙州岛,与大令积有违言,土人恨法愈深,躯众与战,法屡败北,幸官军驰至弹压,未至酿成巨祸。时人为之语曰:“我大慈亲李令君,指麾谈笑却边氛,再战再捷康吾人,始信用兵如有神”云云。噫!若李大令者,爱君牧民,仁慈刚毅,当今之世,其气节不可多得。倘我朝直省诸大吏尽如其人,夫何虑敌人之觊觎,又何患民志之不坚乎!读至此曷胜志感。宵,过玉君表弟家,与鸿秋舅氏谈家事甚久。归抄《七家试帖诗》。

廿七日　　晴,天气颇燥

先君生辰。朝,往吴熊生前辈家送葬。午刻,往馆东孙学士家赴席。以是日中容先生、叶君伯荪为张宜人奠拜。中阎公子邀余同胡雪帆先生、叶君声石鋆为赞襄也。席散,日已薄暮。宵,过族弟毓卿家一谈。归,抄《七家试帖诗》。其夜微雨。

录中容先生《祭张宜人文》:

彤华德茂,凤敬式于母仪;繐帐风凄,痛永暌于懿则。兹当七复之辰,恭献一觞之奠。恭惟先如叔母张太安人,传芬鼎族,佐笾高门,婉嫕修仪,贤明作范。五花锡凤,诰命妇而承恩;八秩承欢,侍夫君而迓福。方冀永介于曼寿,何图忽厄于微痾。族党纫哀,珩璜念德。让等忝附竹林,凤钦椒问。敬斟清醑,虔奠灵筵。伏冀翟榆如在,环佩来归。庶瞻侍于鱼轩,藉薄申于蚁悃。神其如在,来格来歆。尚享!

廿八日　　晴

终日在家抄《七家・简学斋试帖》。宵,阅《申报》共八纸。

廿九日　　阴

终日在家,抄《七家试帖诗》。假寐半日。宵,北风甚紧,寒重不胜,早眠。

十二月

朔日

早晨,天大雪,平地深寸许,冒冷访郑一山,偕方君晓畦、洪君黻廷过李氏小园,主人幼梅出迎,共登听松楼小憩。郭雁秋后至。维时朔风甚紧,雪下愈大,但见玉龙酣斗,天地皓然,檐鸟不哗,远山失影,凭栏四顾,此身恍在琼楼玉宇中也。纵览久之,下楼,在读易庐团坐畅谈。看窗前芭蕉数本,青白相间,半压琼瑶,寒飚动处,积雪飘堕,丁丁作碎玉声,悟辋川画意,此景不多得也。近午,寒重难耐,始辞别归。呼仆扫雪,烹煮,滕以雁山芽茶,啜之味甚佳。又供二小坛,拾雪贮之。未刻,雪止。季芃遣小使,订明日茶山看梅之游。薄暮,邀韫斋、稚菊二中表,登西岘山游玩。下山已上灯时候。宵,阅苏文忠公《聚星堂咏雪》诸诗,作《登西岘山眺雪》七古。

初二日　　阴

早起,积雪未消,天气极寒。已刻到馆,以天又雨,茶山之游不果。终日与月壶道人坐谈。季芃出尊人止庵先生近作《赠永载道人》诗并旧作诸赠答诗一观。宵,阅《申报》共四纸。

《赠永载道人》:委羽浙东之名山,上多洞穴窈且闲。相传神禹东巡藏书于其间,龙威丈人来守关。葳蕤玉锁金连环,绝境不容凡士攀。道人今年八十一,上山如飞童其颜。白须一尺眉覆额,尘缨早绝不待删。自言习静六十载,此心独与白云相往还。何时唉我道华枣，共看金顶光斓斑。

《寿姜子彝七十》：一生不识参与苓，颜若渥丹双瞳青。中宵起坐存黄庭，肯使梦幻劳我形。丹山彩凤齐扬翎，阶前玉树皆德馨。满堂弦管声冷冷，卷鞴上寿白玉瓶，为翁洗盏颂百龄。

《题留宾下榻图》：我来指中春，泊舟横江口。邂逅遇同心，倾襟得良友。臭味一以孚，形迹复何有。君家多哲昆，濯濯风中柳。入门见二子，礼让亦能守。摘君园中蔬，饮我壶中酒。连宵风雨深，情意果何厚。别来日月流，寒秋忽在九。瞻彼出山云，愧余牛马走。聚会曾几何，此行别当久。睠言图中人，临风重搔首。

《为祁质卿题秋江别思卷子》：虞关莫挽痛魁儒，天外冥鸿迹未疏。杨柳风生寒浦棹，蕨薇秋老故山庐。遗图流转百年感，妙墨飞腾几辈书。我亦韩门病张籍，一回展卷一踟蹰。卷内题者多文端门人。

初三日　　阴雨

畏寒晏起。午刻，下笔作玉尺封课文，题目"子贡问为仁"二章，至三鼓脱稿。

初四日　　阴雨

赵家以是日吉，为二女弟行聘定礼。终日在家，检点茶果，遣仆分送诸亲戚家。宵初，下笔作玉尺封课第二艺，至四鼓脱稿。

初五日　　阴雨

晨起，录封课文二篇，观之嫌未惬意。近午，震轩妹丈泛舟自丁田来，出所作相质，谓此文甚华丽，后篇较胜，非等老生常谈也。为改易数十字，余心始定。申刻返舟，携秀璀、秀绵二甥女归。韫斋、云林二中表来。宵，爇烛抄玉尺文共二篇，作试帖诗二首，题"水始冰",得"冰"字。至四鼓始寝。

初六日

晨,微雪。抄试帖诗。袖近作文,访郑一山一阅。归遣仆交卷。午后雪止,阅《申报》共六纸。宵初,天色稍霁见星,寒甚早眠。其夜朔风又起,极大,拥被听之,米雪敲檐,作丁丁声,想滕六又施威矣。

初七日

在馆,门人季芇出观止庵先生《朔日喜雪》七古,因次其韵,成七古一章,并补作《昨夜微雪》诗,仍用其韵。是日也天降大雪,平地积五寸馀厚,较朔日尤觉加大。里中父老谓十数年来未之见也。其夜雪下甚骤,寒窗生白,至晓未霁。

> 附录止庵先生诗《喜雪》十二月一日。连朝大雾不出日,江上冻云昏如墨。夜长忽讶衣作棱,晨起微觉窗生白。郭索似闻蟹爪行,淅沥知有竹梢折。空中飞舞絮成屯,阶前璀璨玉盈尺。乳鸠守巢困不飞,饥雀噪檐时一啅。病恨未得上楼看,想见城郭山川同一色。比年海畔苦旱蝗,入冬望雪心所切。天心仁爱须臾间,定卜来春饱二麦。

初八日

阻雪,不往馆。终夕天色沉寒,犹将下雪,因戏作诗,仍用前韵,其夜又雪,至晨始止。

初九日

天色晴霁,日出雪融,檐溜滴滴不绝。往馆改延曙《喜雪》诗,并作《雪霁》七古,迭用前韵。宵,过族弟毓卿家,谈至二鼓而归。

初十日　　　晴

在馆阅曾文正公《十八家诗钞》苏轼七古。宵,阅《申报》四纸。

十一日　　　阴

晨起,往周晓秋家,为寅夅姻伯送殡。夕,在毓卿家料理人情

事,并为伯母吴孺人送葬。宵,毓卿请薛子枢先生题主,同邵棠甫先
生、沈君小仙、杨君韵士、金君炼百、陈丹卿表弟作赞襄,饮设奠酒归,
时已三鼓。

十二日　　晴

晨起,出东门,为王君象铃家迎主。往比邻姜君岳仙家送葬。
夕,在毓卿家,写虞祭成主诸告文。宵,往象铃处饮轿后酒。

十三日　　大晴

早晨,整衣冠,同郑一山出东门城隍庙小坐,盖是日毓卿族弟为
其母吴孺人奉主反衬也。午刻,饮轿后酒,席散,日已向暮。宵,毓卿
强邀饮酒,二鼓归。其夜,中恺公子折柬招余,以明晨为张太宜人开
吊,五鼓设奠,邀余同胡雪帆先生、洪莱仙、杨筱村、叶声石作赞襄也。

十四日　　晴

在孙学士家陪客。午刻,饮酒。与项君雪槎、王君药如、黄君二
如、陈君瀛生、任君德保、芙士公子、杨筱村、周中龙、项葱畦二先生、
洪小湘姻兄同席。筵散,日已曛暮。宵,访郑君一山,谈甚久。伍宝
滋表弟来。

十五日　　阴

为郭雨田先生六秩双庆,成七言一律。其哲嗣雁秋世兄嘱余作
故也。又代郑君一山作一律。宵,阅《律赋从新》《味闲堂赋钞》。

十六日　　晴

晨起,作永县肄经堂封课赋,生题"范希文以天下为己任",以
"秀才以天下为己任"为韵。午刻,只成三段。往王甫臣前辈家饮福
首酒。薄暮始归。宵,挑灯作赋,至五鼓始成。

十七日　　阴

晨起,作试帖诗,题"开尽梅花月自晴",得"晴"字。郑君一山

来,邀抄昨作赋并诗。友樵内弟来,索观玉尺封课生题文,谈良久去。作童题课赋,题目"蒙以养正",以"童蒙求我志应也"为押脚。薄暮,仍邀一山抄之,即刻寄郡。其夜微雨,族人金满公来过宿。

十八日 阴

家中换新。族人金满公去邀蔡作来代投盗葬呈词。检百岁五代老案。阅《申报》五纸。宵,困倦,眠甚早。夜起,阅《申报》至五鼓。

十九日 阴

终日在家抄《简学斋试帖》。鹤坡舅氏过舍。宵,过王玉卿家一谈,又过金秀珏处坐话,至三鼓而归。

二十日 晴

朝,录《朔日眺雪》七古。午后,震轩妹丈自丁田来,坐谈至莫欲归,强为留宿,索观《申报》。余独抄《七家试帖诗》毕,并录《咏雪和韵》诸作。邀轩兄改削,至四鼓始各就寝。其夜大雾漫天,对面不辨。

廿一日 阴,有雾

晨起,见案上有前日祝郭蕙田丈寿诗,并郑一山兄来扎。注中谓引《(周)〔鲁〕颂·閟宫》二字,系主女寿说,以此诗有"赫赫姜嫄"句故也。郭池二君,嘱其门人郭雁秋云云。余生平不工作祷媚语,此类歌词近于祝史,故难着笔,矧我之见等井蛙,率尔操觚,奚免大雅一哂。

犹幸良朋切磋,助我綦深,中心感激者不已。即时与轩兄酌改廿馀字,末二句云"我本西湖梅鹤侣,南飞一曲贺公身",易此一结,顿改旧观,心觉大快。晨餐后,即同伍宝滋表弟步行,送震轩妹丈归丁田。与张秋门庆藻姻丈遇路,过董田,见旁有古庙,门首列二石柱,旧刻七言楹联,有云:"饮于斯,梅何须望;风乎此,炎不可趋。"信口读之,心疑未解,质之震轩,应之曰:"上三字为一句,若连下一气读之,不成句调。"余始悟,并自愧卤莽太甚,一路默记,愈悟愈有味。

因言之曰:"有此楹联,置诸茶亭凉亭中,其实了当,兹列诸神祠,未免不伦。"时秋门丈曰:"此庙系予近日合创成之,前时为路亭,旁倚古庙,日久倾圮,二石楹曾被塘下人运去者,今知之,偕乡父老醵赀赎还,修整复旧。然此石想为前明物,此联语亦为前朝名人所作,子所言殆有本欤?"日向午,抵轩兄家,留午餐。宝滋往后朱村讨卷册费,余与妹子坐谈家事极久,寓甥倚膝嬉笑,颇自得。日暮强辞出门,偕宝滋表弟循途而返。到门已近更深。留宝滋饱晚餐,代数蚨钱共三吊。时足力疲倦殆甚,倚枕鼾眠,迨朦胧睡觉,彼早不辞去矣。

廿二日　　阴,日暂见

在馆改延曙《汉武帝不冠不见汲黯论》、《渔家乐》诗、叶兰垾窗课文。馆主人中闿公子出观宋君燕生存沪上来函,其中详叙近日朝廷政事,并日本英法诸国学派,洋洋洒洒,不下千馀言,读之津津有味,因握管录存,又代购赫胥黎《天演论》二册,一付中闿一归予。此书为严君幼陵复所译,分上下二卷,上卷十八篇,下卷十七篇,说理切实,不事钓奇,泂西人理学之第一书也。宵,访郑一山谈良久,又过李玉君表弟家,与云林坐话至三鼓。

> 附录燕生先生函　前月接到外舅致余道台及邱君函,当即送交道台,至今尚无回信,不知尊事可就与否。鄙意合肥现署广督,较前略有体面,外间官场炎凉最甚,阁下宜速请长者作一书寄交合肥,嘱其转托上海道,或可谋就此席欤? 合肥以不肯附和执政,遂至久作光头大学士。此次因法国在广州湾大闹,杀民人数千,劫去道员,已经苏少保会同谭制军,许割两岛,地合数百里与他,又许赔重款,犹不满意,故无奈将合肥出署两广,欲靠其熟悉洋情,便与法人议结,然犹不敢遽以实缺授之也。谭制军取怒于法人,勒令我朝廷将其革职,经译署再三婉商,将

其离任来京，以顾国体耳。至江督刘公，所以离任内召之故，则其根源有未敢达之于信函者，外间奇闻甚多，骇说重重，大约事关宫禁，不敢说也。至其可说之根，则起于客秋之电争十二字也。"君臣之分久定，中外之口宜防"，此十二字也。近者沈太史鹏，奏参荣、刚及李连英，直声震天下，虽格于堂官不得上，而海内外传诵，译稿遍于外洋，几于洛阳纸贵，上海《中外日报》、《沪报》，皆登其文。今特附去《中外日报》两张，请赐一阅，并请诵与长者听。沈太史为常熟人。刚毅见此稿大怒曰："此必翁同龢主使，吾必先杀翁同龢，再杀此人。"自有此折，翁师傅之性命益危于累卵矣。自去年八月以后，翁公日居破山寺，非僧人不敢接见，然犹密旨再三着督抚严密查看，幸两江督抚尚肯保全正类耳。上海申报馆得执政贿二十万，一味颠倒是非，盖执政以《申报》牌子最老，营销最远，故独行重贿，其计毒矣。太后万寿，海外数百万商民合词，电致译署祝寿，并热切请归政皇上，京师大事之举，部署本已大定，因此之故，又暂从缓。执政者言于太后曰："海外数百万商民之请归政，皆康、梁所指使也。故非先杀康、梁，不可行大事。"因此有发明谕，购康、梁之举也。然梁卓如所著《戊戌政变记》，及《光绪圣德记》，及《清议报》，虽经鄂督严禁，然他省督抚皆不示禁，天津、上海等处，售者甚多，李合肥且公然对人赞赏，并传语梁卓如，嘱其珍重。官幕私买者络绎不绝，执政竟无法以禁断之也。承询海外奇书，日本去年一年，新出之书，有二万五千馀种。英法诸国每年出书，亦皆数百种，但远不如日本之多。乾嘉时修《四库全书》，合中国古今书，不过万馀种，尚不及今日本一年所出之数，可骇。其宋楷刻印之精，亦部部皆然，万非今日中国所及。其最深最高之书，姑举其派别之名。请阁下示明,欲买何书,再为托便人至东京,买取一二种可也。计最高深之学派,曰哲学,东方哲学,西方哲学。佛教、儒教及周汉诸子,皆称东方哲学。曰社会学,曰心理学,曰进化学,曰政理学,曰法理学,曰物化纯理学,曰三轻学,光、热、电。西洋新造无线电报,此为电学一大进步。曰人类学,曰教育学。其派别名目,皆为我国号称通西学洋务人所未曾闻,何况其学之实,今之日本文明之度,胜中国非但亿兆之与一比例也。但看一二种,可以大浚灵源矣。物理学即我国所谓格致,在日本为全国男女普通学,不为高等之学,而我国人以比为西学之极品,可笑甚矣。然物理学亦有深者,非我国号称格致者所能梦见。每学派,若书若报,不可胜计,即如佛学报,亦有四十馀种。而如医学、国际学即我国所谓洋务。及农工商兵,则所谓粗浅之学,史学、舆地学、数学、修身学,则全国四千万男女之普通学矣。彼中益不可胜计,书画琴棋诗词,亦皆有专报。五洲之大,文明未有如日本者也。西人无通儒教者,惟佛教则向来有之,然亦不如日本之盛。阁下欲治何种学,然后定见买何种书可耳。《天演论》奉上两部,严幼陵译文墨卷气甚重,且原书亦无大好处,盖赫胥黎不过英国一生理学家,小名士,非大名士,其中议论可笑者甚多。虽然此等书,在我国译书中亦可称,彼善于此者不可不作平心之论也。弟前年曾作驳赫胥黎此诣数篇,皆申西洋政理学家之深谊,使赫胥黎见之决无词以反驳,惜未通英文,不能译寄英国耳。至严幼陵之跋语,则可笑已极,非但于东方学派全无所知,且于西洋学派全未问津,一味道听涂说,但可以欺今之不学者耳。虽然幼陵之学,在今日之中国,究竟不能不许其为通一边,在今日中国之通洋文人中,则几于第一人矣。弟近日又患伤风,伏枕□月始出外,敢闻丁中丞日昌,中兴功臣也。之公子,字叔雅者,在上海与汪君穰卿等,创立正气会,已刊章程,其意欲联络海内志士,共图振兴中国之策,曾以章程见邀入会。弟力谢之,不敢列名,生今日而犹欲恢复清议,虽诚壮不可及,然吾恐其将得大祸,即不得祸,亦决不能兴旺也。上海志士皆笑弟为畏怯无胆气,但有空识解,无足当于天下兴亡之数。弟亦嗫然受之,且力阻诸君之从速解散,未知诸君之肯从忠告否也。兹托雪汀妹丈带上此函,敬请侍安。十一月廿八日。

西洋近年,出两个大学士,名震地球。一为光学博士,造以光镜,已通行。照人脏腑如见。《史记》扁鹊洞见垣一方人者,竟实验于今日。一为电学博士,精神学家,大治先知术,佛书所谓他心通未来,通两种学问,西洋日益渐多。造无线电报,但有两头铁杆,而中间数百千里,无线无杆,竟能传电如有线有杆之报,亦已通行。此二学士,为非常不可及之人,东方所无也。至医学,长生学家,考论人寿,可延千年;星学家,新造一极大望远镜,明年将试察月中有无动物。则地球公评,以德国为最,奥国次之,日本为三,英法名医尚在日本名医之下;画学则日本有桥本雅邦,推为全地球第一;兵学、工学,日本皆列第一等;其馀形上形下诸学,日本皆不落第二流。独商学,以日本为最次等。盖日本人于一切学问,皆若得天独厚,独商学,性未甚相习,远不如英法诸国,亦其地土不狭①,商利难展,有限于无可设施者也。至中国,则地球文明诸国置之不齿,其与我使臣随员往来者,除外交官及商人外,无有名士踪迹及门。西人之评中国曰:"全未知学之国。"日人之评中国曰:"文明早已过去,六经早已扫地之国。"见鄙薄如此,真

---

① 底本"不狭",疑"太狭"之误。

可怜矣。

廿三日

朝晴。内子腹动作痛，余以馆事羁绊不顾，而往馆临《高贞碑》字二开。午刻，中闾公子设筵邀余饮，兰垞、季芃、延曙、延春诸门人陪席，以明晨解馆故也。夕阴，改延曙《咏雪步韵》诗三章，并嘱抄录一纸相赠。薄暮归家，戌刻，内子分娩，喜举一男，即出门报知鹤坡舅氏，暨陈氏妗母。访郑一山，遇雨，借雨具，转访李仲宽前辈，定四儿八字，谓此子生在丙申日，又土气甚旺，可预决长成，取名宜用木字旁以辅之。立谈良久，始作别归。其夜微雨。

廿四日　　　阴，天气寒冷

晨起，奉慈亲命，为四儿解秽宜咳名，即访郑君一山索书红笺名帖，代取燠槑二字以题之。已刻，往馆放假，检案上书本，中夹本春手自抄存仲容、申甫二先生所作寿言数纸，袖归。季芃伤风，韵葱患足痛，俱不到馆。夕，偕仆往卫房宫拜谢圣母，至后宫天井中，闻蜡梅花香，遣仆折数枝而回。阅《新闻报》。薄暮，访友樵内弟，订明春与泾琳表弟设塾，合请林雨臣乃滋表舅，教读枬、枵两儿，暨乃文表侄事。更初，祭灶神，作祀灶神词，七言四绝。伍宝滋表弟来，代数蚨钱，共七贯。夜深留宿。

附录仲容先生寿序。《皇清诰封宜人杨老伯母李太宜人八龄晋一荣寿》：光绪祝犉大渊献三月，为余友平阳杨君愚楼尊慈李太宜人八旬晋一寿辰，同里诸咸友将举觞为千秋之祝，以诒让与愚楼累世雅故，尝修登堂拜母之敬，属为文以纪之。谨扬觯而言曰：

自来名门望族，高年劲德，咸与国家运祚相符，会兹者恭逢慈禧皇太后三次训政之年，湛恩汪濊，锡福寰宇，而太宜人以母仪懿范，胡考大年，适际斯盛，国华家瑞，骈萃一时，非夫女师礼宗,曷克副此？请扬摧陈之,以侑一觞可乎？

曩者先太仆君与愚楼尊甫琴溪世丈为道义交,让束发受书,趋侍膝下,即闻世丈一门清德,心窃响往之。逮弱冠为诸生,受知泰兴吴和甫侍郎,又与愚楼为同岁,岁时文燕,往还尤稔,论文讲艺,昕夕无间,迄今卅年。让藐焉孤露,索居尠欢,而愚楼以明经杜门奉母,色养愉愉,极天伦之乐。让每至平阳,辄主其家,敬叩太宜人起居,尤叹其福泽之盛,为莫能企也。盖杨氏世居平阳江南乡,自愚楼王父赠奉直公以来,累叶以赀雄于乡,而乐善尚义,沾溉乡里。琴溪世丈,光承世德,益恢闳充扩之,清望冠一时。咸丰季年,平阳会匪之变,丈治团捍寇,江南诸乡义民数十万,咸愿受约束,故当匪焰大张时,奸民悍卒,攘臂蜂起,南破福鼎,北犯郡城,复围瑞安,窥泰顺,蔓延数县,而江南与匪巢钱仓相距数十里,一江如带,独屏息不敢犯,比匪平他乡,多遭蹂躏,惟江南安谧,若不知有兵事者,阖乡咸感颂丈德无异词。暨丈谢宾客,邑人胪陈其功,上之官又相与尸而祝之,为崇建庙宇,今所谓杨公祠者也。太宜人甫笄,归丈为篏室,上奉威姑,极温清甘旨之养,事女君陈太宜人,敬礼无闲言。虽生长农家,而姿性端婉,娴习礼法。丈素好客,比治团,益倾家犒士,健儿侠客,麇集门下,太宜人佐陈太宜人主中馈,董治馔具,敹醴丰洁。举凡米盐凌杂,咸躬自综理,未尝有倦容。又雅好施与,遇族戚有贫乏者,必多方周给之。而自奉绝简朴,平居服御,不过缦缯浣布,摈却华饰。遇婢仆以息人,未尝见其有疾言遽色,盖其被服俭约,率履仁厚,固天性然也。太宜人举丈夫子三,愚楼暨其伯兄筱溪典簿、季弟筠坪明经,咸克秉义方之训,以高文遽学驰誉黉序;文孙六人,而筠坪令嗣子闾为长,以妙年俊才，举己丑浙江乡试，为名孝廉，馀皆英姿卓荦，克承家业。两曾孙亦皆瑶环瑜珥，恂恂向学，家门蔚盛，吾乡殆无其伦比。盖太宜人早侍高贤，晚膺备福，子姓之美，庆绵四叶，归杨氏数十年，履丰蹈和，未尝有毫发之不豫。迄今年逾八耋，而枕蕈康愉，神明不衰，荀卿所谓美意延年者，斯其左契欤？抑让又尝稽览昭代掌故，恭闻高宗纯皇帝八旬万寿，诏举行千叟宴，各行省以耆寿应诏，年跻百龄者近百人，旷代人瑞，光昭册府。今者太宜人设帨之辰，适当皇太后训政之初，锡类引年，方长未艾。他日者，宣仁圣寿，崇开广典，朝廷倘咨讨故事，推恩宇内，寿女则夫，以期颐之曼龄，膺滂渥之宠锡者，吾乡寿母，非太宜人，孰克当之？让虽不文，尚乐濡毫续纪之矣。谨序。

　　附录项申甫户部寿序。《恭祝栋园先生暨林孺人五旬双寿》：国家以制科取士，士之乘时自奋，猎取荣誉者，有所谓帖括之学，诩然自命为专门业，出其鸿秘，开门讲授，规摹矩迭，一切经籍，悉束阁不省览，二百年来，师以是教，弟以是承，锢聪蔽明，以酿成空疏迂陋之习。而时文一道，遂为近人所诟病，互市以来，见闻日扩，学术益歧，株守者既拘墟不适于用，而博涉之士，复限于所遇，不能见用于世，而又不欲托空言以自见。此有志者所为抚时而太息者也。姻丈栋园先生，少以制艺名，试辄高等，每岁科榜出，群从子弟布满前列，皆君所指授也。然独屡荐不售，仅以食饩年资贡成均。犹子叔林既掇甲科，登侍从。君子幼园茂材，亦以文字有声庠序。而君犹褐衣应举不少辍，君于试虽屡踬，然绝不介意。余师万载汤昭卿先生，尝评君所为自叙小传有云："君以东瓯雅士，屡踏省门，未离席帽，而为人旷达，绝不一吐牢骚，良由一家读书，自有真乐，其所得，亦概可知矣。"非虚语也。

性好游，尤喜为诗。尝欲东穷鸭绿，西北逾昆仑，东（西）南涉台、厦，以迄缅甸，皆纪之以诗；又欲游历五大洲，条其人民、风土、政治，笔之于书，皆以事未果。而旁近山水，如仙岩、孤屿，以及婺、括、台、甬、严陵、鉴湖、姑苏诸名胜，游屐殆遍。又尝省其从兄犹子于江右，溯江浮彭蠡，烟峦回沓，风樯瞬息。又游贵溪天冠山、馀干东山，缅怀古迹，徘徊久之。所为诗暨友人投赠诸作，具存箧中，所谓《花信楼诗稿》及《翰墨因缘录》是也。间为乐府，缠绵悱恻，具有宋元人遗意。性不饮茶，而颇喜酒。尝自言，抚时论事，感慨无聊，一寄之于诗；俯仰悲歌，婉曲讽谕，一寄之于乐府；胸怀块磊，愤满不平，一寄之于酒。盖君虽于遇合之际，无所介意，而意气所发摅，有不能自己者，其善于自寄如此。君虽阨于遇，而于邑中善事，未尝不措意。岁庚寅，永邑海滨饥，君匄赀往赈。文庙乐器久废，君又与同志醵赀仿制，按谱演习。他如团防、御火、婴堂、社仓、农学之类，无不与。然以经费绌，所措施不能尽如君指。君遂不复言，故世亦无知君者。君又尝究心泰西汽机制造诸学，皆涉猎得门径，每谓无穷新理，转为彼族所得，中华智士反自视不如，中外人材，消长之机实系于此，诚非无所见而云然也。余尝与同志约购翻译各书，究其旨趣，倡导后学，应者寥寥数人，君亦与焉。钱塘吴蔗农大令序君之文，谓君于学，无门不入，无入不精，既见时尚所亟，遂留心于西学，然世之知君者，但以制举业相推尚，要未有能尽君者，盖君之兼长，为文名所掩又如此。

夫制举之徒之所以不足重者，以其于制举之外，一无所知也。然近世浮薄之辈，往往肆意放言，鄙夷不屑，而学术益不可问，若君之才使得早达，则疆域之大，学术之广，恣其游览博涉，其经画当有可观。而乃限于所遇,徒使优游里闬,与二三及门讲论制举之学,此固非君之素志。然以视浮薄之徒,故为高论,以自炫而自便者,其高下为何如也?

元配林孺人,治家勤俭,君远游、适馆、内政,赖其主持,妯娌中亦无闲言。今岁仲冬六日,为君五旬初度,门下士将举觞为寿,而以侑觞之文相属。余知君稔,故略述其生平,然君方当服官政之年,揆诸古人晚达之期,亦未为老,他日耄耋期颐,其成就当有不止此者。然则余之所以为君祝者,又岂在区区文字遇合已哉! 是为序。

廿五日　　阴,酷寒

朝,阅《新闻报》。李彬臣表兄来,留午餐,小饮。夕,被酒假寐半日。更初,访郑一山,谈论颇久。归阅《新闻报》。其夜子时,微雨。

廿六日　　阴,天气严寒

朝,伍宝滋表弟来。夕,李云林表弟来。宵初,米雪敲檐,丁丁作响,冒冷过伍凤楼表伯家,托讨卷册诸费。见壁上悬一幅《墨菊》,上题七言四句,云"不惜金钱买冶容,移根应向馆娃宫。西风冷落三秋后,故国繁华一笑中。"末款"青藤子徐渭",图印一方,惟纸成黝色,差近古耳。余心爱而乞之未果,坐谈良久归。

廿七日

朝阴。李丽生表弟过访。遣仆往季芃处乞还前日《咏雪》诗。门人延曙夹送祀灶诗改阅。夕晴,郑一山兄来,说玉尺书院官课已揭晓。余前二篇均入彀,闻之心甚喜。申后,震轩妹丈遣人送来贺生子函。宵,伍凤楼表伯来。过田东青伯、玉君表弟处一谭。

廿八日　　阴雨

朝,稚菊表弟来邀。余托潘雨臣说钱粮办银事。鹤坡舅氏过舍。夕,解拆账务。项篆仙来。薄暮一山兄邀往礼房处领玉尺课卷,见遗卷中有题府学生员孙诒械名者,诒械是门人季芃名,械、械二字形似而音异,余心恨其人行近鬼蜮,于孔方兄中讨生活,故粘合其名,侥幸以求益者也。即面托礼房,将此卷袖归。宵,过毓卿处一谈。作和韵七律一首。

廿九日　阴雨

在家解拆账务。李彬臣表兄过访。作寄震轩妹丈函。时家仆送年饭往丁田,故便为带去。薄暮,访中闾公子,袖前捐款鹰蚨廿翼还之。宵,大雨,访郑君一山,邀写春联,辞以明日,谈良久。转过毓卿家,项篆仙先在坐,话至三鼓。

三十日　雨

朝,郑一山兄来书春联。偕至久大钱庄,算膏伙款。归,扫除神座,悬祖先像。夕,握算子了结账务,统计终岁食用诸费,所入不敷所出。近年家中食指日增,较去岁用溢数倍。余素不谙世务,祖遗田产薄有数亩,惟赖慈母内持,家道不致跌落。语云:"上农食九,次农食八,中次食七,下农食五。"余以一人笔耕糊口,砚田虽无恶岁,而蹄涔勺水,蓄积无多,奈何如之!震轩妹丈来函云云,有数倍之丁,即有数倍之财,信斯言也,亦何往而不□?□□□家食,淡泊为高,宜力守清俭之戒而已。薄暮,□□□□公,岁酒邀伍凤楼表伯同饮。宵,过金文兴帽铺一坐。张翼臣、木筱仙先在。其夜大雨彻旦,余守岁,至五鼓始寝。

光绪二十七年（1901）

六　月

廿一日乙卯　　　终日大雨

在馆阅《同文沪报》。宵，天气颇凉，就枕甚早。

附录日本长冈子爵松□园即席偕鹤山人三乘槎客次第和韵最后貂续我□□□

文章星斗满胸罗，唾玉争传□上歌。我愧行吟输屈子，也随雅颂奏云和。同文开学，躬逢盛伐。小田切悔知交晚，乐善堂开造就多。荒尾精先生廿年前传经汉上，实繁有徒。更祝尼山同广厦，中东易教意云何。

升堂入室罄搜罗，息尔戈矛听啸歌。不有同文干大计，谁将割地阻私和？九州未必都仇教，华俄向无传教之事。八国从兹取给多。赔款至四百五十兆。莫更迟回规海市，东西凋敝奈商何。我华四万万人，废时失业，亦复于商务奚补？各国所以□□銮驭，谓非保全北洋各商埠欤？我全权邸相，讲和之初，坚持此议，固不待美利坚减款恤邻，空言以悦我也，渔人痛切时艰，不甘缄默，良可哀也。

---

① 原稿题识曰："颇宜茨室日记五册，筱竹遗墨，光绪廿七年辛丑六月之十二日止。""颇宜茨室日记，辛丑中下。"殆原第四册为"辛丑上"，然已缺失。

三次前韵,再呈长冈先生

双鍸红叶易名何,绮结尘缘藐大罗。家哲甫别署双鍸室主,与红叶馆史,文采风流,东瀛传艳。出使论交唇齿重,每从游猎见闻多。哲甫赞使日本六年,邦交雅固,更乐□先生游最习。先生桂墅开文会,始识荆州畅饮和。桂墅筵宾,尊开北海。待约乘槎客再访①,骚坛容我放渔歌。吾宗敬如行人,自号三乘槎客,后先知遇,陈陈相因。

续读史杂感

认取昆明劫未消,榆关况复逞天骄。争□谁定东西帝,披史忍观南北朝。倘奋鸦军三矢誓,应闻鱼腹五铢谣。漫漫长夜何时旦,纫菖搴兰忆楚骚。

击壤犹歌帝力忘,不知当道偏豺狼。玉津函首何堪睹,铁券酬功岂可常。南部烟花后庭曲,西湖灯火半闲堂。宋聋贴诮今知否,鼾睡声酣卧榻旁。

道是轮台悔用兵,犹凭简牍费争盟。雷池一步休思越,火井千年幸复明。宰相不闻推毂后,客乡何事散连横。东南民力今真竭,挽粟飞刍□议征。

平戎著论可能新,曲突纷纷议徙薪。玉斧划河缘底事,金城扼险属何人?谁知牧马窥边衅,又见连鸡逐塞尘。夜半深宫常祷祝,还期拯救一方民。

萧萧易水不胜寒,反侧曾无一日安。谐价西园讥歘歘,谈兵北府侈桓桓。明知禁内思颇牧,可有军中驻范韩。休笑董龙是鸡狗,偏推元老总师干。

乘槎泛斗发奇思,舌战何愁力不支。略解兰闉通绝域,广传莲偈想当时。神皋请建摩尼寺,天府争翻景教碑。可是五经真扫地,从来投笔在人为。

颍洞风尘感不禁,鲰生蒿目费沉吟。谁将稻蟹前车鉴,岂待莼鲈秋思深。向戍弭兵盟若定,谯周仇国论何心。捐燕恨事休追忆,一寸山河一寸金。

庾信江南赋甚哀,美人芳草任疑猜。若修唐后回心院,岂见周王避债台。领取封侯飞食肉,闻将骏骨广求才。蒲轮应诏争陈事,第一须思霸业恢。*姚江剑秋馆主谢渔孙。*

感春诗和邱仙根工部作,并呈兰史先生

愁红惨绿又经年,客邸情怀欲问天。回忆天津桥畔路,不堪肠断听啼鹃。

燕子栖栖满苑飞,旧家华屋问乌衣。不须更作沧桑感,草绿王孙也未归。

拟邀渔父话芦滩,玉局残棋着手难。忍听东山旧丝竹,夕阳烟柳望长安。

欧风亚雨漫天来,满地胡尘混不开①。破碎金瓯独流涕,大江南北已蒿莱。

莲花迦叶现金身,色相空空悟彻因。浪说成名归竖子,更无从约摈横人。

干戈捍卫忆汪童,飞羽铮铮想至公。唤起国民髀肉感,□袍同泽咏秦风。*海澄颜清华。*

前韵

芦荻萧萧倏来年,秋心如雪黯江天。时艰杜甫愁无赖,空

---

① "胡尘"原作"烟尘",底本天头小字批语"烟尘改作胡尘",据改。

向西川拜杜鹃。

十年京国望云飞,海外征尘点客衣。昨夜高楼听玉笛,满缄稠迭寄当归。

简书招我到严滩,痛哭长沙上策难。梦里舳舻天际月,幔亭仙乐在西安。

张雷长剑倚天来,百越浮岚郁未开。试上石峰犹一望,暮云深处护蓬莱。

一劫尘中偶现身,寰区小谪亦前因。闻鸡却触澄清志,莫误邯郸借枕人。

请缨无路笑终童,拟泛星槎作寓公。第七湘弦弹落木,泠泠海上答天风。前人。

迭和陆纯伯部郎感事浪淘沙八阕侠吏

愿斩佞臣头,破釜沉舟。中原王气未曾休。但祝天生贤将相,砥柱中流。 谁释两宫愁,覆水难收。敢将强横怨欧洲。寄语后来谋国者,莫再悠悠。

到岸始回头,木已成舟。人民城郭一时休。恨煞庸臣真误国,谬托清流。 痛哭鬼神愁,馀烬谁收? 河山非复旧神洲,正是卧薪尝胆日,莫再悠悠。

坐镇大江头,李郭同舟。相臣风度本休休。端赖东南留半壁,扼住奔流。东南大府与西人立约保护长江。 朔雪使人愁,战骨谁收? 自惭敢死逊非洲。非洲战事时尚未已。日愿中朝诸将士,莫再悠悠。

往事话从头,威海焚舟。六年训练又全休。不遇长沙偏痛哭,泪涌江流。 旧恨与新愁,一发难收。几多碧血洒荒洲。八国雄心犹未已,莫再悠悠。

几辈烂羊头,逆水行舟。谏章谁复忆韩休。吊袁爽秋京卿。堪笑钟鸣鼎食者,云散风流。　　商女不知愁,别泪初收。凄凉高唱荻花洲。唤醒世人应梦觉,莫再悠悠。

何日可埋头,范蠡扁舟。百年壮志未全休。且喜书生能报国,击楫中流。　　天子岂无愁,成命难收。和议已成,要挟特甚。故乡东望是瀛洲。爱惜天然唇齿好,宜联日本以图自强。莫再悠悠。

棒喝又当头,欲济无舟。茫茫浩劫几时休。断送生灵三十万,血水东流。　　输币不须愁,能放能收。何人讲武百花洲。勾践破吴普破法,莫再悠悠。

天外许昂头,元气为舟。蛮烟瘴雨霎时休。一觉黄粱四十载,梦也风流。　　愿洗古今愁,失地难收。更教威振五雄洲,中国圣人能变法,朝议变法,士气一振。莫再悠悠。

廿二日丙辰　　半晴半雨,云飞如鸟,暴风犹恐复起

同李松岑、管杏浦、彭耀卿,在陶尖庙收租。阅《见闻随笔》。宵倦,早眠。夜,起看《同文沪报》。

附录秦肤雨琼儿曲

瑶波秋冷笑蓉泣,娇红吹死金风急。可怜堕溷惜名花,愁把琼儿事重述。琼儿家住百花洲,雏鬟生小解含羞。纤纤玉手持兰桨,日向山塘荡画舟。山塘七里春波绿,吴娘舵尾颜如玉。落日枫桥停画桡,争歌暮雨潇潇曲。妾容生就丽如花,风情不解斗铅华。能谙内则由天性,碧玉休轻出小家。椿萱肠断推何遽,孤苦零丁塕家去。绕床相逐弄青梅,两小无猜早同住。承欢娇小奉姑嫜,绿窗学绣女红忙。压线不怀贫女怨,调羹更遣小姑尝。云英计作裴舵妇,蓝桥路忽愁分剖。方期宜室赋天

桃，翻向章台作杨柳。背人珠泪暗中弹，变起家门欲诉难。望
妾还为钱树手，妆梳逼使入勾栏。勾栏姊妹矜膏沐，新样罗衫
斗装束。不是红儿与雪儿，芳名误入烟花录。妓师心苦教新
声，琵琶银甲曲难成。枇杷门巷家愁作，鹦鹉帘栊客耻迎。紫
鸾箆懒梳云发，晓妆愁把花钿贴。羞持檀板唱杨枝，惭劝金樽
倾竹叶。豪家公子宿青楼，征歌不惜锦缠头。阿娇欲得藏金
屋，翻使红妆更抱愁。斛珠难买婵娟语，不学丁娘歌十索。白
璧终难玷妾躯，黄金容易成姑恶。逃归半夜叩蓬门，骨肉犹怜
兄嫂存。典却金钗还换米，红颜薄命总销魂。艰难朝爨心悲
痛，操作天寒还忍冻。蟋蟀灯中夜织机，梧桐井畔晨提瓮。秋
月春花又一年，风波更起事堪怜。重到平康旧居处，强教卖笑
倚门前。心坚铁石原难改，玉洁冰清终自矢。已说罗敷自有
夫，非如苏小甘为妓。鹡鸰啼彻夜房空，一点残灯惨不红。飒
飒阴风吹火灭，美人毕命阿芙蓉。十日尸香颜色好，天风环佩
归瑶岛。妾身难觅返魂香，郎意空悲独活草。已订鸳盟誓不
忘，拼将一死报檀郎。冰肌玉骨何能污，蕙质兰心只自芳。琼
魂夜泣金阊路，女贞花艳红开树。表烈谁题幼妇碑，埋香羞傍
真娘墓。

山西榆次县昌源河之滨，人多种竹，其色白，一望如雪，遂名之
白白竹。

齐雨峰曰："忧畏为养性之本，凡物顺则死，逆则活。鱼无不逆
水而上，虽至细之鳞，遇大水亦力趋而上，力不胜则随水而下，力定
复上；禽鸟亦多逆风而飞。物犹如此，人亦宜然。"噫！齐子之言可
与子舆氏"生于忧患，死于安乐"之旨相发明矣。夫吾人富贵福泽，
皆从辛苦中得来。我视为危境，危者皆安；我视为安境，安者皆危。

膏粱纨袴之间，求一佳子弟而不得，以其溺于情欲也。是知古来忠臣孝子，立大业、建大名、享厚福，实不出忧惧二字，磨炼以成之矣。彼纵情恣意，居安忘危者，其亦聆斯言，以当晨钟之发省否乎？

　　　录《消闲报》诗　喜邸驾莅沪

　　一朵红云下沪滨，英姿龙凤信超伦。五洲士女争相睹，俱道黄衣是圣人。破浪绥夷万里行，顿教戎马化承平。从今一代撑天柱，要仗吾王手自擎。旭初周绛。

廿三日丁巳　　朝虹见雨，夕晴

终日同李松岑、管杏浦在陶尖殿收租。薄暮，过郑一山家一谭，闻永嘉头场，首题"则吾"；次"从吾所好"。诗题"我亦爱吾庐"。得"□"字。乐清首题"夫我则不暇句"；次"假我数年"。诗题"时还读我书"。得"□"字。瑞首题"且尔言过矣句"；次"举尔所知"。诗题"号尔谪仙人"。得"人"字。吾邑赴考，阻风不到者共一百多名，飞卷约有六七十本。他县则寥寥无几矣。宵，阅《同文沪报》。是日聆路人云，温州永县状元桥外有地名灵干者，其地为屿，兀在海中，周回六七十里，成一大村落，烟灶计千馀家，前数日飓风大起，洪潮直立，高与檐齐，屋宇倾塌，一扫而空，其间无老无少，均葬鱼腹。至尸身随流漂没，有夫妻以发相结者，有一家七八人以布带系腰就死者。海滨诸乡，纵横于涂边无数，举目之下，实动悲酸。呜呼！惨矣！又吾乡沿海涂田，番薯诸种，亦为江潮所冲，殊不知乡人依此物以为食，兹遭咸卤，收成无望，专资五谷，其价必贵。且连日雨水过多，而低洼田亩，晚禾半被水淹，此后秋收难免减色，加之闽省、鄂省，暨本省衢、严等处，均遇水灾，倘营营逐利者，贪价漏谷，粜价之昂伊于胡底？吾恐穷民无告，乱祸之萌，不在外省而先在境内也。我生不辰，逢此百罹，读"王风"之诗，不禁有馀感矣。

廿四日戊午　　立秋节。朝,虹见有雨

赵羽仪妹丈来,说府试瑞邑首场案已到,瑞潘震炯表甥名列第四,余欣然出门,至竹霞街蔡姓门首一看,第一郑栋选,二蔡耀东,三秦赓芹,四潘骧,五黄际飞,六徐来英,七林骧,八蔡冠英,九陈安澜,十林余瑄。李蕴斋表兄列在六图一名,稚菊表弟、蔚文表侄则不在列中矣。午刻,过云苓家省母,遇卢雨琴,以林竹逸画来售,随至其家,索绘漆扇,即调泥金涂成牡丹一朵。又过许秬香表兄处一叙。归,南岸佃户陈友珍来送租。丁田震轩妹丈遣舟子来邀食新。申刻,泛棹过东门外,遇宋君鸿卿附舟。薄暮,始抵其家。宵初饮酒,共七席,与余同席夏书坤、李蕚甫、夏桂涛三先生、宋三和乃奶、朱阿藻、寯甥,执注者则轩兄也。

廿五日己未　　雨,云罅间时漏日光

朝,与妹坐话。向轩兄借来《尊经课艺》四册,《剑虹居续集》一册。午饭后,乘大姆船至九里,闻潘君云生自郡回,即过其家问考试消息。向周宅表姊道贺,以震炯表甥考取前列也。留茶一顷。返棹抵家已申后矣。检旧作经文并策论,托大姆交云生兄带郡,縢以一函。宵,过三舅氏家省母,坐谈至三鼓归。是日舟过塘河,但见一带稻田半淹巨浸,路行之人足皆没踝,当此风雨不时,未知晚禾有伤于秋成否耶。

廿六日庚申　　末伏。朝,虹见雨

在陶尖殿,同胡鲁芗、管杏浦、周晓秋、彭耀卿看晾谷。曾省三希曾来访。管君问府试永、乐二场题目,永首题:“权,然后知轻重”至“物皆然”;乐首题:“段干木逾垣而辟之”至“是皆已甚”;通场经题:“毋剿说”;诗免作。宵,阅《中外日报》。是夜子时,闻雷,风顿静。

廿七日辛酉　　雨,虹见,日暂见

终日同管杏浦、周晓秋、胡鲁芗在陶尖庙看晾谷。宵,阅《中外

日报》。

廿八日壬戌　　雨,虹见,日暂见

终日同李云苓、胡鲁芗、管杏浦、周晓秋、刘菊仙、彭耀卿,在陶尖殿看晾谷。薄暮,东北风大起,封姨将施威矣。宵,阅《见闻随笔》。

廿九日癸亥　　雨,早起,闻雷声,风旋止

赵羽仪妹丈来,同往五显殿巷林树鏊家门首,看府试二场案,第一薛际清,二林敏,三林公著,四徐景熙,五林云瑞,六郑栋选,七黄际飞,八秦赓芹,九李琛,十池国琮。门人潘骧则名居第四十五,蕴斋表兄已落孙山矣。闻看榜者争说,王太守雪庐私卖十名,个中之敏、瑞、芹三君,皆其所招也。谚云"天子重元宝",虽属齐东野语,余闻之颇涉风趣。夕,陈丹卿表弟来,谓瑞邑二场首题曰:"吾弟则爱之"一节;经题曰:"母雷同"。接郡城潘君云生信。薄暮,母氏自舅家乘肩舆归,过羽仪处,与妹坐谭,留晚饭。余恐天色昏黑,积潦冲衢,艰于行步,即辞归。灯右阅《同文沪报》。

附录《消闲报》和苹香词史消夏七绝两首原韵录呈病鸳吟坛削正

茅亭高筑水云乡,好是菰蒲绿满塘。不向柳阴窝里钓,怕惊一对睡鸳鸯。

睡馀端合读茶经,活火烹泉鹤绕庭。记念图开慵执笔,不堪往事泣新亭。雨田耕绿人。

和海上王郎即席赋赠袁云仙三绝录呈病鸳吟坛削正

几生修得到成仙,谪降人间了凤缘。差幸今朝来侍席,一时风月竟无边。

玉貌花容最爱卿,相逢一面便神倾。更窥眉角秋波转,半

是风流半是情。

歌声未歇夜沉沉,怪底周郎顾不禁。云仙为浦南小□香主人心赏。握别□□重订约,要凭白水共盟心。映雪居士。

前题

温柔乡里住神仙,合证三生石上缘。十万莺花都过眼,更馀黛色阿谁边。

樽前我欲唤卿卿,万种风怀酒后倾。红袖青衫共沦落,不关情处也关情。

目击中原慨陆沉,啼残望帝泪难禁。输卿仍把春持赠,一样芳姿两样心。金丽生。

香梦词二十一至三十

柳梢月上传心简,密约黄昏赋定情。赠到缠头嫌鄙俗,锦笺亲写十三行。

可人梦醒海棠红,双眼惺忪鬓影蓬。隐语偶挑浑未解,伴嗔无意恨东风。

一枝红艳吐奇葩,醉后芙蓉脸泛霞。底事倚妆呼倦懒,昨宵新放并头花。

洗尽繁华见雪肌,冰清玉润露华滋。痴生纵有生花笔,难绘遮羞解襦时。

初试单罗怕嫩寒,斜□镜觑鬓云盘。昨宵将臂为郎枕,晓起梳头觉手酸。

青衫红袖两相投,玉镜台边意自幽。一语檀郎须记取,莫以淫色逞风流。

梦里欢娱亦当真,浓情密意两相亲。问卿因甚添惆怅,敢是侬同薄幸人。

道是无情却有情,秋波转处已分明。故伸玉臂徐呼久,容我偷窥小乳盈。

燕支红粉腻凝姿,羞背银镫解襦时。恨煞春宵偏苦短,欲离鸳帐故迟迟。

蛾眉淡扫学时趋,玉貌琼肌滑似酥。行过中庭数花朵,柳腰柔欲倩郎扶。古沪香梦词人。

有怀金圣笑任红扶二君

有客姑苏作胜游,圣笑近客姑苏。沪滨消息更沉浮。红扶自客腊回沪,计已半载矣。年来朋旧都离散,千里相思月一钩。周子炎。

赠李苹香校书消夏诗爰步原韵赋赠二绝录乞病鸳先生政刊并索校书玉和

柔乡觅得即仙乡,粉渍脂痕认旧塘。欲把绮辞通爱慕,锦笺颠倒写鸳鸯。

平生爱好只吟经,妙句传钞出绮庭。杜牧看花应未晚,何时亲见玉亭亭。鉴湖社主周子炎。

海上王郎招饮一品香即席索和赋赠侑觞袁云仙绝句用原韵以答之录尘病鸳吟长正刊

愿作鸳鸯不羡仙,用成句。胭脂小队结姻缘。年来杜牧寻春倦,犹拓风情到酒边。

不忘罗绮不忘卿,云想衣裳四座倾。疑是藐姑旧仙子,梅花一梦寄闲情。前蒙手赠梅花一枝。

优游身世共浮沉,聚首尊前感不禁。沦落天涯怜薄命,青衫红袖有同心。侍仙外史。

和循斋春燕两律

　　垂杨袅袅柳纤纤，料峭春寒未解严。韵叶流莺如戛玉，影随舞蝶乱飞盐。闲穿芳径寻新垒，细啄香泥扑画檐。为尔多情帘不挂，游丝斜绕玉钩尖。

　　不同彩凤叹随鸦，绣陌香飘七宝车。一蓦轻风时掠水，半林细雨惯寻花。玳梁稳宿怀卢氏，珠箔低垂忆赵家。自去自来无限意，夕阳堤畔路三叉。大憨生。

　　楼北四章

　　楼北有高楼，珠帘半上钩。罢梳还对镜，轻掠鬓云柔。

　　楼北有高楼，拈花贴鬓柔。夕阳红不了，妆罢不胜愁。

　　楼北有高楼，楼中人在不？素纨轻绰约，最好倚楼头。

　　楼北有高楼，楼高梦正稠。半窗灯影淡，廊月未全收。袁仲嘉。星江杂咏

　　廉泉。在东门外，张子石二尹掘泉得朱子石刻：多士争传吏隐贤，辟除山草得廉泉。文公手泽分明在，到此应教俗虑蠲。

　　回头岭：漫道斯民尽不才，深山风气渐能开。城东自有回头岭，愿把人心扭转来。

　　源头朱子悟道处：休将世事感沧桑，云影天光尚渺茫。空有源头活水在，不知何处是方塘。

　　吕祖洞：梦到黄粱也自难，劝君莫作等闲看。洞中天地休嫌小，应比人间眼界宽。

　　虹井。相传朱子生时，井有红气出见：道统原来自有真，相传虹井语何神。愿分白气贯天日，化作荆卿好刺秦。

　　董氏学堂。董氏同胞三进士读书处，茶花一本，大可合抱，桂树四株，高皆参天，巨观也。落花满地无宾主，老树参天有弟兄。不见当年三进士，依稀还听读书声。

窦公坟。公于明末触权奸,出宰婺源,有德政,殁后民争留葬。莫将穷达议纷纷,舆论能教黑白分。死后贤奸瞒不得,踏青争上窦公坟。

九相公庙。唐汪越国公九子,民感越国德化,并为其子立庙。末世何人解报功,抗怀越国感精忠。六州遗爱今犹在,士女争迎九相公。侠吏小吟。

仲春偕汪鼐丞广文张子石二尹金榕森少尉黎堃甫学博游山偶成

官衙无事且游春,萍水相逢各有因。莫笑山城如斗大,一时仙吏尽诗人。

雨后寻芳踏碧苔,半城山色未全开。多情最是桃溪水,流到滩头去复回。

步出东门汗漫游,一溪流水碧如油。村姑不解怀春恨,自采山花插满头。

莫怪邻家蜂蝶忙,春风满地菜花黄。等闲不负游山约,折得一枝十里香。

寻春又到野人家,游水光阴感物华。昨夜东风今夜雨,满山齐放杜鹃花。

惊心又见柳条齐,正好春风送马蹄。几度思归归未得,隔林偏听鹧鸪啼。前人

春燕和循斋尖叉韵录尘病鸳吟长诸大词坛粲正

湘波寒卷滑葱纤,燕燕归来渐减严。风翦纷黏狂柳絮,霞襟红染瑞花盐。偶闻鹃泣悲怀国,不作雄飞悔寄檐。翩入吴宫更惆怅,零星何处爪痕尖。

和声曾记伴官鸦,不分飘流逐凤车。夜月春灯愁度曲,斜

风细雨苦衔花。那堪旧梦怀梁苑,犹自新妆话赵家。欲蓺情波空拂水,乌衣晴晾小红叉。

再送

妙舞轻腰斗蝶纤,谁云天女貌庄严。宫帘垂处涎翻尾,海国飞来羽缀盐。曾带秋声寻桂栋,也噙春色入茅檐。寻常百姓家多少,若个能留玉指尖?

燕钗无福妥鬘鸦,枉自怜香逐钿车。巢幕声惊公子札,盼楼泪落美人花。能支大厦多应贺,偶托空门未是家。凤泊鸾飘如此恨,无情诗客叹刘叉。

三送

好家居惜坏儿纤,玉垒何心说谨严。飞怯风斜如中酒,梦回海泊误衔盐。偶因语巧穿帘幕,偷试身轻落笠檐。漫道牢笼终不受,可怜婴武舌同尖。

不随归雁学涂鸦,沦落天涯感客车。塞北一年空梦草,江南三月又飞花。毁将鹓室终倾国,结得莺邻便是家。悟彻双双歧尾旨,何妨依韵斗尖叉。丹徒中泠亭长叶寿。

感春六首和邱仙根工部作

剑气销磨负壮年,客怀难遣落花天。司勋尽有伤春泪,那更愁心听杜鹃。

北望尘氛有梦飞,长安风雪上春衣。水天一夜吹芦管,惆怅征夫送客归。

急流谁障大江滩,一局残棋着处难。涕泪未干心未死,忍将王室问袁安。

谁从大海斩鲸来,万里风尘尽扫开。拨雾披云观世界,神州终不蔽蒿莱。

不信儒冠果误身，少年文字扫陈因。长沙痛哭龙川恸，慷慨千秋伏阙人。

单于系颈说终童，一卷兵书黄石公。夜半挑灯论今古，画栏吹徧杏花风。

感秋六首次前韵

词人心怯近中年，按剑衔杯拟问天。昨夜西风杂笳鼓，万山明月骇啼鹃。

秋水长天有雁飞，边城霜重怯单衣。豪情输与吴中客，江上观涛缓缓归。

夕阳西下荻芦滩，铁板哀歌行路难。苦似沧江老诗客，弈棋纷乱感长安。

东瀛风卷片云来，鼎峙神山雾色开。莫怪秦皇误仙诀，至今佳气郁蓬莱。

自愧昂藏七尺身，空山猿鹤问前因。汉家未降求贤诏，埋首风尘大有人。

捧砚焚香倩小童，画图笠屐拜苏公。琼楼玉宇人归未，独听江潮战晚风。南海谭颐年。

和友人原韵四律

只手狂澜挽，神州合大群。教从开化始，世纪至今分。公理昭如日，浮词翳若云。环球争进步，独立建奇勋。

三字沉冤狱，才人各茹悲。传闻疑古昔，党祸烈今时。黄顾尊前哲，龚冯仰大师。寸心难自泯，长此瓣香持。

欲殖斯民业，纲维本莫携。识贤分大小，绝学诣中西。盛世鸣朝凤，深宵警曙鸡。仁心兼佛力，宝筏渡津迷。

种类虽分界，英雄自有真。文明艰国步，世运转轮囷。南北风尘黯,山河气象新。救时思俊乂,慧眼别人伦。睫巢稿。

题番禺诗人潘兰史《江湖载酒图》丰顺丁惠康

词人作赋伤骑省,王子搴舟感鄂君。忆得临波弄环佩,南天花雨落缤纷。

满地江湖归白发,中年丝竹湿青衫。寻常亦有伤春感,不见题诗纪阿男。

松陵韵事最风流,摇落江潭二十秋。但得春衫换佳酿,年年吹笛木兰舟。

虚闻打桨回王令,容易成阴怅牧之。一样芬芳共悱恻,贞元全盛不多时。

《红拂图》为老剑征君题

平生愿作张坚度,人道才如李药师。独对丹青洒雄泪,不曾真受美人知。海上散仙邱逢甲。

题泉唐陈蝶仙《桃花梦》传奇归曾祁

十万桃花十万愁,东风依旧冷香楼。梦回锦枕谁歌扇,酒暖金樽忆送钩。有恨未为蓬岛鹤,馀情都付管城侯。残宵重剔孤檠起,绛雪香中醒睡眸。

题衢州幸楼主人《柔乡韵史》海禺清英琴主归曾祁

胸臆具琼英,章台录小名。品评双管下,收检一编成。花发春江艳,莺歌晓树晴。古人情有史,应许结同盟。

七 月

初一日甲子　　天雨,旋阴

阅《同文沪报》。云苓表弟、羽仪妹丈、门人德炯接踵过访。宵,云散见星,渐有晴意。家毓卿弟来,谓本年财运尚旺,凡事皆得顺境,如早季往乡间收取账项,每元计折湿谷一百斤,晴晾半日,燥去尚有八十五斤上下,转售与人,每元计数七十五斤,共粜出谷七千馀斤,此中计获不少赢馀。《论语》云:"赐不受命,而货殖焉,亿则屡中。"毓卿其有焉。茶叙良久去。访王玉卿,不值而归。阅《中外日报》。

附录送周逸卿之四明勾章葛同元

戎马关山路,烟波江上楼。与君同作客,之子独归舟。壮志浮名误,惊心故国秋。自兹挥手别,花落白苹洲。

辛丑端阳口占时客南台仑西杨其光

初熟离支雨乍晴,逢逢鼍鼓故乡声。迸将忧国忧家泪,流向江心吊屈平。

挽罗耀廷军门

百战湘西将,津门坐镇雄。渝盟张寇焰,守死效臣忠。道济城偏坏,王熊冢或同。可怜丁字水,呜咽血流红。

奇变生仓卒,艰难力苦支。撄吭乘大敌,犄角少援师。竟致藩篱撤,真成玉石糜。先人能制胜,遗恨在曩疑。

题杭州金鼓洞石壁

奇境天开辟,行迟竹杖擎。云来山欲走,风急鸟无声。石壁水钻破,苍苔屐印平。推琴一长啸,惊起几黄莺。

抠衣拜遗像,铁马鸣咻咻。地僻人稀至,溪深水不流。湖蒸天上白,花落洞中秋。我亦修元侣,何时到十洲。徙南道人。

湘州怡情吟社①

题目:杨玉环、泪

---

① 联句原为天头文字,补录于此。

马嵬恩断空留冢,羊祜功高为立碑。吟坛健将
捧经曾自教鹦鹉,啼血何堪听杜鹃。佩芳女史
盟心七夕明皇宠,泣血千年望帝魂。仪庭氏
坡下埋香遗锦袜,江头听曲湿青衫。人海寄人
心伤蜀道花同葬,血洒湘江竹尽斑。凫山樵隐
棠睡半醒宫寝起,竹斑几点洞庭遗。砚田逸叟
有时佛语传鹦鹉,无限春愁触杜鹃。诗僧
解语玉环隆主眷,有心银烛替人垂。惜墨人
洗儿诬忆吟诗辨,体物才从作赋推。宾鸿主人
星渡牵牛扶玉辇,风流司马掩青衫。莩辉楼主
云起仙山停凤辇,月明沧海滴鲛珠。平山樵子
霓裳舞罢承欢夜,蜡烛垂馀惜别时。续庵居士
唐代美人传锦袜,江州司马湿青衫。癫道人
浴赐华清怜丽质,曲聆溢浦湿青衫。成诵幼童
最是凄凉留锦袜,可怜拂拭只青衫。江湖散人
征到荔枝忙驿使,洒成斑竹忆湘妃。湘阴书屋
浴赐温泉天子宠,珠含秋水女儿情。竹霖雨人
锦袜独遗妃子逝,画裙半湿女儿愁。让花郎
曾闻歌语鸣铃铎,堪笑喻言打桔槔。六一老人
娘子久潜宫壶内,丈夫岂洒别离间。蜀冈过客
花能解语风前笑,竹亦含斑雨后愁。浩如渊海人
经语教成鹦鹉白,血痕染出杜鹃红。种荑氏
金钿半折留钗股,玉箸双垂湿枕头。木偶
生见游仙仙是梦,滴成浓血血成冰。过来人
海棠睡起娇无力,湘竹丛生渍有斑。葛岭逸民

花想容颜吟学士,竹留斑点泣湘妃。吟月山人

被召海棠犹未睡,可怜湘竹已成斑。悔馀学人

妃子浴来肌似雪,女娥洒处血凝冰。罗浮仙主

汉宫飞燕夸双美,巫峡啼猿下数行。斗酒学士

誓为牛女无相负,除是鲛人不忍看。两其子

新妆杂咏七绝六章苏台寄生

面　胭脂一抹十分浓,带笑浑疑酒后容。争买桃花千朵艳,帘前羞煞玉芙蓉。

眉　画眉不画月纤纤,斜傍星眸欲上弦。一抹螺烟浓欲滴,笑他京兆笔如椽。

髻　怕插金钗十二行,青丝一挽懒梳妆。朱楼寂寂难消遣,斜倚阑干纳晚凉。

发　鬟痕两道蝶须分,变态还成翥翥纹。偏是吴娃常覆额,似怜生小未留云。

衣　时样衣裳又改为,薄罗轻翥称腰支。若教楚国宫人见,羞把身裁比柳枝。

帕　罗帕依然五色绡,不垂纤手系纤腰。似曾题得新诗句,怕逐东风袖底飘。

题目:书画舫、酒①

笔墨烟云萦锦缆,江山风月酌瑶觞。公愚

月落襄阳逢米老,烟横采石吊诗仙。兔山樵隐

襄阳图籍兰桡载,彭泽壶觞菊径携。让花郎

载共琴棋供雅兴,携来花月畅吟怀。汲古阁主人

---

① 联句原为天头文字,补录于此。

一舫闹红储墨宝,三杯软醉钓诗钩。一剑横秋客

运使江淮搜翰墨,醉侯日月捧壶觞。居秉淇

橹摇泽国堆千轴,曲唱阳关进一杯。柳堂老人

牙签玉轴随浮艇,檀板金尊侑绮筵。补拙老人

南宫卷轴方舟运,北海杯尊满座开。砚田逸叟

句咏黄公轻泛棹,愁消红友醉倾杯。种菓氏

和日本田卷和久两君归国留别七律一章步原江宁马树周韵

骊歌一曲唱斜曛,慷慨东瀛志士群。三载忽归天外月,寸
肠欲断海边云。纵谈时事悲唇齿,共话新机透脑筋。我欲观光
临上国,更从蓬岛访诸君。

求友北平悟梦生佩蘅氏

上山采幽兰,道途多棘枳。贫贱事求人,何如先责己。管
鲍能分金,千古共有几。廉颇刎颈交,晚近焉望此。一朝变态
生,闲隙从兹起。兄弟尚阋墙,途人安足齿。怨长交不终,良曲
弗忆始。所以君子心,汪汪淡如水。

感怀录呈病鸳惜红吟词长政刊馆主金超甫

相见无情别有情,伤心弹罢市楼筝。清风明月扬州梦,衰
草荒烟杜宇声。蜡炬烧残灰尚热,莺花落尽鸟空鸣。笑侬省识
人间福,北里争传薄幸名。

绝句四章珏甫

松风　松花一径暮山深,谡谡寒风动满林。百尺翠涛空际
卷,却疑何处谱瑶琴。

蕉雨　潇潇风雨小窗前,漠漠浓阴罩绿天。滴碎愁心千万
迭,凄然回忆暮江边。

茶烟　茶香渐透小庭中,帘里烟萦古篆工。无力还教轻扬

去，飘飘随着落花风。

　　桐月　良宵寂寂景清幽，新月如钩挂树头。几曲小阑闲月倚，箫声何处起高楼。

　　无题

　　年华如水影亭亭，独住琼楼数妙龄。鸳镜妆残凝泪碧，翠钿斜处晕愁青。半帘花梦迷歌扇，一缕芸痕恋画屏。回首酒潮金土候，未曾十稔便凋零。

　　和韵赠病红山人二首录一曾祁

　　梦觉十年推杜牧，达言一卷属庄生。愿君洞悉前民意，红落桃花自淡情。

　　席间遇李苹香校书赋赠二律录请病鸳吟长刊政

　　玉楼高处宴群仙，赢得闲身醉绮筵。可爱风流惊座右，不辞月旦至花前。十年未醒扬州梦，一面欣联翰墨缘。莫叹天涯知己少，有情芳草惹人怜。

　　休道萍飘恨转长，艳夸红袖夜添香。芝兰臭味谁同契，蛱蝶闲情漫欲狂。应厌风尘翻旧曲，惯怜时事斗新妆。绿窗人静月明好，伴写诗篇压锦囊。桂岭愚农甫

　　闺怨优游生

　　独坐含愁鬓影斜，晓妆懒去对菱花。相思一纸缄红豆，欲寄天涯雁足赊。

　　自古红颜薄命多，伤心人唱懊侬歌。深闺怕向金钱卜，已有新愁上翠蛾。

　　卷帘风起惹香尘，花落花开总是春。自悔多情转多累，结将絮果与兰因。

　　记曾并倚玉阑干，今夜偏知春色寒。知否为即憔悴日，翻

将修竹报平安。

客游五羊杂词萧山痴梦仙郎

晴日闲偕花埭游,小妻打扮本苏州。土人少见真多怪,接耳交头絮不休。

行吟信步到沙基,转过桥西界外夷。忽睹细腰裙曳地,西洋美妇动人思。

珠江买棹访珠娘,呖呖莺声恼客肠。我有苏州心事系,看花不作探花郎。时得西湖渔隐来书,极苏台各校书别后相思。

升平鼓吹戏院名。普同春,班名。小武登场艺绝伦。生旦更夸乔段好,出头今夜戏翻新。

金花渡口驾船娘,盈尺莲船白似霜。掠鬓熏衣妆亦好,有时卖俏引痴郎。

人声喧杂橹声柔,雨过回澜急水流。年少蛋姑轻薄甚,往来故意碰船头。

销魂风度麝兰香,摆渡同船坐女郎。指点儿家家不远,请郎闲坐吃槟榔。

喜鞋对对两人抬,箫管声中彩轿来。脂粉骚头齐倚槛,偶回波眼看痴呆。

舆中人品费猜详,只听啼声抑复扬。安得风姨知我意,吹开帘子看新娘。

窄窄弓鞋二寸多,动人最是绣红罗。扶鬟闲步娇无力,缓缓还教健婢驼。

刚值金枝初发叶,恰逢银树正开花。喜联吉语家家有,毕竟财神属那家。

命穷嗟彼想横财,地主灵前祷几回。问字求签那有准,总多输去少赢来。

古木森森夹道遮,晨钟暮鼓此堪夸。百年古刹海幢寺,古迹长留鹰爪花。

数椽引我酒帘飘,国事愁闻饮浊醪。扶醉欲归逢旧友,品茶同上漱珠桥。

书画高悬假混真,濠街市畔善欺人。何翀已死居廉老,谁是丹青妙入神?

书林荟萃双门底,不少文人互往回。惭愧榜名老夫子,一般招贴广招徕。

春方遍贴遍宫春,种子图翻花样新。两耳塞绵贤令尹,不闻雷厉禁非人。

无赖绅衿一力挑,尽容抢案罪诛逃。赌风日盛甲天下,只为衙门有报销。

观音山上赵佗庙,到此登临亦壮哉。独倚危楼倍惆怅,故乡同有越王台。

碧血丹山昭日月,瓣香和泪拜文星。宋家土地今何在,丞相祠堂俎豆馨。

星江留别绅耆

敢云民教竟无偏,时局如斯亦可怜。多谢临歧诸父老,过情还说使君贤。

午口别星江同寅兼慰李云卿明府

骊歌唱罢各销魂,我亦征衫有泪痕。莫向离亭更惆怅,雷霆雨露总天恩。

清华遇雨

清华小住亦前身,城郭依稀认未真。踏遍软红三万丈,好将微雨洗征尘。

前途又见早霞生,眼底层峦辨不清。却喜白云还解事,让开山路与人行。

浙岭早行

闻说将过浙岭山,舆夫一夜尽愁颜。须知吴楚分源后,尚有悬崖十八湾。

云深何处觅仙家,万善庵前唱采茶。夹岸杜鹃红不了,隔山又放紫藤花。

登大洪岭

漫说大洪岭,都如蜀道难。莫嫌山径窄,应此世途宽。履险心须定,临危境转安。登高发长啸,有泪不轻弹。

绝顶非人境,僧寮暂息肩。远来应问俗,小住不谈禅。云影低于地,山光绿到天。仙源何处是,归路认飞泉。侠吏小吟

夏日杂兴四绝会稽王仰斋

绿槐阴处影森森,时听青蝉抱叶吟。独坐小斋长昼静,高枝风动送繁音。听蝉

池塘草绿暮烟横,遥听蛙鸣阁阁声。漫笑出身从井底,一般鼓吹答升平。闻蛙

轩窗风定晚凉开,豹脚飞飞逐队来。蒲扇一挥惊市散,莫教聚处便成雷。驱蚊

隋苑风光慨故墟,流萤仍旧入帘疏。轻罗小扇徐徐扑,盛到纱囊映读书。扑萤

名士美人徒增感慨青衫红袖难结知音此退醒庵主所以有赠妓诗也再步前韵并请病驾漱石两吟坛斧正

玉笛江城五月天,神方那得□轻年。美人颜色才人笔,红

袖青衫不见怜。丁巳生

惜春轩主以《题凌彩云词史小影》诗索和勉步元玉

碧玉丰姿妙绝尘，轻盈态度掌中身。呼之欲出偏饶韵，对此无言自得神。眉黛双弯增妩媚，霓裳一曲剧清新。披图偶作刘桢视，绮席曾经笑语亲。醉红

珠江即席赠艳六绝句萧山痴梦、万仔仙郎

第一仙人绝世姿，轻鬟浅笑总相宜。歌声响遏行云住，色艺双佳信可儿。

银姣　果因小字唤银姣，杏靥轻红映烛烧。呖呖莺声劝进酒，那能禁我不魂消？

桂金　颊晕红霞射醉眸，玉环肥艳最风流。珠江我若开花榜，毕竟谁人是状头？

小玲　销魂第一属双钩，玉貌珠喉亦罕俦。更有动人欲归去，媚流波眼故回头。

银苏　舞衣夺目缀珍珠，锦簇花团此丽姝。赢得鳏生魂欲断，合更卿字唤人苏。

带金　年华未到月盈盈，色艺能教四座倾。送客依依迷客醉，天生娇小更多情。

送周金木先生归湖南陇东徙南道人

文章方外契，情重比南金。来日扁舟别，湘江春水深。孤云黄鹄渚，芳草洞庭阴。兰蕊清芬远，瑶华惠好音。

望海楼

风流渺矣蔡君谟，楼上斜阳冷碧芜。淘尽英雄如此水，荡残日月不成珠。鱼龙变幻空千古，鲸鳄纵横撼四隅。安得海波平若镜，江山佳处老唐衢。

晚香堂

南渡荒烟话赵葵,八陵粉碎一堂嬉。半闲身伴浮鸥适,独乐名争司马奇。可有馀香留晚节,且挥酸泪拭残碑。君王宝墨今何在,溧水风寒梦白鹭。梦坡居士

梦江南题香梦词人《香梦图》稚卿周沛

温柔梦,春梦浦江头。一觉巫山浑似醉,十年楚馆忒多愁,痴绝爱风流。

温柔梦,凉梦小庵中。两两鸳鸯留色相,双双鹦鹉话玲珑,艳福问谁同。

温柔梦,春梦草庐边。杯到合欢谋一醉,带为连绾总双牵,胡蝶忆生前。

温柔梦,香梦忆迷离。黄浦四围花艳处,红桥一角月明时,几度触情痴。

温柔梦,寒梦醒香巢。钗鬓风流图共绘,玉台日暮句同敲,红豆不须抛。

温柔梦,惊梦恼黄莺。人散酒阑常恨惹,花残月缺怕愁萦,煞费谱新声。

夜雪独坐因得五言一律腊月十三日

竟夕无聊甚,斋窗独伴灯。爬沙行误蟹,栖树瘦拳鹰。静得诗禅悟,寒难酒力胜。知春梅竞放,留与映池冰。后三日即交立春也。

蜡梅

芳枝一样送窗虚,朽孕檀心蕊半舒。点地有痕同烛泪,逢春无使达丸书。嚼吟白雪飞花后,刻画黄姑着色初。附种孤山招鹤守,分明逋老旧居庐。

　　题光绪二十六年历尾除夕夜作

　　世路劳羁束，循环节序催。周天星已转，大地律初回。皇极纪元历，书云太史台。一年今尽夜，多事烛花开。

　　新正四日述怀辛丑

　　关怀新岁展光阴，鸟鹊庭前送好音。万古沧桑原变易，百年日月几升沉。编经不改春王笔，度木偏留大匠心。试向仙家频问讯，蓬山可许共登临。元日携枡枡两儿至黉宫文昌阁，向神前瞻拜，默祝功名，神示第廿八签云："彼何人斯，岂不尔思，会言近止，秋以为期。"余以为如斯之语，今岁或可冀幸，未知果能圆成否？[1]

初二日乙丑

　　早起，仰首一观，天露蔚蓝，浮云欲消，积雨半月，渐放晴光，颇为志喜。终日在陶尖庙看晾谷，门人许德炯、德㝡兄弟自郡归，以馆东有事未开馆，留自家读书。李松岑向余言曰："闻第三批一等，诸君将有抬廪之举，子亦在其列，增广生缺，子当补之。时乎时乎不再来，勉为之可也。"余曰唯唯。宵，过赵羽仪妹丈处一谭。归，补记府试前数场。平邑题目，首场首题："今女"；次"女为君子儒"；二场首题："越人关弓"至"戚之也"。

初三日丙寅　　　晴

　　终日与李松岑、管杏浦在陶尖庙看晾谷。人言府试三场案已发，即往观之。一蔡冠英，二蔡耀东，三曾燮，四吴树屏，五徐景熙，六邵秉中，七林敏，八王铭，九秦赓芹，十王颐。题目：永："夫人不言，言"；乐："其次致曲，曲"；瑞："德輶如毛，毛"；平："有众逐虎，虎"。赋

---

　　① 《夜雪独坐因得五言一律》至《新正四日述怀》共四首，原系此叶中夹页，从内容看是光绪廿六年岁末以及光绪廿七年岁首写的，而此两年之间有近八个月的日记已散失，无法补入适当位置，故仍录入，以备参考。

题:"料得清贫馋太守",以"渭川十亩在胸中"为韵。宵,在李玉君表弟处坐谈,至二鼓归。

初四日丁卯　　晴

早起,在陶尖殿看晾谷。李松岑、彭耀卿、管杏浦来。余遂往馆,校点《无邪堂答问》。宵,过李玉君表弟处,与大舅母坐谈,至三鼓归。

初五日戊辰　　晴

早起,在陶尖殿看晾谷。李松岑、彭耀卿、芸苓表弟来。余遂往馆,校点《无邪堂答问》。闻府试四场案已发,即往观之。第一曾燮,二蔡冠英,三邵秉中,四王铭,五王颐,六池国琮,七徐景熙,八林云瑞,九吴树屏,十蔡耀东。门人潘骧则在第五十八名。报子云,秦赓芹录旧,林敏中以蜚语,经王雪庐太守大加申斥,故不列榜。四场题目:永:"缋饰";乐:"紫不以为亵服";瑞:"绤必表而出之";平:"(貊)〔貉〕之厚以居"。宵初,携枬、枵两儿,往赵妹丈家食新,至二鼓归。

初六日己巳　　晴

在馆校点《无邪堂答问》。叶兰垞代余购来《咸丰以来功臣别传》,共六册,系长洲朱孔彰所著,其叙事本末,与《先正事略》较为详审。申后,闻雷,少雨,往陶尖殿同诸君封仓,以是日早谷晒齐上仓收局也。门人周墨缘到馆读书。薄暮,闻府试五场已发榜,贴在竹霞街蔡家门首,往观之。第一蔡冠英,二郑栋选,三蔡耀东,四吴树屏,五王铭,六王颐,七邵秉中,八薛际清,九曾燮,十周钧榜。门人潘骧,则列第四十五名。宵,同李蕴斋表兄过问森药铺,与李来甫、余味兰、周眉仙诸君坐谈,至二鼓,转过卫房宫观挂灯彩,颇热闹,以明日圣母寿诞,演戏作贺,总理其事,则李稚菊也。

初七日庚午　　晴

朝,同邵棠甫师、周眉仙、李彬臣、云苓、管中凌、丹三、金炼百、洪晓村诸君往卫房宫拜祝，值祭者则胡声石老伯、胡为父执，长生福首，系先君子所叙。姜君岳仙为余同谱兄弟也。午刻，在岳仙家饮酒，席间与仲凌谈黄泽中补考事甚久。筵散，同云苓过刘菊仙处送行，时菊仙赴鄂加捐县丞职。不值而归。夕，在馆校点《无邪堂答问》。薄暮，过郑一山处一谈。宵初，在声石老伯家饮福首酒，在座棠甫师、家尊仙先生、洪伯厚、周眉仙、陈竹生先生世兄也。二鼓后往卫房宫观剧。是夜闻雷无雨。

初八日辛未　　晴

早起，访李稚菊表弟，以榢儿腋间有物坟起如弹子大，未知系何毒气所结，故邀一视。遇三舅氏谈顷。往馆，竟日校点《无邪堂答问》，第五卷毕工。宵，过家毓卿处坐谈，时毓卿招集同人议叙卫房宫长生福首，邀余相从，婉言却之不允，因顺其志以成美举也。顷之，往宫中观剧，遇黄曒卿曾锴公子、朱中炎、管杏浦、中凌、丹三、洪德斋表弟。优人屡邀点戏，诸人各点一出，惟演《金兰阁》戏本，适出伶人名三妹之手，颇觉委婉动人，相看不厌。归时漏四下矣。

初九日壬申　　晴

早起，见榢儿腋间一块，较昨日又加大矣，即邀李彬臣表兄一视。彬臣近习外科者。调药敷之，留午餐。夕，毓卿来邀，往卫房宫拜福首，与其事者管杏浦、李芸苓、玉君、稚菊、丽生、毓卿，与余共七人。薄暮，过寿星叔家，为菊樵公来月初三安葬，托余酌议请客红帖款式也。见案头有《罗源县志》一部，即假归展观。此书系国朝道光辛卯重刊，我二世祖正仲公曾授罗源主簿，禁火葬敦民风，邑人传诵至今弗衰，事实载在政绩中，惟颐叔一作颕叔，或公之别名，抑为刊本舛误，姑俟再考。宵初，在毓卿处饮酒。席散，同诸君往宫中观剧，归时漏已四下。

初十日癸酉　　晴。西北风起，颇燥烈

往馆。孙叔蕴来访。临《高贞碑》字二开，改门人许德炯小课文。孙季芃、延曙叔侄来作半日谈。薄暮，虹见。宵，东北风极大，月有晕，家毓卿弟、云岑表弟至。夜半烈风甚，雨彻旦不休，摇壁撼窗，令人心悸。

十一日甲戌　　处暑节

晨刻大风，至午始定，雨势极大，直如天河倒倾，平地水高尺许。倚枕看《中外日报》竟日。申刻霁。羽仪妹丈来。宵阅报。

十二日乙亥　　晴

晨，访山兄。巳刻，往馆阅《中外日报》。潘君云生携其侄震炯来读书。薄暮，虹见少雨。宵，过家寿升叔家，与增枒谈安葬事甚久。门人德炯来夜读。阅《尊经课艺三刻》四书文。

十三日丙子　　晴

朝，往馆，抄《高青邱诗集》缺幅。家寿升叔过馆。二妹归家省母。宵，访山兄不值，归。李蕴斋表兄、陈丹卿表弟、赵羽仪妹丈来，坐谈至二鼓去。为德炯、震炯改小课文。夜半疏雨，月有晕。

十四日丁丑

朝晴。往馆，出课题。四书题："则饮水，亦犹斧斤之于木也"。论题："近日保定一带联庄会蠢动，将何术以解散之策"、"中国士民多误洋烟说"。诗题："鱼戏莲叶东"。得"东"字。邀整容匠修发，兼为沐头。代人作塔儿桥头三官天灯楹语数联："天地水官，道通三界；日月星宿，曜夺九霄。""宝塔摩空，近瞻咫尺；环球照处，大放光明。""星辰在天，光其可烛；间阎扑地，高不胜寒。"①夕，闻雷有雨。阅《中

---

① 底本"高不胜寒"下，留有一叶半空白，似留作待补诗文之用。

外日报》。宵初,过李云苓表弟,与胡芷卿增源坐话极久,冒雨而归。是夜东北风又起,至天晓乃静。

十五日戊寅　　大晴

在馆,叶耕经过访,临《高贞碑》字一开。阅《清议报》。宵初,以中元节设馔祭祖先,留赵羽仪妹丈饮。阅《尊经课艺三刻》文。是夜,青天一碧,皓月悬空,凉风生树,开轩延爽,大有新秋气味也。

附录《清议报》诗赠别郑秋蕃兼谢惠画辛丑三月澳洲作任公

鲁扉漆室泣,周蠡蒌纬悲。谋国自有肉食辈,干卿甚事胡乃长欢而累欷。覆巢之下无完卵,智者怵惕愚者嬉。天下兴亡各有责,今我不任谁贷之?吾友荣阳郑,志节卓荦神嶔崎。热心直欲炉天地,视溺己溺饥己饥。少年学书更学剑,顾盼中原生雄姿。此才不学万人敌,大隐于市良自嗤。一槎渡海将廿载,纵横商战何淋漓。眼底骈罗世界政俗之同异,脑中孕含廿纪思想之瑰奇。青山一发望故国,每一念至魂弗怡。不信如此江山竟断送,四百兆中无一是男儿。去年尧台颁衣带,血泪下感人肝脾。义会不胫走天下,日所出入咸闻知。君时奋臂南天隅,段家纾难今其时。悲歌不尽铜驼泪,魂梦从依敬业旗。誓拯同胞苦海苦,誓答至尊慈母慈。不愿金高北斗寿东海,但愿得见黄人捧日崛起大地而与彼族齐骋驰。我渡赤道南,识君在雪梨。貌交淡于水,魂交浓如饴。风云满地我行矣,壮别宁作儿女悲。知君有绝技,馀事犹称老画师。君画家法兼中外,蹊径未许前贤窥。我昔倡议诗界当革命,狂论颇颔作者颐。吾舌有神笔有鬼,道远莫致徒自嗤。君今革命先画界,术无与并功不訾。我闻西方学艺盛希腊,实以绘事为本支。尔来蔚起成大国,方家如鲫来施施。君持何术得有此,方驾士蔑凌颇离。英人阿利华士蒫 oliversmith,近世最著名画师也。希腊人颇离奴特 palygnotus,上古最著名画师也。一缣脱稿列梳会,君尝以所画寄陈博览会,评赏列第一云。博览会西名曰益士彼纯 EXhi－bition,又名曰梳 show。万欧谓欧罗巴人也。啧啧惊且哈。乃信支那人士智力不让白晳种,一事如此他可知。我不识画却嗜画,悉索无餍良贪痴。五日一水十日石,君之惠我无乃私。棱棱神鹰兮,历历港屿,君所赠余画,一为《飞鹰搏鸦图》,一为《雪港归舟图》,皆君得志之作也。雪梨港口称世界第一,画家喜画之而佳本颇难。缭以科葛米讷兮,藉以芦丝。西人有一种花,名曰科葛米讷 forsetmenot,意言勿忘我也,吾译之为长毋相忘花。芦丝 rose,即玫瑰花,君所赠画,杂花烘缭,秾艳独绝。画中之理吾不解,画外之意吾颔之。君不见鸷鸟一击大地肃,复见天日扫雾翳。山河锦绣永无极,烂花繁锦明如斯。又不见今日长风送我归,欲别不别还依依。桃花潭水兮情深千尺,长毋相忘兮攀此繁枝。君遗我兮君画,我报君兮我诗。画体维新诗半旧,五雀六燕惭转滋。媵君一语君听取,人生离别寻常耳。桑田沧海有时移,男儿肝胆长如此。国民责任在少年,君其勉旃吾行矣。

录何铁笛烈士来保遗诗

世南死后言犹诐,韦孟归来梦亦争。操莽笑人龙比哭,微生物里叹微生。此先友何烈士之遗作也。烈士因勤王事被祸死。生平著作等身,未行于世。曾主笔湘报,略见一班,时尚多忌讳,微言大义,未能襮白其万一也。今也碧血长埋,青简将坠,家贫子幼,楹书谁传?心焉伤之,私痛曷极,虎口馀生,尚能默诵此首,亟录之以示同志。区区之二十八字,未足以见其一鳞一爪也。然烈士之志,岂仅以文字传乎?后死友屯厂泣识。

书感莽眇鸟

赋性可为情万死,立身从不困三纲。五伦废弃惟存友,洗尽吾奴立国防。

公仇公义偏吾逼,庸行庸言乃尔离。谢绝奇骚发奇问,卜年千万被奴皮。

杂诗孳孳者

乘染秋红叶半飘,玉楼香散日萧条。浮云未会天涯意,但有青山慰寂寥。

弹铗休来鲍肆过,眼枯我奈其鱼何。欲使波臣东决海,君卿能辨不悬河。

魅雨魖云溢四滂,华胥如梦举成狂。语言道断惟摩剑,不斩袄邪日不光。

胡树璟柯碧府宽,漫骄金翅跃天门。飞翔自化红莲梦,不羡鲛人饴饵恩。

微波环影曲尘吹,万态星云一瞬移。着地不嫌碛径少,葱山时见四龙飞。

亚斯遥望独长吟,乱雅参黄变古今。一姓兴亡何足道,劫灰谁起九洲沉?

楚衣冠素已非儒,许氏微言绝学虚。欲向七篇寻废坠,不传秦后并耕书。

木槿朝华松柏雕,劳生如梦入萧条。春风好及花时发,九日寒霜雪雨飘。

壮游不必怨飘蓬,一片秋霞落汉中。水亦有心鱼不见,花虽无语鸟能通。

异同鹅鹿涌滔澜,未惜如河口舌干。第一等人满星斗,何须不让起争端。

众毁销金蛊有毒,弩在舟中剑在腹。国人安识唇齿交,临风但向西河哭。

孤山月落鸟空啼,为见青萝忆旧碛。石纵不言还有骨,扪涂误作踏花泥。以上述怀十二首。

密密垂云逼汉阴,八幡村祭独登临。孤芳不坿渊明传,自看天涯陌路心。登山采野菊

群虎张牙肆噬肥,何思豢饲恋躔徽。汉家不念为牛耻,一任沧波白鹭飞。读西十一月六日大阪《朝日新闻》,白鹭生论感赋,我支那人无发达思想,何哉?

樱花代谢菊花新,海上空秋寂寂春。领府人间无一事,送迎好为拜夫人。现驻日李木斋公使,夫人众多,中东往还无虚日,领府员行李往来送迎,疲于奔命,此固神户领事府中人语也。李使夫人舟船到港,私伫鸦片种种等物,及诸多野蛮之事。吁!身持使节,辱忝国命,尸处高位,等于赘疣。哀哉!

十国旌旗动帝京,秋闱寂寂草长生。苍袍百万堪垂哭,齐下孙山落姓名。拟秋闱怨联军拳匪蹂躏无状,秋闱皆罢,恩科徒作怨科,部院衙前,掩面而逸。

时哀河似待清难,白首光方泪不干。梦里分明跨金马,不知何路到长安。拟春闱怨。神京委于敌尘,西狩秦关,热中孝廉,于何不恸,一折光方,终身辜负。

十六日己卯　　大晴

终日在馆,抄《高青邱诗集》缺幅。宵,阅《尊经课艺三刻》文。

十七日庚辰　　　大晴

在馆,作盂兰会正附荐短引。门人周墨缘邀余作之也。改门人许德㝢窗课。宵,改震炯、德炯小课。

　　附录正荐序　盖闻众集十方,大设兰盆之会;香参九品,艳迎

莲座之花。盼苦海之无边，慈航普济；宗法门之不二，佛力宏施。兹届中元，时惟七月，广开净域，法说诸天。念昔先人，登道岸而尘心已了；灵今如在，入化城而慧业当修。存水源木本之思，鲜金穴铜山之积。虽幽宫而久驻，恐囊橐以难充。爰是茧纸裁成，蚨钱化入。黄金布地，燃将七级华灯；甘露开门，洒遍八功圣水。仗法王之大力，报宗祖于无穷。蝶影飞来，随秋风而轻逐；荧光照处，合磷火以争辉。伏祈符使催驼，灵官走马。顷刻云腾雾驾，护到泉台；依然鼓响炉分，幻成赤仄。试看白打，榆钱应上界之星；为溯黄泉，沙数历恒河之劫。无量功德，有愿皈依。谨疏。

　　附荐序　夫以通泉有路，池边证七宝之修；避债无台，地下狭九幽之道。阴阳一理，善信同门。宜由亲以及疏，亦博施而济众。是日也，高燃法炬，大发祥轮，集鹿苑之缁流，宣鱼山之梵呗。结因缘于香火，既展孝思；广庇覆于慈云，更为分润。爰于正荐外兼修附荐，公私两尽，利赖均沾。礼也，裁云作筐，制楮为钱。无新大故小之嫌，标题名号；免淮雨别风之误，钤记封缄。凡我周亲，暨诸异族，虽赠遗之不厚，必视数以平分。伏愿云马转输，橐驼装运，借马当之神力，领狮座之偈言。散作宝泉，毋效书生之寒乞；铸成金坶，都凭佛力之陶镕。欢喜大家，慈悲普渡，恭疏短引，聊表微忱。

十八日辛戌　　大晴

往馆阅《尊经课艺三刻》。午刻，家仆来报，张震轩妹丈自丁田来，即归。门斗宋魁过访，言本年第三批抬廪之事，余在其列，如其行之，本身必需三百馀金。余以功名念切，意欲勉强挪措，轩兄虑余家无蓄积，筹此巨款，实有难堪，且世态炎凉，人情浇薄，邀人筹集，未必遂我之愿。"子素清高，仰面求人，心实不甘，倘强举行一杯之水，以救车薪，恐将来终形掣肘。予属至亲，不得不作药石之言，来相劝勉，居易俟命，君子之道，量力而行焉可矣。"余感斯言，而得失之心，直如撞鹿，纳闷者半日。宵，访家毓卿，与言筹抬廪款，托为代庖，坐话甚久。归，漏已三下。

十九日壬午　　大晴

晨刻，郑一山、家毓卿代予筹款，借得英银一百圆，深感厚情。一山亦嘱叶耕经代为一筹。管路郭堃来，谓抬廪之事，得有头绪矣。叶庆畲来，轩兄乘舟去。宵，同泾琳表弟往协署观剧。

二十日癸未　　大晴

在馆，朝，何君子华观光偕薛里阮姓人来馆，收旧岁瘗埋局缘金。阮君虽业贾，能通文字，自谓平生所嗜者惟《三国演义》一书，欲观三国事实，必先阅过金圣叹先生批语，始知起伏，引前证后，本本原原。坐话之间，颇觉津津有味，市井中人，如阮君者不多得也。午刻，同李玉君表弟往北圣宫吃普利素酒，值首为第一桥人陈芝毓。席散回馆，改潘震炯卷。门人孙延曙来。宵初，在李云苓表弟家饮会酒，为胡芷卿邀亲友叙会敛金，予故玉成之也。坐谭至四鼓归。

廿一日甲申　　大晴

天早，成道课题一起讲。"古者言之不出"二句。往馆，孙中恺公子过访，改潘震炯中山课文。午后，成起中四比，羽仪妹丈代余凑作后半篇。成试帖一首，《豳风图》，得"图"字。抄就寄郡。宵初，与周晓秋、李彬臣、赵羽仪坐话至二鼓。

廿二日乙酉　　大晴

晨起，访郑一山遇之，相约合作经古课。题《郭汾阳论》；赋题，《士先器识赋》，以"士先器识而后文艺"为韵；诗题。"新秋雁带来"，得"来"字。

往馆,宋门斗来订补廪办文之约。阅《有正味斋骈文》。宵,以连日应酬,身子困倦,懒动笔墨,坐至夜半。

廿三日丙戌　　大晴

终日在馆,作经古论,用骈骊体。薄暮,脱稿。过郑一山处一谈。宵,改窜所作论一通。

廿四日丁亥　　大晴

朝,往馆,成经古赋首次二段。午刻,自馆中归,震轩妹丈早至,遣仆邀门斗郭堃来商酌补廪各费。宵,同轩兄、李蕴斋、芸苓坐话。是日仲妹久受痰湿,饮食少减,肌肤颇觉瘦削,邀门人周墨缘代请张烈卿先生一诊。迟久不至。烈卿为墨缘妹丈也。

廿五日戊子　　大晴

朝,家毓卿来,同震轩妹丈坐话半日。改潘震炯经古论。邀羽仪代改德炯、德𡨥论。郭堃来说,学师补廪填册需费。夕,同轩兄过学书王质甫处一谭。申后,轩兄驾舟回丁田。宵,过郑一山家,谈顷即归。是日请林梅仙来诊仲妹,谓此疾久受寒湿所致,须投十馀剂药味,方庆安痊。

廿六日己丑　　大晴。白露节

往馆,作经古赋,成四段。宵,续作末二段,完篇。是日毓卿来说,托借之项,必须开除本户田号作为压胜,始能应允。余素不为无耻之举,刻以补廪为显亲起见,用权而行,决不为害,且书生家素安淡泊,非富厚者比,虽家有薄田数十亩,蹄涔勺水,所蓄无多,欲成此事,二者不得兼全,其亦体舍鱼取熊掌之意乎? 先人有知,当必谅我。

廿七日庚寅　　大晴

晨起,写当字田契,付家毓卿,即向王家先取来英洋六十元。家真生叔来,阅宗谱中伊先人生卒。午刻,毓卿邀余陪饮,为其妻舅鲍君韵笙，赴鄂捐补通判班次，故设席饯之。同坐者金炼百、管杏浦、林梅仙、李云苓、叶迋铣、毓卿及余也。席散，过学房王质甫处，嘱办补廪文书，即付润笔英银二圆，坐谈良久。宵初，田高升叔、芸苓表弟来。作经古论第二篇，用散文体，至夜半脱稿。此数日招圬者整理屋瓦，补葺园墙，特恐天久放晴，秋潦不时，先事预防，亦诗人阴雨之意也。

廿八日辛卯　　大晴

早起，写函遣仆往丁田震轩妹丈家，问捐务如何措置。改墨缘、震炯经古论赋。邀云苓表弟同访管丹三，为学师册费银条，托其向钱庄代认之。午刻，仆回，即同门斗宋魁过家左髓处纳捐，填成实收，系秦晋赈捐局部，照作一成四折算，廪贡例银□□□，公费□□□，部费□□□，增贡例银□□□，公费□□□，部费□□□。余所捐系廪贡，每两计申英洋一元五角，实纳银英洋廿七元。填照笔资一并在内。坐谈少顷即归。作试帖二首。林梅仙表舅来，谓仲妹寒疾略觉退动也。门斗郭堃来取赴省递文盘费，计学台房规费洋三十五圆，外加倒填年月费二圆，脚差费洋十二圆。此次赴学院行辕处投文，均托之宋魁，准定晚间动身。余谓本日为破日，姑待来朝。且轩兄曾覆函及之。宋曰："紧急公事，不问日根之破不破，君既言念及此，容俟子时启行。即属明朝日子，矧子为贞元聚会，或者当一阳始生，因此发达，可不为君预贺之乎？"余又默思儒家用破除日大合宜，古人云"破壁而飞"、"读书破万卷"，均不出此"破"字，我愿效古人之为一破昏蒙，飞腾直上，何施而不可？未能免俗，聊复尔尔，真浅见也。薄暮，过一山处一谭。是日，嘱门人周墨缘代抄经古卷，至三鼓始就。

廿九日壬辰　　大晴

朝，在馆，家增栩来馆，邀余暨同族伯叔兄弟辈登九坦山阅视，近因寿升叔安葬父兄,而其兄益斋之新圹共二坛,适与真生叔之高祖圣济公墓相连,所隔仅一二尺,然无甚碍,但嫌辈分高下耳。真生谓风水攸关,一或失慎,后悔莫及,欲寿升择地转迁,升叔以前曾觅下新冢,开井竟遇古墓,一见骇然,且迫于日子,不得已移筑在此,今若再迁,至再至三,有所未便。言颇近理,未知生叔之意如何也。过远祖赠大学士乡贤德昭公墓拜谒,陡见阶砌中,隐留字迹,扫苔谛视,知系一世祖铭志,其上刻云"宋承事郎林公元章暨复道公之墓",共十四字。即时呼管山人谢学银携锄挖下,出钱雇人扛归。闻此墓归南门房长庆章修理,庆章字静山,为族中之蠹,贪冒货贿,无恶不为,前之侵蚀众产,碍人耳目,托修祖墓,草草了事,幸先祖有灵,被予及见,不然将何以为情? 德昭公遗墓,前曾被讼棍陈庆瀛诬指为二世祖乡贤墓者,此志或由逆瀛移来,或确是始祖之墓,矧德昭公之墓往日并无铭石,抑系后人误认,究难预决。今之新志为静山所设也。姑俟唤修坟之匠作来细细查问。一片之石,何地移此,便知虚实。噫! 年湮代远,稽考无从,为孙子者岂可数典而忘祖乎! 斯文未丧,后死之责,乌乎可辞! 秋风槭槭,动树生悲。日向晚,始同诸人下山而归。薄暮,寿升叔邀予偕吴君小帆牲往大生布庄李姓处陪客,徐梅友先生在焉。盖为益斋叔联阴配,以是日吉,迎李氏亡女灵柩合葬计也。升叔邀晚餐,谈至二鼓,与其戚胡老庆访黄韵笙肇燊前辈,托伊劝导真生,以免交相鱼肉。谈久之,归,漏已四下。

三十日癸巳　　晴

晨,过秬村表兄家一谭,并询德炯、德寯兄弟近日何不到馆,知皆伤风未愈。家增枏来,为升叔家新坟毗连一事,邀余至大生布庄商酌,其时徐梅友先生、真生叔先在,相与痛劝良久,且谓彼此同族,一本之亲,何分厚薄,而真生语犹倔强,梅友责之,终不见允,始败

兴而散。夕,在馆。宵,高升叔来,同赵羽仪妹丈坐谈,为寿升家事
未定,邀毓卿、桐昌请真生叔来,苦口相劝,何必煮豆燃萁,相煎太急?
话至夜半,伊终不允,众皆作色动怒,责其同族竟至薄情,昔之令为
强项若真生者,殆非是欤?

八　月

初一日甲午　　　大晴

朝,在馆,阅《男女交合新论》。午后,门人孙延曙来,邀予至其
家一游,与中恺公子、杨君志龄坐话,至申后回馆。宵,陈见秋先生
来,为受孙季恒公子之托,欲请余明岁假馆于其家,力辞之不就,谈
顷去。同毓卿过大生布庄商议真生争坟之事,深感李老蒸善为调
处,洵今之鲁仲连也。

初二日乙未　　　大晴

朝,在陶尖庙,同李松琴、管杏浦、彭耀卿、云苓表弟,籴来胡姓
早谷,每元计七十五斤,合籴成英银乙百圆,共谷数七千五百斤,即
时称过入仓。近午,过惜字局,同杨稚田先生、余君味兰,称收字纸,
见纸堆中有《蚕尾集》、《明四书文》等残本,即付高升送归。夕,友樵
内弟来,问余肄经堂道课赋题原由,谈顷去。生:《琼楼玉宇赋》,以
"琼楼玉宇高不胜寒"为韵;诗题"寒衣处处催刀尺"。得"衣"字。童:
《承露盘赋》,以"承露金茎霄汉间"为韵;诗题"八月书空雁字斜"。
得"斜"字。身觉疲倦,酣卧半日。宵,阅《云间小课》中《拟修广寒宫
上梁文》。

初三日丙申　　　大晴

朝,过李西垣岳丈家,与友樵坐话。未刻,为族叔祖菊樵先生,

暨筱菊、益斋、月如诸叔安葬，余助执绋，送至北门而还。过升叔家一坐，邀晚饭，二鼓始归。

初四日丁酉　　天晴

朝，在馆，作道课生题赋。午刻，郑一山过访，约余本晚先作一卷寄郡，匆匆构就，至申后完篇。又成试帖一首，遣门人许德炯送与山兄抄缴。宵，李丽生表弟来谈顷去。作次篇赋，至四鼓脱稿。

初五日戊戌　　微雨，西北风起，大有撼屋之势

朝，在馆改叶耕经道课赋。夕，作童题赋，又试帖二首。申后，均脱稿，遣仆送交一山抄就。孙季芄来访。薄暮，过山兄馆，阅赋一遍，即付正和信局寄郡。宵初，倦甚，就枕颇早。

初六日己亥　　大风甚雨

河塘水长，几与岸平。家左髓遣使递字来邀，为前日捐务另有新章，欲余过舍一商。中心捉摸，不解其由。维时风雨交作，艰于出门，至薄暮风稍定，招仆相伴，冒雨过问，始知本日总局寄到来函，谓本年自四月后银两升作一成五上下，凡纳捐之家，正副实收，不得倒填年月等语。余闻之不胜大骇，并询前日宋魁廪增之捐，致有大碍否。而左兄谓："君之所捐于学院处，原无妨碍。予于捐局，则多一番枝节，银两应加，倒填之照，亦须另换，未知足下能允鄙言。且此事办妥，加数躬赔，分所应得。第二批廪增捐照，系伍君梅荃经手，日前接到批回，照亦验讫。我之所碍与兄等，无关前事，可想见也。"余聆此言，中心方定，久之，天色沉黑，乞一篝灯照路，偕仆辞归。至中途雨势倾盆，街衢阻水，行不择地，匆匆而奔，迨回家，觉衣襟寸寸湿矣。

初七日庚子　　风止放晴

晨，过一山家，问义子阔桿，前感风寒，今日渐退，为之一喜。将

往馆,过西河桥阻水,不能前,转由大沙巷而行,始到馆。孙季芃来,坐话片顷去。门人叶兰垞以前购书洋银计有八角赢馀,尚存彼处,代余寄买《杭州白话报》一分抵之。午后,叶耕经过访。阅《同文沪报》。薄暮,访许柜村表兄,谈顷归。宵,李云苓表弟来,与余斟酌叙会券书,坐谈至二鼓归。

附录

和醒梦主人望月有感原韵乌目山僧

素娥凄绝泪盈千,底事年年亘碧天。月有圆时奚必感,人间半壁意难圆。

题《美人对镜图》多恨道人

柳暗花明二月天,无边春色恼人眠。玉容消瘦郎知否,对镜临妆亦自怜。

寄友徐肇英

几度蟾光转,天涯各一方。梦魂通广汉,心事问穹苍。榻设曾虚下,琴眠且懒张。何时重聚首,共醉紫霞觞。

庚子秋日与孙文冠臣同登紫琅山口(五古一首)前人

人生如蓬梗,飘泊不自由。客自沪滨来,经毂复经邱。奇唱发幽兴,所携旧侣俦。载之以清酒,欣然发上游。登临畅怀抱,四顾豁双眸。秋高山鹿鸣,草白野猿愁。旋上支云塔,更登望海楼。凭栏供远眺,水天一色浮。云气和烟入,江声带雨流。红树青山外,渺渺海门秋。升殿谒古佛,老僧暂勾留。茶话停片刻,日薄西山头。言旋从旧道,兴尽志未休。

和软红吟馆主无题诗并用原韵惕庵王铭诚

濒行依恋北堂亲,一去居然万里身。非必勾留黄歇浦,只缘抛却绿杨春。此时标夺天中节,君在沪应试。他日帆归海外人。细说歧途离别意，萍踪聚散岂无因？

　　前题河阳旧主子丹

　　绿杨城郭意频亲，颠顿年年累此身。万里清风鹦鹉梦，二分明月鹧鸪春。丝牵似藕痴情客，心卷如蕉薄命人。旧恨未消新恨续，惯多孽债果何因。

　　再吊楚北月红校书诗二章平季氏

　　杜鹃啼血月黄昏，消尽闲愁酒一樽。红袖空馀才子泪，青衫难报美人恩。桃花流水都成梦，柳絮随风已断魂。燕子不来莺不语，独留香冢在荒村。

　　再遣名花出世难，空留明月二分寒。成灰蜡炬灰犹热，化血燕脂血未干。湘水无情春梦短，秋风容易海棠残。江头剩有相思泪，谁把琵琶对我弹。

　　星洲留别邱菽园舍人王恩翔

　　海山春雨夜浪浪，珠箔挑灯话故乡。记得武夷张锦幔，仙家眷属住霞漳。

　　青入春山鹭岛微，鹧鸪吟罢木棉飞。如云女伴东门烂，不见香车缓缓归。

　　几人入海访琴师，风月清尊大雅持。修到梅花真福慧，满窗香雪四朝诗。

　　莫向空山拜杜鹃，莫思绝域扫狼烟。茫茫尘劫愁无极，挥麈何如卧洞天。

　　玉笛新词韵最娇，少年场里总风标。汉宫寂寞青娥老，愁绝王褒赋洞箫。

　　一片朝霞海角红，振裾琼佩响天风。钓鳌石上留题咏，付与他年志寓公。

赠王松堂司马谢渔孙

相逢已恨十年迟,蕴藉风流我所师。职是客卿文是伯,直教人作借才思。

曾闻海上主骚坛,鸿律彪腾壮采蟠。一纸风行洛阳贵,诗家争作绣丝看。

谁解西京菜色忧,君真有道费良筹。不因求福方行道,我想当年泛麦舟。

何日图南惊海若,频年如北笑云将。散材私幸逢宗匠,蕉萃风尘愿亦偿。

和谢君渔孙作王恩溥

投来锦句拟邱迟,健将能当百万师。愧我不才甘避舍,指挥无术出奇思。

年少名登李杜坛,洵推风逸与龙蟠。宣城诗派今犹在,抱卷挑灯子细看。

关心时局系殷忧,未遇何妨借箸筹。但愿祖生先奋起,中流利济誓同舟。

世界危机多伏莽,平生宝剑有干将。及今磨洗青锋出,扫尽妖氛夙愿偿。

山中玉兰一株蒲节前再花口占一绝以纪其奇叶瘦

一曲迎春系我思,曾怜王母忆瑶池。那堪霓羽飘零日,又是新蒲唱绿时。

登雨花台

纵目长江远,风帆上下来。青山排闼立,皓月逐云开。诗境天然画,胸襟目绝埃。六朝歌舞地,寂寞雨花台。

无题

行过回廊曲槛低，蔷薇满架夕阳西。绣帘窣地花浓睡，落叶成阴鸟乱啼。独涉遐思添别绪，谁将影事试新题。会当重入桃源境，前度刘郎路未迷。

醉红读海上王郎赠袁云仙绝句率以原韵和之皖江谢申伯

姗姗风度总如仙，十里相知文字缘。莫谓狂奴多事惯，痴情尤绕沪江边。

底事怜卿更爱卿，王郎相与酒频倾。夜阑醉入销魂候，红涨秋波别有情。

梨花深院夜沉沉，舞袖歌衫力不禁。艳福几生修得到，莫教辜负美人心。

挽潇湘杜采秋校书倒步瓣香室主原韵浣纱江渔隐筱洲氏

谢庄本是护花人，肠断三生未了因。默祝清风明月夜，芳魂化鹤到春申。

美人侠气真难得，可奈优昙一现何。自古名花终不寿，吊花薤露起悲歌。

珊珊环佩返仙乡，一角红楼剩夕阳。旧日画图重检点，依稀傲骨自芬芳。

校书去年以艺菊图征题

嬉春枨触伤春感，风雨惊回蝶梦阑。渺渺艳魂何处去，潇湘江上暮云寒。

前题步和瓣香室主原韵梅城成峰逸史维纯氏

营奠营斋志未申，尘心祷佛忏前因。东皇收拾青春去，凄绝兰成作赋人。

馀音犹记绕梁歌，蓦地无声恨若何。紫玉而今烟化去，堪怜同命意频伽。

琪花瑶草萎琼芳,写照苍茫澹夕阳。无怪班生斑管弄,欲随秦女入仙乡。

章台寂寞墓门寒,错唤真真玉漏阑。菱镜尘封无艳色,芳魂一缕怯风湍。

苦雨行寄北秋柳词人

忆昔五月炎蒸初,田畴龟坼叹荒芜。老农蹙额私相语,安得神龙嘘气隐赤乌。无何片云油然起,鳞鳞迭迭遍太虚。雨师风伯税驾至,芃芃万物滋涵濡。一时既渥且沾足,雷声四野争欢呼。吁嗟乎!塞翁得马原非福,万事由来不可拘。从此朝朝更暮暮,寝淫汩没及田庐。洪流泛滥吞原隰,农民呜咽相饮泣。瘠土乐岁嗟薄获,仰事俯畜长不给。况此凶年饥馑馀,豪门索逋等火急。老者沟壑壮四方,存亡绝绩在呼吸。彼苍不吊降霪雨,呼地抢天百忧集。离离禾秆向沦胥,租籽无出遭拘絷。鞭敲朴责任所施,酷吏安知民力疲。九重天子爱民深,呼吁无门空涕洟。忍饥含泪诉皇天,为问召灾今则谁。

小游仙诗八首徙南道人

同咏霓裳侍玉墀,琼浆拜赐碧霞卮。瑶编自有长生诀,何事南山采紫芝。

绛云楼阁见蓬莱,阿母琳房赐宴回。海上蟠桃今又熟,窗前可有小儿来。

山中景物记芳菲,去后重来路便非。咫尺仙源迷向背,碧桃无语落红肥。

头衔新赐太微卿,手把芙蓉上玉京。弱水三千安稳渡,无风波处是蓬瀛。

情天梦梦谁先觉,恨海茫茫亦可填。袖里青蛇无用处,黄龙斩得已多年。

黄鹤乘风下太清，横吹玉笛到江城。楼头欲谱梅花落，怕惹旁人问姓名。

鸾翔凤翥簇云輧，奏罢钧天酒未醒。尘世升沉谁管得，蕊宫无事读《黄庭》。

身称月窟蹑天根，认取元关与命门。九转还丹新炼得，谁知方寸即昆仑。

暮春游洪山前人

三月洞花开满枝，棕鞋布袜踏青时。行人莫动伤春感，转眼南熏解愠吹。

洪山之麓梵王宫，中有高僧似远公。且揖如来进一解，明心当与炼同心。

登高眺远洗双眸，西望晴川鹦鹉洲。佛说众生十万亿，大川共济一虚舟。

倦游薄暮返丛林，夜静风清伴客吟。且涤尘嚣一壶酒，焚香默坐鼓瑶琴。

绿绮楼主金佩琴刺史有拳石一置之妆阁中为题二十八字病鸳

倘教化玉种蓝田，多恐今生易化烟。欲唤女娲施旧术，把他锻炼补情天。

寄瘦梅刺史倒迭瘦蝶韵溪西渔隐

劳君为我每登楼，萍水逢因结社由。记否俚词呈一粲，凤仙素质咏新秋。

和李苹香校书消夏诗原韵菊癯词人

相思何处觅柔乡，怅隔吴淞十里塘。默向荷花香里祝，愿侬有梦化鸳鸯。

阿谁消夏理残经,玉树无心唱后庭。手把香君诗一卷,胜挑灯读《牡丹亭》。

春感次朱文川秋感原韵绮红词人

迢递君门万里深,铜驼荆棘叹萧森。江山大局摇难定,文物京华忍再寻。到死痴儿终懵懵,长酣睡梦尚沉沉。宋家社稷倾危日,遗恨当年不灭金。

平章军国半闲堂,大计踌躇且缓商。尽托闲情追北海,肯教高卧起南阳。大廷抗谏悲攀槛,同室操戈感阋墙。辜负求贤心若渴,不知谁有济时方。

盼望回銮心有馀,黍禾争奈感周墟。中涓跋扈十常侍,宰相迂谈半部书。君侧犹闻排外族,秦关竟当好家居。罡风一闪灰成劫,目击疮痍倍欷歔。

海声鼎沸毒龙腥,浩劫红羊一度经。想见北辰星拱纽,忍闻西狩雨淋铃。颐和园外云如墨,太液池边柳不青。此日乾坤应悔祸,双悬日月照朝廷。

许大神州变局新,开门又揖虎狼秦。续貂端合嗤君辈,腐鼠终教杀己身。何进庸谋几覆国,曹瞒矫诏敢欺人。太阿倒被权奸握,悔煞中朝误秉钧。

下方翘首望清虚,九陛鹓班玉笋疏。冷落华堂来旧燕,逍遥漏网有多鱼。建言几辈谈新政,罪己连番下诏书。犹忆晋阳行殿月,中宵恋恋照乘舆。

汴洛行营待整齐,六飞指日驾青霓。狼烟次第销燕北,龙驭安排出镐西。坛坫重新修玉帛,茅茹会看拔涂泥。岂真世上无豪杰,朝柱休将草莽低。

感昔思今事变迁,又逢晋代永和年。杜鹃从此啼将老,胡蝶休教梦再圆。天意终殷华夏眷,人心似替晚春怜。中兴业望群公赞,重咏霓裳会众仙。

前题寿石词人

踆乌西去夜沉沉,酒胆无端芒角森。敢拟春秋严笔削,聊因河岳测高深。新亭涕泪尊前落,虞陛松云梦里寻。医得眼疮才几许,早闻断送万黄金。

宸游经岁尚边方,明诏新宣返洛阳。竟乏良谟莫盘石,可能内变弭萧墙。前车孰是因循误,罪案犹烦婉转商。元恶倘先骈首徇,天家刑辟本堂堂。

暇日凭空呫哔书,中宵起舞复欷歔。萧稂无那寒泉浸,燕雀有谁夏屋居。目断经营回辇处,心惊罗掘劫灰馀。刍言要乞培元气,殷土迷芒半废墟。

风波尧母已重经,帝德彰闻岂秽腥。底事猜嫌生骨肉,何来荧惑熻官廷。长河万里流仍浊,大雾三年天不青。少个调停唐李泌,千官鸣玉拥鸾铃。

励精黼黻策维新,献替群藩俨致身。画饼疑堪充菽粟,良金几见出陶钧。十年生聚吴为沼,三户豪强楚覆秦。有志竟成前史在,平章国事彼何人?

行在风声类子虚,委蛇畴上万言书。病民犹有王安石,内相偏无陆敬舆。狗尾貂蝉争烂熳,鸾台凤阁半迂疏。高明鬼瞰谁能晤,甘作偷生釜底鱼。

辅臣硕望斗山齐,阀阅巍巍冠陇西。曩握全权渡瀛海,今膺专阃驾虹霓。岁寒松柏心弥苦,日暮桑榆景渐低。愿献一筹来借箸,侯门万里隔云泥。

群雄虎视已多年,交际今须面面圆。和局艰难休再坏,穷黎憔悴况堪怜。好扶日月重临照,免见沧桑会变迁。忧国拚罹文字狱,长生原不羡神仙。

杜樊川

梦魂颠倒恋扬州,飘忽簪裾第一流。胜地往还佳日乐,词场追逐少年游。舞衫歌扇春如海,人影衣香酒满楼。两字虚名躭薄幸,他生未必此生休。

王明扬

洗尽尘颜二十年,炎凉世态野狐禅。前堂钟响人重到,旧壁纱笼墨尚妍。节钺遥临争起敬,英雄未遇孰生怜。从来一饭恩难得,梦醒黄粱事业全。

董仲舒

一席名山仰大儒,心香常愿拜江都。东京才子贤声播,西汉文章治体敷。功业千秋昭禹甸,天人三策赞陶谟。当年未识园林乐,昼下书帷莫诮迂。

苏东坡

豪气凌云笔阵开,此公卓荦世交推。衣冠莫谓疏狂甚,文字皆从嬉笑来。赤壁黄州成浪迹,长髯古貌称奇才。犹馀一事真堪羡,夜夜金莲烛照回。公愚稿

洪水叹丹徒中泠亭长叶玉森

妖风一夕掀龙府,水晶宫殿愁无主。狂虬毒蜃灵鼍伍,纷纷怒作神龙举。阳侯海若勿敢侮,江妃湘女不能处。或遁深潭伏幽渚,流离潜视腥鼟鼓。修尾鞭天天尺五,更扫银河作飞雨。淫霖助虐天轻许,东南百万生灵苦。家浮宅泛追渔父,鸥漂凫没呼神禹。朝泪高柯暮峻屿,无薪可炊米可煮。生气惊魂团一缕,老幼啼饥雏泣乳。对此茫茫不忍睹,膨尸浪逐蛇缠股。零

骇涛卷霆争吐，奈何失足沉烟浦。一漩已为鱼鳖侣，缪王莫射
钱塘弩。尾生空抱蓝桥柱，慈航不来号佛祖。如此狂澜谁砥
杵，我今悲歌告寰宇。民吾同胞物吾与，中泽嗷嗷宜急怖。莫
使哀鸿化枭羽，更愿波臣听我语。迅疾迎龙归帝所，怪鼍顽鳞
庶就抚。乃别渠魁惩跋扈，轻者幽囚重醢脯。饱啖鲛民和雁
户，从此波恬万万古，沟壑馀生群起舞。

　　题潘兰史《江湖载酒图》王恩翔

　　二月春风怜豆蔻，十年灯火梦扬州。楚腰纤细尊前舞，不
许人间杜牧愁。

　　醉乡云水三千里，明月芦花卅六湾。为语黄门潘骑省，懒
居廊庙便清闲。

　　题西湖白云庵徙南道人

　　古刹林遮护，来游一再过。湖光簸皓月，天影汤清波。对
佛哦诗句，闻钟发啸歌。欲将元妙理，诘难老头陀。

　　占尽湖山胜，游人屣欲穿。松龛供月老，云榭集天仙。客
到无坡颖，僧归自市廛。云何释迦法，管理世因缘。

　　和王郎优游笑痴赠袁云仙校书三绝即用原韵瓣香馆小主人

　　丰神绰约拟神仙，茗碗炉香证凤缘。红豆相思才子笔，题
将艳体镜台边。

　　咫尺天涯又遇卿，青衫红袖两心倾。最怜花月春江夜，重
唱懊侬感旧情。

　　静对琼楼玉漏沉，桃花扇底泪难禁。含情别有撩人处，一
卷芭蕉雨后心。

　　烟波石

　　西风人倚晴川阁，隔江举手招黄鹤。忽闻江声砰訇吼怒

雷,知是炉波石与水相搏。此石岂足娲皇炼,烟痕一缕拖石面。此石岂足精卫衔,波光万顷为石箱。片石千秋苍铁色,似炉非烟写不得。惊霆昼骇走蛟螭,砥柱中流思禹力。石兮石兮默无言,烟波无际风色昏。东海可填石可鞭,好凭天险固吾藩,搜讨古迹夫何烦。

藏园八景诗武湘州河阳旧主元韵中泠叶子

万花处春晴听鸟　占尽繁华绣谷中,花天佳兴与谁同。文章烟景追唐盛,柑酒风流话晋东。三五雏莺啼嫩绿,一双子燕语娇红。狂奴艳福销香海,歌凤曾无学陆通。

之字桥月夜钓鱼　小桥流水好池亭,云也低徊月也停。波尾苹花凝露气,风头桂饵散秋馨。漾残虹影双弯黑,钩破天光一线青。玉蛛金鳌惆怅绝,不堪旧梦话宫廷。

夕阳亭看云闲坐　倦随裙屐拾春菲,亭外闲云逐燕飞。苍狗白衣悲子美,晴峰雨岫悟元晖。偶黏斜日光弥幻,不作甘霖愿恐违。痴坐尚思歌糺缦,非烟非雾望依稀。

听雨楼剪烛清谈　烛莲红剪半楼烟,促坐听春又一年。新雨招邀挽旧雨,禅天参透悟情天。忍教误国挥王麈,聊尔悲时论鲁钱。今古纵横流蜡泪,且陪风月醉樽前。

玉琴台邀朋远眺　琴台风卷绿杨花,人道无弦五柳家。眼界拓开诗画稿,耳根清绝市尘哗。数声弹落沙头雁,一目瞭空井底蛙。笑语高山流水契,移情何必海之涯?

桃花洞载酒寻春　东风忙煞嫁桃天,难得丹青好手描。渔父不来邀客醉,美人何处念奴娇。洞天春色仙壶贮,酒国风流老带飘。未忍听鹂郊外去,花应含笑盼幡摇。

莲花阁焚香拜佛　王母何时返玉池,仙心空自托安期。且焚梵阁烟双缕,好拜莲台月一眉。香梦销魂参子夜,绮怀回首忏儿时。痴情愿祝龙归钵,愁伏蒲团诉寸私。

斐竹居结社吟诗　能解虚心自可亲,不分谁主与谁宾。好扶白社重轮雅,同是金城百战身。竹节未忘千仞志,笔花争吐六朝春。何时把臂风骚将,共扫词坛十丈尘。

送胡秋农赴都周子炎

山容惨淡水声愁,消尽柔魂是远游。不道送行人更甚,知音从此复何求。

一纸书来报远离,把笺凄绝数行期。原知聚散寻常事,双泪吾前不自持。

此行何事最关情,烽火连年困帝京。风景依然人物改,当挥热泪哭苍生。

如君年少更翩翩,肥马轻裘缓着鞭。一路山川助吟兴,归来索读纪程篇。

懊侬曲斗垣悼卢姬紫云作王恩翔

珠女十五馀,来去珠江侧。皎皎似明月,与郎始相识。愿同明月光,夜夜坐君床。有时弄珠回,神女想翱翔。娇郎痴若云,郎拚珠十斛。香含豆蔻胎,美满春风足。郎赠妾明珠,系在红罗襦。妾报君明珠,与郎掌上娱。相见复相见,愿住同心院。明月不常圆,彩云忽易散。江上芙蓉死,颜色为朝霞。颜色益娇贵,教郎心盆醉。生香苏小坟,红滴珍珠泪。西陵松柏下,还须唱懊侬。□妾无此容,郎情无此浓。

谒孤山林处士祠堂

拄杖孤山顶,凭临眼界空。古亭名放鹤,仙岭亘长虹。天与湖三面,堂开地五弓。梅花数千本,寂寞自香风。

和姚江谢渔孙明经读史杂感慈溪稼村洪维宝

千秋炯戒是穷兵，岂谓王师出有名。大长无端称敌国，贰师何恤委专征。蚌生牧马徒开渐，势可长驱孰溃成？莫似赢刘讥黩武，树威要自息纷争。

时艰休讶说纷纭，遣将和亲固迭闻。金帛讵关全盛业，车徒谁议中兴君？六飞宛转巴西道，两将辉煌河北勋。割地输财诚底事，前车应否鉴诸殷？

聩聋难发世途迷，倚枕沉吟枉自凄。漠漠烟尘惊塞马，茫茫身世叹酏鸡。瘠肥何忍观秦越，得失还思别楚齐。声说玉关氛未靖，铙歌一曲有谁题？

旁观莫笑杞人忧，率土从来共沐麻。志慕请缨人岂许，事关越俎我空谋。轨同浪说鸿沟画，鼙听应思虎幄筹。倘任江河趋日下，蚍蜉摇撼几时休。

时事偶感三十首东瀛布衣

古道存方策，典型玉帛中。丕承安四海，谁克应非熊？
五岳耸天外，紫云百二重。不看王化洽，何日致时雍？
群雄几起伏，形势自无双。终古天来水，洋洋满大江。
倨傲空天下，漫言攘四夷。自家情势暗，酿得累棋危。
地削兵频败，祖功渐式微。偷安存一日，谁克识其非？
盛衰相转辗，天禄有盈虚。欲识兴亡理，请看建国初。
迂儒耽性命，志士泣穷途。未识□□底，瘠雷群蛰苏。
胡骑侵天阙，边云阵马嘶。将军英气竭，旗影惨凄凄。
辍耕佣赁子，结党斗箐才。今古艰难际，盗儿即乱魁。
香酒连香雾，游冶满千街。末路繁华恨，无心酒似淮。
观风神禹域，杀气满城闉。何处留鸿爪，优游赋获麟。

朝堂慰抚诏,未足定纷纷。夫也无长计,丰碑怎记勋。

北胡连百越,佳气自雄浑。谁奋断麻力,乾坤信手翻。

苍梧何处是,王业奈偏安。四裔年年割,割来肝胆寒。

王风委蔓草,故国只青山。欲极观光日,浮云懒仰攀。

大哉神禹国,坐断四陲天。谁克知阴患,飞来啼血鹃。

粗豪潜四海,暗昧肆班朝。假有黄金在,未知王气销。

中饱忘民瘼,自尊误外交。大艰谋善后,犹要费推敲。

板荡知明主,乱离待俊豪。苟思除积弊,识否用牛刀。

弊窦充朝野,孰能医宿疴?如今明主在,拨乱事机多。

列邦相掣肘,无故又何加。绸缪非无策,优柔惹痛嗟。

奈其风气塞,营利入膏盲。荣辱总如土,无人有铁肠。

社鼠栖君侧,顽愚蔽圣明。回銮新政诏,未免有人评。

冷烟笼细雨,风阙锁銮舆。太液池头柳,为谁依旧青?

外患无宁岁,积衰有远凭。中兴明主迹,历历照残灯。

城破山河在,行宫雨露稠。观光千里客,亦作北门忧。

委曲济天步,毁言或铄金。贤劳多逆意,愁杀暮年心。

时俗无长策,不须仔细谙。未明边徼计,江北失江南。

天当无二日,何用□帘垂。泄泄居诸过,不堪涕泪沾。

回銮应在近,政令贵民衔。祸福无常势,盛衰因圣凡。

蝉琴

正声只合奏熏风,流水高山意趣同。有韵静听黄叶里,无弦好挂绿阴中。汉宫古调千章树,齐女清商百尺桐。林下赏音人在否,歌残白雪曲三终。

蛙鼓

满目荆榛讶进兵,那知两部乐齐鸣。荒园夜费催花力,古寺宵闻起梵声。城郭绿杨方报社，池塘青草记行程。公私不辨雷门布，数到虾蟆第六更。

蚊市

攘攘翻疑震若雷，何人龙断上强台。六街交易晨光闪，三径成群夜色开。活计只从空里觅，幺魔愁向日中来。趋炎毕竟宜湫隘，膏血生涯志未灰。

蜃楼

嘘气成尘一霎开，晶宫龙种费疑猜。白衣苍狗生前梦，沧海桑田劫后灰。烟雾迷蒙新世界，雨云翻覆旧亭台。却看飞阁丹青烂，只在终南峻岭隈。剑胆秋心客稿

蒲节前，山中玉兰再花，曾作小诗以纪其异。六月初，园中铁梗海棠复绽娇红，数蕊一枝，花作重台尤奇，聊占四章，藉抒寸抱

东皇一去未闻归，底事棠妆六月绯。春睡想因曾未足，熏风吹不醒杨妃。

不唱飘烟抱月荷，海棠花底梦春婆。可真卿有神仙术，富贵场中幻想多。

两枝花作一枝开，蜂也痴疑蝶也猜。不道生平君似铁，趋炎也向热中来。

记曾花下谱新词，两度看花我亦疑。岂是怜才心未死，故来补乞杜陵诗。

用海上王郎元韵赠袁云仙校书觉非寄主

本是前身李谪仙，谓李苹香诗妓。好从翰墨结因缘。相思两地凄凉甚，梦到鸳鸯角枕边。

纷投绮语续飞卿，谓谢飞卿。扶下鸾台一顾倾。最好水仙

王去后，风裳露佩许多情。

　　映出芳姿月色沉，偎红倚翠感难禁。怜花替拭青衫泪，惜别空牵一片心。君原韵有"惜别依依几不禁"之句，故云。

　　前题泖峰散人孙家相

　　天风吹下藐姑仙，旖旎风光剧有缘。鼓罢云璈弹锦瑟，为添清兴到吟边。

　　我有微词敢寄卿，梁家红玉久心倾。金山桴鼓留佳话，艳绝当时一段情。

　　炉香欲烬瑞烟沉，怅触欢筵感不禁。自古情多属才子，爱花更切惜花心。

　　附录同文消闲社诗钟

　　课题：《燕子笺》、相思

　　风流圆海征歌熟，日暮长门买赋难。剑虹生

　　曲制乌衣亡国恨，泪沾红袖想夫怜。顾曲郎菊癯

　　剑堂梦绕空梁韵，金屋魂牵别馆情。瓮城独立杨新

　　阮马白衣歌吹部，女牛碧汉别离情。花乡酒国仙蝯

　　乌衣一梦怜歌短，红豆双抛记恨长。辛未生

　　南国春灯歌紫乙，西厢夜月散红娘。中泠亭长

　　春灯乙乙传佳话，红豆双双写妙词。河阳旧主

　　淮水新声千古艳，海天明月两心知。六知主人

　　舞破新巢怜蟒玉，牵连旧绪泣鲛珠。代香氏

　　双云书影团圆日，两地诗情闷损时。个中人

　　帝女花输声靡曼，王孙草惹意缠绵。海宁用周范亚

　　乌衣一曲青莲泪，绛树双声红豆词。然藜阁词客

　　院本久倾长乐老，泪痕远寄未归人。羊裘客

团圆美眷双花诰,惆怅离人尺素书。金炉宝篆词人

绮情别谱桃花扇,离绪环生苏蕙诗。剑湖小郑

火树银花双艳影,春风红豆五言诗。老相

一般侦戏鸡鸣埭,万种离情雁足书。剑湖小郑

曲中同调桃花扇,天末离怀竹叶杯。京口荷塘钓徒

桃花有扇翻新谱,柳色无端引别愁。修月户中人

二曲春云迷霍婿,一河秋水怨星娥。瘦叶

烟花闲写江南曲,云树愁吟渭北诗。红豆子

月旦有心侦复社,风流无计接阳台。湖矶钓客

梨园枉结侯公子,柳梦偏寻杜丽娘。稽山章二

圆海初填新曲本,盟山犹忆旧交情。中圣人

菊部歌场开阮府,桃花流水忆汪潭。选青

评量春谜同遗韵,消瘦秋风只自知。风流荡子

怨释东林词雅撰,情移南国豆低抛。西泠小许公

留与春灯千古艳,望穿秋月几回圆。贾石农

君舞臣歌巢幕等,燕南楚北印心同。羊裘客

顾曲名姬三下泪,传书彼美九回肠。斜川然藜阁主

题目:竹夫人、西瓜

多节独全贞节性,镇心消尽热心肠。剑胆秋心客

长夏拜恩封卫国,初秋品味到平川。凫山樵隐

同梦足征君子节,食甘须访故侯家。公愚

梦入潇湘羞节破,种传回纥镇心清。让花郎

抱眠玉骨清香润,剖啖冰肤爽气生。让华庵主

胸次玲珑羞粉腻,口头清润沁心脾。邗江散人

嫁与东床同枕石,来从北牖好餐霞。留有徐客

虚心同入无言梦,适口能成却暑功。瘦竹轩

君子伴眠君子榻,故侯名出故侯家。瑞云主人

抱来对月嫌无语,剖出流霞可镇心。嚣嚣子

初八日辛丑　　晴

晨虹见于西,往馆,阅《同文沪报》暨《清议报》。宵,李云苓表弟来,为陶尖殿修葺后山围墙。庙董议归仓董出赀兴修,故向余暨同事一酌。余曰:"以鄙见论之,此事应归庙董修理,但不知诸君之意云何,姑俟之可也。"

附录《清议报》诗天坛灾夜坐晋阳寺(旧稿)素厂

古佛无灵,僮仆无声。先生独坐,长夜五更。转大地于寸窍,噫万籁于碎琼。沧海飞波黑山横,帝坐炯炯接长庚。鼻孔喷火灭日星,羲娥孪走之为停。囚魖百怪踏万灵,天龙血战鬼神惊。神鼠推倒双玉瓶,金轮忽放大光明。万千世界莲花生,先生开眼但见秋虫唧唧佛殿灯焰青。

留题华首台(旧稿)延香馆主

石径荦确郁万木,密缠棕榈盘龙竹。桄榔倒挂依严壁,菖蒲侧生出涧谷。洞门幽闶沥霜雪,华首高台踞其麓。飞云广长泻飞瀑,夜夜说法龙虎伏。山僧采药锄附子,锄得宝塔供尊宿。景泰宗风犹可希,顽石合掌受戒嘱。蝙蝠不来蝴蝶飞,诸天花雨长霏霏。华鬘会上散珠玑,半月岩中孤坐微,梦入梅花一笑归。

风暴因明子

春申浦上天文台,昨报东南风暴起。万里狂飙气轴翻,吼搅荡空势未已。吹送潮音挟海来,倒灌江河溢江水。大风数日长江水皆逆流。斩缆拔木卷蓬沙,榜人夺魄行人止。禾稼方青棉叶

秀,胎折花损如弃屣。已叹北方扰烽烟,更愁南方呼庚癸。兵食水风一切劫,帝阍何由叩溟滓。呜呼!五行之说夙闻之,天人理通是耶非?年来荼毒遍清流,网罗刀锯恣所为。上帝苍苍果有无,有示帝罚正帝慈。不然天时人事适相值,亦当以人事治之。人治进步避天虐,此理昭昭无可违。嗟哉亚陆昏垫地,何自得见文明时。

帘怀人也

朱窗映绿竹,一抹因痕薄。荡漾瑠璃海,澄波衔滑笏。天涯远迷离,芳草固未歇。独有素心人,玲珑望秋月。

世间

哀乐多乘现着身,太平悬想未来因。苍生自造恒河业,赤手谁援彼岸人?其奈何时资啸傲,终无可已见精神。百千成坏世间劫,愿力持之转法轮。

读《日本国志》感赋

蕞尔扶桑土,休哉聚伟人。尊王倾幕府,流血兆维新。差壮半球色,能开东亚春。神州犹梦梦,何日气方振。热斋主人

杂感

玉露春风秋气清,登山临水尽伤情。江南佳丽烟花梦,直北关山草木兵。虮虱小臣纷雨泣,虾蟆大蚀蔽天明。九重自是中兴主,可有皋夔应运生。

完好金瓯无缺憾,谁知沧海竟扬尘。高骈老去迁延甚,舒翰驱来局促频。托义春秋诛乱贼,偷安旦夕望和亲。中流底柱将谁属,草野之间任万钧。

六龙西走拥千官,睒目神皇也鼻酸。诏下兴元悲泣易,将无郭李挽回难。去邠漫借成周例,返洛还同炎汉看。蹂躏中原

纷异族,不堪月夜望长安。

祸连种类足魂惊,和战纷纭尚未明。绝大事来皆酒醉,不平人各以诗鸣。潇潇秋雨劳人梦,滚滚飞云孤愤情。惭愧因循无寸补,埋头故纸太痴生。

五洲大局动全身,默运潜移合有因。仁杰未醒鹦鹉噩,包胥空哭虎狼秦。已难奇渥雄沙漠,惟有勾践炼胆薪。还我圣君歼鼠辈,自能鼓舞辑人神。

坐镇东南独护持,岿然二老尽须眉。卅年勋业千钧弩,一纸文书十万师。人混鸣狐纷黑白,势成骑虎太艰危。可怜鹦鹉洲边月,碧血横飞尔未知。

秋怀

秋风吹彻广寒宫,此恨深深与海同。捣麝成灰香不灭,剉花为屑泪逾红。碧天东转无人问,弱水西流有梦通。寂寞汀洲兰沚老,三更哀响一惊鸿。

题《美人愁坐图》

美人深坐颦蛾眉,云鬟雾鬓理不时。岂是闺中劳绮梦,非嗔枝上啼莺儿。美人情绪奇人节,貌如桃李心如铁。无端敲断玉搔头,痛说金瓯一朝缺。况复胡兵覆上京,虫沙猿鹤泪堪倾。弱质宁将支大局,雄心直欲斩长鲸。江南三月烟花绕,深锁红闺不觉晓。天惊地岌撼风涛,谁是眼中明了了。莫谈红闺少轶伦,须眉七尺亦犹人。痛饮漏舟神已醉,酣歌焚屋气方振。独居深念肝胆裂,子规啼尽声声血。漫言儿女不英雄,挽回厄运须激烈。

寄怀友人曰公

我甘诛逐悲君国,君独凄凉念友朋。叶音读若旁。异姓弟昆逾骨肉,贫交患难见肝肠。青林黑塞人千里,少陵梦陇西诗,时陇西尚生存也。今人必谓青林黑塞为吊死友,谬甚。白露苍葭水一方。南望桂林天样远,凭栏极目海茫茫。

祭汉难诸烈士文

惟辛丑七月廿八日,实为汉阳殉国诸君子就义第一周年纪念之期,旅居日本之同志后死者,谨以香花清酌,西望招魂以祭之,而告其灵曰:

呜呼!四万万人皆欢虞歌舞,禽视鸟息,偷生以为乐,而公等乃先天下以死耶!四万万人皆鱼馁肉败,残魂馀喘,心死而不可药,而公等乃援天下以不死耶!呜呼!文明者购之以血,斯语其宁余欺?但未流一民贼之血,而仁人志士膏刃千百,其能勿悲?惟我中国,憔悴于独夫政体,累千载而迄兹,岂无革命,以暴易暴?岂无义烈,乃家奴畜犬之报其私?大盗移国,群奴承厄,柱维缺绝,河山华离。或习矣而不察,或知矣而不为。昭者袖手以太息,聋者鼓腹而酣嬉,受尘劫之极敝,遂痛溃其若斯,惟诸君子,以鲁索、孟的斯鸠之志,行西乡大久保之事,振臂一呼,天下走集而和之。谓蛰雷之一发,庶甲坼而萌孽,岂图所志所学所事,百未一竟,而联衽骈颈,以七尺为国牺。呜呼痛哉!谓天丧斯兮,天胡生君?谓天存斯兮,天胡死君?死其亦君之所志兮,其如奴种之将永沦。殆众生业报其犹未满兮,吾宁怨天地之不仁;党狱莽其鼎沸兮,恣魑魅之搏人。或棣萼骈理其玉折兮,或乔梓连枝以兰焚。或深闺梦河边之骨兮,或铁窗吊夜月之魂。望江湖绵亘其千里兮,漫浩浩以愁云。苌血三年而未碧兮,湘魂九招以谁闻?念悠悠之天地兮,哀鬼雄之不在人间。呜呼!公躯虽烬兮公魂生,魄为河岳兮气为日星。公死死国兮,非曰死名;二十世纪史兮,载公之灵。责任已尽兮,公又何斁？嗟吾侪之后死兮，独俯仰以怔营。前人志事莽莽而未了兮，来日事变漠漠其焉凭？国民仇愤累累而增积兮，举世大梦漫漫其未醒。新纪风潮凉凉其太恶兮，微生才力眇眇其奚胜？呼九原兮不作，栗中夜兮自惊。我其哭兮无泪，我其歌兮无声。呜呼痛哉！魂兮何之？山河破碎，陵谷迁移。碧血今日，青山旧时。无国何托，无家何归。呜呼痛哉！魂兮有知，东来比邻。蓬莱清浅，中有风云。满座穆穆，魂之故人。薄酒奠影，香花侑神。东海有极，此恨无垠。魂兮来耶！鉴兹苦辛，呜呼痛哉！

莫愁湖杂咏

柳阴系马入卢家，枕水楼台掩碧纱。一片芳心谁共语，莫愁湖畔看荷花。

藕花含笑滴红珠，吹散清芬入画图。宛似美人初出浴，晓风残月莫愁湖。

底事平湖唤莫愁，六朝金粉已东流。沧桑未必随棋局，儿女英雄共一楼。

烟雨楼台已寂寥，郁金堂下亦香销。湖波不洗风流迹，付与佳人说六朝。

日日凝妆独倚楼，狼河北望断肠秋。莫言水是无情物，一镜烟波未洗愁。

南朝遗迹几兴亡，惟有青山对夕阳。恨杀双栖新燕子，飞来飞去郁金堂。

露艳芙蓉凝晓妆，风吹帘幕散清香。平湖不改盈盈水，为忆莫愁愁更长。

莫愁湖春词

杨柳桃花烟水新，莫愁湖畔亦残春。夕阳终古销魂泪，半洒词人半美人。

梦坡燕饮吴山成诗两律同人均有和章录请病鸳诗伯正刊
运甓生

从来世态易炎凉，我辈登楼快举觞。极目中原飞海水，伤
心大地患萧墙。乘风谁许终军壮，纵酒曾无阮籍狂。万里山河
俱变色，枉将愁思索枯肠。

半日清凉不易求，湖光山色入高楼。主宾尽是忧时客，江
海应多逆浪舟。美酒浇来愁易遣，好风过处暑全收。谁人敢道
登临壮，立马应教最上头。

前题云迻

接天云树郁苍凉，雪藕调冰醉客觞。胜境几人同载酒，高
楼四面不遮墙。雨摇山色侵衣冷，风卷涛声入席狂。今日诗朋
欣满座，一樽共话豁欢肠。

眼底奇观任所求，凭栏何让岳阳楼？划分吴越东西局，指
点江湖隐约舟。云暗四山浓欲泼，泉喷百道暑全收。吟龙啸虎
增豪气，况复登临最上头。

云开雨霁境清凉，肴核重添为洗觞。楼角夕阳蝉噪树，阶
坳馀润蚓鸣墙。不辞痛饮齐髡醉，尽有豪情贺监狂。风景不殊
人感喟，侧身西望结愁肠。

如斯世局复何求，忍听悲笳咽戍楼。有志渡江思击楫，何
人破敌肯沉舟？酒当醉后情偏壮，诗到愁时兴易收。几度欲吟
吟不得，新题崔灏在前头。

前题半醒氏

浊酒千杯智涤肠，应将阮籍比疏狂。登高最喜恢胸境，不
学殊惭类面墙。斫地悲歌频拂剑，当筵欢笑共飞觞。纷纭试问

红尘客,知否山中分外凉?

身居云顶最高头,放眼湖山一览收。树杪泉奔疑挟雨,天边帆重认来舟。留痕襟上新翻酒,得意风前快倚楼。料想席阑归去后,纪游诗定众争求。

前题蔡福钧

群屐招邀入座凉,东南宾主此流觞。云浮雨脚催诗钵,风卷湖心撼女墙。放胆恰宜名士饮,壮怀还射怒潮狂。吴山立马今何在,一笑恩仇付侠肠。

题襟湖海赋嘤求,道是诗名赵倚楼。消夏漫寻桃叶渡,吟秋同上木兰舟。过江此日思王粲,作史当年薄魏收。见说当歌还对酒,怀人风雨话从头。

前题拱如

炎威顿歇雨催凉,共上山楼快命觞。作势风云危远塔,乱飞胡蝶出高墙。纵情豪饮休辞醉,跨顶题诗不碍狂。读到阳春惊绝唱,惭予巴句索枯肠。

眼前胜概尽搜求,风雨吴山共一楼。云起霎时迷鹫岭,湖开霁色露渔舟。席阑不少闲情寄,笔底还将韵事收。他日登临来绝顶,题襟佳什忆从头。

前题澄澹室主

山楼高处最清凉,公瑾情多此设觞。螺髻新妆窥客座,蝉声残曳过邻墙。风来驱暑吹何急,雨为催诗势太狂。远望西兴峰莫辨,江流几曲似回肠。

茫茫尘世又何求,且学登临一倚楼。东浙潮奔谁砥柱,西湖水涨待乘舟。豹文此日山中隐,蜃气何时海上收。洗盏不辞拼一醉,归途月挂树梢头。

前题涤尘居士

雨洗炎氛乍送凉，山楼高处快飞觞。烟迷远树疑无岸，风卷垂杨尽过墙。爽气全收三伏暑，豪情不让七贤狂。主人沉醉还题壁，诗酒应知有别肠。

何从世界觅清凉，畅好吴山共举觞。矗立涛头翻白浪，斜飞雨脚湿红墙。已悲夏稼遭龙损，不是春风亦虎狂。天祸东南胡未已，滔滔洪水断人肠。

游仙仆官粤十年，历经事变，黄粱早熟，蕉鹿皆空，策杖西征，道经沪上，回思尘梦，聊拟游仙。经沧退吏

自是清虚第一仙，镌名久住大罗天。丹霄忽有尘寰谪，泪湿霓裳倍惘然。

记得空山学道时，九还丹转劚元芝。任他日月双丸疾，不怨壶天证果迟。

羽衣曾侍紫皇前，职掌班联压众仙。却被木公私宿怨，绿章弹劾姓名传。

风浪银河自浅深，十年紫府抱冰心。也知天上榆钱贵，不向人间乱点金。

玉函全册秘琅环，校阅曾陪供奉班。青鸟偷衔蝌蚪字，罡风横扫落人间。

碧天无信渺青鸾，谁念琼楼高处寒。一霎桑田变沧海，始知天路更艰难。

淮王鸡犬垂垂老，阿母桃花度度红。更有小臣方朔辈，全凭狡狯弄神通。

小谪蓬瀛下碧虚，清泉白石敞仙居。天台重待刘郎到，闲杀琴高赤鲤鱼。

昆仑山发九霞光，云路飞凫去帝乡。闻说蚩尤方布雾，手持弧矢射天狼。

银汉珠杓世已移，玉京小别到何迟。回头重忆红尘事，斜抱鸾笙尚自悲。

和病鸳先生题金佩琴词史妆阁中拳石原韵王惕庵

灵犀一点辟心田，清伴花瓶淡着烟。妙稿借临黄子久，西山爽气晚来天。

一片玲珑获玉田，妆楼清品伴炉烟。点头悟得三生理，不住情天住洞天。

前题潘子丹

不将愁思种情田，静对朝曦万片烟。此物可曾邀米拜，由来气概映云天。

图书满架拥青田，爱此玲珑惯袭烟。宝玉竟能消艳福，云根今又谪瑶天。

玉分美恶辨蓝田，宝鸭香温袅细烟。神女捣衣遗胜迹，桃花流水艳阳天。

琳腴小砚作良田，杨柳帘栊一抹烟。疑是女娲留五色，青天不补补情天。

中元日羁泊海上玩月有怀南中诸君子础清

望美人兮天一方，长相思兮不能忘。欲往从之道阻长，举头望月怀故乡。云汉迢迢遥相望，恨不乘云任翱翔。侧身四顾何苍茫，百端交集我心伤。愧彼鸿鹄摩穹苍，乃尔燕雀谋稻粱。愿飞无翼渡无梁，夜光朗朗照乘黄。按剑疾视叱不祥，彳亍歧路嗟亡羊。古今哀乐梦一场，酣睡沉沉夜未央。萧艾不臭兰不芳，鸱鸮回翔逐鸾凰。九天阊阖试引吭，请与浊世扫粃糠。手挽银河洗橄枪,沐日浴月庆重光,此心耿耿何时偿?

立秋感怀壶公山人立青

渐触新凉秋气催,萧骚岩野满荒莱。东南多士肠偏热,也恨平津阁未开。

孤负王通未诰身,纵谈傥论更无人。西风落寞觚棱梦,燕市胡尘遍帝闉。

南垂北际有童谣,痛哭秋风泪未消。年少贾生伤鹏鸟,恨无词赋托鸱鸮。

回首觚棱异昔曾,寒云居水冷如冰。那堪大地皆狐鼠,风厉维持尚李膺。

七夕怀袁云仙校书

双星偷渡果何时,除却神仙若个知。天上人间共离别,最难两地是相思。

检点青衫旧泪痕,自惭未报美人恩。秋风容易吹成梦,梦醒犹牵一缕魂。

藕丝难断多情种,莲性应胎薄命人。色即是空空即色,不分絮果与兰因。

懊恼词上海宁子范周型先

一饮琼浆意便倾,多情未免太憨生。拂弦频得周郎顾,打桨翻将大令迎。愁态可怜随宛转,苦衷不欲自分明。相逢误作飞花看,此意深惭我负卿。

喜我重来怪我迟,开帘相见两惊疑。三分娇怯犹扶病,镇日神情半类痴。镜里漫揩新眼泪,带围应减旧腰支。最怜添酒回灯夜,独抱琵琶不展眉。

当筵原不识君心,谁识君心较我深。顾我有时情脉脉,背人常自恨沉沉。柔肠倩妹殷勤道,软语教郎仔细寻。却叹空囊贫似洗,蛾眉何术赎千金。

盈盈十五好年华,碧玉娇痴未破瓜。眼底更无如意士,尘中独种女贞花。可能巢屋同梁燕,特话飘蓬感鬓鸦。况复相逢亦相识,不堪沦落共天涯。

当日阑珊下第年,何因忽得美人怜。暂时锦瑟旁曾醉,已断游丝梦不牵。一见竟为知己死,重逢愿订此生缘。闲听小妹从头诉,往事追寻更惘然。

孤踪落落影姗姗,每对樽前便寡欢。柳絮生涯深堕落,梅花骨格本高寒。自知薄命聪明误,转恐多情忏悔难。不绣鸳鸯思绣佛,欲从闲地乞蒲团。

斜倚妆台近玉颜,深心偏似礼防闲。分明巧笑工鞶意,彷佛无情有恨间。偶拍香肩频却步,替笼云鬓辄低鬟。画眉合用龙眠笔,先抹轻烟隔远山。

劳燕分飞西复东,看花归去太匆匆。含悲似有千言在,对面曾无一语通。偷蹙愁眉背红烛,暗弹清怨入焦桐。知君无限伤心事,不敢人前唱恼公。

懊恼词下

琴剑飘零惯逐尘,章台走马转蓬身。翻将离绪重重慰,怕睹行装色色陈。带病宵分犹强坐,不言灯下最伤神。凄凉风雪鸡声起,愁绝寒江一夜人。

相送桥头霁色开,惊鸿照影尚徘徊。红冰有晕凝衣袖,螺黛无心对镜台。苦恨石尤吹不劲,生疑马首去犹回。临歧不尽加餐嘱,更望泥金帖子来。

(撒)〔撒〕手天香尚满衣,不堪投袂共依依。一番水月都成幻,两地风花各自飞。中酒情怀醒始觉,断肠滋味是疑非。分明昨夜灯光里,犹抱熏炉翠袖围。

深悔从前领略疏,交情握手更无馀。伤心岂藉言能尽,入梦终怜境是虚。一片蓬山云蔽影,几时阆苑鸟传书。明知此事成惆怅,相见何如未见初。

连天风雪可怜宵,碧汉红墙隔九霄。未免有情能遣此,不曾真个已魂销。可惭李靖逢红拂,生恐韦皋负玉箫。何处西楼堪寄恨,行行锦字满冰绡。

衾铁萧条酒不温,日来消渴病文园。玉炉小篆成心字,金屋残红是泪痕。作客光阴愁永夜,怀人心绪怯黄昏。睡中频误卿相唤,一度謇悴一断魂。

眉头才下又心头,若个缠绵未了休。影似彩云弹指散,情如江水背人流。一杯酒化千行泪,七尺躯装万斛愁。安得花旛长护汝,无风无雨到三秋。

凤泊鸾飘忍遽云,难将此事诉氤氲。解通银汉终须曲,除却巫山不是云。春恨已灰心一寸,苦情直刻骨三分。相思讵独因颜色,半为怜君半感君。

和李苹香诗妓消夏原韵崇川悼棠子

风亭水榭信仙乡,一曲阑干半亩塘。帘卷枣花新浴起,闲拈鞋片绣鸳鸯。鹦哥调舌诵心经,雨过桐阴绿满庭。一个蜻蜓红似血,白莲花上立亭亭。

绮红词人以诗见赠不揣固陋谨步原韵汪僎孝农

未识匡庐真面目,高山仰止总茫然。但求甚解地球事,何忍高谈天宝年。结习难忘三寸管,知音不负七条弦。西迁又蹈东迁辙,怕读王风离黍篇。

生平不作欺人语,时事如斯早断肠。泪坠残碑悲北宋,心伤金井唱西凉。吟诗岂敢希韩愈,纵酒无妨学杜康。欲把凤兮歌一曲,恐君笑我接舆狂。

惆怅词铸错生陈痴梦

踏青曾记过香街,邂逅相逢暂与偕。两字缠绵从此缚,一宵恩爱岂忘怀?脆喉宛转歌金缕,纤指玲珑斗玉牌。曾几何时归咤利,教侬心里怎安排?

明珠化作泪珠量,此后愁长恨更长。碧玉华年原绰约,昆仑再世太荒唐。定情诗里双关语,送别江干九曲肠。谁料此行轻背约,当年何苦订鸳鸯?

漫将韵事溯墙东,远隔蓬山路不通。照眼一帘无赖月,伤心两地可怜风。如何白水盟难信,赢得青衫计已穷。无可奈何穿望眼,碧云天际断征鸿。

自家错误自原知,生就钟情讵讳痴。莫道已甘成薄幸,总教无益亦相思。银河渡远空留约,金屋营成未有期。早悟柳条人易折,肯将小字唤杨枝。

鸾漂凤泊各天涯,追恨咨嗟始念差。误嫁东风卿逐絮,怕听秋雨我离家。病多羞对平安竹,福薄难消富贵花。咄咄书空频太息,栏干倚遍夕阳斜。

毕竟生前福未修,吴娘消息嬾苏州。一春无语妒莺燕,七夕同心羡女牛。雨过蓝桥惊水淹,月明巫峡怅云收。奈何天里愁乡住,世上多侬作赘瘤。

痴魂梦里觅娉婷,好梦圆时转易醒。莲子有心分我苦,柳条放眼为谁青。难修月缺空磨斧,莫护花飞枉系铃。恼煞邻家吹玉笛,助余肠断不堪听。

　　游仙一梦记前身,同是龙华会上人。慧业已输登彼岸,情天小谪坠凡尘。剧怜佳会欢期短,那抵离愁别恨频。稽首莲台还默祝,欲求大士指迷津。

　　茫茫西顾发悲歌,无力挽回逝水波。为雨为云长已矣,多愁多病奈如何?金鳞远慰音终杳,银蜡同垂泪欲沱。愿剪情丝万千缕,长斋礼佛伴维摩。

　　往事思量大不该,误从鸠鸟认良媒。欲拚心事从今掷,疑有因缘续后来。谶语已符名铸错,痴情未肯化成灰。蛮笺题遍新诗句,夜夜挑镫读一回。

　　虹桥忆旧游绝句并引

　　《扬州画舫录》载,城北园林,历历如画,红羊劫后,鞠为荒芜。近存者曰虹桥烟柳、草堂春晓、白塔晴云、平山楼阁,由北水关迄御码头,清溪十里,荇藻交牵,每至芰荷香里,舞扇歌衫,画舫湖滨,不减当年风月,诵《梦香词》:"扬州好,第一是虹桥",馀艳犹在瘦西湖也。近有一种采莲船,穿荷拂柳,轻快撩人,香影廊前,招招以待,风雅之士榜曰小游船。执竿者,皆系东施队里,掠鬓丫头,媌母房中,进巾侍者。闲有抛家髻整,倚棹传神,闹扫妆成,凌波顾影。而齿如编蟹,使人之嚏也喷;首直飞鸦,销我之魂焉可?上者醉翁山水,门外汉那得知;其下者楚客芦花,个中人呼之欲出。以故弄潮竞渡,钓鱼台梅子风酸;引玉抛砖,大虹桥鱼儿水戏。驯至词人墨客,游兴阑珊,野鹭闲鸥,临流呜咽。此等艳事,去可为李斗画舫中之一佳话也。仆藕花时节,小作勾留,赢三生杜牧之名,尽十日平原之饮。前游宛在,等是槐阴蚁梦之酣;好景难逢,那堪棋局猧儿之乱。追忆虫寄,爰作蝇鸣。谷阳何修园大龙山下客星孤，一枕江声旅梦苏。卧起不堪羁思集，挑灯细说瘦西湖。

绿杨城北昔繁华，十里平山半酒家。卷起珠帘翻乐府，歌声遏住五云车。

湖滨画舫朝朝酒，辇路楼台夜夜灯。客斗腰缠花斗媚，更无人似坐禅僧。

庚辛劫后数烟花，零落朱门八大家。<small>八大商总以鹾业著名，皆极豪侈。</small>懒上虎头山顶望，园林无处不迷沙。

歌衫舞袖又扬州，拳大金山一点留。十树桃花万株柳，往来系住木兰舟。

芳洲点染添新稿，兴起钟家姊妹船。酒盏诗瓢容几许，晚凉天气摘红莲。

一篙点破绿杨烟，艇子飞来箭脱弦。多少女儿争速力，手腰撑软不知怜。

鹊巢历乱水云窠，寂寂渔庄唱踏莎。月不捉人人捉月，风流极处有风波。

寒林斜日独徘徊，剩水残山罨碧苔，那得金钱抛十万，桥西重整旧亭台。

为瓣香室主谢懒蝶先生写梅率题六绝句何芷畦

鲰生敢托岁寒材，尽闭柴扉常不开。吟罢日长无遣闷，拚将心事写冰梅。

修到今生第几生，珊珊丰骨鹤同清。酸寒不脱书生气，空占花魁薄幸名。

不画官梅画野梅，名心近日敢全灰。只缘本爱临罗隐，一片吟怀江路隈。

官梅原是我家传,苦苦吟来守旧毡。今把新花翻故样,诗心画骨两争妍。

不使人间造孽钱,梅花一幅当腰缠。到无酒处将他换,如此生涯我亦仙。

频年作客不还家,辜负故乡窗外花。今悔蹉跎将画补,算来犹未负寒葩。

留邗江萧子飞小住侣唐

劝君何必促归舟,也为金焦一日留。江上黄鹂携酒听,座中红袖索诗酬。惊心草草临青镜,笑指星星已白头。待到二分明月满,不辞箫鼓到扬州。

几度欲行未遽行,联床欹枕话生平。一灯聚首倾肝胆,双照同心见性情。雨雨风风都莫管,莺莺燕燕任闲评。感君惠我梅花好,人对梅花分外清。承画梅花见赠。

宣和饯金蟋蟀盆歌邮呈病鸳先生点铁青楼主

汴京文物追宣和,纲分花石穷搜罗。艮岳西风虫韵急,六宫催起秋怀多。忆昔道君耽玩戏,牙盆纷列夸奇制。髹漆黝成腻粉光,渗金袅作游丝细。门立金神饰虎头,党碑叠顺字银钩。案排彝鼎惊斑驳,傍近雕笼宝气浮。瓮城分队开戎帐,蜗军角逐争雄壮。牟驼冈失六师摧,空畜牙兵选上将。蛾眉宛转逐牛车,累朝法物散边沙。双鬟蝉谶悬钿铒,半臂虫生叹琵琶。五国城荒秋月白,候虫唧唧悲遥夕。空将归思托王孙,朽木灯檠藏旅客。转眼云烟痛劫尘,摩挲遗器独关情。不堪白雁声来处,蟋蟀遗经谱悦生。

莲蓬人周子炎

明媚丰神浅淡妆,置身合在水云乡。风吹菡萏红翻袖,雨

过池塘绿染裳。伴我清狂似梅竹,同卿居处只鸳鸯。秋来莫抱
萧条感,知否周郎爱正长。

省识莲房别样姿,和风和露自扶持。凌波洛女娇无力,出
浴杨妃起更迟。绰约芙蓉窥面目,轻盈杨柳斗腰支。相看一种
堪怜态,低首人前默默时。

游子何妨衣芰荷,个人丰貌自堪夸。此中饮贮相思子,当
日曾开并蒂花。身出淤泥偏玉洁,丝牵雪藕为情赊。春风珍重
耶溪路,菱女休将采折加。

临风相对总娉婷,荇带低垂梦乍醒。十里野塘人寂寂,半
湾秋水玉亭亭。飘零有恨悲飞梗,衰谢无端泣断萍。颇与书生
同感慨,茫茫身世一衫青。

笑侬以诗见答迭前韵奉酬绮红词人

少陵诗史千秋在,目击凌夷一怆然。郅治枉怀贞观日,中
兴未逮建炎年。幸留东晋残山水,聊谱南都旧管弦。洒尽伤时
无限泪,登台怕咏大风篇。

斩头欲饮佞臣血,拔剑空摧志士肠。日咏榛苓思彼美,月
明关塞唱伊凉。诗才抗古希唐派,王气悲今黯建康。一副阮郎
青白眼,竹林原许七贤狂。

庚子小除夕感怀示邱菽园中翰黎树勋

南荒景物逼残年,压迭新愁赴客边。多难独当阴长日,不
辰先定我生前。荧煌火树小除夕,明灭银河侵晓天。暗数吟蛩
寄无赖,枕屏倚遍不成眠。

故关风雪正凄酸,羊石星州异燠寒。倚竹佳人渺天末,折
梅驿使隔云端。道逢知己谈倾倒,酒入豪怀气郁盘。天柱未敧
鳌足在,讵堪南徼老渔竿。

闽海畸人耀斗南,寰球载籍恣搜探。当筵盛割牛心炙,击节酣听麈尾谈。能使名流首皆俯,若云国士我何堪?挽扶风会资同志,荷得乾坤仔细担。

珠玑咳唾可胜收,不负南瀛此壮游。妙合天人通一贯,菽子精天演学。郎论词赋足千秋。入怀明月辉相照,绕屋清溪静不流。省识当前真理境,春风应许坐优游。余屡欲执贽及门,菽子谦却。

雁归昨得故园书,瓶罄罍空逼岁除。万迭香愁萋锦字,一缄红泪滴方诸。雪毛零乱怜孤雁,黄口痛荼悯众雏。恐短英雄累儿女,且教饥冻忍斯须。

男儿壮志挺人间,绮语柔情一例删。既把头颅许知己,敢将骨肉恋家山。海填精卫波偏阔,禅说生公石更顽。天壤茫茫数英物,怀才畴共济时艰。

由瓯城赴竹屿偶得二律寄赵佩伯参军

顿催骊唱罢金卮,匹马萧萧独远驰。百里山川供啸傲,暂时离别莫相思。罗胸阅历峰千迭,浪迹生涯笔一枝。赢得荒村添韵事,峡门有客乱题诗。

天教放眼画图新,一路行来少俗尘。古寺晓钟僧汲水,小桥孤艇叟垂纶。秋花媚野如招客,老树参天不碍人。似此故乡风景好,白云回首总思亲。陈铸错

花林词香海痴蝶生广东省素多妓院,名曰花林。惺惺道人有竹枝词百首纪其事,今择录什之四,以当风谣

十道轮回凤孽缘,生成落魄在鱼船。蛮烟瘴雨消磨惯,罗袜何须步步莲。

缓步河边打水围,舟人招缆竞牵衣。任他索够佣工值,不

到花田不肯归。打水围，狎客之称。凡在岸上，谓之打围；在河底下者，则曰打水围。花田，地名。

双桨摇过雨炮台，谁人当号女花魁。蓬头赤脚蛮音语，临去声声说不该。炮台，地名。不该，犹言不当。

潮帮走遍又扬帮，本地人能学外江。宽袖短衫髻两鬓，马头调后唱昆腔。潮帮，在沙面一带，多本地人；扬帮，在河南，多外省人；外江，通称外省。

泊住城濠日欲沉，不如归去访花林。到门整肃殷勤礼，开口恭维贵客临。花（田）〔林〕，城内妓馆之总名。

巷曲重逢旧识多，高声齐唤市头婆。自从相忆常相问，知是年来惯下河。市头婆，妓家鸨母之称。

车马声喧近市廛，清闲却爱小窗眠。银灯摇影佳纹席，侧卧频吹鸦片烟。

垂髫初扮倚门妆，合座喧阗认老相。好似隔帘曾一面，几回欲问却羞郎。老相，妓与狎客互相称谓之词。

不须问姓但呼名，土语依稀听未清。携手入房分坐定，下帘敲动玉钩声。

迷魂汤是武彝茶，纤手擎来礼貌加。几口黄烟香馥馥，泥他随意弄琵琶。黄烟出嘉应州。

施朱傅粉十分浓，地角灯明映玉容。暗室不分昏旦候，时辰表与自鸣钟。

烧猪卤鸭盛筵张，大盏玻璃照洞房。一阵芙蓉新粉气，罗帏罩住夜来香。

拇战高声急口呼，劝郎频执自斟壶。红潮已上情人脸，又把陈村绍酒沽。陈村，地名，做假绍兴酒处。

醉来身软倩人扶，搓好洋巾拭汗珠。盐榄嚼残亲口送，和衣横卧绣花襦。

女儿香气袭黄昏，斜倚熏笼笑语温。红烛焰高帘影乱，月明人尽最销魂。女儿香，香名，出东莞县。

腥气鱼生簇满盘，莞荽触鼻臭难言。自夸海物供宾馔，更有丝蚶带血吞。鱼生，作粥以生鱼者，粤中最盛行。

枕边花堕两三枝，悄立丫鬟唤醒迟。今日海棠春睡足，不知郎候几多时。

约定佳期忽涨潮，却疑恃宠渐生骄。横梳不及搂缨好，打辫年轻第一娇。涨潮，月事来隐语。横梳，妓之年长梳髻者；搂缨，妓之年轻两鬓垂柳长发者；打辫，妓之年幼打辫者。以上三项称呼，皆随其妓饰，以为名号。

记得军功厂外回，几丛珠翠艳成堆。停桡细问登铺艇，带了花边不用媒。军功厂，妓船相近之处；登铺艇，小船名，只可容一卧榻，客之恶嚣者，尝携妓以宿于中。花边，番蚨之名。

相好何须湿与干，悄声低唤倚栏杆。摸鱼歌里传心事，惹起情思不自安。湿干，妓之交好者谓湿老相，仅陪酒或常往来者谓为干老相。摸鱼歌，蛋家曲名，又谓之木鱼歌。

姊妹同声道款留，此乡端合号温柔。檐前随喜春风面，几句寒暄上小楼。

特地相逢唱采菱，端详面善把栏凭。当年寄寓君知否，妾住高坡最上层。高坡小东营，皆城内妓女所居之地。

清晨随步入房帏，看出斑痕酒渍衣。昨夜郎从何处宿，小东营内满床飞。

分明春意透酥胸，见我仓皇忽改容。幔里藏身刚送客，牵衣又复语浓浓。

当门侍女傍雕檐,报导郎来好避嫌。舔破纸窗偷眼看,床头并坐有长髯。

掀帘曳履出妆台,騞着香肩带笑偎。今夜酒阑人不去,请君明日早些来。

五彩绒花透汗巾,黑绸单袷四时新。阿官愚是谁家子,不许刘郎再问津。阿官愚,少年好奢华者之称。

情词几纸倩人书,痛哭娇啼尽子虚。暖气渐蒸香汗出,错疑珠泪落徐徐。

遣来童子送槟榔,剩有馀资便解囊。忽说明朝标会去,已无闲暇叙家常。粤人醵金作会,谓之标会。

闲愁冉冉上眉尖,半掩窗扉不卷帘。今日茶汤初试口,为郎憔悴莫猜嫌。

款款深深分外亲,从今宜喜不宜嗔。莫将极意绸缪处,待我心情待别人。

颠倒衣裳未扫尘,几番呼婢属声频。回眸一捻香奇品,伪作春(傭)〔慵〕学欠伸。香奇品,烟名,出杭州。

坊间烧酒四番多,为诉衷情饮泰和。欲海年年填未满,香云纱后送秋罗。四番烧,酒之极下者。泰和,江西县名,出烧酒颇售,谓之泰和烧。

胜会传闻在佛山,砂锅摇橹向沙湾。归来游到桐心竹,花艇灯明泊税关。佛山,镇名。砂锅,船名。沙湾、桐心竹均地名。花艇,妓船。

摸摸艇子乐何穷,水面风光一径通。东石角连西石角,无人不道是探筒。摸摸艇,妓之最下者所居。东西石角,地名,各有妓船。探筒,称客人之滥交者。

检点行囊没羡馀,于今挥霍更何如?粉头大博先窥破,渐觉情离貌亦疏。大博，粤人称有名望及豪华者。

夜深归去暗推沙，愤气填胸只自嗟。不狥人情河泊所，好开名字托签拿。推沙，沙面潮退，须用无篷小艇荡以登岸，故曰推沙。

巡查差役奉公庭，水练周旋竟不灵。几处衙门花票出，最难销是广粮厅。水练，水面巡役。官府出票拘妓曰花票。粮厅，粮捕通判。

珠江江水水连天，苦海茫茫路万千。退步回头都是岸，从今不上蛋家船。

斩断情根悟后功，采花蜂蝶出花丛。十年偿尽风流债，到此方知色是空。

瘦西湖棹歌红豆词人

扬州自古擅名区，三月烟花入画图。风月无边供啸傲，游人艳说瘦西湖。

扁舟一叶采莲娃，唱罢莲歌夕照斜。收拾莲花归去也，莲花桥畔是侬家。

处处珠帘上玉钩，吴姬二八不知愁。临风唱出相思调，惹得檀郎笑点头。

红桥修竹醉吟时，名士风流世共知。今日冶春诗社圮，阿谁重唱冶春词。

秋云冉冉嫩凉天，多少渔舟泊岸边。买得红菱鲜且嫩，轻轻抛与十文钱。

赤阑干字小红桥，碧水潺潺一望遥。爱煞清风明月夜，有人闲放木兰桡。

繁弦急管耳边闻，鬓影衣香两不分。行至绿杨城郭畔，野花红上叶公坟。

谁家姊妹踏青来，锦样韶华领略回。指点玉钩斜畔路，美人芳草共荒埃。

香梦词三十一至四十古沪香梦词人

记否良宵赋定情,水晶帘低解珠璎。芙蓉帐暖香如海,密誓深深敢负卿。

浓脂腻粉玉搔头,我见犹怜两软钩。记得翠帏双并坐,半迎半拒尽含羞。

凤头鞋子窄衣裳,时世风流时世妆。笑语昨宵替松带,石榴裙底泄春光。

销金宝帐度春宵,一刻千金分外娇。含语向人刚道半,不禁微笑掩鲛绡。

鸳鸯袜子凤头鞋,缓步轻盈贴地佳。犹忆良宵人静后,替松罗带拔鸾钗。

碧纱衫子褪轻红,隐约依稀露乳丰。敢是昨宵情太密,故将云髻管□鬟。

花样容颜玉样姿,风鬟雾鬓学趋时。天然爱好难描写,浓抹燕支阔扫眉。

熟罗衫子镶齐锦,翡翠簪儿压鬓端。低问卿从何处去,莲花座下祝郎安。

绿纱窗下诉幽衷,杨柳梢头月正中。窃比群芳谁得似,碧桃乍放画桥东。

喁喁私语翠屏隈,醺酴香生袖底来。每话飘零嗟命薄,愁眉同是结难开。

感春和邱仙根部郎韵餐芍山人

春色依然似去年,淡云微雨养花天。上林淑景无人赏,愁对东风听杜鹃。

三月残花满路飞,飘来红雨点征衣。萋萋草色连天碧,怅绝王孙去未归。

水涨桃花十八滩,滔滔巨浸驾舟难。丈夫允具澄清志,力挽狂澜愿治安。

六鳌海上驾山来,万树银花电掣开。遥忆京华烽火后,故宫禾黍叹蒿莱。

看到繁华悟此身,盛衰代谢岂无因。古今递嬗兴亡局,徒抱殷忧笑杞人。

请缨年已愧终童,敢把新书上相公。但祝阳和回大地,一时丕变仰皇风。

感秋仍用前韵

凄凉浩劫已经年,此后兴衰欲问天。惆怅六飞犹滞驾,空教望帝听啼鹃。

漠漠秋云一片飞,关河霜露怯单衣。长安万里中秋月,照得朝臣整辔归。

萧萧芦荻战寒滩,愁听胡笳稳睡难。朽木岂能支大厦,休凭和局且偷安。

暮气颓唐老病身,印累绶若更无因。折冲御侮非常事,谈笑安邦有几人?

列雄视我等儿童,凌弱惟强法不公。幽愤满腔谁可诉,悲歌夜半对西风。

否极终当转泰来,文明景运自天开。汉家自有中兴日,猛士何难岂草莱?

附诗钟:《红楼梦》、《骂阎罗》

谁知情种终归竟,不为忠魂敢渎神。白门祖荫

可恨石头空作记，谁云铁面竟无私。崇川请缨子

一部妙文谈幻境，满腔幽愤泄阴曹。红萱馆主

事同演说南柯幻，词比陈书北阙严。懒道人

头陀直待文场散，舌拔应教地狱翻。求是书室

一部柔情留粉黛，满腔情恨泄幽冥。钱颂椒

千古情痴观宝鉴，数言忠直辱阴司。软红吟主

数陈幻境何妨假，怆惜忠魂不觉狂。懒道人

万种痴情传儿女，一腔孤愤泄英雄。石湖渔隐

岂知色界终归幻，可笑阴司亦学聋。求是书室

多福谁能如贾母，无私不信有包丞。石溪钓侣

境迷警幻空仙子，狱愤奇冤效灌夫。古润戊寅生

贾氏有书警幻境，冥王何事受谗言。勾章女史杨霞卿

金钗艳曲歌仙境，铁案奇冤晋鬼曹。绛侯裔剑青

金钗数恰巫峰列，铁案多应地府翻。白门蠮叟

悲金悼玉终成幻，正义严词岂是狂。懒道人

灵石绛珠生有兆，精忠奸佞死何凭。潘氏仲子

公子惯随脂粉队，冥君也受晋诃声。钱颂椒

误以痴情为巧合，恨无阴报到阳间。惕盦

柔肠乙乙萦钗黛，利口申申侮鬼神。竹天农人

千古石头记幻迹，万言剑舌辱阴曹。溪西渔襄王祖徐

石缘花债终归偈，雪魄冰魂敢渎神。涤翠山房

警幻有情传法曲，击奸无路怨穷泉。代香氏

泪珠滴透菩提熟，舌剑惊同草檄严。破衲禅

绛洞迷香花有主，黑城吐气桧为囚。青楼主

补天未弭娲皇憾，斫地犹呼少保冤。辛丑生

编说繁华骄宦女，大声愤怒叱冥王。钱颂椒

半生还泪怜儿女，三字沉冤谤鬼神。秀林樵夫

大观气象繁华聚，不服神明义愤多。菊畦农

儿女私情犹幻境，忠奸公论爽阴曹。白斗蠛叟

境中云雨情原幻，地下风波愤未平。菊癯词人

新词难悟痴公子，异曲同工铡判官。绮红词人

一部妙文真作假，几条冥律是耶非。求是书室

幻想金钗皆眷属，不辞铁锯辱酆都。溪西渔隐

曹君婉写佳人性，胡迪狂呼鬼主私。钱颂椒

结构原空成实录，奸雄未绝怨阴司。醉乡瘦客

幻境何时才睡觉，阳间终作不平鸣。求是书室

点头顽石三生悟，戟指空阶十殿惊。荷塘钓徒

词妙西厢通戏语，声呼东岳未锄奸。王惕庵

死既无缘生亦别，天犹垂泪地胡容。崇川题凡客

有缘何碍钗间凤，无法伪逃底纹鱼。憩庐山人

一园姊妹多才思，十殿神灵受责呵。钓叟

宝玉一生多艳福，铁围千载困奸魂。冶山樵子

钗黛居然呼欲出，冕旒不合尔称尊。兰亭氏

初九日壬寅　　大晴

晨，访管杏浦，商酌整修庙墙之事。归仓董出赀，同人不愿，事处两难，乞为婉转平之，坐谈颇久。往馆，阅《同文沪报》。夕，往庙中同姜岳仙、李松琴议定出赀一半，以助兴筑，免致中止，且以慰杏浦之厚意。其时王君晓周、李彬臣表兄在后宫席地小坐，晓周邀丹三下棋，余旁立静观，王君计输三局，日向晚始散。过李玉君表弟处，知品莲和尚于是日至其家，代余借来《法幢禅师语录》一册，此书

系前明亡后先宫詹公入山禅隐时所著。公名增志,字任先,余之十六世叔祖也。登崇祯戊辰进士第,转詹事府右春坊右中允兼侍读,晋东阁大学士,当未遇时,以宿疾初痊,秋闱期迫,不及赴试,中心抑郁,闲步江边,以散闷怀,陡逢一老,篙舟来前,问曰:"君为文士,不往省应试而独徘徊水滨,殆无意功名欤?"公顿触隐衷,直辞以对,老者曰:"君速归整理行装,即时登舟启程,余固老为舟子者,默计明日有好风信,或者数日,其可到乎!如此机会不可错过,君勉为之。"乃行,枕藉舟中,但觉耳风飕飕,与波涛相激响,直不知水程之远近。东方发白,推篷四望,船早泊钱塘江口矣。亟检行李登岸觅寓,拱手谢舟人,叩姓名,老人云:"仆祖居三港,群皆呼为老舟子,下里鄙夫,不详姓字,君此行必报捷,但归里日,一问便知,何必先言谢?"语竟,飘然驾棹而去。是年,果领乡荐,遂留京读书,明春捷南宫,归家省墓,访问前之老者,均无其人。一日,散步江畔,旧筑庄济王庙,瞥见敕封横额,备载王之事迹,追摹状貌,始悟渡江者,即三港上圣也。遂酬以"分身示筏"四大字,额今犹悬在庙中,馀事详诸语录传略暨济南谱系,不备述。以公之宿根深厚,为胜朝耆旧,不愿入国朝仕籍,其风节令人钦敬,况乎披缁隐迹,作为高僧,昔之佛印,不多让也。公之诗文,著有《玉署初编》、《忠贞录》三卷,经明兵燹,散佚无存,惟志乘艺文类所载《秋怀》诗七言四律,我家所藏惟李给事维樾《谏垣奏议》及《卓忠毅公诗集》弁首序言二篇,墨绢山水一幅而已。兹复获观《语录》,喜不自禁,深感品莲上人之雅情,且幸得公因悟见道之语,有以为孙子法也。宵初,舅母邀晚饭,坐谈良久。归,为潘震炯、周墨缘说四子书。叶耕经袖来英银壹百元,盖为前日补廪费用,托伊代借也。

初十日癸卯　　大晴

终日在馆,阅《新闻报》,得七月十六日,时文改为策论及停止武科上谕。忆自戊戌创行新政,曾有改策论之谕,未几,新旧党兴,遂开大狱,旋复旧制,已隔四载。客夏,拳匪肇乱,联军入京,宫阙蹂躏,两宫西狩。俄则侵占东三省矣,英则强据圆明园矣,沽口炮台险要坐失,皇城使馆界址广开,当此之时,国弱势危,外人虎视,我皇上怵目警心,思为奋兴,一洗陋习,遂饬内外大小文武臣工,限两月议定新章,条奏变法图强,故有此谕。噫!八股取士,沿明旧法,以故为士者,只习词章,不能讲求政治,无怪家邦之孱弱如斯也。今日者舍旧图新,力行整顿,八股之改,武科之停,新政其权舆也。所愿上下同心,实事求是,毋忘皇帝拳拳深情,不袭虚文之弊则幸已。宵,李云苓表弟来。

十一日甲辰　　大晴

往馆阅《新闻报》。午刻,家仆来报,震轩妹丈至,即归。饭后,同往访林君左髓不值,转过孙中恺公子家,与杨君志龄、门人延曙坐论时事,至申后而返。轩兄乘舟回。宵,过李玉君表弟家,剧谈至三漏。是日,阅报,中载有知县殉节一则:灵寿县知县成肇麐以团匪启衅,德法洋兵西进,行抵灵寿,逼令供刍藁牛羊以犒师,彼意谓事在两难,若循意应供,是不免为人臣助攻君父,揆诸私心,有所未安,然守土之职,避无可避,惟有一死报君而已。遗禀送呈上司,末附绝命诗一首,其诗云:"屈己全民命,捐躯表素怀。乡关渺何处,孤愤郁泉台。"噫!中国官员如成公者盖仅仅矣。宜乎合肥相国汇事入奏,请加恤典,以励人臣之忠于君者,入之循良列传,殆无愧欤!

十二日乙巳　　大晴。秋分节

晨过寿升叔家一谭。往馆改周锡纯、潘震炯卷。夕,誊府试全案花名册。薄暮,访吴伯屏。宵,月色大佳,过一山家,与方晓畦坐谈,至夜半。归,改震炯卷。

十三日丙午　　大晴

早辰,过寿升叔家一谭,邀一山兄收管人情。往馆改潘震炯卷。夕,因中秋佳节已近,嘱诸同学放假数日。震轩妹丈自丁田至。宵初雨,在寿升叔家帮忙,为是夜告还天愿,同诸亲戚拈香叩谢,至三漏下始归。

十四日丁未　　晴

朝,在家解拆账务。午后,在寿升叔家,同吴君小帆、郑君一山收管人情。薄暮,请许竹友孝廉题主,同王谷如前辈、李君漱梅、鲍君鹭峰、吴小帆、山兄行赞襄事。是夜卯刻,请王谷如先生祀土,余与小帆为小相,乘竹舆登集云山,恰值残月将落,岭路纡回,天又下雨,泥泞难行,舆夫倾侧者屡焉。追祀土,成主事了,朝暾已红射海东多时矣。

十五日戊申

朝雨。同轩兄在广济庙迎主。午刻,始奉归袝。夕阴,回家少睡。宵初,霁,寿升叔家设轿后酒,计二十馀席。余代为执注,在坐者洪棟园师、管杏浦、丹三、周晓秋、洪五平也。

十六日己酉　　雨

朝,与震轩、羽仪二妹丈、蕴斋表兄坐谈。午刻,设席赏月,留轩兄、羽仪同饮。申刻,轩妹丈返舟。宵,过升叔家。以是宵招集王竹君师筠前辈、李君梅笛镜澄、孙君杏溪光第、林蔷笛、钟伯威、鲍鹭峰清唱弹词,余侧耳坐听,筝簧挑拨,袅袅歌声,令人意气自为之平。至三漏归。

十七日庚戌　　大晴

晨,访郑一山。巳刻,往馆阅《中外日报》。午刻,袖《杭州白话报》,访吴伯屏,伊前托余代购也。夕,誊武童府试花名册。宵,身子疲倦,头眩畏风,早眠。至夜半起,阅《中外日报》。

十八日辛亥　　大晴

往馆阅《清议报》。门人孙延曙来。宵,阅《中外日报》。

十九日壬子　　大晴

朝,同羽仪妹丈往家总仙处送葬,遇唐君叔玉。午刻,在升叔家饮酒,时黄畅如过访,并以时辰钟赠余。席散归,不及遇,托羽仪将原物璧还。申后,震轩自丁田至,因明日往总仙家迎主也。宵,阅《清议报》中诗。

二十日癸丑

晨阴微雨。同震轩、羽仪二妹丈在南门同丰南货店久俟,为家总仙于是日迎先人神主归祔也。午刻归,轩兄留其家饮酒。宵雨,写会书。

廿一日甲寅

朝雨。写会书。午刻,邀诸亲友叙会饮酒,为抬廪集赀应付也。在席者管杏浦、郑一山、李云苓、玉君、王玉卿、震轩、羽仪二妹丈、友樵内弟、家成良公、漱泉兄、毓卿弟、陈丹卿表弟,共十二人,良公至最后。席散,日已过晡,天雨初霁,慈母即驾舟往丁田,震轩随之归。宵,在管杏浦家饮,以总仙请轿后酒。是日卓午,适当余家叙酌,同人不赴席,故移管君处也。其夜复雨。

备记会书拔钱名次　首会,李舅父、家毓卿,英洋十五圆。壬寅六月收。二,王玉卿,英洋十四圆。癸卯四月收。三,家良公,英洋十三圆。甲辰二月收。四,张震轩,英洋十二圆。甲辰十二月收。五,家漱泉、郑一山,英洋拾壹圆。乙巳十月收。六,管杏浦、陈丹卿,英洋十圆。丙午八月收。七,李岳丈,英洋九圆。丁未六月收。八,李舅父、家毓卿,英洋八圆。戊申四月收。九,李玉君,英洋七圆。己酉二月收。十,赵羽仪，英洋六圆。己酉十二月收。

廿二日乙卯　　雨

往馆，孙季芃来，谓己前日错焚《尊经课艺三刻》文，特为兰垞解免。季芃不好八股，每见家藏旧艺，即扯破之，纳诸字簏中，天性然也。吾谓今日之八股虽遭末运，而手泽所存，遗文犹不可弃，矧前明暨国初作八股之人，半属忠孝，文言道俗，亦见学问，特以风气日靡，刻鹄不成，反致类鹜，徒狃成见，一扫而空，其亦太甚，束诸高阁，屏之弗看，何必煽祖龙之火，蹱其暴迹耶？临《高贞碑》字一开。宵，改周墨缘经古师课卷。

廿三日丙辰　　朝雨夕霁

往馆，临《高贞碑》字二开。宵，阅《中外日报》。近日，吾乡人士纳粟捐职者甚众，不啻举国若狂，当此乱世，栖同幕燕，终无定踪，况千里宦游，未必富贵，果遂我愿，车服之荣，何如山林之乐？独不思仕宦人之网罗，昔楚龚舍见蛛结网，即赋归隐，见幾明决，以保其身。语云："危邦不入，乱邦不居。"危乱之邦，入与居尚且不可，矧蹈宦海风波乎？噫！如若人者，其不至于为盆成括不止。

廿四日丁巳　　大晴

往馆。午刻，吴伯屏来，同往访宋门斗，盖宋魁前为抬廪之事，赴省投文，昨夕旋里，必知李玉坡宗师考试临温消息，故来问之。谈顷，回馆。宵，过李玉君表弟、彬臣表兄处一谭。归，改潘震烔经古师课卷。

廿五日戊午　　大晴

往馆，临《高贞碑》字一开。郭门斗来，谓补廪批回，虽未接到，而顶补之事可预定也。老师册费，亦须交缴。余曰："事在疑似之间，不宜遽作是想，得过且过，姑俟后来。"薄暮，过学书王质甫处，阅省城带来余子勤覆函,语涉含糊,令人不解。宵,过李鹤坡舅氏家,时舅氏腹痛,旋作呕吐一番,且近有烟癖,无人调持,即出门往同丰南货店,邀丽生表弟来,调烟膏吸食,痛始少止。转过毓卿处一谈。归,漏已三下。

廿六日己未　　晴

朝,往曾省三希曾家送葬。往馆,改周墨缘经古师课卷。夕,临《高贞碑》字二开。宵,李丽生表弟来,谈至二鼓而去。

廿七日庚申　　晴,寒露节

往馆出课题。《废八股易为策论说》、《感时》五律。夕,欲作聚星书院官课卷,搜索半日。策题《书院改为学堂,必须兼习各国语言文字,而延请中西教习,与乎购备仪器等事,规模大备,非岁需数千金不可,当此财力支绌,何法以为扩充,教育人才,以何者为急务,尔诸生其详陈之》。苦无头绪,并未下笔。阅《时务报》。宵,与田高升坐谈,至二鼓。

廿八日辛酉　　雨

往馆,构控盗葬呈词,并抄一通。午后,邀蔡作来代投县署。夕,家皎秋过馆,以日前自鄂旋里,故来一叙。邀杨君志龄、孙门人延曙,作半日谈。宵,倦睡。夜半被蟹虫所扰,起与内子扑杀数十头,复就枕。

廿九日壬戌　　雨旋阴

往馆,改震炯经古师课卷。午刻,过郑一山处,谈及前日道肆经堂课赋三艺,仅售其一,恨甚,垂头气沮而归。夕,项篆仙过馆,茶话间问以除断臭虫有何妙术,项君曰:"欲为除之,其法先置围炉,取苍术数掬,燃火浓熏,复以阴干之番蕉灼之,此物气息最为猛烈,嗅之颇觉难耐,须将炉安放床下,尤宜门窗密闭,令其香不外散,虫闻热气,心醉必死,君为一试,当有验也。"余默识而笔之,以备后日驱除之一助。宵,阅《格致书院课艺》。

九　月

初一日癸亥

朝晴,天气颇热,如在伏天。往馆,作聚星书院官课策,未完篇。午后,往馆,诸门人不在,坐席未暖,陡闻雷声轰轰,大雨将至,遂归。杜子美诗云:"片云头上黑,应是雨催诗。"此情此景,余今历之,未及门,倾盆之雨至矣。蔡溥臣来访,门人潘震炯阻雨,至暮始去。宵,续作策问成篇。

初二日甲子　　　天早雨旋阴

在馆,改潘震炯聚星书院官课策。未刻,往钟建煴家送葬。申刻回馆,杨君志龄、孙季芃、延曙、家皎秋先在,作半日谈。宵,作聚星官课论,题《中国积弊,不拘在官在民,浸淫窟穴,互相牵制,如何而可亟渐扫除论》。至四鼓始完篇,然嫌未中窾要也。

初三日乙丑　　　阴雨

在馆,阅宋明二史。宵初,学书郭筱京、王质甫来,为学师讨取补廪册费,以回文刻未接到,婉言辞之。谈至二鼓去。作中东书院府课论。题《宋宗留守明瞿留守合论》。脱稿时,漏四下。

初四日丙寅　　　阴

早晨,许粔村表兄来,问改策论行文到县消息。巳刻,往馆,家皎秋来。作中东书院府课论第二篇。勉成四言体,限三百字,盖山兄嘱余作此体也。午刻,一山来,取抄之。夕,誊昨作策问,篇幅甚长。宵,复改易官课论,至四鼓始睡。

初五日丁卯　　　雨

余生日。同郑一山、张震轩、管杏浦在南门同丰南货店久俟,为洪小湘、莱仙、叔林诸表兄,于是日辰刻,迎奉其尊人姻伯□□先生神主归袝也。夕,邀震轩妹丈酌改近作策问,羽仪代抄。薄暮,轩兄返舟。宵初,改潘震炯聚星卷、周墨缘经古师课卷。

初六日戊辰　　晴旋阴

先祖考生辰。朝,在馆阅《中外日报》。卓午,同薛席儒、姜岳仙、周榴仙,往洪小湘表兄家饮轿后酒,坐席颇迟。薄暮,访郑一山,谈及鲍襄阳太守祠前,旗杆石砌一节,人有指之曰:此木也,虽久历风霜,不堪剥蚀,然犹竞爽屹立,若郭氏宗祠门首之杆木,美轮美奂,历日无多,今岁陡遭风暴,随为吹倒,石亦折坏,岂木之质坚脆不同乎? 抑亦邪正之气有以感之乎? 闻鲍之旗杆系云楼作雨先生登乡榜时所建,近隔六十馀年,而郭为梅笛庆章孝廉创造,计阅数年,彼由甘苦而得,此因夤缘而来,旧者不坏,新者反颓,此中殆有数存欤? 两间正气,孕育名人,洵不虚也。一山曰:"此人之言,颇为近理。子其为我记之。"宵,同门人潘震炯、周锡纯往南门外陈府庙观同福班演《钟情记》传奇,遇李西垣岳丈、友樵内弟,至二鼓归。

初七日己巳　　晴

朝,在馆,阅《中外日报》。夕,改许德寓窗课论。叶耕经来,说玉尺官课题目已出。策题《问中国变法,近见刘、张两制军奏请三折最为详切,但经费不易筹,积弊不易去,如何而能实力推行,试胪举以对,俾觇识学焉》。论题《澄叙官方论》。宵,访郑一山,遇之。

初八日庚午　　晴

在馆出课题。《临大节而不可夺论》。欲往彭蓉秋家送葬,过时不及。改许德炯、德寓窗卷。写明日公祭文昌君福首红帖。宵,访郑一山,坐谈至更深而返。

初九日辛未　　晴

先大母忌日。朝,携枬、栂、桐三儿登西岘山阁,祭文昌帝君。

是年余家值祭,同谱诸君至,惟郑一山、启法二昆仲,午刻始下山。归录《政书辑要》中刘、张二制军变法奏折,设文武学堂二条,篇幅甚长。宵初,设席享馂,同坐者林和叔、郑一山、启法、王荣勋代赵邦坤者、许茂治之世兄代刘君菊仙为洪晓村之公子、吴幼莲则代味三孝廉也。今者同人叙集,知己寥寥,或游宦而适他乡,谓菊仙在鄂,味三在粤。或作古而悲宿草。谓郑启法之兄紫垣、赵邦坤之兄星璇、王君赓廷先后逝世。良朋聚散,本无定也,当兹佳节,各处一方,古人行乐及时,其亦有见于此乎!王辋川诗云:"遥知兄弟登高处,遍插茱萸少一人。"洵阅历之言也。席散,留山兄坐谈至三鼓去。

初十日壬申　　大晴

黑早,田坤祥来报,乃父东青伯昨夜饮食过多,一时疾作,颇觉沉重,延至夜半,忽焉逝世。时余朝睡未起,陡闻其言,不胜惊骇,遂披衣覼面,出门访其弟高升,问讯伊家调排后事如何,升言办有头绪,心始稍安。但其家艰苦,犹恐饰词以告,即向毓卿处假来蚨钱二千馀数,作为赙仪,盖不忘昔日之交情也。东青老伯与余家订交三世矣,先君子尤重托之,素性忠厚,饶有古风,虽溷迹市廛,气节不减臣黯。平日酷好书籍,精于六壬,占则多中,他人不尽知也。世欲以貌取其人,恐失之子羽矣。而望余之功名,更为亲切,每官师课发案时,必往观之,名苟高列,喜不自禁,偶易他姓,疑其跌落,即念念不已。犹忆数日前,突来一问,余直告之,始欣然去。其心好文字如此。近因家道中落,忧愤交作,赍志以殁,其有由矣。噫!斯人也,心志苦矣,筋骨劳矣,不逢知己,若版筑鱼盐之举,何天之不吊恤如斯也!吾知人生际遇,定数所存,诚有不容相强者。虽然,天下不少恶人,或徼幸而获厚,岂天公故扬之而终抑之乎?世事不平,予疑莫释,意欲翘首,上叩穹苍。巳刻,往馆,作官课策问,成一起段。宵,阅

《政书辑要》。

十一日癸酉　　晴

朝,在馆,作策问,成筹经费第一条。午刻,秬村表兄过访,接郡城府肄经堂题目。《房谋杜断论》、《裁冗员议》。夕,阅《朱子名臣言行录》、《修史试笔》。薄暮,访郑一山,约为合作课卷。宵,作府课论,至四鼓未完篇。

十二日甲戌　　阴

在馆,续成夜间所作论,另誊一通。薄暮,孙公子季芃过访。宵初,过山兄家,袖近作嘱抄,谈顷。归,阅《校邠庐抗议》。

十三日乙亥　　雨。霜降节

朝,在馆作肄经堂议。午刻,访郑一山,托为一抄。薄暮寄郡。宵晴,困倦,早眠。闻数日海潮泛溢,沿江一带涂园,所种番薯均被淹没,木棉豆麦下种多时,转遭卤浸,父老云潮挟风势,始能逆流而上,今无其风,而潮播荡,斯亦奇矣。又各处稻田,因前迭遇飓风,大致减色,结穗秀实不等。人苦薄收,谷价甚昂,十倍于昔。噫!岁馑钱荒,穷民无告,设使中外不和,流寇四起,吾知世乱祸结在转瞬间已,杞人之忧,曷其有极。

十四日丙子　　大晴

在馆出课题,《增官俸以杜贪墨论》。作官课策问,成筹经费共二条。宵,过山兄处一谭。归,李蕴斋表兄来。

十五日丁丑　　大晴

终日在馆,作官课策问,筹经费成二条。宵,作策第六条。

十六日戊寅　　大晴

晨,访许秬村表兄,不值。同李稚菊表弟买舟往丁田。午后,抵轩兄家。闻戚甥肝热已退,始放心。叩家月樵公,为周田三官堂田产,被曾叙卿封占田租探问消息,并告以不可放松故也。三官堂族祖友梅公曾修炼于此,遗墓今在堂后,拨置墓田二十亩,以作岁时祭享之需,旁立碑碣纪其年月甚详,而祀田坐号亦勒诸石,实系吾祖物也。曾君谓系集真观产业,殆效郑人以璧假许田之计耶?坐谈颇久,辞出,转过震轩处告母。归舟迨到家时,月已上牛斗间矣。是夜,子初三刻月食,至子正始复圆。月食二分二十九秒,初亏亥正三刻八分,食甚夜子初三刻一分,复圆十七日子正二刻九分。

　　十七日己卯　　大晴

　　朝,在馆,作策问"去积弊"三条。午刻,震轩妹丈来,饭后同过李玉君表弟家一谭。转至学计馆,访林君和叔,轩兄托买《蒙学报》,与黄暾卿阅馆中所藏各种新书,洵乎美不胜收。又见袁京卿爽秋五十二岁小像,貌颇英挺,问此像何来,暾卿谓客岁在北京学堂学习,曾与京卿公子同砚,伊特赠余也。按袁公前因直言被害,奏疏凡三上,不下万馀言,词甚侃侃。《沤簃日记》其手著者,骏曾阅录,今又获观遗像,如对其人,何我之多幸欤?薄暮,辞别震轩,返舟。迨归,家仲妹乘轿去,不及致送。宵初,过妹家谈顷归。

　　十八日庚辰　　大晴

　　晨,访郑一山。在馆,改潘震炯官课卷。午刻,许秬村表兄来访,谓闻孙家明年欲延余教读,以其素无附学,恐炯侄与寯不获从游也。谈顷去。夕,孙延曙过馆。宵,管杏浦来访,田高升续至,坐话至二漏。作官课策问"去积弊"一条,"革弊兼以筹费"一条。近数夜,月华皎洁,一镜悬空,几同银汞泻地,如此良宵,月白风清,真不用一钱买也。余今困于文债,不能招知心友联诗酒欢,辜负明蟾,何多恨焉。

　　十九日辛巳　　大晴

　　仲弟生辰。早起作策问"筹资更以除弊"一条。山兄来嘱予,代拟家荣卿老伯八言寿联:"鸿案齐眉筵开七秩;鹤筹添算觞晋九秋。"
是日,同人开西北义食局收租,过陶尖殿一叙。欲往馆,适家伯鳞涛、
仲彝旭来收取抬廪钱款,以回文未到,坚执不付。聚谈至午始去。周
晓秋、李云苓过访。午后,续成策问结尾一段,总嫌草草。改潘震炯
论一篇。申后,轩兄函来说,戚儿身子发热,邀余同稚菊表弟往一
诊。随时与李稚菊袖近日所作策,顺路过一山馆,托为代抄,不值。
复至其家,遇之。时夕阳西下,匆匆出郭门,乘华表船往丁田,抵岸
已更深矣。宵,与李殿铭、赵栗夫、张香浦坐谈颇久。

二十日壬午　　大晴,旋阴

早起,问戚甥体热退净,心为之宽。阅《消闲报》。震轩妹丈往
南河戚家吊唁。午后,随母驾舟归里。门人潘震炯、周墨缘归,两船
相遇。薄暮,谒洪栋园师,以吾师遣伻来邀,为明岁孙宅设馆之事,
因馆金不丰辞之。宵初,李彬臣表兄来,坐谈之间,语及许秬村,谓
余今年在馆多旷功,舍己芸人。心有未解,陡闻此言,中情不平者良
久。自思平日凡受人付托,都竭股肱之力,矧于馆课愈加严密,恒恐
误人子弟,每惴惴焉,许君真不知余心也。昔人云:"士为知己者
死",不知我者,何足道哉!

廿一日癸未　　晴,旋阴

晨起,作玉尺官课论,已刻完篇。访许秬村表兄不值。闻叶寿
如丈昨夕有鸾胶之续。不往馆。夕,往陶尖殿收租。东山佃户高姆
儿来,据说稻田前日经潮冲突,谷粒拖泥,已伤大半,倘交全租,难于
赔补,欲约余去分割也。此人平日狡猾成性,余以片言难信,为之辨
驳一番,竟作恶语相侵,情不可耐,大加骂詈,伊始丧气而去。过郑
一山馆,托其抄就交卷。访启法谱弟,遇之,订明朝赴屿头称租之
约。宵,周君晓秋、李蕴斋、稚菊二中表来谭,至二漏去。

廿二日甲申　　阴

黑早,同郑君启法,偕仆二人,乘义渡船赴屿头收租。时李稚菊表弟有事在岳家,访之,留午餐。未刻,郑君偕仆先行,余与稚菊徐徐缓步,唤渡过岸,日薄西山矣。宵初微雨,身倦思眠,就枕颇早。

廿三日乙酉　　大晴

终日在馆,阅《中外日报》。为许门人德炯说《古文辞类纂》中《管异之晁错论》。宵,过郑一山家坐谭,出友人二小影一为《梧桐清暑图》,一为《柳阴春坐图》。嘱题,袖之归。

廿四日丙戌　　大晴

朝,在馆,出课题。《中国欲致富强必先广商务论》、《济河焚舟论》。夕,阅《清议报》。宵,阅《瓯乘拾遗》。

附录上粤督陶方帅书　敬禀者。窃商等昨从港报得读宪台条陈新政奏稿。图存之要,其策有四,商等悉心领会,至再至三,深叹老成谋国,变法有方,即此一折,已超出寻常俗吏万万也。海外闻风,欣喜无量,每于众人广座之中,相与讴歌大德,咸谓国势虽微,而更化有人,自可易危为安,转弱为强者也。虽然,商等犹有所疑者,朝廷虽有变法之谕旨,疆臣虽有改革之条陈,而时近一年,尚未见诸实践,此何以故?想必皇上未有秉政之权,枢臣尚循苟安之习,以致积重难返,无救危亡此耳。侧闻行在消息,军机为权相荣禄所持把,内政为权阉李联英所掌握,此皆戊戌政变之罪魁、庚子通拳之祸首也。无怪回銮屡请而不行,和议屡商而未协。更可骇者,顷阅中外报章,端王、董福祥有共议兴兵之事,荣禄、鹿传霖有背城借一之谋。事果确实,则联军深入,一误再误,大局必有不可收拾者矣。将见二万里土地坐待瓜分,四百兆苍生尽遭惨戮,可忍言哉!可胜痛哉!商

等虽异域旅居，仍无不心怀爱国，故保皇一会，始于东瀛，浸灌
于南洋群岛，蔓延于美澳各洲，海外数百万人，无他妄想，惟冀
皇上复辟，和议速成，将前此蠹国背君诸贼，明正典刑，通令博
古诸豪，尽复厥职，君臣合体，上下一心，取法维新，与民乐利，
庶可内振国威，外免凌辱，诚商等所旦夕仰望之也。宪台为中
兴之勋臣，膺兼圻之重任，皇上倚为心腹，朝廷恃作干城。当此
创巨痛深之际，谅必有拨乱返治之谋。特商等远处外洋，于救
世近事，未得其详。念时局之日艰，愧献言之已晚，用敢披沥为
宪台敬陈之。皇上为中国待治之圣君，荣禄为祸匪肇祸之罪
首。今欲挽危局，非力扶皇上不可；欲救皇上，非先除荣禄不
可。以宪台本知兵宿将，历战疆场，何难手提劲旅，奋起勤王，
联合各省疆臣，招纳四方义士，清君侧之恶，复圣主之权，以至
顺而讨至逆。夫孰得而御之，一举手而皇上可全，国家可保，人
心可定，然后和友邦，行新政，不出十年，其富强之效，自可驾凌
欧美矣。他日论功，虽兴德之俾士麦、建意之玛志尼，无以过
之。此固千载一时之机会也，窃愿宪台图之，宗庙幸甚，天下幸
甚。商等海外旅民，岂敢亡参国事？然念顾氏有言："天下兴
亡，匹夫有责。"今圣主被挟，诸奸弄权，此固天下兴亡之时，本
无一人能免其责者也。故敢直陈不讳，藉邮附呈，万里云天，铃
辕凛肃，临楮不胜战栗之至，敬请崇安。旅个郎庙国巴拿马个郎
埠保皇会代表人罗璪云叩禀。

廿五日丁亥　　大晴

在馆，改叶耕经卷，自来取之。是日午刻，访刘建勋兄，邀其增
钉日记册子。宵，李蕴斋表兄来，谈顷去。为震炯、墨缘说古文。

廿六日戊子　　大晴

朝，在馆，孙季芤来谈。夕，接洪栋师来函，订明年设馆孙氏之

约。中有云"新徒不如旧,东人有同情"等语,余阅此言,一时进退莫定,如其不允,恐师命难违,若不体故交旧谊,亦太无情,且不免拂人意也。跋胡疐尾,将何以决之？姑为缓图焉可矣。宵,过李玉君表弟家,谈顷归。改潘门人震炯窗卷。

廿七日己丑　　大晴

朝,在馆,改许德炯、德寓窗卷。午后,同李云苓表弟往大赉典,提出英洋五十圆,为籴谷付款。是日,向林和记油行籴来新谷,合庙秤共壹千捌百五十七斤,计每元五十六斤,燥湿各半。当此新谷登场,价昂若斯,吾不知明春青黄不接之时,伊于胡底乎！申刻,回馆,仍改门人课卷。宵,访郑一山,转过羽仪妹丈家,坐谈极久。

廿八日庚寅　　大晴

朝,在馆。夕,在陶尖殿义仓局收租。家仆自丁田接轩妹丈来函,云欲举行安厝,在子职分所当然,但现今岁馑钱荒,子宜缓缓办去为妥。吁！轩兄真知我也。余家先人灵柩,停顿已二十馀年,营葬之求,迫不及待,月前为抬台集款,已开消三百馀金,况加以葬费,亦须壹百馀金,默自为揣千金,担子不胜其力,与其安亲于土,而借债难偿,何若徐徐而图,脚踏实地,一举两全,斯为得矣。虽然,不孝之罪,夫乌可辞！宵,阅《凤巢山樵求是初录》。是日立冬。

廿九日辛卯　　大晴

先曾祖生辰,祖父忌日。终日在馆,黄曒卿、孙季芃、延曙接踵过访。宵,誊清各佃户欠尾谷租草单。

三十日壬辰

天早微雨。偕仆唤渡,过南岸,至石碣门桥里前金等村收找租谷。李君逸伶、云苓表弟,亦同舟过之。卓午雨止。陈有珍邀饭,迨返棹时,夕阳西下矣。宵倦,早眠。

十　月

初一日癸巳　　大晴

朝,在馆,阅《清议报》,写函寄轩兄。午刻,门人林赞侯调元自江阴旋里,特来过访,赠余羊毫二支,坐谈时事良久而去。申初,日食,至酉正始复圆。计是日所食分数甚重。日食六分二十六秒。初亏申初三刻十二分,食甚酉初一刻,日入地平酉初一刻三分,带食六分二十五秒,复圆酉正一刻七分,在地平下。噫!夏秋之交,淫水暴风,迭遭三次,以致村田秋稻,收获不丰,农心惶惶,不堪卒岁,而且国家多故,天子蒙尘,天时人事,大变如斯,吾知世局艰难,寇贼横生,将何以作善后之计耶?我生不辰,逢此百罹,读《中谷》、《兔爰》诸诗,不禁有馀慨矣。宵初,访李仲宽前辈,托其覆选筑坟吉日。遇金君炼百,叙谈半顷归。李蕴斋表兄来。

附录感怀诗盉第三

中兴未睹求贤诏,空使昏庸拥重臣。阉宦汉明留祸种,伤心莫问故宫春。

未成和议思安枕,歌舞湖山说太平。叹我终宵梦难熟,闻鸡击剑到天明。

未老何能学半聋,听谈时事耳偏聪。支那积弱原因重,伟论惊人梁任公。

读书杂咏补牢匠

刺客屠夫藏市井,义声侠气动人间。小图一幅摹乌贼,多少奸邪供奉班。韩侂胄用事,多引用非类。有市井小人,以弓纸摹印乌贼,出没于潮,一钱一本,以售儿童,且诵言云:“满潮都是贼,满潮都是贼。"

蓬门茅屋卖浆家,一担盘盂壮语哗。冷盏声声唤不尽,韩侂胄时,有卖浆者敲其盏以唤人曰:"冷底吃一盏,冷底吃一盏。"冷谓韩,盏谓斩也。不三月,而韩为郑发所刺。冢边萧瑟认芦花。韩侂胄母魏国夫人冢旁有芦束,浅土半露,问之,乃韩之尸,其首已送之金矣。

门前冷落灵芝寺,去国依然一道人。生死交情师友义,翻云覆雨总何因。庆元元年,韩侂胄欲逐赵忠定,因以尽除天下之不附己者,名以伪学。朱文公去国,寓西湖灵芝寺,送者渐少,惟平江木(用)〔川〕李君杞独从容叩请,得穷理之学,有《紫阳传授》行于世。

烦恼倍催须鬓白,生菱堕地叹谁人。事见《四朝闻见录》。放翁误撰《南园记》,枉却诗家党逆臣。陆游为韩侂胄作《南园记》。

阉祸同

阉氛妖雾蔽长安,经义难移永巷欢。汉萧望之、周堪请罢中常侍官,应古不近刑人之义,由是大与石显忤,后皆被害焉。孔制本来无宦寺,刘歆首恶伪周官。读南海《新学伪经考》,即明此义。

京津大乱乘舆出狩北望感怀十三首更生

战鼓津沽急,烟尘京华频。传闻围客馆,无故戮行人。召怨西邻责,兴兵万国屯。惊闻烧炮垒,烽火上星辰。

其二　闻说初宣战,廷争亦有人。裂麻经圣主,折槛有良臣。竟作茅焦戮,偏从延广伦。岂闻十常侍,攘外用黄巾。

其三　太阴黑霾日,大角气缠兵。玉柱惊天折,金瓯碎地轻。戈船横渤海,蛇豕斗幽并。不忍看沽水,血流千里平。

其四　铁道闻烧断,神京最扰攘。大臣鞭血泣,都统阖门殃。公府焚成烬,郎官饿倚墙。禁军称武卫,盗贼更猖狂。

其五　藩镇蒙恩泽,旌旄久宠荣。南疆托保境,北阙孰称兵。讨贼无单骑,勤王不好名。但闻兴党狱,何以对王明。

其六　中旨纷纷下,红巾奖义民。兜鍪戒胡服,枪炮复华人。白简惨遭戮,黄天诩有神。真成一敌八,旧党计何新。

其七　国土同孤注,君王类置棋。金轮篡唐日,叔带乱周时。弧服哀褒姒,衣冠孰柬之? 人谋虽欲盗,天命岂能违。

其八　骊山笑烽火,庙社泣灰尘。黄屋传西幸,萧关又北巡。珊鞭遗御马,红袖泣宫嫔。肠断淋漓雨,凄凉夜走秦。

其九　五台山缥缈,七佛地清凉。云豁金银阙,天开安乐乡。壮图思圣祖,巡狩痛今皇。行在无消息,看云但黯伤。

其十　龙楼旋系马,銮舆且观兵。金凤成灰烬,铜驼卧棘荆。飘零周雅乐,芜没汉公卿。文物千年盛,繁华一旦倾。

其十一　上相和戎出,联军过阙雄。首应函侂冑,师合质萧同。帝座星同戴,神州日再中。人心系天意,号泣诉苍穹。

其十二　两年奉衣带,万里走寰瀛。揽鬓空惊白,勤王恨未成。丧元泣先轸,迎驾出麻城。日盼红旗报,盈盈老泪横。

其十三　绿实槟榔树,红花皂角枝。山云飞浩浩,海雨听离离。绝岛悲鱼鳖,秋风怨鼓鼙。夜深故国梦,两载月明时。

居丹将敦岛更生

燃灯夜夜放光明,打浪朝朝起大声。碧海青天无尽也,教人怎不了无生。

大海苍苍一塔高,秋深绝岛树周遭。我来隐几无言语,但听天风与海涛。

北京蛇豕乱纵横,南海风涛日夜惊。衣带小臣投万里,秋来绝岛听潮声。

漭瀁乾坤起大风,青茫海气接鸿蒙。塔灯照我光无睡,斗大明珠曜夜中。

　　袖中沧海带归来,割取云霞锦一堆。丹岛压舟无异物,行装怪石百馀枚。

　　皑皑白塔压丹霄,大海涛头起怒潮。日日崖滨来拾石,秋风吹浪听萧萧。

　　丹将敦岛住半月,弄水听潮忆旧踪。海浪碧蓝分五色,天云楼塔耸高峰。

　　风号万木惊吟狄,涛涌崩崖啸卧龙。隐几愁看征舰过,中原一线隔芙蓉。

　　岁暮送友人往桂林觉庵

　　一别漓江二十年,桂林山水梦中悬。何堪千里伤离别,况藉中洲事变迁。豪杰纷纷罗党祸,亚欧莽莽积烽烟。丈夫许国头颅在,长啸潜龙出九渊。

　　落魄江湖只自怜,何堪送客又残年。五洲巨国谁连结,万里归途慎着鞭。支厦应为求木计,忧时怕诵采薇篇。长安举目浮云满,拔剑狂歌欲研天。

　　送更生老铁往日本前人

　　万里采风快壮游,向天横剑气凌秋。五洲莽莽传烽火,百职雍雍颂冕旒。同甫怀才难伏阙,余拟《救时二十策》,方欲上,闻变不果。仲宣去国怕登楼。丈夫素抱澄清志,生不封侯誓不休。

初二日甲午　　　　早晨晴,日有晕

巳刻阴,往馆,出课题《瑞邑开蒙学堂议》、《农有馀粟女有馀布义》、《赵盾论》。门人潘煜斋归。午刻,过义仓收租局,与李松岑、彭耀卿一谈,仍回馆。宵初,家毓卿来,相与邀增枬于今夜雇舟往下嵊,称收众田租谷。谈顷,李蕴斋、云苓二中表过访。夜疏雨。

初三日乙未　　　　晨雨,旋阴,日暂见

朝,内子归宁。往馆,上港五十一都赵钦鸿来访,探问补廪批回

消息。赵老人系吴君□□擢伍之中表兄弟，嘱其来催宋魁赴省，候领回文也。午后，往学计馆访林和叔，并催藉田租谷。仍回馆，改许德寓窗卷。薄暮，邀李稚菊表弟来，以吾母昨日伤风，致令谷道不通，微觉气坠。早晨，曾托管君杏浦背拟一方投之，尚未见效，故招稚菊转为一诊。伊谓肾气所致，须用安肾法治之，气始可收也。

方备录　金铃子钱五、巴戟天钱五、生白术钱五、白吉梗八分、小茴香五分、白茯苓一钱、旱莲草三钱、生白芍钱五、炙甘草三分

宵深，内子自母家归。赵钦鸿老人偕蔡门斗来访，田高升叔亦至，谈至二鼓而去。

初四日丙申　　阴，疏雨，地不见湿

往馆，与孙季芃、延曙坐谈。午刻，家毓卿、增楠来，说邀余修葺小宗祠屋瓦，片顷去。访李稚菊，以吾母大便犹未适意，故托为一诊。

方附录　生白芍钱五、冬瓜仁钱五、括蒌仁钱五、炒支子钱五、栢子仁一钱、白丝通八分、旱莲草一钱、白桔梗八分、生甘草二分

夕，改许德炯窗卷。宵，田高升叔来，谓欲往一都、十七都地保处，讨老民填照需费。余写二封函予之。握算子推算本年称收租谷之数。至三鼓始眠。是日震炯回馆。

初五日丁酉　　阴

终日在西北义仓局收租。宵初，同管杏浦、周晓秋、彭耀卿谈至二鼓。其夜云散见星，在局值宿。

初六日戊戌　　晴

朝，在馆，改许德炯窗卷。夕，改许德寓窗卷。作题图诗，共五绝。宵，为震炯说日报中论。是日，金荇舲前辈嘱余代购《杭州白话报》一分。薄暮，送至管丹山处面交之，报费计英洋乙元，外加邮费二角，均未收。

梧竹清暑小影为陈筱兰题

高梧修行碧交柯，坐对清阴雨乍过。不愿趋炎甘学隐，羡君傲气得秋多。

风浴偕游童冠乐，拈花一笑佛仙亲。两般清趣谁都领，愧煞红尘衲褴人。

又代作　竹梧阴展际炎天，坐听熏风噪午蝉。此即湾头消夏地，闲携童子试参禅。

题朱箴甫先生柳阴春坐小影

云阴似画罨苔丛，收拾闲花倩阿童。坐久不知凉袭袂，丝丝吹过绿杨风。

又代作　惜花遮莫笑童痴，坐对春风问柳枝。厌溷市尘甘避俗，偷闲且学少年时。

初七日己亥　　大晴

朝，在家阅《中外日报》。午后，同山兄往洪宅送葬。以子迁表伯于是日未刻，为姨公□□先生发绋也。因时尚早，一山邀余过吴小竹锦城家小待，渠出旧作一观读之，笔力颇觉挺拔，而体制未甚合拍。宵，阅报。

初八日庚子　　阴天

早，代稚菊表弟抄控偷稻呈词。洪棟园师过访，并袖孙季芃处明岁设馆关约。师曰："昨季芃与芬甥同来，再三酌议，云此事关涉渠四哥馆事，不能即允。晚间又来，云大约许带年少者一人。如此议法，想可答应，如再推辞，足下亦有不便，为此劝驾，幸即如约是感。"余闻是言，进退两难，然终以附学限止一人，恐从者之多，难于分置，犹未之应。巳刻，步行往丁田，中途遇薛君博如颂坡，立谈片顷。至午，抵妹家。夕，困倦，倚枕而卧。金秀珏亦来。宵初，疏雨，周鹿峰表兄来访，轩兄坐话极久去。邀震轩改酬题图绝句。

初九日辛丑　　天气极寒。早辰雨，旋阴

在丁田，邀轩兄题就二图。同震轩、金珏乘舟归。午饭后，过学计馆访林君和叔，遇周幼仙屏翰，谈顷。转访叶奇颀，维时米雪敲檐，随雨骤下，舟子正水送雨具来，遂话别而出。薄暮，轩兄返棹。宵，过山兄处，袖交二图。使伊推敲代作之诗，二鼓始回。

初十日壬寅　　大晴

朝，在馆，改许德炯窗卷。午后，访许秬村表兄，转过羽仪妹丈家，邀午饭。夕，改潘震炯窗卷。孙季芃、延曙来，谭至暮。宵初，管山人谢学银来，为订筑圹人工雇赏之价。宵，过西北义仓收租局，与彭耀卿坐话至二鼓，步月而归。

十一日癸卯　　大晴

天早，谒洪楝园师，以孙家终不允附学之事，力却之。师嘱余送还关约。转访许秬村表兄。巳刻，为门人王卓人是宵婚娶，邀余同池寅三志澄先生作利市人安床，邀午餐。夕，同李支芩、姜岳仙、彭耀卿在西北义仓局称谷上仓。宵初，偕寅三前辈为王家压轿。卓人娶蒋星渔先生季女。邑俗花轿至岳家迎娶，必择有功名者坐小轿后随，谓之压轿。俄而轿返，偕调花烛，送卓人夫妇入洞房，迨佳期席散，漏已二下。

十二日甲辰　　大晴

辰，同羽仪妹丈往李君逸伶家，为其尊人梅生先生送葬。转过卓人处道贺。卓午，在其家饮人情酒。夕，与同事诸君，在西北义仓局称谷入仓。薄暮，孙季芃、许秬村表兄过访。余有事出外，不值。宵初，乘月访季芃，坐海日楼闲话，出茶果二色款我，谈及杜少陵注释坊刻，以浦起龙《读杜心解》为上，仇沧柱次之，蔡□□笺注又次之，牧斋钱氏、长孺朱氏二家所注不必说，而各书所定编年序次，互

见异同,读杜者欲寻门径,则当以浦为课本也。久之,漏声二下,始别归。

十三日乙巳　　大晴。小雪节

朝,过山兄处一谭。邀田高升叔,同仆往乔里前金各村找租。往馆,午刻,云苓表弟招饮,为临海笏桥李君笑庭曰昌来瑞,以宗谱修成,送来一叙族谊也。席散回馆,孙季芃来。宵,月白如昼,久待蔡作来不至。

十四日丙午　　大晴

晨,访许秅村表兄,为订明年仍旧馆诸叶家。吴伯屏送来题图五绝句,邀余一酌。巳刻,往馆,改潘震炯窗卷。夕,阅《清议报》。薄暮,访伯屏不遇。宵,皓月悬镜,天宇一碧,如此良夜,景色撩人。过山兄处邀行,步月往南门陈府庙观剧。归,阅《日报》。

附闻蟋蟀有感因明子

蟋蟀鸣,秋风惊,丈夫入世当为兵。支那男子二百兆,坠地皆喜儒之名。儒冠儒行儒气象,坐令种族失峥嵘。秦皇汉武雄而黠,独取儒术保君荣。儒墨名法本平等,信教自由难重轻。后世以儒为未昌,思黜诸家皆合并。呜呼! 吾寻汉种之弱根,汉种自古多儒生。君不见晚周时代齐秦晋楚皆崛起,鲁日夜独遭割烹。又不见南宋时代儒者议论空复多,坐视江山半壁倾。

奉题酸道人风月琴樽图江海浮浪

九州八柱渺无极,东南之陬海天碧。珊瑚玉树光陆离,朱霞万道蛟龙窟。斯时雌风偃雄风,斯时小月承大月。春秋运斗枢群妃之灵横僭,则月盈竞出,小月承大月。山矼石烂夜漫漫,欲眠不眠热血溢。月兮风兮道人酬尔一操琴,浇尔一尊酒,不问左舒者高,右辟者厚,坐吸西江,独依南斗。孔子何须悲凤麟,董龙本不值鸡狗。客投田文当三千，气吞云梦已八九。我虽不见酸道人，欲往从之南海滨。鲸鱼跋浪天黄昏，长人千仞索予魂。中山梦梦一千年，黑鹄折翅号烦冤。酸风苦月盈大千，王母欢喜灵旗翻。玉女投壶紫电奔，布鼓枰訇震雷门。精诚谁移愚公山，局蹐空忧杞人天。青山不语青天泣，东缶西琴两萧瑟。男儿长啸声摩空，酒酣拔剑气如虹。绝膑刳肠不足论，发披十丈叩苍穹。劝君莫学安期生，醉向东海乘长鲸。劝君莫上歌风台，山水知音安在哉？君不见宝刀挥断紫云根，要见嫦娥体态妍。又不见朱幡深护百花丛，桃李无言笑苑东。噫吁嘻！浊世英雄本无主，长剑支颐请公舞。琴中暗形前却螳，酒后醉踏臙脂虎。刘郎还上歌风台，吴质独夸修月斧。我来乘风捉月长叹惜，掷笔四顾宇宙窄。有琴当碎陈子昂，有酒惟酬虬髯客。饮碧筒，张古桐，皎然月，泠然风。道人与我，歌舞融融。抒我抑塞磊落之怀抱，放我淋漓酣畅之孤衷。还将风月琴尊像，图入凌烟画阁中。弗然大地茫茫尽泥涂，批抹风月胡为乎！

丁酉游镜湖马蛟石作觉庵

马蛟石上倚高台，万里海波天上来。楼阁玲珑有仙气，江山破碎为时哀。欲寻海外逃秦乱，莫识寰中用楚材。极目烽烟满欧亚，临流何事几低徊。

感怀和日本人韵同

沧海桑田几变迁，丈夫时有受人怜。将军未尽明三略，宰相唯知食万钱。学佛传灯参语录，忧时通鉴续长编。夜看处士星何晦，岁月空过又一年。

戊戌八月拟北上陈书在上海闻变南还

叹息南还万事非，凄凄江上对斜晖。头颅未得酬君国，身世空怜老布衣。海内人才成党锢,欧西磷燧达京畿。攀龙附凤吾何敢,指点西山欲采薇。

读贾生传书后沛伯

有遇无时痛贾生,万言陈策气纵横。少年眼底空平勃,未免才高器识轻。

长沙小谪不须哀,护惜儒生出圣裁。晁错他年犹被祸,可知文帝爱高才。

老才大用岂无因,宣室何妨问鬼神。天运茫茫迟有待,阴阳调变待斯人。

今古奇才遇合难,尼山低首事三桓。夷吾器小吾其叹,毕竟髯苏论不刊。

己亥元旦登太平山作

万端造化寸心通,放眼扶桑浴日红。五渡香江人不识,太平山顶独吟风。

留别镜湖诸友

壮士行何畏,出门无奈何。侧身怜宙合,冷眼渡山河。返日心弥切,因风感易多。明朝湖海隔,努力鲁阳戈。

一唱骊驹曲,西风生暮寒。离忧骚共写,别恨雪中看。壮志英雄老,多愁岁月宽。披裘思理钓,何处觅严滩。

大江西上曲薄暮观渔望七洲洋有怀素广

海天缥渺,这离愁都似千重波起。走徧天涯回首望,云锁君门万里。崖树燃红,霜风染血,尽是游人泪。行吟江上,楚骚无比憔悴。指点故国河山,说英游日,痛哭忘身世。我亦思寻濠镜地,聊把钓竿重理。日觅沧鳌,夜觇星象,志气凌天际。高歌提剑,眼双青,望吾子。

十五日丁未　　大晴

早起，久俟沈呑载砖人不至。近午，丁田福锦伯来，谓戒甥胎疟未除，邀李稚菊往为一诊。夕，在馆，困倦异常，倚枕酣卧半日。傍晚，李仲宽老伯来，约余十七巳刻到山分金。宵，过赵羽仪妹丈家一谈。归，为旧岁恩赏老民印照分润之费，招蔡作来合盘核算，王玉卿处透支收数颇巨。至四漏下始去。

十六日戊申　　晴旋阴

朝，岩下人载砖至北湖，余同赵羽仪妹丈检砖，暂置岸边。计大篷砖乙百零四数、小篷砖乙百四十三数、大板障砖乙百廿四数、夹护砖三千乙百零十数。遣仆邀山人谢学银，为嘱明日转运山间。午后，许柜村表兄来，劝余明年仍馆孙家，再若推辞，恐碍于情，允之。夕，改许德寓窗卷。薄暮，增枬弟自铜乾收租回，共计净收谷三千零卅五斤。余与毓卿前垫之款，议先归还，计两人各收入谷壹千五百零七斤。坐谈良久而去。宵，过李稚菊表弟处，遇云苓，谈至夜半始归。

十七日己酉　　晴旋阴

辰刻，访山兄，请李仲宽老伯乘竹兜至底九坛山分金。余与羽仪、同仆步行后随，以择是日巳刻开山也。仲宽先生谓，坟圹坐向，须定乾巽兼亥巳，以对后山来脉。羽仪嫌前案相对，总觉参差，内圹之向如式，古书所载，曾有两向，后日如筑坟面，须用亥巳兼乾巽坐位可也。李君亦以为然，余唯唯而已。老伯先下山，学银勉留午餐。谈顷，羽仪去隔山定买石灰，余偕家纪独归。未刻，旧邻王泮隽家来请送葬，辞不去。过柜村表兄处一谭，遇洪小迁，谓孙宅已订坐馆之约，馆金加至五十数，附学一人，屈于情，始应之。往馆，黄穰卿公子来，阅《中外日报》。宵初，往仲妹家，转至丽生处省母，以生弟近日患疟，家慈过而问之，为留盘桓数天也。归，说书，阅《清议报》。

附录说奴隶伤心人稿

有国民之国,有奴隶之国。国民之国,其气盛,其志坚,其力强,故虽弹丸之土地,寡数之人口,翘然自立于大国之间,而莫敢犯。其或屈于强暴之力,熸其军,削其地,夺其政权,甚乃墟其都,屋其社,而其气不挫,其力不屈,抵死相持,务求不受其轭辱。则已失之权地,不转瞬而卒可复。此非律宾与南阿所以数年不屈,而美且能脱英而独立也。若夫奴隶之国,其气柔,其志脆,其力弱,虽广土众民,一遇他人而辄靡靡矣遂不能自拔,乃反庇他人之馀威,藉他人之保护。驯乃受其轭缚,被其压制,煦煦焉,瞷瞷焉,恬然不自知耻辱,苦不自胜,则惟吞声饮泣,私痛窃憾,卒无以自伸其气,自奋其力。而其国乃永沦于异族,而其人乃永为他人隶役之人。

伤心人曰:天下无国亡而民不为奴隶者,天下亦未有民不为奴隶而国亡者。印度之夷于英,英人非欲奴隶之,印人自乐为奴隶也;越南之沦于法,法人非欲奴隶之,越人自乐为奴隶也。我中国人数甲于天下,而今日形势,其去于印度、越南者亦仅矣。谁为厉阶,谁为祸始,则亦我大夫我邦人士庶,与印度、越南人同此性质。煦煦焉,瞷瞷焉,柔靡脆弱而乐为奴隶也。彼乐奴隶,则且与言奴隶。奴隶者与国民相对待,而不齿于人类之贱称也。国民者有自治之才力,有独立之性质,有参政之公权,有自由之幸福,无论所执何业,而皆得为完全无欠缺之人。曰奴隶矣,则既无自治之力,亦无独立之心,举凡饮食男女,衣服起居,无不待命于主人,而天赋之人权,应享之幸福,亦遂无不奉之主人之手,衣主人之衣,食主人之食,言主人之言,事主人之事。倚赖之外无思想,服从之外无性质,谀媚之外无笑语,奔走之外无事业,伺候之外无精神。呼之不敢不来,麾之不敢不去,命之生不敢不生,命之死亦无敢不死。得主人之一盼,博主人之一笑,则如获异宝,如膺九锡,如登天堂,嚣然夸耀于侪辈为荣宠。及婴主人之怒,则俯首屈膝,气下股栗,虽极其凌蹴践踏,不敢有分毫抵忤之色,不敢生分毫愤奋之心,他人视为大耻奇辱,不能一刻忍受,而彼无怒色,无怍容,怡然安为本分,乃几不复自知其为人,而其人亦为国人所贱耻。别为贱种,视为异类,妻耻以为夫,子耻以为父,弟耻以为兄,严而区之于平民之外,此固天下奴隶之公同性质,而天下之视奴隶者,即无不同此贱耻者也。呜呼! 天下伤心汗颜之事,固未有过于奴隶者也。

然而力屈而强迫为奴隶,则犹有可解说也。野蛮之世,敌人之为所捕虏者,不加杀戮,则驱为奴隶以摧辱之,及夫债主逼迫,无术自脱,乃鬻身以偿债,故自古家族之间,奴隶不绝于目,然其心皆有所至愤,其情皆有所不甘,但途穷势屈,力尽能索,乃不能不瞑目敛手,忍耻而从此贱役也。若夫本有自主之人权,素为清流之华胄,其所求不过鲜衣美食,其所图不过高车驷马,乃至尽捐其天赋之人权,尽弃其应享之幸福,以博此区区不可必得之数,规模奴隶之举动,熟习奴隶之语言,揣摩奴隶之声音笑貌,奴颜婢膝,备极丑态。家族奴隶之所忍受,而积愤怀怒者,彼乃视为乐事,循为坦途,如蚁附膻,如蝇逐臭。父训其子,兄诏其弟,师教其徒,友劝其朋,无不以奴隶为宗旨,稠人众座,昌言公论而不讳。其种子愈播而愈广,其性质数传而愈深,少年子弟转相仿效,如疫症之传染,如肺病之传种,所言无非奴隶之言,所事无非奴隶之事,所思想无非奴隶之思想,所希望无非奴隶之希望,以奴隶为堤,而不敢溢其防,以奴隶为的,而不敢失其鹄，乃至举其国为奴隶之国，而外人遂以有奴隶性质唾贱我四万万之人。呜呼！此固心服而乐为奴隶矣。夫力屈而为奴隶，形式之奴隶也；心服而为奴隶，精神之奴隶也。形式之奴隶，其心未死，其愤未平，力之稍厚，犹可奋起而自拔。否则，文明之国，公理之人，斥恶奴隶之制之悖理，犹可除其毒，而脱其羁。精神之奴隶，则心之所安，性之所习，方将宝为秘传，赖为生计，则虽有禁奴之人，免奴之令，彼宁肯弃其秘传生计以从之哉？呜呼！我大夫我邦人士庶，果何所乐而沦溺于此黑暗贱辱之事，必求与世界不齿之黑奴为伍也。然而以奴隶而求鲜衣美食，高车驷马，则犹有所得，尚有可以解说也。今大势危迫，外人相逼而来，其族类与我不同种，其习俗与我不同化，其情性与我不同嗜好，向之奴颜婢膝，柔气媚骨，所自诩为奴隶之秘传绝技者，必不足容悦于彼。彼之所以奴隶我者，虽不可知，然观于印度、越南、波兰、埃及之成例，则他日之奴隶，固非徒耻辱污贱，必将有大创巨痛，为目不忍睹，耳不忍闻，口不忍言者，且观于犹太人之驱逐流离，则我之素见轻贱，久诟为野蛮人种，必将有摇尾乞怜，欲求为奴隶而亦不可得者，然我大夫我邦人士庶，则仍此曩者之性质，而犹乐此不疲也。要而言之，约为三种。

孟德斯鸠之言曰：专制政体之国，其人民皆带有奴隶之习性，秦汉而来，中人之屈服于专制者，二千有馀岁矣。其民之与国家交涉，止纳税与服役之事，二者固奴隶之业，自馀则靡得与闻也。故今日国事危阽，朝不保夕，而蚩蚩者狃于前朝亡国之习惯，以为吾知纳税与服役，尽吾奴隶之责任耳。脱有他变，则吾纳税与服役，尽吾奴隶之责任耳。失一家更得一家，去一主更易一主，吾固习为奴隶者也，天下至大，主人至众，安所往而不得奴隶,譬之犬也,豢而饲我,则为之守夜而吠人;脱易他主,仍复豢而饲我,则吾亦为之守夜而吠人。其身既与国家无丝毫之关系,则直不知国家为何物,亦不必问主国家者为何人,故语以时事之危急,则视如舞台之剧文;语以各国之情势,则视如历史上之已事;语以印度、波兰之前事成例,则视如传奇稗史之谈残唐晚明故事。浮云过眼,东风吹耳,漠然曾不少动于心。如信如疑,如醒如梦,别辟一浑噩之天地,别构一醉梦之日月,以成为刀刺不伤、火爇不痛之世界,盖奴隶之根性已深,久自忘其奴隶之苦,并不自知奴隶于他族之惨酷,盖此固不识不知而沦为奴隶者也。斯人也,中国百人中固九十有奇矣。偿款夺权之报,日轰于耳;割地弃民之约,日炫于目。自非心死,则罕不怵然动色者也。然当今之号称识时俊杰者,则固安坐无动,曾不闻待之之术,其人固非懵然无知者也。读书考古,而知二十四朝亡国之祸,与夫吾国二千馀年积弱致毙之故如此;通达外情,而知外人之所以待亡国之人者如彼。然问以救国之策,不曰力有未逮,则曰时有未可。举国危民眊,伤心惨目之事,故惟于茶馀酒后,资为友朋之谈助;忧时感事,供其诗歌之材料。甚者乃置身于局外,以论任事者之是非,自诩为先见,以议急难者之成败。始则以英雄自居,而未尝有实为英雄之事;继则以英雄望人,而未尝有自为英雄之心。继且言英雄待时,而阻人欲为英雄之路,日为奴隶之言论,以挠沮天下之士气,以摇惑天下之人心,嗒然自废,不管许事,醇酒妇人,假日偷乐。明知死期之将至,则瞑目以待催命之符;明知厝火于积薪,而安卧以待烈焰之发。此人也,必不肯居奴隶之名,而实则自安于奴隶,而并率人以为奴隶。其藏身之巧也,宜束高阁;其陷人之罪也,宜投浊流。盖此固张目饮鸩，而甘为奴隶者也。今之士夫号称新党号称名士者，大约遵是道矣。西儒言专制之国，虽当道执权者，亦皆有奴隶之性行。信哉其言之不谬也。今世之拥封疆尸厚禄，入则美妾俊仆，出则前呼后拥，誃誃然倚以骄人者，罔非谀谄屈贱，操奴隶之术以得之，亦罔非柔媚阿顺，循奴隶之道以保之。国家多难，固所不知，亦固所不计。然权要失势，冰山已倒，则奴隶之术穷矣。乃举其昔日之巴结上司，谀媚权贵，所自诩为奴隶之秘传绝技，移之以媚外人，外人之命无不从，外人之命无不奉，低首下心，惴惴焉惟恐少失其欢，少忤其意，甚乃藉保护外人之约，电求外人之保其高官，求勿使去其位。昔之欲为小朝廷大臣者，今乃且易计而求为外国大臣，彼岂能善外交而保外人哉？不过操此奴隶之术，以保其富贵之私，外人亦厌恶而贱鄙之矣。然以奉命服役之谨，尚不忤拂人意也，则亦姑留之以为我奴隶。呜呼！彼固含齿戴发，皮中带血，且口不绝忠义之谭，笔不绝名节之书者也。乃急不暇择，安于狗彘不食之贱行，充奴隶之量，极奴隶之态，达奴隶之极点，遂不复知世间有羞耻事。又其下者，则托外人之力，以保其财产；资外人之荫，以护其家业。乃至大号于众，自言不复闻中国之事，不复为中国之人，数人倡之，万众趋之，百计营求，争先恐后，瓜分之祸，近在眉睫，旁观之他人，且为痛心而顾虑，而当局者乃预谋狡兔之窟，而因以为利，非奴性之至深，乌肯出此？盖此固捷足钻营以求为奴隶者也。今之达官贵宦，富商大贾，操是道而自称得计者，络绎不绝于途矣。故夫沦为奴隶者，其识至愚；甘为奴隶者，其心至忍；求为奴隶者，其术至险。其罪之轻重虽不同，然既种奴隶之因，即同结奴隶之果，他日之束手受缚，俯首被轭，固将同此一辙,我大夫我邦人士庶,果何乐而出此下策也?夫奴隶者,成于服从之性,而实根于倚赖之心。我中人无独立自治之力,乃至今日之覆亡颠沛,迷而不复,犹复思托其生命财产于异俗殊种不同利害之人。彼异俗殊种不同利害之人,则又方恶我贱我,他日必将叩首以乞一差、屈膝以求一役而不可得。呜呼!我中国今日力虽少屈,而未尝无自立之道,奈何而遽弃中国公民之权,而求注外国不齿之籍也。嗟乎!彼高官贵宦,舍服从无以自存,舍媚人无以自保,自绝于民,自弃其国,奴隶之毒已重,奴隶之根已深,甘为摇尾之犬,既为入笠之豚,是则诚无他望矣。若我四万万人,不必服从而可自生活,不必倚赖而可造世界,其毒未成,其根犹浅,湔而拔之,则独立之国民,自主之人权,可以雄耀于天下,而必饮其馀鸩,寻其覆辙,以自入于曋曋长夜,暗无天日之重囚耶!孔子曰:"人皆曰予智,驱而纳之罟擭陷阱之中,而莫之避也。"我大夫我邦人士庶,其亦长虑精审而慎自择也。

汉变烈士事略

汉口七月之变,唐君才常,以一布衣,网罗数十豪杰,号召数十万众,总统各路勤王之军,拟欲直抵西安迎回圣驾,复行新政,共奋中兴。分派已定,约于七月廿八日同举义旗,不料天心不厌乱,事为后党逆贼张之洞所闻,突于廿七早晨督兵掩捕,诛戮忠义之士共三十三人。除唐君才常,已有专传刊录前报外,兹承友人复择其同志之尤者,撰述各人事略数则,属登报端,俾阅之者略知忠义诸君之梗概,而为他日谈劫之一助焉。光绪庚子十月某某记

林锡珪 林君名锡珪,字述康,亦字述唐,号悟厂,有时或隐

其姓,称哀洲游子,称西河圭介。要之,"悟厂"二字,于吾党中
为最著云。君籍隶长沙之湘阴县,距省会百里,故少时驻长沙
之日,较多为学也。湘阴先达左文襄,起家孝廉,削平大难,封
二等侯,丰功伟烈,乡里壮之。君幼时之言曰:"人无不以左为
忠,吾则谓黄帝子孙,所争者独此一刻,此后将无兴种之日也。"
乡里遂目君狂士。元和江太史标,视学湘中,君以词章冠通郡,
童军正场,既得而复失之,时君父尚在,深悲其不遇,君亦大悔
恨云。光绪戊戌春,新政畅行,湘中有时务学堂之建,君以第二
班补入肄业。其时戚友中,皆谓君不出三日仍当出,盖见君平
日美丰姿,慕少艾,洛阳投果,殆无虚日,学堂功课又极严,以为
君必不能恪守。岂知君名大著,教习某君重之,将与君同濯足
扶桑。甫抵春申,君方大病,而八月之变作矣。君与同学某者
流于上海,大为所窘。值某明经出都,乃同归。其时以内地人
心复大闭塞,时务学堂肄业数十人,将辟一广厦于汉上,名曰政
治学堂。以君为领袖,百计图之,而格于当道,不果所谋,遂大
恚,佯狂于清湘数百里地。尝对同志曰:"吾宁为奴,适文明之
国以就学。所痛者欲为奴以求学而亦不可得也。"己亥秋,梁任
公设大同学校于东京,君将应梁之召而往,离家时,阻其行者数
十人,君不为所夺,遂以八月到东。到东不二月,君见览东邦日
报,其唾骂支那人者,殆无虚日,乃曰:"吾闻壮飞曰:必须度尽
自己,然后度人,无度人之日矣。今圣主将废,国家垂亡,尚何
学为?"即以十月归国,居汉上。不数月,长江三四千里之豪杰
皆归焉。今年春夏拳匪衅起,圣主蒙尘,唐君才常倡办勤王军,
以君为中军统领,凡所筹划,如庖丁解牛,迎刃而解。事为后党
张之洞所知,捕君僇之。呜呼惨哉!君游学万里归,居汉上十

月,无一字寄其家。公尔忘私,此之谓欤? 其平日论学,梁任甫先生称其有哲学思想。其言曰:"还淳反朴,此老氏锢蔽我中国四千年文明思想之证据也。我中国十七代中,所谓甲一家之力已疲,乙之稍善者取而代之,以此数万万之人,哓哓于草昧之中,无所谓兴亡,无所谓隆替,安望其能知自由革命之理欤?"君常谓天下事,但有人力无天然,此其所以与老氏大反对也。君以乙亥月日生,以庚子七月廿九卒。子一,今尚襁褓。常谓某曰:"君持无庸妻子之论,吾以此子名小某,为君后,何如?"言犹在耳,岂意君视死如归若是之速耶! 抑死非君之所料及耶! 天乎? 人乎? 可以恫矣。

田邦璇　君讳邦璇,字均一。其字均一者,以心向往于自由平等之世界,而以此见意也。父春源先生,以笃学为沅沣士夫所引重,一时学者多出门下。君幼时,尚议论,为乡里诸学究所非笑,君若罔闻知。戊戌春,以三班诸生肄业时务学堂,值大病未竟其业,而新政骤,君恨之,将出而求学,春源先生达人也,亦不之禁。遂以己亥七月游东京,时值同学悟厂归国,挽之归。以其年十月径归湖南沣州原籍,将开一小学校于汉上,俾湘鄂有志者得竟其业,与悟厂约嘱为草创之,将归家而措赀焉。其时悟厂在汉口,网罗豪杰,需款孔巨,君独任之,故勤王军之根柢,实草创君与悟厂两人云。今年春夏,北方大扰,天子蒙尘,君急趋汉上,谓悟厂曰:"吾辈当统数万众,入西安奉迎圣驾乎? 此中国兴亡之时也,幸毋失!"悟厂曰:"善。然今饷尚窘,容徐图之。"君曰:"此何时乎? 顾徐徐云尔。"乃毁其家以助,虽春源先生亦猝未之知也。君一年之内,凡自湘至东京者一,自沣州陆行至汉者六七,无一日安其居,其平日人所不能为不敢为之事,但有利于中国,君无不慨然自任。忽于七月廿七日,被逻者掩捕,临刑色从容不稍变。呜呼!天方欲亡吾党乎?君见善勇为,遇事不拘成败,自始至终如是。常曰:"我生即不能观成,待吾后人可也,特恐志不立耳。"其为文沉郁顿挫,灿然有光,盖春源先生本古文家巨擘,其得于庭训独多云。君著作今四散,容异日手录之,以广其传。君在学校时,从容为某言曰:"中国不昌,吾死不瞑。"每思其言,凄然泪下,自恨无似,无以对君,不知何日可以令君目瞑也。呜呼!

李炳寰　君讳炳寰,字虎村。与田君均一同为慈利县人,居同籍,性同侠,游同方,学同校,志同烈,死同归。吾向者闻之任师曰:"孔子谓吾门有由而恶言不入耳。"吾于虎村亦如是云。某识君最晚,又同学止两阅月,其昔年之行事多不详,但闻之述者曰:李氏子少不喜帖括,负经世志,随侍其父莲航先生治刑名学,鄙弃当世读书无行之士,故诸生中识之者鲜云。某之识君也,在己亥之春,其时闻君将从某氏学煮樟脑,乃直诘其意之所在,曰:"吾与其狗一时之浮名,以汩没吾脑之知觉运动,孰若一材一技反得实际乎?"然究非君志也,君善记,历久不忘,湘之少年学英语者,以君为第一。梁任公之开大同学校也,先召之往,以君向肄业时务学堂,其及门者也。君在东京时,任公令诸生日作札记四则,为甲乙之。君苦心经营,至忘餐寝,必争在前列乃已,其好胜盖如此者。公旋以是年十月归。庚子春入黄公忠浩营幕,驻汉上,时值拳匪衅起,大局几危。君时犹欲创南方拥封疆大吏自立之议,洪澼子争之曰:"求诸侯何如勤王。"君之宗旨遂大定。君勇于任事,又具有飞书草檄之才,故勤王军之文事,悉仰于君焉。唐公被逮之日,君时在寓,遂同被执。君以丁丑月日生,庚子八月初六日僇于市,春秋二十有四,临刑呼吏语曰:"张之洞今日为西后私愤而杀吾党,吾党异日必能为天下人公义起而杀彼者。寄语彼哉,毋即以其冰山为可恃无恐也。"呜呼痛哉!君之生也,精进之人;公之死也,忠壮之鬼。天乎何不稍假其岁月,以冀得一当乎!君生时,常欲合公法及《万国律例》,组织于中国之风俗,取《大清律例》之尝近天下公理者仍之,苟安前代劫制者,引文明之律例以更之。冀圣主复辟,进呈览采,得见施行。奔走频年,未遑卒业,惟于官吏书役中,若规避、若漏注、若诈索、若舞文诸弊,言之极详,同志有存其稿者,异日维新时,容为刻而质之通人,俾数千年之阴霾层垢尽革。君魂若知,不亦大快于九泉,深幸其说行之身没哉!君之死犹未死也。或者曰:君被捕时,有侠客能超距作瓦上行者,曰:"虎村来,吾负若趋!"虎村佯作罔闻者,遂弃之而逸。呜呼!虎村不亦毅烈乎哉!

风月琴尊图为友人赋季真诗孙

呜呼!今日之风凄以腥,今日之月惨欲缺。广陵散冷弦外音,燕市醉沥尊中血。枭阳罔象何飞扬,仰天寒噤困英杰。羡君飘然一叶舟,深宵击楫海天秋。鱼龙百怪寂无语,惟有清风明月随中流。琴三弄,酒百杯,蹁跹起舞歌莫哀。盘桓居贞利牝马,屯之初九占云雷。迩闻汉家党祸作,当道豺狼肆威虐。烈士能无廊庙忧,小臣敢恋江湖乐。呜呼!南山大貜遥伺我,群吠猲狦测诚叵。荻花夜战风雨摧,孤篷应怯惊涛簸。

蛮兵行高野清雄

今冬有客从北京,途历列国诸屯营。归来为说所亲睹,使人胆颤股栗涕泪横。俄兵白昼入人家,恶若哮虎谁敢哗?戮丈夫,辱子女,已辱即杀之。掠尽屋内传以炬,血肉狼藉烟熠腥。
四邻奔窜去他处,法兵虽凶虐,犹且不如俄。居民流涕言,王师
过时尚安堵。指见千村万落空,却从战后成焦土。君不闻,通
州五百七十三人投水瓮,是皆良家以身赴清波。不许浊流投,
贞魂烈魄激么么。含垢隐忍知无数,青天高高向谁诉。杨花
店,奸死童女九。更有百馀妇,觅死死不得,有得死者十二人脱
虎口。此唯举一二,伤心惨目休具陈。闻道黑龙江,虐杀七千
人,挤河再杀五千人。暴秦坑降卒,此乃为良民。君不见,扬州
十日惨有馀,昔时满兵今不如。会见春燕巢林木,怪事咄咄今
古无。吁嗟乎! 怪事咄咄今古无。

　　皎然因明子

　　皎然心事一秋月,起读《离骚》歌《九歌》。北极至今狐兔
满,南溟自古鲲鹏多。是非改易先诗笔,教哲分明判学科。旧
国惟医新脑性,看从萧瑟换嵯峨。

　　奉题星洲寓公倚虎高卧摄影小像八月十五日聿亚拉飞

　　天南一伟人,鼾睡猛虎侧。冒险唱自由,忧时长大息。瀛
台囚圣主,惨淡风云色。草檄起英雄,遗恨在湖北。勤王志未
成,冤酷遭挫抑。逆贼势猖披,戒心常怆恻。惟公振臂呼,烈士
奋羽翼。我本一懦夫,敢辞弩骥力。星洲上书记,慷慨救君国。
以太感同胞,诗酒颂君德。

　　狱中作唐才常之弟才中,九月殉义于湖南,临刑时激昂慷慨。今录
其湘中传来狱中遗诗一首。

　　丈夫重义气,生死何足奇。同志皆抛散,骨肉长别离。保
民心未遂,忠君志岂移。身死魂不散,天地为我遗。

十八日庚戌　　　晴旋阴

朝,在馆阅《清议报》。午刻,过赵羽仪妹丈家一谈,邀午餐。仍

回馆,假寐半日。宵初,高升来谈顷去。访山兄,转过李丽生表弟处,坐话至二鼓归。

十九日辛亥　　晴,旋阴

晨,访许秬村表兄,为羽仪明岁之馆未定,特为推荐,谈顷。往馆,阅《清议报》竟日。宵,过家毓卿处,转过丽生表弟处,谈至二鼓而返。

二十日壬子　　阴

天早,山兄过访,李彬臣偕笑庭继至,以家藏古画托余画策售之,遂邀叶耕经代送孙中颂先生处一览,竟不售,仍璧还。巳刻,往馆,出课题。《君为轻义》《范蠡论》《中国不富不强多由于官民交相狗私论》。

上港人赵钦鸿过访,为伊表弟吴君擢伍嘱他来问回文消息。午刻,张震轩妹丈至。申刻,雨,自馆中归。轩兄邀家伯鳞来,为仲彝前日往震轩处讨汇廪洋款,鳞为彝之好友,面订嘱余,须月尽先付英银五十数,以全友朋情谊,不得已应之,遂返棹去。宵,仙峡周锡粿表弟来,作半夜谈。

廿一日癸丑

朝阴。在馆,改潘震炯课卷。午刻,李君笑庭在玉君处小酌,邀余同饮,王君虁拊亦在坐。送《白话报》十一、十二两册,托九如钱庄转寄金荇舲前辈。夕,过门斗郭堃处不遇,遇雨而返。阅《中外日报》。宵,在鹤坡舅氏处饮酒,同席者蒋中笙、李笑庭、周筱泉、稚菊、云苓诸表弟也。丽生代余向中笙说抬廪叙会之事,邀作将伯,感甚。同坐畅谈三鼓始散。其夜西北风大起,雨点敲檐,听之有声。

廿二日甲寅　　大晴,西北风极大,木叶纷飞,如蝶舞影,天色颇寒

辰刻,岩下载砖人至,舟泊高家埭。余偕羽仪妹丈出北门,检交砖数,与山人谢学银托渠肩运山间。计大板障砖乙百廿八数、夹护砖乙千五百五十数、送高砖乙百数、大篷砖乙百廿七数。

　　午刻，访许叔秬表兄，周墨缘有事回家。夕，往馆，改震炯课卷，孙季芄来。宵，家毓卿代余算就宗祠屡年垫款，计英洋廿五元九角，先划谷乙千五百零七斤，每乙元七十斤，折来英银廿一元五角二分。又代付借项英洋十一元六角。与毓卿对坐，各收来谷四百零六斤。又折屡次饭食谷乙百斤，外存谷三百七十五斤，计英洋六元八角，交余修祠开消。时田高升叔来，相与坐谈至四鼓去。

廿三日乙卯　　　大晴

　　朝，在馆，改潘震炯窗卷。夕，改许德炯窗卷。宵，过山兄处，转过羽仪妹丈家，与妹坐谈至二鼓。

廿四日丙辰　　　大晴

　　天早，岩下人载砖至，余往高家垟河头检看，交与管山人。计刀砖二千乙百数、送高砖二百数、夹护砖乙百五十数、小板障砖乙百三十数。外加大金篷砖七十二粒。午刻回，阅聚星书院超卷，余名列第二。夕，潘震炯归家。丁田送冬节礼物至，便乘其舟。过门斗郭堃处一询批回消息。薄暮，母自舅氏家回，以内子近日患疟，邀稚菊来诊。宵，困倦，伏枕颇早。

廿五日丁巳　　　大晴

　　朝，往馆，改许德炯窗卷。夕，为李稚菊前日因土药分局税单不符，偕李玉君、笑庭来局，向渠理论。王桢叔又为调处，仍不允。至暮而回。宵初，玉君邀晚餐。是日，羽仪妹丈以载砖人替草砖料不备，偕仆步行过三都岭，至岩下一询，并嘱其备齐载至，迟恐不及。上灯时始归。是行也，往返计六十馀里，羽仪为余家代劳，感甚谢甚。

廿六日戊午　　　大晴

　　早，代宬甥袖香烛往城隍殿向神默祝，愿扮罪人三年，以迓神庥。巳刻，往馆，阅《中外日报》。午后，袖扇叶访李君笑庭，嘱录旧作。潘震炯回馆，说聚星院课，因超等名数颇少，另加膏火四百数。余卷适在其列，心为之喜。在馆，阅刘□□集中"四书经义"。宵，访王玉卿，转过李岳丈家，坐话至三漏。

廿七日己未　　晴，旋阴

晨，访李笑庭，代余书扇，并录《书怀》七言三律，诗笔颇近豪迈。往馆出课题。《学而时习之义》。改潘震炯窗卷。午刻，同山兄访家伯鳞于洪藻卿处，为汇廪银款，托渠致意仲彝告宽时日，谈顷。回馆，孙季芘、延曙来。薄暮，伍君梅荃遣人来邀商酌，岁将近莫，须倩原手赴杭接还批回。姜渭溪、尧衢、薛博如，及门斗宋魁、郭堃、蔡珍都在焉。谈至更深而返。

廿八日庚申　　晴。大雪节

晨，访许秬村处一谈。往李玉书家送葬。巳刻，偕羽仪妹丈往高家垟，看担蛎壳灰，计买九元，每洋乙元五，满箩计，共四十四箩，外赠一箩。载砖人补送替草砖乙百二十粒。午刻，羽仪先归，余独登山看山人担运壳灰储积山间。日暮而归。宵，过山兄处一谭，闻玉尺课，暨中东卷，均列超特二等，甚喜。

廿九日辛酉　　大晴

朝，同李君笑庭、丽生表弟坐话半日。午后，泰邑翁君遇甫、筱彬表侄过访，袖笺邀余，同往孙中恺公子处索书。申刻，丁川福锦伯来报，妹子于本日巳刻分娩，又举一男，约母明晨乘舟探望。宵，鹤坡舅父过舍一谭。

三十日壬戌　　大晴

天早，丁田福锦伯来接慈母去，余同杜茂珍上九坛山看捣蛎灰。山人学银出番薯枣饷余，食之最甘。申刻，始归。宵，访山兄，坐话良久而回。作赠李君笑庭四绝句。

临海李君笑庭日昌以余袖折扇索书录赠旧作为赋四绝句谢之兼以志别

下笔千言最得神，君家才调本超伦。骚坛健将分明在，不信青莲有替人。

一门祖德世簪缨，待漏图传妙手成。题柱谁携司马笔，至今犹记笏桥名。君远祖李公擢登元符三年第，官礼部尚书、徽猷阁学士，曾绘《鸡鸣待漏图》，今犹存焉。笏桥君所居旧里。

细读奚囊集锦诗，依然文字订心知。书生投赠无他物，勉学巴歌续楚辞。

赤城霞起古亭台，孙绰曾推作赋才。我欲偿游留后约，倚梯云里访天台。①

十一月

初一日癸亥　　大晴

天早，母自汀川回。午后，偕李仲宽老伯、赵羽仪妹丈、彬臣表兄，登山牵红线，定实坟圹坐向。上一坛为祖父母墓，下一坛为先伯先君子墓暨慈母生圹。彬臣、羽仪谓此山门面大有明堂之象，但嫌上坛金井挖筑未深刻，以时日已暮，不及再为整顿，恐将来筑成，坟面后山尚须运泥培植，颇费工夫。已耳定毕。同宽伯、羽仪先回，彬兄独留。二鼓时，偕诸人登山。是夜丑时，起工筑圹，匠人为林□楠。东北风甚大，督工至天明。

初二日甲子　　大晴

在山督工，至未刻，始完竣，同诸人下岭。回设席，谢仲宽老伯，

---

① 底本天头对此组绝句有朱笔评语曰："一气挥洒，情韵双绝。震轩。"

暨各匠氏,彬臣、羽仪二兄、友樵内弟均在坐。宵初,过山兄处一谭,以昨夜失眠,精神疲极,归即就枕。

初三日乙丑　　晴

朝,往馆,改潘震炯玉尺师课卷。夕,作永县课策题,《问贾谊〈治安策〉今尚能下其议否》、《宋太祖欲令武臣读书论》。未成数行。宵初,续作之,只成半篇。

初四日丙寅　　大晴

终日在馆,改许德炯县课卷。薄暮,访山兄。宵,续成昨作策后半篇,兼作论一通,至五鼓就枕。

初五日丁卯　　大晴

早辰,袖昨夕所作论,托山兄一抄,同李松琴、姜岳仙、彭耀卿,在陶尖庙出粜糯谷。近午归,改潘震炯县课卷。金荇龄先生过访。夕,在馆阅《中外日报》。宵,与潘星斋坐话。

初六日戊戌　　大晴

朝在馆,改许德㝢课卷。夕,闻刘橘园军门、王雪庐太守来瑞阅兵,旋即回郡,盛蔚堂大令以下乡催征,不及迎送。复闻盛邑令往四十九都陶山地方催粮,近日因县差威逼,某姓家无地可容,其妇畏惧,遂吞烟身死,乡人见之,咸抱不平,聚者数百人,势甚汹汹,官无如何,即刻提差严刑重办,谓其办事不善,甚至亲自持鞭扑之,又罚架书出英银乙百圆,为伊家丧费,而众心始定。噫!官长贪婪,不恤民间之苦,纵役假威,乡愚恒遭鱼肉,彼蒙此昧,上下鲜公,胺削脂膏,咎由自取,其甚于受辱也幸矣!宵,为潘震炯说时务策论。

初七日己巳　　大晴

终日在馆,作玉尺官课策。题《裁汰吏役当筹善法议》。宵,阅《中外日报》。

初八日庚午　　晴

在馆出课题，《李膺论》、《武王载木主以东征说》。作玉尺官课议。宵，阅《政书辑要》。

初九日辛未　　晴，旋阴

朝，往金世杰家送葬。在馆，午刻张震轩妹丈过馆，谈顷同归。夕，鹤坡舅氏过家一谈，与轩兄订明朝往丁田之约。薄暮，震轩返棹。宵，改窜所作议至四鼓。

初十日壬申　　晴

终日在馆，改潘震炯官课卷。宵，访山兄，月色甚佳，圆晕极大。

十一日癸酉

朝阴。在馆，阅《西政丛书》。午刻，族人设馔，往小宗竹崖公祠祭祖，余不赴席。回馆阅《时务报》。叶耕经来。周墨缘、潘震炯归家过节。薄暮，天气极寒，雨霰。宵初，微雨，袖官课近作议一首，托山兄抄就，约为合作。过洪小迁表兄处，为前日受吴伯屏之托，以明岁设馆洪家，旧东坚留小迁处，又以早下关约为辞，进退两难，欲予作鲁仲连代为排解也。谈至夜半，不允而归。

十二日甲戌　　阴。冬至节

朝，家毓卿过访。午刻，设馔往大宗祠祭祖。归，邀族人成良公、寿星叔、增楠、毓卿、桐昌饮酒，谈至申刻始散。宵雨，在鸿秋舅氏家饮节酒。

十三日乙亥　　雨，日暂见

晨，访吴伯屏。往馆，阅《清议报》。宵，访山兄，其眠甚早，不获聚谈。归，阅《中外日报》。

　　附录　齐天乐·雁

荻花枫叶衡皋暮，秋江晚天疏雨。月满南楼，霜横朔漠，也算离人凄苦。相思几字,更写出云笺,一番秋思,不管人愁,高飞又过潇湘去。　　天涯怅望何处,羡双双飞去。沙暖烟浦,野店寒砧,孤城画角,记否来时洲渚?暗惊倦羽,甚客路年年,韶光空误。不道西风,换华鬓几许。

鹧鸪天·鸥

逐队横斜贴水飞,晚风秋雨鳜鱼肥。填河有恨同乌鹊,逐浪无心似鹭鸶。　　频照影,却忘机。幽闲性情识天随,年年送尽征帆去,旧恨新愁两不知。

别友人惺厂

客里难为别,情亲况似君。不应横流日,犹有在山云。充国屯田策,羲之誓墓文。人生异出处,暂莫惜离群。

杂咏诗盉

俄约群争挽陆沉,忧劳多少国民心。支那莫谓无豪杰,女史居然讲席临。

几番浩劫古今籍,两纪文明欧亚篇。重译年来多善本,行囊料理买书钱。

湖光倒影雁依飞,十里荷花色相非。猎猎秋风海天阔,欲裁败叶补寒衣。

败中求胜死中生,隋宇文忻云:"大丈夫当死中求生,败中取胜。今者破竹其势已成,奈何弃之而去?"不枉胸罗十万兵。倚剑临江思猛士,怒涛听作鼓鼙声。

张良同

假手汉刘季,为韩复重仇。功成不欲仕,伪托赤松游。

旅顺口毋暇

君不见旅顺口,港湾堕入强俄手。构营炮垒控险虞,飞聚军舰严卫守。讼理不直支那人,珠帘十里良家妇。自由平等安在哉,驱策华奴如走狗。况复摇尾犬羊群,哀乞虎狼结死友。旅顺口,旅顺口,今日非为中国有。肉食者鄙无远谋,国民岂尽颜皮厚。愧怩!国民岂尽颜皮厚。

　　　梁园客希卢

　　昔日梁园客,劲节傲松柏。今朝梁园客,大名布方册。师道尊崇屈下僚,谒见不用拘成格。君不见东汉范汝南,手执公仪诣仲举。陈蕃自矜光禄勋,孟博弃官色不沮。幸甚天下中庸老尚书,拥帚侧席郊迎汝。交情千古人所难,独羡梁园旧诗侣。

十四日丙子　　　大晴,天气热燥

　　晨,访山兄。往馆,出课题。《上下交征利而国危矣论》。夕,校阅《地理问答》,此书载各国城池、风俗、人民、土产,了如指掌,洵有用之书也。宵,阅《中外日报》。

十五日丁丑　　　雨

　　朝,同管杏浦、李松琴、姜岳仙、彭耀卿、芸苓表弟,在陶尖庙出粜晚谷,计三千六百八十斤,申英洋七十六元五角。计存京成仓内者,早晚两季谷,共四万壹千二百十五斤。夕,王质甫过谈。宵,阅《中外日报》。西风极大。

十六日戊寅

　　晨晴。管杏浦来索观近作。在馆,改许德炯永课卷。午刻,丁田福锦伯来,邀余同李稚菊作汀川一行,以义仓入籴京谷。计籴来京谷,每元六十二斤,合庙秤九百九十三斤,系垟贩担来出粜者。有事羁绊,不及久俟,稚菊遂刺舟去。夕阴,天色沉寒,过王玉卿家一谈。访吴伯屏,不遇。宵雨,姜岳仙送粜洋银来,谈顷去。阅《中外日报》。

十七日己卯

　　朝,晴。天早访管君杏浦,谈顷即归。晨餐一顿,步行往丁田,但见南港诸山,高积夜雪,粉白如画。近午,始抵震轩妹丈家。夕,雨,同赵栗夫、李琴轩,往后李宫观剧,戏场中有人争闹,势甚汹汹,遂败兴而返。宵,朔风甚大,寒甚,与稚菊抵足而眠。

十八日庚辰　　雨,天气沉阴

朝,与震轩妹丈坐话。近午,同李稚菊表弟,雇正水驾舟而归,至午抵家。夕,郑一山、李芸苓接踵过访。宵,阅《中外日报》。

十九日辛巳　　雨

晨刻,往林雨臣表舅家送葬。徐溥熄家同时不及送。夕,往馆,改潘煜斋课卷。薄暮,十分寒冷,雨霰,过羽仪妹丈家一谭,留饮,至更深而归。说《时务论》。

二十日壬午

朝阴。以严寒不往韩郁庭家送葬。同山兄到复大纸铺购小儿名字红笺帖子。往馆,改潘震炯课卷。夕霁,改许德寯窗卷。宵,阅《中外日报》。

廿一日癸未　　阴,微雨

朝,在馆,改许德寯课卷。夕,罗君润生择是日未刻权厝其尊人佩卿先生灵柩,余往其家送葬。宵,寒甚,朔风极紧,阅《四书翼注论文》。

廿二日甲申

朝阴。在馆,出课题。《设为庠序学校以教之义》《创设蒙学堂议》。午后,晴,同管杏浦、彭耀卿在陶尖庙籴来垟贩京谷。共一千五百二十二斤,计英洋廿六元二角四分零。申刻,回馆,作中东书院永县封课卷。经义题"夏后氏五十而贡"三句。薄暮,完篇。宵,作童卷。题《夏曰校,殷曰序,周曰庠义》。至四鼓始眠。

廿三日乙酉　　大晴

早晨,瓦霜铺白颇厚。巳刻,在馆,誊夜所作经义一通。夕,在陶尖殿,同李松琴、彭耀卿、管杏浦称晒前日所籴京谷入仓,至暮始归。宵初,李云苓来谈顷去。作生次艺。题《三王异世不相袭礼义》。至完篇时,谯鼓五下矣。

廿四日丙戌　　大晴,晨见霜

往馆,誊昨宵所构义一通,加意修饰。潘震炯归家。午刻,张震轩妹丈偕正水乘舟载柴爿至。许价英洋二元,合昨代买草柴,共该英银五圆。邀午餐。袖经义交山兄一抄,约为本晚寄郡。夕,改许德炯课卷。薄暮,轩兄返舟。宵初,吴伯屏过访,为前日托渠代向项生哲卿说合叙会,终未之允,故先回我一音。过赵羽仪妹丈家,与妹坐谈。假来《时务新策》二册,至三鼓而归。

廿五日丁亥　　大晴

晨,访洪栋园夫子,谈久。往馆,改许德寓课卷。午后,过吴伯屏馆,访项生哲卿,邀伊代余玉成一会,作为将伯之助,言之再三,伯屏亦从旁赞助,犹未应允,遂归。托毓卿弟出籴家中所储之谷。台京,每元计六十一斤,共六百十斤;白京,每元计六十二斤,共六百廿斤。收英银二十圆。申刻,在馆,改许德炯课卷。宵,过毓卿处谈顷,访李丽生表弟,坐话至三漏始归。阅《中外日报》。

廿六日戊子　　大晴

晨,郑一山来,同访李友樵内弟,谈顷。往馆,改许德炯课卷。鲍竹坪过访。午后,过李松琴家一谈,仍回馆。宵,往羽仪处,转过山兄处小坐。归,阅《数理精蕴》。

廿七日己丑　　晴,旋阴。小寒节

在馆,阅《经史百家杂钞》哀祭类。宵雨,作明日路祭姑丈姑母文,至四鼓始就枕。

出殡路祭陈黼庭姑丈暨家姑母文

繁天宇之垂于四极兮,任地轴递为转旋。山莽莽而终古兮,海茫茫以纳川。有鹤巢于深林兮,亦龙潜于九渊。悟归根之落叶兮,溯涓滴之源泉。事固有其终始兮,觉早判乎后先。合天人与物类兮,洵至理之同然。羌穷原返本兮,正邱首以见全。人谁不死兮,夫何论愚者之与贤。惟我姑丈之清德兮,信生平之可传。躬不事乎毛锥兮,恐墨守于简编。甘弃书而习贾兮,独匿迹夫市廛。作委吏之会计兮,岂如奴之守钱。心因公而生明兮,道持正而无偏。若平衡之均钩兮,比高堂之镜悬。实见利而思义兮,箴大学之终篇。矧我鲁国之义姑兮,有淑德之可宣。慕家风于梁孟兮,饰不尚乎钗钿。计女红于一线兮,时不过乎八砖。羡针神于巾帼兮,胜九曲之能穿。勤补拙兮俭养廉,内为助兮计米盐。奈草之成独活兮,悲折翼于中年。师陶母之截发兮,法孟氏之三迁。虽楹书之未富兮,每课子而维严。果有志之竟成兮,着祖生之先鞭。方期嘉木之获仁寿兮,境不变乎桑田。岂彩云之易散兮,难明月之常圆。每持斋而绣佛兮,旋返驾而登仙。嗟荏苒之岁月兮,如过眼之云烟。生犹效楚宫之作兮,死宜墓泷冈之阡。行窆窆于此日兮,兆佳城之固嘻！骏之分属犹子兮,忽葛藟忘庇之绵绵。昔既椿庭之失荫兮,今歌薤露而涕涟。一别之成千古兮,空盼望于云天。助同人之执绋兮,拥灵輀而影怜。临歧兮祖饯,寸心兮明处。沥情兮申告,埒酒兮当筵。荐丹黄之椒荔兮,佐木豆与竹笾。愿神灵之来鉴兮,暂为停风马而驻云軿。呜呼哀哉！尚飨！

廿八日庚寅　　晴

晨,往陈丹卿表弟家,为姑丈姑母送葬,当路祭奠。近午,往金

炼百家，为其尊慈姜孺人送葬。夕，在馆。宵初，丹卿家行设灵题主
礼，与李云苓、包雨臣、小亭昆仲，共作赞襄。是夜，丹卿邀云苓及余，
上沙塘底双桐树降山代为祀土。卯刻，下窆。追成主礼毕，残月初
上，一钩如眉，斜露树梢间，纤微送影，东方发白矣。

廿九日辛卯　　　大晴

天早，立双桐树山四望，但见烟霭扑地，不辨高低，牛角溪之水，
一片氤氲，几如甑釜上气。村庄晨景，颇觉可观。久之，朝暾红上，
始偕丹卿、云苓二人奉主下山。同来相迎者，管杏浦、中凌、姜尧衢、
包雨臣、小亭也。午刻，饮酒，席散已申刻矣。宵，以昨夜失眠，就枕
颇早。

三十日壬辰　　　大晴

在馆阅《中外日报》。宵，过山兄处一谈。

十二月

初一日癸巳　　　大晴

终日在馆，阅《政书辑要》，作玉尺师课。题《筹办邑学堂议》。成
一起冒。宵，阅《中外日报》。

初二日甲午　　　大晴

朝，在馆，出封课题。《岁寒然后知松柏之后雕也义》、《有安社稷臣者
以安社稷为悦者也义》。午刻，震轩妹丈至。夕，回馆，成师课议一条。
薄暮，轩兄返舟。宵，家毓卿来，坐话至二鼓去。

初三日乙未　　　大晴

晨，山兄过访。巳刻，作玉尺师课议，成二条。午后，遣仆肩米
上仓，完纳本年南米，计正耗米共九斗七升七合。阅《新闻报》，知浙

江李玉坡荫銮文宗在职病故,继其任者张亨嘉也,已奉有明诏矣。
宵,成师课议一条。

初四日丙申　　大晴

终日在馆,作玉尺师课议,共四条。宵,改潘震炯玉尺课卷。

初五日丁酉　　大晴

终日在馆,作中东师课经解。题《孔子言庶人不议,孟子言国人皆曰
贤、皆曰不可然后察而用之、去之,二义何以不同解》。至暮,始完篇。宵,
挑灯加意斟酌,四鼓就枕。

初六日戊戌　　大晴

在馆阅《政书辑要》。午刻,过李玉君表弟处,与黄叔篪遇,谓补
廪批回近已到学,余陡闻此语,以洋银均未凑集,心颇惶惶。宵,欲
作《行印花税利弊议》,心思艰苦,将下笔而未果。

初七日己亥　　大晴

朝,往郭襄元家送葬。夕,吴伯屏、叶耕经、李友樵内弟过访。
因项哲卿不允代余作将伯之助,伯屏邀友樵往为说客,耕经久俟回
音,至薄暮未成议始去。宵,中心沉闷,兀坐到夜半始眠。

初八日庚子　　晴,天气微热

终日在馆,作中东书院师课议。孙季芄来谈。薄暮,吴伯屏为
叙会事过访。宵,改潘震炯师课卷。

初九日辛丑　　阴

终日在馆,改许德寯卷。孙季芄来谈。宵,改潘震炯玉尺师课
卷。是夜丑时,北门外第一桥遇火,被焚者茅屋二三间、瓦屋十数椽
而已。

初十日壬寅　　阴

家中换新。辰刻,袖中东师课卷,托一山抄之。巳刻,入馆改许

德炯卷。夕,孙中容先生邀管杏浦、周晓秋及余到学计馆集议,谓三隅蒙学堂已办,只西北未开,诸君必须竭力举行,不可作向隅独立之观。同人允为创举,但答以经费难筹耳。日暮始归。宵,吴伯屏来,相与商办学堂。伯屏喜不自胜曰:"余久蓄此志,一时孤掌难鸣,未敢质诸同社,兹得斯言,固知心心相印有如斯也。"同至杏浦处一谈。

十一日癸卯　　阴

终日在馆,抄玉尺师课卷,篇幅甚长,不获过半。薄暮,惠民仓籴来王宅焦京城谷合庙秤三百九十二斤,计英洋七圆。宵雨,困倦早眠。夜起续抄之,仍未竟。

十二日甲辰　　阴。大寒节

朝,在家抄玉尺师课卷。夕,管杏浦、吴伯屏、周晓秋诸君邀余至陶尖庙,集议开办内外西北蒙学,并筹经费。亲到者木藜仙先生、叶石坪、饶翼臣、蔡逸仲、李云苓、金飚民、胡鲁艿、陈玉墀、董子凡也。宵初,为潘震炯说《汉书》。困倦,和衣而睡。至四鼓,徐昭甫懋桑家遇回禄。是岁八月,昭甫随项申甫芳兰比部在鄂,其弟让卿维新茂才于今秋殒故,家中皆系老少,扑救不及,遂至燎原。闻邻人有名阿星者素为梨园中人,在外已久,今届隆冬,始得散班归里,当徐家火将发之时,独来叩扉喊救,突遇让卿先立门首,以救火呼之,但唯唯点头而已。及烧竟,向人言曰:"吾观徐某缓急不知,真书痴也。"众以死对,始悟所遇者鬼,而魂灵早已不安也。又闻昭甫平日为人假公济私,待人刻薄,其所聚者皆从迷龙阵中得来,少年子弟,诱入迷局,耗废家财者甚多,孰料罹此奇灾,天公之报施固不爽也。噫!为善降祥,为恶降殃,昭甫之为,亦何益哉!

十三日乙巳

晨,访管杏浦,问昨日至胡蓉村大令处筹款消息,谓外陶尖庙司事胡润玉许津贴洋三十数,蓉村系柴业司事许贴洋二十数。似此创办蒙学,窃喜稍有端绪也。谈顷归。杜茂珍代余出裒所储白京众谷,每元松秤六十一斤,共八百五十四斤,统计英洋十四元。彭耀卿先生择今晨解馆,久俟未至,嘱潘震炯表甥代为迎送。已刻,微雨,往馆,为叶耕经作挽联,改许德炯课卷。夕阴,改许德寓卷。宵,李彬臣表兄来,谭至二鼓去。

挽孙梓山诒训先生联:

忆君家盘谷支分,诗礼萃一门,子善丕承,无负传楹贻后嗣;原本望字,贻系中容先生改易之。当帝里翠华驾返,山河欣再造,我行已老,与谁同志颂中兴?

十四日丙午　阴

晨起,过李彬臣表兄处,录来会约小序。至云苓处,检还《聊斋志异》十六本,《客窗闲话》五册。往馆写会书。午刻,袖书同芰汀访孙中恺公子,谈顷即出。夕,在馆,仍抄会约。薄暮,访叶云村襟兄。宵初,遇吴伯屏,谓林左髓自武林归,补廪批回托渠带转矣。过玉君表弟、王玉卿、羽仪诸处一谭归。

附记会约供钱名次　二会孙中恺供英洋十五元,壬寅十月收。三会叶寿如供英洋十四元,癸卯八月收。四会吴伯屏供英洋十三元,甲辰六月收。五会家毓自己供英洋十二元,乙巳四月收。六会孙中恺供英洋十一元,丙午二月收。七会叶寿如供英洋十元,丙午十二月收。八会李彬臣、李云苓供英洋九元,丁未十月收。九会李丽生供英洋八元,戊申八月收。十会叶耕经供英洋七元,己酉六月收。十一会叶云村供英洋六元,庚戌四月收。

十五日丁未　阴

朝,在馆,改潘震炯课卷。夕,改周墨缘课卷。宵,李云苓表弟来。

十六日戊申

朝微雨。阅《数理精蕴》。往叶寿如姻丈家解馆。午阴,寒甚,设会酒于飞云阁,在座者孙中恺公子、叶耕经、云村、芰汀、吴伯屏、李彬臣、云岑、丽生、家毓卿,并余共十人。当席收洋,惟叶芰汀未交下,聚饮至暮始散。宵,过一山处一谈。

十七日己酉

朝阴。阅《中外日报》。夕霁,同吴伯屏、管杏浦、饶翼臣、陈玉墀,往西门外洪大山货行,商酌筹办蒙学堂经费,欲以抽分贴助,终未成议而还。时途中人传说,蔡子卿黑夜来赵高家讨钱,高素无赖,竟敢藉端倒制,诬以奸情,胁其面写求免,并罚英洋十五元,因身带无银,暂为出票一纸以作据,迨卿回家,心中愈想愈愤。次日遂偕亲串商议,唤差役四名往高家严提,大加扰乱。高妻不知夫之诈计,今忽受人恶言,得此丑声,不如勿生,于是服毒身死。高喜,可以乘间转移妻尸于子卿处,任意拖赖,蔡家始恐,挽中私和,花费银洋四五百元得了其事。闻此妇甚贤,兼之貌美,一旦遭风狼藉,洵可痛已。诗云:"遇人不淑,伤如之何?"妇之所遇,岂非不淑者乎? 余复为赘语曰:"子卿平日轻薄太甚,彼以情钟,此以情报,两相当也。独惜贞美妇人,被不良之夫遭兹污辱,实为天地所不容,安得贤宰官风闻其事,加罪逆高,慰其贞魂也耶! 世风不古,恨何如之。"宵,作玉尺官课论,题《李文忠论》。至五鼓始完篇。

十八日庚戌　　阴雨

朝,邀周晓秋结算义仓早晚两季报消谷数。夕,抄请官封仓廪。管杏浦、饶翼臣邀余过孙中容、胡蓉村二先生处,商议开办西北蒙学。宵初,改潘震炯玉尺官课卷。加意改窜自所作论,至四鼓。

十九日辛亥

朝阴。家中做年糕。作玉尺官课经义。题《生财有大道一节》。周墨缘解馆归。夕霁,抄玉尺官课卷。潘震烱解馆归。薄暮,交卷。宵,访山兄谈顷回,就枕颇早。

二十日壬子　　晴

朝,震轩自丁田至,为伊弟载珏与朱焕珍构讼探问消息。夕,鹤坡舅氏过舍,因彬臣表兄以弟声玉之继,同室不和,特邀管丹三、震轩二君调处。宵初,轩兄返棹。阅《中外日报》。

廿一日癸丑　　晴

朝,李丽生表弟来。近午,李友樵内弟以旧岁借款与陈福澜口角,澜系开饭店陈老三之子,邀余同往其父处告诉,澜竟顽梗异常,恶言相触,不堪入耳。时西垣岳丈在焉,伊敢迁怒,忽遭凌辱,余从旁观之,愤不可遏,大加詈骂,喜得王桢叔、子程二君从中排解,老三始认罚了事,众心顿平。夕,在裕泉鱼行,与蒋雨樵、李友兰、林星垣、余味兰,闲话至暮。宵,友樵来说,日间和局忽翻,而澜已投呈请验矣。遣田高升赴署探询,不见动静,心始安放。王桢叔过舍,订明日设酒解和之约。

廿二日甲寅　　阴雨

朝,阅《中外日报》。午后,过李西垣岳丈家,知昨夜陈家和局全翻,且福澜赴署,装伤请验。人情反复,竟至于斯。自闻此信,中心顿觉不平者半日。宵,朔风大起,摇窗撼壁,冷不可当。友樵内弟邀林星垣、张祝田议作诉呈,家梅仙、胡小谦曰:"陈福澜于今岁八月间,被伊父以忤逆送署,训斥发押有案,援此一节,可作线索更佳。"脱稿,至四鼓归。

廿三日乙卯

朝,朔风大起,微雨带霰。过王玉卿家一谭。转过李岳丈家,催投诉呈。与林星垣、李友兰、胡小谦、张声玉坐话至午归。夕雨雪,请盛蔚堂大令来惠民仓验封。因天寒，久俟不至，与李松琴、云苓、吴伯屏、周晓秋、眉仙、管杏浦、洪中芙、薛玉坡、陈玉墀、姜岳仙、饶异臣，集议开办蒙学堂，以经费不敷，管、吴二君愿作正副教习以效劳，不取脩脯，免致中止，贻为外人姗笑。大丈夫慷慨立志，因公忘私，二君其有焉。其夜亥刻雪止。

廿四日丙辰　　晴

朝，过李岳丈处，与郑卓如、林星垣坐谈。午刻，闻陈家县署已出差矣。夕，盛大令来陶尖庙封仓。宵，往李丽生表弟家饮分岁酒。归，祀灶神。过西垣丈处，与岳母坐话良久而回。其夜子时解冬。

廿五日丁巳　　阴，旋晴

晨刻，偕仆往丁田妹家一谭。午餐后，同轩兄乘舟回。宵，身子怯冷，就枕养神。

廿六日戊午　　大晴

朝，访管杏浦。夕，过李友樵处，与林星垣、友兰坐谈。宵，盛大令悬牌提集两造讯问，约半更之久。友樵一边，喜未见偏，案竟不为之结。想老三铜山必半破也。其夜丑时，立春烧樟叶饮春茶，暖气满堂，人心舒畅。

廿七日己未　　大晴。立春节

晨，友樵内弟来访，暂借英洋十元，以解燃眉，如数予之。往一山处一谈，闻昨夜前金地方秦藻轩家遇盗，失落衣物诸件，价值千金，以其平日为人慷慨，深得乡人心，当时鸣锣聚众，持械尾追，获擒一盗，不致人伤。噫！民穷财尽，甘心作盗，亦由贫困激之然耳。夕，在二舅氏苎店中一坐，看市上行人，较去冬稍逊热闹。宵，访吴伯屏，转同一山过叶耕经处，袖鞋票致谢前月代余借款之劳，谈顷遂归。阅《中外日报》。

廿八日庚申　　大晴

朝,访杨雨村,转过友樵内弟、一山兄处一谭。午刻,过羽仪妹丈家,邀饭。夕,潘震炯过访。一山邀余偕往协镇投递红呈,为其尊人前日被兵丁吴庆琳受辱故也。顺途至其兄小谷处坐谭。宵,往家毓卿处取会银,允以明日交付,遂归。

附诗钟　题目:黄梨洲、眼镜

首从震旦求新理,终为蒙尘改旧观。新萌氏

沉冤叩阙亲陈疏,睿照临轩特命题。杨稼臣

禹域维新推鼻祖,欧洲巧制赠盲人。支那逆旅客

会搜遗稿明夷录,不乞馀光大壮年。邗上亦佳墅

海外乞师徐涕泪,目前隔膜转分明。李公病作

书篇思旧终归隐,光学翻新愈显微。劲轩词客

识高早悟平权理,光远能医浅见人。梦蝶生

雄文已兆维新祸,浅视宜增守旧光。悔歧生

早岁仇先天下复,老年花免雾中看。放犊生

帝王基论金陵胜,日月光分银海澄。留溪适庵

患难同怀呼晦木,光明重照辟昏花。花乡酒国仙嫚

末季明夷馀著述,晚年阅世怕胡涂。天放

少年袖铁霜棱肃,老至观书月鉴空。倚雯楼主

却聘忍修前代史,澄观细读古人书。沈香荪

复父深仇年十九,助人远视界三千。王倚云

铁锥一击先灵慰,冰鉴双悬俗翳空。勾章逸客

胜国遗民推领袖,显微妙制此权舆。蓉湖垂钓者

当阳对簿情何壮,向雾看花目不迷。王放生

雠不共天锥奋击,了如观火鉴高悬。餐菊叟

名垺夏峰知己少，光含秋水照人多。张云帆

刘蕺山传门下士，阮芸台试殿前诗。绮禅阁主

恨雪家仇尝胆日，题颁朝考简心年。史超

为父讼冤销铁案，看人刮膜仗金鎞。林若生

天人学问罗胸臆，凹凸功能助脑筋。全体学家

助铁略同椎晋鄙，联珠直欲傲离娄。目光如炬生

为父报雠明大义，与君论史喜重瞳。镜古山人

独有亭林堪伯仲，别开世界放光明。具只眼人

忠怀直欲怀宗社，光力终难助瞽蒙。九龙山人

学继蕺山罗万卷，光生银海耀重规。槐滨旧隐

尊素衔冤犹有子，离朱鉴物恰无渠。深柳书堂

誉起二难偕晦木，明能两作免昏花。侣樵

血性过人冤得白，目光借尔睐垂青。虎痴

意气如虹锥奋击，目光若炬鉴分明。潇洒侯

入朝抗疏惊奸党，垂老看花胜少年。三江烈士

捞得铁锥陈谏草，遮将银海去昏花。红豆词人

一意孤行真孝子，万难持赠是盲夫。郑绍康

辨奸不受千金赂，论价光分几字光。秃松老人

一警铎声心似棘，双悬芯片目无花。勉簃主人

弱岁簿能都下对，老年花不雾中看。涤尘居士

蕺山一脉支残局，银海双轮洗浊阴。吁嗟子

精通象数勾弦理，明烛螺纹径寸光。梦玉榭

乞援空下包胥泪，瞩远尤宜绛老年。高阳酒徒

忠端毕竟沉冤雪，贤者何如刮目看。冷眼

文多自约南雷稿，年老凭看北里花。醉吟狂客

一卷鸿文存撰杖，双歧雅制出欧罗。吞墨生

一生著作春秋料，两字权舆瑷礁名。迂阔子

南雷一集论肝胆，皓月双悬照古今。周奉章

数衍中西留算草，珠分黑白扫昏花。慧业文人

题目：雪、美人魂

惜无慧语调鹦鹉，应有春心托杜鹃。绣馀女史

戏玉神仙惊幻相，葬花风雨惜馀春。太痴生

花貌盈盈飞白地，月痕隐隐牡丹亭。丹徒倚玉词人

冰心冷抱忧春草，露泪香抛泣海棠。育花痴

六出拈花空色相，一丝续命倩香薰。倚雯楼主

脂粉气嗔风冷落，清虚影证月精神。花籽

咏絮前身疑即是，背花倩影渺难寻。宛仙后人

六出花装新色相，三生石认旧精诚。休半闲斋

玉质冰消超色界，花痕风逐付愁波。伤时子

聪明堪与冰为偶，环佩应随月也归。稚鸥

粉琢花容惊落雁，香销月魄泣飞鸿。钱塘季娴女史

解语可能吟柳絮，含情无那梦梨花。金炉宝篆词人

六出花中真色相，三生石上旧精灵。姑苏停灵山人

娉婷色擅三千界，缥缈灵归十二峰。王三麻子

梅月倍添寒夜色，关山难越异乡心。颂椒

寒肌合伴袁高士，弱病难回杜丽娘。樵童

一霎消镕鲛渍泪，三春寄托蝶寻踪。守拙子

合共素娥俱耐冷，难嗟倩女忒多情。包蒙谷

玉琢自成倾国貌，香熏倘结再生缘。张瑶贞女史

玉作肌肤冰作骨，画中爱宠影中身。爱莲室主

生嗔柳絮狂难疗,修到梅花梦亦香。花籽

嫁东风即空即色,过北邙断雨断烟。顽瘦翁

许飞琼亭亭玉立,王昭君渺渺空归。望淞楼颂椒

天仙宛挟飞琼下,楚客争如宋玉招。周奉章

最恨玉颜难久驻,莫随春梦各分飞。丹徒赵梦衢

也曾群玉山头见,似向瑶台月下来。大树将军后裔

萼绿华来莹似玉,月黄昏后渺于烟。花乡酒国仙嫒

耐寒贞骨盟梅鹤,感遇春心托杜鹃。嬉笑怒骂人

薄命昙花形一现,深情春树梦千船。翁润芝

泪痕滴滴朝阳丽,倩影亭亭夜月归。拂紫轩主

除夕日辛酉　　大晴

朝,往李岳丈处一谈。夕,云苓表弟至,谓林仲彝来,取汇廪之银,先付英银三十圆而去。宵初,饮分岁酒后,邀郑一山兄写春联。过瑞发苎店、金文兴帽店,坐话良久归。守岁,至五鼓始寐。

余自丁酉年始,仿古人编作日记。阅书之下,略有所疑,手自随录,以备参考;若道路传说,有言关风化者,必为附笔记之。至于天气之寒暖,晨夕之阴晴,以及大风甚雨,时序失宜,均一一载纪,盖以验得气之偏正,为一身调摄之助耳。嗟乎!人生天地间,渺乎此身,几如蜉蝣之寄生,醯鸡之息瓮,了无知识焉矣。百年荏苒,万物逆旅,世事如云,倏来倏往,功名归诸流水,富贵比乎网罗,善知时者,惟此明月清风,歌啸自适,昂头天外,畅叙幽情,虽南面王,此境无以异也。昔之人闭户著书,交游谢绝,清高寄志,迥乎前贤。骏才识墟拘,恒惭孤陋,蓬庐息影,倚笔为生,非敢自以为高也,亦聊以闭门藏拙而已。

光绪二十七年除夕日,筱竹林骏跋后。

光绪二十八年(1902)[1]

正　月

元日壬戌　　大晴

早起,阅卷试笔,兼课枬、栲、桐三儿读书。调糊贴宜春帖子。李彬臣表兄来贺年。夕,袖香烛赴先师庙拜谒,过赵羽仪妹丈家贺年。宵,阅《中外日报》。是日晨刻,西麓角底遇火,延烧茅屋数间,闻其肇火之由,系花爆馀纸以致之也。甚矣,野火燎原,势不可遏,其可畏如斯也。

初二日癸亥　　大晴

朝,李云苓表弟、门人许德寯来贺年。夕,赵羽仪妹丈、周元来义弟、李韫斋表兄来拜节。余出门往李岳丈、诸舅氏、许笑梅、洪子迁、伍凤楼三表伯、陈丹卿表弟各处拜年。宵初,过西垣丈家,与叶云村襟兄遇,坐谈至二鼓。归,阅《中外日报》。

初三日甲子　　大晴

朝,张震轩妹丈乘舟来贺年。李玉君表弟暨涣文义儿亦至。卓午,设席款宾,留羽仪、玉君同饮。薄暮,轩兄返舟。宵,阅《中外日报》。

---

[1] 原稿题识曰:"颐宜茨室日记四册,小竹遗墨,光绪廿六年庚子正月之十月半。""颐宜茨室日记,壬寅。"按林氏庚子年日记缺失,此年日记应是光绪廿八年壬寅。殆第四册之封面题识误置于光绪二十八年壬寅部分之首。

初四日乙丑　　大晴

内子生日。朝,阅《中外日报》。门人许德炯来贺年。夕,过李
鹤坡舅父、玉君表弟家,坐谭。宵,在李彬臣表兄处,饮圆真酒。管
杏浦、丹三、仲凌昆仲在焉。二鼓席散。归,设香案接拜家堂诸神。

初五日丙寅　　大晴

朝,叶兰垞来贺年,谈顷去。往洪楝园夫子家拜节,转过黄伟斋
先生处一谈,为受震轩代抄呈批之托也。午刻,访家毓卿,邀予填其
子乃蓉姓名附入西北学堂肄业,即时往薛仲渠家填之,而枡儿亦附
焉。夕,阅《中外日报》。宵,就寝颇早。①

初六日丁卯　　大晴

朝,阅《中外日报》。过管杏浦家一谈。夕,同仆登万松山谒先
高高祖墓。过万松寺小憩,遇蒋涤泉、中笙、雨泉三先生,暨其子侄
彤侯、友龙诸门人,亦为展墓而来。迨下山,夕阳西沉矣。宵,李韫
斋表兄来。

初七日辰戊　　大晴

朝,家毓卿来谈,顷去。偕桮儿、一仆登九坛山谒二世祖、十世
祖暨先曾祖墓,过山人谢学银家小坐。未刻,归家。潘震炯来贺年,
不及遇。访孙中恺公子,与延曙坐论至暮。宵,过妹家。归,阅《中
外日报》。

---

①　底本第六册壬寅年仅留正月初五日几句,而底本第四册庚子年正月初一至初五
却缺。把第四册庚子年移至第六册壬寅年下,日期正好衔接。从内容看,《新民丛报》创
于1902年,而第四册正月初十提及订购《新民丛报》,二月初七日就接到《新民丛报》共二
册,并多处出现阅《新民丛报》的记述;又,《澄衷蒙学堂字课图说》1901年出版,而底本第
四册光绪廿六年庚子正月十七日(1900年)记载“孙中恺公子代购来《澄衷蒙学堂字课图
说》”。这两条记述都与史实不合,而第四册移接壬寅年,则两者皆能说通。因庚子年日
记缺失,所以底本装订时出现这样的差错。

初八日己巳　　大晴

晨,同李蔚文表侄、郑一山兄,乘舟往仙峡周鹿峰表兄处贺年。小坐,转过汀川张震轩妹丈处贺节。是日丁田会市迎神,其神一为陈司徒,一为姜元帅,其出处不可稽考。颇觉热闹。夕,同山兄、蔚文过前林、后李二宫观剧,余以明日开馆,申后遂偕山兄驾舟而返,蔚文则独留焉。宵初,亮火盆。邑旧俗也,他处不然。阅《中外日报》。

初九日庚午　　大晴

早辰许柜村表兄来,谓德寓以日子不合,另择良辰上馆。已刻开馆,孙中恺、季芄二公子率其弟侄拜师,计受业者叶芟汀、孙德鸿、延春、延智、延晖、延杲共六人。午刻设席,张蔚文霈先生来陪席。宵,田高升叔、李蕴斋表兄来,谈至二鼓去。

初十日辛未　　大晴

晨,访吴伯屏,借来《初学津梁》三册,为教授蒙童课本,此书盖伯屏所手辑也。入馆袖英洋五元,付孙季芄转托项渭臣,定购《新民丛报》,计全年共廿四册。夕,与季芄闲话颇久。宵,月色大佳,约李稚菊往莘塍看灯游玩,不果。家毓卿来,谈至更深而去。

十一日壬申　　辰雨巳晴,日有红色

入馆。午刻,潘震炯来,谓吾家无人伴读,本年拟以聚星书院为安砚之所。余曰:"可矣。"宵初,过李玉君表弟家,舅母留予,解说释迦如来出处图本,共四册,描绘甚工,卷首有唐王勃骈体序言,释迦即西藏净饭王太子,名悉达,其诞生之日,在周昭王二十四年甲寅四月八日也。今所谓放生日,盖本此矣。

十二日癸酉　　阴旋晴。雨水节

在馆录《蒙学津梁》课本凡例。宵,在舅母处,演说如来图本。

十三日甲戌　　大晴

朝入馆,杨志龄、孙中恺、季芄、延曙来,作半日谈。午刻,过山

兄处。夕,录《蒙学津梁》识字门。宵,明蟾皎洁,同周晓秋、眉仙、饶翼臣、姜岳仙、洪中芙在管杏浦处,酌议蒙学开馆章程,饶君主稿。至四鼓步月而归。

十四日乙亥　　大晴

晨,过杜茂珍处,为其子欲从一山兄学,竟不允,嘱渠更作斟酌。入馆,录《蒙学津梁》识字门。夕,作笔记一通。宵,月色如银,十分皎洁。同李蕴斋游玩各宫殿,以明日上元节,届悬彩放灯,行人往来,络绎不绝,堪为寓目也。归,写《祭忠烈武毅侯祝文》。

十五日丙子　　大晴

朝,许秬村表兄率其子德寓来上馆。午刻,访吴伯屏、薛仲渠,旋至馆。薄暮,谒洪栋园夫子,为受李友樵内弟之托,因客腊与陈福澜口角结讼,请栋师排解息事也。是日二女弟归宁。宵初,作伴往陶尖庙观剧。

十六日丁丑　　大晴,天气和暖

在馆,叶耕经过馆,携来旧冬脯金英洋二圆,受之。薄暮,震轩妹丈自丁田至。宵,李彬臣表兄招轩兄饮,余亦在座,酒阑,同往陶尖殿观剧。

十七日戊寅　　朝雨,天气沉闷

访管杏浦不值。入馆,叶兰垞袖来《日本小学教育制度》一册、《游学指南》一册,系黄仲弢学士自鄂携归,分赠各隅蒙学教习者也,嘱余代致之。午刻,李云苓表弟招轩兄饮,余亦在焉。夕阴,孙中恺公子代购来《澄衷蒙学堂字课图说》[①],共八册,价洋壹元六角。德寓不到馆。宵霁,在丽生表弟家小饮,更阑同去观剧。是夜陶尖庙所

---

①　王柏玲《澄衷高级中学发现一批建校初期珍贵史料》(《文汇报》2012年3月19日)中说《澄衷蒙学堂字课图说》"这套教材1901年出版"。亦可见是底本装订出的差错。

演戏本,系余点演,正目《循环报》,副目《讯刺客》、《红桃山》、《荡河船》共三出。

十八日己卯　　大晴,颇热

晨访管杏浦,袖黄学士所赠书予之。入馆近午,孙仲恺来谭片顷。午刻,李玉君表弟招震轩饮,余亦随之,遇潘云生谈良久,仍回馆。宵,在稚菊表弟处小酌。归,王君星华、薛君博如、仲冕来访,轩兄为河乡同人邀集出名备禀,欲改聚星书院为乡学堂也。

十九日庚辰

晨微雨。欲偕杜茂珍往隔岸石碣门改札家田不果。巳刻,天霁。入馆,终日静坐。薄暮,震轩乘舟归。宵初,蔡作来过访,谓旧岁皇上有裁汰书吏之诏,近日盛大令始奉上宪扎文,举行此事,总计旧额书办,清书共壹百肆拾名,今六房惟留正副各一人,清书各二人,此外都为裁去。余家祖遗礼书房缺,前托王姓出名代办,无如王玉卿为户书之副,一人不能兼摄,乏人顶替,适在裁列也。即时过其家一问,李声□在焉。李君有保甲房缺,近亦并归刑房,二人相叙,不啻同病相怜也。玉卿嘱余,倩人往库书薛松如处,托附一清书之名,或者其无虞乎? 余颔之而出,便往管杏浦处一谭,遇饶翼臣、姜岳仙、周眉仙、吴伯屏,坐议学堂事颇久。闻伯屏与松如交最密,故以裁缺事托渠,明日代为转圜也。

二十日辛己　　大晴

朝访叶寿如姻丈,因裁缺事,托渠邀刑书黄伟斋先生代为调排。入馆,沉闷终日。宵,过西北学堂,同周晓秋、姜岳仙、饶翼臣诸君酌议明晨开塾之事,复为枒儿附入肄业,计正副教习共七人,正管杏浦、吴伯屏,副李彬臣、金炼百、周眉仙、薛仲渠,官话教习则请饶君也。

廿一日壬午　　大晴

晨刻,西北蒙学开馆,分左右两斋,计受业者四十八名。余偕姜岳仙,率领诸徒谒神拜师,至午始归。潘震炯来上馆。申刻,蔡作来过访,谓我家礼书房缺,须补清书一名,始可出应公事,否则,恐狡诈者乘隙以相争也。余是其言,即时过叶寿如姻丈处,邀黄伟斋先生来挽渠向县署大为周旋。伟斋云,须用吾邑绅士之有声望者名片送署,方得进言,适门人季芄至,嘱其向中容先生借光,不允。转向中恺公子索借,恺兄闻信即至,共坐谈论,必须举附己名乃为妥善,即取林纪东名以附之。噫!世路险巇,人心变幻,生乎斯世,几如巢幕之乌,惴惴滋惧焉耳。所赖良友,力为扶持,中心爱之,何日其忘之乎? 宵初,在蒙学堂饮开馆酒,计二席,至二鼓始散。

廿二日癸未

天早微雨。盛邑尊以天晴日久,干种减色,设坛请各社神祈雨。余与同社诸君送惠佑圣王至东郭殿拈香片时。归,朝餐后,访黄伟斋,探昨晚举名顶缺消息,谓已为添在备用清书列矣,卯簿仍照旧章,君家可无虑也。心甚德之,因忆昨日家慈为上事往陶尖庙祈签,其正第七云:"飘泊江湖不记秋,一场好事变成忧。今朝幸遇阴人贵,须免将身逐浪流。"其覆第卅一云:"淡泊生涯过一生,只宜守旧待通亨。蛰龙终有腾云日,一旦风云便改更。"读此二签,神固见之早已。又过叶寿如丈处一谈,始入馆录《蒙学津梁》识字门。午刻,访王玉卿,闻玉卿夫人一索得男,并为道贺。宵霁,阅《中外日报》。

廿三日甲申　　晴

晨,访李芸苓表弟。巳刻入馆。午后,省委郝毓椿大令暨盛蔚堂邑尊来验仓谷,余邀蔡逸仲、管杏浦、姜岳仙接官不及俟,遂回馆。宵,过王玉卿处一谈。归阅《中外日报》。

廿四日乙酉 晴

在馆为延春议定课程表。午后,同李蕴斋、稚菊过县署看盛令点验吏役,余新附清书之名在列,心始宽焉。宵,冷风大作,雨点丁丁,敲檐有声,挑灯阅《中外日报》。

廿五日丙戌 晴

晨,同杜茂珍乘渡船过飞云江,至十五都石碣门郑增荣叔佃户陈友珍家,酌议转扎冯志高旧种之田,增荣留午饭。日过晡,茂珍往汇头村探亲,余一人而行,友珍送至码道亭边而去,遇东山中埠堂姑夫,同舟共渡,谈及暌隔数年,其妻舅茂祺,近踏流落江湖之迹,恐我丈人必至为若敖氏馁也。深惜余前事枉劳心力,不啻付诸东流而已。未几抵岸,拱手而别。中途适与品莲和尚相遭。薄暮,过西北学堂,时诸教习率各生徒习礼,为明日谒圣之计,三隅学堂皆于星期停课一日,惟我西北则以丁日停课。举动颇中节。宵切,过薛玉坡、管杏浦处,坐话良久。归,见高天有黑气亘天,阔如匹布,自东北直至西南,阅一时许始散,未知是何祥异也。其夜寅刻,为周榴仙令郎毓懋发蒙,迨回家就寝,鸡声唱曙矣。

廿六日丁亥 雨,旋阴

先君忌日,辰刻普通学堂开馆,门人许德寓往学洋文,我西北蒙养学堂举行释菜礼,诸教习率各学徒诣先师位前拜谒,余亦随班叩首。已刻入馆,王质甫来,因受家左髓欲余补足捐数之托。午刻,偕往其家一询虚实,时左髓检点行装,将应申江《选报》主笔之聘,并嘱宋魁捐款代为催缴。谈顷,出《寄学速成法》一册以赠。张震轩妹丈自丁田至,留午餐。往周榴仙家饮发蒙酒,席散,匆匆入馆,已申刻矣。轩兄驾舟返。宵,阅《中外日报》。

廿七日戊子 阴旋晴。惊蛰节

出馆课《勾践破吴论》。付潘震炯。入馆,阅《中外日报》。午刻,佃户陈友珍来，订冯姓所退之田，转扎于渠耕种。夕，为德鸿酌定课程表。宵，访蔡作来，过田高升家一谈。时高升抱恙在床，饮食不如意，托余明日邀李稚菊来诊。归，阅报。

廿八日己丑

朝阴。在馆作控盗葬呈词。午刻，自下笔抄之，托蔡作来投递。佃户林阿有来。夕雨，入馆，欲录《蒙学津梁》识字门，因夹影字格失落，未及抄。薄暮，吴伯屏过访。宵初，访一山兄，谈顷。归，阅《中外日报》。

廿九日庚寅　　　阴雨

朝在馆，改延春按日小课。夕，录《蒙学津梁》识字门。申刻，丁田震轩妹丈遣舟子，邀余与李稚菊同往，以戚甥前日伤风未愈故也。作数语以覆之，而稚菊独往。薄暮，过玉君表弟家一谭。阅《中外日报》。

三十日辛卯　　　阴旋晴

在馆录《蒙学津梁》识字门。薄暮，访许秬村表兄。宵，写祭文昌君分肉票。

二　月

朔日壬辰　　　晨刻微雨

偕同社诸君往东郭殿，迎惠佑圣王鸾舆回已。入馆改潘震炯课卷。夕，阅《中外日报》。宵，阅报。

初二日癸巳

朝阴。遣杜茂珍到南岸嘱托十五都地保林三东向冯志土一说，将田退还，如其不愿，当即鸣官提办，后悔莫及也。邵安送到中东甄别题,生:读《孔子世家》。策题:问泰西学校章程,条分缕析,约而言之,小学优则升中学,中学优则升大学,大学优则授以官,盖以大学为究竟,实以小学为根基也。查西国小学即中国村学。中国欲大兴学校,非先整顿村学不可,应如何明定课程,参酌中西切近可行,俾各村师有所率循,诸生其各陈所见,毋乏毋略。访郑一山,约与合作。在馆阅《史记·孔子世家》。夕雨,不到馆,居家,成论一篇。宵,写祭文昌帝君祝文,作策一道,至四鼓始脱稿。又成生论一艺,代一山兄作也。是夜大雨,五鼓,官僚致祝文昌,余家值办,邀伍宝滋表弟到殿代为调排豆品。

初三日甲午　　大晴,日有晕

文昌诞日,黑早,袖所作托一山一抄。改潘震炯中东课卷。晨餐后,震炯归,已入馆。王质甫来,谓黄学师传单已发,本日想遣人到李处矣。夕,阅《中外日报》。薄暮,访山兄,袖原草还课卷,早付邵安寄郡。宵倦,早眠。

初四日乙未　　大晴

在馆,山人梁阿金来,谓静山以余旧岁将上坟众产改佃转札与渠,妄生枝节,薄言来诉,不禁深有憾焉。宵,邀家毓卿、桐昌诸人向族蠹静山一言,倘再不思同族情谊,必将举前舞弊之事,极力鸣攻,悔恐晚矣。坐谈至二鼓,李云苓至。

初五日丙申　　大晴,热甚

早起整顿桿儿破坏书本,入馆。午刻,至蒙学堂一坐。夕,德寓不到馆。宵,二鼓后,偕仆携衣冠往学署,至四鼓,学师致祭至圣,先代余派分献执事。祭毕,看文武官僚祭奠先师,乐器陈列,八音锵和,令人听之不禁起敬。天曙始归。

初六日丁酉　　大晴,甚热

朝,往西北蒙学堂,看诸徒习礼谒圣,举动颇中节,饶翼臣坐讲堂演说忠孝等事。入馆,午刻写祭关帝正分献官员榜,仍回馆。宵,访王玉卿,过田高升叔处一问,喜其积疾近就瘳也。

初七日戊戌

朝雨。在馆出课题。《曹操奉帝东迁都许论》。伍梅荃同王质甫来汇加捐款。午刻,写仲春祭关帝颁胙票。王质甫至,谓补廪批回今日递到矣。其开支以公文到日为始,即客秋八月十七日也。夕霁,入馆,接到孙季芄自上洋寄来《新民丛报》共二册。此书体例甚精,洵四千年来未有之奇书也。薄暮,过王文处看回文。宵,过玉君表弟家一谭。顷之归,写仲春祭武帝文。是夜,邀伍宝滋表弟往关帝庙代为陈设豆品。

初八日己亥

朝晴。在馆。卓午郑宝英自南岸来,谓余改佃转札之事何多懦也,约以明日过江。申刻,始闻雷声,阅《中外日报》。宵初,大雨,旋霁,见月。

初九日庚子　　　　朝晴,旋阴,有雾

偕杜茂珍往南岸石碣门,邀地保林三东唤冯志土来,令其退札,仍不允,即托宝瑛、友珍二人叱犊将田一耕,以免霸种者别生枝节。友珍留午餐。申刻,过渡归。宵,过郑一山、李玉君处一谭,转至鹤坡舅父家问安而返。阅《中外日报》。

初十日辛丑　　　　晴

在馆改潘震炯课卷。薄暮,过郑一山处,闻玉尺官课已出题,策问:问中国亟图富强,卒鲜收效,愤时嫉俗之士每慨乎言之,而终难补救者,何也? 中国人心不一,议论不齐,虽有良法,或格不能行,即行之而未能尽善,其弊一也。欲挽积重之势者,非全力以变之不可,而中国惮于改作,畏难苟安,其弊二也。凡事欲去弊,必探其源,中国明知有弊,且其人非作弊不能以自存,而日责以去弊,率皆掩耳盗铃,其弊三也。今欲统筹全局,如造屋然,非将材木尽

行毁折,重新布置,秩然井然,断难改观。其要在先澄官吏,将内外大小衙署局所,应得之款,澈底清查,化私为公,然后匀给官俸,予以厚禄,冗者裁之,涣者一之,其他幕友丁胥,无一不然,再有作弊,立置重典,此为先建图治之基,入手第一要着。次则学堂要矣。而试问中国之不如西人者,以兵政财政二者为最先,其所急当知从事。至于学堂兴,则科举宜渐废,以一其途;西学精,则中学自能存,以固其本。不先取应急之人材,以救危亡,而徒拘泥经史,终蹈空谈,西人每讯中国奏章文牍,皆绝好一篇底本,而皆能言不能行,即是故也。次则合群之法,当师西人,中国议院一时断不能兴,而商政农政与各学问,西人皆有公会、有公司,用能联络,出其大力,以伸于地球,其意可仿效推行也。总之,中国图治不尽于此,而数者似为先务之急尔,诸生各怀忠爱,讲求有素,其各自抒,得畅陈所见,以资采择焉。论题:《中国加税免厘得失论》。

十一日壬寅 晴

在馆阅《时务报》首二三册。欲作玉尺官课策而未果。地保林三东、佃户陈友珍、郑宝瑛来,茶话间谓冯志土之田愿退,恳余将旧所欠之租少为扣除,杜茂珍从旁裁决:耕本定英洋十四元还之。原札大钱十七千之数。宵,阅《中外日报》。

十二日癸卯 春分节

朝晴,在馆改潘震炯玉尺官课卷。夕阴晦,大雷雨,作玉尺官课策,成数行字。宵,阅《时务报》第四、五册。

十三日甲辰 早晨雷雨,旋霁

在馆,午刻,十五都地保林三东、陈友珍、郑宝英来,将冯姓原札暨耕本存银取去。写仲春祭文昌帝君执事榜。夕,张震轩妹丈过馆,谓近日乡学堂创办未就,以南北乡绅士,各立门户,并指轩兄首为作俑也。其中人士黄宝书、朱子芬、竺雅周、钱晓六最狡黠,余亦新旧中立,惟潘云生、薛仲冕、王星华约可同心,黄仲弢学士、孙中颂主政寄有二函,解劝北乡士人,计二千馀字,语颇激烈,最足动人,无如听我藐藐而已。噫！中国人民凡作一事，如抟散沙，且多自立门户，见鄙外人，何怪其然，谈至日暮始返舟。宵初，过一山家，谈至二鼓。是日震炯归。

十四日乙巳　　早晨雷雨顷止

写分胙票。在馆作玉尺官课策未完篇。宵，写祭文昌帝祝文。是夜祭祀，邀伍宝滋表弟到庙陈设豆品。

十五日丙午

朝阴。在馆作玉尺官课策始完篇。夕，雷雨。宵，邀许君宝钱抄玉尺卷，渠促余作论一篇，凑就全卷。

十六日丁未　　阴雨

朝，门斗郭堃来，开补廪喜报。郑缉甫过访。十五都地保林三东来，说札田事。夕，改延春按日小课。宵，过毓卿弟、田高升叔处一谭。

十七日戊申

朝雨。在馆阅《汉书·艺文志》、翁注《困学纪闻》。夕阴，阅《管子》。延春在家听瞽人唱词，不到馆。孙中恺公子过谈至暮。宵，欲作孝廉堂道课，题：《〈汉书·艺文志〉列〈管子〉于道家说》。而未果。此次甄别系童观察所课也。

十八日己酉

朝细雨。在馆。夕阴，作孝廉堂课，至暮始脱稿。中间嫌有未明白处，至夜挑灯改之。

十九日庚戌　　晴

朝，在馆，伍梅荃过访。夕，作《整顿温州茶务条议》，自日至夜，共议九条，因限期太促，暂为完篇。夜深，一山至，取昨所作说一篇去抄之。

二十日辛亥　　朝细雨,旋晴

一山来取《条议》去。在馆阅《拳匪百咏》。夕,成七古一首,至申后脱稿。郑峻甫老伯来催,不及润色,勉强交付抄缴。宵初,过一山处一谭,归作府中学堂课。题《得士则重失士则轻论》。至夜未就。闻是年中东两书院暨肆经堂膏伙诸项,拨为中学堂经费,惟中东一年加道府县各二课,合成十二课,师课四课,留膏火银五十千作赏费,至官课花红给赏皆由于官,肆经堂则停其课。果如是改旧图新,实事求是,儒风丕振,获益良多已。是日,门斗郭堃来,因余补廪开报各处宫庙。

阅《拳匪纪事》慨系以诗

我闻齐东皆野语,道听失实无机杼。我读南烬纪闻编,因时感事心黯然。古今成败都如此,有笔有书成国史。书生每抱杞人忧,立言已得风人旨。往年烽火警京津,铜马赤眉惨杀人。中涓跋扈十常侍,猖狂引盗拜黄巾。丛祠鬼火狐鸣日,八卦之教皆幻术。自谓符箓受神仙,焚表登坛群屈膝。可怜荆棘埋铜驼,完好金瓯奈缺何。祸种皆由强藩伏,憾却倒持剑太阿。千古权奸都误国,仓卒变生罹不测。一时蛇豕斗幽并,津沽烟水春无色。文物繁华一旦倾,宫殿翻成劲敌营。开门揖盗谁之咎,沿途妇孺半死兵。六飞宛转巴西道,故宫芜没悲青草。安史寇乱今见之,欃枪孰为一朝扫。东京佐原笃介君,心感中原爇楚氛。随时证事皆纪实,例以春秋经传文。许大神州新变局,秉钧贻误竟招辱。唇亡齿寒不忍言,此篇即是劫灰录。吾今披阅心彷徨,大伤国事如蜩螗。元凶已诛党恶殄,补牢犹足收亡羊。有志竟成奇男子,尝胆卧薪能雪耻。十年生聚终沼吴,忧患者生安乐死。

廿一日壬子

朝雨。在馆,成《府课论》上下两篇。午刻,遣仆送一山抄之。山兄谓余所作下篇语甚含蓄,与渠作有奴婢夫人之别,心大不然其言。偕姜岳仙往管丹三处,祭拜其夫人金氏。是日适六七期也,为伊侄壻林勉秋奠祭,留饮,项调甫、程石仙在焉。夕阴,改潘震炯中东卷,并延春逐日小课。宵大风,甚寒,阅《春在堂集》中《银瓶征》。

廿二日癸丑　　雨

晨雷,在馆,改延春逐日小课。午刻,郭埄来,代余开报大小各宗祠。夕,为延智、杲晖兄弟写课字夹影纸。宵,过郑一山家一谭。归,汇清报虞各亲友单。

廿三日甲寅　　晴

晨刻,往章子贞家,为其令祖云峰太老伯送葬。巳刻,往朱汉钤家,为其尊人寅谷先生送葬。夕,入馆看《各国地球新录》,此书为李圭小池所著。薄暮,过一山家,因近日许德寓不到馆,有一暴十寒之象,倩山兄代余向秬村诉之。闻渠私人普通学堂,兼学中西文字,本年既从余学,又去而之他,何其大不近情,作此举者将欺余无能乎?抑亦速于求成乎? 坐谈良久,悻悻而返。

廿四日乙卯　　朝,天晦,雷电,大雨滂沱

在馆,叶兰垞向孙中恺公子处购来《李鸿章》一册,系饮冰室主人所著本,中论合肥相国生平事实甚详,玩作者之意,若不专为李相发也,议论颇觉平允。薄暮,过库书薛松樵家,取春祭领款,谈顷归。宵初,访山兄,谓今日德寓仍不到馆,托渠再向其父兄说之。

廿五日丙辰　　阴霾

几席间铺尘颇厚,即谓落沙天也。许德寓到馆读书。张震轩妹丈来,谓其族弟蕴石,为岳家顾姓遗有架书房缺,以孤儿寡妇不能出

名应公,特托婿为之代庖。蕴石困于六博,不免饱入私囊,致使官数积欠颇巨。邑尊出票提追,竟管押众,因渠为胶庠中人,何至受辱若此,且房缺系顾之名下,不干张姓。闻此事因书吏叶藜青谗间而成之也,欲于明日约众公会明伦堂商议,以伸士气。噫! 士可杀,断不可辱。世风浇薄,夫复何言? 薄暮,轩兄返棹。宵,阅《中外日报》。

廿六日丁巳　　雨

朝,在馆阅《中外日报》。夕,改延春逐日小课。德寓来。宵,阅报数页。

廿七日戊午　　寒食节

朝雨。在馆改潘震炯课卷。夕阴,偕族侄桐昌,登内外九坛山,祭扫二世、十世祖,暨先曾祖墓,至晚始下山。宵,邀族人饮上坟酒。

廿八日己未　　晴。清明节

旧例:每遇族中或入泮,或食饩,或发解,议拔祠众一年。是年余适补廪,例应拔众田产设馔祭祖,携枌、栩、桐三儿至大宗祠祭谒,设筵三席,铜乾长辈均赴席,计在座者共二十七人。席散,过明伦堂一坐,张秋门姻丈、程石仙、池仲鳞在焉。闻蕴石管押之事,同人近邀胡蓉村进士出为排解,公项宜缴而罚戏酒,服礼者则归诸叶藜青也。此事颇有头绪,但未成议而已。震轩妹丈携秀绵甥女,自丁田来。宵,在灯幔下散步,往聚星茶食店小坐,遇陈丹卿、张选闱、包雨臣、林伯鳞,畅谈至三鼓。

廿九日庚申　　晴

城隍神出巡安方,携甥女秀绵在神前装扮罪人。乡俗,凡人家老幼,无论身遇沉疴,或撄小疾,即时虔备香烛,向城隍神前告许罪犯三年,以便消灾获福。宵,在灯幔下游行。过余文一纸铺,遇家鉴亭先生、余味兰、吴丹臣与周榴仙。往小沙堤观剧。

三　月

朔日辛酉　　晴

朝,李友樵内弟来。夕,同洪黻廷、小峰昆仲、一山、友樵,至后垟游玩。是日为汉安乡侯出巡,排驾亲往周岙省墓,故一村行客颇多。看新吉升班演剧,优孟衣冠,曲为逼肖,中间为梨园子弟者半属少年也。转过小沙堤观剧,以彼较此,信乎后来居上。日晚,兴尽而返。宵初,携秀女、绵甥女在灯幔下散步,至三鼓。

初二日壬戌　　天早大风,旋雨,闻雷

朝霁,阅《中外日报》。夕,写祭先农分肉票。宵,手书祭神农氏、厉山氏、后稷氏祝文。是夜雨。

初三日癸亥　　雨

祖母生辰,设祭。卓午,郡城郑老海送到中学堂县课题目并卷。《房杜王魏优劣论》、《问中国理财之法,先宜振兴商务,究竟如何开源节流,试详言之》。夕,阅《修史试笔》。宵初,王质甫邀余拜见黄炳华文升学师,为林君仲彝透支旧岁廪俸,县令移檄,请为追还。学师有字递来,嘱余将汇廪款下一扣,以故进见,请婉商之,坐久乃出。看经训书院课艺。

初四日甲子　　阴

朝,在家作论,至午脱稿。夕,携秀绵甥女在城隍神前装扮罪人。宵,阅格致书院课艺,作理财答问。困倦殆甚,夜漏频催,只成半篇就寝,村鸡唱晓矣。

初五日乙丑　　阴,疏雨

朝,在家凑成夜作之策下半篇。夕,改震炯中东卷。林仲彝遣

其妻舅朱姓人来,取汇廪之款。余以学师嘱扣,未便下手,约以向晚付楚,其人终未之允,余入内不顾而去。代一山作策一道,即前题也。渠代余抄卷。薄暮寄郡。震轩妹丈自丁田至。宵初,同轩兄在灯幔下散步,与一山遇。过余松舫家一坐,归而朱某又至,坚执前言,不许分毫短少。余甚恶之,言语相侵,渠竟骂詈而去。后伯鳞来劝,始得全数付之。计英洋七十元。噫!银钱之误人如此也。谚曰:"朋友为财伤情",信夫!

初六日丙寅　　晴

是日城隍神清迎。过赵羽仪妹丈家一谭。携甥女在神前装扮罪人,枬、栒两儿相随而行,至暮始归。宵,倦,早眠。

初七日丁卯　　阴

朝,同震轩、羽仪二妹丈坐话。近午,轩兄驾舟去。夕,阅《中外日报》。薄暮,微雨。宵霁有月,过李鹤坡舅父处问疾。归阅家藏名人手札。

初八日戊辰　　晴旋阴

朝,入馆,孙仲恺公子过访;改潘震炯课卷。夕,改延春逐日小课。宵雨,陈耀君遣伻来,乞假褚河南《圣教序》一校,以此帖破蚀殆甚,却之。周眉仙过舍,邀余往薛玉坡家酌议学堂经费,姜岳仙、周晓秋在焉。

初九日己巳　　朝雨夕阴

在馆,许德寯来读书。叶奇顾随黄学士仲弢先生往楚北省问岳父母。谓家若川在湖北,为枪炮局总办。成七言四绝以志别。宵,为潘震炯说《经世文续编·交涉论》。

初十日庚午

朝雨。在馆,德寯不至。午后归,闻盛大令是日催葬甚严,无论绅士平民都限以今日为止，有不准令者，随即雇人载诸寄园。寄园在西门外，以停无主之棺者。沿途妇女，哭声不绝，且所雇之人，藉彼扛棺，恒挟官势，狂如狼虎，不可乡迩，贫若人家，厝葬无财，难于进退，良足悲已。余家次弟遗柩，亦停顿荒野，计首尾共十三年。闻声之下，心如刀割，正议邀人别为停寄。喜得同姓□楠来，托渠明日雇三四人，暂停于祖山之阳，以免遭逼。夕，入馆，以叶奇颀定今宵启行，录四绝句赠之，而程仪不受，璧还。季芃过谈，奇颀亦来辞别。薄暮，过叶寿如丈，为其令嗣送行。宵，中心沉闷无聊之极，早眠。终夜雷雨不止。

　　　　叶生奇颀时有楚北之行为成四绝句用以志别兼以勉之

　　学派龙泉衍永嘉，清芬祖德属君家。平生志愿储沧海，见小真嗤井底蛙。奇颀自谓：吾人事业，须如曾、左诸公，方不负平生所学。又曰：人若区区为室家计，不出门游历，拘墟浅陋，直井底蛙耳。

　　客星光附月轮明，卿月悬空一镜迎。黄学士仲弢先生，时受鄂督张孝达尚书主讲两湖书院之聘，奇颀为学士甥婿，故随之行。此去荆襄多杰士，观摩深赖有陶成。

　　白羊黄鹄画中收，高士当年纪胜游。扬子江边春柳绿，迢迢烟水送轻舟。

　　聚首年来寄浩簃，奇颀自署其楼曰浩簃。谈经每喜解心疑。游行倘有新吟句，愿许频传尺素知。

十一日辛未　　雷雨，日暂见

早辰，邀北门外人肩扶仲弟之柩，暂停于祖父新圹之侧。余冒雨送行，但见北郊路畔，皆被迫棺木，密如比栉，好不惨人也。昔西伯行仁，泽及枯骨，为民父母，胡不思之？夕，张震轩妹丈来，邀改阅近作诗。县署听差至，谓本日忌辰，因王玉卿往南岸验视仓谷，其徒蔡紫生身患感风,失于送单呈阅,致激县主之怒。门政招余去,自思于礼有未合,嘱其善为我辞可矣。然此事如何,实难预定,中心不免担忧也。李鹤坡舅父过舍,喜其宿恙已愈。薄暮,访郑一山。宵,闷坐颇久。

十二日壬申　　雾,晴

终日在馆,改许德窝课卷、延春逐日小课。宵,见月有晕气,携甥女绵,女秀,儿枬、栵,到陶尖殿前观迎灯。是夕,为城隍神游幔期也。

十三日癸酉　　晴

东家有喜事不到馆。午刻,赵湖州都戎云发葬其夫人叶氏,邀余同周晓秋作赞襄也。成孝廉堂师课论一篇。题《项羽拿破仑第一优劣论》。宵初,过玉君表弟家,转过赵羽仪妹丈处,坐话至三漏。

十四日甲戌　　疏雨,日暂见。谷雨节

朝,在馆。夕,成论一篇。题《读墨子》。薄暮,漱芳过访,谈及其仲兄在外流荡忘返,耗费银钱,坏尽家规,不堪言状。宵,月有晖,同郑一山往小沙堤观平邑竹马歌班,园中子弟多属幼童,举止从容,惟妙惟肖。其时人如排墙,拥挤不安,一山落后,相失不遇,独步而返。

十五日乙亥　　晴,疏雨

朝,在馆,孙君中恺代购《中国文明小史》、《万国宪法志》各一册。夕,作孝廉堂师课策,题《问华米出口,洋盐进口,大碍中国生计,欲谋补救,其策安在》。至三鼓只成半篇。是夜丑刻月食,计十二分。

十六日丙子　　晴,天气热甚

朝,在馆,成策问下半篇。夕,改震炯玉尺师课卷。是夜,城隍神返驾回宫,同秀绵甥女在神前拈香至二鼓。过李西垣岳丈家,遇叶云村与漱芳内弟,同去大街游玩,漏声三下始归。十六丙子,望。浙

江杭州府月食,十三分四十二秒。初亏丑初,初刻十四分;食既丑正,一刻八分;食甚寅初,初刻七分;生光寅初,三刻七分;复圆卯初,初刻一分。

十七日丁丑　　晴,旋阴

早晨,为李少樵祥麐夫子送葬。李师是余受业入泮师也。遇洪栋园师,谈及张燮钧亨嘉文宗,定本月十八日出棚考试,先临台州,温系第二,计临温之期,大约四月望前矣。终日作孝廉堂课,题《谨选左右慎择所使论》,本旨出《王吉传》。延曙代余购来《泰西新史揽要》共八册。宵,续就日间所作艺。

十八日戊寅　　晴

朝,在馆,德寓来。夕,轩兄过馆,延曙继至,话到日暮。宵初,访郑一山,相邀去学前看平邑竹马歌班,时则人山人海,排立如墙,余以身材短小,不得驻足纵观辞归,而山兄独留。过玉君表弟处,与舅母坐谈片顷而回。

十九日己卯　　微雨

朝,在馆,德寓来。午后,往陈紫峰璪表甥处,为外姊张孺人送葬,轩兄在焉。孺人系震轩之姊,俟至申刻始发绋,乃归。润色前日所作论。宵初,一山来袖去抄之。阅《泰西新史揽要》。其夜丑刻大雷雨。

二十日庚辰　　雨

早辰,访王玉卿。入馆,作孝廉堂策,题《问中国挽回利权,当以何者为先》。近午脱稿。午刻,过库书薛松如先生家,取祭款,付来英蚨十二翼。至妹家一坐,袖策文交一山抄之。夕为门人延智、延杲、延晖抄识字课本,改延春逐日小课。薄暮访孙中恺兄,袖交轩兄购书之洋,坐谈至暮。过王学书质甫处,同去谒黄炳华学师,谈及考期已近,余家有礼书房缺,身系读书,苦于忙碌,学师慰之曰:"礼房之缺,实系清苦敝地,充此缺者,亦皆文墨家也。"谈顷辞归。宵初,访一山,知孝廉堂课卷已寄郡交缴矣。

廿一日辛巳　　阴

在馆,德寓来。作中学堂道课。策题《问儒者言治,动曰省刑罚,薄税敛。今泰西治国,律不厌其密,税不厌其繁,岂先哲之言未尽可信欤? 抑彼此各有主义欤? 试纵论之》。宵初,成七言长歌,润色至天曙始定稿。

俄约签押志感

尺纸书成误君国,一发难挽千钧力。大局破坏竟如斯,此恨茫茫不可极。去年叔带乱周京,群羊入踞居庸城。燕台烽火冲宵汉,翠华西去蒙尘行。长陵风雨鬼神泣,鼙鼓声声兵夜袭。杀人如草血交飞,开门谁揖强狼入? 今之鄂罗昔嬴秦,夜郎自大西为邻。长蛇封豕甚猖獗,敌将无人度故津。杞子竟掌北门钥,铸铁翻同六州错。半壁江山赵宋家,和金孰学秦长脚。一误何容再误之,邺侯仙去继者谁? 力争能挫契丹气,不及郑公出使时。季春月朔壬寅岁,国书已定重订誓。漫言唇齿两相依,狐鼠凭城终失计。英狮俄鹫帝东西,彼此效尤悔噬脐。诸公衮衮倚高枕,甘作偏安起祸梯。长白山高鸭绿水,东北秀灵钟帝里。中原定鼎二百年,发祥之地自北始。蒙兀部族今复存,此中驻足皆王孙。辽阳土界限沙漠,壶天日月昭乾坤。金陵王气盘龙虎,黄图不让汉三辅。一朝弃撤旧家居,此后终无干净土。我阅此约酸心肠,竟遭蚕食强俄强。有如三窟营狡兔,直同告朔存饩羊。书生憾无寸尺柄,太息列强谋吞并。杞人空抱青天忧,南风何为歌不竞。粉饰太平寄憾多,悲欢交作奈今何。图存莫作偷安计,指日山河再造歌。《志感》什缠绵悱恻,爱国之忱,流于言表。震轩。"诗学吴梅村,虽未极其至,雅合体裁。"

童观察评。

廿二日壬午　　　阴

早晨,改潘震炯中东卷,往王鲁芹咏沂、章槑士明申二先生家送葬。夕,冷风大起,代山兄作志感四绝句。薄暮寄郡。宵雨,过妹家。

俄约签押志感七绝四首

开门揖揖虎狼秦,失计今朝憾佐臣。千古权奸都误国,曹瞒矫诏敢欺人。

邺侯已去谁堪继,江左夷吾仰望深。一字何能如富弼,力争折得契丹心。

乾坤一气拓雄图,铸错伤心失远谟。长白山高围鸭绿,声声诉憾听啼乌。

邸报于今拭眼看,强俄约定倍心酸。补牢犹挽亡羊失,莫使忘情作苟安。

廿三日癸未　　　阴

朝,在馆,德寯来。午刻,同李稚菊表弟访章味三孝廉,渠赠余纨扇一柄,字系赵绍平振琦编修所书,丹青手笔为徐寿九南茂才所绘也。夕,柳琴仙过馆,代余购来《七修类稿》,共十六册,著述者为郎士瑛。申后,轩兄过访。宵,访郑一山,谈良久归。

廿四日甲申　　　阴

朝,在馆,阅《史记·叔孙通传》。午刻,往王子程家,为其尊人送葬。夕,作玉尺官课论。题《叔孙通定朝仪得失》。宵,续成之,复加润色,至四鼓始寐。

廿五日乙酉　　　晴

终日在馆,作玉尺官课策。题《东三省利权公诸各国藉以抗俄议》。至暮只成半篇。宵,续作之,完篇,终嫌发挥未透也。

廿六日丙戌　　晴

在馆，将昨作之策复为增损，至午始定。夕，抄玉尺官课卷。宵，困倦，抄一幅而止。

廿七日丁亥　　晴

终日在馆，抄玉尺官课卷。宵，雷雨，章味三孝廉遣人来邀，有要事相商，约以明日。夜起作《飞云阁饯别》七言四首。是日，闻西北学堂同外隅之三学堂学徒合习体操，其东南教习若萧侃邹杏荪二君，首戴草帽，身穿西制衣服，俨然自命为赳赳者，真可鄙也。孟子曰："吾闻用夏变夷者，未闻变于夷者也。"彼二人者何不善变若此乎！

飞云阁饯别为盛蔚堂鸿焘大令卸篆作

仙舄飞从赤水浔，公前宰乐成，继权瑞篆。贤声三载感人深。公宰瑞约计三稔，凡积年案牍逐日理结，民消讼累，舆人动诵，政绩灿然。一春膏雨歌桑梓，自去冬十一月至今春二月，计百二十余日，雨泽稀少，农田干燥，不得下种豆麦，民心惶惶，公设坛祈雨，不数日而甘霖降矣。两袖清风伴鹤琴。汉史犹存循吏传，南邦复展召棠阴。瓜期已及扬帆去，流出云江话别心。

一鞭归咏记安仁，花县河阳际暮春。在浦明珠期再合，虚堂悬镜不生尘。公精于吏治，人之赴讼公庭者，立辨曲直，一讯即服，邑称神明焉。千丝绣作平原像，比户图成学士身。少驻行旌劳祖饯，无边斜照隔烟津。

迢递云山指去程，离离芳草徧郊城。郑侨东里传遗爱，龚遂青齐著政声。邵屿堂开千树近，珠江水绿一舟轻。公籍在广东，故云。几回斟酒凭高阁，啼鸟犹能解别情。

漫言桑海几移迁，聚散人生岂偶然。流水池塘飞燕地，青

山城郭唱骊天。清谈风月酬佳日,把酒桑麻忆去年。飞云阁,旧
名话桑楼,今题此榜,系孙侍郎止庵先生改之。可许襜帏重驻此,儿童
竹马快迎鞭。饯别四律,弹丸脱手,字字飞鸣,桃花流水联,不得专美于
前矣。震轩。诗多溢美,愧弗敢当,而秀丽轻圆,令人不忍释手,洵异才
也。原评。

廿八日戊子　　阴

早起,抄《饯别》诗。登西岘山拜仓圣,以是日字祖诞辰,同社诸
君备牲醴拜祝。值祭者为徐鹤樵、胡步蟾二先生,余亦随众叩谒。
席设鳌山阁享馂。改阅潘震炯师课卷。夕,在馆,改延春逐日小课。
宵,管杏浦、李彬臣过访。是日闻速成义塾,以学徒不守规矩,邀各
隔教习共议训斥,暂为停课一日,窃怪此事大不近理也。

廿九日己丑　　立夏节

朝晴。同山兄访章味三,闻昨晚有事已赴郡矣。入馆,德寓不
至。午后雨,闻雷,阅《中外日报》。宵初,录近作诗。访一山,过玉
君表弟家,与舅母坐谈而归。写县录清册。

三十日庚寅　　晴

晨,访山兄,袖近作诗赠之。终日在馆,德寓不至。阅《中外日
报》。宵,写县录清册。

四　月

朔日辛卯　　晴

在馆写弥封册籍,宵始完之。

初二日壬辰　　晴

在馆,叶耕经过访,代改玉尺师课卷。宵,作中学堂府课。题《问

当今政务,以兴利为亟,人税既违永不加丁之祖制,行钞又以库鲜实贮,碍难办理,岂中国地大物博,竟无可兴之利欤? 留心财政者,盖举所筹及以对》。只成半篇而寝。

初三日癸巳　　阴

朝,在馆续成府课策,改潘震炯卷。夕,写大雩祭祀胙肉票。宵雨,书雩祭祝文。

初四日甲午　　阴

朝,在馆。夕,凑写弥封册籍。宵,往王玉卿家饮汤饼酒。王君新举一男,故邀亲友以行乐也。在座者洪绶林表兄、李杏芳应龙、声玉郁芬共十馀人。席散,过章味三孝廉处一谭。

初五日乙未　　晴

终日在家,写院试坐号册籍。宵,续写完之。一山亦来写年貌清册。

初六日丙申

朝阴。在家作盐局孝廉堂课。题《治天下以何者为要论》。午后脱稿,作试帖一首。题《赋得安得猛士守四方得"乡"字》。袖与山兄抄就,定晚下寄郡交缴。申刻,雨,同赵羽仪妹丈暨房友顺过县试正场卷。宵,校正各试卷姓名至四鼓。

初七日丁酉　　雨

朝,往二舅氏暨子琳表弟家,为舅母万丁二孺人菊舫四舅父送葬。夕,邀蔡作来暨同房友填试卷姓名,并写牌灯名次。王质甫至,与震轩妹丈坐话。宵,改潘震炯课卷。

　　代李子琳路祭父母文:

　　　呜呼! 日月有时而遭蚀,桑海阅世而变迁。彼死生之所系,定于理有同然。灵椿兮霜已折,春萱兮雪堪怜。念我父母,

弃养多年。恒明发而不寐,每含擅而涕连。悲莫酬乎罔极,恨
长抱乎终天。职未尽乎人子,心自问而有愆。得坊墓而合葬,
行窀穸以周旋。福地方兆,吉卜初涓。山集云而不远,车驾雾
而骈阗。临歧兮祖饯,泣别兮当筵。椒荔兮侑酒,藻苹兮荐泉。
容归杳杳,情表拳拳。愿云𫐐而少驻,尚默鉴乎心虔。

初八日戊戌　　晴

终日在馆。

初九日己亥　　晴

在馆,改潘震炯窗卷。宵,检点卷册交蔡紫生送署用印。

初十日庚子　　晴

朝,在馆改许德寓窗卷。夕,代鲍澍聪写纳采红帖。潘君云生
来,偕其侄震炯归。申后,乘舟往丁田张震轩妹丈家,为明日寓甥上
馆,邀予发蒙者也。上灯后始抵妹家。过晚餐,与家鉴亭丈振三兄
坐话。

十一日辛丑　　晴旋阴

巳刻,寓甥上馆,余为启蒙。午刻,设席饮毕,即驾舟返。夕,遣
仆向县署领印卷,而门政留难,爰为辨论一番,始领出。即时邀赵羽
仪妹丈、李韫斋、云笭、稚菊诸中表,将册卷姓氏同为校讹,毕事时交
二鼓。夜半检点行装,乘河乡船,匆匆晋郡,偕行者伍凤楼表伯、杜
茂珍工人。

十二日壬寅

朝阴。坐舟中默想,昨宵匆促,出门忘带县录暨送册卷二角公
文,心如县旌,即时写函,交过路回头船,送与王玉卿。午刻,始抵郡,
仍寓张桂林斋光禧老叔家。未后,雷雨,林凫渚先生过访。薄暮,写
函二封,一寄家中,一寄玉卿。宵,倦,眠早。

十三日癸卯 早辰细雨

过东阳春栈访学书王质甫，邀叶老芝同往工房处，备空白公文，伊辞未备，即回寓。而蔡紫生不至，恐学宪辕到，一时误公，即遣茂珍归瑞取来，并催王、蔡二师徒，今晚速来办公。夕阴，胡惠卿先生来，偕余访府礼房周玉亭于烟馆，茶话良久，开来续补考生姓名回寓。宵，过学师公馆，中途遇胡绥卿友仁，谓廪保名单近已派就，计县学十九名，府学九名，洪锦濂不在认挨之列，管赡淇、王兆藻、洪锦云、程云、伍恭寅、黄颐、赵准、钱兆奎、陈培源、戴炳骐、赵赓扬、吴之翰、李炳章、王芳藻、黄振埙、薛颂坡、吴擢伍、林骏、胡友仁、薛鼎芬、林桂芳、项维韬、项毓芳、刘凌云、陈鸿锵、舒凤翔、张虞龙，即同归查核，保下三代者陆续而至，时下三漏始寝。

十四日甲辰 阴

晨，赵羽仪、李稚菊、蔡紫生自瑞来。应试诸君渐次到考寓填册买卷，计来者共二百多人。宵，各廪保来查诸童三代籍贯者络绎不绝。

十五日乙巳 阴。小满节

是日来考寓买册者约二百馀人。潘震炯过访。薄暮，张燮钧学宪到郡，过王质甫寓，画认保诸童赴考经古花押。

十六日丙午 晴

早辰，学宪到府学讲书，余以公事不去。午刻，放告悬牌，明日考各属生员经古，永、泰、玉三邑童生经古。吾邑赴局来填册买卷者计一百馀名。宵深，同刘老元、李稚菊在酒馆吃小点，遇管杏浦、吴伯屏、薛仲渠均在座。

十七日丁未 阴小雨

是日，考合属生员，并永、泰、玉三邑童生经古。午刻，过戈鼎彝寓,为蔡福成系余认保。王君墨林本蔡之业师,以旧岁言语相侵,致生嫌隙,本年脩脯邀余代措,遂招其窗友相与劝导,始允。夕,竺雅周过访,为同里蒋宗藩系旧冬曾报捐盐贡者,挨次适在余名下,余以此人既入贡成均,照例不得应试,且礼房已将其名注入册籍,非虚事也。竺君坚执今例,谓今与古不同,彼一时此一时,不可作一律观。而又言多讥刺,听闻之下,实觉难耐。余对曰:"仆有稽查之责,以公办公,不知有亲友情面而已。"渠竟含怒而去。余遂谒学师请事,以免后日为难。薄暮,作家书,媵以蚨钱一千一百文,寄归家用。宵初,画正场童生年貌册花押。是夜生员进场,四鼓睡起,同羽仪妹丈饱餐,往考棚前候点。维时大雨,连绵衣襟溅湿,迨接卷领题,天光透曙。

生员经古:《禹贡》贡道总汇大河说。经学、水道;子蒲、子虎救楚师出何道考。兵学、舆地、经学。题:中国政治尽罢去胥□□生员笺六曹得失论;兴工为强国之本论。工学。问:军机之权比汉三公、唐三省长官、宋中书枢密,同异若何? 问:中国之丧海权,先由于失海险,海险之失,始于何代,成于何人,能言其略否? 兵学、舆地学。各国:德谟额拉、阮籍、陆云用意异同说。哲学。上官宪法十七条平议。宪法、律法。政治:公法元始曰性曰理,究与中国儒者之说异同若何? 公法、性理。花旗石炭脉富于全瓯考。矿务、商务。问:西史□,古时义国虽山田荦确,其受来与原湿等,此农业何以能如是之精,试求其故。农学。问:罗马盛时不多养兵,而富国甚易,其故安在? 地学、各国艺学。科伦布以航得地得赍赐,以锻兴邦,论功孰为最伟? 格致、工学。格致家谓小行星皆日所生,试广其证。天文。有二瑟秒,能颤二万五千次,一每秒,能颤二万二千次,声速设一秒行一千一百尺,问颤距及声之高低。气学、声学。有绿淡轻养配成杂质元质,以两种相配分剂,任取几分配之,问能成若干种杂质? 化学。有椭圆镜长径五寸,短径四寸八分,光由周之一点射入,与法线成角三十度,求镜面内被折之角若干。光学、形学。问:电力与水力测弄之法理,有相通者,亦有相反者,孰同孰异,试详举以对。电学。

童生题:中国史事。问:魏人邀击吴使于成山,宋人破完颜郑家努于石臼岛,海道形势若何? 兵学、舆地学。问:凌敬说夏王,取怀州、河阳,隃太行,徇汾晋,郑围自解,其说果行,胜败之数当如何? 问:东汉、南宋大学生气节最盛,朝廷养之有素耶,其时风声习尚然耶,试求其说。学校。问:先儒多咎宋人助元灭金,宋不助元,元遂不能灭金否? 宋不灭金,元遂爱宋不攻否? 兵学。新、旧《唐书》职官志、舆图考;《明史·外国列传》辨正。问:巴斯徙能辨极小一点之巴拉西德,此小一点究系何气所成? 蚕学。问:西医神妙不测之技,中国亦尝有之,能于古史中一□指出否? 医学。

十八日戊申

在场中构艺。四书义题:府:子贡问政一节;永:子张问政一章;乐:子路问政一章;瑞:仲弓为季氏宰一章;平:叶公问政一章;泰:子夏为莒父宰一章;玉:颜渊问为邦一章。通场次题:景员维河。经义题应作考据,以书本携带不便,无从左证,草草完篇。是日,崇朝其雨,场屋湫隘,檐溜如绳,雨珠乱溅,展卷楷写,颇觉其艰,如蚓成字,细弱不胜。加之覆瓦日久,漏湿层层,天色阴翳,莫辨早晚,但见交卷者纷纷,余亦率意抄就,随众而出,时甫过晡。申后霁,与赵羽仪妹丈、李稚菊表弟坐谈。钱晓六兆奎过访,为考生戴云祥,适余挨保于八款,有碍清白,偕其业师戴君炳聪来,向余说情,因有关于情面,乃允之。宵深,林玉璇先生来,为蒋姓人作说客,因以言语侵触,且反为余激,故决意扣之。廪保诸君都来画押年貌册,惟薛玉坡至最后,同洪小峰往学房处,开来赴考经诸童名次认保单。至三鼓回寓。五鼓睡起,偕刘老元携衣帽在场前候点,维时尚早,到酒馆吃小点,闻外号房传呼送册甚急,余以进退两难,遇周晓秋、李云苓二君,托其代检,免致误事。居久之,日上三竿,才得点名给卷,廪保中惟薛颂坡不到,张友夔代渠应点,被张文宗察觉,唤张一询,遂释之,然不至于谴责,幸矣。

十九日己酉　　朝晴夕雨

考乐、瑞、平三邑经古。假寐半日。王君晓周来,欲以填册应试,而不知年貌册子已缴送多时矣。渠遂垂头馁气而去。薄暮,过潘云生寓,索震炯场作一观,语颇中肯,心甚喜之。宵初,誊清认保手折。是夜考乐清、瑞安、泰顺、玉环一场童生。余携衣帽随班,在文宗公座前唱保。先是宗师传余,闻蒋之名下何为无花字,余以损贡对,而小峰亦有一李姓,渠以俊秀对,文宗均颔之,即以朱笔圈去之。虽然,得过且过,特恐将来成为怨府耳。

童生经古题:中国政治。问:《易·系辞》上古结绳而治,六书实有象形论者,遂谓欧洲□□□等记号,实有仿结绳;非洲古碑大勿等字,实仿六书。夫积人成世而文字兴焉,岂必相师邪,试以己见言之。经学。问:《禹贡》"贡金三品",胡东樵以为,即唐宋以来宣铙银扬,则矿务三代前已有之矣,试传群书以证明之。经学、矿学。问:周礼讼狱,听于士师之属,而地方官司市,别掌中宪徇扑之刑,大讼市师莅之,小□胥师贾师听焉,盖不以治民者治商也。今各国均有商律,而中国无之,果应及时仿行否? 行之果有利益否? 律学、商学。问:《左氏传》子产对韩起曰:"先君与商人世有盟誓以相信也",此与今西人以商立国之意似合,能博引群书,以证明之否? 中国史事。周瑜、谢艾将略孰优论。兵学。吴守邾城,晋不守邾城,用意不同论。舆地。张子厚少喜事功,其流遂为颜李学派,其得失如何? 理学。□乐史驳孔维，请禁原蚕，以利国马议。蚕学、马政。各国政治：希腊七贤赞。哲学。万国便法与公法异同辨。公法。问：摩西不许犹太人收利息，意谓理财必当务本，此与重农之意相同否？计学、农学、财赋。问：西兵无一人不出于学校，故行军测绘之法最精，其教之也难矣，其养之也费矣，然如俄英德御法之战，英法救土敌俄之战，皆联兵累年，伏尸百万，安所得学校如林之士而糜烂之，试求其说。学校、测绘。各国艺学：问：声光无质，必藉空中微气以传，其理若何？声学、光学。问：电气化物，速率过于火毁，以之疗疾，实益亦过于阳液，其理若何？电学、化学、医学。有物在纬度三十度四十五分之处，衡之得重二十斤，若以元秤元物移置纬度六十度之处，其重应差若干？天文学、重学。有一煤窑，用出气管催天气上升，管高一千九百三十八尺，天气每立方尺重千分磅之七十八，当热四十度，天气入窑，每分时一万二千九百六十立方尺，若热须至五百二十四度，方能使天气出窑，求火力。火学、矿学。

二十日庚戌　　阴

是日考乐、瑞、泰、玉四邑童生。正场，四书义题：乐，"臣闻汤七十里为政于天下者汤是也"。瑞，"海内之地，方千者九，齐集有其一"。泰，"今鲁方百里者五"。玉，"今滕绝长补短将五十里也"。通场经义题。"民讫自若是多盘"。朝，开消柬房，门房唱书各项规费。夕，过潘生震炯寓，谈坐颇久。薄暮，伍凤楼表伯乘夜航船回里。宵深，发生员经古榜，第一王魁廷，第二陈明。

廿一日辛亥　　阴

是日覆生员经古。朝，家仆自瑞送食米来。午刻，彭君蓉初来招饮，为黄泽中前年殴保罚谢也。夕，过管杏浦寓。薄暮，家仆乘夜航船回，交制钱壹千文，带以作家用。宵，在寓中与赵羽仪、李稚菊坐谈。戴鲲南先生暨其世兄兰缘过访。

廿二日壬子

朝阴。考□场,永、平二县童生,题目:永,"彻者彻也"。平,"助者藉也"。通场次题。"天子树瓜华"。同李韫斋表兄、稚菊表弟往大街买零星物件。夕,雷雨,旋霁,偕蔡紫生、李稚菊至西郭观剧,至暮□寓。宵深,出生员正场榜。府学一等廿四名:王魁廷第二,项廷骅、唐梦骥、胡岳申、洪彦远、项璁、陈怀、周景濂、柳凤池、何毅、林文鼎、胡国铭、张凤池、林冕、谷培宸、徐陈冕、张尔彦、项廷珍、林之屏、何翰藻、郑曦、项维韬、李崇贤、陈葆桢。瑞学一等三十名:孙祖绶、戴炳璁、张亮道、薛颂墀、唐翼圣、许壬、钱兆奎、林彤、傅师说、赵准、赵廷儒、黄文翰、陈世芳、丁煦、陈恺、唐黼鸿、徐玉鸣、黄颐、胡黻堂、吴璇、吴擢伍、余思勉、王廷佐、伍恭寅、张璞、胡锦涛、戴炳骐、陈楚元、赵铎、方鸿初。闻此课案中,前之经古入彀者均在列,惟永学包作雨则脱落焉。

　　附录昨日覆经古题:《秦辟地至瓜州,何以不县义渠说》。经、兵、舆地学。《赫连屈丐遣兵塞潼关断青泥论》。史、兵、舆地学。《问西俗离宫岁常巡幸,与金元国俗春水秋山同异若何》。史、政学。《问中国政治家最重〈洗冤录〉,然与今西医所得新理时有不合,能条举而证明之否》。政学、医学。《问雅里大德勒氏性理气命之学,于中国儒家孰为最近》。哲学、理学。《问斯密亚丹马克乐论泉币二说孰长》。商学。《助七器根本一理说》。算学。《级数与廉法□相表里说》。艺学、算学。

廿三日癸丑　　阴

朝闻覆试生员四书义题:"公侯方百里,伯七十里,子男五十里"。乐清礼房孔德轩先生来,震轩妹丈继至。午后,李稚菊邀余暨李彬臣表兄有事出西郭，遇雨极大，过南雄庙少憩。至申后，乘小舟归。薄暮，赵羽仪妹丈束装回瑞。宵初，招房东张光禧叔同诸人□酒，为前日向黑虎庙祈保公事平安，此番备酒醴谢神，盖邀同人享馂也。夜半，悬一场童生提覆牌：瑞安共五十六名，稚菊表弟、潘生震炯则不入彀矣。余为扼腕久之，认挨□□下，在列者三名。同刘老元过学房处，书花押册。归寓。心恐误公，伏案而卧。

附提覆名单：蒋建忠、陈一筹、徐骏、黄秉钺、赵淮、邵秉中、郑辅周、项繻钱、陈安澜、蔡冠英、蔡耀东、李鹤年、张洪钧、曾燮、张秉钧、黄品金、吴维藩、张可臬、吴孟龙、金声、周钧榜、赵澜、叶兆东、谢协元、李祖林、许藩、卢元、王蒲卿、洪彦亮、董岳文、彭凤华、李周、李琛、金蕴岳、蔡体年、朱燊、郑奠、曹兆书、王颐、郑栋选、蔡景禧、夏允中、林骧、苏嗣武、薛瑞骥、陈鼎三、徐来英、王汝藩、缪锦涛、胡炳元、陈经、林凤冈、吴树屏、林文潜、李龙熛、洪彦谦

廿四日甲寅 雨

天早，穿礼服在考棚候点，已刻始出。是日提覆题。"有世臣之谓也"，《淮阴侯论》。夕，在寓兀坐半日，一山过访。申刻，稚菊束装乘夜航归。宵深，发瑞安新进榜，县学计廿五名，

府学计十一名。余旧岁生蒋友龙则列案首，为余认者蔡体年取入邑学，为余挨者薛瑞骥取入郡庠，而李周恨不在内矣。一山受业生县取二名，林骧，府取九名，曾燮均落孙山，不胜代为惋惜，岂山公财运之不旺乎？抑二生才力学问之犹有未足乎？盖亦天数使然已。爰邀工人杜茂珍，持名片往各亲友处道贺。

县学：蒋建忠、黄秉钺、王蒲卿、徐骏、赵淮、郑辅周、陈安澜、蔡冠英、蔡耀东、张洪钧、黄品金、郑奠、徐来英、陈一筹、吴维藩、吴孟龙、金声、董岳文、王颐、郑栋选、苏嗣武、洪彦谦、蔡体年、林凤冈、吴树屏

府学：项繻钱、周钧榜、邵秉中、洪彦亮、赵澜、彭凤华、张秉钧、许藩、王汝藩、林文潜、薛瑞骥

廿五日乙卯　阴

终日在寓，俟各新生来取长短结，汀川张震轩妹丈代余购来《明通鉴》一部，共一百卷。是书为江南知县当涂夏爕所编辑也，计二函，系石印本十六册。蔡、薛二君整衣冠折柬来谒。是日，考优生暨教官。教："今夫地，一撮土"至"万物载焉"；优："明乎郊社之礼，禘尝之义"。宵深，出二场，永、平童生提覆牌。

廿六日丙辰　阴，疏雨

提覆永、平童生，四书义论题："庠者养也"、"郑忽突皆善用兵"。邀蔡紫生、刘老元往各新生处收取牌灯规费。闻是科入泮者半属寒家，规费归收，较去年颇为费力。宵，同蔡作来出门收费，遇雨而归。

廿七日丁巳　晴

朝，以学宪总覆文童，余所识认之蔡君在其列，故到考棚前，久俟半日，遇曾苍雪先生，订定端阳节后来瑞访余。曾君酷好先曾大父所著《玉瓻集》，此来盖欲手录之也。闻瑞学新进者多寒家，所填学册规费，计英洋四百馀元，惟永学颇饶，平学千数。夕，过潘云生寓，谈论良久。宵，同蔡紫生、刘老元往各新生处收取牌灯规费，至二鼓归。其夜雨。

廿八日戊午　雨

晨刻，学宪招各新进更衣参谒，邀刘老元、杜茂珍到考棚散给花红，余松舫来假蓝衫一穿。夕，同刘老元、蔡紫生往各处收取规费。过泽进巷谷桂芳书庄，购来《杜诗详注》一部，共十二册，板子甚好，惜蠹败不堪耳。书价只英洋五角之数。宵初，薛君织卿折柬来邀饮采芹酒，为其哲嗣瑞骧适挨在余保下也。殷勤备至，心甚感之。

廿九日己未　雨

朝，偕蔡紫生往宝兴巷葛家，收取新生林凤冈、金声二君牌灯规费。夕,同杜茂珍往街市购杂色货物。宵霁见星,检点行李,雇河乡船回瑞,同舟者四人。

五 月

朔日庚申　　晴

晨,舟抵莘塍,有数只龙舟上水,勇气十倍,颇堪寓目。巳刻,到岸,归家朝餐后,往馆。午刻,过西北蒙学堂,与管、李二君坐谈半顷,仍入馆。宵,邀李丽生表弟暨店中人,效河间姹女法,手数蚨钱,计二十馀贯耳。

初二日辛酉　　晴。芒种节

朝,过郑一山、赵羽仪家一谭。入馆。午刻小睡。夕,改延春逐日小课。宵初,偕山兄往虞池宫观剧,遇许养颐,至二鼓归。

初三日壬戌　　晴

终日在馆,邀国琳表弟、陈碎琳往本地收取卷资。薄暮,以端午节近,特为诸生散馆数日。宵,访山兄。

初四日癸亥　　晴

朝,在家解拆来往账务。午后,袖墨西哥银十元,往同丰南货店交丽生表弟,系今春间代垫买物款也。过库房薛松如处,取来祭祀款,下英蚨三翼,至陈氏大舅母家一坐,遇潘雨臣,适来讨玉君去年借债,计英洋六十馀元。宵,访王玉卿,袖本年薪俸银三数交之。遇雨,至玉君处小憩,而雨臣先在,闲谈良久,谓"玉之积债今夕必须完璧归赵,否则莫怪仆之无情也"。余闻之,恐伤情面,向舅母再三力劝,屈身认付,约以月晦先还十元,始允。归时,漏三下矣。

初五日甲子　　晴。端阳节

朝,饮蒲酒半醉,书雄黄字,遍贴窗户以辟邪。三妹制艾旗、蒲剑以悬之。午后，同家毓卿雇小舟，渠偕乃蓉、熙浚三侄，余亦携枬、枵、桐三儿，共船游览。陈碎琳附行，过丰湖，见龙舟十馀只，岸上游人如蚁，闻盛蔚堂大令在莘塍，恐斗龙争先，酿成人命，故往弹压也。申后，散，河舟子返棹，至水心殿小憩，观剧。抵家，日向晚矣。宵，设馔祭祖。

初六日乙丑　　晴

朝，阅《皇朝五经汇解》、《日知录》。夕，作孝廉堂厘局课。题《春秋黜周王鲁辨》。宵深脱稿，另誊一通。

初七日丙寅　　晴

朝，访郑一山。夕，张震轩妹丈、家晋三兄，自丁田至。孙季恒公子来索观家藏诗画。薄暮，同晋三过张松如处，为同族小洲吉扬私卖养贤园产，嘱其代为转圜，并劝完璧归赵也。迨返，而季恒已去，留吃晚饭，谈顷，乃驾舟而去。爇烛检点书画，藏诸箧笥，至三鼓倦甚，就寝。

初八日丁卯　　晴

朝，在馆，作孝廉堂厘局课，题《加税免厘利弊议》。至暮脱稿。宵，挑灯复为润色。

初九日戊辰　　晴

朝，在馆孙延曙来，代余购来《中国财政纪略》一册，计价洋二角七分，邮费在内。潘震炯来上馆。夕，许德寓来读书，叶耕经过访。宵，作策问。题《问西税重征烟酒，居国用大半，几值百抽百，中国新章，酒捐纳帖输税之外，每勉只捐二文、四文，尚不及百分之十，而酒户已嫌烦重，何中西民情不同，试求宽严得中之法》。至五鼓脱稿。

初十日己巳　　阴雨

朝，在馆，嫌夜间所作策问未甚稳洽，加意润色。午刻，袖往一山家,托为抄缴。午后,访叶耕经,送息英洋十三元交与胡姓。自旧年八月初五日借来,其利息计随月一分三厘,共十个月,至本年五月初五到期,应交息洋一十三元。又托为转票一期。自本年五月初五日起,至二十九年二月五日止,息洋之数如旧。谈顷,回馆,作诗钟数联。薄暮寄郡。宵,同一山坐谈。归已二鼓。闻家仆说,送卷至东门外,而夜航船开去多时,急足向前始追及,然终不得傍岸,只托拔缆人代送,维时雨势极大,未知受湿否。一聆此言,中心未免担忧也。

附录诗钟:□□□□□□;角黍。□□□□□□□。钟馗。黄钺一挥来牧野;武王。青锋三尺误丰城。蒲剑。□□□□□□□;火轮船。□□□□□□□。岳武穆。春满管城花入梦;笔。秋深青冢草招魂。昭君。□□□□□□;李义山。□□□□□□□。妓。在昔履端存正历,即今典午叹中衰。蜂腰格。

十一日庚午　　　阴雨

朝,在馆,孙季芃昆仲议集同人,立不缠足会,以遵今上之明诏也。近午,薛玉坡、管杏浦、吴伯屏过馆,邀余偕往谒孙中容先生,为黄鹤仙家罚款,以西北学堂经费支绌,先生大有声望,故托为一言,多拨资助也。夕,阅《中外日报》。家仆往丁田,写函寄轩兄。薄暮,仆归,带来《日本国志》一部,计十册,此书系渠代购者也。宵,写武帝诞祭分肉票。

十二日辛未　　　晴

早起,写武帝诞祭分胙票。往馆。午后,各屠户来算结本春祭祀胙肉账项。申刻入馆,誊分肉单。宵,热,步月过李稚菊表弟家一谭。归,写祭武帝祝文。是夜五鼓,各官僚祭拜关圣,邀陈粹琳到庙排设豆品。

十三日壬申

朝阴。在馆。午刻,补祝旧年拱瑞山福首,请同人享馂,家晋三兄适来,留饮。未后,雷电大雨,入馆。许德寓来,改延春积日小课。宵,阅《杜诗详注》。

十四日癸酉　　　阴小雨

终日在馆。许德寓来。宵,阅《明通鉴》。

十五日甲戌

晨刻阴。访洪棟园师,出李君仲都遂贤寄怀诗,暨旧作诗钟一册相示,乞袖归录之。已刻,雇小舟,同陈粹琳、家仆往丁田震轩妹丈处,兼为补廪开报前林小宗祠也。夕雨,与轩兄坐谈。宵,前林族人来说小洲偷卖养贤园产,托余调排,或议和或交战,先为一决,谈至三漏,报罢始去。

十六日乙亥　　　朝晴

在妹家假寐半日。近午,族人学献来议赎回养贤园产事,仍不决。申刻,雇大姆哥驾舟归。宵,李云苓表弟来邀,伊算结惠民仓开消各项账务,以交扇期近,恐迫切不及,故预为之计。

十七日丙子　　　雨。夏至节

朝,洪棟园师送到醉绿吟社四期诗钟题目一纸。在馆,阅《中外日报》。卓午,闻蝉声。申刻,张震轩妹丈偕族人培吉来,为前林偷卖田产事,被族众邀伊同余至张松如处酌议赎还,因族蠹富纯在其家,恐出言之下,漏泄春光,或有不便,故邀松君到家一酌,两相谈论,稍有头绪,但田价颇巨耳。薄暮,轩兄返棹。宵初,过陈丹卿表弟家,为受管竹君挨保笔资之托,坐谈甚久。转至羽仪处,妹子邀饭。过李西垣岳丈家,遇叶云村。归时三下漏矣。

十八日丁丑　　　雨

朝,在馆。午刻,以西北义仓于十九日请宪开仓出粜,特写红帖请同人到庙经理其事。夕,德寓来。阅《中外日报》。宵初,赵羽仪妹丈冒雨送杨梅来，谈顷去。为潘煜斋说《普通新历史》。

十九日戊寅　　大雨

朝，在馆。孙公权代购《扬子江流域现势论》一册。改延春逐日小课。午刻，往西北义仓，同李松琴、芸苓、姜岳仙、彭耀卿坐谈，以是日请官开仓，盛大令公出，权邀文二尹以代庖也。余托同人照顾，仍入馆，阅《中外日报》。宵，为潘煜斋说《普通新历史》。

二十日己卯

快晴。竟日在义仓，同李松琴、云苓、姜岳仙、彭耀卿巢谷，郑小谷、杨润谷、洪小芸惠然肯来。是日收英银三百四十八元，内有二圆劣焉。宵倦，眠甚早。是夜雨。

廿一日庚辰　　雨

竟日在义仓，同李松琴、姜岳仙、彭耀卿、云苓表弟巢谷，薛玉坡偶一来之。一山来说，孝廉堂盐局课名列一等二次，府课名列高超，一恨一快，两可相抵。是日计收英银二百三十七元。薄暮，赵羽仪妹丈来招饮，唐叔玉孝廉居首座。唐君分发河南，今春进京陛见，此来赵兄特为接风也。余问引见时两宫坐位如何，对以皇上宝座在前甚低，太后之座列后甚高，如圣庙夫子及三代之式。又问，皇上与圣母容度如何、与今之照像相合否，曰：以拍照观之，容色颇腴，而庐山真面则不及也。谈至三鼓各告别。

廿二日辛巳　　晴

晨，访郑一山，转至西北义仓，托李松琴、云苓、姜岳仙、彭耀卿代余效劳，因馆课旷多，欲到馆检点也。巳，入馆，许德寯来。午刻，张震轩妹丈自丁田至。是日义仓出巢早谷，计收英洋二百馀元。即同管杏浦、姜岳仙、李云苓袖英洋七百卅元，存交大赉典铺生息。夕，看《中外日报》。申后，薛玉坡、吴伯屏邀余谒孙中颂先生，为黄家罚款银条，已派东南、西南两隅所分银单，盖交先生也。宵初，雨，阅《杜诗详注》。

廿三日壬午 晴

晨，访洪楝园夫子。终日在馆，成醉绿吟社四期诗钟，共九联。章㮾士先生遣人取垫款洋，共十元，商诸同事，不允，婉辞之。㮾士庙司事也。宵初，过一山家小坐，听檐雨作丁丁声，乞雨具，踉跄而归。

附录诗钟：

蜩鸣节恰端阳届，蟾照光添此夜圆。五月、十五。

三唐风格追踪少，五夜禅心觉梦多。诗、钟。

千竿斑化湘妃泪，一曲熏传虞帝歌。竹、夏。

鼻仿荷筩嘘暖气，心通兰谱戒寒盟。水烟筒、友。

柳市门前邀过客，桃花庙里拜夫人。招牌、息妫。

为按玉箫妃子曲，时修金币列侯仪。荔支、朝觐。

画壁还疑磷火现，敲枰每向树阴浓。自来火、棋。

蹻足三分须入木，包身一样肖悬瓶。乔底、胆。

普天为纪重轮瑞，济世还须作楫才。普、济、鹤顶格。

廿四日癸未 晴

朝，在馆，许德寓来。午刻，袖昨日所成诗钟数联，呈洪博卿师改削，推敲二十馀字始定。写就转交夫子寄郡。夕，改延春逐日小课。孙中恺公子谓前日黄姓罚款，东北派坐半百之款，虽为容兄允拨西北，而捐派诸家不免借口，托予向同事代为转圜也。谈至暮，始去。宵，过玉君表弟家一谈，李云苓、姜岳仙来。

廿五日甲申 晴

连日天气甚凉，时当盛夏，犹不觉热，恐暑气暗伏，发之于秋，必多致疾。吾人当此，宜善珍摄也。朝，过西北学堂，与管、吴二教习一谭。入馆,阅《中外日报》。夕,改延春小课。闻衙后薙发匠阿尧之母,平日凌虐其媳,恶毒不堪,昨晚又加苛虐,遂扼其喉以死,邻舍代为不平,报其姑,反接之与死尸捆作一团,以消恨。日来未殓,或者鸣官,以警世乎? 又闻日昨隆山会市,有少妇自山头归宁者,久未还家,意将改醮,其夫闻此消息,遂遣亲友来,负之而去。噫! 世风不古,时事日非,视官法如弁髦,置伦理于不问,其奈之何? 宵初,谒李鹤坡舅氏,谈顷归。李云苓表弟、姜君岳仙、彭君耀卿来,结算西北义仓用款至四鼓。

廿六日乙酉　　晴

朝,在馆阅《中外日报》。午刻,过王玉卿处,为订前日托借之款。谈顷,仍回馆。季芄送来《新民丛报》第八册。宵,阅《明通鉴》。

廿七日丙戌　　晴

朝,在馆,改潘震炯窗课卷。延曙送来《新民丛报》第九册。夕,阅《明通鉴》。宵,集同事诸君结算义仓用款,数目仍未之定。

廿八日丁亥

朝晴。在家,同周晓秋、李松琴、云苓、姜岳仙、彭耀卿结算义仓用款,并缮就清单。中间用数不符,颇有亏缺,同人议空补之,余以为真反成假,不若明列之,以表苦心。诸君劝之,通权达变,圣人之道也。余终滋愧焉。夕雨,在显佑庙,请同社诸君,议接管仓务暨庙众司事。凭神枚卜始定。议司仓务者周晓秋、洪小芸、胡鲁芗、薛玉坡;司庙务者郑小谷、韩巨川、郁元先生也。宵,邀周晓秋、李云苓、姜岳仙、彭耀卿诸君推算仓款至夜半。

廿九日戊子　　阴

在馆,阅《明通鉴》。宵,集同事诸君结算义仓用款,因中有亏空之数,思至天明,心终不解,而诸人始去。

六　月

朔日己丑　　雨

朝,同姜岳仙、李云苓、彭耀卿诸人在家结算义仓用款,亏空之数,用权补行,心终歉然。午刻,在庙中饮交扇酒,共三席。震轩妹丈来,不及遇。夕,同事诸人仍来余家,抄誊交代总簿。薄暮,倦眠,至四鼓始醒。

初二日庚寅

朝阴。天早,李丽生表弟至,谓鹤坡舅父昨夜精神困倦,不省人事,闻之骇然。在馆,德寯来,出课题。《刘表设学校正雅乐论》。馆东留午饭。夕,雷雨,改延春小课。宵,阻雨不出门,阅《七修类稿》。

初三日辛卯

朝,晴。访王玉卿,订借欵约。在馆,德寯不至。夕,录旧作。薄暮,过妹家一坐,仪兄近数日患疟,特往一问。宵初,彭耀卿冒雨而至,谓前日结算义仓账项,亏空四五元之数,今转为核之,始知失记修整庙墙五数之欵也。闻之,心为大快,谈顷去。往李三舅氏处问安。

初四日壬辰　　晴热。小暑节

在馆,德寯不至,抄西北义仓报销禀。夕,雷雨,为延春说《鉴撮》:唐代有南北二司,南司者宰相也;北司者宦官也。宣宗尝与令狐绹谋诛宦官,绹有密奏,谓有罪勿舍,有阙勿补,则除之必尽。后宦者窃见其奏,衔之,由是南北司不和,如水火然。噫! 宦官与宰相并权,此唐室所以亡也。宵,阅《中外日报》。

初五日癸巳

朝晴。在馆,德寯不至,抄义仓移交四柱清册。夕,雷,疏雨。

抄报销清单。改延春逐日小课。薄暮，虹见。宵，毓卿来取旧岁借欸，余以银数未足，姑俟明日。庭兰继至。

初六日甲午　　晴

朝，访王玉卿，借来英蚨三十翼。入馆，德寯来，抄义仓报销清单。午刻，蔡君□□体年折柬来，邀饮采芹酒，偕彬臣表兄去，席设周小苓先生家，蔡为小苓妻兄之子。同坐王竹君，许柜村，郑、董二君。申刻，归，补抄报销单。彭君耀卿来，检翻一过，即托蔡紫生送署投阅。薄暮，玉卿遣紫生袖来英蚨二十翼，凑足大衍之数。宵，过赵羽仪妹丈家一问，喜其疟疾稍轻也。袖归唐叔玉孝廉所赠《水明楼集》一册，系袁太常所著书。往砖屏后观剧，有汰浪雨。

初七日乙未　　晴，暂雨

朝，袖借项英蚨五十翼又息洋十六元，交家毓卿。入馆，德寯不至。叶奇颀自湖北归，过访，坐谈约半日之久，谓近日申江瘟疫甚烈，棺木竟为之空。午刻，季芃出禧圣半面照像，见之如三十许人，脂粉香泽，溢于颊颐，身穿珠衫，修短合度，首戴皮帕，旁插鲜花一枝，即日报所谓牡丹花者也。余以一介儒生，未占释褐，今幸慈颜得睹，天威咫尺，亦快事也。夕，改潘震炯窗卷。宵，携秀、娟两女，枡、枵两儿，往砖屏后观剧，至三鼓归。在慈闱前，心气太燥，被高堂斥责，洵大不孝，自今以后宜戒懔之。

初八日丙申　　晴

晨刻，赵羽仪妹丈过访，喜其疟疾渐退。巳，入馆，德寯不至。延曙送到《新民丛报》第十册，又代购那特砳《政治学》上篇一册。改潘震炯窗卷。馆主人出鲜荔枝款余，其皮微红，剥而食之，如鸡头肉，肥美异常，色香味三者俱佳。东坡诗云"日啖荔支三百颗，不妨长作岭南人"，不虚语也。夕，德寯送来窗课，即为改削。宵初，家毓卿、庭兰来,毓卿交还旧岁借券,并回收田单。二鼓,去访李稚菊。

初九日丁酉　　　晴热

早起,阅《中外日报》。在馆,德寓不至,成《咏食鲜荔支》七言四绝。宵,月色明亮,过羽仪家一坐。访刘老元。

食鲜荔支

枝头剪出绛囊新,佳产南闽莫比伦。领得中间香味好,晶盘堆处不生尘。

迎风含露艳生姿,点绛唇填绝妙词。为惜轻红纤手擘,惜香应有美人知。

极品争推一品红,福州之荔,最佳者名一品红。红罗裁就紫香笼。红罗荔支名见郑熊《广中荔支谱》。主人分嚼巴西种,紫宋陈家本不同。

芳名已列端明谱,新曲曾传妃子歌。唐宫制有荔支香曲。日啖荔支三百颗,此生口福让东坡。

初十日戊戌　　　晴热

早起,阅《中外日报》。陈友珍送到札耕银五圆。在馆,德寓不至。夕,看《广群芳谱》。润色《咏食荔支》诗。宵初,白气亘天,直如虹影,自东北横至西南,夜午始灭,父老云此物数十年来未之见也,或谓白狐,或谓旱冲,其吉凶休咎,未可预定。

十一日己亥　　　晴

朝,在馆,德寓来。作《送别盛蔚堂大令》七律,成二首。午刻,蒋生友龙折柬邀饮采芹酒,辞之。夕,馆主人谓项申甫进士家,今宵请日国人来,放东洋焰火,设诸拱瑞山侧,合城人皆以未睹为恨,均挈眷往观,仆亦愿雇舟一览,属予放假。乃归就浴。申刻,闻雷。同刘老元过张乙生处,取结银规费。宵,乘月往周湖看焰火,共放五套,颇觉无味,不及我华多矣。而岸上与河中男女聚观者不啻千万计。人曰:"作俑者其无后乎?"项氏为之,其招人唾骂也宜。访姜岳仙,以义仓谷款存典生息,请宪给谕,被李漱梅从中播弄,反客为主也。心怀不平。访管杏浦,不遇而返。

十二日庚子　　晴热。初伏

在馆,德寓不至。作《送别诗》成二七律。夕,润色之。宵,邀刘老元过董岳文、王颐二处,取结银规费,而数未酌定,至羽仪家一坐。

十三日辛丑　　晴热

朝,袖《送别》诗谒洪夫子,请为改削。在馆,午刻,许柜村表兄折柬来邀饮采芹酒,辞之。夕,德寓来。楷书《送别》律诗。宵,同刘老元过蔡耀东处,收结费不遇。

　　送盛蔚堂鸿焘大令

　　争消雀鼠颂睢麟,复见南邦化及民。西伯有恩沾白骨,吾乡陋俗,莫甚于惑风水,而停亲柩有至数十年而不葬者,城内攒室积有二千馀,隙地皆然。公奉檄催葬,设法募筑义冢,助以葬费,又于城外建寄园一区,以为觅地暂停之所,民或便之。数月以来,城中积柩为之一空。使君能武慑黄巾。庚子秋,拳匪煽乱,河乡华表地方妖民张新栋,招妖道数人,设坛习拳,与教民为难,众心惑焉。公闻之,潜师往剿,毙其同党数人,悬首街衢,而新栋则执,以置于狱,恶熖遂灭,一乡安谧,皆公力也。叶陈理学传宗派,邹鲁文风著海滨。客秋八月,改试策论诏下,公邀邑搢绅诸先生,创办邑小学堂,暨四隅蒙养学堂,文风为之一振。公与有力焉。如此好官来久驻,群歌生佛万家春。

　　循良汉吏政无颇,心地光明比镜磨。捍海塘堤防水患,自东山至海安所,地皆濒海,每届秋潮,冲击民田,半为浸没,公邀各乡绅耆,劝筑海塘,以御风潮,今事将垂成而公去矣。济人溱洧起舆歌。云江饯别成诗早,公前月以《飞云阁饯别》题课士,蒙拔列案首,原诗附呈。月旦评文入彀多。骏屡课试卷,蒙公列置前茅。讼事不劳庭草绿,治民须在得民和。

仲由折狱本神明,公善于决狱,能使枉屈直伸,奸究匿迹,案无所积,邑人颂焉。报最三年著政声。汲黯能移河内粟,公今春遣使到镇江购米,设局平粜,以赈贫民。文翁已擅蜀西名。忍看江草青前浦,吹过潘花紫满城。为羡风高载琴鹤,香山一棹计归程。公家居广东香山。

握符匆匆及瓜期,闾里难忘众母慈。召伯犹留遗爱树,毕公曾勒去思碑。毕公成濂,曾为瑞令,政绩灿然,士民为刊碑以志去思,故名去思碑。刑书铸铁宽三尺,暮夜辞金懔四知。冒雪清谈贤太守,我家逋老此风追。

十四日壬寅　　　晴热

天早,同刘老元乘周村船,往上埠徐骏家取结银规费,留午饭,允我英蚨二翼,俟月尽付下。过伍韵韶处,访周晓秋,留吃小点。乘舢板船归,时潮水已长,风势又逆,不得前途,舟近横山,始上岸步行,至暮抵家。宵,过王颐家取结银。过木桥头看焰火,遇羽仪、杏浦。

十五日癸卯　　　晴热

在馆,德寯来。录钱饯别诗。宵,在李西垣岳丈家食新。

十六日甲辰　　　晴热

在馆,阅《男女婚姻卫生学》。申刻,遣仆托蔡紫生,递呈盛明府送行诗。宵,在李丽生表弟家食新。

十七日乙巳　　　晴热

朝,在馆,德寯至。阅《明通鉴》。午刻,仆报张妹丈震轩来。申刻,轩兄过馆,与宋平子先生、仲恺、季芃二公子谈至日暮。宵,留晚饭,始返棹去。

十八日丙午　　晴热

早起,作控陈庆瀛盗葬呈词。以新任林皞农①福熙明府于是日放告也。巳刻,入馆抄之。午刻,族人增枏来取去,代为投署。申刻,徐邃梅携其子肇祥过馆,年仅七岁,见壁上所悬《世界大地图》,即知东西之球位,中间标注国名及各处岛屿,间以西字,渠亦能言,盖由其平时父兄曾一教之也。又指条幅,令其循文理读之,复能朗朗可听,但拈以一字,作何解说,则不免茫然,是特欠讲解一候耳。季芁曰:"此子具有宿根,倘受吾师指点,定获进益。"徐君遂致谢而去。宋平子闻之,即上楼与余言曰:"童子聪明太早,恐到少壮时,必遭自弃。与其易视于将来,孰若见难于始境。圣人之徒曾子,性最鲁钝,反得一贯之传,人之灵性,无论其敏不敏,在勤不勤之间耳。《中庸》有言'或生而知,或学而知,或困而知,及其成功则一。'子其以我言为然乎?"余唯唯。放学,遂归。宵,同刘老元过蔡耀东家收结费。

十九日丁未　　晴热

朝,在馆,改延春小课。午刻,季芁出海门陈淑真女士条幅一观,见其字画秀劲,深得褚河南笔法,洵巾帼中之须眉也。闻其所适系市井中人,不能如珠玉之联合,何月老之梦梦乃是。夕,德寓来,闻童观察出示,于二十日考决科,廿一日未刻交卷。凡生监要赴考,须填真名,其被人评控有案及丁忧者均不准试。此为创格。呜呼!凭文取士,何其严密若此乎? 宵,同刘老元过吴树屏家取结费。吴君便中谈及,宋世有远祖宋孝廉吴祚者,官知县,后挂冠归里,构小园于三胜门外,以作延宾娱老之区,中有亭榭,略为布置,署其名曰

---

①　底本缺名,据民国《瑞安县志稿》卷十八补。

柏屏，又于就近处置田百馀亩，为后人计。今岁月历久，地土荒芜，更无人而过问者，中惟一亭成半角形，了然独存，四围瓦砾，败积过半，虫咽苔滋，不堪回首，亭牓剩有"涉趣"二字，迹已模糊，所置之田，都被族之不良者典质殆尽。屏拟欲改筑宗祠于其地，以志不忘。子藏书甚富，为仆一考志乘，知先人之荐举何自始，并知别墅之命名。余颔之，遂归。

二十日戊申　　晴热。大暑节

天早，访郑一山。入馆，家仆送到郡城决科题目。四书义："在止于至善"；经义："黎民于变时雍"。夕，在家作四书义，至暮脱稿。宵，成《尚书》义，至四鼓完篇。改潘震炯卷，余恐限期太促，即握管抄之，天曙尚馀二百多字。

廿一日己酉　　晴热

天早，抄就决科卷，日上已三竿矣。匆匆袖卷访山兄，托为合送。入馆，阅《中外日报》终日。宵，过赵羽仪妹丈处坐谭，时渠疟疾未愈，故往问之。

廿二日庚戌　　晴。二伏

终日在馆阅《中外日报》。德寓来。宵，同刘老元过王宝琳家，取结费，出蚨钱七百，嫌其太俭，还之，遂归。改潘煜斋送盛令卸篆话别诗。

廿三日辛亥

朝晴，微有风意。九里潘震封来，谓其叔母患急症，邀震炯归。在馆阅《中外日报》。夕，东北风大起，有雨。薄暮，虹见。宵，阅《逊学斋诗钞》。

廿四日壬子

天早疏雨。为震炯之母分娩得疾，十分沉重，未知安否如何，遣

仆往其家一问。在馆校点《皇朝经世文编》。午刻,风止。夕,德寓
来。薄暮归,始知周氏表姊昨晚已逝世矣,心为惊骇不已。宵,阅
《中外日报》。

廿五日癸丑 晨雷,小雨,风顿息

过陈氏舅母处,闻九里震炯之父陡染时疫,余甚担忧,刻邀稚菊
表弟去,其可占勿药,未知何如。入馆,校点《皇朝经世文编》。近数
日本城患霍乱者不乏其人,一染此症,半刻即毙,可畏也。申刻,徐
邃梅携其子来,拈天文数字为之解说,又袖来着色苗猺各种册页,共
四十馀幅,其中夫妇老幼、风俗器具,绘就丹青,相形惟肖,季芃、延曙
亦来同观。宵,阅报。

廿六日甲寅 晴热

家中尝新,李漱芳内弟,以其子玉炯,拜余为义父,嘱仆携糕果
赠之。过县署,催蔡紫生缮办各贡监省试录科册卷。丁田张震轩妹
丈来,卓午馆主人邀余食新,辞之。偕伍凤楼表伯过铺儿桥老屋一
视,以钟老田迁移他处,而屋交还予家也。表伯行步之间,举足无
力,如飞燕身轻,不胜掌上之舞,见之甚骇,身汗几乎浃背,幸遇□□
表弟,即为扶掖而归。宵,邀李庆章内弟、震轩妹丈、云苓、稚菊、玉
君、周元来试新,留轩兄宿。

廿七日乙卯 晴热。天早少雨

张震轩妹丈驾舟归。在馆校《求古精舍金石图》,此书系乌程陈
抱之经先生所辑,先曾大父附有跋语,手自书成,刻摹上版,下有图章
二方,一为阴文"从颍私印"四字,一为阳文"玉甋山人"四字。昨夕,
震轩过孙季恒诒撰公子家见之,言于余,即假而阅之,细为一校,中间
互有异同,均列眉批,以备他时刊刻可也。夕,校点《皇朝经世文
编》。德寓不至。宵,阅《明通鉴》。

廿八日丙辰　　晴热

在馆,终日校点《皇朝经世文编》。遣仆携《金石图》本送还季恒公子。徐邃梅携其子肇祥来认字。德㝢不至。闻本日大沙堤街头巷尾,患霍乱之症者六七人,即时化去。馆东乞余停课数日。后街邻舍有名乃宝者,陡患时疫,危急十分。宵,阅《三国史》。

廿九日丁巳

朝,晴热。因道途间戾气未平,不到馆。闻隔邻王晓周夫人患此症。夕,小雨,周之弟卓人亦染此症,均沉重十分。薄暮,遣仆往馆取《新民丛报》第十一册而回。宵,李彬臣表兄来谈片顷去,独坐沉闷,感愤时艰,世上生人,比之烟云过眼,倏往倏来,转瞬皆空,何名何利,试问蜃楼海市,霎时见影,其久乎?其暂乎?言念及此,不禁恻然。倚枕竟夜,辗转难安,五漏已下,比邻哭声陡起,侧耳闻之,知三人相伴往泉台矣。浮生若梦,作如是观。

三十日戊午　　晴热

朝,隔岸陈友珍送早季租谷来。夕,检阅旧时存档案牍。薄暮,李稚菊表弟来。宵,大风,沉闷不堪,伏案而睡,五漏报罢始醒。是夜小雨。

七　月

朔日己未　　晴,旋阴

朝,裱钉办送各贡监录科册卷。李蕴斋表兄来。夕,过县署,袖册子交王玉卿,邀渠进署中游览,以盛明府携眷上郡,招工修葺,林明府未经移居,官署无人拦阻,故约同游也。闻洪子迁表伯得疾甚重,想有性命之虞。薄暮,闻雷。宵,西风骤起,始得耗音,中心纳闷,伏几而眠。是夜小雨。

初二日庚申 晴。末伏

终日作县决科。四书义题:"国人皆曰贤,然后察之"。午刻,往惜字局,同杨稚田先生收买字纸。宵,作论。题:《唐屡播迁克复旧物宋一南渡遂失中原论》。四鼓脱稿。五更小雨。

初三日辛酉 晴,西风

竟日着身微觉燥热,天时不正,宜加意珍摄为佳。抄决科卷。申刻交缴。是日诸家归女往陶尖殿拜经,以祈福,余往观之。田高升叔得恙颇危。薄暮,过稚菊、羽仪家一坐。宵,疏雨。

初四日壬戌 晴,小雨

在家阅《中外日报》。宵,阅《袁文笺正》。

初五日癸亥 晴热。立秋节

朝,邀刘老元往街市购素食数色,以作拜经者之需。成七言二律,唐叔玉黼墀孝廉,将有河南之行,故赠以志别。近午,遣陈碎琳携录科公文,送交丁田张震轩妹丈处,又录本日所作诗,乞为一改。彬臣来。宵,阅报。

　　唐叔玉黼墀孝廉分发河南诗以志别

　　官渡桃花傍柳开,长安人喜日边来。君自孝廉铨选知县,今春陛见,签分河南。蛟龙本是非凡种,骐骥原储远到才。元鼎廉明崇吏治,子方清介仰风裁。梅传,字符鼎,知登封县;唐介,字子方,宋时人,有清节。汴梁自古推名郡,肯作遨游托酒杯。[①]

初六日甲子 晴热

朝,阅《中外日报》。枬儿肝热,稍觉腹中作痛,邀彬臣表兄一

---

① 该诗之下,底本留空五行,似有诗待录。

诊，留午餐。过西北蒙学堂，与管君一谭。有人来报，家仆李全通在羽仪妹丈家猝患急痧，十分危殆，余闻而失措，邀彬臣、稚菊二中表诊视，用清心丸、川朴等药投下，热汗透出，始觉精神稍清，我心遂定。托郑一山录送行诗赠唐君叔玉。薄暮，大雷雨。叔玉夫人黄氏来妹家辞行。宵，倚枕不成寐者终夜。

初七日乙丑

朝，疏雨。邀李稚菊表弟过妹家，为仆人阿全一诊，谓可占勿药，闻之甚喜，遂与作伴而归。夕晴，录先曾祖遗稿。闻许祝酉孝廉感暑甚重，病入膏肓，恐不可救药。宵，闷坐无聊，眠甚早，至夜半始起，阅《事类统编》。

初八日丙寅　　晴热

朝，看先曾祖残稿。夕，张震轩妹丈遣时元公来，假去《五经汇解》三十二册，写函并封程仪英蚨三元赠之。宵，阅《事类统编》。代李蕴斋表兄成挽周氏表姊联：

> 羡桓君贤淑可风，如宾相敬，节俭持家，挽鹿一何劳，方期息影田庐，林下偕臧成白首；怜奉倩神伤失偶，针线犹存，柱弦已断，跨鸾竟永诀，剩有少年儿辈，堂前呱泣代酸心。

初九日丁卯　　晴热

朝，访蔡紫生，取戴成琦录科文。夕，郑小谷相邀，到陶尖庙商酌祀天礼仪，近为城间疫气盛行，同社诸人斋宿，致祭告天，并欲禳灾也。宵，月有晕，小。刘元过访。

初十日戊辰　　晴热

朝，往庙中写祈天礼节，交门房送进县署，欲请县尊主祭也。夕，刘老元代余汇钉日报，自本年正月初五日起，至三月十五日止，以半月为一册，计装成五本。宵，同社诸君举行郊天礼列庭燎，以陶尖庙为置祭所,正献通赞池寅三,引赞胡雪帆,司帛彭耀卿,读祝蔡逸仲;地主分献赞襄管杏浦、周榴仙;东庑陪案分献官县丞,执事为徐昭甫、余味兰;西庑陪案分献官典史,执事为姜岳仙与余也。顶礼告天,三鼓始回。

十一日己巳　　晴热

黑早,雇小舟二人打桨,同刘老元兄往穗丰徐来英处收取结费,刘凌霄化鹏代为说情,取来英蚨二翼。徐君颇加意款余邀饭。又过黄□□秉钺家,渠已赴省试,不值。顺途过丁田,至妹家吃小点,知震轩妹丈已于初九晚,上郡候轮舶到温也。坐谈半顷返舟,日色沉西,闻河乡北向一带,疫气较起,惟东山下埠、九里、上望①、穗丰等村最盛。刘藜山兴邦镇军于午刻在任病故。宵,阅报。

十二日庚午

朝晴,伏毕。旷课十有四日矣,今晨始到馆,与宋平子先生坐谈。平子谓季苊、延曙叔侄近日持论太新,言颇激烈,恐招口舌之祸。余对以此少年意气未平之故,若俟至四五年后,世情阅历必将变一番议论矣。先生是余言,且自述近来成一联语云:"不分物我惟求是;兼爱己人稍近公。"以见到中年其寓意与少壮不同也。夕,大雷雨,校点《皇朝经世文编》。是日柈儿、櫯儿身感疟气,但寒热分清,可无他虑。宵倦,早眠。

十三日辛未　　朝晴夕雨

在馆校点《皇朝经世文》。宵眠,甚早。

十四日壬申　　晴

朝,在家阅《中外日报》。午刻,往赵羽仪妹丈家食新。夕倦,睡

---

① 底本原作坞,系按方言音所造之字,兹据正式地名改。

半日,李稚菊表弟来。宵眠甚早。

十五日癸酉　　晴

在馆校点《皇朝经世文编》。宵,刘老元送赠忠靖王辟瘟符。

十六日甲戌　　晴热

天早执香,送地主神至集真观,为合邑告天驱疫之计。在馆校点《皇朝经世文编》。季芄代余向杨志龄兄处购来《周礼政要》二册,书为孙籀顾先生所著。宵,同管杏浦往保泰局,时合邑士民,择今夜祈天禳疫,请官僚致祭,挽余去襄事也。更深归,倚枕不成寐,坐至四鼓,闻剥啄声,杏浦兄、薛玉坡来邀,余整衣冠出门,在神前执香,饱餐一顿,始为偕行。

十七日乙亥　　晴热

是日诸神出驾驱疫,余同诸君在神前执香,至申始归。宵初,收耗之鼓,渊渊作声,心惊眠早。

十八日丙子　　晴热

朝在家阅《中外日报》。午刻,设馔祭祖。夕倦,寐半日。宵深,闻鬼声,心惊不成寐,起坐阅家藏书札。

十九日丁丑

朝晴。入馆,季芄代余购来密斯亚丹《原富》甲乙丙共三册,价洋乙圆三角,邮费在内。夕,雷雨,校点《皇朝经世文编》。薄暮,正和信局送到《中外日报》,披阅之下,知吾浙正考官朱益谦艾卿过东省境,中暑而逝,副考官李家驹柳溪亦染疫气而得疾,甚矣流疫之染人如此也。宵倦,伏枕颇早。其夜雨。

二十日戊寅　　雨晴不定,颇得秋凉

在馆,送到《新民丛报》第十二册。宵,阅《同文沪报》。

廿一日己卯　　处暑节

黑早,雨,旋晴。在馆,同张蔚文霤刺史坐谈半日,自谓半生所历,火厄水厄,刀兵之险,无不尝试,即今大疫流行,朝不谋夕,亦惟听天由命而已。宵,雨,阅《事类统编》。

廿二日庚辰　　晴旋雨

朝,买舟到丁田。申刻,归棹过东门外,见行人来往,较前数日稍觉热闹也。宵,阅《图绘宝鉴》。

廿三日辛巳

在馆阅《中外日报》。午刻,大雨,旋霁。宵,成挽联二。一表姊汝南君:"柔嘉维则,淑仪不失女宗,共作外家亲,我亦卢纶姊弟,同呼中表戚;相敬如宾,馌饟竟虚内助,未酬偕隐愿,客怜冀缺田庐,忍听辍耕歌。"王生卓人:"南渡后专家工画,溯太原门第,醒庵进士,元曳大夫,妙笔最清新,期君捧砚传芬,无负先人能继业;诸子中五载从游,过赋茗楼居,明远已亡,仲宣又去,少年今零落,令我抚怀感旧,不堪往事竟成尘。"

廿四日壬午　　天早雨,旋晴

在馆阅《中外日报》。夕,雨,张蔚文代余书折扇,为录旧作,并获观诗册,读其诸咏,要皆经历之处,纪详人物风土,翻阅之下,其景象如在目前,昔人谓轺轩采风,此诗足以当之。宵,阅《那文毅公奏议》。近数日城间疫气略觉平静,心为一宽。

附录蔚文诗　和姜七云广文留别元韵

萍聚天涯几士林,惟君独抱济时心。画临松雪毫濡墨,诗咏香山字炼金。未脱囊中毛遂颖,先听海上伯牙琴。谱成一曲梅花泪,水部交情深复深。

春风如翦雨如丝,惆怅津沽送别时。鲁酒频斟须更尽,吴帆归去莫教迟。从今谁与赓同调,此后能无忆故知。屈指莼鲈乡味美,几多佳兴入新诗。

他乡回忆故园林，归去来辞忽在心。饮羡淳于容一石，笑看西子掷千金。扬雄腹笥多奇字，邹忌唇锋善论琴。知己二三才聚首，遽教离别感春深。

交情异地遇袁丝，樽酒论文半载时。一曲连钱偏唱早，数行珠屑莫教迟。折将桂蕊看君贵，除却梅花孰我知。此去吾杭应更胜，苏公堤外好吟诗。

次韵俞芷春茂才公馀述怀雅唱

溟渤培风万里过，鲲鹏得路莫蹉跎。水归巨壑知深浅，石借他山好琢磨。此去奇文欣赏共，从来大器晚成多。蜃楼海市饶佳兴，都入东坡醉后歌。

手握明珠惜暗投，故教北辙作东游。乞将春色雕新句，好藉沧波浣旧愁。君为蛾眉常见嫉，予非肉食远无谋。封侯果遂平生愿，曷不从今学弋求。

风尘奔走漫云劳，首路如僧惯打包。谷让流莺先择木，梁辞旧燕别营巢。怀才莫道诗书误，有志休将岁月抛。舣棹欲归归未得，洲横宿莽恨难消。

有感

回首乡园系旧思，良朋相聚酒倾卮。偶填词句终嫌俗，欣得文章共赏奇。秋月春花空眷恋，南辕北辙枉奔驰。岂知科第非吾分，无计翻吟出谷诗。

有怀投笔到津沽，捧檄偏教督匠徒。持算莫嗤初握管，披图辄愧漫操觚。细寻妙药思窥奥，静玩灵机喜举隅。相与考工明赏罚，若论功过敢胡涂。

黾勉从公正十年，一朝摒斥意茫然。都缘激厉风雷勇，敢怨栽培雨露偏。燕垒虽新终恋旧，莺乔尚阻未容迁。合离萍迹原无定，命运穷通听自天。

此身纵使逐风尘，清白安教失本真？每欲潜修思谢客，未能自立愧求人。坛登拜将谁推信，金尽归家合笑秦。施粟赠袍今不古，畴云方朔总长贫。

五斗休嗤愿折腰，藉藏鸠拙好逍遥。心平且喜消矜躁，才美毋教骋吝骄。任尔得名荣里党，笑予涸迹类渔樵。无聊辄约知音友，诗酒移情乐暮朝。

天道无私岂渺茫，区分善恶降祥殃。胡为制器胸藏剑，底事论人舌鼓簧。急起修身敦士行，思量立品肃官方。相规慎勿伤阴隲，积德须知获福长。

赞廷仁兄随节出洋敬赋四律奉送行旌藉志鸿爪

天涯寥廓几知心，交谊惟君分外深。萍聚偏多归别浦，苔生虽异出同岑。玉攻曾取山中石，音赏如听海上琴。闻道远行今有日，从游待向赤松寻。

试言倚马学青莲，突过寻常一辈贤。昔日已投班子笔，今朝又着祖生鞭。鲸鱼跋浪终归海，鹏鸟抟风欲上天。此去立功加努力，英姿待看绘凌烟。

豪杰觅封万里侯，乘槎重践昔年游。雄飞岂肯犹雌伏，大志居然有远谋。异域好寻鸿爪印，故乡盍把雁书修？与君别后思无已，待及瓜时又几秋。

美洲开辟百年馀，文物声名自一区。杯酒从容传揖让，局棋辛苦笑征诛。琪花瑶草家家有，块雨条风岁岁无。从是西方安乐地，倦游应忆旧田庐。

庚子夏五，津沽变起仓卒，余避寇居乡，逾三阅月，□初返卫，重九旋瓯，方迁乐土，即订良缘。虽系人功，实叨天眷，登临高阁,会集群贤,即景有怀,率成俚句四章。

联军入寇势猖狂,一旦畿疆作战场。误国庸臣应殄戮,和戎元老费参商。嗟予村寄劳贤仆,挈眷途穷泣异乡。幸附兹航叨救济,归来深慰外高堂。

不弃贫寒倍爱怜,留居甥馆似当年。弟兄相见欣携手,师友重逢笑拍肩。裘敝黑貂惭故我,巢增紫燕羡群贤。闭门休问中原事,倦读还思学坐禅。

连朝喜鹊噪墙隈,入夜灯花并蒂开。天遣有缘千里至,宦游无恙一家回。接风曾赏陶篱菊,待雪将寻庾岭梅。闻道城东多胜景,寄怀山水买舟来。

巍峨高阁入云端,山色湖光眼界宽。岂小阮刘陪酒宴,应多李杜步诗坛。怡情莫笑谈三国,遣兴何妨博百官。愿共名流追往哲,时来此地一盘桓。

廿五日癸未　　　晴热

在馆阅《中外日报》。宵,改潘震炯窗课卷。

廿六日甲申　　　晴热

朝,访郑一山,属书轴联送九里。在馆,改潘震炯窗课卷。午刻,归家就浴。宵,腹中作痛,窃意日午出门被暑气感入,吃正气丸数粒,始平。

廿七日乙酉　　　晴旋雨,东北风大起,殆有飓风之灾

终日在馆,觉腹中作痛,心怀不畅。阅《明通鉴》。叶兰垞代余向叶君墨卿鸿翰镌成藏书印章一颗。宵,阅《竹园文稿》。

廿八日丙戌　　　风雨交作

不在馆,阅《菽园赘谈》。宵,阅《文明小史》。

廿九日丁亥　　　晴

在馆,阅《明通鉴》。午刻,风定。宵,阅《竹园文集》。

八 月

初一日戊子　　晴

在馆,许德寯来。阅《男女育儿新法》,此书系日本医学士中井龙之助原著,中国诱民子所译,立论颇有见道语。薄暮,访许秬村表兄。宵,阅《明通鉴》。

初二日乙丑　　晴

在馆,作孝廉堂师课。题《明太祖论》。申后脱稿。是日馆中女仆论丁酉之岁,曾随宋平子衡客居申江,四方诸名士均来访宋君,如康南海、梁任公、谭浏阳、汪穰卿、章枚叔,声名藉藉者流,都为识面。余闻而心羡之。柔弱女人犹能随主出游,亲见群贤,习聆论议,吾辈书生,徒自呫嗫窗下,拘等井蛙,守如屈蠖,古云"巾帼易为须眉",我本丈夫,反同巾帼,贻笑女流,真足鄙也。宵,阅《历代史论》。

初三日庚寅　　晴

灶君诞日。在馆,许德寯来读书。润色昨日所作论。信局送到叶墨卿印章一颗。刻工六角四分。宵,另抄论文一过。

初四日辛卯　　晴

朝,访山兄,袖所作论托抄。已刻,入馆,阅《新民丛报》。申刻,丁田舟子来,乘其船往妹家,上灯时始至。宵,坐话甚久。

初五日壬辰　　晴

朝,家振三兄过访,至其家一谭。陈碎琳自城中来,说张震轩妹丈沪上所寄平安家书已到,即辞出。拆封阅过,得书中所叙行程,细为妹子述之。夕,以折扇向李琴轩松索画,渠为绘菊以赠。同寯、戓二甥儿坐池边看金鱼戏水,颇得濠濮间意。前林族人景祥、培吉来谈。宵,与妹坐话家事至三鼓。

初六日癸巳　　晴

朝,自丁田归。夕,入馆。季芃交余《新民丛报》第十三册。宵,过赵羽仪妹丈家一坐。

初七日甲午　　晴。白露节

在馆阅《新民丛报》。孙君中恺携其子延曙过馆一谈。宵,看《七修类稿》。

初八日乙未　　晴

遣陈粹琳往铜乾收报金。在馆阅《高青邱诗集》。薄暮,偕刘元兄往各新进处收结费数目,未得头绪。宵,看《七修类稿》。李云苓表弟来谈。

初九日丙申　　晴

遣陈碎琳往铜乾收早季租谷①。在馆,改叶奇颎窗课卷。宵,同余味兰在方晓畦家过宿,以是夜五鼓丁祭至圣先师,余亦在分献执事列也。

初十日丁酉　　晴

朝,在馆,因昨夕失眠,精神困惫,假寐半日。夕,补改叶奇颎窗卷。为西北蒙学堂今春创办诸项,管、吴二教习曾先垫付,同人邀议,暂行挪措,余居司事之列,同姜岳仙出名写就借券,以作压也。计数英蚨八十翼。薄暮,偕刘元兄往各处收取结费,无一豪气者。闻疫气又起,木藜仙先生、项雪槎忽然作古,可骇也。宵,眠甚早。

十一日戊戌　　晴

在馆补抄青邱诗缺幅。宵初,赵羽仪妹丈来招饮。

---

① 底本初八作"粹琳",初九作"碎琳",瑞安话"粹"、"碎"两字同音。

十二日己亥 晴

在馆补抄青邱诗。薄暮,过库书薛松如家,与李君仲谷遇,结算本春祭款,取来英蚨五翼而回。陈碎琳自铜干还,称得租谷乙千二百斤。宵,过彭凤华处取结费,约以节过缴楚。

十三日庚子 朝,细雨着泥不见湿,旋霁

遣陈粹琳往周村上埠徐家取结费。在馆补抄青邱诗。卓午,对诸生曰:"中秋节近,我家账务琐杂,将乞援于钱神,课读无心,不若放假数日,聊作安排,以宽余虑。"遂归。夕,过县署,访蔡紫生,问渠前日办录科文费,可有赢馀否。对以尾欠尚多,恐难应急,余唯唯。宵,天宇无云,先期开筵赏月,为高堂明晨往丁田妹家作数日盘桓也。邀赵羽仪妹丈同饮。王质甫来取补廪办文费,付以英洋一圆,制钱四百,完渠前数。更深,爱月不寐,访李稚菊一谈。

十四日辛丑 晴热

晨刻,遣陈碎琳往薛里绩卿家收取结费。接到张震轩妹丈自武林所发第二号家书,开缄披览,始知均庆平康,中言前月杭城染疫者,计遭蹋二万馀人,近喜平复如旧。廿三四日,炎热异常。廿七日,天降时雨,颇得清凉云云。计其时日,温郡适起大风,但雨点则较疏耳。阅毕,遂随萱堂驾舟往丁田,袖函述为妹听,以宽其怀。约以明日书一覆函,以达轩兄,聊慰旅情。薄暮,始返棹,月光照水,几如万道金蛇,举首高瞻蟾宫,桂子香觉飘自云外,直令人作飞仙凌虚之想矣。更深抵家,饭后过李岳丈家一谭。遇叶云村。

十五日壬寅 晴热

朝,作覆张震轩妹丈函。夕,刘老元来代余汇钉日报,计二册。闻季绎堂朝枢先生于昨宵染疫而逝矣。更初,赵羽仪妹丈来招饮,与吾妹、枬儿暨仪兄作团栾宴,中天镜月,不染一尘,今夕良辰,清光独

满,余乃开怀畅饮,二漏始罢。

　　覆震轩妹丈书:八月上浣五日,邮局递到沪上所发第一号家书,中浣四日,又递到武林所发第二号家书。捧诵之馀,知文旌驻省,福履亨嘉,千里驰情,无任抃颂。弟迩来株守蓬门,青毡故我,代人作嫁,岁月优游,加之见等蛙拘,藏如鸠拙,虽日亲毛颖,陋近腐儒,不工为时世妆,难免为贤者所姗笑。兄方足踏省门,才呈棘院,当鹫岭香飘之日,正蟾宫月满之时。转瞬蜚声,秋风得意,以视弟之甘为村夫子,以长絜短,奚啻天渊耶!温郡一带,疫气近日渐次平静,贵乡汀川颇赖神庥,未见分毫骚扰,其馀村落,间亦有之,惟东山、梅头、石江、岩下诸处,则较甚焉。前月廿七八两日,西风大作,雨水则尽稀微,今又亢晴半月,高田一带,禾稻干枯,而土壤日形龟坼。前既突遇干风,兹又屡遭日曝,未知后月可卜有秋否?然暑气视前为稍退耳。弟自兄荣行后,亲到尊舍,约计四次,家慈近在贵处盘桓,舍妹居家安排内政,井井有条,颇得宽裕,而身子更康健胜常。莲、云、绵三甥女,窝、宬、鬴三甥儿,均赖福荫,快活十倍,差堪告慰。舍下自家慈以次,都获平康,诸舅氏家暨各处亲戚大小,亦交相庆。回念前月,城邑不可状之景象,吾辈诸亲幸得如此豫顺,以之作团栾宴会,非特鄙人私为歌祝,即吾兄闻之,想亦增一番快愉也。至兄同伴诸君,渠家中亦俱泰适,毋庸远注。令夫人欲购各色散线,及衣线六条等件,如购之便,不妨多买,以杭城丝货较吾瓯制作,差胜一筹也。散徒孙季芄托购译出新书,名《记忆术》。共三部,此书系井上圆了所著,每一部定价二角伍分。在杭城银洞桥日文学堂寄售,祈为代购,倘有新出各书,兄若囊橐有馀,恳祈择其尤者,代谋一二,书值若干,俟兄旋里堂如数面缴。弟盼望尊札,时经半月,本拟接到时,即作平安竹报,聊慰兄怀,奈轮舶停展一期,竟尔纾缓,云天两地,遥企捷音。端此肃覆,顺请元安,伏惟朗鉴不庄。中秋日内平安家言,烦贵局带至杭省邮局,转置大东门直街福圣庵巷双眼井头同馥春酒店隔壁史家确呈。

十六日癸卯　　晴

天早,闻隔舍许宝筏呼余,曰有客来访君。欲迎之,已排闼而入。见其人若非素识者,遂询其所,自知为前月往穗丰徐家曾睹一面,邵其姓,宗臣其名,号紫岩,永嘉场人,前壬辰岁经陈六舟彝学使取入邑庠,近以功牌改入武班,余信之,留早餐。谓瑞城素未经过,闻邑多先达,且聆刘君化鹏之言,知余馆于孙氏,欲一见之。邀余偕往,窃意今晨日子不佳,本未上馆,因彼强挽,故同到孙氏学塾,与季苊、奇顾二门人相见,坐谈半日,留午膳。茶话间,叩以上官为何姓名,左右哨官何等出身,军营规矩若何布置,语涉含糊,与数典忘祖者同,心始疑之。其去也,欲访教谕黄炳华文升学师之仲弟,自言异地生疏,邀馆仆导之。而行别后,静坐默思,彼既身列胶庠,何为粗鄙乃尔,具此疑团,难为捉摸。奇顾送来《新民丛报》第十四册。夕,补抄青邱诗。宵,过赵妹丈家。

十七日甲辰　　晴

朝,往馆,邵云生世兄偕紫岩在焉。紫岩行止颇近粗野,心甚厌之。自理馆课不之顾,近午始去。许德窝来读书。夕,抄青邱诗。宵,阅《新民丛报》至驻日公使蔡钧拒留学生,不送入成城学校,又遣警察拘捕吴敬恒等,诬以骂上之罪。余以为既作外邦公使,应张我国威风,且为之计,宜于有志之士,出洋游历,送之不遑,何敢暗阻;保之不已,何事于拘?吴秦诸人,心殷学道,苦口陈词,虽近强项之行,亦蔡公使自贻之咎耳。今者治尚维新,未见成效,纵学堂林立,视为具文，吾知一蔡公使驻日尚且如此，何论其他？如蔡使者腰金披紫，禽兽不如，用此辈为官，家国之亡可立而待也。阅竟，五内含愤，特笔志也。

十八日乙巳

朝晴。遣陈粹琳往周村上埠徐家江上郑家收取结费。赵羽仪妹丈因派发兵米，向余籴去早谷八百九十斤。在馆，抄《青邱集》。夕，东风大作，颇有雨意。季芃出乃翁止庵先生家训数则以观，语语皆关至性，中叙其太翁鲁臣先生，戒子孙集《四书》以为楹语，云"但愿润身不润屋，虽无恒产有恒心"，又自述应试，岁列高等食饩。试帖诗为陈石土用光学使所契赏，题《赋得池塘生春草》，首二句云"东风吹梦断，芳草已离离"，玩其发端，已擅胜场，全体精神刚劲可想，其稿均系先生八十时所手录也。薄暮，小雨。宵，伏枕甚早。

十九日丙午　　阴

朝，往馆，孙中闾公子过访，坐谈颇久去。邵紫岩又至，余疑其行踪诡秘，心甚鄙之，惟不敢明言，但援隐语以为讽，彼觉而竟不我亲，后恐余之觑破，饰词遮掩，殊不知余早目其为不善类，而如见肺肝矣。近午，遂丧气而去。夕，邵云生世兄至，谓紫岩言虚行诈，近于穿窬子，述其居处，为永嘉场人。我则闻其自述，为温郡城底，为邵子琳之子。人系一身，何两不相符若此，且谎言余与季芃均与渠通谱者，闻其言，中心愤怒，恨不即刻遇之，饱我囊剑，方泄积怨。抄《青邱集》缺幅。宵，阅《中外日报》。

二十日丁未　　晴热

在馆抄青邱诗。九里潘震炯来，不值。章味三孝廉送来所题《声香色味图》七言四绝，索予同和，并约今夕过其庐一谭。薄暮，雷电不雨，过李岳丈家坐顷归。宵初，雨下一阵，遣陈粹琳持简，报章君其文云："尊作四章,敬以蔷露,盥手捧读矣。承嘱步和,理应报命,但仆蛙蚓微吟,不足当凤鸾清韵也。俟勉为之,乞勿见诮。今宵为俗事羁绊,不遑造庐晤教,殊深抱歉,约以来宵,幸其恕之。某叩!"更深,挑灯闷坐,四鼓始睡。

廿一日戊申　　阴

朝雨,访郑一山,闻是日林明府以天久不雨,高田缺水,稻禾渐见枯槁,禁止屠宰,投牒城隍神,以祈甘霖,聊慰农望。在馆补抄《青邱集》缺幅。夕,阴,同季芄、奇顾过其兄中闾家一谭。宵,早眠。

廿二日己酉　　阴

日暂见,在馆抄高青邱诗。闻洪黻廷锦雯染病,于申刻殁故矣。郡城疫气复盛,一日之间亡者不下数十。吁! 可畏也。宵,阅《中外日报》。

廿三日庚戌　　阴。秋分节。日暂见,西风颇大

辰刻,内子腹痛,余以动作太劳也,特访李稚菊一问,开来十三味一服:炙上芪一钱、生白芍钱五、川羌活五分、兔丝饼一钱、条子芩钱五、荆芥穗六分、浙贝母一钱、白归身一钱、江只壳六分、大川芎五分、土厚朴六分、炙甘草三分、加生姜二片[①]。投下未久,即时分娩,幸举一男,中心稍慰。过赵羽仪妹丈家报喜信。午刻,遣陈碎琳往丁田代叩慈母安并报生男之庆。夕,倚枕阅《中外日报》。宵,过李西垣岳丈家,叶云村僚壻亦至。诸内弟相邀,代向乃翁前进说,愿为析产,以分效亲劳,酌议颇久,庆璋内弟近困烟酒,苦口规劝,语甚激烈。渠惟垂头默默。余自恨失言,三漏报罢而归。

廿四日辛亥　　晴

在馆,朝抄青邱诗。夕,作挽联二,一送许中笙表弟:"近我望江

---

① 底本此处中药剂量,原用旧式符号,今改换成文字。

庐,忆横塘家学相承,乡荐有年,清德一门推小阮;怜君游幕客,盼湘浦水云隔断,魂归何处,秋风万里度南冈。"一代李岳丈挽蒋渭泉:"处世期大孚众望,君直抱磊落才,最难一语解纷,不愧鲁连高蹈士;中原方日事富强,我甘涸市廛迹,太息知心已逝,谁参管子理财书。"宵,过李岳丈家,与友樵内弟一谈。是夜西风颇燥。

廿五日壬子　　　晴

辰刻,闻昨夕轮舶已到温矣。往省城归者得有数十馀人。访周榴仙坐谈,渠曾感风不适。顷之,到馆。午刻,访余君松舫,知震轩妹丈已旋里,前在省患疟颇委顿,近来精神较佳,而肌肤则消瘦耳。过羽仪处,邀饭。夕,入馆,代鹤坡舅氏作挽蒋渭泉联:"伯龄系姬旦第三子,不愧象贤,与君累世通家,厚谊旧难忘,共证里居依岘麓;史迁编货殖为一书,发明商学,惭我弃儒业贾,斯人今已逝,偕谁市隐法陶朱。"宵,访郑一山。

廿六日癸丑　　　晴

辰,往裕生布庄剪轴料送许家。买舟到丁田省母,并访轩兄,觉渠精神困惫,貌肖癯仙,须宜静养为佳。申后,返棹,抵家已更深矣。蔚文表侄今宵花烛,不及往,中心甚歉。阅《中外日报》。

廿七日甲寅　　　晴

雨泽愆期将一月矣。晨刻,奉惠佑王出东郊祈雨,余嫌身子未洁不去。往彬臣表兄处道贺。入馆,送来《新民丛报》第十五册。午刻,在彬兄家饮闹房酒。周幼仙、姜岳仙同席。申后,访孙中恺公子,杨拙庐在焉。宵归,阅报。

廿八日乙卯　　　晴

在馆。是日天薄作云,略有雨意。阅《日报》。宵,阅《通父诗存》。

廿九日丙辰　　晴

在馆作《题适园记》四绝。午刻,自馆中归,闻李友莲内弟感疫,于是日巳刻殁故,不胜骇异,遂至岳家一唁。漱芳内弟恐一时开费难售,假去英蚨二翼、小钱二吊。宵,为璋弟送殓。

洪栋园夫子命题《适园记》后谨呈四绝句

谁悟蒙庄物外身,真偏疑幻幻疑真。光阴过客浑如梦,且喜名园有主人。

大地山河万古同,蜃楼海市霎成空。荣枯何必萦方寸,都在卢生一枕中。

何时凿破此情关,但遇生公石不顽。绝却尘缘脱羁束,岂须栖隐买青山。

琅环福地任轩渠,许读人间未见书。动与天游超迹象,先生寓意在鸢鱼。

三十日丁巳　　晴

在馆,见燕子飞集空中,将有话别之意,物犹如此,人岂无心?因成七言四律,并附以跋。午后,潘震炯过访,坐谈颇久。宵,阅《中外日报》。

秋燕四律

绿减长亭问柳梢,年年踪迹托衡茅。惊心秋塞催寒信,回首春风感旧巢。羁客怀深同证梦,主人情重莫忘交。楚南燕北途千里,只有斜阳饯远郊。

予尾翛翛迄未休,惊心大火正西流。关河迢递难为别,壁垒经营直到秋。青草堤边双只堠,碧芦江上去来舟。此身谁复怜辛苦,不及清闲一白鸥。

代飞今日遇征鸿,泥雪留痕两印同。有憾乌衣离故国,无边绿水逐飘蓬。恼人雨夜驰乡梦,老我尘途作寓公。闻道侯门深似海,须防捐扇报金风。

沧江空阔欲何之,屈指行程怕唱骊。天气不无寒暖候,人生岂少别离时。一春补衮成前事,三月于飞订后期。愿与鲲鹏参变化,冲宵鼓翼到华池。

岁云秋矣,燕将北去,天空飞集不啻数十百群,语作呢喃,有如话别,人情作客,柳往雪来,跋涉征途,半生劳瘁,殆同然欤!余有所触,聊以托鸟言情云尔。壬寅秋仲下浣十日,燕正北归时也。蛰云居士记于海日楼中①。

九　月

朔日戊午　　晴

在馆,成《题声色香味图》四绝,此图蔡笑秋韵菊女史为达西上人绘作。声图:钟、磬、琴、木钟花;色图:山茶、水仙、月季;香图:炉兰莲、木樨、夜来香;味图:菜、萝卜、谏果、茶、灯。巧思入微,而画法高致犹其次也。章季远孝廉题之,邀和,因勉为之。季芃出宋平子衡先生所作止庵老人行状一观,篇幅甚长,约有二千馀字,中间铺叙今日中西学界,言之了如,洵一代好文章也。兹已递函江苏德清曲园居士俞荫甫先生,乞作墓志,即以此本寄览,因中恺、忱叔公子为止园先生于冬十一月行窆窆之举,故欲了此事也。宵,阅《中外日报》。

蔡笑秋女史为达西上人作《声色香味图》,奇想天开,而笔致秀挺,犹其次也。章季远孝廉献献题之,属余同和。

———————

① 此段跋中,有"燕将北去""燕正北归"句,在浙南瑞安,秋来天冷,燕子是南去的,应说"南去"、"南归",不知作者为何说"北去"、"北归"。

五夜清声搅梦时,惯携经卷诵牟尼。晨钟甫定琴留韵,只许空山老衲知。

佛家空色两无关,点化谁能破石顽。水月镜花皆是幻,优昙现在一时间。

领略清香鼻观闻,博山细屑待炉熏。秋来庭院凉如水,一段氤氲化作云。

笋蔬有味好参禅,证果生登自在天。到此无言参舌本,一杯佳茗一瓯泉。

附原作　上界钟声何处寻,闲翻贝叶抚瑶琴。化工也破僧斋寂,巾帼胸襟菩萨心。

山水清幽月景新,却将三友写精神。岂知妙笔涵虚幻,色相原来是化身。

半生香火结因缘,湘管默参书画禅。空谷无人生自放,如来世界悟三千。

果实离离绿满畦,茶初灯地证菩提。个中风味空中领,写出闲情在翠闺。

初二日己未　晴

孙季恒公子殁后,其家代为开吊。是日渠弟侄辈皆不到馆,放假一日。朝,同田高升坐话。夕,阅《明通鉴》,作师课《张璁论》,未完篇。薄暮,访郑一山,谓师课卷已送阅,逾期不及,遂败兴而回。宵,改潘震炯卷。

初三日庚申　晴

晨,同李芸苓往蒋涤泉前辈家,为其季弟渭泉吊祭。转过许逊梅表伯处,为中笙表弟吊唁。入馆,抄《青邱集》缺幅。午刻,李蕴斋表兄至,托渠将震炯卷交便人递送九里。宵,在李岳丈家,与诸内弟坐谈,叶云村在焉。

初四日辛酉　　晴

朝,洪授龄表兄为其尊人子迁先生开吊,同孙季芃、叶奇颋往拜之。在馆,改许德寓窗卷。夕,抄《青邱集》缺幅。为延杲、延晖写夹影纸。宵,阅《中外日报》。

初五日壬戌　　晴

余生日,今年四十矣。进德修业之学,毫无一得,有愧于古人良多。是晨,李岳丈觊予面桃数色,以符寿征,辱承厚赐,即去谢之。在馆,抄《青邱集》。宵初,友樵内弟邀郑一山,为其仲弟友莲题铭旌,并出所撰挽联,邀予改作,云:"回首三十年,恃失动时,同尝难苦,幸芦衣寒免,恩厚继慈,聚顺长相期,共依膝下承欢,白发高堂聊慰愿;沉疴六七日,医无良药,竟入膏肓,奈荆树枝分,语成虚谶,仲归何太速,每向风前洒涕,青山落叶助悲秋。"叶云村亦在,归已三漏下矣。

初六日癸亥　　晴

先大父生辰。晨,往胡鲁芗家,为其尊堂□孺人吊唁。在馆,录觉颠《冥大同篇》、籀颐先生《以太篇》。抄《青邱集》缺幅。叶耕经过访。宵,阅《中外日报》。

　　附录籀颐居士

　　太西人痛斥术数之学,如一切选择、堪舆、星命、卜筮,与天□家灾异之说,全无根据,而华人酷信之,为民智未开之一端,其持论甚精,然此等方术,在中国亦闲有征验,精于其术者,往往奇中,故虽通人达士,亦不敢悍然犯之。而西人亦谓考览中史,天文占验,在中土自有效应。中有西无,此义不能两立。余尝深思其故矣,盖天地间有最精之微气,西人谓之以太,亦曰以脱,凡地球外空气包裹,渐远则渐薄,不过数百里,即几成真空,惟以太则弥满大千世界,豪无闲隙,光雷即藉之以传,动植诸物亦资之以生。天演进化之理,人物体性,皆由简而进于繁,即以太自然化成,岂真有机匠一一构造之哉?即无机之物,如金石矿质之类,其中亦有以太,故各有爱憎特性,为化分化合之原,人得之为脑气。西人谓人有电气,亦□此也。故凡人精神所专注,便暗中结成鼓荡之大力。西人有梦学,能以术将己之意,移入他人脑中,使如我之意发为言语。丁韪良谓彼国实有此事,但须视人之电气多少,不必人人能行。而西书中治心免病法,谓以太能使人愈病。又谓人有病不可使疑惧,即家人亲友代为忧虑,亦能累及病人,使增剧者,其理至精,实非谩语。庄子所谓"用志不纷,乃凝于神",及佛书所谓"三界唯心造",皆此理也。中国术数家言,自商周迄今,三四千年,沿袭弥盛,数百兆人,信之者十逾七八,人人心目中有此一事,其以太凝结之深固与鼓荡之力量,均不可思议,机动效应,吉凶遂随之以生,故其术往往奇中,亦即此理也。西国民智之开,近二百年,人人灼然知此等之不足信,心目中全无其事,故以中国术数之学,施之彼土,亦必不验。中国则民智初开,此等见解,必须渐化,不能一旦决撤藩篱,豪无挂碍,故我辈亦不必悍然犯之,诚恐一经说破,则心中不免微留障碍。即使本人知其不经,而旁观之人代为疑虑,亦能牵动以太,招惹悔吝,俗语疑心暗鬼,信不诬也。

初七日甲子 晴

朝,袖近作诗,谒洪栋园师改削,谈顷。到馆,抄《高青邱诗集》缺幅。午刻,宋平子为其尊堂□孺人祭奠,邀余偕胡雪帆先生相礼。胡君谈及昔岁曾绘《念萱图》,索止庵、籀顾二先生题之,又觅他名手一题,均谓二诗已压倒元、白,其馀子不足数也。止庵老人诗云:"北堂萱草碧葳蕤,欲报春晖鬓已丝。六十韶光如过隙,机声灯影忆儿时。"籀顾先生诗《步家仲父韵》云:"琼玭兰芽长玉蕤,怆怀萱荫泪如丝。中年我亦伤孤露,愁听机声课读时。"俱以对面写来,自抒怀抱,是为佳也。胡自题云:"菽水能谋不逮亲,画图追慕倍伤神。未完儿女寻常债,虚度光阴六十春。好写好诗难免俗,不耕不获竟忘贫。予生倘得长生术,花甲已周愿再轮。"读此真有夫人奴婢上下床之别矣。宋家设席相待,在座者孙中恺、忱叔二公子,叶奇顾及余,季芁以喉间稍觉不适,故不来。夕,代李玉君改作《题沈秀峰美人梅花寒睡图》绝诗。张震轩妹丈遣人送来寿礼四色,并持赠《万国历史》一册,价英洋一元。《强聒书社策论》上下二册。历史之书,实为教科指南,其备载万国地名人名,观之直觉了如,又高头有对译表,洵佳本也。《强聒》则落下乘矣。宵,阅《历史》。

题沈秀峰《美人梅花寒睡图》

脱尽尘缘了宿因,谁将冰雪写精神。分明证出罗浮梦,姑射原来是化身。

初八日乙丑　　晴。寒露节

朝,为五儿咳名燠枞二字,邀郑一山兄书之。往馆补抄高诗缺幅。宵初,以设坛北郊祈雨,过郑筱谷先生家一议。

初九日丙寅　　晴

先大母忌日。朝,丁田夏佩哥来,知震轩妹丈近日精力稍复,欲觅鱼鲜以适口,代为购取一二色也。邀午餐。夕,过岳丈处,与友樵内弟坐谈。宵,阅《新民丛报》。

初十日丁卯　　晴

朝,往馆补抄《高青邱集》缺幅。夕,阅《万国历史》。宵,阅《新民丛报》。

十一日戊辰　　阴

晨起,闻鸠声。在馆,出课题。《贾似道论》。夕,偕管杏浦、姜岳仙、薛玉坡过西南学堂,酌议仿行彩票,恐明岁筹办经费难为后继,故作此议。孙中容先生亦到会,又说联合四隅蒙学生为一堂,诸君之意大不为然,洪莱仙言颇激烈,此事恐作罢论。余谓今日于合群之道,联之诚是,以之处年长之生则可,以之处年少学徒则不可,何则?幼弱诸生,血气未定,顽要诚其本性,且道路隔远,行步颇艰,又合必人多,恐无广阔院堂以安之,何所见之不及也?彼倡此议者,曷免招讥?向晚始散。吴伯屏代余向陈介石孝廉黻宸处,购来《新世界学报》一份,已寄到第一、二期,共二册。宵,过西北医局,与饶翼臣、李松琴、薛玉坡、洪中芙、姜岳仙、管杏浦坐谈至三鼓。

十二日己巳

朝,微雨。同郑一山登西岘山阁,拜文昌帝君。本年值祭归赵心泉家,因赵君物化已久,乏嗣承继,其戚许雨帆先生代为备办,时阁前白芙蓉盛开,手折二朵,章味三见而乞之,因以为赠。午晴,在许家饮。席散回馆,抄《青邱集》缺幅。宵,同友樵内弟家粹琪、朱汉纶,过比邻数家,议捐浚河费用,在县役季祥处阻雨,至更深始归。

十三日庚午

朝雨。在馆校阅唐《九成宫醴泉铭》欧帖。余家藏此帖,中有七颗印章,一为“渔洋山人珍玩”,二为“钱载”,三为“王澍”“虚舟”二印,四为“戴印衢亨”“莲士珍藏”二印,五为“煦斋鉴赏”,六为“□林曾观”四字,上一字系纸面破损,不能致辨,所校为黄中戊侍郎藏本,字画甚明,无一字缺失。余之藏帖较彼模糊,中缺四十馀字。适孙君仲恺来邀,渠评定真赝,谓黄帖系翻本,以板摹之,我帖系原本石刻,两相计较,真有奴婢夫人之别矣。非谓印章志古,实从笔法中窥出妍媸。余聆其语,愈爱之不释手。夕,校阅褚雁塔本,阅节本泰史。季芃代向宋平子索来《求是书院留别诸生诗》一册①。宵,同李友樵内弟、朱汉纶、周子敬姻丈,向各邻舍派捐,特欲浚后门小渚也。

十四日辛未　　晴

朝,在馆,抄《高青邱集》缺幅。日午,访郑一山,其尊人峻甫先生,自闽省吕文起大令任所归,相叙寒暄,谈顷遂回家。丁田夏佩哥来,谓轩兄欲邀余去一谈,即随鹤坡舅父、稚菊表弟出东郭,乘舟而往,抵其家已暮。宵,与母妹同坐共话至夜半。

十五日壬申　　晴

朝,在丁田妹丈家,萱堂近日过于劳动,腹中作痛,恐肾气未安也。卧榻终日,家纪送到三次道课题目。《裁厘加税得失论》、《西政西教有释放之说,行诸中国有无流弊,试申言之》、《万物并育而不相害二句》。宵深,慈母腹痛未平,随母倚枕旁卧,寸衷滋虑,辗转难安。

十六日癸酉　　晴

朝起,问萱堂安,肾气犹未复元,心中纳闷。金秀珏来访轩兄,谈顷,随鹤坡舅父与稚菊表弟乘舟返,中途闻永邑中式者张之纲,乐清黄式苏、王佑宸,瑞安项方纲、林绍年、李炳光,惟泰邑则周□□副车一人。说者谓项、李二人,藉孔方兄之力,幸获一第者。噫!世风不古,贿赂盈途,鄙何如之?午后,访郑一山。往馆,抄旧作论,潦草作就四书义一篇附尾。薄暮寄郡。宵,过陈丹卿家,以渠前日抱西河之恸,往慰藉之。转访赵羽仪妹丈、友樵内弟,遇叶云村。

---

① "求是书院",底本误作"求志书院"。宋恕曾在杭州求是书院担任国文总教习,并有《留别杭州求是书院诸生诗》一卷。

十七日甲戌　　晴

遣仆李安全往丁田问慈母安。在馆,作邑观风四书义一篇。题"中庸不可能也"。嫌太沉腐,弃之。宵,看《四书汇参》。

十八日乙亥　　晴

晨,往陶尖殿贺寿,本系朔日诞祝,以前番疫气盛行,故展期至今也。遇章味三孝廉。在馆,另作四书义一篇。卓午脱稿。夕,录近作诗。薄暮,遣仆送赠味三,为渠有粤东之行,明早启程,承嘱录奉。宵初,李友樵内弟过访。

十九日丙子　　晴

在馆改孙德鸿、延春叔侄小课。作论。题:《汉唐宋明党人合论》。宵,始完篇,自嫌布局未见团紧,且篇幅长冗,姑存之,待为删改。

二十日丁丑　　晴

在馆改孙德鸿、延春叔侄小课。宵,改削昨作论,欲完璧而未果。

廿一日戊寅　　晴

朝,在馆改德鸿、延春叔侄小课。午后,潘震炯过访。在家删改《党人论》,颇费精神,至暮未定稿,继之以烛,然至此三易稿矣。

廿二日己卯　　晴

早起,同仆步行往丁田张震轩妹丈家迎母。日上三竿,始造其庐,访晋三族兄,谈久仍回轩兄处吃午饭。遂随母乘舟而返。宵,访郑一山明经。

廿三日庚辰　　阴雨。霜降节

先伯父生辰。终日在家,作论。题《宋不亡于金而亡于元》。至申后脱稿。自恨用意太枯窘,姑暂存之。宵霁,作《书后》一篇。题《赫胥黎〈天演论〉书后》。

廿四日辛巳　　晴

在馆改许德㝢观风卷。宵,另作论一篇,颇有头绪,至四鼓成篇。

廿五日壬午　　晴

在馆改许德㝢观风卷。宵初,访郑一山。更深疏雨,阅《陈文节公年谱》。

廿六日癸未　　阴,旋晴

在馆作策问。题《陈止斋、蔡行之皆一代名儒,或云蔡之学过于其师,然否,试详言之》。至暮脱稿。自馆中归,闻伍凤楼表伯朝光于昨夜辞世,今晚大殓,宝滋表弟遣人来报。余不胜惊讶。晚饭后,天降甘霖,遂冒雨至其家送之。三漏下归,改潘震炯观风卷。

廿七日甲申　　晴热

早起,代赵羽仪写函,向轩兄借银,遣陈粹琳往丁田,并托带观风卷,送九里交潘震炯。在馆,接到《新民丛报》第十七册。作《书后》前篇赠许德㝢。薄暮,袖近作托郑君一山抄之。宵深闻雷,润色本日所作论。其夜雨。

廿八日乙酉　　阴

高堂寿日。在馆改德㝢观风论。叶耕经过访。宵,作论。题《算法古疏今密古拙今巧论》。原本为吴幼莲以算术粗成之,余嫌其无文彩,恐难耀目,故加意润色,然于此道未洞澈,至夜午未完篇。

廿九日丙戌

先曾大父生辰、先大父忌日。早起,续成夜作论,送山兄抄之。巳刻雨,在馆阅《新民丛报》。夕阴,改孙德鸿、延春小课。薄暮,过郑君处检还草稿。宵倦,眠早。

十　月

朔日丁亥　　晴

在馆抄《青邱集》缺幅。酉刻,日食。宵,阅《新民丛报》。

初二日戊子　　晴

朝,在馆,代伍宝滋表弟作挽父联语,悬之影堂。其语云:"勉为礼义,勉为廉耻,孝悌尤植人之根,过庭恒领亲言,遗训未敢忘,愿肯构堂慰先志;仓无储粟,囊无积赀,清贫本吾家所乐,啜菽多亏侍奉,伤心遽失怙,何堪苫块泣馀生?"午刻,邀山兄一挥之。夕,阅《新民丛报》。宵,过赵羽仪家一谭。

初三日己丑　　晴

在馆,阅《新民丛报》。宵,王小云先生之孺人来,谓门人卓仁之妇遗腹生男,一脉堪延,直同硕果,但自嫌福薄,欲拜余为义父,作寄人篱下之计,情不能却,允之。是夜义仓局值宿。

初四日庚寅　　晴

早晨,自义仓局归,杨家桥人葛森槐送租谷至。往馆,抄《高青邱集》缺幅。前林晋山兄来,宵与周晓秋、眉仙、姜岳仙在义仓局坐谈。闻雨敲檐,丁丁有声,遂归。

初五日辛卯

朝雨。在馆改延春小课。午刻,王家送物来拜,即备饼果暨茶饭答之。夕阴,改德鸿小课。薄暮,访郑一宵,过李玉君表弟家,知仙峡周锡明表弟遇疾,遂至不起,中心骇然。归,阅《春在堂集·小浮梅闲话》。

初六日壬辰　　阴

在馆,阅《新民丛报》。孙叔蕴来访。宵,阅《李五峰集》。

初七日癸巳

朝阴。在馆招匠修发。夕晴,代伍宝滋表弟写谢帖。邀徐老真汇钉《政书辑要》。宵,访家碎枏,开明大宗□洞地方田亩坐段,并租谷额数。过义仓局,与姜岳仙、彭耀卿坐谈颇久。

初八日甲午　　　大晴

朝,偕陈粹琳乘舢板,往□洞地方收租。午后始抵岸,寓杨宾礼家,饱餐一顿,往小埠佃家称租。今秋稻田薄收,不论肥硗,均以减少为辞,颇费唇舌。宵,在杨君筱玉镜蓉家过宿,谈至夜半。

初九日乙未　　　晴。立冬节

终日在□洞各农家,称来租谷乙千二百廿九斤,又折租英洋乙元,计谷九十斤。申后,雇舢板船与西门李华同载而归,已上灯时。所称之谷过自秤,计乙千乙百零六斤,中间短少乙百廿三之数。宵,过李玉君表弟家一谈。

初十日丙申　　　晴

在馆改德鸿、延春小课。午刻,伍表伯二七期,宝滋表弟以妹丈胡德润祭奠,邀余同梅荃作赞礼也。饮酒至申刻,始到馆。宵,过郑一山处一谈。

十一日丁酉　　　晴

在馆改许德寓窗课。午后,丁田人来,作函覆轩兄。潘震炯来谈。同伍梅荃兄访廖鳌暨陈珑,均不遇。为受表弟宝滋之托,欲渠出名收集同门奠仪也。宵,访山兄,订明日上郡之约。

十二日戊戌　　　阴

朝,在馆,代许价轩作祝虞价宸六十寿诗。夕,誊清积年郡城中东书院膏伙单。薄暮,同郑一山暨其门人友龙出东门,觅夜航船晋郡,因阻雨而未果。过赵妹丈家一坐。

寿虞价宸先生六十

蟠桃佳会聚仙班,花甲初周豁笑颜。红杏当年留董树,公精歧黄术,凡往诊而愈者,无分贫富,概不受谢。紫芝今日咏商山。羽毛济美推维凤,喆嗣博卿世兄,以己亥科游黉宫。烟水寄身伴白鸥。公世居江上,有隐者风。祖德可能妫汭继,阶兰辉映彩衣斑。

十三日乙亥 雨

在馆改德鸿小课,阅节本《泰西新史揽要》。宵,作中东县课题"授之以政"三句。义,至四鼓脱稿。

十四日庚子 晴热

晨,过郑一山处,约为合作,以山兄遇寒不适,未能操觚。往馆,改延春小课,润色夜间所作经义。宵,李彬臣、玉君昆仲过谈。作论,题"才为世生,器为时出"。天明始完篇。

十五日辛丑 雨

朝,访郑一山,寒疾已退,出课作托抄。往馆。

中国近代人物日记丛书

温州市图书馆 编 沈洪保 整理

林骏日记

下

中华书局

光绪二十九年（1903）^①

正　月

元日丁巳

晨雨。焚香，开卷诵《经世文编》《论学书》，遂伸纸试笔，课枌、栲、桐三儿读书。午刻，往竹崖公祠祭祖享馂，是年寿星叔家值祭。申后，大雪漫天飞舞，如散髻女之花矣。成七言一律。宵，阅《中外日报》。

> 元日纪雪
>
> 今朝新酒进屠苏，景物依然壮帝都。中亚初开文治界，蔡州谁补凯旋图？苍茫人世皆尘劫，鼓铸乾坤作冶炉。爱国精神摩热力，书生夙愿抱区区。

初二日戊午　　终日大雨

阅《中外日报》。李彬臣表兄来贺年。宵，阅报章。

初三日己未　　阴

李云苓表弟来贺年。余往诸舅氏家道贺。宵，阅《中外日报》。

---

① 原稿题识曰："颐宜茨室日记六册，筱竹遗墨，光绪廿八年壬寅正月只一叶，馀佚。廿九年癸卯正月之十二月十二止。""颐宜茨室日记癸卯。"按：底本此一叶已至光绪二十八年开头。又，底本光绪三十年部分止于十二月十二，但另夹有红格纸，十二日至三十日均齐，现遂录于后。

初四日庚申　　天色沉阴,冻云不解

内子生日。李蕴斋、陈云卿二中表,玉锵内侄,许德寯、叶耕经二门人均来贺年。午后,邀陈粹琳持名片到各友处道贺。□往诸亲戚家拜谒,闻家和叔调梅耗音,不禁为之惋惜。宵,排设香案接拜诸神,而天公又玉戏矣。阅《中外日报》。

哭家和叔茂材调梅①

初五日辛酉　　天色沉寒,微雪

看后园梅花盛开,折数枝置胆瓶中,颇觉香气袭人。成七古一章、七言一律。吴伯屏、叶奇颐、刘祝尧表叔来贺年。午刻,李云苓表弟来邀饮圆真酒,管杏浦、丹三亦在。饮罢,偕杏浦登西岘山阁一游。但见隔岸青山,被残雪妆点,毫画可爱,近暮下山。宵初,在李玉君家饮。

后园有梅一本为旧时所手植今岁花开颇盛作诗志喜

去年荷锄劚新土,移种梅花在春圃。今年消受春风多,千花万花不可数。寒香阵阵化作云,碎琼缀处绿苔补。一株玉树透芳春,栖巢何必招翠羽。根老盘螭石齿新,蜜蜂粉蝶时飞舞。我家梅鹤本清高,逋仙旧为孤山主。但愿拓地种万株,结庐坐隐忘今古。

折梅数枝,置诸胆瓶,习静小坐,时觉清香袭人,有触于心,率成七言一律

南枝花放占春先,供养铜瓶结静缘。未许蒲团临佛界,如逢秋院□僧禅。化成明月三人影,分得寒池一勺泉。别有乾坤藏斗室,清闲也愿学神仙。

---

① 底本此下留空六行,未录悼念诗文。

初六日壬戌　　快晴,严霜铺天,池水成冰

朝,伍宝滋表弟来拜年,相与看迎春邑俗。先一日,县主暨粮捕二厅坐銮舆,排全副仪仗,装芒神、春牛出东郭,至周湖插春田,始进城回署,设春酒于县堂,招梨园子弟演剧,此亦古人先立春三日,迎春于东郊行庆施惠之意也。夕,郑一山偕其门人友龙、许宝饯来邀,同登城一眺。宵,阅《中外日报》。

初七日癸亥　　晴,瓦霜颇厚,莲缸之水成薄冰矣

登集云、万松二山,谒先人墓,栅、枬二儿随行。日晡始归。宵,阅《中外日报》。

初八日甲子　　晴,霜花点瓦,一望如银

辰刻立春。烧樟叶、饮春茶。已刻,同赵羽仪妹丈、李玉君表弟、钟文表侄乘舟往丁田张子震轩处拜年。近午抵其家,时周鹿峰表兄、门人孙公侠先在焉。夕,聚谈半日。宵,黄穰卿、张翼臣、家洲髓均来过访。看迎灯,较去年颇觉华艳,惟乡人扛神驰骤自如,嫌近轻亵,未能脱俗耳。更阑,与公侠同榻而眠。

初九日乙丑　　晴

叶奇顾自城来。震轩作代表人,孙公侠作发起人,登台演解缠之说。黄穰卿、家洲髓均在焉。愚民无知,误为西人传教,颇作不入耳之谈,遂略说数课而止。午后,公侠乘舟回里。宵,前林族人晋三招饮,在坐者家鉴亭丈、李君琴轩。席散,往太阴宫观剧,遇赵羽仪。天色阴翳,疏雨数点,遂返。

初十日丙寅　　晴

朝,同前林族人坐谈半日。夕,驾棹偕李玉君、钟文叔侄过仙峡周鹿峰表兄处拜年。羽仪舣舟以待。辞别归家,已更阑矣。

十一日丁卯　　晴定气正

朝,阅《中外日报》。夕,李玉君表弟谒先人墓,邀余同往。是日

偕行者蕴斋表兄及其子博文也。宵倦，伏枕颇早。至四鼓，闻人声哄然，披衣而起，启户视之，红光冲天，火挟风势，风助火威，如飞龙乱滚，在半空中。余遂出门一探，虽杨宅坍地属隔河，而东北风大起，恐被延烧，即时邀李丽生表弟来，预为之防，以祖母遗柩犹停在堂也。阅数时始扑灭，乃交相庆曰：“今夕之险，得免于难，幸矣哉！”闻被灾者计廿七家，邵棠甫师、杨小村均受厄，毙于火者一妇二稚女，验其尸迹，相抱就死，盖系一家之母女也。噫！可怜已。

十二日戊辰　　阴，细雨

招邵司务作新衣。宵，阅《中外日报》。

十三日己巳　　雨

阅《中外日报》。访王玉卿，知其徒蔡紫生近日困于赌博，屡战屡败，避债无台，遂托天台之游以绝迹。但余家礼房公事托诸玉卿，而玉卿又托诸紫生，特恐蔡君一去，无人照顾，心为担忧。王玉卿曰：“仆为子代择之，决不致误。”遂谢之。薄暮，李彬臣表兄来，相与谒棠甫师，慰藉一番而出。是夜月色明亮。

十四日庚午　　阴晴不定

早辰，步行往丁田，时震轩妹丈在郡未归。夕，雇舟同秀莲甥女返。宵，写祭忠烈武毅侯寿诞祝文。

十五日辛未　　细雨，气温风暖

早晨，遣仆到周湖庙候官僚致祭武毅侯。阅《中外日报》。夕，往明伦堂听演说，主讲者孙中容刑部，陈志三、介石二孝廉，萧亦陶，计第三次开会也。宵，往陶尖庙观剧。

十六日壬申　　气寒风燥，欲霁

朝，阅《中外日报》。夕，前林族人来谈。宵，往陶尖庙观剧。

十七日癸酉　　晴定气寒

张震轩妹丈来贺年。宵，李云苓表弟招轩兄饮，余亦同往，包君筱亭、鹤坡舅氏均在座。

十八日甲戌　　晴定气寒

午刻,李玉君表弟招轩兄饮,余偕往焉。夕,鹤坡舅氏过谈。宵,张震轩妹丈在丽生家饮酒,在座者三舅父暨诸中表。席散,往陶尖庙观剧。

十九日乙亥　　雨数点即止

卓午,赵羽仪妹丈招轩兄饮,余携枏儿往焉。鹤坡舅氏过舍,坐谈至暮。宵,邀玉君、羽仪、轩兄同饮,席散,钟已十一下矣。

二十日丙子　　雨静天霁

晨刻,西北蒙学开馆,教习八位,学徒共九十六人。左堂掌教彭蓉仙镜明,右堂掌教项志贞廷珍,东斋分教管杏浦瞻洛、周榴仙之纲、眉仙之冕,西斋分教彭耀卿乙晖、薛仲渠达及余焉。是日,教课未定,惟引圣经中物格一节以开讲耳。薄暮,震轩妹丈返舟,不及送别。宵,饮开馆酒,设共三席。

廿一日丁丑　　晴

为休息之期,本堂规约,每值丁日,早晨谒圣后,即为诸生散学,以便休沐,吴君伯屏之意也。夕,在家,阅《中外日报》。宵,在姜岳仙家,偕饶颐真、周眉仙酌议教科,或归班,或分门,尚难成议。

廿二日戊寅　　晴,气寒

到堂,暂分甲乙丙三班。甲三人:项棣生、虞廷光、贾郁文;乙六人:徐自元、蔡作醴、陈兆新、张保仁、鲍桂芳、郑翊周;丙五人:郑文登、郑庆尧、李庆浏、顾宝善、张佑仁。甲乙二班,史学均课普通新历史;丙班课史略舆地学。甲乙则以地理问答课之;丙则课以教经答问。余所分教,计一十四人。丁戊己三班,归之耀卿、仲渠二君。左斋分教班次亦同,东西堂又不相上下矣。宵初,访郑一山。前林族人学献、培吉来。黄君小腴过谈。

廿三日己卯　　　阴。寅时雨水

暂分史学、舆地二门,作为教课。宵,邀叶味兰作控劣衿吉扬盗卖养贤众田呈词,因受前林族人之嘱也。亥刻,闻剥啄声,李子琳表弟来报,鹤坡舅氏陡患痰喘,此刻作古矣。闻之骇然。即随萱堂到其家一问,擎灯照处,但见面色如生,举手扪之,心胸犹温,兀立良久,不胜哀恸。噫!饮酒同筵,造庐坐话,相隔仅一二日,而遽为羽化,老人垂暮,风烛堪悲。光阴过客,转瞬成空,梦幻泡影,人生当作如是观耳。至漏四下始归。

廿四日庚辰　　　阴

到堂授课。宵,在李彬臣表兄家,同震轩妹丈,鹿峰表兄,管杏浦、丹三昆仲,为舅父送殓,选定子时盖棺。迨归家就枕,荒鸡唱曙。

廿五日辛巳　　　晴定

到堂授课。张震轩妹丈返丁田。门人孙季芃有游学日本之行,明日启程,亲来辞别,不及遇。宵,吴伯屏过谈,偕往薛玉坡家,与饶颐真、薛仲渠斟酌教课,洪小芸后至,未有定议。

廿六日壬午　　　晴定

先君忌日。到堂课徒,温积熟。薄暮,往丽生表弟家省母。宵,设馔祭先府君。叶味兰来,代前林族人顺高作控吉扬、富纯盗卖众产呈词,至二鼓去。

廿七日癸未　　　阴

到堂授课。宵,前林族人学献来,托渠袖前日二件呈词,交震轩妹丈一酌。

廿八日甲申　　　阴,天气温暖

到堂授课。午刻,为舅氏三日大殓之期,往其家一拜。夕,前林人备呈投县,托叶君味兰周旋。宵,在李彬臣表兄家饮设奠酒,席散,漏三下矣。

廿九日乙酉　　　晴未定,气温四十二分,潮湿。午后南风

到堂授课。宵,过李丽生表弟家一谈,彬臣为其夫人周氏患虚弱之症,十分沉重,邀羽士备酒果告天,至其家随班代为祈祷。洋钟十二下,始携篝灯而归。

二　月

朔日丙戌　　　晴旋阴

朝,到堂课诸生。默书;问封建时代、郡县时代;问伏羲、神农、黄帝之世有何制作;问夏禹至桀计若干世,自兴至亡,计若干年,中间僭位者何人,共几年。项棣生答语颇见心思:僭位一节,谓羿闰位八年,与寒浞杀羿弑相中间,僭越者共计三十一年,何则?羿僭位八岁,普通新历史已载之矣,不必赘述。浞杀羿僭居君位数十年,盖从少康生二十九岁,而夏遗臣靡始兴师灭浞,复禹旧迹,少康践帝位,夏道再兴,以二十九岁,合浞诛羿后僭越数岁,自鄙意揣之,知三十一年无疑。余额之,嘉其读书得间已。夕,明伦堂开会演说,主讲者萧亦陶侃、陈雪岚国琳、家洲髓文潜、养素□□、孙延曙公权、饶颐真方猷,计第四次开会也。四隅蒙养学堂暨速成学堂,教习各率诸生来听讲。薄暮,散会。又到文庙看习丙。宵,写祭文昌帝颁胙肉票。是夜丁祭,余派崇圣祠引赞执事,倦睡不赴。[①]

初二日丁亥　　　细雨

晨,到文庙领胙肉。入学堂,率诸生谒圣后,散学休息。闻周氏

---

① 底本"倦睡不赴"下,留空白一大段,似作补抄之用。

表嫂耗音。前林阿木来,写函递震轩妹丈。是夜五鼓,官僚公祭文昌君。同国琳表弟上西岘山阁,排列豆品。林皞农大令福熙到庙最晏。

初三日戊子　　　晴,天气稍寒,风燥

晨,过李彬臣表兄家一唁,而嫂夫人周氏已寄木矣。巳刻,到堂。卓午,为舅氏七日来复之期,袖素衣拜奠。宵,在彬臣处,周筱苓、幼仙昆仲在焉。是夜丑时,周氏表嫂大殓,与诸中表送之。

初四日己丑　　　晴,气寒

到堂补论一课。震轩妹丈来。宵,作道课甄别,成三艺,至天明。论题,《肃宗即位灵武论》。策题,《泰西各国雄视全球,以兵战则兵强,以商战则商富,以艺战则艺精,中国近来极力维新,事事仿照西法,将来进步,可以抵制泰西否?》四书义题。《来百工也,柔远人也》。

初五日庚寅　　　细雨,湿气蒸郁

访郑一山,托抄道课卷寄郡汇缴。吴伯屏送到《新世界学报》第八册。到堂,甲课题,《伊尹放太甲于桐论》。乙课题。《孝亲说》。申刻,陈见初画士过访。宵,过李丽生表弟家。

初六日辛卯　　　晨晴,复阴,气温地湿

到堂授课。萱堂携二甥女往赵羽仪妹丈家。宵,倦甚。余近日身患肝热,投下北沙参、麦冬等药。

初七日壬辰　　　雨,气寒

到堂授课。午刻,往赵湖洲云发把戎家饮寿酒,馆课暂托之薛君仲渠,出课题。甲《强存弱亡论》;乙《戒惰说》;丙《拼父子君臣四字》。宵,改诸生卷。此课大有进步,就枕少憩,漏声五下。

初八日癸巳　　　雨,气寒

到诸生家一问,始入塾散课卷。卓午,访王玉卿不值。过云苓

表弟家,邀留午饭。夕,闻雷。前林族人来说,为盗卖众产之事,本日酉牌集讯矣。宵,在县署,同羽仪妹丈从旁观之,原被告有张懋衍、林吉扬、林富纯、林顺高、林炳槐等共十馀人。先时质问衍及扬,后问顺高与槐,无如族人野愚成性,言语戆直,不若扬、衍之巧言如簧也。既而顺、吉到公庭剖白明晰,林暤农大令爰将养贤田亩断归众产,张姓原买田价嘱吉扬缴还,不得复生枝节,两造各为具结,特作罢论。惟富崇系积案地棍,准予呈请提办。噫!若林大令者,鞫情之下,不啻洞若观火,非惟吾族之幸,抑亦阖邑士民之幸也。夜半归,写春祭关帝胙肉票。

初九日甲午　雨,气寒。丑时惊蛰

在堂授课。叶味兰来访,酌定讯费鹰洋十四圆。宵,写祭武帝祝文。是夜,祀关圣。邀国琳表弟到庙陈设豆品。

初十日乙未　朝雨,旋止,有欲霁意,夕阴而复雨

到堂授课。是日,三舅氏二七之期,管君杏浦、丹三备酒醴拜奠,余作赞襄,读哀词,计一千馀字。仍到馆。甲,课题,《问管叔、周公均兄弟也,而周公杀管叔何欤?》,乙、丙,拼文。宵,过李外舅家,与岳母坐谈良久。

十一日丙申　阴,云绵不散

到堂,温积熟课。甲史学,问:五帝之代夷狄之国何名?征之者何帝?问:帝尧、帝舜,夏、禹、商、汤,周文、武,其先世之祖为谁?问:春秋之世,强者共若干国?其国何名?试历指之。问:周宣王中兴征伐共若干国?奉征讨之命者其臣何名?共几人?乙问:虞、夏二帝巡狩至于何地?崩在何方?问:桀纣之世,或杀或囚之忠臣何人?所嬖者何女?夏与殷自兴至亡计若干世?共若干年?试详言之。丙问:造字制算,及占风日星月者何人?试历指之。问:伏羲、神农、黄

帝之代,有何制作? 甲、乙舆地,问:五岳、五湖总称何名? 所属何省何府? 试分言之。问:万里长城筑于何人? 所经之地何名? 共几省? 计若干里? 其上下高阔若何? 丙问:全球中大洋有五,其名若何? 所属何方? 问:亚洲全境长广共若干方里?

十二日丁酉

朝阴。丁期谒圣休息。午后,鸣钟一下,电光穿牖,闻雷数声。阅《中外日报》。宵,过李云苓表弟处一谈。

十三日戊戌　　朝阴云不散,雨势连绵,至夕稍开霁色

到堂授课。甲乙二班,增日记一课。宵初,同叶味兰在县署,看人投递,我族人之呈词亦与焉。讯四都盗窃一案,民人陈正兴控碎山盗窃稻草,且以伊妻装病恫喝。林皞农大令以为此小事也,又同乡井,无须结讼,致伤和气,判断之下,颇见平允。二漏下归,阅《中外日报》。

十四日己亥　　朝阴,夕快晴

到堂授课。写致斋三日榜,仲春祭文帝文。薄暮,甥女秀莲暨三妹,自羽仪妹丈家归。宵,写颁胙票。

十五日庚子　　雨

在堂授课。午刻,张震轩妹丈来,备轴仪送舅家。饶颐真、薛玉坡二君率甲班诸生到明伦堂听演说,计开第五会也。余不去。宵,访吴伯屏,谈及分教习课徒疲玩,恐招人讥,将欲设法改良也。至二漏始归。夜深,雷雨颇大,各官僚致祭文帝,邀国琳表弟为余代庖。

十六日辛丑

本庙设醮左右堂,假霁色忽开气温。午前大晴,左右两斋,授课如昨日。宵,作祭鹤坡舅氏文。

附录祭李鹤坡舅氏文

岁在癸卯月正下浣三日,我舅氏鹤坡李公捐馆舍。越二月壬寅日为来复三周之期,外甥林骏率子外孙燠枬、燠栴、燠桐、燠橪、燠枞等敬奉清香一瓣,鲁酒一卮,滕以椒荔,致奠于舅父之灵。乃为文以告之曰:

夫人之死,有若泰山之重,鸿毛之轻,或以夭死,或以寿终,均之死也。而以轻较重,以夭例寿,固迥乎不同。死而成名,犹之不死。使生而无名,虽生犹死也。若公之没,盖卓卓为人所称羡者矣。公生而孝悌,于家庭则伯叔兄弟无闲言,尤好赠遗;于亲戚友朋常联之以信。以早失乾荫,家政丛杂,因弃儒服贾,讲周官理财之学,师管子,法陶朱,经营之善,货财之殖,盖有追步古人者,故公起家时,先德遗产惟近中人,今则不啻增数倍矣。于是作室而新是谋,为翼燕之贻,高兹门第,而我中表彬臣、云苓、丽生三昆仲,均得藉公之荫,继厥家声。虽然,此皆公事业之显见者,而平生之隐衷,有非外人所知,而为骏所独喻者,不敢不表襮之以为当世告焉。今夫为一家计,见犹小也;为一国与天下计,则见大矣。庚子之乱,北京沦陷,内廷府库一扫而空,加以赔费数巨,政府诸公,补救憾无奇策,勉创各捐名目,以济国用,不知捐输为一时权宜计,非万全策也。欲富其国,不得不整顿商务。中国商政日坏,十商九私,于是西商得利颇巨,而华商落下乘矣。公每与骏言及此,即不胜扼腕咨嗟,隐若自憾屈身市井,不能为今日刘晏,撑拄危局。此则公之苦心也。近数年来,骏家购阅邸钞,每值轮舶到日,公必欣然造庐问讯。骏若言直省近无滋乱,公即心喜,否则将感颇不自安。以公半生历练,涸迹市尘,未受朝廷一官一职,而有心爱国,无异居官者然,忠孝本非两事，公之涵养，殆有根于天性者乎？呜呼！以茫茫无极之世界，视我亚洲，犬羊环伺，死亡无有已时，黄种之不若，文明之未开。公也处此，手既无寸尺柄，一为挽回，坐视□衰，徒深悲悯，与其随波逐流，无所表见，曷若漆园□□□大化以安身？大陆将沉，瓜分在迩，念二十周之世纪□□，□耶命耶，生来死往，公能毋默运诸心，而去住分明耶！□□门庭见背，历一十九年，堂北春萱，只成独秀，自叹守株如□，无志四方，食指日繁，恒虞不给。公知我心，每一遇之，勖以理财之道，凡富家富国，非徒示以勤俭，善为生聚教训，即为致富第一义矣。而今已矣。公言在耳，其敢忘诸？人哭其私，而增之恸。骏则不屑也。来复三周，日月云迈。公灵如在，尚鉴兹哉！谨告。①

十七日壬寅　　　　雨息，阴

到堂授课。午刻，抄祭文。震轩妹丈来，为舅氏来复三周之期，同备酒醴合祭之。留饮，在坐者蒋中笙、管子儒、仲凌、胡小蓉、李玉君、震轩及余也。是日上午，温积熟课。甲史学，问：春秋之世，戎狄之著名者所居何州？共有几国？问：吴伐越，越伐吴，败于何地，今之地何名？问：齐晋之国，为其臣所夺，其臣何人，所属何姓？问：战国以来，至秦一统，共几年？问：齐桓公功业若何？乙问：古公避何国之患，迁地何方，今属何地？问：周文武之都何名，武王破纣其地何属？问：五服之名若何？齐鲁之国何地，今名若何？问：五等之爵若何？丙问：夏禹所分之九州何名，今之州名若何？舆地，问：杭州海湾外之海岛何名？问：十八省之东南何岛？问：河何以名黄？其长约共几里？问：江何以取名黑龙？或地形相似，或水色相同，其命意取

---

① 天头红笔批注："纯用详人所略法，是文家变格，亦创格也。笔亦骎骎有古味。震轩。"

义之由,试一明之。下午,文课。甲练兵论;乙好打作与好读书得失论;丙耕读说。用"渔樵各乐何之乎"七字拼入。宵,往薛玉坡家,与饶君颐真谈颇久。

十八日癸卯　　天气犹是,但雨息耳

到堂授课。宵,过李云苓家,与震轩妹丈谈,至三漏下始归。

十九日甲辰　　雨息,阴,气寒风燥

到堂授课。午刻,张妹丈携甥女归丁田,大舅母同往。薄暮,过薛玉坡家一谈。宵,往岳丈家,遇余味兰、李友兰,坐话至更深。

二十日乙巳　　雨势缠绵,阴云不振,犹如昨矣

到堂授课。宵初,同家梅仙、叶耕经往县署,观林皞农邑尊审断李陈二姓借钱之事。李为友樵内弟,陈为福澜,系开饭店阿三之子,因客腊陈向友樵讨旧款,计英洋二翼,遂至口角相争,两结成讼,首尾一载,缠扰不休。此日邀集讯结,陈反受辱。盖林大令下车伊始,陈曾投呈控父,久目为枭獍者,今适遇其巧,遂责之曰:"天下无不是之父母,父母何人敢为指控? 待亲如此,待他人可知。躯壳虽属人形,心性实同禽兽。然禽兽犹不忘本,鸦能反哺,羊知跪乳,可以人而不如物乎? 汝当痛改前非,事亲格外加意。本县则不责也。"又曰:"汝呈词多费解语,名为童生,实无殊于野鄙。读书既不成器,气焰反近乡绅,似此行为,正堪贻笑,而又不明讼则终凶之理。李忠厚人也,前盛令既断,还鹰洋三数,姑仍其旧可也。"噫! 陈福澜以小事而缠讼不休,当庭质讯,旁观者多为官长,指为畜生,非徒今日贻为笑柄,即平时之不孝,直将一付行状,字字不磨矣。为人如此,有何益哉!

廿一日丙午　　朝,天气放晴;夕,仍下雨

到堂温积熟。甲问:苏秦说合从之利,先历何国,其馀六国所历先后若何? 问:战国时,春秋之强国存者有几,其馀有封土而弱甚者

计若干国？乙问：封微子、太公及周召在于何地，今之地何属？问：晋文之代，有何征伐事业？丙问：伏羲、神农、黄帝之代，其制若何？问：少昊、颛顼、帝喾之代，建国何地，都定何方？问：帝尧诞生共几月？问：夏传共几主，其年若干？问：太戊、武丁之相何名？问：盘庚所迁之都今属何省？文课：甲汤放桀论；乙赏罚公私论；丙禽兽说衣服犹毛之也。拼字成文，随笔改之，散卷，惟甲卷不及改。宵，继烛补之。过正稣信局，取来《日报》共四封。转过李芸苓家一谈。

廿二日丁未　　西风送爽，大放晴光，心为一快

是日丁期演说，薛中渠竟与余相龃龉者，其原因由西堂项君志贞教下之生胡汉章，前日攫去课本一册，私卖与顾宝善之兄，志贞谓胡系世家子，姑隐忍之。而余分教之徒郑翊周所作日记，竟明指其事。余见之随和训斥，以杜排击之端。薛遂怫意，因此日演说，反以言訾余，并谓己无其权，且辞席去。噫！薛自大者也，气骄意傲，旁若无人，不自思身为教督，只掌起居，教课浅深，与彼无涉，彼侵我教课之权，反谓我夺彼之权，何其大相反背耶？矧薛君与余平日本无嫌隙，忽然藉此相诋，试问其居心属何等乎？中心不平，怫郁竟日，在堂推算功过簿，赖周眉仙、彭耀卿二君赞成之。叶奇顾遣人送到《新民丛报》第二十二、二十四，计二册。问来人孙季芃出门消息，说近日已到岛国矣。宵，在姜岳仙家，与饶颐真、周眉仙坐谈至三鼓。

廿三日戊申　　大晴

到堂授课，胡汉章受训斥矣。余自思为薛仲渠所抑，且伊叔玉坡心有所怫，难乎为情，不得已作辞席之计矣。姜岳仙、管杏浦、周眉仙诸君力劝阻之，暂为之允。抄盗葬呈词投署。宵，过彬臣、芸苓二中表家坐谈，遇姜岳仙，至三鼓始归。

廿四日己酉　　大晴，气平。寅时春分

到堂授课，丙钓鱼说。宵，阴，在李云苓表弟家，听僧诵经，至二

鼓归。是夜将晓,雷雨颇大。

廿五日庚戌　　晴,但未定耳。午后,气温

终日到堂授课。宵,握管欲作玉尺官课,困倦异常,至四鼓始起,成论一篇。题《李邺侯舍陆宣公而荐窦参董晋以自代论》。

廿六日辛亥　　气寒。朝,细雨如丝,连绵不绝,夕阴

终日到堂授课。是日增算学一课。宵,过郑一山处一谈。萱堂自舅家归。近日在蒙学堂课徒,功课纷繁,日不暇给,精神较昨年减去一半,每到黄昏,倦则思卧,老境将历,事业无成,奈何奈何!

廿七日壬子　　雨丝连绵不绝

到堂授课,默积熟。甲问:智伯求赵何地? 郗疵对智伯何言? 问:襄子使何人见二子? 其言若何? 问:尹铎请简子之言如何? 问:襄子避难赴晋阳,其言如何? 乙秦破联合军约几国? 问:使连衡事秦者共几国? 问:周自武至赧,国祚若干年? 问:秦灭六国,当始皇何年,孰先孰后,试举以对。丙问:秦穆所举贤臣何人? 问:桀纣伐何国,所得美女其名,并为详之。问:亶父所生之子几人,其伯仲何名? 问:武王封先代爵谥若何? 问:周公所营之邑何名,今属何地? 文课:甲郗疵与豫让孰优论;乙武王伐纣论;丙种树说。宵,改文课,作玉尺官课,童题《四皓羽翼太子论》。

廿八日癸丑　　阴,气平

到堂授课。宵,过郑一山家,知中东甄别课案刻已揭晓,余名亦入彀中。

廿九日甲寅　　阴,气平

到堂授课。薄暮,细雨。宵,阅《中外日报》。

三十日乙卯　　阴,气平

到堂授课。薄暮,孙中恺公子过访,余适出不值。宵,至其家一

谈,遇叶奇廞。更深,过李云苓表弟处。是夜,为舅氏来复五周之期,诸中表招缁流诵经坐焰口,俗谓念过床经也。管丹三、姜雪耘、周锡槑表弟在焉。

三　月

朔日丙辰

日有食之。计浙江杭州府六分三十三秒,初亏辰初二刻四分,食甚辰正三刻一分,复圆巳正初刻八分。朝雨夕霁。到堂为诸生擢说熟书。项志贞、管筱和、吴伯屏、薛仲渠率诸生赴明伦堂听演说,计开第六会,主讲者萧亦陶、吴伯屏,馀则不详姓氏。余不去。录初等国文教授。宵,过李云苓表弟处,坐谈至二鼓。

初二日丁巳　　　朝雨夕霁,天气温暖,近庚伏矣

到堂谒圣,诸生入座,演说主合群之义居多。午后,同管杏浦、周眉仙、项志贞,往后垟观剧,诸生随行共三十一人。维时油花遍野,色黄如金,春风和煦,香气袭人。过滴水岩宫,谒陈氏夫人,日暮而返。昔曾点作暮春之游,于沂则浴,于舞雩则风,游偕童冠,乘兴而来,尽兴则返,今夕之游,信乎乐矣。我思古人,如或遇之①。

初三日戊午　　　雨细如丝,气寒

到堂授课。宵,过李云苓表弟处一谈。

初四日己未　　　终日雨,气寒

到堂授课。昏定后雨势倾盆。往家寿星叔处,同王谷如前辈调谐花烛。星叔娶王姓女,仲兰孝廉旬宣之女孙也。饮佳期酒,更深始

---

① 底本"如或遇之"下,留空白六行,作补抄之用。

归。抄祭舅氏文。夜至丙，往云苓处设祭开吊。同王夔拊、管仲凌、杏浦、姜舜璇作赞襄，迨本家奠毕，天已曙矣。

初五日庚申　　阴雨

早辰，在舅氏家祭拜。后同管杏浦率蒙学诸生往拜，以旧岁曾受彬臣表兄之教也。已刻，到堂授课。宵，在芸苓家，同吴伯屏、薛仲渠、周眉仙、榴仙、金炼百、管杏浦饮开祭酒，至二鼓而归。

初六日辛酉　　大晴

到堂授课。前林族人来，谓富纯今已被扭交差矣。刻嘱叶味兰补呈送押。午刻，往寿星叔家饮人情酒。席散，归，叶耕经来，代余购到本年《新民丛报》第廿五册，付交报费英银三圆。中恺孙君处，亦补来《丛报》第二十三册，计客岁《丛报》所缺者，惟第十六册耳。宵，往县署，看林皋农大令讯洪、吴二姓争印田契一案，兼及族人永吉控诉盗卖案，而族蠹富纯受押，合族欢然。

初七日壬戌　　大晴，气平

温积熟。甲问：豫让与聂政之死均得当否？ 问：田子方对子击之言其太傲否？ 问：赔焚鸦片之价及兵费其数若干？ 在本朝何帝暨西历年数？ 问：五口之名所属何省，贴近何地？ 问：中国与英遣人至何地议和，其人何名？约共几人？乙问：始皇内置何官，郡置之官何名？问：徙咸阳之户数？ 问：北狄种类，今与古何名？ 问：秦征南境所置何郡，今属何地，所徙之民数若干？ 问：林则徐所焚鸦片其数若干？丙问：吴入郢鞭平王尸者何人？哭秦庭者又何人？ 问：孔子治鲁政事何如？文课：甲，《豫让与聂政孰优论》；乙，《秦始皇论》；丙，《打球说》。午刻，同管周吴薛诸君率诸生往彬臣表兄家祭拜。周氏夫人留饮，至钟二下始到馆。宵，写祭先农文，暨颁胙票。

初八日癸亥　　大晴

天早，邀国琳表弟到神农庙陈设豆品，候官僚致祭。到堂授课，改文课。夕，为清明节近，放假。同吴伯屏、薛中渠、周眉仙坐谈至暮。宵，阅《中外日报》。

初九日甲子　　大晴

辰时清明，前垟族人浩干来，赠余报金英蚨二翼，且诉余前所酌修祠缘金鹰蚨十翼，被金满公饱入私囊者，闻之诧然。午刻，往宗祠祭祖，设三席。乡间族人来赴宴者，甚觉寥寥。宵，阅《中外日报》。筱彬表侄邀出联会课题。"有安社稷臣者，以安社稷为悦者也"。

初十日乙丑　　大晴，旋阴

过李云苓家一谈。宵，访郑一山，坐话片顷归。是夜小雨。

十一日丙寅　　阴，疏雨

阅联会课卷。一山代作批语。夕，学生蔡作醴来，代演《知耻说》一则付之。宵初，在李岳丈家饮上坟酒。转过管杏浦家，同周眉仙、吴伯屏、薛仲渠坐谈至更深，又往李彬臣表兄家，看老僧诵经，开斋后始携枬、枵二儿同归。时交五鼓，忽闻雷声大震，雨势倾盆，心幸归家早一步也。

十二日丁卯　　朝晴夕雨

访薛仲渠不遇，过薛库书松如处，取祭款，得英蚨十翼。同碎楠、毓卿、桐昌登集云山祭扫二世祖墓。午刻，享馂。前林族人来访。叶耕经袖息洋十三元。宵，阅《中外日报》。夜半，雷声大震，倚枕颇觉不安。

十三日戊辰　　晴，旋阴复雨

朝，到堂授课。夕，放假。在县署，同叶味兰抄控富崇呈词，并录华前宪任内杨粮厅诉恶棍富纯等拒捕移文。薄暮，始投入。宵，冒雨在小沙堤观剧。

十四日己巳　　雨，旋阴

朝，到堂授课。夕，放假。同周眉仙往小沙堤观剧。宵，仍雨。

在李彬臣表兄家听缁流诵经。

十五日庚午　　朝晴,气平。夕雨

是日城隍神清迎。同吴伯屏、周眉仙出门游玩。下午,到明伦堂听演说,偕行者薛仲渠、项志贞。学徒到会,惟西北三十馀人。计此次为第七会也。宵,困倦早眠,萱堂近感风,咳嗽颇劳,心甚摇摇。下枇杷叶、杏仁、竹茹数味药以解之。

十六日辛未　　天早雷雨,巳刻晴

到堂授课。夕,放假。李彬臣表兄来,同往陈府庙观剧。因昨夕城隍神清迎阻雨,停驾在此故也。薄暮,叶耕经送到《新民丛报》第二十六册。宵,月色如昼,闻张燮钧学宪临温考试,廿三日取齐之信,刻已行咨到府矣。

十七日壬申　　阴雨缠绵不休,气温

到堂温积熟。文课题:甲问吴起对魏武侯,以在德不在险之说,以之治国,其果得效否乎?试申其言。乙问古公欲立季历,泰伯知之,与弟虞仲托言采药而去,其是非何在?丙种田说。薄暮,前林族人培吉来。宵,改课。

十八日癸酉

朝,阴雨缠绵。巳初,天色阴晦,顷即放光。到堂授课。近午,天容忽开霁色。随同族人培吉乘舟到前林谒祠拜祖,过震轩妹丈家一谈。午刻,设盛筵款余于房长顺高叔家,颇觉殷勤。薄暮,返棹抵家,已上灯时矣。宵倦,眠息甚早。夜,雷电大雨。

十九日甲戌　　阴雨如昨

到堂授课。宵,过李云苓表弟家一谈,舅氏明晨出殡,故往问之。又与震轩妹丈坐话剧久。归,作路祭舅氏文。五鼓时,至舅家为行设灵及题主礼,代作赞襄。

附录出殡路祭鹤坡舅氏文

岁在癸卯,暮春三月中旬十日,为我舅氏鹤坡李公卜辰云窆,永安后土。维时灵辀将发,记念方深,外甥林骏率子燠枡、燠栲、燠桐、燠楙、燠枞等,敬奉清酌,滕以椒荔,奠于道左,祖其将行,爰摅哀辞以告之曰:

懿惟舅氏,令德昭宣。畴陈洪范,五福兼全。大夫门第,桥笏家传。及公子世,隐迹市廛。逍遥自在,陆地行仙。公性孝友,门内蔼然。椿庭见弃,值幼之年。北堂萱草,荫展长天。堂开昼锦,躬善周旋。寝膳侍视,无一缺焉。何天不恤,霜风摧莲。老人垂暮,风痹堪怜。不良手足,卧枕缠绵。公也处此,夙夜无愆。侍疾惟谨,汤药亲煎。恐亲忧郁,佳日流连。以娱亲乐,出入乘箯。人言无间,乡党称贤。公性慷慨,交友无偏。赠遗加厚,此心拳拳。贫富不易,持危扶颠。怀虚若谷,量广于川。光风霁月,雅范常存。人皆称羡,孰不推尊。公尤善贾,理财有权。师陶朱法,读管子篇。端木货殖,公能赴前。自壮至老,获利万千。广购第宅,大拓园田。美哉轮与,兰玉阶前。象贤有子,昆仲蝉联。羡公仁厚,福集釐延。历叙生平,一如人言。修德获福,字字可镌。宜其证果,登蓬莱巅。人生若梦,月不长圆。春秋互换,桑海屡迁。胜会不再,往事如烟。犹记元夕,杯酒同筵。坐花醉月,语乐笑妍。阅时转瞬,遽别重泉。漫漫不旦,长夜沉眠。七周来复,相见无缘。日月云逝,死生何论。念我中表,卜兆奉安。今夕何夕,为赋招魂。青山之曲,白云之边。自今以后,何时复还。我送舅氏,泣涕涟涟。渭阳路远,举足不前。骊驹在迩,疾影催鞭。祖行就道,素旐翩翩。公其有知,鉴此心虔。呜呼哀哉,伏惟尚飨!

二十日乙亥　　少晴

到堂授课后，始往彬臣家，为舅氏送葬，率在堂诸徒随行送之。夕，仍到堂。薄暮，访孙仲恺公子。宵，月色明亮，同彬臣表兄乘舢板至廿五都，舍舟步行，计五六里许，始抵寺前山，为明晨舅氏之枢下窆，邀余代为祀土神也。

廿一日丙子　　大晴，气平

天早，在山，俟封圹后代祀土神。同诸中表下山，乘舟奉主归，行虞祭礼，已二下钟矣。仍到堂授课。薄暮，访叶寿如丈，与奇颀门人订同寓之约。宵，小雨，在彬臣表兄家饮轿后酒，代为掌壶。席散，颇觉困倦，倚枕少息，沉沉睡去，及醒漏已四下，匆匆而归。

廿二日丁丑　　天早雷雨，旋阴

到堂谒圣后，因院试在即，遂为诸生放假，约计二十馀日左右，拟课题授之。甲商鞅变法论；募民徙木予金论；尊孔教说；清明迎祥说。乙赵高论；汉高帝论；演说说；焚书坑儒论。丙登山说；观水说；择善说。夕，出门游玩。宵初，困倦殆甚，伏枕酣眠，至四鼓始觉。是夜，雷雨大作，阅数时乃止。

廿三日戊寅　　阴，旋霁，天气颇温，潮湿

录旧作。夕，前林族人来，托叶味兰代为作呈词投署。宵，过薛玉坡、仲渠家，坐谈至十二下钟始归。

廿四日己卯　　阴。申刻谷雨

管君杏浦来订同舟晋郡之约。闻姜岳仙与黄宝生，因市肆相连，前月姜姓之屋陡逢回禄，今为改筑，嫌店后太隘，即拆毁黄姓之帮墙一层，遂致口角。适林太尊乘轿而过，黄宝生之叔镜湖拦路步勘，彼争此辨，两不相下。以余观之，必不至涉讼不止。薄暮，细雨，与杏浦、钟文表侄、胡君兆薪乘河乡船晋郡。是夜，雨势剧大，丁丁

之声,乱敲篷背,竞鸣战鼓,何啻如之。

廿五日庚辰　　阴雨连绵不绝

辰舟抵郡前,约与奇颖同寓。以叶税东阳春栈,只得与杏浦改寓泉方巷范家。夕,过礼房考寓一坐。宵,访学书王质甫,始知廪保名次定作三十人挨认矣。是夜,与钟文表侄抵足而眠。

廿六日辛巳　　晴,气温

访孙中恺公子,时寓于叶莪士先生家,孙姻亲也。李乙齐、池仲鳞在客厅猜打诗牌。余同伯荪、延曙坐船厅论时事剧久。几窗明净,修竹拂檐,大得幽闲之趣。晚前后大雨,气复凉,夜细雨。阅《中外日报》。

廿七日壬午　　晴

午前后,气温。接到李芸苓表弟函。午刻过叶奇颖寓,邀与张蔚文大令同饮。

廿八日癸未　　晴

似有定信,接郑一山、李彬臣两函。在寓中候诸生来画押。洪小峰来谈,为闻人言,戈鼎彝籍贯未清,适挨在彼,余系认保,从旁力为劝解,不可以"莫须有"三字误人一生也。薄暮,张燮钧宗师到郡,周晓秋、榴仙二昆仲自瑞来,邀伊同寓。

廿九日甲申　　阴

李蕴斋、稚菊昆仲自瑞来。早晨张宗师到府学讲书,余同诸君随班鹄立伺候。李友樵内弟过寓,谈及门人叶奇颖潜身独往日本,刻已坐下轮舶矣。闻之骇然,遂出门访杨雨邨,爰得确信。噫! 叶生背亲出游,不惮数千里之远。昔人诗云:"慈母手中线,游子身上衣。临行密密缝,意恐迟迟归。难将寸草心,报得三春晖。"忍弃室家而不顾,于心何安? 虽大丈夫志在四方,万里程途,山川修阻,读

"父母在，不远游"之句，令人不忍歌骊也。彼年尚少，特未之思耳。宵，过礼房考寓一谭。

四　月

朔日乙酉　　　寅初细雨，辰初阴晴不定

赵羽仪妹丈自瑞来。是日，考阖属生员古学。经学题，《朔日辛卯解》、《考工与西艺多合说》。史事题，《桓南郡自谓宣帝刘琨之俦论》、《王荆公边功论》。舆地题。《卢关为关中北面之阴论》、《滇西八关九隘建置得失论》。同寓赴考者惟管杏浦、周榴仙二君。宵，过学师考寓，画童生赴考经古清册花字，至三漏下始回。

初二日丙戌　　　晨雨息，午后风燥

是日，学宪悬牌，补生员旧欠之考。过学师考寓，补画花押。宵，雾，天气颇寒，明星达旦。四鼓，合属童生进场考古学，偕同事诸君在宗师堂前识认，至天曙，所保者计三十八名。

初三日丁亥　　　辰阴，气寒风燥。午前后晴

考合属童生古学、史事题。问：李穆、陈元康料敌如神，使果用之，欢泰遂能相并否？问：王浚、韩擒虎均称元功，然非王浑、贺若弼力战于先，遂能乘胜独克否？桓温请都洛阳论。宵，过周墨缘寓。

初四日戊子　　　阴

管杏浦代其弟仲凌赴考录科题《邵荣论》。过礼房考寓，补画点名清册。宵雨，眠息颇早，为明日进场应试也。四鼓始起，饱餐进院，迨题纸飞到，天光向曙。

初五日己丑　　　晨雨旋阴

日暂见。在场中作二艺。四书义题：瑞，"取于民有制"。合属同。经

义题:瑞,"楚人秦人巴人灭庸";府,"楚子伐陆浑之戎";永,"晋人灭赤狄潞氏";乐,"吴灭州来"。与王夔拊坐号最近,赵羽仪、周榴仙头牌出场,而余投卷已开第三牌矣。宵,发古学榜案,首平阳马毓骐,二永嘉钱锐,府学项廷珍名列第五,瑞安傅师说、蔡耀东、赵淮、陈一筹、张亮道,共五名。同寓管杏浦、周榴仙则不在列。

初六日庚寅　　　阴,天气颇寒

朝,过周墨缘寓。夕,访薛仲渠于项棣生家。宵,大雨雷电。改李钟文表侄卷。是夜,考乐、瑞、泰三大邑童生正场。雨势倾盆,考棚之前积潦盈沟,人往人来,不堪拥挤。余同诸君在暖阁前识认诸童,而黄楚艮以前案未清,为舒君湘秋所扣,不得应试矣。天光向曙,始封号扃门。

初七日辛卯　　　雨,气寒

黑早,自考棚回寓。李彬臣表兄自瑞来,带到袇衣一袭。赵羽仪、周榴仙、李云苓昆仲作马吊戏。余独倚枕酣眠终日。申后,同寓者陆续出场,闻通场首题:"审法度"。乐,次题则忘之矣。瑞,"先王以至日闭关,商旅不行,后不省方"。阅诸君场作,惟邵芝池、胡楚卿二人最优。薄暮,李蕴斋、稚菊二中表束装先归。宵,阻雨不出门,早眠。

初八日壬辰　　　晴

过正和信局,取来《中外日报》共十二纸。陈波仙过寓,坐谈颇久。朱荣卿继至,索观场作,决其必售。访叶耕经,时渠感冒寒疾,倚枕而谈。袖回《新民丛报》第二十七册。薄暮,云苓表弟携其子钟文乘舟回瑞。宵,同李彬臣、管杏浦、胡楚卿、孙雨琴、周晓秋、叶莪姆及董君,往二云茶园品茗,清谈至夜深回寓。

初九日癸巳　　　晴

是日考永、平、玉三邑童生正场。早晨访吴乙生,取来旧岁膏伙款下英洋二元。回寓，阅《中外日报》。夕，同李彬臣表兄出望江门，过邮政局，屋宇轩敞，式仿西人，四面嵌以玻璃，境颇广拓，立观久之。至码道，驾舢板，渡江登孤屿一游。龙翔、江心二寺，倾圮过半，惟兴庆寺尚觉巍然。寺僧出迎，烹佳茗款客，泉味清冽。余问曰："闻此地有海眼泉，今尚在否？"遂导余二人至后院，指示一井，曰："此即所谓灵寿泉也。"水色尽碧，清可澈底。久之，出山门访谢公亭遗址，谒卓忠贞祠。茂草塞径，题榜剥落。又过西塔，一条芜路旁，倚小屋三楹，中有未厝之棺，分三间而停焉。尘网蛛络，四壁苔青。余见之心疑，问诸僧，云昔年郭外峰钟岳司马宦瓯，因妻女在任殁故，且后迁任鄂省，未便扶榇返归江都，只得草构数椽，以安其榇。时则寒风过处，尘沙卷地，好不凄惨人也。欲过东塔散步，寻文信国祠，半为西人住房，恨不能如意所适。嗟乎！千古胜地，一旦变为荆榛，虫咽草荒，积成瓦砾，况为异类游息之场乎？夕阳日暮，惆怅何之？回首廿年，竟成尘梦。看白云之在天，听晚鸦之啼树，如助我悲怨而已。向晚始返棹。

宵，发生员第一等案，同寓周晓秋、榴仙昆仲均在列。府学榜首周钧，榜二名项廷珍。瑞安县学第一，赵淮、傅师说、项葆桢、蔡耀东、陈一筹、王兆藻、朱世英、池锦濂、陈安澜、胡锦涛、戴成邺、吴擢伍、周之桢、唐序骥、林凤冈、郭凤鸣、虞廷恺、姜桂清、李式夔、周之纲、戴炳章、林祼祖、张蒨、曾咏梅、翁一全、林余琮，永学包惠臣、筱亭昆季均在列。

初十日甲午　　晴

朝，在考棚前散步。赵羽仪妹丈乘舟归。是日，覆试一等。四书义题：墨子兼爱一节。夕，过叶耕经寓，遇府礼房周玉亭。宵，过礼房考寓，林老芳邀余暨王玉卿，登酒楼共饮。至三鼓，月有晕气。

十一日乙未　　　朝阴，夕雨。立夏节

在寓阅《中外日报》。过礼房考寓一谈。薄暮，王玉卿乘夜航船归。宵初，闻今夜出提覆牌，偕叶味兰、蔡紫生、王质甫往府署一俟。至十二下钟，始出乐、瑞、泰三邑提牌。一下钟，又出永、平、玉三邑提牌。我邑被提者共九十六名，较之本额数加二倍，余则名数只增一倍。余认挨保下在列者十一名，未知后日大有参差否乎？一山之令徒友龙不入彀，曾良士在焉。同寓廿馀人，惟一叶翔卿。是夜在学寓，同周榴仙暨同事诸君，俟诸生填册画成花字，至天曙。

附录提覆名次

杨镜蓉、周遇滨、林祝黄、胡建西、蔡鸿、林敏、张组成

应汝珍、陈猷、林鎓、李锡侯、沈嘉绩、何蔚然、陈同

单冀清、李煜、戴鸿蕖、陈衡、林绳武、潘璘、蔡英

刘祝尧、黄戴仁、张佐龙、卢贝芬、郭祖道、朱燊、郑烺、朱鑫、陈鸿钧、张秉威、薛楷、吴翙、李煜、叶士菁、蔡茱、陈麒、曹师曾、项鹏、项奖玖、王一辰、王兆英、郭循亮、陈济盛、陈鼎三、何炳铨、郑松年、叶禧、蒋洞新、戴鸿庚、徐来熏、戴寿鑫、郭威、胡建东、陈鸿猷、吴钢、陈复、金蕴岳、蒋旭、曾燮、胡鑫、唐阊、江肇岷、胡演元、金鸿烈、李式垿、李蟾枝、徐光、潘寿权、仇祖英、周稀、胡倬云、项斯骏、林佐一、薛一清、陈俊、陈楚锜、胡元翔、胡莹、翁正春、王兆鳌、朱绅、唐震、蔡景禧、江堪、蔡澍蘅、陈翼中、李郁芬、林陈畴、张文为、蒋蔚、陈炳书、陈楚裳、胡以仁、张纪垣、胡亮畴

十二日丙申　　　晴，气平

天早，俟张学宪提覆乐、瑞、泰诸生。余偕同事诸君在堂识认。覆题:《汉高帝命萧何次律令论》。李彬臣表兄、蔚文表侄、管杏浦、胡楚卿，均泛舟归。饶颐真过访，坐谈颇久。夕，提覆永、平、玉诸生。覆题:《叔孙通征鲁诸生共定朝仪论》。过杨小玉寓，同周晓秋往维新书庄购来《万国官制志》、《万国地理志》各一册，价洋夂△;代蔡作

醴、张保仁购来《鉴撮》二册,价洋〣△;《普通新历史》〡△;《东莱博议》二部,均价洋〢△;,《历代史论》〣△δ。宵,同周晓秋、文镕过薛玉坡寓。是夜,月明如昼,虚室生白,旅舍幽寂,独坐庭中,如参静禅。

十三日丁酉　晴,气平

在寓,同朱荣卿、叶文藻坐谈。过洪小峰寓。宵,发五邑新进榜。瑞邑县学进额如旧,拨入府学者较去年多九名。我邑自开辟以来,未有如此之多也。同寓叶君脱榜。余认挨保下在列者七人发等第红案。同蔡紫生、叶味兰在府署开拆诸卷弥封,至三下钟始回寓。候诸新进来画长短结花押。晓秋相伴,彻旦不眠。

十四日戊戌　晴,午后气温

过杨小玉寓。是年诸新进到学填册,开费连老师大为作难,蒋屏侯孝廉、胡蓉村大令约创连合之谋,遂破败其局。午后,始送册。诸生进院堂覆,余整衣冠到考棚识认唱保。访张君黼臣亮道,为挨保管竹君喜银,未定其数,颇费唇舌,几劳往返。宵初,郭中翔折柬来邀饮,席设于福聚园,在坐者薛玉坡、童西园、伍梅荃、唐叔桐、吴伯屏、郭漱霞、仲翔、池小槎暨余,共九人。品味清脆,颇觉适口。过管竹君处订定其数了局。附录新生姓名

县学:陈复、蔡鸿、杨镜蓉、周遇滨、陈同、胡鑫、胡建西、张组成、沈嘉绩、胡演元、潘寿权、曾燮、林佐一、叶士菁、薛一清、薛楷、胡建东、江堪、陈楚裳、张文为、金蕴岳、金鸿烈、江肇岷、陈猷、陈衡

府学:林祝黄、李燿、林敏、应汝珍、蔡英、戴鸿藻、朱燊、唐闿、项鹏、潘璘、林鏳、胡亮畴、李熤、蒋洞新、项斯骏、吴翊、项奖玖、郭威、徐来熏、蔡澍蘅、佾生、蒋旭、李蟾枝、张秉威、陈鸿钧、徐光、陈俊、张佐龙、李式埙、胡元翊、胡莹、翁正春、朱绅、唐震、蔡景祺、林陈畴

十五日己亥　　阴雨

朝,阖属高等生员暨诸新进往考棚更衣谢考。余偕周晓秋往街市购宫粉等数件,为杨小玉挨保谢仪,往管君处一订,即袖交之。小玉之尊人紫玉庭芳先生留余午餐。夕,访王星华兆藻前辈,因薛一清系渠认保。往取谢金,至暮始获英蚨二翼。宵,偕周晓秋、榴仙昆仲买舟回瑞,漏四下始抵家。

十六日庚子　　阴

终日在家,检点箧中书本,归藏邺架。宵,眠颇早。

十七日辛丑　　晴

终日在家,阅《中外日报》。

十八日壬寅　　晴

朝,过周眉仙家,与薛仲渠、彭耀卿、榴仙闲话。夕,阅《中外日报》。

十九日癸卯　　晴

院试放假之期已满,是日开堂授课。宵,同李友樵内弟、云苓、蕴斋、稚菊诸中表往通济宫观剧,演洪楝园师所著《鹊桥会》、《女中杰》曲本也。

二十日甲辰　　晴

到堂授课。卓午,访叶耕经,袖还胡姓前期借券一纸。宵,过李子琳表弟家,坐谈良久归。代薛仲渠作挽弟联:"泮芹采罢,赋归来兮,最可怜予季抱疴,计七十里水程,烟雨塘南同返棹;池草春生,今绝咏矣,更谁慰慈亲垂暮,过廿四番风信,树萱堂北倍酸心。"

廿一日乙巳

先伯考忌日。天旱,雨,旋晴,气温。申刻,少雨,到堂授课。戴生送来丁田张妹丈函,即为覆之。前林族人振献、叶味兰过访。散学后,同彭耀卿、周眉仙出永胜门近郭散步,蛙声如鼓,聒耳喧哗。宵雨,阅《中外日报》。

廿二日丙午 雨大,气温

朝,到堂。宋拱辰新进堂读书,温积熟课。史学,甲,问:中国许耶稣教徒自便布教,何益何损?试一决之。问:英法二国,发同盟军,其兵数若干?问:备兵北京,及袭同盟军者何人?又其地何在?乙,问:汉削诸王之地,共有几国?问:吕氏之变乱者何人,定之者何人,迎而立者何王?问:儒家之外,其学约有几家?老子所著何书,计若干言?丙,问:五霸之君何名?问:宋襄公与何国战斗,败于何地?问:汉三杰之姓名?问:诬害戾太子及救其孙者何人?问:汉文帝、景帝政治若何?问:项羽与汉,中分者何地?汉破羽在于何方,今之地何名?舆地,甲、乙,厦门、广州所属何省?而广州贴近内口,所离之地共若干里?到其地最早者在泰西何国?计西历约若干年?继至者系何国之人?天文,丙问:月离地共若干里?水、火、金、木、土,以及地球诸星,与日相距,其里数几何?夕,文课乙忠奸不两立说;丙,读书宜求进境说。宵初,往王玉卿家饮酒,王君有迁乔之喜故也。过裕生布庄,与姜岳仙一谈。是夜尖风极大。

廿三日丁未 朝阴申雨,酉戌大雨,气寒风燥

到堂谒圣,休息。近午,叶味兰来,买舟偕往前林讨润笔之资。震轩妹丈留午饭。薄暮,返棹,时天色昏黑,两船相遇,画桨横篷而过,舟忽颠簸,心为之惊。

廿四日戊申 霁,天气不暖不凉

到堂授课。夕,明伦堂演说,两斋甲班诸生往会听讲。宵,过李丽生表弟家一谈。

廿五日己酉 阴,气寒

时当长夏,冷犹刺骨,天时不正,宜加珍摄。到堂授课。是日季妹行纳采礼,遵三舅父遗命,与丽生表弟结婚。丁田张震轩妹丈,携

其子毓寓拜新,设筵相款。宵,雨颇大,往彬臣家,同管杏浦作赞襄,为其声玉联冥婚也。

廿六日庚戌　　雨。申时小满,天气大寒

到堂授课。卓午,轩兄同寓甥往洪小芸家饮酒。小芸亲来邀余,为馆课所羁,辞不去。申后,偕薛玉坡、管杏浦,过东北学堂,与洪藻卿、金慎三酌议普通学堂津贴经费,分润四隅。谒孙中容先生,坐谈颇久。宵,改文课。

廿七日辛亥　　晨雨,旋开霁色

天气如昨日,积寒未袪,近春初气候,天时不正,恐滋人之疾病也。到堂授课。卓午,往李玉君家饮,邀震轩妹丈代改甲班文课。薄暮,访叶耕经,为轩兄代购《清议报全编》,叶君又付余一部。余以囊涩金尽辞,姑暂留之。耕经曰:"书价缓急不妨,陆续付楚。"心喜得此异书,即时取二部携归,而不觉腕力之疲也。宵,为李蕴斋分爨事,同张妹丈在丽生家一谈。身子困倦,伏几睡去。归时漏三下矣。

廿八日壬子　　阴,欲霁不霁,天气犹寒

到堂温积热。史学,甲,问:苏秦说六国所至之国孰先孰后?举次序以对。问:孙膑减灶之数?问:田子方之对子击其言若何?乙,问:五霸何人居首,其间勋业孰为最著?试略举以对。问:秦始皇灭六国之年数?问:汉文帝之世,其政治若何?问:经营西南夷,帝所使者何人?其地于今何属?问:汉征服朝鲜,遣之者何人,分郡有几,于今之地何属?问:三皇五帝建都何地,在位之年数若干?试分举以对。丙,问:武庚作乱,其同叛者何人?问:孔子为中都宰,其政治若何?问:佛法入中原,起于何朝,始于何帝?问:汉章、安、顺、冲诸帝之朝,其间外戚之臣,旋用旋诛,约有几人?其目为党人者何人?试举其数。文课。甲,问:赵良谏商鞅,使果听之,其祸可免否乎?乙,汉武帝论。丙,奸臣论。卓午,同张震轩妹丈、寓甥往李丽生表弟家饮。宵,袖息洋八元,过毓卿处一谈,转旧年借券,改期本年十二月廿七归赵,此款本系乙

百数,旧年已付过本五十元,本期转票又付还本十数,计本洋四十元,十个月息六元四角。归,与轩兄坐话至深夜。

廿九日癸丑　　晴

到堂授课。近午,张妹丈携寓甥乘舟归丁田,余赠以银洋四圆,糖果诸色,又黄犊壹只。邑俗,凡甥儿来外家者,及归以牛赠之,甥女则以猪送赠。家家都用此物以相馈赠,窃不解其所谓,未能免俗,聊复尔尔,亦猎较之意也。甲文课。《燕哙以国让子之论》。宵,往天后宫观剧,归钟十二下矣。

三十日甲寅　　晴

到堂授课。出乙班文课。《同学贵和气说》。宵,同稚菊、丽生两表弟往西安宫观剧。归,改文课。

五　月

朔日乙卯　　乍晴乍雨

俗语云,是日遇雨,致生虫耗。到堂授课。正和信局送到《日报》一封。家左髓自沪归。夕,诸生到明伦堂听演说,大约论东三省被俄侵占,士商不服,致电政府;又日本开博览大会,主意在此。主讲者孙中容先生。家左髓、延曙门人,计是夕开第九会也。宵,改文课。

初二日丙辰　　晴,天气燥热,始觉届夏矣

到堂温积熟课。甲,史学,问:合从之约,何国创之,何国败之? 使六国如约不解,秦得能灭而统之否? 乙,问:孔门弟子共若干人? 通六艺者计若干人? 问:五帝居首者何人,建都何地,其姓氏若何,何帝居首? 试一一详之。问:后羿、寒浞篡位之年数? 丙问:周代何王南巡,其得归否? 问:周武王都于何地? 其后王所营者何,今属何省? 问:东西汉何帝最贤? 合二汉,计若干主,国

祚共若干年？问：九州之分始于何帝？州之名若何？其后所增者其数若干？问：虞夏之乐，其名若何？问：帝喾共几妃，姓氏若何，其所生之子何名？丙，文课。《看戏说》。叶耕经送到《新民丛报》第二十八册。宵，小雨，在李玉君表弟家饮节酒。

初三日丁巳 晴

丁期，到堂谒圣，休息。端午节近，放假四天。同管竹君往学署领廪膳银。与朱□点衣学师坐谈半日，辞出，过周小苓处一坐。宵初，以端阳节设馔祭祖先，邀赵羽仪妹丈同饮。李彬臣、吴伯屏过访。吴代蔡、郭二君说谢仪，蔡澍蘅五数，先收四元；郭仲裳五数，先收二圆，均系余认保也。

初四日戊午 晴，天气暴热

解拆家中账务。孙宅工人阿喜来送阅照片一幅，系门人孙公侠、家赞侯，暨左髓、皎秋、阿爱、黄暾卿、厚卿、贝卿三公子、吴璧华，其一人不知姓名，均作东国衣装，观毕即交还。作道课。策题，问：大学格物致知，既亡其义，宋儒补之，说理甚为精透；泰西诸儒于格致极意讲求，其与宋儒异同之处安在？四书义题。“中天下而立，定四海之民，君子乐之”。申刻，成二艺，托郑君一山抄就寄郡。阅《中外日报》。宵，倦眠。

初五日己未 晴热。端阳节

朝，研朱写辟蝎符。夕，录旧作诗眉批。过赵羽仪家一谈。宵，访薛仲渠，同周眉仙往水心庙观品玉班，人如墙立，热气郁蒸，触鼻难堪，遂相与而返。

初六日庚申 晴。夕，空雷不雨

同叶味兰乘舟往前林地方，当刈麦时节，野农大觉忙碌，无一人相值，家晋三遇诸，遂往其家一谈，强留午餐，却之。转至轩兄家，具饭以待。张星阶拱宸先生来。宵初，与族人培吉、永吉、益木谈县署门口费用，作速交缴。伊等推诿学献管事，三漏已下，遂掉舟到莘塍，献竟托为不知，余及味兰听之，不觉忿火中烧，大声疾呼，责其负约，且自憾为培吉所误也。漏报五下，忍饥鼓枻而返，至白岩桥，天色大明矣。

初七日辛酉　　晴热，天气近庚伏矣

假期已满，到堂授课。宵初，过李稚菊表弟家一坐，出家酝相待，开怀对饮，不觉大醉，倚椅沉沉而睡，三鼓始归。

初八日壬戌　　朝晴夕雨，天气较昨日略平

到堂授课。乙丙二班，增授蒙学课本。宵雨止，同叶味兰往天后宫观剧，片顷遂归。

初九日癸亥　　晴

到堂授课。甲，文课。□□□□□。宵，改文课。

初十日甲子　　晴热

到堂授课。乙，文课。《祸福论》。同管杏浦登西岘山阁，公祭仓圣字祖，今年轮值张祝田景藻，暨王省三也。席设张家，同诸君往饮，徐岳樵镜蓉先生到最晏。李松岑谓近日东国留学生，为俄占东三省之故，创设义勇队，电达政府，欲以拒俄，且欲政府代筹兵饷，无如政府谓其煽惑人心，指为富有票徐党，饬直省督抚严密查拿。湖北护督端午桥方缮就咨文，递行各州县，大概主义，须加意严缉，杜厥乱萌。方今后党、帝党，划如水火，盘踞于朝廷之上，有心人抱为国为民之志，反为所抑，无从措手，大局至斯，不知后来成何世界也。宵，访李彬臣表兄，留饮其家，为表侄女□娇患痰症，同诸君设香案祈禳。未能免俗，聊复尔尔。噫！东瓯人信鬼之甚也。

十一日乙丑　　晴热，申后雷雨，旋霁

到堂授课。丙，文课。《兄弟贵相和说》。改文课。宵，仍握管改

之。焚膏继晷,亦古人之遗意也。写祭武帝胙肉票。余今年教授蒙学,所分教者计一十五人,功课繁剧,日不暇给,为地方大局计,不得不然,而不知精神大觉日退也。

十二日丙寅　　晴热。卯时芒种

到堂温积熟。甲,史学。问:秦司马错论伐蜀,其言若何? 问:燕昭王筑台招士,郭隗请以隗始,其为己乎? 抑为国乎? 孰公孰私? 试直举以对。问:商之都因何而迁,迭迁凡几次,在于何主,其地何名? 乙,问:汉武之世征伐匈奴,所置凡几郡,系署何名? 问:吕氏之乱,诛诸吕者何人? 丙,问:商纣之暴政如何? 默历史一段。甲、乙舆地。问:台湾当明之季,扰之者何国,占据者何人? 系何朝平定? 试约举之。丙,问:水、金、火、木、土,及地球、天王、海王诸星,与日轮相隔,其里数若干? 项教习志贞议定班长规条共□则,又堂规大纲共十二条,细目共六十二则,仿泰西投票式,各班议举正副班长二人,左斋甲、乙班,薛泮芹、夏家鼐、陈国贤、饶次衡;右斋甲、乙班,徐自元、郑庆尧;丙、丁班,陈楚雄、徐自佳、杨鸿儒、蔡作湘;西堂甲班,薛允浚、钟斗。每班正副各付比较簿一册,以便记录功过。诸生凡得大过五次降班。亦立监佐史之意也。宵,赵羽仪妹丈来招饮,为其门生唐福荣,前月借端捏控,目无师长,荣之亲族出为调停,设酒谢罪,在座者均唐家昆仲也。归时漏三下矣。写祭关帝寿诞祝文。是夜,各官僚致祭关圣,邀国琳表弟到庙排设豆品。

十三日丁卯　　晴热

丁期,谒圣。休息,在家改文课。项志贞以昨日所定条规,嘱薛君仲渠书之于版,悬诸座右。宵初,正和信局送到《日报》一封。访叶耕经,为受周榴仙购《清议报全编》之托也。是夜,精神疲极,不堪久坐。

十四日戊辰　　晴热

早起,改甲班文课,写函递张震轩妹丈,暨族人学献,遣阿旺送之。到堂授课。丙,文课。《有耻说》。前林永吉来,谓林皞农大令丁内艰卸篆,富纯乘机觅保,今晚脱押矣。薄暮,叶味兰过访。宵,阅《日报》。

十五日己巳　　阴晴不定,气似温,巳晴

到堂授课。夕,开演说第十会,西北教习项志贞、薛仲渠率学生到会听讲。余改课不去。薄暮,大风,雷电少雨。宵,为前林族人门口开费,屡次爽约不来,同叶味兰、阿旺欲买舟往莘塍学献处,行近东郊,大雨骤至,斯时雨具未备,坐酒店避之。陡闻雷震一声,檐溜如泻,一更许始止。为时已迟,不及往,遂归。

十六日庚午　　阴,气凉。午后申初,雨

到堂授课。闻人传说,昨夜雷电交作,隔岸中洲地方有被霹雳震死矣。宵,改诸生日记。

十七日辛未

朝雨罢,午前似霁。到堂授课。丙,拼文。薄暮,雨,袖英蚨八翼,访叶耕经,取来《清议报》共十一册。因受周榴仙之托,代为一购。宵,送书至其家,清谈至钟十二下而归。夜,雨息。

十八日壬申　　朝,有霁意,气略温。夕,晴

到堂授课。甲,考问,问:赵主父始以英毅自命,终不免死于沙邱,或曰其得祸也,因废章立和之故,其说然否? 问:廉、蔺二人,一以口舌胜,一以战伐胜,合彼此相较,功孰为优,试一决之。问:夏、商、周音乐何名? 彼此共传几主? 享国计若干年? 试条举以对。问:周家历传之祖,试详其名。文课。《楚怀王论》。宵,在潘紫霞家饮采芹酒,设二席,在坐者吴伯屏,伍梅荃,蒋涤泉、友龙叔侄,彭蓉仙,李漱梅,幼梅昆仲,项志贞,云苓表弟及余也。散,过薛仲渠家,看诸人打秋千。归时钟十二下。夜凉。

十九日癸酉　　霁,未定。午以后,晴定风寒

到堂授课。乙,史学,考问。问:汉高之内政若何? 问:汉武遣将征讨匈

奴，所略何地？所置之郡何名，共几郡？试一答之。问：景帝之世，诸王之反，其起事者始于何国，通谋者共几国？至其谋逆，果属真心乎，抑为激而成之乎？试详言之。宵初，同叶味兰买小舟至莘塍族人学献处，遇之。责其前日所订门政押费，何忽负约，切身之事反置之度外也。前林与丁田密迩，议往张妹丈家一谈，遂邀学献同过前林，招族人焕东、阿蒙、景祥，至坐话良久，漏声三下，始约下浣四日如数交缴。震轩留夜饭，渠驾舟有事赴郡，余亦同叶君返舟，抵家天光向曙。

二十日甲戌　　阴晴不定，气寒

到堂授课。丙，考问，问：孔圣诞生在于何朝？并详其年月。问：句践会稽之败，其后治政若何？乙，文课。《打秋千说》。是日，堂中新设秋千之架，诸生好弄，读书颇不留心。薄暮，精神困顿，疲倦异常，伏枕高眠，至天曙始觉。近日为堂中功课太繁冗，说书改课，何日无之，且分教者一十五人。昔仲由氏，事有所闻，未之能行，唯恐再及。余于功课，随时披阅，稍为纵之即繁积矣。仲氏其殆同心乎？虽然，马齿日长，学业无成，家政纷纭，心思分用，奈何奈何！

廿一日乙亥　　朝晴。夕大雨如注，平地水深尺馀，河池溪涨，为之一满

到堂授课。甲，考问，问：乐羊攻中山，甘茂攻宜阳，乐毅攻即墨，或拔或不拔，何以不同如是？试言其故。问：牛庄、台湾、芝罘、汕头、九江、汉口，在何省分，又属何方？而牛庄贴近系何湾口？问：虞、芮二君争田，连年不解，后忽两相推让，试明其故。甲，课题。《秦始皇销兵器论》。接到信局《日报》一封。宵，阅《中外日报》。夜起，改削文课。

廿二日丙子　　阴晴不定，时有雨点

到堂授课。乙，考问。问：春秋之强国存者有几？其中同姓异姓者若干国？均须详其国名？问：佛教之入中国，始于何朝何帝？其佛教宗祖何人，居于何国？试举以对。问：汉明帝、章帝之治政如何？改文课。隔邻赵湖舟云发把戎作古矣。宵，访郑一山，过李玉君表弟家，谒舅母，坐谈颇

久。叶耕经送到《新民丛报》第二十九册。

廿三日丁丑　　阴,旋霁

率诸生谒圣。休息。录旧作。过羽仪家一谈。宵,邀郑一山来,代写赵把戎铭旌,二漏去。阅《中外日报》。

廿四日戊寅　　朝雨

到堂授课。夕,放假。是日西北惠民仓开粜仓谷,计得英洋三百馀元。薄暮,过李玉君表弟家一谈。宵,阅《中外日报》。

廿五日己卯　　晴定气和,始闻蝉声

是日,堂中粜谷未了,台京粜出,获英洋一百馀元。早谷每元计三十斤,获英洋乙百多元。东西两堂,再放假一日;左右二斋,依然授课,增《左传》一门。丙,文课。《不勤学之害说》。宵,阅《中外日报》,大阪《朝日新闻》云中俄两国交涉,其外者为俄国公使,其内者为华俄银行总办朴科第,凡遇事件先由朴君与内宫密议,再由公使与我国外务部相通。朴君所亲交者,惟李连英,与之来往,不在京中,恐有事情漏泄,故常至雍和宫与白云观相晤,其紧要事件未由外务部奏闻之前,已先电告俄京。噫!以寺人而与外官相亲,更遇要事,先为相议私室,而后达闻朝廷,国家用此佞臣,其不亡不弱何待?昔寺人貂多鱼之漏,今之李贼岂有异乎?

廿六日庚辰　　晴热,疏雨数点

在堂授课。乙,考问。问:汉宣帝时,征西域者,其将何人,所讨平者何国,于何地而置属国? 至其始设都护,为之者何人,居于何地? 镇守南北者计若干国? 试详列之。问:章、和、安、顺诸帝之世,其宦官及外戚何人最著? 又宦官封侯者共几人? 乙,文课。《宣圣与耶稣二教轻重论》。是日,仓谷早白出粜,计得三十馀元。宵,阅《中外日报》,改文课。

廿七日辛巳　　晴,天气酷热。子时夏至

在堂授课。丙,考问。问:汉献帝时作乱者何人? 问:曹魏、孙吴二国

共几主？问：雨露云雾，何气而成？丙，文课。《日长说》。薄暮，承友人书扇之托，袖纨扇、折扇各一，访郑一山，乞为书之。义儿闳枏能学步，见之心喜。宵，阅《中外日报》，改文课。夜雨。

廿八日壬午　　朝热，阴。午后大雨，气凉

到堂授课。甲，考问。问：长平之败，论者皆归咎于平原贪心所致，然否？问：信陵君窃符救赵，其是非何如？问：相如勇于秦而怯于颇，其故何欤？问：昭王乘胶舟渡汉，舟解溺死，汉为楚地，或谓楚人造舟进王，因而害之，然否？张震轩妹丈来。薄暮，返棹。正和信局送到《中外日报》一封。宵，挑灯阅之。

廿九日癸未　　朝晴夕雨，气寒，衣穿单裌，夏行秋令，莫此为甚

到堂授课。乙，考问。问：夏、殷、周建学之名？问：匈奴以西诸国或小或大，最著名者共有几国？并详其国名。问：王莽篡汉，计若干年？昆阳之战系何人破之？其时豪杰竞起，共几人？试约举以对。宵，阅《中外日报》，改甲班日记。

闰五月

朔日甲申　　雨，气寒，着棉衣

遣阿学买杨梅一篓，送赠丁田张妹丈。到堂授课。丙考问。问：赤壁之战何国合兵破魏，其将何人？问：东西晋共几主，计年若干？问：怀愍继位者何帝？其辅佐中兴者何相？问：齐后主所宠之妃何名？其平日政事如何？叶耕经遣其仲弟云村送到《新民丛报》第三十册。开演说第十一会，阻雨不赴。宵，阅《中外日报》。夜雨止。

初二日乙酉　　晴定，气寒，似春初节候

天时不正，恐伏阴之病，后日必发矣。到堂授课。甲，考问。问：吕不韦善处人于母子之间，其居心果何等乎？论者谓其非直大贾，盖大盗也，

然否？问：幽王媚笑褒姒，戏举烽火，后为犬戎所困，举烽而勤王之兵不至，于此，其有悔心否？问：辽东北湾沿岸，何州最多岛屿，其最著者几岛，其岛何名？问：渤海在中国沿海之何部，及在各省之何方何部，其里数长阔若干？午刻，义儿涣文送杨梅来。夕，文课。甲，《鲁仲连不肯帝秦论》。乙，《看龙舟与读书二者孰乐论》。丙，《禁龙舟说》。闻云苓表弟之夫人姜氏近染疫气，邑俗染此疾者，皆谓五通神作祟，须备牲醴以禳之，方能平安。噫！未能免俗，聊复尔尔。《封禅书》谓东瓯之人尚鬼，信然。薄暮，过李玉君家一坐。宵，改文课。

初三日丙戌　　晴，旋阴

赵羽仪妹丈送杨梅来。朝，到堂授课。乙，考问。问：楚怀王与诸将所约，其言何如？问：沛公项羽先后入秦咸阳，孰仁孰暴？试一决之。问：天下四大镇之一，其地何名，所属何省？且为水道之总汇，其水流入何江？代李玉君改易挽邱翼臣先生联："梓舍忝同盟，欣偕哲嗣叨陪，时挹风清亲杖履；蒲觞才罢饮，报道先生归去，不堪花落遍江城。"夕，以闰端阳节，近议定放假三日。作控陈庆瀛盗葬呈词，并抄就，交王玉卿之弟子盖戳投递。闻唐令以禁止龙舟，亲往莘塍弹压，故不登堂亲收。薄暮，过岳家。宵，同李友樵内弟，往南门外陈府庙观剧。郑一山、叶耕经、云村昆仲均在。维时江潮初长，路为水所阻不得行，迨潮退归家，钟十二下矣。挑灯改文课。

初四日丁亥　　晴，旋阴

朝，丁期，谒圣，休息。夕，同管君杏浦各买一舟，偕左右斋诸生，至筼筜桥看龙舟。周眉仙、彭耀卿、潘紫璜与焉。孙中闾公子暨其子延曙、延春、韵葱、韵芙亦乘小舟往观，与之相遇。申后遇雨，返棹而归。阅《中外日报》。

初五日戊子　　大雨终日

朝，作朱字联语贴诸大门："人赞舒长逢夏至；天教节序展端阳。"盖纪闰端午节也。仆人李安全送杨梅来。阻雨不出门,阅《中外日报》。宵,仍挑灯披阅。

初六日己丑　　大雨终日

到堂授课。乙,考问。问:秦时威振北方者其国何名? 在周之时旧名若何? 为今之人种属在何国? 始皇遣何将征之,兵数若干? 又所收之地今属何省,其所行何事? 试略举之。丙,文。《仁君暴君说》。宵,阅《中外日报》。

初七日庚寅　　雨。近午稍霁

到堂授课。乙,文课。《读书与阅报孰重说》。薄暮,过赵羽仪妹丈家,省视妹疾,以前日腹痛患泻之故。又往岳家,为泰山失足颠仆,恐致伤破,故问之。宵,开夜课馆,来读者项棣生、虞廷光、徐自元、蔡作醴、宋拱宸共五人。

初八日辛卯　　乍晴乍雨

到堂授课。丙,考问。问:吴王虏句践,越王杀夫差,其事若何? 问:苏秦、张仪、商鞅在于战国时代,有何所行之事? 文课。《亡国由于妇人说》。宵,改课卷。

初九日壬辰　　乍阴乍雨,天气沉闷

到堂授课。甲,考问。问:李斯谏逐客,其公私何在? 问:郑庄公杀段,其是非何在? 问:中国之地势约分几种? 何种归于何省何部? 试分举之。问:中国之山脉约分几道? 在于何处者为何山脉? 试分指之。闻许君宝箴,谓余前作道课,名列案首,心颇欣喜。宵,霁见月,改诸生日记。

初十日癸巳　　天早晴,旋阴,午后乍阴乍雨

到堂授课。乙,考问。问:五霸功业之了著者何人,及其主义如何,能答之否? 问:封建时代与郡县代有分别否? 问:世袭始于何代何主? 问:帝舜有何所行之事? 问:汉武帝有何事业? 正和信局送到张震轩兄在郡所寄

函,中叙及近日阻雨,在周仲明熙海处,同项慎初葆桢、张仪夫秉威翻译东文,颇有门径。宵,改课卷。

十一日甲午　　阴云不解,乍雨乍晴,气又加寒

时当盛暑,身犹装绵,天时不正,莫此为甚。到堂授课。丙,考问。问:商太戊武丁之贤相何名? 问:周始封之贤相何名? 问:周始封之祖? 问:武王伐纣所会者约若干国? 问:夏、商、周自兴至亡若干主,计若干年? 问:伍子胥奔吴,有何所行之事? 问:孔子仕鲁,其国大治,未几去鲁,因何事而去? 其知之否? 问:除肉刑者何帝? 问:起兵舂陵者何人? 问:秦始皇有何行政? 详为叙之。问:汉三杰之姓名。乙,丙,课题。《好鬼神说》。薄暮,项棣生上郡省亲。宵,周榴仙来访,邀余向叶耕经处取《清议报》下集五册,约以明日往取。

十二日乙未　　阴云不解,细雨霏霏,颇觉恼人

到堂授课。甲,考问。问:昆仑山脉向东而阻,遂分为二,所分之处为何之山,与何境界? 试一明之。问:昆仑山脉四端所越之处,其地何名? 所向之处为何山脉,又入何境? 问:黑龙江之支流其何名,发源之境何方,与何江相合? 其外,黑龙江之上方有几河,其诸水何名,而发源亦在其内否? 问:王翦伐楚,必以美田宅为请,其用意与攻宜阳者之意相合否? 甲,课题。《文事与武备孰重论》。吴伯屏送到《新世界学报》共六册,续旧岁第九册也。薄暮,遣仆往叶耕经处取来《清议报》共三份,计十五本。分一份送交周榴仙。宵,改课。

十三日丙申　　阴,乍晴乍雨

到堂授课。乙,考问。问:吕氏之变如何? 问:光武之中兴如何? 问:明帝、章帝之治政如何? 问:三国之建都何地,其所属者有几州? 问:东汉之亡如何? 改文课。薄暮,往李岳丈家一谭。宵,改削课卷。

十四日丁酉　　申时小暑。大晴,天气较昨稍温,风信为之一转

谒圣,休息。赵羽仪妹丈、李友樵内弟过访。午后,同薛仲渠、

周眉仙、项志贞，携枬、枔两儿，往城隍庙游玩。是日合社诸君，为城隍神重庆，悬灯演剧，以迓神庥，士女游观，颇有肩摩毂击之象。顷之，与周、薛、项三人相失，遂挈二儿而归。过李玉君表弟处一谈，舅母赠以二李。又访李云苓表弟，语及家中近日沾染疫气，大为困顿。余慰以数语。薄暮始返。宵，困倦异常。授诸生课，颇草草。

十五日戊戌　　　晴，旋阴

到堂授课。作函递震轩妹丈，暨族人学献。丙，考问。问：孙坚之二子何名？问：魏改姓始于何主？并详其所改之姓。问：梁武有所行之事，与陈武相合否？问：北朝不尚佛教者共几君？试列其国号及名。问：陈文帝政治如何？问：阴阳二字有异义否？问：年岁二字有异处否？问：雷与霆其义有分别否？诸生到明伦堂听演说，计开第十一会也。同彭、薛、项诸君到会，主讲者家左髓、项慎初、吴伯屏、薛玉坡、许君钲、孙公权，及各隅蒙学诸生也。惟洪五平锦骧，因到会之人妄为讪笑，即登堂向众拍案呵责，言语太涉激烈。独不思演说一举，原为广开民智，任人讥弹，苟以人之笑骂，而遽为呵斥，岂立演说会之宗旨乎？如洪君者可谓不解事者矣。宵，阅《新世界学报》。夜雨。

十六日己亥

晨大雨，午后少霁。到堂授课。甲，考问。问：荆轲、张良均以击刺秦王为心，然二人之生死不同，试言其故。问：王绾请秦王立诸王以镇远地，李斯谏以不便，二人是非，试为一决。问：鄢陵战胜之后，范文子使祝宗祈死，文子所存何心？试明其故。问：张良狙击秦王，其为私乎，抑为公乎？试一辨之。改文课。薄暮，仍雨。宵，周眉仙、李彬臣过访。惟眉仙去最晏。

十七日庚子　　　阴寒如昨，但无雨耳

到堂授课。乙，考问。问：三国中，何国何帝为正统？继东汉后，其世系若何？试为详之。问：董卓、曹操均以行废为心，二人积恶有轻重否？族人学献、阿蒙来。薄暮，雨。宵初，周榴仙过访，谈顷去。

十八日辛丑　　晴热

到堂授课。丙，考问。问：周召行政为何时代？问：九州之名，并详今所属之地。问：商周之始祖何名？问：隋所定五刑之条如何？文课。《习武说》。乙，补问。问：西汉之亡，或谓亡于外戚；东汉之亡，或谓由于宦官。其说然否？薄暮，为前林盗卖养田之事，托叶味兰作呈词投署。且前日张姓捏名耸控，不得不邀族长构词以剖之也。宵，雨势倾盆，阅一时许始定。

十九日壬寅　　晴热，夕雨

到堂授课。甲，考问。问：入西方亚细亚者为何山脉？其间所越所向者共有几山？问：支那本部著名者有几河，其发源在于何处？并为详之。此节与《东亚地志》参看。问：蒙古之北，有何大河与江，及其支流之江何名，又发源何处，与何江合？至于诸水之名，并为详之。问：滕、薛二君争长，鲁侯从中解之，其言以滕为长，说近偏否？文课。《颍考叔茅焦合论》。正和局送到《中外日报》一束，共廿纸。接到张震轩妹丈函。宵雨，改文课。

二十日癸卯　　晴热

到堂授课。乙，考问。问：篡曹魏者系于何人？问：入吴建业系晋代何主，命其将何人？问：八王之乱，孰先孰后？试为详之。问：晋人之清谈，主于何说？夕，家左髓、许养颐为东三省中俄签约之事，开特别演说，合邑学堂诸生皆赴会听讲。余独在堂改课。宵，大雷雨，阅《中外日报》。

廿一日甲辰　　阴，日暂见，气和

到堂授课。丙，考问。问：隋文帝伐陈，所遣何将，共几人，执其君在于何地？问：隋伐陈，陈之君臣有何所言？问：东魏孝静让位，有何所诵之言？问：陈设义仓之法，虽主自隋文，其法若何，仿战国何人？问："伏腊"二字之义。问：古今之历法若何？夕，乙、丙，拼文。薄暮，疏雨。宵，改课卷。

廿二日乙巳　　晴热

天早，作府课，题《汉武帝元光五年，征吏民有明当世之务习、先圣之术者,县次续食,令与计偕论》。未成篇。到堂授课。午后,续作之,托郑一山兄抄缴。甲,考问。问:孟尝、信陵、平原、春申此四君中,孰优孰劣,能析之否?问:廉颇、李牧均赵名将,使赵终不见弃,其能免于灭亡否?问:分亚洲大陆为五部,试举其目并著明方向及所属之地。夕,雷,无雨。乙、丙,拼文。写函,寄张震轩妹丈。宵,改课卷。

廿三日丙午　　晴。天气酷热,近三伏节候,此为合耳

到堂授课。乙,考问。问:始皇分天下郡县,所设何官?问:匈奴为今何国之种?拟王莽传略。甲,文课。《东三省签约利害论》。宵,改课。

廿四日丁未　　晴热

早辰,谒圣,休息。在家假寐半日。阅《清议报》第一集。薄暮,叶耕经来付交书价鹰洋二元。宵,周眉仙过,谈今日酌议改良,系薛仲渠一人播弄,其间且谓余提甲班生开夜课馆,实存私见也。一时忿火中烧,先为诸生停课,过周榴仙、管杏浦二君处一谈。

廿五日戊申　　晴热

在堂大放厥词,深责项志贞昨日悬牌改良太为专制。过吴伯屏馆,谈恨事甚久。过李玉君表弟家一谈。访赵羽仪。宵,韫斋表兄来,同往李彬臣处一坐。

廿六日己酉　　晴热

朝,过周眉仙处一谈,探问学堂改良消息。时饶颐真在郡,薛玉坡递函招之,意欲改丁期为星期。旧岁创设学堂,各隅皆以星期为休沐日,而西北则定以丁期,逢丁日谒圣休息,以为奉孔子教也。今欲改之,下乔木而入幽谷,谁之咎乎?呜呼!圣学不昌,皆由此辈坏之也。夕,阅谭浏阳《仁学》。宵,李彬臣表兄至,谈论颇久。

廿七日庚戌　　晴热。初伏

阅《经馀必读》。夕,往西北学堂公议改良,谓饶颐真为发起人,

先为一决。饶曰："西北教课实坏于管、林二教习，前之各教习先行辞退，再作计较。"薛公觉、项志贞以少年志气，从旁附和，余心愤甚，不免大声疾呼，管、周二君又为不平，彼此交争，遂相与一哄而散。薄暮，叶耕经遣人送来《地学浅释》共四册，并其近作诗四绝。宵，访郑一山，谈顷。归，阅《易经注疏》暨《策府统宗》。

廿八日辛亥　　晴热

作玉尺经古论，题《易纬有太易、太初、太始、太素，即西士以太微点原质之义论》。至暮脱稿。是日，陶尖殿众议交董事接管，正蔡见龙，副则李君声玉也。宵，访管杏浦，周眉仙、榴仙二昆仲在焉。坐谈西北学堂破坏之由，以薛仲渠、公觉二人为罪之魁，窃恐一经决裂，日后难为完全也。

廿九日壬子　　晴热

丁川张震轩妹丈来。薄暮，返舟。宵，过李彬臣表兄处，坐话至夜。

六　月

朔日癸丑　　晴热。巳时大暑

朝，周榴仙过访，谓学堂有完全之局。午刻，同诸人往陶尖殿饮交众酒。仓董凭神面交明年值管郑小谷、管杏浦、徐昭甫、杨润谷四君也。夕，李云林表弟、周君眉仙来谈。是日，明伦堂开演说第十二会，饶颐真登台演说，专谓西北学堂教课，被诸教习贻误年馀。周晓秋从旁听之，中心不平，大为伸辨。噫！创演说之会，以合群为主义，开通民智，激发人心，乃饶氏不知，竟蹈攻击之愆，《诗》曰："贪人败类。"颐真非演说会中之败类乎？社会诸君亦愿鸣鼓而攻之否？

宵，阅《明通鉴》。访管杏浦不遇，钟十二下，吴伯屏、薛玉坡、周晓秋、姜岳仙来叩门，以学堂议有定局，邀余再作出山之用也。谈顷去。

初二日甲寅　　晴

阅《地学浅释》。改叶耕经七绝四章。题《地学僵石》。余亦成七言古风一章。过周晓秋处坐谈。是日，瑞宾兴议交西北绅士，接管者周榴仙、吴伯屏、薛玉坡、胡鲁艿四人也。陈丹卿表弟来，托余代办录科文书。宵，增注地学诗，计数百馀字，而篇幅颇长。

咏地学僵石

乾坤凿破始盘古，地质坚凝石与土。精微英美穷其原，编作地学家之谱。《地学浅释》一书论僵石源流最详，原文为英雷侠儿所撰，译之者为美玛高温，述之者则金匮华蘅芳也。生物化为僵石形，此中撮合谁作主？养淡炭轻得气多，砂泥化石石不语。生物在空气中腐烂则消化，而复其元质大约为养气淡气轻气及炭所化。环球雄视列五洲，千年土化精华聚。平陆江海合川湖，山之隈兮水之浒。石根蟠屈古与新，炼之不劳女娲补。物类种种印尘砂，掘地视之石可数。或近长江啮蚀深，或傍火山气喷吐。或经热变见真形，或因熔结生石乳。石有四大类，一曰水层石，二曰火山石，三曰熔结石，四曰热变石。水气咸淡吸受多，有如柱础润占雨。物产蜕化妙无穷，譬诸骊珠蕴江浦。中含异状莫可名，斜迸层层见端绪。无论上下与浅深，古物琢削未经斧。彼此比较多分明，珊瑚螺蛤皆精英。虫蛇鸟兽天然质，恒留枯壳宛如生。红海之边白灰白，百千种类都纵横。先后物化不同辙，得气奚辨浊与清。红海边四十尺高处遇白灰层，其中有数百种螺蛤僵石，与奈尔斯火山灰层中之僵石颇异，亦地土不同也。远近之期洵有定，石膏灰炭孕其精。新者又新旧者旧，物随时代验枯荣。波浪纹中泥和石，萦回周折多不平。况复植物因沉积，逐层厚薄非一格。中有一种白砂层，古色古香如刻画。法兰西哀来式彼地方遇有白砂层，其厚积四百尺左右，中留草木之迹，一见了然。子叶相向缕缕纹，背阴古草疤痕碧。白砂层中遇有二百馀种植物形迹，以年久积聚，其子及叶皆成僵石，用显微镜察之，见细筋微缕，纹理如生。菀枯开落自有时，入地厚凝数百尺。前为大陆今江河，山川陵谷更相易。人言松粒泥砂微，一经压力并为石。地学家云：譬若笔中之铅，其质为炭，碎以成粉，微则微矣，苟以一千吨重器压之，其中无一点空气透入，则能并为一块。僵石之在地中，其理同然。白红蓝绿色色分，内外形模本一脉。地学家云：壳外之泥如壳之外模，壳内之泥如壳之内模，是内外之形大有绝然各异，而不知同归一物，使人不常见，直将疑一为两矣。铜铁刀期判后前，石刀又见瑞西宅。瑞西湖层古屋中，藏有石刀，有人掘地见之，可知古人先时作用之器。古人头骨与今殊，昔日防风留遗迹。地学家云：北方之地得古石樽中，有古人头骨，观其形式，与今人不同，古之头小而圆，量其脑骨之角度，较多于今。人物躯壳肖图形，魂灵四散存体魄。来约斯层中，有虫蛇及草木之僵石。英法巧描地理图，名乌来脱能剖析。英吉利、法兰西有乌来脱地理图，一说乌来脱鱼子也。有一种灰石细粒如鱼子，故以乌来脱名之。英、法二国，两处之山有泥层与灰石相间积迭，故有上中下三层。人欲采之考由来，凹凸极线交其脊。地学家以凹凸两极线为最要，因有此线，即知石层横亘方向，及左右石层深浅故也。扶舆淑气溢两间，试问混沌何年辟？人身一粟在太仓，地壳还真富积藏。流质定质有坚软，穷源竟委须周详。泰西群通地理学，凿山测海术精良。火车轮舶走瞬息，大胜飞仙缩地方。更知物物全球寄，终古剖判参元黄。十二分层石不坏，格致创说岂荒唐。寒热燥湿递涨缩，历几尘劫改沧桑。沙碛沉郁穷八极，波流泱瀁界洲洋。金石煤铁蓄宝气，辨之不爽判毫芒。阅世何啻几千万与亿,自古及今天造地设一语破洪荒。①

初三日乙卯　　晴热

过周晓秋处,作竟日谈,管杏浦、彭耀卿在焉。宵,阅《中外日报》。

初四日丙辰　　晴热

叶耕经送来《新民丛报》第三十一册。午后,泛舟往丁田张震轩妹丈处。宵,与轩兄坐谈至夜。

初五日丁巳　　晴热

坐廙隐园录近作论,邀轩兄一改。宵,与族人晋三坐谈良久。

初六日戊午　　晴,旋阴,夕疏雨

在廙隐园录近作诗,邀轩兄一削,无一字可易。宵,与族人坐谈颇久。

初七日己未

朝晴,旋阴小雨。买舟同震轩妹丈归家。午刻,东北风起,阵雨时作时止。访周榴仙,探问明日开设学堂定何教课。余君松舫来访,坐谈半日,并叹近日学堂气习,各省大小大概如斯也。薄暮,轩兄返棹。宵,阅《中外日报》。

初八日庚申　　阴雨

朝,项志贞、薛仲渠创议改良章程,招诸生到堂听讲,演其说者吴伯屏也。夕,伍宝滋表弟来,见其形容憔悴,问之始知伊弟□□于初六日遇暴疾而亡,代为惋惜者久之。宵,阅《中外日报》。

---

①　底本天头录有两人红笔批语:"钩稽精核,诗笔亦清。震轩。""气息庄雅,注亦详赡。仲容先生。"

初九日辛酉

雨，大风。到堂谒圣，诸生陆续来谒。近午，归家抄玉尺经古论一篇。宵，阅《中外日报》。夜深风犹未定。

初十日壬戌　　风定，大晴，天气酷热

朝，抄玉尺经古七言古风一篇。午后，访郑一山，袖所作一观，其尊人送为代缴。李稚菊表弟过访。薄暮，大雷雨，至钟十二下时始止。

十一日癸亥　　晴热

西北蒙学开堂，系改良第一次也。管杏浦、项志贞、周榴仙，增请虞朴真廷恺，均轮班司教；余与二彭蓉仙、耀卿则为专课司教；内教督周眉仙专司功过，并字课，外教督薛仲渠专司起居也。申后散学。过赵羽仪家一谭。宵，代郑峻甫绮峦老伯作六十寿言，草草塞责，至四鼓脱稿。

十二日甲子　　晴热

到堂授课。午刻，访郑一山，托其誊昨作寿叙转呈乃兄小谷先生一削，许养颐壬在焉。宵，过李丽生表弟家，与韫斋、玉君昆仲露坐清谈。丽生出瓜李相饷，三鼓归。

十三日乙丑　　晴热

到堂授课。宵，过郑一山处坐谈良久。

十四日丙寅　　雨晴不定，东北风大起，恐有飓母之灾

到堂授课。接到孙君仲阊处旧年所缺《新民丛报》第十六册，赵璧之完，心为志喜。宵，在李玉君表弟家尝新，与王夔拊同席。

十五日丁卯　　雨，南风极大

到堂授课。午后，张震轩妹丈遣福锦伯送蟵蚌来，作书覆之，并备试新肴馔，为诸甥儿朵颐之需。开演说第十三会，诸生到明伦堂

听讲。宵,设席尝新,邀赵羽仪妹丈、周元来,李丽生、稚菊、玉君三表弟,涣文义儿均同席,三鼓始散。是夜四鼓,族人阿学陡患腹泻,余惊而起,遂出门邀稚菊诊视,据说伤系肾气,可无他虞,余心遂定。

十六日戊辰　　朝雨夕晴,风定,暑气蒸湿

到堂授课。遣阿学归家养疴。宵,困倦异常,眠息甚早。

十七日己巳　　晴热。丑时立秋

星期休息,作道决科。四书义题"盖均无贫,和无寡,安无倾"义。经义题"通其变,使民不倦;神而化之,使民宜之"。《易》"穷则变,变则通,通则久"义。至午,二艺均脱稿,交郑君一山抄缴。过李玉君表弟处,暨赵羽仪妹丈处小坐一谈。薄暮,闻雷无雨。宵,往李彬臣表兄处尝新,席散,露坐月下谈至三鼓而归。

十八日庚午　　晴热。末伏

到堂授课。彭蓉仙先生辞席,其分教之学生已旷课三日。薛公觉欲将其徒一分与彭君耀卿,一分归余,而中间有二三稍胜者,提归丁班。中心大为不平,尚未之允。薄暮,丁田福锦伯来。宵,月明如昼,眠息颇早。

十九日辛未　　晴热

告假,不到堂。阅《中外日报》,闻此躺轮船已到,正和局诸报均未送来,遂往问之,其人竟如流水桃花,杳然去矣。询之比邻,谓店主人亏空倒闭,已计三日,闻之憾甚。宵初,招瞽人唱词,以长妹昔年在自家观音大士前祈保子息,今日为大士诞期,备酒果以偿之。合家坐听,至三点钟始寐。

二十日壬申　　晴热

告假不到堂,阅《新民丛报》。丁田福锦伯归。宵,过赵羽仪家,因仲妹近患腹泻,奉母命往问。转过李丽生处一谈。

廿一日癸酉 晴热

到堂授课。午后，西风摇树，其声颇劲，意飓母将施威矣。宵，过赵羽仪家，问妹微恙，尚未消净，谈顷即归。

廿二日甲戌

早晨出门，北风犹和。往李丽生表弟家一谈，至巳刻，风自东北来，其势极大，摇窗撼壁，雨如倾盆，阻步不得归，丽生留午饭。申刻，风定，始还家。宵，天气暴凉，倚枕睡去，沉沉入梦，几不知是蝶与周矣。

廿三日乙亥 晴热

到堂授课。宵，往姜岳仙家，与周眉仙、李铭之坐谈，残月东上始归。

廿四日丙子 晴热

星期休息。朝，启箧取书，见纸生蠹，祛尘却扫者半日。夕，南岸佃户陈友珍送租来，邀渠修葺后园瓜棚，余亦收拾残枝，芟薙径草，不觉予手之拮据已。山人谢学银来，谓仲弟厝屋为风破坏殆尽，取钱购稻草以补缀之。闻唐□□大令植仁卸篆，王斗槎大令廷梁于是日丑刻接任①。王曾署淳安篆，政声颇噪，系乙酉举人，亦有志维新者，今为吾邑之宰，其亦幸已。薄暮，赵羽仪妹丈暨同族成良公来。宵深，族人毓卿、增枬来，因日前陈小玉率人到九坦山择地，计有数次，恐复生枝节，相约明朝登山阅视，兼省祖先墓也。

廿五日丁丑 晴

早辰，偕毓卿、增枬、桐昌登九坦山省先人墓，山家留午餐，园肴野蔌，颇觉适口。过前翰谒草窗公墓，此地山场颇广，数十年前，被

---

① 底本二大令名均缺，查《瑞安市志》（中华书局 2003 年）卷二十，唐植仁亦佚名，而王廷梁名斗槎。

族中不肖子孙盗卖二穴坟地：一归南堤项姓，系薛恭人墓；一归洪姓，系洪叙堂守彝大令墓。我族祖反葬在外姓冢后。噫！沧海桑田，有时变易，我族姓当宋元之代，簪缨鼎盛，驷马门高，今何衰弱若此，加以孙子不能象贤，变卖田土，有玷家风。吁！可悲已。余乃循山径而行，越数重山，始抵谢岙。桐昌曰："二世叔祖懿仲公墓，闻葬于此。"余聆之欣然，披榛附葛，登山寻觅，竟涉子虚，惟有皇宋知合门事乡贤谢公佃之墓在焉。瞻拜松楸，肃然起敬。闻此山前归谢家，后因南门林姓偷葬，侵占山地，遂改名林宅山。今族祖遗墓存有数穴。夕阳西下，同诸人下山，沿江缓步，由永胜门而入。山人学银则越南岙而归矣。斯时足力之疲，不可言状。薄暮，丽生表弟赠余西瓜一半。宵，过成良公家一谈。

廿六日戊寅　　　天早少雨，虹见旋晴

皇上万寿，停课一日。在家录旧诗。申后，吴伯屏、周眉仙过访。伯屏言及迩来世风日下，师弟薄情，莫此为甚，即如鄙人，本年馆诸项哲卿家，其弟从余游已三年矣，今年入泮，得力于余良多，年尚幼稚，屡诋余无学问，试问本科博得青衿，其获诸命运乎？抑受教导以成之乎？余曰："今之受业，为逢蒙者不少，我辈舍己芸人，有何裨益？子言及此，仆固于斯道阅历久矣。虽然，羿之见杀于逢蒙，蒙固罪不容诛，羿所教非人，亦不得辞以无罪，余与子殆有同怜者耶。"宵，阅《杜诗详注》。

廿七日己卯　　　大风又起，响雷终日，风止而雨，势如倾盆矣。河渠水满，与岸相平

到堂授课。叶味兰过访，谓本日开考代书邀余代作，以学堂钟点迫促辞之。薄暮，访郑一山，遇叶云村僚壻。宵，大雨彻旦。

廿八日庚辰　　　大风暴雨，崇朝不止，午后略定

是日，季妹行聘定礼，以丽生为中表至亲，礼物嘱为减省。李稚

菊来,留饮。校旧作诗。宵,风伯告退,而大雨滂沱,彻夜不休,街衢积潦,几成泽国,想沿江而居者不免为灵均招去矣。

廿九日辛巳　　朝阴夕晴,道路阻流,行人凫水,往来皆没踝矣

余不得到堂,在家录旧作诗终日。遣阿极往丁田送茶果于妹家。宵,阅《中外日报》。

三十日壬午　　晴热

到堂授课。薄暮,访郑一山。宵,过李丽生表弟家一谈。

七　月

朔日癸未　　晴

到堂谒圣,星期休息。仲弟忌日。朝,访郑一山。卓午,泛舟往丁田张震轩妹丈家,袖前日所作寿序,邀为一改,至暮返棹。是日,乘舟而行,但见塘河水溢,高与岸平,沿湖田园,均遭淹没,殊切望岁之忧焉。开演说第十四会,余因下乡访亲不去。宵,倦,眠息颇早。

初二日甲申　　晴热。酉时处暑

到堂授课。午刻,谒洪栋园师不值。录前所作寿言。宵初,袖洪师改削,坐谈良久。过李丽生表弟家一谈。

初三日乙酉　　天早虹见,雨旋止

邀族人增枬赴铜乾收租。到堂授课。午刻,潘君馀善折柬邀饮,席设周小苓先生家,在座者戴莲舫、小苓、幼仙昆仲也。作控陈小玉盗葬呈词。叶味兰来邀,渠代作前林盗卖养田呈词,余略加点缀,均一手抄就,薄暮投署。是日放告,王邑尊公出粮厅代收。宵,访郑君一山不遇。洪栋园师遣伻送到办文费墨圆英洋乙元。

初四日丙戌　　晴热,天早雷

到堂授课。闻客岁霍乱之症又起,西门外竹排头地方,患此症

者今日已毙五人矣。余获人言,中心滋惧。午刻,访郑一山。宵,录《十九世纪大事表》。

初五日丁亥　　晴热

河干之水渐退。到堂授课。录《十九世纪大事表》。福润局送到《中外日报》一封,报章计隔二十馀日均未寓目,以正和信局亏空倒闭故也。薄暮,过稚菊家一谈。李彬臣表兄妹来访。宵雨,倦甚,倚枕倦眠。

初六日戊子　　朝阴夕雨

到堂授课。张震轩妹丈来。宵,录《十九世纪大事表》。代族人成良公抄祭车文。

初七日己丑　　晴热

请假不到堂。往家成良公为族祖母陈氏孺人送葬,至北门而返。卫房圣母诞日,悬灯演剧,大觉热闹。近午,往宫中拜福,值祭者洪君晓村也。叶耕经送到《新民丛报》第三十二册。薄暮,雨。宵初,偕姜泮藻往晓村家饮福,同席者管仲凌、丹三、金炼百、李彬臣表兄、钟文表侄、洪君及余,计八人,席散钟十下矣。是夜,白虹横天,大雨如注,七夕见虹,俗名七水鲎,不知是何祥异也。

初八日庚寅　　阴雨不定

星期休息,同人为秋试赴省期近,到堂定议,放假二阅月,以明日为始。过李玉君处,闻云苓在家养疴,故往探问,其女□娇患虚弱之症,十分沉重,适张竹卿医士来诊,谓其病入膏肓,不可救药,勉下桂附鹿茸数味投之。宵,大雨,在稚菊表弟家饮酒,同席管杏浦、家毓卿、玉君、丽生二表弟、钟文表侄,共七人。

初九日辛卯　　阴

朝,李彬臣表兄来访。夕,过卫房宫观剧,闻表侄女□娇于今晨夭逝矣。宵，往云苓家一唁。

初十日壬辰 晴，疏雨

洪棟园师遣伻送还前作寿序，斧削之下一阅，顿觉开我茅塞也。阅《中外日报》，中载廿六日沈荩谈革命，为庆宽、吴式钊所讦。庆、吴二人系沈之好友也。西后密旨一下，谓沈之罪本凌迟，因本日为皇帝万寿且斩决不时，故嘱狱吏杖毙之也。其受刑之惨，不堪言状。又应选经济特科之一等一名梁祖诒，二名杨度，均以新党被拿下狱。政府罗致过甚，开列新党计四十馀人。噫！家国衰危，新旧水火，前车之失，惟汉与宋其可鉴乎？方今朝廷，君相苟安，坐蹈其失，吾知此后，不至于灭亡不止。申后，过县署与王玉卿一谈。宵，阅《新民丛报》。

郑峻甫绮峦先生六十寿言代吕文起太守

光绪壬寅，渭英官南闽，老友乐成郑君峻甫，自瓯航海来访。予忆在瓯与君比舍居，无晨夕不相接，余故深知君。即我先大夫亦甚器重之。君后迁瑞安，余亦赋宦游，倥偬尘务，南北异辙，岁月如驶，盖暌隔已二十馀载矣。今忽异乡聚首，欢道平生，相对之时，见君之须鬓已斑白，因询君年，亦已周甲。七月望日，为君悬弧之期，渭英曰："天假之缘，重逢旧友，不才如余，进一言以侑觞可乎？"独是贡谀之词，流俗之见也。余之寿君，将以表君之隐，且以志喜焉耳。

君性仁慈，且慷慨喜任事。咸丰辛酉，平阳钱匪扑瑞城，被围十昼夜，君时年十八，与邑人士婴城固守无少懈，未几援至，寇歼，全城无恙。明年，又在闽之大田县襄办剿匪。事定，疆吏援例，由国子监生奏保得八品职衔，乡里称之。瑞安旧有育婴善堂，婴至日多，而经费益绌，猝无以应。君患之，亟商于侍郎孙公，议拨郡婴堂涂租之在瑞港乡一带者，归之瑞堂以济不足。

侍郎题之，函商郡绅，往返数月，事未就绪，君犹子小谷茂才，又力请于余，余素知君，代为婉请德峻臣太守，准予拨瑞，瑞婴堂之有郡堂租，君与有力焉。君为人善排解，邻里有龃龉，得君片言即帖服，时比之鲁连。君先时家无恒产，与宜人陈氏勤俭相持，躬操井臼，家因是得小康。嗣君一山，少负文名，旋以游庠食饩，援例贡成均。昔从余游，为及门诸子之冠。君之有令子，非义方之训使然欤？近余在南台，奉上宪命，购运西贡米，君来，留为襄办，事竣，详请大吏，君亦得奖叙五品职衔，以酬其劳。又台江万寿、江南二桥，岁久倾圮，行旅苦之，君为督匠，不数月而工藏。平日干济多类此。使君出为世用，其成就当有可观。今身居乡曲，手不握尺寸柄，犹力能持危，慈能逮众，于小中见大。推君之量，未始非寿之征，门庭聚顺，兰玉满前，有至乐焉。语曰："仁者寿。"君有之矣。余与君交至深，故为君质言之，倘以虚词为君寿，是亲之适以疏之也。君之寿固可祝，君千里远来，而不期相遇，尤可祝也。案牍馀暇，为君约略诠次之，以为寿君者之吭引云尔！不文之诮，仆奚敢辞？谨序。

十一日癸巳　　　朝晴旋阴

郑一山偕其门人家友龙、曾良士来，为友龙新入国子籍赴省应秋试，托余办送录科咨文也。即往县署抄禀送阅。遇陈紫峰璪。近午，张震轩妹丈来。申后，雷雨。轩兄返棹。闻管君杏浦赴省，是晚束装起程，往为送行，并袖墨银四圆托渠到沪代购妆镜也。循途过姜岳仙家坐谈良久。薄暮，往县署催送禀稿，王玉卿力为调停。宵雨，眠息甚早。

十二日甲午　　　晴热

晨，访郑一山。四儿燠楍陡中寒气，邀李稚菊表弟诊之，下正气

丸,旋呕出痰唾,立即平复。彭蓉仙先生来取录科文书去。宵,月明
如昼。过李玉君表弟家一谈,遇彬臣坐话颇久。

十三日乙未　　晴热

朝,邀修容匠整发。访郑一山。福润局送到《中外日报》一封。
夕,作控陈庆瀛盗葬呈词,一手抄就,逾于时刻,不及投递。宵,过李
玉君表弟家一谈。

十四日丙申　　晴热

为受郑一山之嘱,早起作峻甫老伯寿联:"通德传家,香凝带草;
中元降岳,寿纪庭椿。"往送其家,托书并贴之以金。申后,同洪小峰
往学署谒朱□□点衣老师,领取廪膳银,订以月尽交下,坐话至暮。
宵,在李玉君表弟家饮节酒,王夔拊在焉。

十五日丁酉　　晴热

郑峻甫老伯寿日,一山折柬来招饮。午刻,赴席,在坐者洪杏
溪、林凤沼、方晓畦、家增浩、小谷先生也。王□□大令考决科,以二
日为限。首题《东方朔请斩董偃论》。次:问《公法便览》载一千八百五十八
年,英法俄美与中国立约,按此不得视中国在公法之外,吴氏明明言之,今西人
辄谓中国为公法外之国,受害非浅,宜如何复旧说,以弭隐患策。阅《纲鉴
补》,欲作之,构思半日,全未下笔。明伦堂开演说会,计第十五期
也。宵,精神疲倦,伏枕早眠。

十六日戊戌　　晴热

西北学堂开馆,同人以假期太缓,恐于子弟大有所误,故今日特
为开课。余患泻,请假不去。闻议定者,近因虞、管二教习赴省应
试,虚史学、舆地二席,邀余暂掌史席,而舆地学且俟之他日。专课
戊班,虚无其人,暂以薛教督代之,教督之任,须司事轮班相代。镇
日在家,成决科二艺,交郑一山抄缴。申刻,空雷不雨。宵,设馔祭

祖先。大雷电，檐雨倾盆，至更深始止。

十七日己亥　　天早晴，旋阴

邻家赠兰花数枝，插诸瓶中，清香可爱，成五古一首。到堂授课，轮教乙班，夕，丙班。丁田震轩妹丈来。申后，大雨，天气颇凉。薄暮，轩兄返棹。宵，倦甚，伏枕早眠。夜起代前林人作呈词，至天曙。

　　邻人折兰花数枝赠予供诸胆瓶斗室生香颇可人意

　　久不见幽兰，胸中积尘垢。邻人知余情，数枝折在手。投赠当瓜桃，未报以琼玖。秋水盈一瓶，供养清芬受。微波生砚池，有室小于斗。抱膝读《离骚》，磊块浇以酒。结想具同心，相对当益友。

十八日庚子　　卯时白露。镇日阴雨，天气甚凉，如深秋矣

朝，到堂授课，轮教甲班。午刻，族人晋三、阿蒙、永吉、金槐来，谓今日呈期，须作呈投署，随邀叶味兰一酌，并托为抄就投递。晋三暨金槐诸人乘舟归。闻姜君尧衢锡康刻患时疫而逝。薄暮，过李岳丈家一谈。宵倦，眠甚早。至夜半，中心积想，竟不成寐，遂起坐阅《中外日报》。

十九日辛丑　　雨

到堂授课。朝，轮教乙班。考问：设封建与分郡县，其法何者为胜？所答惟胡巨泉、项棣生最优。夕，丙班。考问：居民之属满洲者系何种类？元朝系何种族？试详前朝所立之国名。薄暮，李友樵内弟往赴秋闱，定本晚上郡，赶乘轮船。余赠程仪一元，遂相与送出南门，至河干而别。转坐裕泉鱼行，与岳丈、漱芳内弟一谈，遇陈某，系北关人，曾拜岳丈为义父，坐话之间，土音不同，余无言以答之，至二鼓始归。

二十日壬寅　　终日雨

到堂授课。朝，轮教甲班。考问：蒙古与满洲人种之全盛始于何时？诸生所答惟夏家鼎、薛允浚最佳。夕，丁班。考问：晋篡魏之主何名？为

谁之子？问:东晋中兴之帝何名,建都何地,凡几传？诸生所答均佳,惟周毓崧为劣。薄暮,过李云苓表弟家坐谈至暮,邀晚饭,至钟十下始归。

廿一日癸卯　　　阴,疏雨

早起闻鸠声,到堂课诸生温积熟。福润局送到《日报》一封。闻震轩妹丈有事来城,余先告假以俟之,而轩兄不至。过赵羽仪处一坐。成《题郑峻甫老伯小影》七古一首。薄暮,院夫送学堂诸生课卷来,邀余批阅,却之。宵初,姜岳仙、周眉仙、榴仙来,避之不纳。精神困倦,就枕颇早。

廿二日甲辰　　　朝雨夕晴

星期休息,阅《中外日报》。午刻,往北圣宫吃十会酒。北门外计患急症者二人。族人□□自大日来,诉余被人见欺,侵占山场,斫伐树木,邀余一往,为之调停。辞以馆事不能去。周眉仙过访。宵,过寿星叔家一谈。其夜见星。

廿三日乙巳　　　晴热

到堂授课。潘子璜来教史学,余仍归戊班专课。薄暮,过郑一山、赵羽仪家一谈,知前日县决科之作,名列超三。宵初,刘老元过访,坐谈颇久。嫌前作《题郑峻叟松鹤小影》中有数字未惬,复为易之。

　　题郑峻甫绮恋老伯松鹤怡情小照

　　此老胸中藏邱壑,平生久践林泉约。怡情白石青松间,葛衫棕鞋饶洒落。闲携孙子坐看云,相对况兼竹与鹤。我翁之乐其仙乎？清风明月见真吾。问谁摄取湖山影,补作人生行乐图。

廿四日丙午　　　晴热

到堂授课。薄暮,李彬臣表兄来,取挽侄女楹语去。"遭家不造,先失父又丧妻,计此半年中,谁知血泪未干,祸延犹女;佳会难成,来人间归天上,过兹七夕节,太息舜华遽谢,怅绝牛郎。"出联原本对句,余代赎之。先数日表侄女得恙沉重，芸苓表弟欲邀项氏婿来，先为一叙，孰知婿未至，而女竟溘然逝矣，故第二联语及之。宵，阅《中外日报》。

廿五日丁未　　晴热

天早，族人学献来，谓昨日县差在渠家办案颇嫌缠扰，邀余出言通知，即出东门访叶味兰代写一函付之，谈顷而别。到堂授课。宵，同诸中表在卫房宫观剧，至钟三下始归。

廿六日戊申　　晴热

到堂授课。薄暮，偕赵羽仪往卫房宫观剧，枬儿随行。宵，叶味兰来，谈顷去。仍往观剧。夜雨气凉。

廿七日己酉　　天早雨，旋晴，午刻大雨，少顷见日，夕霁，暮雷小雨

到堂授课。张震轩妹丈来，代购《东洋历史地图》一部，计廿一幅，价英一圆二角。邀渠代写题小影诗。宵，眠息甚早。

廿八日庚戌　　阴雨

到堂温积熟。甲乙二班学生，以前期文课未经斧削，邀监督调排，而薛仲渠反向学生，责余诸生之答殊觉平允，余意此时固不能以口舌争，作乙百馀字书之于版以代言。

> 改良之后，鄙人专课戊班，与轮教甲乙丙丁四班者，大有上下床之分。既分轮课、专课名目，轮者谁乎？专者谁乎？彼此各有权限，不得相侵。且专教戊班，其人之学问可知。今日轮班改阅上班卷，虽为诸君所见爱，窃恐学力不及，有负盛情，特难遵命。抑有一说焉。凡考课命题，必视主教者所居何学，始可分学出题，如教史学者出史学题，教舆地者出舆地题，教伦理学者出伦理题，教卫生及国文者出卫生暨国文等题，鄙人所学，自问不知，又与此等之学殊近隔膜，矧越俎代庖，伊谁之咎？非敢自外范围也，实因专门功课自顾不暇，且以昭慎重焉耳。幸

诸君察之。骏启。

薄暮,阅《地图》。宵,阅《新民丛报》。

廿九日辛亥　　晴热

星期休息。朝,阅《中外日报》。福润局送到报章,共八纸。夕,丁田轩兄刺舟来迎,遂行。抵岸已四下钟矣。宵,同震轩妹丈往地主庙观剧,约三出而返。

八　月

朔日壬子　　晴热

是日丁田会市,家家亲友交相馈送,主人设馔款客,颇得古人鸡黍之风。余不出门游玩,校点《中日战辑》半日。午后,访族人晋三,坐谈颇久。宵,往陈司徒庙观剧。陈公为本地社神,称曰司徒,则不详其始末。夜卯刻,妹家邀纫工来开剪合床帐,为秀莲甥女今冬出阁故也。

初二日癸丑　　晴

天早,岩下杜君紫石宝瑛来,轩兄三房从妹倩也,坐谈半日。校点《中日战辑》。宵,往陈司徒庙观剧,震轩妹丈偕紫石均往。

初三日甲寅　　晴

校点《中日战辑》。杜紫石往莘塍。夕,欲买舟归家,妹固留之。宵,与诸甥女坐谈良久。

初四日乙卯　　未时秋分。晴

早起,闻昨夜被偷儿毁后门而入,失落锡壶、熨斗诸零星物件,竟不入正室,幸矣。晨餐后,顾大姆船乘之而归。夕,到堂授课。叶耕经送到《新民丛报》第三十三册。宵,阅《丛报》。

初五日丙辰　　晴

到堂授课。薄暮,往圣庙看习丙。宵初,访郑一山。是夜五鼓丁祭,余派崇圣祠正献引赞执事,同仆携衣冠往焉,至天曙归。

初六日丁巳　　　晴

到堂授课。薄暮,访郑一山。宵,阅《新民丛报》。大舅母来晤,留宿。

初七日戊午　　　晴

星期休息。诸生在堂演说半日,始散学休息。近午,张震轩妹丈来。过县署托阿富抄誊王竹君控李玉君欠款,并佃户张阿发欠租。此田系玉君家物,前年以赌负,借王家银洋二百之数,背母压与竹君者。刻将出差,舅母闻之,邀余同轩兄周旋其事。宵,震轩过王竹君处作说客,始许李姓备价赎回。噫!太原世胄,戎善持筹,竹君数典不忘,真其苗裔也。余君松舫来晤,夜雨。

初八日己未　　　朝小雨旋止,天阴

族人增楠来晤。到堂授课。申后,轩泛舟归。宵,过大舅母家一谈。

初九日庚申　　　晴

到堂授课。福润局送到《中外日报》共九纸。宵初,在李稚菊家饮酒,代周眉仙改丙班课卷。

初十日辛酉　　　晴

到堂授课。代周眉仙改丙班文课。宵李丽生表弟邀食甲鱼。

十一日壬戌　　　晴

早晨,患腹泻。到堂授课。宵,代周眉仙改丙班文课。其夜,枬儿患泻。余惊而起,窥伺久之,竟无他变,殆亦多食所致欤?

十二日癸亥　　　晴

到堂授课。同人酌议,中秋佳节须放假三日,照堂中规例也。遣陈粹琳往前林阿蒙处,取前垫之款。代宋子枢为其尊人作挽弟联。云:"析爨几经年,念及同胞,在昔未酬大被愿;染疴方隔宿,伤哉予季,于

今废读陟冈诗。"宵,月明如昼,过李玉君表弟家一谈。

十三日甲子　　晴

阅《中外日报》。过县署与王玉卿相晤,且诉邵仲浦□吞己家名分公款。暮,过薛松如家,算找本春祭祀银项,约以明日。宵,过李稚菊处一谈。

十四日乙丑　　阴晴不定,小雨,气燥

在家,解拆账项。过王玉卿家,谈邵全吞噬之款。夕,访叶耕经,袖英洋二元予之,系《清议报》款也。宵,在卫房宫观演,梨园系集锦班名也。衣服辉煌,颇堪娱目,至钟十二下归。是夜,家母患嗽,大觉骇人,旋呕出痰唾,始就平复。

十五日丙寅　　晴雨不定

朝,到堂谒圣。夕,开演说第十七会,主讲者陈介石进士、孙仲颂主政、薛玉坡上舍、邵云生、陶春生也。陶市井中人,所主之说,直谓僧尼无益于国,其平日敛钱手段,固为人意想所不到,流于淫荡,皆由饱暖所致也。欲整顿风俗,必先置风气于纯正之中,使僧尼得有地步方可。其说如此,胜于读书人多矣。宵,设筵赏月,合家团坐畅饮,洵乐事也。是夜,云气淡淡,月色朦胧,旁有晕影。

十六日丁卯　　阴,小雨

汇钉《日报》,计二册。是夜亥刻月食,至丑初始复圆。

十七日戊辰　　阴,小雨

到堂授课。汇钉《日报》,计一册。薄暮,仲妹来省亲。宵,阅《中外日报》。

十八日己巳　　阴,小雨

到堂授课。丁田张震轩妹丈携甥女绣莲来。薄暮,轩兄返棹。汇钉《日报》,计二册。宵,阅报。

十九日庚午　　晴。戌刻寒露

到堂授课。汇钉《日报》，计二册。宵，阅报。

二十日辛未　　晴

告假不到堂，在家检点季妹嫁奁杂件。阅《中外日报》。福润局送来《日报》，计十一纸。是夜子时，为季妹行上笄礼，向正南迎喜神也。

廿一日壬申　　晴

午刻，祭祖先，敬告季妹出阁，设待嫁酒。宵，花轿偕鼓乐人来接妹子去。古人云："嫁女三日不息烛。"余与高堂终夜不成寐，信然。

廿二日癸酉　　朝雨夕晴

到堂授课。汇钉《日报》，计二册。宵，李丽生备礼来拜，余遂同赵羽仪妹丈往其家还拜。渠设盛筵款余，在席者蒋中笙、赵羽仪、玉君、稚菊二表弟、钟文表侄，掌壶者丽生也。席散归，残月东上矣。

廿三日甲戌　　晴

到堂授课。汇钉《日报》，共二册。宵，阅《中外日报》。

廿四日乙亥　　晴

到堂授课。甥女秀莲自丽生家回。汇钉《日报》，共二册。宵，叶味兰、家毓卿来晤。

廿五日丙子　　晴

季妹归宁。到堂授课。午刻，设筵款之。汇钉《日报》，计二册。薄暮，送妹归，丽生留余食河鳗，坐谈良久。

廿六日丁丑　　晴

到堂授课。同人酌议，以明日为孔圣诞辰，普通学堂总理孙仲颂先生，邀诸同志届期备俎豆率诸学生以祭之。汇钉《日报》，计二册。宵，阅《日报》。

廿七日戊寅　　晴，旋阴，气温

宣圣诞辰。早辰，偕项志贞、周榴仙率本堂学生，计五十一人，到庙,与各隅教习暨诸生随班作九顿首。主祭者孙中颂刑部,陪祭者陈冕卿、项渭渔、志贞、周榴仙及余也。噫!生民以来,圣德之盛,莫如孔子,今逢诞日,陈豆笾而拜祝之,师徒济济,先后行礼,信乎二千来之一特典也。是日停课一日。张震轩妹丈来。薄暮返棹。宵,阅《中外日报》。

廿八日己卯　　　晴

星期,汇钉《日报》,共五本。过李彬臣表兄处一谈。苏惠廉教士以艺文学堂落成,请李提摩太来演说,折柬邀我瑞邑学堂诸教习,于九月朔日二勾钟到会听演。项志贞、薛仲渠、公觉来约以明日上郡。汇钉《日报》,计二本。宵,过薛玉坡家谈论,姜岳仙亦至。闻管杏浦、吴伯屏自杭省旋里,即往其家相晤,谈及家左髓在杭染疾,至廿四日申刻,殁于申江客寓矣。问其原因,半由热心科举,夤缘当路,徒耗精神以致之也。噫!科举科举,如狐媚人,左髓本文明人,犹为所弄。甚矣,科名之一大毒药也。[①]

廿九日庚辰　　　阴

在家,汇钉《日报》。福润局送到《中外日报》,共十纸。同人议定本堂停课四日,一以本庙神圣诞期祝贺演剧,一以上郡听西士演说,不能安心授课也。检点行装,作晋郡计。宵,乘航船,同项志贞、周眉仙、榴仙、薛玉坡、仲渠叔侄、潘志簹、李翰西,暨本堂诸生,共二十一人晋温,柉儿与焉。闻普通学堂及各隅学堂诸教习学生司事,计乙百五六十人。噫!瑞邑文明,士民好学,广开风气,择善乐从,吾辈殆有荣焉。是夜,大雨有风,至天曙始止。

---

① "一大毒药也"下,抄本留空七行,似作补抄之用。

九　月

朔日辛巳　　晴

　　早辰,舟抵郡,同项周潘薛诸君,暨各学生上岸,侨寓中学堂,而三隅暨普通诸师徒,均同寓焉。过院夫吴乙生处,取来墨西哥洋一枚即回。下午一勾钟,偕同人到艺文学堂听讲,地界宏敞,楼计三层,墙舍高环,花木清翠,入门四望,眼界豁然。俄焉,道、镇、府县之官均到会,坐于中者苏惠廉,中左中右均坐以西人。坐稍前者左道宪、右镇宪,其左次为府尊,右次则永邑县主,仲容先生又坐其次,又有数西人则稍居后。其馀则均列下座,府、县学之教谕,中学堂之教习,都在列焉。英儒李提摩太演讲良久,不外保国保种为主义,其言云:凡事业须以自立为主,彼列强之豪杰,如俄之大彼得、法之拿坡仑、德之威廉第一、美之华盛顿、日之明治,一时励精图治,遂为地球上之雄国,清国君自为君,臣自为臣,民又自为民,且上下交私,安问竭诚以报主,勠力以定邦? 此中国所以衰所以弱,而终至于不振,况又谄媚外人,苟安为计,吾知瓜分之祸即在眉睫,燕巢幕上,祸福不知,苟至极惨,灭国灭种,情将奚堪? 呜呼! 如李君所言,真药石之论也。李先生座设于右,鹤发童颜,面貌肥赤,洪钟其声,光电其目,坐谈半日,毫无倦容,我辈少年洵愧不及也。三勾钟始散。仍返堂中,与潘生鉴斋闲话,并及中学堂条规教训,颇近破败,其人殊属野蛮,且其中二三生徒,专以脂粉为一大功课,妖娆体态,迥类俳优。噫! 地非戏馆,何忍尤而效之耶! 谚云:“尝鼎一脔,已知其味”,一郡如此,况其他乎! 宵初,仍乘航船与西南学堂共舟归瑞。项志贞、薛玉坡、仲渠留郡未返。夜雨。

初二日壬午 阴雨

早晨,舟抵岸,与同人作别,携梓儿归。在家阅《日报》。宵,往陶尖殿观剧。潘志篁、彭耀卿、周眉仙、姜岳仙俱在焉。

初三日癸未 朝阴夕霁

在家汇钉《日报》,计四册。薄暮,过李云苓表弟家一谈。访刘老元遇之,邀渠代为增钉日记册子。宵,阅《日报》。

初四日甲申 晴

到堂授课。闻鸿秋舅氏近患疟疾。宵,往其家一问,彬臣表兄亦来,见其舌燥唇焦,懒于言语,恐老年人不胜磨折也。代为担忧不已。

初五日乙酉 晴

余生日也。子刻霜降。到堂授课。丁田张震轩妹丈来。申刻,闻鸿秋舅氏得恙十分危急,家慈往其家一问。宵,叶味兰来晤。叶耕经送来《新民丛报》第三十四册。二漏下,家慈归家,余复往舅家探问,见其气息奄然,不省人事,爰嘱桂琳表弟料理后事,遂回。

初六日丙戌 阴,小雨

先大父生辰。星期早晨,国琳表弟来,谓二舅氏于寅刻逝世矣。午后,震轩妹丈携甥女绣莲乘舟归。汇钉《日报》,计二册。宵,在李蕴斋表兄家,为舅氏送殓。在丽生家过宿。

初七日丁亥 阴

到堂授课。仲妹归自家。宵,阅《日报》。

初八日戊子 阴,天气寒凉

到堂授课。宵,西风撼树,如海潮之涌,聒耳甚喧。阅《日报》。

初九日己丑 雨

先大母忌日。到堂授课。是日为重九佳节,天公忽降大雨,不能登高纵览,洵闷人也。成七言一律,又补改庚子咏拳匪之乱二律。

族人增枬邀余至寿星叔家一议,因星叔贪于嫖赌,耗费田园,几过半矣。其寡嫂屡有责言,两不听受,必当分爨,自管为愈,遂至其家,正在喧闹。徐梅友式珍、鲍□□延辉均为伊亲戚俱来,尚未议定,遂归。宵,阅《日报》。

拳匪构乱联军入京有感而作

深憾无谋起网罗,华夷从此构兵戈。辽阳地失雄关险,燕北沙埋白骨多。江岸鱼龙吞铁锁,宫门荆棘没铜驼。书生纵有扶危志,其奈狂澜莫挽何。

星闪天弧作有芒,军书旁午走仓皇。周京宫阙悲禾黍,唐代江山扰犬羊。衮衮诸公皆醉梦,嗷嗷黔首半流亡。覆盆此水难收拾,谁肇兵端夫不良。

重阳日遇雨有感

年年佳日本相同,过隙驹光一瞬中。大地阴霾韬赤日,平沙冷落卷西风。最怜秋后辞巢燕,不及天边避缴鸿。愿学渊明寄高节,菊花诗酒傲篱东。

初十日庚寅　　阴

到堂授课。午刻,为舅氏三日大殓之期,袖素衣一拜。薄暮,增楠邀余往大生布庄,同李老蒸过成良公家坐谭,尚无头绪可寻也。宵,在蕴斋表兄处饮酒,俗所谓三日酒也。

十一日辛卯　　朝阴小雨,夕稍开霁色

到堂授课。薄暮,访吴伯屏遇之,洪仲芙、余味兰亦至,相与坐谈至二鼓,夜月明亮如昼。

十二日壬辰　　晴

到堂授课。福润局送到《中外日报》,计十二纸。宵,阅报。

十三日癸巳　　阴

星期,在家中阅《日报》。汇钉计二册。薄暮,过李云岑表弟处

一谭。

十四日甲午 阴

朝,邀周眉仙代课。往郑一山家,为其大母李太孺人送葬。夕,余因项志贞有事不到堂,代授甲班国文一课。诸生谓余本归戊班,各有权限,不得相侵,且薛教督定有条规,无论何班教习,不到者均归教督代理,又谓余前次不到,戊班无人授课,薛教督即为散去,鄙人本热心教育,竟被若辈所抑。噫!作俑者其薛仲渠乎?宵,阅《日报》。

十五日乙未 阴,小雨

到堂授课。巳刻,同郑一山登鳌山阁,拜谒文昌帝君。值祭者为和叔之令嗣长生也。同谱中八人,章君宦游粤东,刘君寓迹武昌,梓园、赓廷、心泉三君墓已宿草,而今春和叔又遭殇故,十馀年来知己寥寥,不胜动人琴之感。此日公祭,惟郑君一山及余,暨和叔之仲弟耳。午刻,在长生家饮酒,席散已申后矣。明伦堂开演说会,计第十九期,主讲者陈君介石、余君松舫也。宵,往李稚菊表弟家一谈。

十六日丙申 阴小雨

遣工人阿全往屿头收租。到堂授课。宵,阅《壬寅年新民丛报汇编》。

十七日丁酉 雨

早起,成论一篇。题《俾士麦福泽谕吉合论》。到堂授课。宵初,嫌今晨所作论尚未惬意,挑灯握管,大为改易。

十八日戊戌 阴

到堂授课。成议一篇,题《拟建藏书楼议》。未完善。宵深,大加删改,较胜于前。

十九日己亥 阴

到堂温理积熟。夕,拼文。宵,作策问,题:瑞安一县,未经升科之沙涂,共有若干,现奉藩委会查令佃缴价,按年纳租,悉数入官报解,宜如何清私垦以裕公款策。至五鼓始脱稿。

二十日庚子　　　晴。子刻立冬

星期,是日叙会收款,值收者叶寿如姻丈家,自憾囊橐罄矣,向管杏浦假来英蚨十翼,陈泉记五翼,季妹二翼,勉为凑集。午刻,设席于西岘山阁,在座者吴伯屏、杨雨村、李丽生、叶耕经、云村、家毓卿,当筵交清银数,惟孙君中恺、彬臣表兄不至。宵,阅《日报》。

廿一日辛丑　　　朝阴夕晴

到堂授课。宵,阅《日报》。

廿二日壬寅　　　晴

邀周眉仙代课。乘渡船,同陈粹琳往南岸,将近码道,船头一触,下水者二人,幸潮势已平,又近岸侧,不致灭顶。旧例飞云渡船,每只限载四十人,装运货物,计二千余斤,船值每人钱四文,刊有碑碣,又有司事管理。曩时备船六只,今已增十余数矣。而前规反败,渡江者一舟小则八九十人,多则百四五十人,货物装载斤数三倍,且船户更有因人携货而强索厚赀者,无怪拥挤不堪,人多货多,难免此中失事,良由司事受船户浓贿,任彼取盈,不顾利害。呜呼!上下交征,成何世界!利之愚人,甚矣哉!余目睹此事,将约同志者数人,禀公示警,以除陋习,以整亲切之新规,弭厥后患,乃可遂愿。近午抵岸,雇河船往石碣门地方收租,佃家陈友珍留午餐,找来租谷六百斤。过郑宝埠义弟家一谈。薄暮,乘河船到隔岸码道,仍坐渡船过岸。及归,已上灯时矣。宵深,过裕生布庄,与姜岳仙坐话,周眉仙在焉。三鼓后,往郑一山家。因郑君尊人于是夜卯刻为其先母李孺人安厝,邀余同到礁石山,代祀后土神也。二下钟后,偕方君晓畦、一山随其令尊峻甫老伯到山,时月色清澈,树影满地,行路颇觉爽快,但西风吹面,不免瑟缩耳。未几,到墓安排葬事,迨下窆成主,日轮红射矣。

廿三日癸卯　　晴

早晨,同诸人奉主下山,至锦湖亭小憩,俟郑家诸戚友到齐,即随影亭送至其家,虞祭既毕,始归。邀陈碎琳同家增楠往铜干地方收租。午刻,在一山家饮酒。席散,过赵羽仪妹丈家坐谈。福润局送报纸十页。宵,眠息颇早。

廿四日甲辰　　晴

到堂授课。宵,往李丽生表弟家一谈。

廿五日乙巳　　晴

本堂约定,秋季大考须限九天,一日温熟何学,一日考问何学。是日,戊班诸生,温字课共二十五课,前有旷课,即为补之。宵,叶耕经送到《新民丛报》第三十五册。过李丽生表弟家一谈。

廿六日丙午　　晴

在堂课诸生。考问计十二条,惟蔡梧生、陈廷佐最为清润。增楠、粹琳自铜乾收租归。计获谷二千。柳君赓扬袖来《大云山房文集》计四册,邀余购之。价小洋二角。系阳湖恽子居敬大令所著。先生工古文辞,自成一家,偶出一着,即脍炙人口,与我先曾祖作文字交,最相契洽,短札往来,家藏颇富。闻生平性情甚傲,又惜墨如金,不妄为人作媚誉语,故集中寿言、墓铭见之者少。今读此集,如对古装。宵,过裕生布庄,与姜岳仙相晤。

廿七日丁未　　晴

在堂温诸生蒙学读本,计二十课,有旷课者补之。宵,与李丽生表弟坐谈。

廿八日戊申　　晴

在堂课诸生。考问计十二条。震轩妹丈来。申后,李丽生表弟托余往仲恺家,袖还旧冬借项,鹰洋乙百元,息十五元。近日,孙君抱断弦之戚,与之相晤,慰唁久之而返。薄暮,轩兄返棹。宵,访赵羽仪妹丈,坐谭剧久。

廿九日己酉　　阴

在堂温诸生字课,共三十四课,兼为解说。宵,过裕生布庄,与周眉仙、姜岳仙相晤,至更深而返。

三十日庚戌　　阴

在堂课诸生。考问计十四条。惟蔡梧生、蔡作湘颇见清晰。薄暮,袖孙君所交会款,访叶寿如丈不值。宵,过李丽生表弟家一谈。

十　月

朔日辛亥　　晴

在堂温诸生蒙学读本,计二十八课。明伦堂开演说第二十会,本堂诸生以大考请假不去。宵,过李丽生表弟家,坐谈颇久。

初二日壬子　　阴

在堂课诸生。考问计十六条。温郡吴乙生处送到道课题目。德相毕斯麦最称中教,为各教所不及,今欲使中教徧行泰西各国,试定推施之法。故者以利为本义。宵,阅《日报》。

初三日癸丑　　晴

在堂课诸生拼文,惟蔡作湘造句颇觉惊人,年未成童,而敏捷若此,进境未可量也。杨鸿儒、管廷恺其次之。福润局送到《日报》一封。张震轩妹丈来,薄暮返棹。宵,作道课,成二艺。五鼓始寐。

初四日甲寅　　阴

星期。一山托余复作策一道,用韵语,均邀渠抄之寄郡。过赵羽仪妹丈家,坐谭良久。宵,过管杏浦处一谈,转过裕生布庄,遇薛玉坡、项慎初、吴丹臣、周眉仙诸君。

初五日乙卯 晴旋阴,戌时小雪

朝,到堂授课。夕,邀彭耀卿代课,往长生侄处,为家和叔送葬于城东隆山之麓。薄暮,访杨雨村,并袖会项付诸叶寿如丈。宵,访周榴仙,遇之。

初六日丙辰 阴

到堂授课。过裕生布庄,与薛玉坡坐话。

初七日丁巳 阴

到堂授课。宵,过李丽生表弟家一谈。

初八日戊午 阴,寒甚

到堂授课。丁田张震轩妹丈遣福锦伯来,作函覆之。宵,过李丽生表弟家一谈。

初九日己未 晴

到堂授课。宵,省问李岳丈,近日气体衰弱,较前月精神大减色也。

初十日庚申 晴

到堂授课。宵,过李丽生家坐谈颇久。

十一日辛酉 晴

星期。朝,同陈粹琳为转札家田之事,往东山姑丈黄献魁家,托渠觅人扎种,与姑母坐谈,至午而还。夕,同赵羽仪妹丈携枬、栒两儿,往卫房宫观剧。宵,仍往观之,至三漏归。

十二日壬戌 晴

到堂授课。宵,往南门外陈府殿观剧。

十三日癸亥 晴

到堂授课。张震轩妹丈来。福润局送到《中外日报》计十纸。

宵,往陈府庙观剧,夜深与友樵内弟归。

十四日甲子　　　晴,辰起见霜

杨君雨村来访。到堂授课,兼算戊班大考功过,分课定甲乙名次。作覆震轩妹丈函。夕,甲班代课。宵,同周眉仙、潘志篁往南门外陈府殿观剧。是夜,月明如雪,与霜映照,十分皎洁。

十五日乙丑　　　晴,晨起见霜

到堂授课。夕,甲乙丙丁四班诸生到明伦堂听演说,计开第二十一会。戊班诸生不去,散大考卷,将其改审之处,讲授久之。宵,西风极大,偕李乃文表侄往南门外陈府殿观剧,遇周眉仙、潘志篁、姜岳仙、叶云村、家梅仙,至钟十二下,步月而归。

十六日丙寅　　　晴,晨起见霜

到堂授课。宵,月色皎洁,虚室生白,有如白昼。叶味兰、李丽生表弟来谈,至钟十二下始去。

十七日丁卯　　　晴,晨霜铺瓦,甚白

到堂授课。宵,往李岳丈家问疾。

十八日戊辰　　　晴

星期。在家,阅《日报》。宵,邀叶味兰来舍,受李丽生之托,嘱渠代为捉笔,因家中失落首饰,控女佣陈氏,鸣官追赔也。赵羽仪妹丈劝余不可代劳,余颇意拂。

十九日己巳　　　晴

到堂授课。宵,往李岳丈家问疾。

二十日庚午　　　晴。申刻大雪。

到堂授课。宵,访管杏浦,袖还借洋八元,并息钱乙百五十文,尚亏二圆未缴。周榴仙亦来,谈顷归。

廿一日辛未　　　晴

在堂授课。宵,过李丽生表弟家一谈。

廿二日壬申　　晴

到堂授课。宵,往友樵内弟家省问岳丈疾。

廿三日癸酉　　晴

在堂授课。张震轩妹丈来。福润局送到《中外日报》计十纸。叶耕经送来《丛报》第三十六册。宵,叶味兰来,与轩兄坐谈至夜深。

廿四日甲戌　　阴

在堂课诸生温积熟。午刻,张震轩妹丈往家左髓处吊祭。薄暮,轩兄返舟。宵,同周眉仙、潘志篁访吴伯屏,遇雨,留晚餐,坐谈学堂近日破坏原因,颇久。闻《国民日日报》中,载俄人占据奉天,拘禁将军增祺,而俄日协商,有满洲归俄自主,高丽归日自主之说,各国效之,因定瓜分之局,势颇汹汹。噫!事果如此,中原殆不可为耶!然《日报》中尚未明载之也。吴君言之,谓近日未定,恐将来必至得祸也。转往志篁家一谈,至钟十二下始归。

廿五日乙亥　　晴

星期。在家阅《日报》。杨雨村来,说托借之事,必须重物以压胜,然银款艰难,迟恐未成也。同往孙中恺公子家坐谈半日。宵,阅《济南林氏家谱》。

廿六日丙子　　阴

到堂授课。宵,过李岳丈家问疾,近日精神大觉委顿。

廿七日丁丑　　雨旋阴

到堂授课。宵雨,叶味兰来,因前日丽生表弟家失物,投呈县署,幸获批准,送稿差查,欲余调排盘费,以好去办也。坐谈更深而去,访丽生不值,与云苓谈论剧久。

廿八日戊寅　　晴

到堂授课。访郑一山,嘱书轴字,送孙中恺公子之夫人洪氏宜人。张震轩妹丈来,薄暮返舟。访叶耕经、王玉卿,均遇之。宵,往李蕴斋表兄家,听缁流诵经,盖为明日建设道场超升舅氏,此俗未能免也。

廿九日己卯　　晴

到堂授课。内子归家省亲问疾,宵深始归。往李韫斋表兄家,看僧流坐焰口说法,至三鼓还。

三十日庚辰　　晴

到堂授课。宵,往赵羽仪妹丈家一谈。

十一月

朔日辛巳　　晴

到堂温积熟课。夕,拼文。明伦堂开演说,第二十二会。宵,往李岳丈家问疾,而精神较前日大为减矣。

初二日壬午　　晴,天色严寒

星期。阅《中外日报》。宵,往李丽生表弟家,坐谈颇久。

初三日癸未　　晴。晨霜铺瓦,天气甚寒

到堂授课。代李丽生抄控额外彭起霖贪贿蔽恶禀词。宵,在李玉君表弟家饮冬节酒,王夔拊在焉。归作经古课,题《维持圜法策》。未就。

初四日甲申　　晴

到堂授课。福润局送到《中外日报》一封。夕,竹崖公祠致祭,余以馆事不去。旧例小宗祖祠,先冬至一日祭献,至今未改祖制。宵,往李岳丈家问疾,觉前次较沉重矣。归,续成昨作策并作论一篇,题《令尹子文毁家纾难论》。至五鼓始就。

初五日乙酉 晴。冬至节

朝,袖经古所作二艺,邀郑一山抄送。东山黄献魁来,说田已择人扎就。抄大宗祠祭祖先文。午刻,偕增楠弟及枬、桴、桐三儿往宗祠祭拜,值祭归,余设筵三席,乡间伯叔来者甚众,席位无虚,故让客坐不陪饮。宵,阅《中外日报》。

初六日丙戌 晴,晨霜颇厚

到堂授课。作函覆震轩妹丈。向九如庄借来英洋二十元,约以二旬之期还璧。访叶耕经,袖息英洋十三元,托为转送胡雪汀家,并乞渠转展一期。宵,为寿星叔家之事,邀成良公周旋其间,毓卿亦来,坐谈半夜,竟不成议。

初七日丁亥 晴

到堂授课。宵,作永县课,题《祖逖立威河南,石勒求与通好,逖不报书而听其互市论》。至四鼓始脱稿。

初八日戊子 晴

朝,内子归家省亲,余到堂温积熟。震轩妹丈乘舟自丁田来,申刻返棹。余往岳家问疾,觉岳丈精神疲倦,大不如前矣。我心为之担忧。薄暮,内子回家。宵,作县课策一道,题《问孔门七十二子,史特以身通六艺表之,数者六艺之一也,汉魏以降,代有专家,至宋胡瑗教士,其治事一斋亦以算数分科,是中土教法本自赅备无遗,而今之习天文、算学者,动云效法泰西何欤策》。至五鼓始就。

初九日己丑 晴

星期。往李岳丈家问疾,势颇危殆,必将不起,遂邀内子往省。宵,在岳家侍疾,至天曙。

初十日庚寅 晴

请假不到堂,邀周眉仙代课,终日同叶云村在岳家侍疾。宵,岳丈之疾十分沉重,余同叶云村均在其家。天将曙,岳丈忽呼曰:"余曾欠间后烟馆钱乙千七百四十文。"漱芳内弟答以:"此款儿当还之。"丈人曰:"此钱必须自偿。"即以铜钱授之,遂作叹声曰:"穷甚穷甚,尔等各有不用本钱之物,反吝不与,可憾实甚。"岳母答以:"念阿弥陀佛号可当钱乎?"岳丈点头。又乞刷印西方船一纸,自言今刻潮信已到,可坐其船去矣。遂乞一纸来,并竹丝灯焚之于庭,旋觉气息奄然,不复置语。噫! 生来死往,去住分明,惟仙与佛其能之,丈人知此,其殆有宿根者欤?

十一日辛卯　　晴

请假不到堂,邀周眉仙代课。出东门访叶味兰,为丽生表弟失物之事,托渠邀差到□阿真家一查,以陈阿裕之妻在真家,无须到沙园费一片劳苦也。仍往李友樵家一问,但觉气息如丝,至薄暮,岳丈竟辞世矣。宵,归家,因两夜在岳家侍疾,未曾合眼,故伏枕早眠。

十二日壬辰　　晴

岳丈于巳刻大殓,携枬、枑、桐三儿暨女蕙秀,同往送之。闷坐半日。宵,过李丽生表弟家一谈。

十三日癸巳　　晴

到堂授课。午刻,访郑一山。宵,过李友樵内弟家,渠邀一山兄写铭旌,并堂前楹联,余为改易廿馀字。猗嗟父兮。[1]

十四日甲午　　晴

到堂授课。午刻,为岳丈三日大殓之期,往其家一拜。携枬、枑两儿,往范锦松饮福首酒。闻陈孝廉志三虹先生于昨日辰刻殁故矣。先生才学超迈,精透医理,著书数百卷,有《治平通议》、《利济学报》

---

[1]　底本此处留空白三行。

等书,海内知交,几乎殆遍,洵名孝廉也。今捐馆舍,何痛如之。宵,在岳家饮酒,至更深而还。[①]

十五日乙未　　晴

到堂课诸生温积熟。明伦堂开演说,第二十三会。福润局送到《日报》一封。宵,阅《中外日报》。

十六日丙申　　晴

星期。朝,姜珊梅为其聘室项氏出殡,邀余送之,有事不去。丁田张震轩妹丈遣伻刺舟来,迎高堂往其家盘桓数天,盖因绣莲甥女出阁之期已近,特为一叙也。夕,阅《中外日报》。宵,往李丽生表弟家谈论甚久。

十七日丁酉　　晴

到堂授课。宵,内子归家,为岳丈明日来复一周之期,往拜之,三鼓始还,月明如昼。阅《日报》。

十八日戊戌　　晴

到堂授课。内子归家拜祭。宵,过李丽生表弟家一谈。

十九日己亥　　晴

到堂授课。张震轩妹丈来,薄暮返棹。宵,在王景良处饮福首酒,系旧年补祝也。归,阅报。

二十日庚子　　晴。丑时小寒

到堂授课。震轩妹丈因二甥女出阁之期在迩,遣价来邀,约以明朝。高峤陈上良叔来,招余同去收租,遂邀洪杏溪表叔代往,遂留上良过宿,来朝启行。宵,誊清佃户租额单。访洪君,谈及高峤称租,屡年败坏原因,托为竭力整顿,深感渠独力任之。

---

①　底本此处留空白七行。

廿一日辛丑　　晴,天气微温

早晨,丁田妹家刺舟来迎,巳刻抵其家,甥女妆奁已接置舟中矣。夕,与家晋三兄坐谈。宵,饮嫁酒。是夜寅刻,甥女行上笄礼。

廿二日壬寅　　晴

午刻,叶家备彩舆,暨鼓乐来迎,至申刻始启程。宵,与轩兄坐谈至更深。

廿三日癸卯　　晴

星期,朝,同张震轩妹丈坐廒隐园闲话。寓甥握管作花轿记,颇有头绪,心喜此子必不凡也。夕,步行自丁田归,至暮始抵家。宵倦,伏枕甚早。

廿四日甲辰　　晴

到堂授课。宵,内子归家,为岳丈是夜过床期也。二鼓归。

廿五日乙巳　　晴

内子归拜父,岳丈来复二周之期。余到堂授课。宵初,内子还。

廿六日丙午　　阴雨

到堂授课。高岙乡人陈上良叔来,谓洪杏溪表叔在其地收租,较余昔年势大强横,计每亩必定租谷乙百五十斤,足其额数,且谓余家之田顶卖于胡姓,胡即小玉大令也。胡田买于此间为多,征收极酷,势如狼虎,故乡人闻其名甚惧。上良曰:"此人果效胡姓所为,恐此后多生枝节,耗费银钱。"强邀余自往,遂不得已,访郑君一山,托渠写一手书,交良叔寄诸洪君,嘱其和平办事也。上良始袖书归高岙。福润局送到《中外日报》一封。宵,阅《中外日报》。

廿七日丁未　　阴,微雨

先君生辰。到堂授课。闻李彬臣表兄得女孙,取名灼桃。宵往其家道贺,转过寿星族叔家,同诸戚友酌议析爨之事,未得头绪而返。

廿八日戊申 阴

到堂授课。宵，往吴汝贤家饮福首酒，席散往寿星叔家，与诸人集议析爨之事，仍未就。又过伊叔成良公处坐谈剧久，三鼓乃还。

廿九日己酉 阴，微雨

天早，洪杏溪表叔暨陈上良叔自高峇回，说本年租谷较往年大胜一筹，获租壹千壹百拐拾肆斤，过自称，计谷捌百九十三斤，惟雷公山陈士虞、邱培昌二佃户犹执口照上年额数交租，大觉强项，故租未收齐。又郎弟前所昧之五分田，今已查出，亦当局不认，然租已收到矣。此二事必须鸣公饬差严办，以儆将来也。余唯唯。谈良久别去。到堂，课诸生温积熟。夕，拼文。申后，上良束装辞归。宵，访李丽生表弟，并坐而谈。时岁将残腊，囊金已罄，而账项丛如猬集，且向富家乞借甚艰，奈何？三鼓始归。

十二月

朔日庚戌 雨，寒甚

星期。朝，到堂谒圣。郑君一山来，谓借项一节，家漱泉先已托苏瑞石将有成议矣，心甚德之。午后，又遣方鸿藻送短札来云："刻即移玉至馆，有事面陈，切切！"即时访之，约以今晚，备借券交换。薄暮，访李丽生表弟，邀渠代票，允之。宵初，同郑一山访漱泉，袖券交瑞石，随送到英洋乙百元。票立明年九月廿八期，计本息英洋乙百十五元。即赠苏君墨西哥银洋乙圆，小洋五元，以作酬劳之费。藉我良朋，赞成此事，中心藏之，何日忘之？更深，过鲍□□廷辉家一谈，因星叔与其弟寿乾不和，同室操戈，议为析爨也。是夜，朔风加严，天寒雨霰。

初二日辛亥　　天气严寒,雨霰

到堂授课。宵,内子归家,为岳丈过床期也,二鼓乃还。改宋子枢课卷。是夜,寒气加严,拥抱衾裯,冷如泼水。

初三日壬子　　天气严寒,雨霰

到堂课诸生温积熟,盖为明日冬季大考故也。午刻,为岳丈来复三周之期,至其家一拜。宵,作玉尺官课,成二艺。《叔孙通论》、"虽有其位,苟无其德,不敢作礼乐焉"。至四鼓,始就枕。

初四日癸丑　　大晴

朝,到堂课诸生温积熟。夕,考问。问:四时有何主名?一年计若干日?一日计若干时?问:蛟与蛙均有益于人否?而古今人于此二物究有何政?问:貂皮有几色?以何色为贵?今以何等之官服之?申刻,张震轩妹丈雇舟送我高堂旋里,薄暮返棹。宵,过成良公家,坐谈颇久,知星叔析爨之议已定,但田亩未搭匀也。归成四书义一篇。

初五日甲寅　　戌时大寒节。晨霜铺瓦甚白

朝,到堂课诸生温积熟。夕,考问。问:禽与兽之配偶,有何主名?至称其所生,其亦相同否?问:鸡与鸭能知天气,俗有何说?又猫与鸡二物能应时否?试言其详。问:豕,兽属也。何以称其性之直,古人用之何欤?问:鲤与鳖二物,俗有何说?至龙之为物,中国重之,何故?问:草木禽兽之中,可以入药者何物?试指其名以对。申刻,张震轩妹丈来,近为朱焕珍家窨夜被盗,逻获一人,集同舍构词送县,请押以惩之也。薄暮,袖英洋五十元,访叶耕经,托其转交胡姓,谈顷归。宵,李友樵内弟邀余至其家,因目下丧费甚繁,集戚友玉成至公一会,余分属至戚,义不容辞,但憾囊金罄尽,猝无以应,难于进退,其奈之何?

初六日乙卯　　大晴,晨霜加厚

朝,到堂课诸生温积熟。夕,考问。问:童子之收鸢,妹之祝蝶,以二人相较,孰智孰愚,试为之辨。问:鸡之形状若何?暨分为雌雄,其各有所能

否？问:士人之笔,有何分别？至古今所制,其取用有相同否？薄暮,往赵羽
仪妹丈家一谈,妹留晚餐,至更深而归。

初七日丙辰　　　阴

朝,到堂课诸生温积熟。戊班学徒十五人均到齐,林连藻旷课
数日,补作考问。问:鲤有几种？其为物也,俗有何说？问:河豚之形何似？
问:人目皆能开能闭,鱼目亦相同否？午刻,福润局送到《日报》十一纸。
夕,考问。问:羊豕二肉,其气有相同否？至羊之种类不一,其毛何以分别取
用,试言其详。问:学堂中开学及放学,约有几日？有何所事？至谒圣之期,定
于何日？一月中计有几次,一年中共有几次？试详举以对。问:万物之首有何
分别？人之形亦与万物相合否？诸生所答均优,惟王咏兴最劣。宵,为
□君兰庭题《虎溪三笑图》,成四绝句。

虎溪三笑图为□君兰庭属题①

初八日丁巳　　　朝阴夕晴

星期。作控陈庆瀛盗葬呈词,并抄就。申刻,往县署交阿富投
递。访孙中恺公子,不值。宵,过郑一山家一谈。

　　　附录　为积恶盗掘,贿差狡庇,泣祈雷提严讯律办,以雪沉
冤事。惨遭积著讼恶访拿自新之革生陈庆瀛,狡串地师万阿
宽、恶佃杨阿钦等,发掘生二世祖乡贤正仲公第三坦附葬复道公
墓,盗葬父枢一案,历有年所,案积如山,虽经屡任前宪批饬,严
提恶党,每被刁差蔡高等,贪瀛浓贿,阳奉阴违,纵庇不案,以致
庆瀛恶胆愈横,武断乡曲,较前尤甚。又钦、宽二人,在乡间逞
意强蛮,倚瀛以为包庇,独不思身累重案,闭门思过,欲求解免,
罪恐难避,况于耳目昭彰之地,城隅密迩之区,公然肆恶,目无

---

① 底本题下未抄四绝句,而留空八行,似留作补抄之用。

官长,目无法纪,其平时惯为不法,不待生等直陈,而恶状已如绘矣。但生等再四思维,掘人冢墓,为民间莫大之案,瀛等忍心昧理,愍不畏法,瀛罪滔天,惩宜加等。人生在世,谁无祖宗,人之祖墓,苟听人掘而葬之而甘心忍受,岂有此不贤之子孙乎?案已明确,苟为强恶贪图吉壤,获而复纵,被差所朦,遂使恶党法外逍遥。圣朝之法律昭昭,不将虚设乎?且生等自祖墓遭掘以来,合族含冤,均谓奇冤一日不得伸,即此心一日不得释。前沐宪批,勒限严催,候到日讯明察惩,毋躁渎等谕,计自七月间赴辕投诉至今,时届残腊,已六阅月有馀,静心以待,未闻差到瀛家提宽、钦等一齐到案,其为瀛贿差庇,确凿无疑。生因祖抱深冤,良心不昧,即身罹鼎镬,有所不辞,背本塞源,必非人类,生等思之熟矣。总之,此案坚如铁铸,首恶在迩,若不严提惩办,非特生一族祖墓遭盗掘之殃,即他人有墓,苟势可强占,必将相率而效尤,此风一长,流毒奚穷?宪天明镜高悬,杜渐防微,当有所心照矣。迫此金叩,泣乞老公祖恩赐,电饬蔡高等,严提首恶陈庆瀛及万阿宽、杨阿钦到案,集讯律办,以剪强恶,以昭深冤,迫切上呈。

批:此案节次催提,迄未禀到,词称“贿庇”,恐非无因,候再勒催再延比差。

初九日戊午　　晴

朝,到堂授课。周眉仙为其尊人问樵先生安葬。巳刻,往为送之,本堂学生均着素服以送。改冬季大考卷。薄暮,叶云村僚壻送来《丛报》第三十七册。访叶耕经,袖交胡姓转票一纸。付还英洋十五元,转票数目只五十元,息计十月,交六元五角,订三十年十月初五期。坐谈良久。又往孙中恺公子家,代震轩妹丈、丽生表弟借银洋,只允乙百数二人平分。门人季芃自日本归里，未遇。转访王玉卿，袖交借券一纸。本英洋五十元，息七元五角。订三十年九月初五期交还。坐谈剧久，李声玉在焉。钟吟皋、金作三陆续过访。余乃归。内子归家，为明日岳丈来复四周之期也。

初十日己未　　晴

朝，到堂授课。东山黄献魁姑丈来，谓姆儿旧种之田，近已转札订定矣。渠一索得男，邀余写名帖，取宏镰二字以还之。改冬季大考卷。宵，往家子椿处襄事，盖为嫂氏夫人本日安厝设灵点主者也。闻嫂夫人甚贤淑，女红积年获赀颇厚，布裙椎髻，勤俭可风，汉之孟光，岂多让乎？此日葬费皆其所积也。

十一日庚申　　阴雨

家中换新。朝，到堂授课。午刻，家子椿兄来招饮，辞之。夕，仍在学堂授课。宵，作玉尺师课，成策一道。问：凡流质得热则涨而浮，得冷则缩而沉，而水冷至冰度，质体反涨而浮。试推其理。至四鼓就枕。

十二日辛酉　　阴，微雨

朝，邀薛仲渠代课。到东郭偕同门奉周问樵夫子之主归祔而祭焉。夕，到堂授课。宵，往李友樵内弟家饮会酒。归阅《万国史记》。

十三日壬戌　　雨，柱础潮湿

到堂授课，邀郑一山书轴字，与吴君篆梅合送叶宅，盖为寿如姻丈近抱悼亡之戚也。宵，作论一篇①。

十四日癸亥　　朝微雨，夕阴，潮湿

到堂授课。揣文邀羽仪妹丈代抄玉尺师课策。同人议明晨放午假，已悬牌示诸生矣。薄暮，访孙仲恺公子，不值。与延曙、延春

---

① 整理者按：下有红字"课李丽生表弟……"下几字无法认清。

二昆仲坐谈而归,抄玉尺师课卷。

十五日甲子　　阴

星期,西北学堂放年假。吴伯屏到堂演说,述及改良后破坏之由,指摘薛玉坡、仲渠居多。其所作文辞,计数万馀字,洶畅谈也。遣□□同袖卷交程□送缴。

张震轩妹丈来,申刻返棹。薄暮,偕郑一山、许宝馍乘航船赴郡。

十六日乙丑　　阴,日暂见天

早,舟抵郡,许君邀余二人侨寓其伯父家。晨餐后,访院夫吴乙生,算前数年膏伙款,除收齐外,计透支七角多少。乞来日本《东京府师范学校章程》二册、《人与微生物争战论》一册、《寄盦试律剩》二册。乙生留午饭。夕,往大街购草席二方。宵,乘航船归。三人同舟,是夜天净无尘,月明如镜,映入篷窗,颇增客况。

十七日丙寅　　晴,气暖如春

早晨,船抵岸,舍舟作别而归。福润局送到《日报》,计九页,汇订《日报》共三册。岳父来复五周之期,内子归家拜父,至暮始回。宵,过赵羽仪妹丈家一谈。

十八日丁卯　　阴

在家阅《日报》。过李玉君表弟家一谈,见渠几上有新闻纸一页,上载廷寄大公皇上自述:“近日边氛甚盛,特恐震惊禧圣,饬允升葺行宫,行将扈□西巡”。又饬“各疆臣自筹革饷,自固边疆”等语。下附以论一篇,其音哀惨,满纸凄凉,令人读之倍觉心酸也。我生不辰,奈何奈何? 宵,阅报。

十九日戊辰　　阴

叶寿□姐丈为其夫人吕氏开吊。同周留仙往其家一拜。与孙公侠相晤,盖渠新自日本返也。述及东国之人,男女长幼,无不风雅,无一不读书识字,即无一不心存爱国,虽车夫工作,无人不阅报章,而又风俗纯厚,道不拾遗,夜不闭户。至于讼狱审判,孰是孰非,经公断即服。以彼较此,中国大不相同也。唐时宫岂然均存。又士人最重汉学,诗重《高青邱集》暨杜工部,家家弦诵,古处□敦,区区岛国,自称一雄,中人对之,有愧多矣! 午刻饮酒,同席者黄穰乡、洪楝园师、许秬村、家漱泉、洪莱仙、周榴仙、席散己申后矣。遂归。李蕴斋、赵羽仪、吴伯屏、管杏浦均来相晤。宵,过李丽生家一谈。

二十日己巳　阴,日暂见。未刻立春

吴伯屏来说抬廪之事己举行矣。遂与相约往胡蓉村大令处一订,允予出缺,酌定廪价银价二百十元。宵初,宋子枢、徐福人来谈。蓉村处遣人邀余谓今夜抬廪事成,即办文赴省考贡。其意□□□。洪莱仙之廪缺替与项慎初,余之廪缺替与蔡耀东。但闻近日伍小园得疾,十分沉重,苟逢其适,自上递下,余之缺恐悬空矣。且廪价邻属纸卷,一纸虚词,难免周折,经手之人又系势利,默坐思想,诸多不便,斯时进退两难,心如悬旌。伯屏劝余□暂为□计,归问高堂,疑犹未决,又转问赵羽仪妹丈,谓此事颇险,可以转图,宜另觅一人顶替而已。余心遂决。伯屏□报知蓉村,乃以钱晓六缺顶之,余自笑徒费一日心力也。噫! 脚践实地,无往不利。余鸠拙人也,狼顾狐疑,甘受人讥。况近来人情之最险□哉! 今日事中止不行,皆吴君之力也。

廿一日庚午　阴

家中做年糕。访吴伯屏。又过管竹君姐丈家一谈,谓昨夕之事甚险,置之不行,可为告庆。是日惠民仓请王大令验封,余亦往焉。薄暮,访叶耕经,坐谈甚久。宵,过李彬臣、芸苓中表家,坐话至夜

深归。

廿二日辛未 阴

赵羽仪、李蕴斋来谈。作覆震轩妹丈函。薄暮,孙中恺公子因受丽生表弟借银洋之托,允假乙百数。宵,赵羽仪暨其姻戚黄畅□、胡心□前□过访,盖为赎田之事,欲借《大清律例》阅其定规以决之也。

廿三日壬申 晴

早过李友樵内弟家一谈。午,宋子枢来谈。薄暮,袖同丰纸票访孙中恺公子,订以廿七日来取。与门人延曙坐话,出所购师范讲义洋装四册中等地文教科书相示,数种书□裁颇佳。归,晚饭后,过李彬臣表兄家一谭。

廿四日癸酉 晴

朝,阅家藏名公信札。工人李安全出赁工于管杏浦家,新工人树砖代在余家。夕,宋子枢、徐福人来,赵羽仪邀余往洪授龄表兄家假《大清律例》一阅。宵,祀□。阅《经史百家杂钞》。宋子枢、徐福人来晤。

廿五日甲戌 晴

早晨,郑一山邀余往叶云村家,兼与耕经共议为前杨小玉人泮谢金未致,欲余为婉辞,代为取之,竟不成议。午刻,往邰□甫师家饮福首酒。过李彬臣表兄家一坐。宵,阅家藏名公手札。

廿六日乙亥 阴,日暂见

作函致唐叔玉黼墀孝廉书。赵羽仪妹丈来晤。申后,东山姑丈黄献魁来索书楹联,并袖付高钦耕本洋乙元。宵,陈碎琳邀余往朱汉纶、潘老文两处查田号,盖为族蠹盗卖众田也。李丽生表弟来。

廿七日丙子 晴

孙君中恺遣伻送到同丰拟借英洋乙百元。夕,门人□公□来晤。申刻,宋毓卿来粜家谷九百十斤,获英洋十三元。宵,往毓卿家饮分岁酒。又过李玉君表弟家,与舅母坐谈颇久。

廿八日丁丑　　　晴

朝,邀郑君一山写楹联。闻□所作玉尺师课二卷,不列榜,中心颇闷。夕,访家毓卿,袖转票二纸,□时□年月廿七期,本三十元,息四元,有一转□年□初十期,本本十元,息三角,本年交息六元四角。□□□□□□朱汉纶暨潘文□□查田号。

廿九日戊寅　　　晴

访郑一山兄。近午,偕叶味兰往丁田张震轩妹丈家,仆亦送年饭□诸甥儿朵颐。夕,过族人阿蒙、永吉处讨前讯费塾款,非特言语借端搪塞,而竟作无情之说也。遂与含忍而返,至日暮归,抵家已上灯时矣。宵,阅家藏名人手札。

三十日己卯　　　晴

朝访郑一山,过李友樵内弟家一谈。近午,洒扫神座,悬先人像。夕,叶经耕来谭。宵,饮岁酒。是年家赋丛如猬集,计分拆之数须英洋四十馀元,家中食指日繁,用度颇冗,入者不敷所出,譬一木支大厦,其胜任乎?抑不胜任乎?余滋惧之甚。夜雨,守岁至天明。

光绪三十年(1904)[①]

正 月

元旦庚辰 风日晴暖,春气盎然

早起,读《丛报》"论功名心"一节。遂伸纸试笔。课枬、栬、桐、樏诸儿读书。方晓畦率其子鸿藻来贺年。午刻,族人祭竹崖公祠,余亦往焉。席散,至赵羽仪处贺年。李彬臣、陈丹卿均来贺。宵,阅《日报》。

初二日辛巳 大晴

携枬、栬、桐、樏诸儿往文庙谒圣,遂至李蕴斋、李君稚菊、丽生诸中表处贺岁。博文表侄来晤。宵,阅《日报》。

初三日壬午 大晴

周榴仙之纲携其子毓樑来拜。往□笑梅绍南表伯、陈丹卿、伍宝滋二中表、洪授龄锦麟、小仙锦熙表兄诸处拜年。谒姨祖母刘氏,年近九旬有二,鹤发童颜,颇臻强健,惟两耳重听,双目失明,殊为憾耳。登堂拜见,令人追思我大母也。郑一山来谈,邀余出门游览,至暮而返。宵,阅《日报》。呜呼! 俄占奉天,用强硬手段,既欲我允渠所办三事,方将原物交还,乃办有头绪,一再诘问,忽变前说,曰今而后,清

---

① 原稿题识曰:"颐宜茨室日记七册,筱竹遗墨,光绪卅年甲辰正月之十二月,三十一年乙巳正月之四月三日止。""颐宜茨室日记,甲辰,小竹林骏笔。"

国即能办到,退还奉省,此事未可预知。堂堂中国,不思自强,竟为若辈所侮,君臣在朝,何其全无心肝也! 可叹可憾,亦复可怜!

初四日癸未　　晴

内子生日。吴伯屏、周元来暨其子毓松来贺年。午刻,在李丽生妹丈家饮圆真酒。宵,往李稚菊表弟处饮酒。归,设香案,列酒果,敬接诸神。我邑旧俗,每岁于是日,家家燃香烛迎神,谓之接佛,余家未能免俗,亦鲁人猎较之意也。

初五日甲申　　晴。雨水节

朝,许宝篯来拜,盖本年约从余游也。补钉《日报》数页。李玉君表弟来晤。夜雨,旋止,阅报。

初六日乙酉　　朝阴,疏雨,旋霁,天气微寒

赵羽仪妹丈来。午刻,设馔祭祖先。九里门人潘煜斋来贺年,遂留饮。夕,过李玉君表弟暨仲妹家一谈。宵,在丽生表弟处,与表侄辈作牧猪奴之戏。

初七人日丙戌　　晴

朝,赵羽仪、李丽生二妹丈来晤。王玉卿、许德炯来贺年。夕,改宋子枢课卷。《秦霸西戎论》。薄暮,散步园中,见枯柳逢春,已缀芽矣,遂得句足成七言一律。宵,阅《日报》,中论某某两宫保召见时,内廷尚在演戏,奏对毕,奉旨赏坐听戏。噫! 时局艰难,世事日棘,我君若臣,偷安岁月,不以朝政为急,窃恐大势已去,其何以堪? 是夜,寅刻,南郊大较场遭回禄,延烧茅屋数十间,椽屋二十馀楹,计被灾者四十家。余目睹此遭火劫者二次,屈指计之,相隔仅十稔耳。吁! 可骇已①。

---

① 底本此下留空白四行,似用来抄七言律诗。

初八谷日丁亥　　晴

宋子枢来问字。登集云、万松二山展墓,出北门,书所见成七言四绝。薄暮,家家燃火盆,红光烛天,颇得春气。宵,阅《日报》,感怀时局,成七律一首[1]。

初九日戊子　　晴,天气融和

朝,收拾先人真像,藏诸箧笥。午刻,赵羽仪妹丈邀余至其家食海蜃,味颇甘脆。余生四十,今始尝之。按《本草》一名玉珧,一名海月,俗呼为江珧柱,《尔雅》:蜃,小者珧,即小蚌,谢灵运诗"挂席拾海月",盖此物也。归成七言四绝以志之。申刻,访郑一山。宵,过孙季芘诒械门人一谈,其弟德鸿,暨其侄公权延曙均相遇。季芘客岁自东国返,购来书本甚伙,启箧出观,日用之书,如《日本大玉篇》、《名胜志》,板子大佳,装钉更雅。画册等类,如《东京名所》及《纪念录》,丹青点染,巧莫能名,见庐山面目,拟亲历其区也。宋平子恕先生闻余至,亦来相晤。迨归,月已西斜,钟鸣十下矣[2]。

初十日己丑

朝雨。赵羽仪妹丈来谈。夕阴,伍宝滋表弟始来贺岁。宵,受木君筱仙之托,邀余补作其尊人藜仙先生六旬寿诗也。

寿木藜仙乙燃先生六十

人生及时恣行乐,千年纪寿龟与鹤。先生之寿有宿根,不求海上神仙药。玉壶世德衍清芬,谓前宋木待问、木天骏,前明木景方诸先生。文坛劲健张我军。钱匪乱定,补行岁科校士,先生一试游庠,旋获食饩,文名颇噪。明经才望继先达,梓里声名振壑云。所居之里,名曰壑云。惊心燕北烽烟起,解和赖有邺侯李。是岁拳匪构

---

[1] 底本此下留空白近十三行,似用来抄七言四绝与七言律诗。
[2] 抄本此下留空白九行,似用来抄七言四绝。

衅,联军入京,各省警严,赖合肥相国订约议和,乱事遂定。天心剥极一阳回,际公悬弧周甲子。先生寿期在十一月十六日。胸怀旷达甘穷居,买宅傍栖大隐庐。鼎革后,先宫詹公守节不仕,结庐憇影,因以为名。绿槐老屋古香在,不储田亩储图书。我昔与公对衡宇,先生旧宅,与骏同巷,屋后植槐,清阴时护,至今犹在。乌衣世交王谢侣。登堂为祝寿无疆,一曲南飞晋鹤羽。

十一日庚寅　　晴

洪君仲芙绍芳过访。阅杜诗。

十二日辛卯　　晴

丁田张震轩妹丈来贺年。午刻,设筵款之,邀赵羽仪、李丽生、玉君、稚菊诸君同饮。宵,丽生邀轩兄饮,余亦往焉。过洪小芸福圻先生家一谈,更深始归。夜月有晕。

十三日壬辰　　晴,天气温暖

出近作,邀轩兄改窜。同往访孙季芃门人,叶奇顾在焉。午刻,在李玉君表弟家饮。申刻,轩兄返舟丁田。宵,大风陡起,极寒,同李涣文义儿往陶尖殿散步。是夕为元宵上灯节也。夜雨。

十四日癸巳　　雨

朝,录近作诗附函,寄唐叔玉矚犀孝廉,缄口交邮局。夕,过赵羽仪妹丈家一谭。写祭周湖忠烈武毅侯祝文。宵,访姜岳仙钤同谱,清淡至更阑。姜君自谓今年四旬,是日为悬弧之辰,亲旧交相馈遗,储有面食,邀余同啖。

望日甲午　　阴

朝,赵羽仪、宋子枢来,坐谈剧久。夕,福润局送到《中外日报》计十八纸。过仲妹家。薄暮,同李丽生送羽仪妹丈出东门上航船。赵君定是日上郡,因受唐君叔玉之招,乘轮舶以赴汴也。冒雨而返。

宵,阅家藏名人书札。

十六日乙未　　阴雨,天色沉寒

朝,邀陈粹琳晋郡,探望羽仪妹丈,并问轮舶几时开行也。夕,过妹家一谈。宵,往陶尖殿观剧。

十七日丙申　　阴

陈粹琳自郡回,谓遇赵羽仪妹丈,轮舶今早开行也。汇钉《日报》一册。申刻,雷始发声,万蛰俱动,吾乡俗语:"雷响惊蛰前,月旬不见天。"计后三日始交此节,恐月内必晴少雨多也。宵,阅《日报》,中叙伍秩庸侍郎,近奏日俄开战,而我中立,实足贻笑环球,天下断无他国在己国地界打仗,而可置之不闻不问者,若如此,则无论何国战胜,而东三省非我有矣。噫! 中邦政府,似此长睡不醒,不特东三省非我所有,即全部之国,列强必相率效尤,竞画界而割据,瓜分之惨,见诸目前,黄种之衰,其曷能免? 可哀也哉!

十八日丁酉　　阴

往李彬臣表兄家晤谈。宵雨,往陶尖殿观剧,郑一山亦来同观。

十九日戊戌　　连绵春雨,甚觉恼人

午刻,李丽生以周鹿峰表兄至其家拜年,邀余陪饮。宵初,往李友樵内弟家,盖为来朝外舅行吊也。遇黄樾庭曾荫、郭筱卿绳祖。五鼓堂祭,余同郑、郭二君作赞襄。夜寒雨霰,至晓始霁。

二十日己亥　　晴霁。惊蛰节

在岳家,迎陪诸客之来唁者。午刻,设筵款之,计十四席。余分首席执□,酒阑,天色阴翳,雨霰杂下,而诸客匆匆去矣。宵,成寿诗七言一律,代潘志篁璘作也。

　　寿木藜仙先生

　　凝聚精神厚得天,空言庄老学飞仙。合群新理谈中亚,清

望明经衍广川。廿纪于今回世运，六旬已届祝公年。吾家花县河阳在，留有春桃侑绮筵。

廿一日庚子　　雨

家云坡叔过访，托拟数题，作排日之课。《齐桓公相管仲论》、"中天下而立，定四海之民，君子乐之"。西北学堂开课，骏居司事之列，遂往谒任教诸君，计教习四人：李逸伶钥、金小璜建中、潘式如寿权、丁松夫枴，诸生来学者四十八人。教督周眉仙，宿恙未瘥，邀姜岳仙暂代。过吴伯屏家一谈。夕，在李丽生表弟家安排几案，定为明日开馆。宵，在学堂同诸人饮酒，计设三席。

廿二日辛丑　　阴

设馆于李丽生表弟家，今晨开课训蒙。从游者宋子枢，家乃蓉，侄李乃文、鸿文、烈文、涣文，表侄管廷恺、廷元，洪锦辉，周毓懋，共十人，枬、栫二儿亦附焉。草创开学条规未定，先为授一课也。宵，精神困顿，不能耐坐，倚枕早眠。至四鼓始起，挑灯成寿诗七言一律，代吴君伯屏作也。

寿木藜仙先生

安期进枣朔登桃，海屋添筹记此遭。宿将文坛推劲健，明经家世本清高。集釐已洽扶鸠杖，济美群欣有凤毛。黍谷春回庆周甲，梅花觞咏佐云璈。

廿三日壬寅

崇朝其雨。颇闷心怀。许孟龄馔来。出课题。"地利不如人和"，"善人教民七年，亦可以即戎矣"。谈顷，去。到馆授课。考问。甲，汉高斩丁公，孰公孰私，试一决之。乙，问孔子居于何国，其为何等教师？至后孔子而生者为谁？丙，问人子年长之后有何事？门人叶奇颀来辞行，盖将之江右也。午刻，为舅氏小祥之期，诸中表设馔祭拜。管子儒燮、杏浦瞻洛、仲凌瞻云均来拜,遂留饮。宵,往李友樵内弟家,听缁流诵经追荐岳丈。及归,天光向曙。

廿四日癸卯　　阴,日暂见

到馆授课。考问。甲,张子房谢病辟谷,其意何在? 乙,孔子与杨墨,其道有相同否? 丙,伯叔待我如何? 我事伯叔又如何? 李崧征为其大父笛樵先生开祭,同云苓表弟往拜之。薄暮,往叶奇颐、孙延曙二门人处送行。叶生取道江西,孙生留学东洋也。宵,内子自母家归,更深雨。

廿五日甲辰　　阴,天气寒冷

到馆授课。考问。甲,问叔孙通定朝仪,其得失如何? 乙,问中国之本部共有几省,试详其省名。问何带置省最多,约有几省? 丙,问称兄称弟有何分别? 问兄弟之父母有相同否? 午刻,张震轩妹丈来。孙公侠遣伻赠余《燕山越水纪游》、《东亚事宜》、大板山本宪著。《观光纪游》冈千仞著。三种书。薄暮,冒雨访叶耕经,晤谈片顷。宵,沉闷不堪,观书无味。

廿六日乙巳　　阴,日暂见

先君忌日。到馆授课。考问。甲,问刘敬谏都关中,萧何治宫关中,二人之意有相合否? 乙,问我朝立国在于何洲,其国之大小,南北相距计若干里,东西相距若干里? 问西北与何国分界,东南与何国分界? 丙,兄弟与姊妹经常在家否? 问姊与兄,妹与弟,其爱敬有相同否? 邮局递到赵羽仪妹丈沪上安函。福润局寄到《中外日报》计十一纸。薄暮,过仲妹家。宵,在李玉君表弟家,与舅母坐话,至二鼓。改许孟龄卷。

廿七日丙午　　阴,寒气逼人

到馆课诸生温积熟。出甲班课题。《高帝封雍齿论》。薄暮,仍雨,家遇辰叔来,拟二课题予之。宵倦早眠。至三鼓始起,改乃蓉侄卷。

廿八日丁未　　朝阴夕雨,天气加寒,装棉犹怯

到馆,率诸生谒圣,散学休息。余定学规,每逢丁日,即为休沐,

意在崇奉孔子也。午刻，往筱仙家，为其尊人木藜仙先生送葬。丁田福锦伯来。作致张震轩妹丈函。过县库取祭款。宵，改宋子枢卷。

廿九日戊申　　雨

到馆授课。考问。甲，问陈豨、韩信、彭越之反，其属之本意乎，抑高帝激之乎？试明其故。乙，问我朝定都何省，其与前朝有相合否？问京城有几重，中间计人民若干数？又一省之中计若干州县？丙，祖父母父母事之当如何？我随其后者又何如？李玉震内侄来上馆。宵，过李宅岳母处，诸内弟谓囊金已罄，食指日繁，一时措手无从，恐隳父业，奈何？余固无辞以答，叶云村亦默然。是夜雨止。

三十日己酉　　阴

到馆授课。考问。甲，问贯高、赵午怒汉王辱骂其主，遂议刺王，其是非何在？乙，问追击李自成者何人，杀张献忠者何人，并指明其地。丙，一家之人有何分别？问家中多少人，均能和睦否？若失和睦，其不安者谁？改家遇辰叔卷。彬臣表兄代购八角时辰钟一枚。价洋二圆。薄暮，雨，过妹家。宵，写文帝诞祭颁胙票。

二　月

一日庚戌　　天开晴景，心为一快

日有食之。浙江杭州府日食六分四十八秒，初亏未初二刻十分，食甚申初一刻七分，复圆申正二刻十二分。到馆授课。考问。甲，问周昌、叔孙通谏易太子，其言甚激，帝终不听，张良不进一语，反服帝心，其故何由？乙，问大清先世其祖何名，继之者谁，建元及改元者何号？丙，问童子何以不敬？问人之身何以健而无病？改许孟龄卷。宵，写祝文昌诞祭文。

初二日辛亥　　雨,天气甚寒

到馆授课。考问。甲,高后王诸吕,王陵力争,而平、勃不争,其意何在? 乙,问我朝兵制分为几种,至分满洲之兵有何名目? 丙,问朋友何以助我? 叶耕经送到《新民丛报》第三十八九合本壹册。宵,作中山道课甄别。《张居正毁天下书院论》、《西人讨论公法,有引〈春秋左氏传〉为证者,今拟以春秋义例平公法之得失,能撮其大要否》。至天曙,成二艺。五鼓,官僚致祭文帝。

初三日壬子　　晴

到馆课诸生温积熟。改乃蓉侄、子枢甄别卷,托郑一山抄卷寄郡。薄暮,过妹家一谭。宵眠颇早。

初四日癸丑　　晴

到馆授课。考问。甲,惠帝不忍母之残忍,遂以淫乐自戕,其是非何在? 乙,问台湾系何人所据,征定者何人,在于何帝何年? 丙,水灾之性何以不同? 管籥堂来上馆。宵,作玉尺书院课。《张仪劝六国与秦约为兄弟之国论》、《彼哉彼哉义》。成二艺。

初五日甲寅　　晴。春分节

到馆授课。考问。乙,问六部所掌何事? 问鲸鱼何以不易捉? 丙,问童子少年不学好,后日当如何? 改宋子枢、家乃蓉侄玉尺课卷。福润局送来《中外日报》计十一纸。宵,往李玉君表弟家,与舅母坐谈剧久。归,阅《日报》。

初六日乙卯　　阴

到馆授课。考问。甲,问周勃诛诸吕,传左祖之令,其得失何在? 乙,问征服内蒙古后至今分为几种人,定为旗数若干? 丙,问蝴蝶何以集于花上,至花蝴蝶之色,并为详之。邮局递到赵羽仪妹丈汉上元月廿七日所发函。薄暮,张震轩妹丈自丁田来。宵开夜课。邵安送到东嘉书院甄别课题。《贾谊策治安董仲舒策天人论》,问"欧洲各国雄略武功,以拿破仑为最著,当其乘百战百胜之势,掠罗马之库,入埃及之境,践莫斯科洼之庭,屠维也纳之城,蹒普贤王之墓,所向无敌,乃不旋踵,滑铁庐战后,遂致一败涂地,殁于希利纳岛,或谓与项羽、苻坚相埒,然欤否欤? 试详其说策"。是夜,月旁围有晕气。

初七日丙辰　　朝雨夕阴

到馆课诸生温积熟。作致赵羽仪妹丈书,交邮递豫省。家云坡叔来,邀余拟数课题,以作排日功课。《周平王论》《鲁隐公论》。宵,改宋子枢、家乃蓉东嘉书院课卷。是夜,五鼓致祭至圣先师。余派崇圣祠正献引赞执事,至天曙。

复赵羽仪

羽仪妹丈大人左右:正月下浣四日邮局递到沪上一函,二月上浣六日又递到汉上一函,捧读之下,一一知悉。令姊前月下旬,已移驻尊舍,渠家中什物,惟择其要者暂为安置,但家居寂寞,每夜守望,约留阿木为之候门。舍妹已于二月六日赋旋归矣。其馀诸事,弟当力为效劳,无烦远注。足下于前月启行后,我乡天气甚寒,冷风刺骨,衣不胜棉,加以积雨连绵,恼人春色。而足下一路遄行,气候寒暖,未知亦与故乡相符否,又程途迢远,行李一肩,就道之间,其平稳如何? 抵汴时,祈足下裁笺,细述近况,以慰鄙人,不胜幸甚! 闻邕如兄约吾乡之上公车者同行,择本月中旬启程,舍妹为备番佛二尊,以作赆仪,渠已登入计簿矣。知念附闻,草草奉覆,馀俟续闻。春寒未解,千万珍重。此请旅安百益。

初八日丁巳　　天早雨

到馆谒圣,散学休息。午刻,同张震轩、李丽生二妹丈,买舟往汀川,顺途过龙汇宫停舟观剧,遇薛君博如颂坡。薄暮,始抵丁田。宵,以昨夕失眠,就枕颇早。

初九日戊午 天早雨,旋霁

朝,与家晋三坐廒隐园闲话。夕,震轩、丽生买舴艋往龙汇宫观剧,余不去。成东嘉书院课一艺。宵与妹暨诸甥儿坐谈。

初十日己未 天早,微雨,旋阴

成东嘉书院课策一道。买小舟同丽生往仙峡周鹿峰锡甡表兄处拜真,即刺舟归,抵家已卓午。郑一山来,因前日订约合作东嘉课艺,故来取所作之课抄缴。夕,到馆授课。李庆浏内弟来上馆。宵,为宋子枢、乃蓉侄说昭代名人论。是夜大雾。

十一日庚申 阴

到馆授课。考问。甲,问袁盎、张释之二人力谏文帝之失,其言果得之公心否?乙,问总、提二督及巡抚所管何事?丙,问不善之人如何?问与不善之人为有益于我否?薄暮,过县署取祭款,计鹰洋二十元。宵雨,访家毓卿,袖交借项鹰洋十元,息钱二角。连日枏、枞诸儿先后身发麻症,而枏儿则平复如常矣。

十二日辛酉 阴

到馆授课。考问。甲,问贾生以年少登朝,上治安之策,其言近太激否?问聪明愚鲁二种人均能上进否?丙,问愚鲁之胜于聪明,其故何在?方鸿藻、李乃文身发麻症,不到馆。宵初,大雨,旋止。阅《瀛寰志略》,此书盖得自宋子枢也。

十三日壬戌 雨

到馆授课。兼为擢说出课题。《高后封诸吕论》、《兄弟相和论》。宵,改乃蓉侄课卷。是日,娟女发麻症,而枏、樑、枞诸儿渐平复矣。

十四日癸亥 阴

到馆授课。考问。甲,问汉文帝杀薄昭,其罪当否?乙,问父母何以爱子之甚？改宋子枢课卷。宵，写春祭武帝分胙肉票。是夜月色皎洁，霁景如画。

十五日甲子　　大晴，春色融和，颇快人意

到馆授课。考问。甲，问地球之形状如何？试引一物以为证。乙，问本朝何帝何年平定天山南北二路，所属者其国何名，所向何方？丙，问早起何故开窗？章君□□过访，谈及其仲子欲从余学，以班次不合辞之。宵，写仲春祭关帝文。是夜致祭，邀伍宝滋表弟排列豆品。

十六日乙丑　　晴

到馆授课。考问。甲，问文帝劳军至细柳，周亚夫甚傲，而帝益恭，彼此所为均得当否？乙，问贱品何以造成贵品？问喇嘛教有何所事，其国有王否，居于何地？丙，问懒惰之人其为世所重否？邮局递到豫省唐君叔玉函。福润局送来《日报》一封。薄暮，枞儿患肺热，邀李稚菊来诊，谓麻毒未尽发透，须加意调护之。宵，往李丽生妹丈家饮节酒。改家遇辰叔课卷。写春祭文帝颁胙票。夜深枞儿眠息不安，余心焦灼。

十七日丙寅　　阴

朝，枞儿身子坐立不安，邀李稚菊表弟来诊。李诊：鲜生地乙钱，宣木通五分，大力子乙钱，忍冬藤二钱，连芯翘乙钱，湖丹皮乙钱，白藕节乙钱五分，栝蒌仁乙钱五分，炒支子乙钱，去头足秋蝉衣六枚，粉葛根八分。近数年来药价腾贵，较十馀年前其价增五倍矣，操持家业者其何以堪此乎？到馆课诸生温积熟。夕，文课。甲《郑庄公论》；乙《踏青说》。宵，写春祭文昌帝祝文。叶耕经送来蒙学教科书，共六种。《西洋历史》二册、《东洋历史》一册、《外国地理》一册、《卫生》一册、《生理》一册、《文法》一册，计价英洋乙元壹角零。更深，燠枞五儿身子较日间愈觉焦燥，遂请梅仙表舅来诊，谓肺毒甚盛，须用发动药以济之。又两脚用元荽子三钱、生姜三片浸老酒煎敷之，助其力始可，然症固无碍也。林诊：黑元参乙钱五分，老苏叶五分，生杷叶二钱，鲜金钗叁钱，连翘甲二钱，冬

桑叶钱五，大麦冬钱五，益元散二钱，丝瓜络二钱，去头足秋蝉衣六枚，大力子二钱，加荆芥穗四分。余才放心。改乃蓉倳课卷。五鼓，官僚致祭文帝，同陈粹琳、伍宝滋表弟登岘山阁陈设豆品，至天曙归。

十八日丁卯　雨

率诸生谒圣，散学休息。枞儿胃毒未退，精神疲倦，内子颇觉心骇，请梅仙表舅来诊，谓肺热犹盛，须下开通等药。林诊：大麦冬钱五，黑元参钱五，鲜石斛二钱五，白桔梗三分，天门冬乙钱，川一金三分，鲜生地二钱，川骨皮乙钱，冬桑叶钱五，连翘甲钱五，荆芥穗三分，生草三分，淡木通五分，加葱白三条，忍冬藤钱五。夕，震轩妹丈遣使来问，作书覆之。薄暮，邀李稚菊表弟来视，说毒已发透，梅仙之药颇见平复，无容再投，俟夜间必有见功。留晚餐，谈至二漏始去。余出门购代茶川贝、枇杷叶二味药，以为枞儿止渴。归，伴内子抚抱久之。改宋子枢课卷。五漏已下，燠枞精神较昨颇见爽快，而大便泻下，痳毒想渐降净，可安心矣。

覆震轩妹丈

昨函并报，谅收到矣。丽生一节，已有成约，届期可以应之。弟连日为儿子燠枞痳毒未发甚净，颇费纠缠，昨夜十二点钟，请家梅仙兄诊视，下一剂药，犹不甚见效，今晨又投一剂，且俟下半日见功何如。弟近数日内，家事馆事，骚扰不堪，加以春祭办公，调排豆品，又无应门之仆，劳瘁十分，儿子提携，萦乱心绪，自知精神消耗，适在中年，尘俗羁缠，何日始了？百感交侵，辗转终夜，惟有静俟诸命而已。中怀愤激，特为足下言之。耕经处报未寄到。馀有佳音，另容续述。此问近安百益。

十九日戊辰　晴。禁烟节

朝，到馆授课。邀梅仙兄来诊，说枞儿肺热已退，可无他虞，余甚放心。林诊：京石斛三钱，生杷叶钱三，淡竹叶一钱，黑元参钱五，忍冬藤二钱，连芯翘钱五，大麦冬钱五，细通草五分，益元散二钱，川一金三分，冬桑叶钱五，荆芥穗四分。午刻，孙仲恺公子过访，嘱作祭项淑人文，订以下浣二日送缴。夕，为诸生放假，以清明节近，订假五日，盖遵学堂定规也。宵，往李稚菊表弟家饮节酒。过彬臣表兄家一谭。

二十日己巳　晴。清明节

朝，同家成良公、增楠、乃奴、桐昌登朱坑，祭扫通直郎先公墓，日晡始归。访叶耕经，袖蒙学书，价鹰洋乙元乙角交之，不值。转付云村襟兄。钉《日报》一册。宵，在增楠家饮上坟酒。

廿一日庚午　阴

阅《清议报》文苑类。枞儿胃毒未净，口内微有白点，邀李稚菊表弟来视，云药无须用，惟购冰片研末敷之可退也。鲜生地二钱，洋马勃一钱，粉葛根乙钱，天花粉二钱，大力子二钱，细木通五分，连心翘钱五，忍冬藤三钱，枇杷叶钱五，炒支子钱五，生甘草二分。汀川福景伯来，得震轩妹丈书，随作函答之。宵雨，代孙中恺公子作祭王淑人文，三鼓脱稿。是夜，长女蕙秀麻疹发齐，十分口渴；五儿枞眠息未安，伴内子周旋茶水，至天明。

覆震轩妹丈

福景伯来，得足下书，一一稔知。枞儿前日得梅仙、稚菊二君之力，刻已肺热渐次退净，但饮食少进，以舌根发出热泡，胃毒所致，故未甚爽快耳。然无须过虑也。长女蕙秀近已出疹，但未发齐，本日下一剂药，为解肺毒，欲杜其渐。知念附闻。普通学堂洋教习周某辞席而去，因学生风潮太盛之故。近日学堂流弊随处皆然，此等学生，学问全无，比之通儒，更觉骄傲。宣圣谓：人有周公之才之美，使骄且吝，犹属其徐，况无其才者乎？

此辈不自知，徒藉端发他人之所难，轻浮躁急，实平日养之而成。国家创设学堂，原为养育人材，作他日学成之用，今之劣生，任意横暴，破坏学界，学校虽立，将来无益可预知已。鄙人本年辞教习之任，甘为藏拙，实由此耳。耕经处《丛报》未寄到。丽生前允五十金之数，刻向假来，交福景伯奉上，乞察收。弟尚该紫银二数，借项二数，容俟稍清理时，明后日奉赵。手此布覆，顺颂近安。

廿二日辛未　　朝雨夕阴

谒洪楝园师，袖夜构成祭章呈削。嫌发语太新，为易十馀字。转访郑一山，再加意推敲，复易去二十馀字始定，送交孙君。五儿煨枞胃毒未净，口内唇边发出热泡，邀李稚菊表弟来诊。羚羊片二分、白桔梗三分、山慈姑乙钱、洋马勃八分、连心翘钱五、大力子钱五、奇良片八分、人中黄八分、枇杷叶一钱。汇钉《日报》二册。伍宝滋表弟来晤。薄暮，听窗前飞鸟作呢喃声，知燕子已随春风而来巢，光阴荏苒，其如斯夫？宵，过玉君处一谈。

　　祭南堤亲母王淑人文代孙君中恺作

　　呜呼！桑海有时而变迁，日月有时而遭蚀。候屡更乎寒暑，物可验乎荣枯。而况大地茫茫，生同黄种，乾为男耶，坤为女耶，死归生寄，理无不同。孰是为女子身，而懔懔有丈夫气者？今窃有感乎我姻兄太守项君申甫之继室王氏淑人也。淑人生长名门，能明大义，往年以娣继姊，与太守续结鸾胶不数旬，随宦江右，客腊同归省墓，寻于今岁孟春遘疾而逝。呜呼！以淑人贤智，使终为太守之内助，贤劳尽职，相辅而行，讵不大幸？何意天不假年，如雪之飘，若云之散，岂其质柔脆而不胜磨炼乎？抑其有所愤郁遂因此而长终乎？嗟乎！今日何日，黄人弱矣,白种强矣。边寇日生,国帑几竭,一时衮衮诸公,稍有须眉之气者,无不奋发竞争,嗣跃登于舞台之上,况太守以英年科第,五马行权,当必有以自表见者乎? 而淑人得配高贤,婉约内助,席丰履厚,珩佩宣音,何至如漆室之哀吟,孤嫠之恤纬,反以忧郁自戕其生耶? 则真理之所不可解也,而今已矣。沉珠韬影,埋玉遗香,他日者我太守职任封圻,声驰遐迩,而淑人徒一抔黄土,万木寒云,回首同衾,其能无增鳏鱼之痛乎! 泽去秋鼓盆抱戚,骑省神伤,形只影单,相怜同病,原无可以一言慰太守者,泽与太守为中表戚,而淑人又在嫂氏列也。昔属旧姻,今赓新特豚儿延曙,分居半子,远游扶桑,不亲含敛,殊抱歉心,兹当皋复,敬荐椒筋,缄泪陈词,当希默鉴。呜呼哀哉! 尚享!

　　此文原作经洪栋园夫子,暨郑一山兄阅过,删易数十馀字,略见稳妥。然用意总嫌脱空,因本文中间铺叙之处,抬高女子而抑士大夫,于文体有所不合,况王氏淑人,年尚少艾,无有懿行妇德可表,文言如此,恐过誉也。当日以孙中恺公子遗伻屡促,故得草率应之。昨张震轩妹丈来舍,邀其斧削,改换过半,匡庐真面,变态不同,较之原本,不啻有奴婢夫人之别也。故志数语于后。

廿三日壬申　　晴雨不定

云坡叔来,邀出课题。《汉文帝论》《观水有术》。枞儿口内热泡渐次平复,但心未甚爽快,邀李稚菊再为一诊。白桑皮八分,川贝叶乙钱,洋马勃八分,山慈姑乙钱,粉青黛八分,细木通五分,干地龙二条,大力子二钱,连心翘钱五,生枇叶乙钱,人中黄乙钱。宵,阅《日报》。近日日俄争战,在锦州地方鏖战甚久,日军死者大约八千人左右,俄军死者六百人。呜呼! 两国相争,均以我国之地为战场,我邦政府执一中立之见,两全交谊。试问日胜,东三省其归之我乎? 抑归之日乎? 俄胜,东三省其归之我乎? 抑归之俄乎? 利害犹不自知,动曰免失和谊,吾不知计术何所自出也。孟子曰："人必自侮,而后人侮之。"西人轻视我国,固由自取也。及今不图,害必加甚。

廿四日癸酉　　　晴,气温

朝,阅《日报》。近午,李漱芳内弟来邀,谓本行中有争执之事,托余同蒋中笙先生出为排解,遂息事。宵,同郑一山步行灯幔下,东门外灯火辉煌,颇有元宵景象。坐裕生布庄一谈,遇丁松夫、李芸苓。

廿五日甲戌　　　晴日暄和

录旧作古今体诗。宵,写祭先农祝文。

廿六日乙亥　　　晴旋雨

邀陈粹琳往神农殿排设豆品。录旧作古今体诗。许孟笺来。出课题。《晁错请削诸王封地论》。宵,阅《中外日报》。

廿七日丙子　　　雨旋阴

朝,得赵羽仪妹丈书,知上浣五日到许州矣。浙与豫相隔计五六千里,而羽仪自浙抵汴,不满二十日,始叹近日行人出门,取程水陆,赖有火车轮舶,瞬息千里,何其捷也。作书覆之,送交邮局。

　　覆赵羽仪妹丈

　　本月中浣六日,邮局递到唐君安函,下浣七日又递到尊札,开缄捧读,足下近况已周知。但弟上旬七日之函未审得登览否?令姊前月已搬到尊处,舍妹早赋旋归,前函均详叙矣,无容赘述。叔玉兄寄问畅如之函,因渠于月半动身,刻家内无人,不便送阅,只得原封暂留舍下,想畅如不日到许也。令姊处暨尊处纳粮一节,弟均嘱库内现完,想无他虑。君家先祖清明祭扫已备馔设陈。茶叶期到当代购就,俟有妥使,再计较。叔玉夫人,舍妹敬问近日气体较之往昔,更觉康强,念念,便中代为道及。如有便鸿,乞为示知,以慰远廑。家慈精力坚固,舍妹气体

强壮,均赖福庇,惟本邑近日麻疹太盛,弟家儿女辈均被传受,
如天福,幸获平康,无赖远注,知念附闻。肃此复上,即颂春安!
廿七日午后。

福润局送到《中外日报》计十纸。宵,阅报。

廿八日丁丑　　　晴,天气温暖如首夏

阅《日报》。山人谢学银惠笋二枝。夕,访郑一山。游行城市,
以是日城隍神清迎也。闻中东甄别案已揭晓,余及宋子枢、乃蓉侄
之卷均入彀。宵,阅《日报》。

廿九日戊寅　　　阴

到馆授课。改丙戌旧作诗。山人谢学银送茶叶来。

三十日己卯　　　阴

到馆授课。录旧作诗目,按年编之。薄暮,家毓卿过访。宵,过
李玉君表弟家闲话,云苓亦至。

三　月

一日庚辰　　　阴雨

是日邑俗汉安乡侯排驾出巡。至周岙省墓,所过街市,家家设
祭迎之。到馆授课。考问。甲,问周称成康,汉称文景,其政治有相合否?
乙,问安南国之分如何,其并而为一者在于何人? 丙,问蚕何以作茧? 问童子
何能成人? 录旧作。诗目文课。《灯幔说》。宵,为宋子枢、家乃蓉说四
子书。

初二日辛巳　　　阴雨

到馆授课。考问。甲,问李广、程不识为将,彼严此宽,均得当否? 乙,
盛京省之首府何名,有何特异之制度? 问吸气何故用力,若多吸之,有何增益?

丙,问师友之外,其人皆当相爱否? 问世有穷苦之人,与聋哑跛瞀之人,待之当如何? 午刻,过珂鸣社收买字纸,得《周易述义》四册全、《诗义折中》五册缺、《说郛》手抄残本三册,此等书不知属之谁氏也。嗟乎! 家有楹书,无人传诵,积年凋敝,尽付祖龙,昔人见《太白集》为覆瓿之具,对之增悲,余今见此,始叹藏书之家,象贤无子,先人手泽,不为珍惜,诚足伤已! 文课。《早起说》。

初三日壬午　　　雨

先大母生辰。到馆课诸生温积熟。文课。《苦雨说》。邵安送到府课题目。《贾山至言论》。问温州现拟设立警察军,保卫闾阎,惟事属创始,经费一切随在为难,非筹巨款祛流弊,不足以持久,诸生讲求时务,试详言之。宵,作之至天明,成二艺。

初四日癸未　　　雨

到馆授课。改宋子枢、家乃蓉课卷。宵,阅《名人论策读本》。

初五日甲申　　　阴雨。谷雨节

到馆授课。考问。乙,问设团勇,何以有常暂之分? 问旗兵设有几处,试详其兵数? 丙,问人勤俭有何所事? 改乃蓉课卷。午后,族人陆续过访,谓南门外茶亭边之息烦堂左畔轩间,被张声玉冒改作店,以开张烟业者,邀余同出禁止保全公界。息烦堂者我族中寡妇南氏,因年少丧夫,携甥女郭寿青为守清栖息之所,名曰息烦,旧置民数田十二亩,店屋三间,计一年所入,以作养赡,诚恐年久身亡,继之者任情变卖,于是集同人鸣官,呈明立案,谕禁勒石,永为此堂,供奉香火之资,以志勿替,至今碑石岿然独存。先时族中不肖偷卖堂田三亩,今族蠹又将此堂偷租,合族之人心中不平,故相约往其处以为禁,即时唤集地保,嘱之当仍旧贯,以息其事,否则果作强项,定将粘碑呈控,必不轻恕也。言之如是,遂与族众同返。宵,彭耀卿、郑一山均来,为张姓说情,答以同族之事,非余一人所独专也,辞之。

初六日乙酉　　大晴

到馆授课。考问。甲,问帝杀窦婴,其罪当否? 乙,问再兴暹罗者为谁? 封之者何帝? 丙,问春天大花园之中有何景致? 周榴仙来,为张姓说情,仍不允。宵,城隍神夜巡。邑俗谓之游幔。携梓、桐、槑三儿出门看之。阅,《东洋历史地图》。

初七日丙戌　　晴

到馆课诸生温积熟。内弟李庆浏不至,因遇寒故也。甲乙文课。《小役大弱役强》《迎灯说》。是日,姜岳仙、许庆光、郑一山诸君均来为张姓说情,都却之。宵,访族侄桐昌不遇。

初八日丁亥　　晴

到馆谒圣,散息。邮局递到赵羽仪妹丈函,谓余之覆函均未接着,并责余惜墨如惜金也。即作书覆之。送交邮政。

寄赵羽仪

本早接到尊札二封,开缄捧读,备知足下近况。又责弟疏懒笔墨,咎无容辞。但弟于二月初七日手修一函,廿七日又修一函,均未到许入览,不知邮局何为间阻至此。鄙人实有所不解。清明节采茶期届,山人阿兔送来本山茶叶,均为购就,计价洋二元左右矣,其他君家事件,叨在至戚,倘有用弟之处,当为效劳。又唐君手寄畅如之书,渠已束装就道,家内皆女流,不便饬送,只得暂留敞处,祈代为一言。慈闱精神强健,舍妹体气坚固,胜于平时,诸儿女辈亦均平安,无劳远注。我邑春间雨水尚觉调和,但天气较冷耳。知念附闻。肃此奉复,即颂春安百益。

福润局送到《日报》一封。作玉尺师课。雷薯海,魏默深谓即里海,徐松龛谓即咸海,二说不同,试考定之。宵,袖纸墨,同族人到码道堂拓碑一纸而归。

初九日戊子

朝晴。到馆授课。近午，张震轩妹丈自丁田来。午后雨，同轩兄访叶耕经，购来《中国地理教科书》一册。宵，随家慈往李玉君表弟家看放焰火，诸儿亦随之。

初十日己丑

朝晴，天气炎热，不宜时令。因家中有客，不到馆。出旧作诗，邀震轩妹丈改正。夕，雷雨，轩兄返棹，虹见。宵，阅《东亚事宜》，此书为日本山本宪所著也。

十一日庚寅　　　终日薄荫

到馆授课。考问。甲，问地球五道相对之次序。乙，问康熙、乾隆之朝有何文教？问坐立行走有何方法，孰益孰损？试为明之。丙，问解热有何方法？问秋天何以生疾？改家乃蓉、宋子枢课卷。宵，访李式如楷，坐谈甚久。

十二日辛卯　　　朝阴夕雨，天气沉寒

到馆授课。考问。甲，问汉律以腹诽而论死，其是非何在？问康熙朝文名盛者何人，乾隆朝相业盛及文名著者何人？问锻工之右腕其大于左腕者何故？问人曰兄弟如手足，试明其相似之故。振三公过馆。改许孟龄卷。丙作文。《勤心读书说》。宵，阅《西史纲目》。

十三日壬辰　　　晴

到馆授课。考问。乙，问本朝伐缅甸者何年，遣将何人，其后能相和否？问人当出汗之时，脱去衣服其有损否？丙，问远近之人皆可爱否？改宋子枢课卷。管君杏浦袖知单来，为李笛樵先生将择吉下窆矣。同门集赀公祭以为荣也。宵，城隍神回宫。出外游玩，至三漏下始归。夜，五鼓大雨。

十四日癸巳　　　晨雨,旋晴

遇辰叔来,出课题。考问。甲,问地球为圆体,其正背二面均受日光否? 试推其故。乙,问妾于运动,试明其体伤之故。丙,问清明之时其出游有何名目,并明其景致如何? 四书义:"今国家闲暇,及是时明其政刑,虽大国必畏之矣"。经义:"在知人,在安民"。谈顷去。往刘老元家,为其三子炳乾、炳煌、炳辉发蒙。改家乃蓉、许孟龄卷。抄玉尺师课卷。宵,作师课。题:罗马陀理安尼律,于中国古经有合者,试表出之。至四鼓脱稿。是日下午到馆。

十五日甲午　　　晴

朝,大雾,到馆授课。考问。甲,问文帝罢露台,武帝起柏梁台,一奢一俭,试明其优劣之故。乙,问西人之来中国通商者在于何年,以何国为始? 丙,问母狮与小狮均能食人否? 抄玉尺师课卷。乙文课。《修身则体强说》。申后,偕梓儿上九坛山祭扫先曾祖墓。宵,阅《周礼注疏》。

十六日乙未　　　阴,旋晴,大雾

到馆授课。考问。甲,问晁错、张汤二人之死皆自得其咎否? 乙,问继葡人之通商者系何国,其所占者何地,又在何国而建商馆? 丙,问姊妹二人有何帮助之事? 作玉尺师课,题:西国古时两田三田制,与《周礼》莱易、《春秋》辕田法异同,试详论之。并抄就送缴。宵,阅《史记·赵奢传》。

十七日丙申　　　阴

到馆授课,兼课诸生温积熟。叶耕经送到《新民丛报》四十、四十一合册。甲乙文课。《句践事吴》、《聪明不可恃说》。宵,作经古课成一艺,嫌未妥善,因夜已深,精神困惫,不及润色,遂就枕。题《赵奢为田部吏,杀平原君家用事者九人论》。

十八日丁酉　　　晴

丁期,到馆谒圣。休息。心嫌昨日所课论未尽惬意,故加意修饰之。福润局送到《日报》一封。薄暮,访郑一山,得章君味三在粤东署叙海防同知之信，心为志喜。宵，作四书义，至三漏脱稿。题"可使治其赋也"。

十九日戊戌　　阴，旋雨

到馆授课。郑一山来，托抄经古课。改宋子枢、许孟龄、家乃蓉卷。宵，继之以烛。

二十日己亥　　雨，天气寒冷，身犹装棉

到馆授课。考问。甲，问太阳之直射、斜射，试证其理。乙，问中国何以许荷兰之通商？丙，问人使牛马有何所事？宵，算诸生积日功课。

廿一日庚子　　晴。立夏节

早辰，访管君杏浦，坐谈良久。到馆授课。考问。甲，问太子据因江充诬陷，称兵擅诛，其是非何在？乙，问汤若望、南怀仁系何类之人，精于何术？丙，问四类之物如何？试详答之。丁问蚊虫吸人之血有何益处？夕，文课。《勤俭说》。郡城寄到永县课卷。宵，作永课二艺脱稿，天光已曙。《汉地节三年赐胶东相王成爵关内侯论》、"冉有曰'既庶矣，又何加焉？'曰'富之'，曰'既富矣又何加焉？'，曰'教之'"。

廿二日辛丑　　阴，旋晴

到馆授课。考问。甲，问李陵、苏武均汉臣也，武得归而陵不归，试明其故。乙，问白莲教有何法术，其党羽为谁？丙，问一儿跌水缸中，用何法救之，救之者为谁？邀郑一山抄县课卷。朱坑周钱高来贩牛，余意欲卖之，酌价墨西哥银五圆，而渠竟允，定以三圆，谓后日牛价交楚，始以牛相易，遂去。夕，旁人谓近日牛价太昂，此价近贱，心为悔之。薄暮，遣郎友觅阿高止之，反带来价银二圆，而牛早牵去矣。心颇恨之。往吴伯屏家问疾，以睡未醒，不及遇。宵，改遇辰叔课卷。

廿三日壬寅　　晴

天早遣阿缪偕郎友往朱坑周钱高家，嘱渠牵牛还余。买家不允，阿高来说情。余责其昨日何太冒昧，必返牛而后已。到馆课诸

生温积熟。夕,文课。甲,"一人元良,万邦以贞"。乙,《好赌说》。宵,改宋子枢、家乃蓉课卷。

廿四日癸卯　　晴

到堂授课。考问。问,白莲教剿灭在于何地何时,计共几年?问玻璃、明瓦二物,其中以何物为最?改宋子枢、家乃蓉课卷。吴丹臣来说,伯屏近日患心热之病,托余分教其徒,允之。后冈山人送犊还转,交水礁人收养之。薄暮,访叶耕经,袖书价小洋五圆,为渠前日代购蒙学《中国历史教科书》也。宵,阅《日报》。

廿五日甲辰　　天早,疏雨薄阴,日暂见

到堂授课。考问。甲,问武帝杀钩弋其主意何在?乙,问三省之海贼有何巨患,并详三省之名。问天将雨之时,师与童子有何所事?遣仆往丁田购红花。一斤,价乙百四十文。一斤十三,价二百卅五文;十三两,乙百文;七两,五十六文。合计五百卅一文。写函寄河南与赵羽仪妹丈。宵,出夜课四书义题。"仁则荣,不仁则辱"。

与赵羽仪妹丈

本月初八日,接到尊札二函,开缄捧读,知足下主宾相洽,甚为钦羡,但责弟疏懒笔墨,不修寸笺,非弟之忘情,实误于邮达耳。自三月至今,鱼书三达,均未获吾兄寓目,实所不解。关河迢递,千里萦怀,而音问急切难通,大为抱憾。十八日,递到黄畅如兄家书,承嘱遣人送至林岙,闻唐君玉如,近议束装赴许,择四月初旬就道,弟特预备细茶叶一篓,焙干计五斤半。中藏布袜二套,托渠顺便寄交吾兄,决不失事,兹先为告知。至令姊暨舍妹来归日期,均详前函,不必再述。托绣枕头缎顶一副,舍妹近来眼力颇愈,下手不易,俟到秋间,稍清凉时,当制就奉寄。弟自今春设馆于李丽生处,馆课烦琐,笔墨之债,日给不暇,忽忽

时光，又逢首夏，代人作嫁，日减精神，以视兄之有志四方，逍遥自得，而仙凡分界相隔，岂真以咫尺计哉？吾友章味三孝廉，近为岑帅所赏拔，获署海防同知，弟闻此佳音，不胜狂喜，如孟子所谓"闻之喜而不寐"。非喜其人之得达，正喜同志之得行其道，补救时艰，兹为发轫，若弟碌碌无能，比之馀子，何足数乎？吾兄以为然否？舍下自慈闱以次，如天之福，都赖平康，毋劳远注。专此手肃，即颂近安百益。

廿六日乙巳　　晴热，汗流浃背，如届庚伏

到馆授课。考问。甲，问霍显弑后，光知之而不忍发。古云大义灭亲，何其相悖乎？试推论之。乙，问逼台州者贼兵若干，破之者何人？问得大雨之后农人之播种如何，俗有何语？糊补《说郛》残本，计三册。夕，文课。《日长说》。薄暮，李式如过访。宵，雷雨，以烈文表侄近日痲毒尚未发透，势颇危殆，停课不开夜馆。与芸苓表弟坐谈至三鼓。闻邵棠甫师归道山已数日，心为忐感。

廿七日丙午　　雨

到馆课诸生温积熟。夕，文课。甲，"人人亲其亲长其长而天下平"；乙，《力学则智强说》；丙，《钓鱼说》。同族人至南门外息烦堂邀石匠修葺门墙，亦闵子所谓仍旧贯之意也。郡城送到永嘉课卷。宵，访郑一山，谈顷归。

廿八日丁未　　雨

丁期，到馆谒圣，休息。登西岘山阁公祭仓颉字祖，值祭者杨稚田、胡鲁芗也。午刻，在稚田家享馂，闻唐玉如将赴许州，作书并茶叶托寄赵羽仪妹丈。

　　寄赵羽仪

　　芝标未晤，三度蟾圆，而仰慕之私，无日不驰君左右也。近

稔足下起居多吉,旅祉亨嘉,欣羡曷胜。月之廿五日,修家书一
函,交邮递许。兹复托唐玉如兄寄奉细茶叶一篓,并布袜二套,
到时乞即察收。令姊于元月下旬迁居尊舍,舍妹于二月初旬已
赋归宁。完粮等事,一赵盛发,一赵璧,一郭恒发。早嘱县库司帐诸
君,现完可无过虑。每当尊札到日,弟必往君家,即札中所叙之
消息告知令姊,以慰其心。至令先君之墓,已于清明时节,敬备
牲醴遣人上山祭扫,无须远注。舍妹气体较前更胜,君家兄长
及侄均平康,弟家自慈闱以次,暨诸女儿辈,均赖福庇,合室平
安。瑞邑雨水调匀,田园禾麦畅茂,可庆有秋,未知许地今春亢
旱,近得润沾雨泽否? 如有便鸿,乞为提及,以慰鄙心。光阴荏
苒,又届长赢。修此寸笺,聊叙近况,即颂近安百益。

廿九日戊申　　晴

到馆授课。考问。甲,问苏秦、张仪倡纵横之说,其有益于列国君主否?
乙,问朱濆、蔡牵二贼败于何人,因何致死? 丙,问人所作之布有何分别?

　　文课。《蛛能作网说》。得许州赵羽仪妹丈暨湖北叶奇颀书。福
润局送到《日报》一封。宵,作东嘉课。题:问《书·禹贡》《诗·国风》
所指蚕桑之地,皆在中原,近日各处皆未有闻,而大利独擅于吴越,试详转移之
故,且究何可以推广策。《得道者多助,失道者寡助义》。成二艺,至天曙。

四　月

朔日己酉　　晴

到馆授课。考问。甲,问商鞅、韩信二人苟听赵良、蒯通之谏,其得免于
祸否? 乙,问天理教之别名,其匪首及同党者为谁? 丙,舢板船若逢大浪,其得
安稳否? 改家乃蓉、宋子枢课卷。访郑一山兄,嘱抄东嘉卷。薄暮,

访叶耕经,遇之。宵,写祭大雩文,并分胙肉票。

初二日庚戌

天早雨。同仆携祭品,到神农庙伺候官僚致祭。巳刻,雨止,旋阴。李丽生表弟以其子烈文得恙十分沉重,邀余暂为停课数日。甲班以考试在迩,不休暇旷功,出联会题。"故将大有为之君,必有所不召之臣"、"所宝惟贤,则迩人安"。改宋子枢、家乃蓉课卷。

初三日辛亥　　　雨

作控陈庆瀛盗葬呈词,交房友阿富投递。代李式如作书,寄平邑。

　　　与李尔速、林正松书代

　　许久不晤,只以俗事忽忙,未亲领教,殊为歉耳!兹有一事,特为告知:瑞邑码道旧有茶亭一座,原为茶叶过境而设,实为公用之地,突有张声玉系武生张云巢之子,日前冒昧串林阿焕,租就息烦堂左轩一半开张烟店,此堂与亭毗连,得陇望蜀,又欲侵占亭址,以为停货地步,妄易栋椽,据为己有。弟闻之即向伊辨论,彼竟强项。自认茶亭皆伊家建造,地税亦归伊家完纳,拆改由我,开拓由我,与他家毫不相干等语。独不思亭为公地,纳粮岂归一姓乎?如此横行,实属可恶。幸林姓族人,因堂被族蠹擅租出而禁止,而亭亦因弟与彼饶舌,又被旁人指摘,始认不是,束手而退,然其心犹未甘也。闻其近有烟癖,家道日落,诚恐暗地生心,借此名目,轻身直往贵地捐修亭之资,以饱己之囊橐,实所不便,设或来君处冒捐,当直斥之可也,故为阁下先言之。又,亭中旧开烟馆者,亦为声玉亲房,占居有年,破坏情形不可罄述。弟议于修亭之后,一概令其退出,以整旧规。至此亭日久失修,破损殆尽。又,南岸之亭瓦椽欹侧,尤见损坏异常。弟当另日亲到贵地议商捐费,设法重整,不至被人遭蹦。
是为至要,专此布达,即请近佳。

宵,与宋子枢、家乃蓉论古文笔法。

初四日壬子　晴

改宋子枢、家乃蓉课卷。出联会题。《燕昭王为郭隗改筑宫以师事之论》。问:古者四民,均无失业,故家有恒产,民有恒心,今我邑游民甚多,且有甘为盗贼而不顾廉耻者,推原其故,皆为烟赌所误,有地方之责者,将何术以弭盗风而挽流弊策。烈文表侄,病仍不减,闻见误于李茂高之子。噫!庸医实可恨也。许孟龄过馆。宵,仍改课。

初五日癸丑　晴

辰刻,李烈文表侄患痧毒而殇。改家遇辰课卷。族侄桐昌过馆。宵,叶味兰来晤。

初六日甲寅　晴,天气平和

改家遇辰叔、乃蓉侄、宋子枢、许孟龄课卷。高夻人陈士呆来谈,购来棉布五丈,价洋乙圆。是夜县试,首场为家乃蓉、宋子枢送试,计赴考者六百六十馀人,迨扃门授题,荒鸡唱晓矣。

初七日乙卯　晴热。小满节

县试首场。已冠首题“春秋无义战”,次题“有大艰于西土,西土人亦不静越兹蠢”。未冠首题“国君好仁,天下无敌”,次题“肆予命尔,侯于东土,往即乃封敬哉”。李君漱梅自河南返,唐叔玉孝廉托带汴平白纹四十两,暨裤褪一付、花粉二色,遣人送来,盖羽仪托寄交与吾妹作安家银也。家乃蓉、宋子枢三牌出场。是日作飞卷者,计乙百馀人,郑一山与焉。

初八日丙辰　朝晴夕雷雨,天气燥热

阅《日报》。福润局送到《日报》一封。汇钉报章,计二册。

初九日丁巳　朝晴夕雷雨,天气燥热

阅日报。张震轩妹丈来,薄暮返舟。宵,过李云苓表弟家坐谭

良久,向钟文表侄假来《西太后》一阅。闻此书为浙人所作,借刻东人姓氏,其中贬斥慈圣一生,言之过甚,尤甚者刺其秽乱春宫,宠幸李莲英,比之武曌宠于王怀义。古人云:大夫去国,有不非其君之义,鲁昭之娶孟子,陈司败诘之宣圣,犹不明言,甘受其过,岂可妄为贬刺乎?余披阅之下,不胜汗骇。

初十日戊午　　　晴

自烈文表侄亡后,停课八日,今晨始开馆,亦《礼》所云"邻有丧,舂不相"之意也。乙,文课。步月说。县试头场已揭晓,开在前茅之列者,均假手他人之笔墨也。杨慕廉、戴鸿畴、徐铨、姜韬、林辰、林骧、王燮尧、董咸、池桂馨、潘骧。宵,过家遇辰叔处一谈。

十一日己未　　　阴

到馆授课。考问。问殄贼者何人,帝之返在于何地,所擒之贼何名?并详其处。问所呵之镜面,见水而不见气,其故何在?叶云村姻兄送到《新大陆游记》一册,此书为梁任公游美而作,其于风俗之所系,政化之攸关,耳闻目及,一一详记,计三百馀叶,图画三十馀幅,洵巨制也。宵雨。是夜为家乃蓉、宋子枢送考。

十二日庚申　　　雨,气寒

初覆县试诸生。代家乃蓉作飞卷。首题"吾闻秦楚构兵,我将见楚王说而罢之,楚王不悦,我将见秦王说而罢之"。次题《南夷君长,夜郎最大,汉通夜郎道,为置吏论》。到馆授课。考问。问彼何以多得萤,而我何以竟至不得?乙文课。《养生说》。宵,过郑一山家一谭。

十三日辛酉　　　雨积终日,沉闷不堪

到馆授课。考问。乙,问李文成为何人所攻,其死若何,继之反者何地之贼,其旋能剿灭否?问斌静悉诛回房之降者,试明其故。丙,问人皆能写字否,人能写字有何用处?洪锦辉、方鸿藻不至。宵,周榴仙过访,坐谈

良久。

十四日壬戌　雨,檐溜直泻,终日不休

县试二场已揭晓,被黜者过半矣。戴鸿畴、杨慕廉、林骧、丁杓、夏魁、胡宗权、徐铨、陈名芳、林辰、薛鸿达。到馆课诸生温积熟。考问。乙,问人多兄弟有何所益,其与合群之义有相同否?问蜂之失房,鸟之失窠,与人相失,其苦有同然否?丙,问三皇在位各若干年?问羿与寒浞篡夏而僭其位者各若干年?问杀羿者何人,而浞亦为何人所杀?遣仆袖《游记》一册,往丁田交震轩妹丈,并假夹裰一袭。薄暮,访郑一山不值。宵倦,眠早。

望日癸亥　阴云不解,雨意犹浓

到馆谒圣。授课。考问。甲,问汉宣帝自谓综核名实,广求贤臣,其于盖赵、韩、杨也,杀之不顾反背,信赏必罚之旨,何欤?乙,问查明斌静之罪者何人,代之者为谁?丙,问砖以何物制成,有何所用?午刻,在漱泉家饮,盖为授龄表兄之喆嗣□□婚娶,集同人移席于漱兄处也。在座者李幼梅、郑一山、家幼卿。宵,与锡喆表弟坐话。

十六日甲子　快晴

到馆授课。考问。甲,问麒麟阁功臣画像共十一人,霍光居首,而苏武居末。或曰苏为夷狄所敬服,置之下座,其功不称,其说然否?乙,问道光六年,张格尔结何国之兵入寇,始陷者何城,继陷者几城?丙,问同是儿也,一儿有橘,其父何以禁之勿食,至后何以仍许其食?作覆唐叔玉、赵羽仪二君书,交邮递河南许州。福润局送到《日报》一封。薄暮,访叶耕经。宵,月色如银,爱之不能成寐。

> 覆赵　月之七日,李君漱梅,自春闱旋里,遣戴兄送到汴平白纹四十两,并唐翁暨足下二札,又唐夫人惠赐舍妹裤褶一付、绒花一对、桂子花栏干一宗,及原存英洋十三元,均一一查收,深感唐君厚谊,铭佩不忘。至兄近驻石固,代庖榷务,以兄之才大心细,叔翁得君相助为理,可免兼顾之劳,而情洽主宾,更何

待言？况此地名区，所属巨镇，所存其间，贤士大夫，日相晋接，眼界空阔，不啻几千万倍，知君获益，良非浅鲜。弟虽僻居东瓯，闻声之下，欣羡奚似，兄倘耳目所及，有托诸楮墨，或可寄示一二，使弟稍开蹊径，不胜幸甚！瑞邑四月初七日县考，五月初二日府考，应县试者，首场只六百七十馀人，场规较去年破坏殆甚，见被发而祭于野，不免戎祸，科举之废，其兆已先矣。唐玉如兄初旬未就道，想月半准定启行，托带之件，刻已存在彼处，届时定当送上。丽生之款，先缴原存洋十三元，馀俟节前并息奉楚，君家诸旧账，应如数偿之可也。合家大小，均赖平康，无劳远注。手此布覆，敬问公安。

覆唐　月之七日，李君漱梅，自汴旋里，送到汴平白纹四十两，又裤褙、花粉等物，舍妹均一一察收，厚承足下暨嫂夫人之贶，深情高谊，刻骨无忘。容俟后日，觅土仪数色，托便寄许，以当瓜桃之报，勿以微琐见却为幸。前札谈及清恙，今想履泰，念念！畅如兄家书，均按期送至。霖岙乞驾代致一声，以慰远怀。专此奉覆，敬颂公安。

十七日乙丑　晴

到堂授课。考问。甲，问君子小人势不两立，汉孝元既以望之诸人为贤，而又信任恭显，其明乎，抑昧乎？试一决之。乙，问勘定回疆者置何官受何大员之节制？问后复三城者为谁，诱破张格尔者为谁？丙，问取浓矾之水写字于纸，其均能辨之否？问置明矾于水或多或少，其色与味皆同否？文课。乙，《造屋说》。宵，往周眉仙家，同管杏浦、姜岳仙，暨其弟榴仙，议西北学堂第二次改良章程，为各教习体罚太严，致动旁观指摘也。归时三下钟矣。

十八日丙寅　快晴，天气融和

到馆课诸生温积熟。策问。问日俄战争中国恐开罪邻邦，严守中立之界而两国均已承认,乃俄国舰队在山东海面击沉日本通信船繁荣丸,距大钦岛不过一英里,案公法所定,凡沿海岸三英里以内即为中立国之界限,俄人自大妄为,有损中立国之主权,为中国者将举公法以责之,抑听而处之,试畅其说以对。问日本议借厦门为屯兵之用,福州大吏将允之,果允其借,大与中立之旨相背,俄人闻之藉为口实,必兴问罪之师,其能设法而弭其患否? 许德美来附学,许君系伯屏甥也。乙文课。《习武说》。吴君寿长步贤暨其戚,为其婶母赵氏,欲居息烦堂清修,故来议交堂费也。邵君芝池来索策题,议二题以应之。宵,同族人在息烦堂饮酒,郑一山、胡硕卿二君均在。

十九日丁卯　晴

到馆,率诸生谒圣,休息。汇钉《日报》一册。录旧作。宵,吴君寿长暨其戚赵姓来访,谓前住持老尼法定之柩,其甥士杲已允择日厝葬,至金作三前吞蚀之洋款廿元,酌定归士杲抵作葬费,旧之堂书,亦交还我族也。①

二十日戊辰　晴

到馆授课。考问。问永州常宁二猺人何人为首,其怨之所积者何在? 问部落酋长之名目如何? 问黄帝有何制作,其定国基如何? 问人之能合群与不能合群,有何利害? 问禹与汤之都定于何地,今属何省? 吴君寿长暨其戚过馆,余即邀族人酌议交堂也。事已就绪,为写堂书一纸付之,以为券。薄暮,偕诸人过成良公家一谈,并为押花字为约。宵,往毓卿家坐话良久,盖为乃蓉侄是夜县试二覆进场也。李玉君表弟来晤。

廿一日己巳　朝晴夕阴

先伯父忌日。到馆授课。考问。问平猺者为谁,兵分几路,平有何法? 问一箭易折,十九箭不易折,试推其说? 问尧舜有何政治? 问世袭有何名

---

① 底本此下空四行。

目,始于何代?问虎为猛兽,何以为人所制?**县试二场**,题:问西人自由之说,具有界限,不善读西书者,往往借口自由,流入于野蛮一派,皆由不明界限之故,近人谓自由者,最高学行之名词。四子书中,"率性之谓道"、"从心所欲不逾矩",为圣人之自由;由忠信而至一贯,由学识而至一贯,"大德不逾闲",为贤之人自由,其说然欤?抑经传尚有可证之语否?试援往籍以端士习策。克林威尔始主共和,继行专制,前后如出两人,历史乃谓其有功于英伦之强固,试将其事实,作英吉利克将军传,而下以断语。宵,叶耕经过访,袖来《新民丛报》第四十二三册。夜雨。

廿二日庚午　　朝晴夕阴

到馆授课。考问。问中国与西人通商计几年,其银流出者共若干数?问中国之人忽于外事者其故何在?问五霸有何君长,其中以何人为最?问管仲治齐而霸有何善政?问儿以雀噪询父,答以何语?县试二覆已揭晓。前列十名:杨慕廉、夏魁、戴鸿畴、林骧、丁杓、陈名芳、蔡锡麟、张秉威、林辰、林宗哲。宵,因作夜失眠,身子惫甚,伏枕颇早。

廿三日辛未　　晴。芒种节

到馆授课。考问。问鸦片之入中国,逐年加多,试详其数。问结天地会者何地之民,其所劫者何物?问五霸之后何人争霸?问七雄战争之时人才之竞出也何故?问均是鸟也,闻其声何以有惊喜之别?问鸟之笑我也何故?文课:《巧拙说》。张震轩妹丈来,申后归棹。县试三覆。题。问:谈西艺者动诋宋儒空虚,不知新安为有宋大儒《语类》一书,包涵甚广,近如天文学言地动,地球为诸行星之一,日月蚀非灾异,月蚀可证地圆;地学言地之初生,是日球抛下一团热气,地心皆火;气学言风雨表测气轻重,空气合轻养炭淡而成;造汽车、汽机、锅炉、汽罂;重学言压力、涨力、受力、摄动力、离心力、传电力、星月相摄力、地心吸动力、风涛推压力、水火涨热力;化学言化分、化合,本道家炼汞之说;矿学言辨认矿质之法;电学言干电、湿电、通电、传灯、辟雷神之妄;光学言发光、回光;声学言耳底之膜;无不发源于《语类》,试条举之,以保国粹策。

算学:有一河乡船,自瑞安开至温州,去时每点钟行四里,回时每点钟行六里,如是往来,共享二十五点钟,开瑞安到温州水路若干;今有同式长方田两块,共积地二百七十三尺,已知甲块长六尺,乙块宽二十一尺,问甲块宽乙块长各几何? 宵,改宋子枢课卷。

廿四日壬申　　晴雨不定

在馆课诸生温积熟。考问。问苏秦、张仪二人立说何以两相反对? 问商鞅有何新法? 问周所置之六官其名目如何? 问西国女子均知书,中国女子都不识字,其能设女学堂取法而效之否? 问西人皆有群,中国之人以忌嫉为心,可能化其气习而能合其群否? 改家乃蓉侄课卷。宵,郑一山德馨明经过谈,共坐良久。是夜县试四场已揭晓。丁杓、林辰、杨慕廉、戴鸿畴、夏魁、林骧、张秉威、陈名芳、薛鸿逵、林宗哲。

廿五日癸酉　　阴,疏雨

到馆授课。考问。问林则徐焚烧鸦片之后,英人尚有输入内地否? 我国之吏将以何术沮之? 问一家有二子,一长一幼,人何以独赞其长? 问孔子弟子计若干数,其最著者为谁? 至教育以何者为主义? 问孟子受学何人? 其所主何说? 改宋子枢课卷。县试末覆。题《晋文公许复曹卫执宛春论》。宵,改乃蓉侄窗课卷。过家云坡叔处一谈。

廿六日甲戌　　乍晴乍雨,气凉

天早,县试总案已揭晓,列前十名:杨慕廉、戴鸿畴、丁杓、夏魁、林骧、陈名芳、林辰、张秉威、潘骧、薛鸿逵。到馆授课。考问。问汉元、成二帝其明昏实相等否? 试切指之。问英以鸦片构衅侵犯我国者何地,试指各地之名与兵船之数。问老庄之学有何主义? 问古者书籍所用何物,其字体与今相同否? 问木铁二物何以知以传热与不传热? 改宋子枢课卷。宵,李丽生表弟来谈。

廿七日乙亥　　晴,疏雨,天气清和

到馆授课。考问。问则徐既罢,继之者何人? 其能协议而致其平否?

问农人所任何事，其种稻及收获之期在何时节？问大厦为各人所据，比以今日之中国，有何相似，尚有术以挽之否？试畅其说。潘煜斋表甥来谈。许一美乞假归。薄暮，蔡作醴过馆。宵，过振三公家一谈，冒雨而返。

廿八日丙子　　阴

到馆课诸生温积熟。改宋子枢课卷。文课：甲，"子力行之，亦以新子之国"；乙，《学体操说》。丁田张震轩妹丈来。是日为府试取齐之期。薄暮，宋子枢晋郡赴试。宵，与轩兄坐谈至夜。

廿九日丁丑　　晴

谒圣，休息。推算排日功过。作挽邵棠甫夫子楹语："人生聚散本无常，忆从前亲炙门墙，雨夜风晨，一字推敲多我益；闻道暮朝奠遗憾，慨今际大开学界，中经西纬，专家教育失师宗。"又改许孟龄挽邵师联："沉疴百四日，术窘扁仓，如公心性独高，竟作长终，知命一生通圣学；设教数十年，望同山斗，憾我门墙未炙，徒深私淑，传经何处溯师宗。"张震轩妹丈返棹归丁田。宵，改家乃蓉侄课卷。

晦日戊寅　　晴

到馆授课。考问。问英人调印度军队据陷中国之各地何名？我军进战其能得胜否？问人在家中何以知门外之事？问人生所最要者何事？夕，文课。《自强说》。访郑君一山，属书楹语。宵，设馔祭祖先，因余欲束装晋郡，端阳节近，不及亲祭，故先为备馔奠之。更深，过管竹君处一谈，遇姜君舜璇。夜疏雨。

五　月

一日己卯　　晴热，挥汗不止

朝，检点行装作上郡计。夕，访郑一山，坐谈良久。汇钉《日报》

一册。薄暮,同家乃蓉侄坐小舟晋郡,叶味兰附舟。

初二日庚辰　　晴

舟抵岸,觅寓夏松亭画士家。过礼房考局,定所挨之诸童名次。访管竹君、潘震炯。宵,周榴仙、宋子枢过寓,坐谈良久。是日,永嘉首场。

初三日辛巳　　阴雨

朝,家鉴亭先生携长君墨西来,邀与同寓。余不出门,候诸童来花押。夕,过潘震炯寓,因炯之名次适挨在戴叔雅炳聪名下,谓母丧未阕,不得应试,颇费唇舌。炯系余认保,固难坐视。至宵,冒雨访张友夔,同往戴君处说情,往返殊觉周折,后以点缀手段试之,始允。时夜已深矣。余之保下张秉威,闻曾纳粟入监,往年去应省试,恒向查驳,因项志贞、周榴仙再三劝解,暂为置之。是夜,瑞安首场。宵深,过礼房考寓,画年貌册花押。五鼓,往试院随班鹄立,识认诸童应试。

初四日壬午

朝阴。假寐半日。过陈丹卿寓。夕,闻雷小雨。往何顺先生处一谈。家乃蓉、宋子枢均三牌出场。首题"恭而无礼则劳"四句;次题"无启宠纳侮无耻过作非"。宵,访管杏浦。回寓与夏君伯龙坐话。

初五日癸未　　大雨。端阳佳节

因为考试所羁,不得归,情怀沉闷,假寐终日。宵,与家鉴亭先生坐谈良久。

初六日甲申

朝晴。鉴亭先生回里。同郑一山过吴乙生处,取来膏伙小洋十角,遇丁松夫杓。是日,乐、平首场。卓午往一山寓,留餐。夕雨,瑞邑首场案已揭晓:第一胡朝兴,门人宋子枢、许孟龄、家乃蓉均不在列。周榴仙、项志贞过访,并为张仪夫作解。余怪渠意太偏,言颇激烈。薄暮,约何老顺与枢、蓉二生同舟而归,何君为子枢之姑夫也。夜雨达旦。

初七日乙酉　　　雨,旋阴

天早,舟抵岸,与何老顺暨子枢、乃蓉作别归家。夕,访吴伯屏,坐谈半日。宵,阅《日报》。

初八日丙戌　　　雨

录近作论,阅《日报》,自朝至夕。宵,家毓卿来邀饮。

初九日丁亥　　　雨。夏至节

偕同人在西北惠民仓称粜储谷。薄暮,过福润局取来《日报》共十一纸。阅《日报》。

初十日戊子　　　雨

偕同人在西北惠民仓称粜储谷。汇钉《日报》一册。宵,阅《日报》。

十一日己丑　　　阴

过西北学堂,与周眉仙、李声玉坐话。购来《万国史记》一部,计六册。写祭关帝诞辰胙肉票,并祝章。洪栋园夫子过访,假去陈式卿范拔贡卷一册。府试二场案已揭晓,案首蒋蔚。薄暮,闻雷少雨。阅《日报》。

十二日庚寅　　　乍晴乍雨,东北风起,恐有飓灾

节假期满始开馆,蔡作醴、姜泮琛来从学。宵,为诸生说孟子书。邀陈粹琳到关圣庙排设豆品,为是夜五鼓官僚祭关帝也。

十三日辛卯　　　乍晴乍雨,风势犹大

到馆授课。考问。问洪秀全之出身如何,所奉所尊究属何教? 问西人歇息之日多,其有害于作事否? 问莽之篡汉,由何人成之? 试按其实以对。问

秦皇之世,政治与学术何以至于大坏?问刘邦与项羽争战,何以独得其胜?问梁惠王言利,孟子答以仁义,其说果可以行之否?乙作文:《休息说》。薄暮,访郑一山。

十四日壬辰 乍晴乍雨,东北风来定

课诸生温积熟。考问。问入上帝之教者其名目如何?问鸟兽何以见其相爱?甲乙文课:"果能此道矣,虽愚必明,虽柔必强"、《争胜与妒忌之论》。改乙班课。叶耕经寄到《瀛寰全志》一册,又附图一册。宵,改许德美课卷。

望日癸巳 天早雨,旋晴,东风大作未定

到馆授课。考问。问同是君也,文王何以得其乐,而桀何以不得其乐?试明其故。夕,开第三十期演说会,率诸生到明伦堂听演,至暮而返。宵,改蔡作醴课卷。

十六日甲午 天早雨,旋晴

到馆授课。考问。问高祖垓下之胜,遂定汉鼎;光武昆阳之捷,遂致中兴。其天授乎,抑人力乎?试明其故。问洪秀全有何僭窃之举?问汉并用封建郡县二制,其利弊何在?问武帝承文景之后,有何文教?问家与国何以至于败亡?改宋子枢、家乃蓉课卷。宵,月色甚佳。

十七日乙未 天早雨,旋晴,天气颇热

到馆授课。考问。问洪秀全之兵有节制否?问洪秀全之师所向皆破,其故安在?问善之当好,恶之当恶,人之性其皆同否?问武帝之世,人民大困,其故何在?乙作文。《好善恶恶说》。吴伯屏、方晓畦、周远秋、王子程过访。宵,月明如昼,露坐中庭,时则荷花方开,露涵香气,颇爽心脾也。

十八日丙申 晴

到馆课诸生温积熟。甲、乙文课。《光武不许封禅论》、《洁净为养生第一要义论》。薄暮,过岳家一坐。宵,改许德美、蔡作醴课卷。

十九日丁酉　　晴

到馆率诸生谒圣,休息。访吴伯屏、周眉仙,坐谈终日。福润局送到《日报》,计十纸。得赵羽仪书。

二十日戊戌　　晴热

到馆课诸生温积熟。考问。问我国之地居于何带,有何等人生于其中,主教育者何人? 问十八省约分三带,何省属于何带? 试分定之。问直隶省人民计若干数,其间州县计数有几? 至大清国居于何州,在于何方,横直各计若干千里数? 丙,问家有何等长上,父母之上有何人,与父母同等者何人,父母侍奉,我何以随之,父母之外有待我者,我亦如父母事之否? 问师教我读书,使心有未明,为弟子者当何如? 以是日为始,至二丁期而止,取温故知新之意也。酌定每日上午温熟,下午考问,且重加解说,以备遗忘。吾实教育热心,如此未知能得免过否乎? 宵,阅《日报》。更深始眠。

廿一日己亥　　晴热

在丁田轩兄家,同吴步鳌治平、张云汀莅谈论近日教育之事。午后,同稚菊表弟泛棹归,方珏附舟。申刻抵家。仍到馆。

廿二日庚子　　晴热

到馆课诸生温积熟,并考问。考问。问史称高、光二祖,其举动如出一辙,然欤,否欤? 诸生讲求有素,必知中间有所以异与同者,试一一指明其故。问西汉循吏有几人,酷吏有几人? 其循良之吏与光武之世吏治有相合否? 问旧名八旗,何以有二十四旗之名目,试分定之。问六部有何所掌之事,各部之长及其次者,其官何名? 问人居家中,上下及中间者何人? 有何合理之事,至助我者何人? 其择之当有益否?

廿三日辛丑　　晴热,东北风大起。巳刻大雨

到馆课诸生温积熟,并考问。考问。问各省有何大小之官员,试详其名目。问交通西域者以何人为始? 当详其所通之处。至困败匈奴者在于何术? 问秦政威震外夷者有何远略,而外人称我中国者何名? 问童子出门,所不

敬者何事？其在家学如何,可能化其顽质否？问吾人之同胞者何人,其取同胞者何义？若无同胞之男而有其女,为我者待之可相当否？张震轩妹丈来,盖为陈君寿石欲顶余廪缺也。轩兄已允之,但银款未订定耳。申后,轩兄返舟。薄暮,季妹分娩,举一男。宵,过吴伯屏处一谈,遇王子程、家树斋。至更深,各隅学堂诸监督来访伯屏,盖为西南学堂甲班生蔡作醴告退事也。项志贞中心不愿,故邀同人集议,伯屏系担保之人,特来作难以争之,幸得杨君子龄从中折衷,定以明日当堂告退,始了事也。呜呼！我中人不求实事,徒求形式,于此可见其一斑也。以此辈人倡办学堂,少年意气,庸有济乎？

廿四日壬寅　　晴热,风定。小暑节

到馆课诸生温积熟,并考问。考问。问喇嘛教归于何教,所居何地,其总数共计若干？问盟长轧萨克其所属有相同否,至驻藏及西宁二办事所置何地？问盛京何以异其制度？并详其所异之事。问安南何以先分而后合？试明其故。问人何以知康乾二帝心好文学？试明其所行之事。问称胞侄有何意义,其与同胞兄弟及姊妹所称有相合否？问愚鲁聪明二者有何相胜？问父母何以爱子之甚,人父母其皆同否？问众树与松柏何以见其不同？试明其故。甲文课。"齐一变至于鲁,鲁一变至于道"《说海》。遣蔡作醴随吴伯屏往西南学堂告辞而行,以践昨议也。薄暮,吴伯屏过访。宵,改许德美课卷。

廿五日癸卯　　晴热

到馆课诸生温熟,并考问。改家乃蓉、宋子枢课卷。未后,余君赤霞、陈君寿石,暨家麟如,袖轩兄函来,谓廪款既订定二百数,麟如与金子彝出名代票,可开明三代,以便集捐办文也。遂覆一函,交麟如递轩兄,并开出曾祖父名讳交寿石,谈顷始别。[1]

---

[1]　底本此下空四行。

廿六日甲辰　　　晴热

天早,丁田宝银来,邀稚菊表弟为吾妹暨曋甥、绵女近日中暑患疟,故往一诊也。作道课。首题《佛教创于印度,自东汉时入中国;回教创于阿剌伯,自唐时入中国,皆与我之宗教并行,不闻国家有仇教之事,而我之文明日进,其故安在?》《北宋无将论》。叶耕经过访,袖来《群学肄言》四册,并邀余改削道课,家乃蓉、宋子枢亦代为阅改。课诸生温积熟。考问。问勇兵番兵有何分别?问暹罗所以再兴之故,今王之始祖何名?问人不免于饥寒者何故?问人当秋天何以必加谨慎?宵,阅《日报》。

廿七日乙巳

天早,虹见。福锦伯自卫房宫祈签而来,为妹近日患疟,暨曋甥、绵女亦患此症,故一决其休咎也。到馆课诸生温积熟,并考问。考问。问明朝及我朝,任用耶稣教徒,其人何名?当定其先后,至换其面目,则行以何术?试为明之。问艇盗土盗有何大害,可易破否?问诸葛亮有何外交之术,而昭烈之成帝业其亦有赖于亮否?问道教之由来何在?问蚊虫咬人有何益处?问小儿坠于水缸之中,何以至于不死?夕,微雨,往显佑庙,偕同社诸君集议接管仓庙二众,而本年庙司事李声玉浮报太多,群责其不公,颇动唇舌,惟徐昭甫言最激烈,余谓李君用款果属浮开,独责一人犹未见公,必须将上年旧管之用账比较,孰优孰劣,指而出之,始见公心也。同人是余言,订以明日,遂各散归。宵雨,访家梅仙不值。

廿八日丙午　　　晴热

到馆课诸生温积熟。文课:甲,"不揣其本而齐其末,方寸之才可使高于岑楼"《地球说》《依人说》《合群说》。宵,阅《日报》。

廿九日丁未　　　晴热

率诸生谒圣,休息。已刻,步行往丁田探问,近午抵张妹丈家,妹之疟已退。而曋甥、绵女犹未见平也。作寄赵羽仪妹丈书。申后辞别,至九里陡逢阵雨,衣履尽为濡湿,遂踉跄而归。袖函交邮局,日已向暮。宵,过李玉君表弟处,坐谈甚久。

寄赵羽仪

月之十九,接到尊札,开缄捧读,领悉一切,稔知足下驻旌石固,诸事顺洽,无待赘言。弟近来从事舌耕,学问毫无进步,加以馆课纷繁,日不暇给,以空疏无具之身,而漫膺教习之任,欲求免毁,诚恐其难。特以囊无储金,为谋生计,亦不遑顾耳。马齿日增,精神大减,奈何奈何!县学抬廪之事,今已举行。弟之廪缺,已为河乡人陈君寿石顶就,其价计英洋二百数,此事之成,都仗轩兄大力。千金重担,窃幸息肩,使兄闻声,当为弟加一大快也。令姊处大宗轮值之众,本年先有五亩,馀俟明年值收,中间颇费周折。弟陡闻此消息,兼思足下曾经嘱托,屡次往访郭小梅兄,因渠为族中大有声望,且系渠家交代邀为调排,奈令姊之夫兄庆云心贪情薄,不顾名分,欲独得而甘心,其言云:"顶继属我,众当归我,且为妇人身,不能亲到宗祠祭享,理应归我措办。"如此妄谈,一时事难遽了。然以弟思之,确有二策:一,此众轮值,本为老四房顶继而来,今其遗柩尚未厝葬,在令姊之意,以本年及明岁所获之租挪措,馀资举行窆窆。但庆云坚执不允,近闻其家道日落,众若交云,恐安葬一事,定见束之高阁。鄙意以为云既艳此众产,不妨将计就计,众田属云收去,葬事亦属诸云,必须邀同戚族,凭众面订,立就字据,限定年月,彼虽狡猾,当碍于众面,欲躲闪而不能。以令姊柔弱之身,诸事都赖他人,今借云手,得以收租,又得以安排葬事,况当众议定,必不能延,一举两得,大局无亏,此一策也。如其不然,众归令姊一边,其大房曾为发议继子书本及聘金津贴之项,应归继母。弟意邀众酌定，每年出津贴若干，以安其心。因此辈平素贪婪，有所点缀，如获异宝，或可见允。此不了之了，又一策也。独憾弟系外人，不能言之激烈，只可从中调和，况此事颇费口舌，非一时所能成。足下成竹在胸，必有把握，如获便鸿，乞赐一言，以开茅塞，实为万幸。舍下自慈闱以次，大小均平安，舍妹亦康健，诸亲戚处亦平康。李家季妹近举一男，知念附闻。炎气逼人，千万珍摄为佳。

六　月

朔日戊申　　　晴热

到馆率诸生谒圣，温积熟，并考问。考问。问犯台湾并劫基米自号为王，其人何名？又与何人相结，离之者谁，其后何以至于自尽？问五胡种数有何分别？并详其人之名。问魏孝文有何改革之政？并明其盛衰之局。问飞云江中之舢板其有利于人否？问玻璃、明瓦为镜之属，棉麻、羊毛为布之属，所制诸物孰高孰下？试为定之。叶耕经送到《新民丛报》第四十四、五合册一本。福润局送来《日报》，计十纸。午刻，在陶尖庙饮仓庙交众酒。改宋子枢、家乃蓉、许德美、蔡作礼卷，夜以继日。

初二日己酉　　　晴雨不定，飓风将起

到馆课诸生温积熟，并考问。考问。孟子言，君有大过，臣屡进谏而卒不听，为贵戚之卿当顾大局而为易位。历观史鉴易位之举，皆可行之于贵戚否？试援前事以证其实。问我国之人忽于外事其故何在？问鸦片进口历年加增之箱数？问隋炀帝有何暴政？问蚁为虫属，虎为兽属，二物皆能善合其群否？问鸦啼鹊噪，其吉凶皆能相应否？

初三日庚戌　　　初伏。东北风大起，汰浪雨忽作忽止

在馆课诸生温积熟，并考问。薄暮，访家梅仙不值。

初四日辛亥　　　风势未减,下汰浪雨,时作时止

在馆课诸生温积熟,并考问。考问。问与英人议和,计赔款若干,开通商之埠有几? 朝廷又以何礼待之? 问入上帝之教者同人有何称呼? 其造妖书与洪秀全同叛者何人,所行何术,人皆能信之否? 问诸贼何以不和,贼势何以稍蹙? 问新闻纸有何所益,而人人皆阅之否? 问父母有何大恩? 问种谷与耘及熟在于何时,系何人任之? 而人之生也其皆有赖于谷米否? 许德美归家。至九如钱庄,送存英洋廿元。宵,在李玉君表弟家尝新,王夔拊、金炼百均在坐。

初五日壬子　　　风定,汰浪雨时作时止

在馆课诸生温积熟。考问。问天下可耻之事有三,试详其说。问善之当好,恶之当恶,吾人之性其皆同否? 问古之得书何其难,今之得书何其易,试明其故。甲、乙文课。"晋以垂棘之璧与屈产之乘,假道于虞以伐虢"、《雪耻说》。薄暮,虹三见。

初六日癸丑　　　晴热

课诸生温积熟。考问。问欲得清气,当用何术? 问随处皆有微生物否,人欲避之,当用何法? 问捉鲸鱼当用何法? 问人有兄弟可免于劳苦否? 丙文课。《大风说》。午后,微雨,遣价往丁田张妹丈处。薄暮,虹见,闻雷。宵,访梅仙遇之,为羽仪妹丈之姊家众产事,邀渠代为调停,坐谈良久,订以明宵同往。

初七日甲寅　　　晴热

在馆课诸生温积熟,并考问。考问。问天下有何无用之物,其变为有用也,当行何术? 问狐虎之威皆相同否,至其同行百兽见之皆走,其狐假虎乎,抑虎假狐乎? 试一决之。问人何以得伤风发热之病? 问人当运思之时,何以不可食物,当体操之候,何以不可运思,试明其故。问三皇五帝何名? 试各详其在位之年。问启之父为谁,在位计若干年? 问羿篡谁之位,为何人所杀,其僭位计有几年?

改乙、丙二班课卷。写书寄震轩妹丈。薄暮,邀家梅仙到羽仪之姊家,议定众产,愿归夫兄庆云,必须邀族众限其安葬三房祖先遗枢,宜凭众面立就字迹以作券也。更深,雷雨。

初八日乙卯　　晴热

在馆课诸生温积熟,并考问。文课。五百年必有王者兴,其间必有名世者。考问。问人类何以异于动物?问寒浞是何等人,计僭位之年若干,后为何人所诛?问夏桀之为君,其贤乎,抑不贤乎?试为一决。问夏商开基之主何名,所定国都属古何地,于今属何省府?问伊尹之放太甲也何故?家毓卿、李云苓来邀试新,却之。薄暮,雷雨。宵,往岳家尝新,与叶云村僚壻坐谈至三鼓。

初九日丙辰　　晴热

在馆课诸生温积熟,并考问。考问。问同国之民不相爱,孰利孰害?试明其故。问用心与用力二者过久,当有何损?问谨慎与忽略有何可证?问童子因球堕鸟巢中,竟欲破巢,其存心也何如?至于越墙为砖所压,使无邻叟以援之,童子又将何如?问商之迁都者其君何名,至所迁之地今属何省?问武乙之为君如何,其后得善终否?问纣有何暴虐之政?问夏商共有几主?试各定其总数。问何为封建之制?问管叔造谣言其心何在?计夏季大考至今日始毕功。张震轩妹丈至,并携来张仪夫所赠书。《财政四纲》二册。又代收廪款,金子彝处英洋廿元,暂存轩处。薄暮,雷雨。宵,吴伯屏来邀饮,在座者薛□□□□叔侄、管杏浦、周榴仙、远秋、王子程及余也。是日,甲乙文课:“吾闻用夏变夷者,未闻变于夷者也”、《竞争论》。作东嘉课。题:《邓禹、贾复知光武偃干戈,修文德,乃去甲兵,敦儒学论》。

初十日丁巳　　晴热

辰,率诸生谒圣,休息。阅《日报》。午后,雷雨,录旧作。宵,访周眉仙,与晓秋、榴仙、项慎初坐谈至二鼓。

十一日戊午　　晴热

在家汇钉《日报》，录旧作。薄暮，闻雷，少雨。是日，交大暑节。

十二日己未　　晴热

到馆授课。考问。问王安石之变法其弊何在？问韩侂胄之图金，孰是孰非？试明其故。问借外兵以攻发匪于中国果有益否？问忽略谨慎二者有何损益？福润局送到《日报》一封。宵深，月明如昼，中庭露坐，闻蟋蟀之声，如怨如诉，颇动秋怀也。

十三日庚申　　晴热。中伏

在馆授课。叶耕经送到《新民丛报》第四十六七八合卷一册。宵，月有晕。

十四日辛酉　　下沈浪雨

在馆授课。考问。问攻拔天保城系何将帅，至屯兵何地，并为指明。问宋之见灭于元，其故何在？问运动与不运动其人有何损益？甲、乙文课。"三代之得天下也以仁"、《强存弱亡说》。陈寿石来访。改乙班课卷。宵，改蔡作醴卷。

十五日壬戌　　下沈浪雨，旋作旋止，东风大起

到馆授课。考问。问官军攻破金陵有何法术？至所杀之贼，并详其名。问弟子在塾，何有要事？甲文课。"乃所愿则学孔子也"。是日，明伦堂开会演说，因阻雨，不能率诸生赴会，心实歉甚。薄暮，虹见。宵，改蔡作醴、宋子枢、家乃蓉课卷。夜半，大风摇窗撼壁，聒耳颇喧。

十六日癸亥　　大风甚雨

不到馆，在家改宋子枢、家乃蓉课卷。午后，风定，许孟龄来晤。宵，阅《中外日报》。

十七日甲子　　大雨

到馆授课，学徒来者仅十人。乙、丙、文课。《水满说》。宵，阅《中

外日报》。

十八日乙丑　　　朝晴夕雨,天气沉闷

在馆授课。考问。乙,问元室何以至于衰亡? 试明其故。问贼中之凶悍者有几人,其人何名,所守何地,至贼之性贤如何? 并为指明。问水云与雨何以成为一物? 问周昭王何以至于溺死? 改大考课卷,夜以继日。

十九日丙寅　　　晴热,午后,闻雷少雨

到馆授课。文课。甲,"必也使无讼乎"、《赌博与吸烟二者之害相同论》、《欲读书必先识字论》、《纳凉说》。改乙丙课卷,并定大考史学名次。宵,推算诸生排日功过。

二十日丁卯　　　晴热

率诸生谒圣,休息。为叶振木之子写聘定红帖。许孟龄来邀,出乐群学社联会题。"或安而行之,或利而行之,或勉强而行之,及其成功一也"。改家乃蓉、宋子枢课卷。宵,设筵尝新,同饮者李丽生,稚菊表弟,周元来义弟,鸿文、涣文、鸿昌三侄。

廿一日戊辰　　　阴热,日暂见

在馆授课。为蔡作醴出联会题。《汉破项羽于垓下论》。福润局送到《日报》一封。改蔡课卷。写函交邮寄河南与羽仪妹丈。宵,雷雨,不出门。

　　　　与羽仪书

　　　前月廿九日所发之函未知已登台览否? 至令姊家老众一事,弟已于前札中略为叙明,但此事颇觉棘手。弟屡次邀梅仙兄周旋其事,谓此众若归庆云,其上代过继之遗柩,当归庆云安葬,须邀同房族,凭面立字,限以时日,方能济事。津贴一节,均作罢论,无如云见利忘义,一概不允,而族长又敷衍过去,小梅亦模棱两可,彼族中无一人作铮铮者。弟系局外,只得听之。犹

幸本年所值者为数五亩,赢馀无几,其数十亩之田值,明年犹可缓为图也。且郭家又以弟为多事,啧有烦言。弟非好事者流,一因受君之托,恐负前言,一为令姊举目无亲,颇形焦灼,以故不辞劳怨,往来于二梅之间,恳伊安排,诚不得已。为今之计,效彼飞鸿,暂为避□可否?俟冬下,或足下旋里时,再作计较也。兄近日公事丛集否?端阳节后,屈指经旬,未获鱼书,舍妹日俟佳音,望眼几为之穿。祈兄拨冗惠赐片鳞,以叙近况,免致闺人教夫壻而悔觅封侯也。舍下自慈闱以次,大小均叨福庇,令姊舍妹亦康强逢吉,诸亲戚亦俱平安,毋劳远注。吾乡遭飓风二次,势不甚大,而早禾无损,比去年较胜一筹也。溽暑逼人,千万珍重。肃此手泐,顺请公安百益。

廿二日己巳　　朝晴,夕雷雨

到馆授课。考问。问英法二军何以合攻广东,其兵端起自何人?并为指明。问臭人所恶也,而海上之人何以独悦其臭,岂其鼻有不同乎?试明其故。问牛何以称为良兽?改联会卷。甲文课。"柔远人则四方归之"。宵,往李稚菊表弟家尝新。

廿三日庚午　　朝晴,夕雷雨,虹见。三伏

到馆授课。考问。问订定条约之后,其兵衅复开者,何欤?问自尊之道何在?至人轻贱于我必有其故,并为指明。乙丙文课。《读书赌博二者损益论》《丈夫说》。改削课卷。

廿四日辛未　　雨

是日,因家中有事,暂停一日课。午刻,会筵于飞云阁,赴会者叶耕经、云村昆仲、彬臣表兄、家毓卿弟、乃文表侄,孙中恺、叶寿如不至。是年吴伯屏值收,曾省三亦同日设席,与其舅管中凌坐谈至暮。

廿五日壬申　　朝晴,夕雷少雨

到馆授课。甲,文课。"君子遵道而行"。考问。问英法复来入寇,其兵

数若干,所占陷者何地,而朝廷又命出而调和者何人?——详为指明。同一鸥鸟也,前与人同游,后竟相离而去,试明其见疑之故,以鸟例人,将何以处之?问水为养生之物,其要何在?问海水甚咸,人欲饮之,当用何法以化其盐质?邀吴伯屏来,举会款交之,计鹰洋七十七元,惟孙廿六数、叶三数未收。作东嘉师课。题《俄日构兵,有谓中国宜助日拒俄,不宜守局外中立者,其说然否?试洋其得失利害策》。

廿六日癸酉　　朝晴,夕雷雨

到馆授课。考问。问同盟军入京有何暴掠之事?问使人身体之洁有何所事?问读书之士其至于不洁净者何欤?邀家增楠往铜乾称早租。薄暮虹见。

廿七日甲戌　　晴热。立秋日

在馆授课。考问。问驻京俄使何以出与英法二国调停其事?试指明其故。问天下之废物甚多,何以无用转成有用?试明其故。张震轩妹丈来,薄暮返舟。

廿八日乙亥　　晴热

在馆授课。考问。问五口通商之后,此外所开者几埠?并详其名。问我国受英法大辱后,有何创办之政?问蝉之声从何而出,至其之心乐有何形状?问厉王为国人所逐,国中无主而何以不见亡?问诸侯欺君之甚,以何事为证?乙丙文课。问:山有高低,水有大小,其高而且大者,有胜于低与小否乎?例以人之所居,其相胜亦同然否?试畅其说。改削课卷。宵,小课。入则孝。阅《日报》。

廿九日丙子　　晴热

课诸生温积熟。考问。问庄周既许其救,而鲋鱼何为忿然作色?试明其故。问惠、襄二王因何出奔,作乱者何人,平之者何人?并详其名。甲、乙文课。"见善如不及,见不善如探汤"、《周公杀管叔论》。家增楠自铜乾收租回,计乡称谷数乙千乙百零三十斤,合自称除净九百三十五斤。作玉尺师课，《法窥龙州攻守形势议》。薄暮交卷。宵，在李丽生试新，与玉君、稚菊同席，二鼓归。推算诸生积日功过，至四鼓。

七　月

一日丁丑　　晴热

仲弟忌日。朝率诸生谒圣，休息。夕，同往明伦堂听演说，计第三十三会也。宵，改蔡作醴课卷。定诸学徒画到表。

初二日戊寅　　晴热

到馆授课。考问。问俄罗斯当本朝未入关之始，其强弱如何？问卫生家有何大忌？惜字局同人邀余集议，并往大赉典提息，收买字纸，盖为管君仲凌私移旧存三百二十元之款，欲催其缴存，恐伤颜面，特借典守者之口，递相传语，欧阳公所谓醉翁之意不在酒也。李幼梅调停其间，定于月半归诸故府，众人始允，顷之各别。甲文课。"小人之过也必文"。

初三日己卯　　晴热

到馆授课。考问。问圣祖朝筑备何城，以何法定两国之境界？问童子六人戏为兵操，有何分任之事？问人见而称之者何欤？管黼堂始来受读，计旷课已四阅月左右矣。是日，张新任愚若学智大令放告作控陈庆瀛盗葬呈词，邀家增楠投递。邮局送来河南赵羽仪妹丈所寄书二函。福润局亦送到《日报》。叶耕经又送交第三年《丛报》四十九、五十两册。甲、乙，小课："不以规矩不能成方圆"。孙仲恺遣人付来会洋廿六元，即转付吴伯屏。宵，改蔡作醴课卷。

初四日庚辰　　伏毕，晴热

家寿星叔来邀余，取缺金水旁贴之字，以名其子，即以汝鎏二字定之。云坡叔来邀余出课题。"及其成功一也"、《齐代楚至于召陵论》。在馆授课。考问。问俄之通于内地者以何事为始？问不倒翁之出处如何？问弑晋侯者赵穿，而董狐不记赵穿而记赵盾，其意何在？许德美来馆读书。午刻，往家毓卿处吃叙会酒。二会，薛裕泰，供会洋三十元，乙巳六月收；三会，林圣卿、潘世源，供会洋廿八元，丙午四月收；四会，陈世初，供会洋廿六元，丁未二月收；五会，薛裕泰，供会洋廿四元；六会，林圣卿，供会洋廿二元，戊申十月收；七会，家毓卿、小竹，供会洋二十元，己酉六月收；八会，陈世初，供会洋十八元，庚戌六月收；九会，蔡春郎、潘世源，供会洋十六元，辛亥四月收；十会，林圣卿，供会洋十四元，壬子二月收。

初五日辛巳　　　晴雨不定，西风大作

到馆授课。考问。问唐之诗文胜于何朝，其长于诗与文者何人？至书画之工其人，并为指明。问佛教至唐益盛，其宗义何属？此外有何流传之教？并为详之。问沿岸一带何以尽为俄领，试明其故。问爱珲之条约，其结定何在？问人之生也有何所赖？问随处皆有微生物否，其免病有何良法？甲，"子路人告之有过则喜"、《记坐树下乘凉》。改家乃蓉课卷。申后，虹见二次。薄暮，过福润局，交存报费英洋二元。宵，改蔡作醴课卷。

初六日壬午　　　西风大作，乍晴乍雨，俗谓之洗车雨

到馆课诸生温积熟。考问。问王安石创行新法，其有弊无利何欤？问宋之党祸，因何结而不解？问中国之边祸日亟，始于何时？改乙丙课卷。闻廿四都船渡云江将近岸，为夹板船之缆所绊，风狂浪涌，舟遂倾翻，计溺毙者二十馀人，遇救则有七人。吁！可怜已。宵，为蔡作醴说四书义。

七夕日癸未　　　晴，热度加增

卫房圣母诞日，迎神演剧，鼓乐喧阗，士女来游者甚众，偕同社诸君诣拜，值祭者管仲凌也。午刻，同饮于管君家。宵，携桐、槑两儿观剧。

初八日甲申　　　晴热

到馆授课。考问。问中国之边祸日亟,始于何时? 问我朝照会于俄也何故? 并明其所答之言。问弟何故不敢入塾,兄劝之更有何言? 问二人宜为常人所则效也,其故何在? 宵,同李丽生、宋子枢、家乃蓉在卫房宫观剧。

初九日乙酉　　　晴热

在馆授课。考问。问宋之道学其可贵者何在? 至其所短之处,并为指明。问宋代佛教盛行,而畅行于日本者,其故何在? 问督辩新疆军务有何见效,而俄所答又有何语? 问楚子问周鼎之轻重,其意何在? 小课:《楚子伐陆浑之戎》。宵,同枬、栘、桐三儿,在卫房宫观剧。

初十日丙戌　　　晴热

在馆课诸生温积熟。甲乙文课:"不义而富且贵,于我如浮云"、《观剧说》、《赏雪与望月二者之景孰胜》。丙,《女子宜读书说》、《观戏与读书孰乐说》。改乙丙课卷。丁田福锦伯来,得震轩妹丈函,作书答之。薄暮,访吴伯屏。更深雨。

十一日丁亥　　　晴

在馆率诸生谒圣,散学休息。出联会题。《荆轲刺秦王论》。改宋子枢、蔡作醴、家乃蓉卷。得浙江陈苏石学使通饬文书,谓本年院试经古,改作二场,头场则试四书五经义各一篇,提覆仍旧,办考诸项均归州县办理,不准由学,以免书斗勒索之弊,近已出示晓谕矣。噫! 科举在将废欲废之间,犹曰尊圣道崇经学,不知有益于时局否乎? 宵深,月色如霜,出门散步,天气清凉,渐有秋意。

十二日戊子　　　晴热,气少减

到馆授课。考问。问辱国命者何人,朝廷定其罪否? 至后结和平之局定议者所赖何人? 问称为本国,称为国民,有何出处? 问国民之荣辱,其故何在? 问董狐与南史何以称直,其为人有相同否? 许德美感风不至,方鸿藻到塾读书。宵,小课"尧舜之道孝弟而已矣"。夜深,雨下一阵,偷儿潜入后园,携柴草十馀束去。公道日丧,人心日险,三代斯民皆以直道而行,相去也远矣。

十三日己丑　　晴。处暑节

外大母忌日。到馆授课。考问。问安南系何人作乱,或杀或立,其人何名? 至恢复得成旧业,其故何欤? 问自强之道何在? 薛包析产,让美取恶,今日之人兄弟皆能如包析产相让否? 试广其说。作东嘉官课。《禹贡九河考》。改乃蓉卷。福润局送到《日报》一封。宵,小课。"择其善者而从之"。夜深,小雨旋止。

十四日庚寅　　晴

到馆授课。考问。问韩信击赵,使赵用李左军之策,其成败当何如? 问越南何以失自主之权? 问鸥鸟飞舞空中而不敢下,其故何欤? 问形之变,心之动,其故何由? 改联会课。薄暮,过吴伯屏一谈。宵,阅《日报》。

十五日辛卯　　晴

到馆授课。考问。问英公为姊煮粥而不惮劳,其意何在? 问法有何异图? 问越南何以请援于我? 问人之于口,何必加谨慎? 宵,阅《日报》,月色皎洁,夜凉如水,侧耳听蟋蟀声,如怨如慕,秋景凄清,颇动怀人之感也。

十六日壬辰　　晴

到馆课诸生温积熟。甲,乙文课:"四海之内皆兄弟也"、"寇母以称锤击准,遂发愤读书,今之为人子者,一失流荡,其亦如准听母之戒否"。改乙班课卷。宵,作观风课。题:《张骞哥仑布论》。

十七日癸巳　　朝晴,夕大雨

早起,成观风一艺。考问。问朝廷何以不悦越南? 问吾人之身一切运动有何进益? 问日俄战事结局将何以处中国,中国将何以自处,有国民责任者宜务筹之。张震轩妹丈来,薄暮返舟去。宵,阅《日报》。夜深,大雨彻旦。

十八日甲午

朝，虹见，大雨如注。诸生阻雨不到馆。夕霁，改家乃蓉、宋子枢、许孟龄观风卷，计十二艺。宵，往李稚菊表弟家饮节酒。成观风课。四书义题："群而不党"义。

十九日乙未　　晴

到馆授课。考问。问战事又起，其故何在？问灶突决而火上焚，使燕雀早觉其免害否？至于国危人之祸，亦能如鸟雀之可免否？问天下之物，天生人造有何分别？问天下之物谓其皆由天生，何欤？作观风题一艺，《原儒》。交山兄抄缴。丙拼文。《秋凉读书说》。闻办禀批回已到。宵，小课题。"人皆曰予知，驱而纳诸罟擭陷阱之中，而莫之知辟也"。过仲妹家一谈。

二十日丙申　　晴

到馆课诸生温积熟。考问。问孔子仕鲁，有何官职，至其去也，试明其故。甲、乙文课。《满招损论》、《知过必改说》。改甲乙课卷，继之以烛。

廿一日丁酉　　晴

谒圣，休息。过姜岳仙、周榴仙家一谈。夕，过陶尖殿，与同社诸君议贞记筑店事。郑小谷德明先生来邀，因伊表侄姜泮琛好游，托余收入夜课馆，以防闲之也。余婉辞之。宵，过岳母家一谈，叶云村亦至。

廿二日戊戌　　晴热

到馆授课。考问。问福州何以被破？问野草与玫瑰其均香否？证之于人，有何相合？福润局送到《日报》一封。宵，过岳家一谈。

廿三日己亥　　晴热

到馆授课。考问。问蒯彻之说韩信，韩信之谢蒯彻，其是非何在？问越南何以使我国主权之失？问与不善之人为友，其有益否？邮局送到赵羽仪妹丈河南许州所寄书。丁田张震轩妹丈遣福景伯来取汇廪银条，均作书答之。薄暮，往仲妹家一坐。宵，过岳家一谈。闻郑小谷明经是日午刻以暴疾卒。呜呼！人生世上，有如泡影。余与小谷先生相遇仅隔匝日之间，遽归道山，亲老子幼，向平之愿未了，先生其瞑目乎？感世事兮虚幻，如蜉蝣之寄生，闻声之下，曷胜恻然。

　　覆赵妹丈第八号书

　　七月上旬三日，迭接尊札二函，下浣三日续接尊札。开缄捧读，均已知悉。但舍妹前月因兄之手翰寄到稍迟，中心不无疑虑。弟只得修就寸笺，以邀清览，乞兄便寄一言，以慰其心。此外无别意也。至于令姊家众，姑作缓图，前书已详言之。兄竟误会，乃至于此。唐玉如刻已旋里。未知前嘱带茶叶并布袜二物，均交兄入计簿否？念念。切祈惠我好音为慰。舍下自家慈以次均平安，诸亲戚皆平康获福。新秋气爽，宾鸿将来，想千里怀人有同情也。肃此手覆，即颂公安。

廿四日庚子　　　晴热

到馆授课。考问。问法以何者为属地，又以何者为保护之国，而屡次拒之者属于何国，其始终能见许否？问东西周所分之地，并指明其人。家增楠来晤谈，顷去。宵，阅报。雷雨达旦。

廿五日辛丑　　　晴热

到馆授课。考问。问英之抗拒法人，其故何在？问先见桅顶而后见帆，试明其所蔽之故。问直不疑买金偿同舍郎，其愚乎，抑贤乎？今之人亦能如不疑之甘受其疑否？试广其说。丙文课。《观潮说》。宵，作县课策。问：物有本末，尤贵知先后，古昔圣人以格致为开物之资，故形上为道，而务求其本，西人以格致为阐物之源，故形下为器，而但求其末，如欲本末兼赅，则当以中学

为纲,西学为目。试详考博征,以明格致之理策。雷雨彻夜。代人作挽父联:
"闵予小子,未读父书,嗟我生之初,孤苦零丁,甫届五龄竟失怙;念吾祖慈,又
怀母氏,奈遭家不造,哀伤哭泣,□□□□□□。"

廿六日壬寅　　　晴。午刻大雨

到馆课诸生温积熟。作县课经义。"天子乃命将帅,选士厉兵,简练
桀俊,专任有功,以征不义"。并抄改家乃蓉课卷。甲乙文课。"故君子不
出家,而成教于国"、《保身说》。宵,精神疲倦,早眠。夜雨。

廿七日癸卯　　　晴

到馆授课。考问。问日本何以竟入台湾?问地何以知其为圆之体?增
经学一门。宵,改乙班课卷。夜,大雷雨。

廿八日甲辰　　　晴

到馆授课。考问。问陈世恩之教弟,谓切言相责,不如尤恤相待,其故
何欤?问上海一县比十八省孰大,十八省比全地球孰大?当定其分数。至于
地球之面,水陆之地孰多孰少?试详晰之。作控陈庆瀛盗葬呈词,交族人
增楠投递。薄暮,过一山一谈。宵,偕同人集惠佑庙酌议祯记店基
事,谈顷,天响雷下雨而返。

廿九日乙巳　　　晴。白露节

到馆授课。考问。朝鲜交涉之事,由何而起?问名之曰天,有物在于其
上否?问五等之封如何,至所封之地孰多孰少,并为指明。丙拼文。改丙班
课卷。

三十日丙午　　　晴

到馆授课,并课诸生温积熟。考问。问春秋时列国之臣,其最著名者
何人?甲、乙文课。《君子虚以受人论》、《兄弟贵和气说》。改乙班课卷。
宵,改甲课卷。

八　月

一日丁未　　晴

朝，率诸生谒圣，散学。遂驾舟往丁田，巳刻，抵张震轩妹丈家。南河甥女来归宁。是日会市，亲戚均备土仪馈赠，家家邀留客饮，以多为荣，亦古人鸡黍之风也。各处妇女皆整衣衫，庙宇悬灯演剧，热闹胜于常时，田家赛社，其乐何殊。午刻大雨，旋止。同轩兄过金子彝处，取汇廪之款，许以节前，因金君代为抱券也。薄暮，返舟，抵家已更深矣。接金寄隅先生乞作寿诗函。

初二日戊申　　晴

朝，往蒋子瑜先生家，为其尊人送葬，遇雨而返。夕，为管仲凌私移惜字局公存三百三十千之款，未能归赵，章霖士、徐鹤樵二先生，暨同人余味兰、邵小棠、张祝田、杨稚田、李彬臣偕往大赉典，邀其另立存簿。典中主事者狐疑未决，且言管处犹未交足。我同志诸君责以典守之责属之谁乎？语颇激烈，赖伊兄竹君，暨李幼梅出而调停，订以十日成数立簿，始散。到馆授课。考问。问日本之欺朝鲜为独立，其故何在？问两气者何分别？乙班增读《左传》。宵，改家乃蓉东嘉课卷。

初三日己酉　　晴

朝，蒋子瑜为其尊人奉主反袝，余偕同人往迎之。夕，到馆授课。作东嘉师课。题《陆九龄谓公卿即为将帅论》。宵，同周榴仙、李声玉往饮，与包雨臣、胡小谦同席。

初四日庚戌　　晴

到馆授课。考问。问庾衮因兄遭疫，独留不去，其心之真伪如何？试为一辨。问豕之为物,比之他兽何如?问蟹有何形状,至于雌雄之别,并为辨明。福润局送到《日报》一封。访叶耕经,不遇。袖报费交与其弟云村。宵,为诸生说四子书。

初五日辛亥　　晴

到馆授课。考问。问巨卿不应期而至,为元伯者将何以对其母?问何谓异端,与孔子之道有相合否?许孟龄来,邀余出课题。"夫子欲寡其过而未能也"、"君子疾没世而名不称焉"。宵,改甲班课卷。

初六日壬子　　晴

到馆授课,并温积熟。甲乙文课。"普天之下,莫非王土,率土之滨,莫非王臣"、《同学贵和不宜相争说》。改乙班卷。丙,《赏月说》。改丙班卷。宵,阅《日报》。少雨。

初七日癸丑　　晴

到馆授课。考问。问日本又来问罪,所使何人,处以何术,可能得其成否?问古者男子所习何事,今之为士所习有相合否?

张震轩妹丈来,袖我汇廪之款,计英洋乙百元。薄暮,归舟。宵,改甲班卷。

初八日甲寅　　晴

到馆授课。考问。问郑庄誓绝其母,使无颍考叔之孝感悟庄公,其亦知感而能迎还其母否?问人不习武其弊何在?作控陈庆瀛盗葬呈词,并抄。申后,同族人增楠自投县署,张愚若大令问余数语,言颇中肯。闻此案刻已出票,饬差提追矣。宵,改蔡作礼课卷。

初九日乙卯　　晴

到馆授课。考问。问朝鲜何以分为两党?问韩伯俞以何事所答,至于答之而泣,其故何在?丙,《□□说》。改丙班卷。宵,改家云坡叔卷。

初十日丙辰　　晴

到馆课诸生温积熟。考问。问春秋时前后计若干年,战国时前后计若干年？甲、乙文课："所谓诚其意者,毋自欺也";富彦国不忿人之诉,或告之竟不为动,善于忍辱也,今之人亦能如富公忍辱以免祸否？试广其说。云坡叔课题。"体群臣则士之报礼重"、"一卷石之多"。午刻,偕章籴士、徐鹤樵二先生,暨余、杨、李、邵诸君,访李仲梅,谓仲凌之款,已凑集三百元之数矣。改立入典存簿,订以中旬六日。遂回馆,改乙班课卷。宵,改甲课。少雨,旋止。

十一日丁巳　　晴

丁期。到馆率诸生谒圣,休息。汇钉《日报》二册。宵,阅《曾文正公家训》。

十二日戊午　　晴

到馆授课。考问。问宋宣公以位让弟,穆公仍以位让侄,人谓宣公知人,其子飨之,其说是欤？问富彦国为人所诉,彼自闻之乎,抑有人告之乎？试为一决。访吴伯屏,不遇。宵,为诸生说《尸圣篇》,写院试全案草册。

十三日己未　　晴

放假数日,以中秋佳节,遵学堂定规也。阅《日报》。宵,小课。题"万物并育而不相害"。成《杂感》七言二律。

十四日庚申　　晴

朝,阅宪书,知是日节届秋分也。访杨雨村。录旧作。解拆诸项账务。宵,阅《日报》。续成《杂感》七言二律。

秋夜杂感

插脚红尘苦俗缠,何时习静坐谈禅。蹉跎白发催双鬓,容易秋风又一年。客燕呼群初告别,明蟾今夕未成圆。时八月十三夜。关河迢递怀知己,极目停云在远天。赵羽仪妹丈在汴,章季远在粤,刘菊仙在鄂,寄怀曷已。

守口如瓶懔此箴,前朝党祸惯相寻。我邑同志创设演说会,定每月朔望开讲,欲以牖民智,近渐启攻击之端,必致召祸。鸣虫似诉三秋憾,征雁能传万里心。列国竞争开战局,丈夫旷达孰知音?年来兵事成荆棘,粤省土匪蜂起,经年未平,致有柳州之变。定策安邦始自今。

昂首青霄指日高,谁闻广乐奏云璈。蒙庄入梦身为蝶,屈子悲吟语著骚。太息韶光惊苒苒,不堪逝水去滔滔。闭门守拙书生事,惟有新诗破浊醪。

日轮搏热在扶桑,漠北戈刀摧雪霜。蒙满为国朝龙兴之地,俄人侵占已久,日本滋唇亡齿寒之惧,问罪于俄,为我争之计将半年,俄屡负而日屡胜,辽阳故土恐非我所有,日兵雄武尤为欧洲诸国所畏也。此后义熙存甲子,从前正朔纪春王。大千世界遭尘劫,迟暮河山已夕阳。多少公卿真愦愦,太平粉饰误君皇。

十五日辛酉

朝晴。阅《日报》。福润局送到《日报》一封。得邮局汴省赵羽仪妹丈所寄书。夕,与震轩妹丈订今宵赏月之约,因阻雨不果往。宵,李丽生表弟来招饮,夜雨达旦,成七言古风一章。

中秋夜遇雨

往年中秋天晴霁,玉宇云消无纤翳。今年中秋雨成丝,常仪掩镜锁愁眉。年年佳节在今夕,多雨少晴生顾惜。闻道明月多今宵,如此风光憾虚掷。叶声瑟瑟战秋梧,更深漏刻沉玉壶。同人招我纵豪饮,竟成虚约不能俱。与张震轩妹丈订赏月之约,因阻雨不果。桂窟飘香秋一席,风伯雨师惯相妒。嫦娥无意舞霓裳,环佩谁锵九霄路。世途好事多乖离,人间天上都如斯。畴将一试回天手,拨散浮云借笛吹。

十六日壬戌 阴

阅《日报》。宋星珊门人索题画扇,成七言二绝。宵,月色朦胧,家人设筵赏月。

十七日癸亥 晴

早起,作控陈庆瀛盗葬投道府宪呈词。访杨雨村,代为斟酌。午刻,邀王玉卿来,托渠摘录屡年呈词批语。薄暮,托家增楠往郡投递,因明日放告期也。宵,改易画扇诗十馀字。

　　宋生星珊拱辰索题画扇偶成二绝

　　临流老屋数间存,万迭秋山碧掩门。原作"数家老屋自成村,一带溪流山掩门"。大好原作"到此"。栖迟忘岁月,避秦何必觅桃源。

　　我是征途碌碌人,何年买宅与山邻。画工竟借丹青笔,也解烟霞老此身。

十八日甲子 阴

阅《日报》。接到叶耕经本年《丛报》第三、四册。写函寄郡城张光禧谊叔处,托税考寓。宵,访李云苓表弟。得品莲上人书,并附和韵诗十首。

十九日乙丑 晴

到馆授课。家增楠自郡返,谓府呈已投,而道呈则俟来月朔日矣。道宪呈期定在朔望。县差本日赍票到陈家提办,提塘报子来,开出贡报。芙秋侄索书旧作录诸箑端。

二十日丙寅 晴

到馆授课,并温积熟。考问。庄公兄也,叔段弟也,兄弟至亲,何以至于相杀?乙、丙。文课:庄公兄也,叔段弟也,兄弟至亲,竟相残杀,其故何在;饿贼既放赵孝,而孝复来就烹,其信乎?其愚乎?试明其故。改乙、丙卷。作代金寄隈先生成寿熊一圃先生六十二律。薄暮录就寄郡。

> 寿永嘉熊莱逸一圃先生六十

　余姚祖德信非诬,谓前明熊宫傅汝霖先生。周甲君宜鹤寿俱。谊重故交推鲁肃,君性慷慨好投赠。心雄商战媲陶朱。陔兰华萃存真性,事亲尽孝,有古老莱之风。亚雨欧风老此躯。君专心服贾,出外经年不返,足迹所经,如台湾、香港、旅顺、洁口诸巨镇,以及英、日诸邦,皆获游历,又能通语言、识风土,不愧泰西商学家也。货殖龙门堪附传,自惭墨守类迂儒。

　轮舶交通海禁开,华夷互市逐人来。补苴憾我无良策,握算如君善理财。千里家驹能继业,世兄聘臣工书算,颇饶风雅,无愧克家令子云。五洲结驷亦雄才。君经商远行,冲波逐浪,游迹几半天下。桂花香满悬弧日,特为先生晋寿杯。八月廿二,为君生辰。

廿一日丁卯　　阴,少雨

丁期,率诸生谒圣,散学休息。甲班联课:"道也者不可须臾离也"、"玉不琢不成器,人不学不知道"。和品莲上人韵,成七言四律。得郡城张光禧税寓覆函。

> 赠品莲上人即步其韵①

廿二日戊辰　　阴雨

到馆授课。考问。问我国得朝鲜之利权相同何在? 问天下皆以威王为贤,其故何在? 问燕哙被杀,何欤? 写函并诗,寄品莲和尚。宵,阅《日报》。写弥封册一本。

廿三日己巳　　晴

天早,访杨雨村。到馆授课。考问。问庄姜恶州吁,而石碏谏禁州

---

① 底本此处只有诗题而下留空白十二行。

吁,二人之意何在?问元室衰亡之原因何在?问马主误认茂马,茂即解而与之,其是非何在?问齐晋为何人所分?作控盗葬呈词并抄,交家增楠投递。接到郡城张光禧不允僦屋覆函。甲小课:"是故君子不赏而民劝,不怒而民威于铁钺"。薄暮,家增楠有事往郡,嘱渠代为觅寓。宵,改课。

廿四日庚午 晴

到馆授课。考问。问朝鲜何故请援于俄?问新旧二党有何主义?问生熟二铁有何分别?丁田震轩妹丈来,薄暮返舟。甲小课:"于止知其所止,可以人而不如鸟乎?"宵,改课。

廿五日辛未 晴

到馆授课。考问。问众仲之论州吁,其言有合于理否?问造钢铁有何法术,至比他铁其见胜否?问乐羊子之妻不餐而泣,其故何欤?问燕何以破齐,齐何以破燕?试明其故。福润局送到《日报》一封,得汴省唐叔玉孝廉寄函。家增楠自郡返,嫌所税之寓太为湫隘。薄暮,邀李稚菊表弟往郡代税。甲小课:"生财有大道"。宵,改课。作控陈庆瀛盗葬投学宪呈词。

廿六日 朝晴,夕阴,少雨

壬申。到馆,课诸生温积熟。访王玉卿。抄控陈庆瀛盗葬投送学宪呈词,并录历任官长批语。薄暮,交家增楠弟往处州投递。宵,为诸生说四子书。往承天宫观剧。

廿七日癸酉 晴

孔圣诞日,各学堂谒圣后,散学休息,余亦照例。往郑家赴吊,以筱谷先生丁六七期也。改许孟龄卷。甲小课:"女为君子儒,无为小人儒"。宵,改课。

廿八日甲戌 晴

到馆授课。考问。问我军何以失色,而海军提督因何自尽?试明其故。

问何谓矿铁？张震轩妹丈携两甥女来,大舅母亦至。午刻,设筵款之。拟作玉尺官课一艺。《去害马说》。作覆函寄品莲和尚,并附还和韵诗。薄暮,轩兄返棹归。访郑一山。改课。

　　覆采极和尚

　　品莲上人雅鉴:捧读琼篇,芬生齿颊,但弟于诗学一道,苦无门径,又功夫甚浅,惟时有所触,勉强为之,以鸣得意,工拙固所不计,下里巴吟,何敢自献？屡承尊命,滋愧良深。兹将尊和璧还,中间点易数字,恐未得当,犹冀吾师弗以狂妄见责,斯为幸耳。尊稿存在弟处,留待冬日细心咀嚼一过,可奉还也。刻因考试事棘,不及详叙,乞为恕之。附还原诗。[1]

廿九日乙亥　　　晴

　　到馆授课。考问。左氏谓石碏为纯臣,试明其故。问取生铁有何手法？吴伯屏过访。甲小课:“犯而不校”。邀房友二人,代写年貌坐号点名册籍。宵,改课。

九　月

朔日丙子　　　晴。寒露节

　　管路来开贡报。是日,惠佑王诞日,初着补褂,往陶尖庙贺寿。率诸生谒圣。夕,到馆授课。演说告假不去。甲乙文课。《周公杀管叔,石碏杀石厚,一为兄弟,一为父子,试明公私之所在论》;《石碏杀石厚论》。宵,改课。李桂琳表弟邀余,伴往王甫臣老伯家拜晤。

初二日丁丑　　　晴

　　率诸生谒圣,照学堂例休息。往珂鸣社收买字纸。甲乙文课。

---

① 底本此下也留一叶半空白,未补抄“原诗”。

"君子坦荡荡"、《合群与植党之别论》。午后,送两甥女还家。宵,留宿丁田,与家晋三兄夜话。

初三日戊寅　　晴

早晨与家晋珊同舟,自丁田归。夕,到馆授课。考问。乙,问寒暑表以何物制成,至其测天气之冷暖有何妙法? 丙,问白起伐赵,孰败孰胜,赵之兵卒其均得存否? 金苻舲先生过访。宵,改课。

初四日己卯　　晴

早晨,李友樵内弟来访。到馆授课。考问。问订马关之约,我国与日本使臣何名,其所约有何条款? 并为明之。问炼熟铁有何法术,其炼钢铁之法有相合否? 开报各宫殿并宗祠。薄暮,送门人蔡作礼进郡补考。宵,云坡叔来,出题目。"百姓足,君孰与不足"、"万物育焉"、"譬如平地,虽覆一篑,进,吾往也"、"监于先王成宪,其永无愆"。叶味兰来,谭至三鼓。

初五日庚辰　　晴

余生日也。到馆授课。考问。问燕师使早防郑,其能免于败否? 问同是子也,而后母何以见异? 改甲班课卷。录张蓼洲先生《纪梦质言》,并厥隐主人赠诗。成《生日述怀》七言四律。夜雨。①

初六日辛巳　　朝雨夕晴

先大父生辰。到馆授课。考问。问日本还辽东,藉何国之力以订和约? 试明其故。问汽船之铸,其轴之轻重若干,所用之物约费银多少? 并为详之。二舅氏小祥往其家一拜。丙文课。读书之人,以文行兼优为贵,如赵姓之儿,有文无行,为世所弃,诸生少年,当力戒之。试广其说。改丙课卷。是日,遣报子开报各处宫殿并诸宗祠。福润局送到《日报》。

初七日壬午　　晴

到馆课诸生温积熟。家增楠自括郡回,谓呈词已投递学宪,已

---

① 底本此处留空十三行,未补录《生日述怀》。

于初六日到括矣。邀房友二人写坐号弥封册籍。甲,乙文课。《宋宣公以君位传其弟,吴寿梦以传位勉其子,二人用心虽善,而适启争端论》、《苏秦引锥刺股论》、《少陵长论》。改乙班课卷。得汴省唐叔玉孝廉书。

初八日癸未　　晴

门人蔡作醴补考自郡回。邀房友二人来写年貌册籍。到馆授课。考问。问戎师之败,其故何在?问托于人以育,有何损益?作控盗葬呈词并抄,家增楠不来,故未投递。宵,改甲班卷。

初九日甲申　　晴。重阳日

先大母忌日。朝遣报子往丁田妹家开报。校《纪梦琐言》。邀房友写年貌册籍。午刻,在王荣兴侄家饮福首酒,荣兴系赓廷之子也。过山兄馆一谈。宵,成①

初十日乙酉　　晴

到馆授课。考问。问欧人之各求要地,其故何在?并指明各地之名。问张姓之儿,文行兼美,其故何在?叶耕经送到《丛报》第五册,原第五十三册。丙,文课。《张、赵二姓之儿,其文行孰优孰劣论》。诸卷颇有头绪。宵,过叶耕经家一谈。改许孟龄课卷。

十一日丙戌　　晴

到馆课诸生温积熟。乙,文课。《金铜二物制用孰广论》。邀房友写各册牌头。石碣门人送租谷来。改乙课卷。宵,改云坡叔卷。月旁生晕。

十二日丁亥　　晴

到馆,率诸生谒圣,散学休息。出联会题。"古之狂也肆,今之狂也荡"、《晋元帝渡江而定都建康,宋高宗南渡而迁都临安论》。同房友汇钉各

---

① 底本此处不成句,下留空白十三行,但未补抄内容。

册籍,并各牌头,补钉《太鹤山馆试帖》。改云坡叔课卷。宵,至其家
一谈。夜雨。

十三日戊子　　雨

到馆授课。考问。问君子称郑庄公为正,何欤? 问□之凶恶何以能化?
汇钉年貌唱名各册掩面。宵邀李稚菊表弟、宋子枢、家乃蓉校对各
册。是夜四鼓,当店巷陈鸣锵家,遭回禄之灾。

十四日乙丑　　晴

到馆授课。考问。问吴可读必以尸谏,何欤? 问人为奴隶,贵贱与我相
同否? 而必爱之怜之者何欤? 问乙何以忍甲之侮? 午刻在王廷俊家饮福
首酒。申刻回馆。改甲班宋子枢、家乃蓉课卷。宵改许德美、蔡作
醴卷。

十五日庚寅　　雨

到馆率诸生谒圣,始授课。考问。问锡之为物,有何所用? 至金类中
之物,其可与锡合用否? 问赵李二生,何以得荣,何以招辱? 夕,开会演说,
请假不赴。改家乃蓉课卷。宵,改宋子枢卷。

十六日辛卯　　晴。霜降节

在家料理院试册卷,不到馆。福润局送到《日报》一封。作寄覆
唐叔玉孝廉,暨赵羽仪妹丈书。

　　　与唐孝廉

　　　九月初七日,接到华翰,一切知悉。初八日,邮局始送到对
象:一封外号、湖绉、西洋参等件。包皮完固,未见破损,保险之
单,弟已印过图章矣。次日,弟即遣阿木将原物送往霖岙,均已
收讫。此事稳当,无劳远注。又鸥如夫人托附一言:如鸥兄于
冬底旋里,切祈早日束装是嘱。至伊家大小均属平安,舍亲羽
仪兄近日或驻石固,或在尊馆同居,便中寄示。舍下自家慈以

次均平康,知念附闻。肃此手笺,即颂近佳百益。

　　与赵妹丈

　　九月十六日,接到手书,捧读之下,知足下有思家之行矣。是否束装,任凭尊意,弟近日考试事棘,日日忙冗,兼之馆课纷纭,坟案重迭,穷日夜之力,尤觉不足,精神日退,奈何奈何!然劳逸不同,与兄相较,奚啻天渊?前托玉如所带茶叶、布袜二件已遣人询其来历,伊谓托邮局寄交,今竟子虚,可恨之至。舍妹近来气体康健,无需系念。秋风吹林,怀人千里。手此布告,顺颂近佳。

宵改甲课卷。

十七日壬辰　　晴

在家料理考试册卷,不到馆。王玉卿来访。邀房友填正场试卷。叶耕经送到《丛报》本年第六册。夜起改云坡叔卷。五鼓少雨,叶耕经家为其尊人行大祭礼,邀余往作赞襄。

十八日癸巳　　天早雨,旋晴

叶耕经姻兄为其先人仲宣姻丈开吊,余在其家陪客,近午归。检各册籍,送署盖印。邀房友填试卷名次。宵同郑一山兄往云村家饮酒,席散时十一下钟,夜微雨。

十九日甲午　　晴

朝一山兄来,说院试二十二日取齐,行文已到。即访房友阿富问之,此信果确,即补填正场试卷,并弥封。到馆嘱放试假,并拈数题以为课:乙,《勤多益隋多损论》、《秋凉最宜读书说》、《为儒读书,为工学艺,二者之效相同论》、《少年人不可自弃论》。丙,《人灵于物论》、《观钓鱼说》、《改过说》、《孝亲忠君说》。宵改云坡叔卷。

二十日乙未　　朝晴夕雨

邀房友填写试卷并册,校阅一过,送署盖印。宵改云坡叔卷。

廿一日丙申　　朝晴夕阴

早起,改家乃蓉卷。题"子以四教"、"子所雅言"。检齐二场古学册卷,送署盖印。内署门政说,今日上郡,恐不及待,遂邀李稚菊表弟,暨高升、粹琳,先乘河乡船晋郡应公,以免误事,时交三鼓。

廿二日丁酉　　阴

东山高妹儿来送租。许一美来访,并邀出课题:《智伯论》、《豫让漆身吞炭论》、《运动不可勉强论》、《行不曲径论》、《苏秦佩六国相印论》、《秋稼登场记》。宵同戴阿富、伍宝滋、家乃蓉、宋子枢检册卷,乘河乡船晋郡,李杏舫应龙附舟。

廿三日戊戌　　阴

早辰,舟抵郡。邀粹琳检齐行李,税寓于醋坊赵殿钦家。是日,诸赴考到寓者,犹觉寥寥也。宵,同王玉卿谈论甚久。

廿四日乙亥　　阴,小雨

诸赴考者来买册卷,较昨日稍多矣。唐君福枢来,托办高等学堂送考文书。薄暮,王玉卿遣其徒阿水,袖册卷回瑞送署盖印。写函通知叶耕经。宵,偕李稚菊表弟、子枢、乃蓉二门人,往各书坊一游。

廿五日庚子　　晴

诸赴考者来买册卷甚众。是年,陈荪石学使专文创定考试章程,以四书文作首场,经古策论改作二场,遂托王玉卿访问各县礼书,设法办理。宵与家乃蓉、宋子枢说四子书。

廿六日辛丑　　晴

家增楠、李玉君表弟自瑞来,邀与同寓各廪保,来寓查核诸童三代籍贯,循定例也。陈荪石学使午刻抵温,即日到学谒圣讲书,暨放告。诸新进来买册卷者颇多,而卷价未见参差。宵,往镜海楼书庄购来《庸庵全集》,计四十八本,板子甚佳,价英洋三元五角。泰邑礼书过访,谈论良久。

廿七日壬寅　　　阴

天早,田高升乘舟回瑞,因被案羁绊,应期赴讯也。托带家用钱八百文呈慈闱开消。是日,国家忌辰。正场所购册卷将告止矣。嘱徐宝生刷印古学册纸,计七百张。宵,出题。与家乃蓉、宋子枢、蔡作醴作课。

廿八日癸卯　　　早辰微雨,下午大晴

是日,考七学生员。通场首题:"子曰:'吾之于人也,谁毁谁誉?'"二章;次题:"维玉及瑶,鞞琫容刀"。古学册卷始开买。薄暮,学宪悬牌:十月初二考乐、瑞、泰、玉一场童生。宵,拈四书题为诸生课。

廿九日甲辰　　　晴

考生员策论。学宪悬牌云:"近日按临括郡,新进应试策论者,大半潦草,甚至首场文优以二场恶劣而被黜者,似此勉强从事,求荣反辱,不如勿试之为愈"云云。自此牌一出,而吾邑诸童操觚而进者大觉寥寥矣。夕,来买古学册卷者中,有唐、贾二人,率众与礼房为难,惟赖唐君成之排解,而卷费则定英洋乙角数目。噫!此辈少年自谓合群,自谓爱国,区区卷费吝惜生心,言行两不相符,洵乎其可鄙也。托家乃蓉侄往镜海楼书庄购来《荆驼逸史》廿四册,价洋计小龙洋二十角。宵,在寓候诸廪保来画押。

生员策论题目中国政治经学:既济东邻西邻解。

史学:李纲总理内治抚河东北以固本根,宗泽留守东京结山水寨以宏远略论。

天文:地方风有海软风、陆软风、谷风、山风、飓风、枝风之别,试

言其所以不同之故。

舆地:禹贡青州跨海兼有辽东之地考;炮台防敌何以为敌所制论。

各国政治地舆:后汉甘英所临西海即今黑海,唐突厥可萨部近西海即今喀复喀斯部,能确证其实否?

兵谋:战炮之弹,开花为最,其名不一,其制亦殊,攻城以何种为宜,攻人以何种为利,试详论之。

计学:英国华利先得地发出煤气,铜管将纳,大极光明,其中国火井功用异同说。

译学:帝曰:"弃,黎民阻饥"至"百兽率舞"。译英、法、日文随便。

西文主英,埃地文主形,华兼主六书说。

算学:今有椭员形,长径二十尺,短径十六尺,作长径上平员,则椭外平,内成新月形,于其内容相等相切两小员,求径若干。

有不等刀边形,已知相对三角互为外,其两对角线必交于一点,截为四段,自成比例,绘图贴说以证之。

有三数,其和等于二十六,其平方和等于三百六十四,且第一与第三与第二之较,比第二与第三之较多八,问三数各若干。

十　月

一日乙巳　　晴

早辰,家毓卿自瑞来。是日,学宪考优生、教官及生员补考。诸童来购古学卷册渐多,盖为昨日闹局,定卷费英洋乙角左右,所费无几,乐往校艺。甚矣,何人之多于贪财也。薄暮,家增楠束装回瑞。是夜,四邑童生进场,检点牌灯,候五鼓开点。

优生：吕端给王继恩锁书阁韩琦谪任守忠用敕论。教官："有成德者有达财者"义。经义："明四目达四聪"义。生员补考："有所不足不敢不勉"义。"附于诸侯曰附庸"义。经义："其蔌①维何？维笋及蒲"义。

初二日丙午　　　晴，立冬节

是日，考乐、瑞、泰、玉童生正场。终日忍饥，检点古学册卷，恐有疏漏，颇形辛苦。府听差来催县试补考缺卷甚严，余假以辞色，且谓此事各有所主，于我无干也。薄暮，出阁属生员正场案。宵，检齐牌灯，候五鼓开点。因明日开考一场童生策论也。

乐"臧文仲居蔡"义；瑞"夏后氏以松"义；泰"季康子患盗"义；玉"齐宣王问卿"义；经义"禹平水土，主名山川，稷降播种，农殖嘉谷"义。

县学生员一等：傅师说、夏思孝、唐黼鸿、曾燮、池锦濂、林维翰、唐凤林、戴鎏、方平章、陈复、陈觐仪、张洪钧、陈安澜、戴炳骥、金鸿烈、胡希铨、郑栋选、李镜澄、胡仕箴、姜钤、傅景说、戴廷英、许维中、杨宗濂、曾希巩、胡锦涛、金宝琛、黄秉鉞、戴炳章、黄品金

初三日丁未　　　晴

是日，考一场童生策论，开消各行当需费。为家乃蓉、宋子枢接考，至三牌始出。薄暮，房友阿水、阿奴束装回瑞，船家失落铺盖，余代调排，竟觉旋失旋得，心恶舟子存心大险，故议罚息事，以儆将来，然其人未之允也。宵，困倦殆甚，就枕早眠。是夜，出生员策论案。童生策论题。

中国政治史事：《〈仪礼〉〈周礼〉孰为本末论》。

---

① 蔌，底本误作"歔"。《诗·大雅·韩奕》："其蔌维何？维笋及蒲。"据改。

史事:《汉光武云台二十八将不列椒房亲,唐太宗〈帝范〉十二篇①,不载闺门训论》。

天文:赤道无风带,与南北回归无风带,二带向其内若何?

舆地:吴淞形势说略。兵谋:晁家令四上边事论。各国艺学政治

舆地:地球运动一自转,一公转,试详论其运行之理。

兵学:拿坡仑援英,羁于希利纳,失法皇自主之权;华盛顿拒英,战于约客敦,成美国独立之势,兴衰异辙,试详言之。

计学:草木成煤料,虫鱼观煤形说。

格致:电性似水说。

译学:腊丁文字母,只用三字,可以独用,馀皆相并,始能成言,试将并法及西文某字,汉文作某字,分别言之。孟子曰:"事孰为大"至"若曾子者可也"。译英、日、法文随便。

算学:有椭员形,从长径或短径平分之,各于其内容正方,已知两心差六尺短八径八尺,求正方边;凡三角形内容正方,以底边与垂线相乘为实,相加为法,即得方边,试绘图贴说,以明其理。

有：$\dfrac{-}{二六天}$ | 四 | $\dfrac{-}{三天}$ | 九二〇　式,求天之同数。

初四日戊申　　晴

覆试生员。出生员策论案。解拆各行当费用。薄暮,家毓卿束装回瑞。宵与李稚菊、伍宝滋二表弟、田高升往酒馆小酌。同叶耕经、云村、杨小玉往日新书局一坐。覆试题:"阳货欲见孔子"至"遇诸涂"。

———————

① 《帝范》,底本误作《君范》。《资治通鉴》卷一九八太宗贞观二十二年记载:太宗作《帝范》十二篇。据改。

初五日己酉　　晴

是日考永、平二场童生。偕叶云村、李友樵往铁井栏街同昌照相局拍照。嘱乃蓉侄往购《陈太仆精选八家文》,系家塾本,价英洋六角。宵偕田高升叔、伍宝滋、李稚菊二表弟,过酒馆小酌。

题目永《书》曰:"汤一征,自葛始"至"奚为后我"义。平"国君好仁,天下无敌"义。经义"直而温,宽而栗"。

初六日庚戌　　晴

考二场童生策论。同叶耕经、杨小玉、云村、乃蓉侄、宋子枢往会文书局,购来《十朝东华录》并箱一字,计价小龙洋九十三元。吴之屏、王子程过访,索借英洋二元。薄暮,出一场,提覆牌。宵,叶耕经归里,嘱交小龙洋二十元,系前所该书价款也。

中国政治史事:王降为风说。

史事:《汉武帝祀神人于通天台,而术崇方士;宋真宗祭玉皇于朝元殿,而志惑天书论》。

舆地:里取地图里数以鸟道准人道说。

兵谋:澶渊、平江两役,寇准、赵鼎用意同,试统其时事而详言之。

各国政治艺学天文:月为实体,能回光照地,然初二、三夕,地受日光亦能照,试洋其说。

舆地:咸海、里海、黑海三大泽发源及流经邦域考。

兵学:英人逾铁壁关,毁我腾越界碑,分兵驻守洗帕河,及允帽孟达等处,以缉私为名,窥我边地,我国宜力筹捍卫策。

计学:邮政可裕国计可全国体说;化分化合皆恃爱力说。

译学:犹太古音同于中土说。"不违农时"至"然而不王者未之有也。"译英、法、日文随便。

算学题:今有椭圆形,欲于其内容有法六边形,已知长径二十尺,短径十六尺,求六边形之一边。凡三角形求面积,以己之两边相乘,又以两边所夹之角之正弦乘而半之即得,试绘图贴说,以证其理。今欲作正方形,只知其对角线,试详作法。

　　提覆名次　陈炳书西及五、胡倬云东盖十、蔡凤嘉西张二、林同东芥八、林鹏西堂四十三、朱廷佐、叶其青、陈翼中、王耀宗东冬八、张宗纲、胡夷简、杨慕廉、何塑、孙衡、林骧、胡宸龙、林余瑄、陈爕辉、周蔚东西称三、唐璎、朱鑫、王楣、孙铣、丁杓、俞煦牲、朱扬、张宣、黄炳燊、李式晟、胡朝兴、林可植、黄灿、金建中、木节、姜渭贤、徐佐宸、张一鹏、王爕尧、蒋蔚、李震东西关三、徐刚、张秉威、薛毅、陈鸣鋬、陈侠、朱绅、戴鸿畴、陈梦佗、胡秉衡、薛达鸿、王镜澄、姚韶、潘骧、林云瑞、黄公奋西月二、王炳辰东玉十、吴樾西雷一、秦岑西育九、陈栋东衣十、王铭东调三、蔡树樊、陈鸿钧、徐光、黄渊、林辰、夏魁、项谭、陈钧

初七日辛亥　　　晴

　　提覆一场童生。题:邵子有言,春秋时有功者莫大于五霸,有过者亦莫大于五霸,故五霸者功之首罪之魁也论。宋子枢、家乃蓉侄束装乘小舟回瑞。向东家购来《本事诗》前后集十二卷,计六册。此书为吴江徐氏电发钛所辑,邵武徐氏小勿斡校刊也,价小龙洋三元。薄暮,出一场童生进学案,瑞邑遇恩广额七名,潘煜齐表甥入泮。前日为船家失物,罚酒一席以息事,皆池云珊先生之力也。宵,遣伍宝滋表弟向府县学取来长短结计四十四套。同稚菊、阿富、田高升叔过酒食馆小酌。

　　县学三十二名　陈爕辉、潘骧、林同、林余瑄、蒋蔚、胡倬云、朱扬、孙铣、陈钧、陈翼中、夏魁、林可植、周蔚东、李震东、姜渭贤、唐璎、胡宸龙、陈鸿钧、孙衡、薛达鸿、胡朝兴、杨慕廉、张秉威、戴鸿畴、林鹏、朱绅、胡秉衡、吴樾、金建中、黄渊、蔡凤嘉、薛毅

府学十二名　张宗纲、俞煦甡、黄公奋、丁杓、陈炳书、王炳辰、黄灿、徐刚、张一鹏、林骧、木节、何堃

初八日壬子　　　晴

覆生员策论。题失录。在寓候各新进取长短结。池云珊先生送来《蛰庐丛书》中二种:《报国录》二册、《治平通议》四册,书价计小龙洋五元。薄暮,出二场提覆牌。宵,同李稚菊坐话至夜。

初九日癸丑　　　晴

提覆二场童生。同李稚菊、伍宝滋二表弟往各新进处收取牌灯开费。世风日下,钱力艰难,所获者颇觉短少。薄暮,备香烛到鼓楼下黑虎殿还愿。我家值办考试,计数十年,每逢考试,均到此庙拜祷,以祈办事平安,然神甚灵,今承其旧,非故佞佛,聊以表数典不忘祖之意尔。出二场童生进学案,暨生员红案。宵,同李、伍二弟过酒食馆小饮,遇管君仲凌。

初十日甲寅　　　晴

总覆各县进学新生。同李稚菊、伍宝滋、戴阿富至新进处收取牌灯及结册诸项开费,较去年亏少大半。薄暮,李玉君表弟束装回里。是日,禧圣七旬大庆,街巷悬彩,灯烛辉煌,颇觉热闹。太平粉饰,亦中国之一弊端也。

十一日乙卯　　　晴

是日,学宪邀新生进院参谒,发落出各新进红案。陈宗师定于明日起马赴台。邀李稚菊袖洋银购要需诸件。宵同诸人乘河乡船返。船中清爽,月色如银,坐谈至夜,竟不成眠。

十二日丙辰　　　晴

辰刻,舟抵岸,检点行李归家。计出门之日共有十七天之久,遂叩慈闱安暨妻儿辈问好。汇钉日报二册。宵,早眠。

十三日丁巳　　晴

在家汇钉《日报》三册。过诸亲戚家问好。宵,阅报。

十四日戊午　　晴

终日在家阅《日报》。王玉卿字来,乞付俸钱。

十五日己未　　晴

辰,袖英洋二元、小龙洋廿元,访王玉卿交之。附舟往丁田,至午抵岸,叩张震轩妹丈家,留午餐,与家晋三一谈。宵,留宿,偕妹坐谈至夜半。

十六日庚申　　晴

午刻,自丁田归。邀田高升往隔岸前金找租。过李玉君表弟家晤谈。

十七日辛酉　　晴。小雪节

到馆授课。自晋郡办公,计旷功一月多矣。宵,阅《荆驼逸史》。

十八日壬戌　　晴

到馆授课。宵,在河头三府殿前观剧。

十九日癸亥　　晴

到馆授课。考问。问戊戌之岁,参预新政者何人,所改废者有何制度?问承宫由苦而乐,何欤? 宵,月色如银,云气亘天,束如匹布。在河头观剧。过岳母家一谈,以友樵、庆蒸诸内弟为岳父西垣先生权厝也。叶云村亦来晤谈。内子归宁。

二十日甲子　　晴

辰刻,往岳家送葬,至东门而返。夕,与傅君翼臣景说暨其丈人坐谈半日。吴乙生处寄到道课卷。道课题。中国党祸以汉明为最烈,欧洲各国现有政党,而无汉明之弊,其故安在?《汉武帝通匈奴断右臂论》。宵,成一艺。

廿一日乙丑　　晴

到馆授课。考问。问改为学堂之用者何物,至裁撤官员及裁减额兵者其意何在? 问肉羹翻污朝衣,而宽不怒,其心何在? 成道课次艺,托郑一珊兄抄就寄郡。

廿二日丙寅　　阴,少雨

到馆课诸生温积熟。甲,文课。《董承受衣带诏与刘备谋诛曹操论》、《商鞅徙木立信论》。乙班因积课,未经删改,不出题。宵,阅《曾文正公家训》。

廿三日丁卯　　晴

到馆率诸生谒圣,散学休息。偕陈粹琳往薛里林墨仙家取长短结费,数未酌定,空手而返。是行也,附吴君汝贤之舟,又遇家仲梅叔,聚旧倾谈,大得乐趣。

廿四日戊辰　　晴

到馆授课。考问。问新党之被捕者约有几人? 并详其姓名。问陈世恩何以使弟大悔,不敢暮归,试明其故。称焦谷乙百三十斤,付家增楠。

廿五日乙巳　　晴

到馆授课。考问。问滕薛争长,鲁隐公以言解之,其公私何在? 问司马之父其呵光也何故,至教子之道,所证在于何书? 宵,过李玉君表弟家晤谈。

廿六日庚午　　晴

到馆授课。改丙课卷。考问。问义和团与天主教为仇,其故何在? 问任末家贫,其读书如何? 问好学与不好学,有何荣辱?

廿七日辛未　　晴

到馆授课。考问。问新政之基础何在,而参预新政者何人? 问匡衡无烛无书,何以见其勤学? 改乙班卷。

廿八日壬申　　晴

邀伍宝滋、陈粹琳往港乡诸新进处收取结费。到馆授课。改乙班卷。宵,改家乃蓉卷。

廿九日癸酉　　晴

早起,改宋子枢卷。到馆授课。考问。问梁惠王移民移粟,自谓尽心待民,而民犹不加多,何欤? 问两宫之西巡也何故,其从行者共有几人? 并指其名。问房景先兄弟敬爱兼至,我有兄弟,其亦能效之否? 试广其说。问始皇灭六国之后,君主改易称呼,试指其实。宵改蔡作醴课卷。

三十日甲戌　　晴

到馆授课。考问。问羽父请隐杀桓,隐公不听,遂亡其身,其是非何在? 问霍光为人谨慎端正,侍者言之,有何可证? 陈粹琳、伍宝滋自港乡归,得唐震文书费坤洋乙元、何堃结费英银一圆。

十一月

一日乙亥　　晴

订《日报》二册。家云坡叔来,出课题。考问。问犹是走也,而走五十步者竟笑百步,其是非何在? 问魏昭受学于郭泰,进粥而再三受呵,其故何欤? "岁寒然后知松柏之后雕也"、"天下有道则庶人不议"。夕,率诸生到明伦堂听演说。是日大雪节。

初二日丙子　　晴

到馆课诸生温熟。甲,文课。《周夷王下堂见诸侯论》。乙《君有贤臣则国治论》。丙《朋友有信论》。郡城吴乙生寄到府课题目一纸。《王祥嵇绍合论》。问:沈尹戍塞城口以要阖卢,李左车绝井陉以致韩信,其策果行,胜负之数如何? 改丙班课卷。洪栋园夫子过馆,欲假大宗祠以作西南学塾。余婉谢之。宵,作府课达旦。

初三日丁丑　　晴,气温

天早,改宋子枢、家乃蓉府课卷。到馆率诸生谒圣,散学休息。偕后宕陈粹琳往蔡仲华家讨取结费,酌数未定,至暮而返。蔡君家赀巨万,腴田千顷,港乡中之最有名者。一山代抄府课卷寄郡。

初四日戊寅　　晴

到馆授课。考问。问联军攻陷天津,其故何在? 至两宫当此之日,犹能安居否? 问匡衡家贫无烛,穿邻壁而引其光,使邻家亦贫而无灯烛,衡将何以处之? 问华督、孔父一专杀,一被杀,二人之罪,其中有轻重否? 试明其故。问一箭何以易折,十九箭何以难折? 试明其故。

初五日乙卯　　晴

到馆授课。宵,往西北学堂,与诸同事议请教习,为来年计也。

初六日庚辰　　阴雨

到馆授课。考问。问各国使臣入朝观见,计有几国,并详其姓名。问甲乙二家,而贫富不同,其故何在? 吴乙生寄到东嘉课题一纸。生:《汉甘露三年,单于请居光禄塞下,保受降城论》,"子不语怪力乱神"义。童:《唐初置十六卫府兵论》,"子以四教文行忠信"义。张震轩妹丈自丁田来。薄暮返舟。宵,往族人桐昌家一谈。

初七日辛巳　　雨

到馆授课。考问。问颖考叔之死,郑庄命军卒出犬鸡以诅之,孰是孰非? 试明其故。问同一炭也,以火炽之,或散或聚,有何可证? 宵,作东嘉课,成二艺,彻夜雨止有风。

初八日壬午　　晴

天早,访郑一山,托抄课卷。到馆授课。宵,访族人增楠。是日馆中文课。甲:《晋假道于虞以伐虢论》、《帛贵布贱论》、《人家贫富说》;问:秦始皇焚书坑儒,其仁乎? 抑暴乎? 试明其故。

初九日癸未　　晴

到馆授课。考问。问晋穆侯之名其子曰仇曰成师，其意何在？问泰西之人有何合群之证？改家乃蓉东嘉卷，又丙班课卷。宵，过王玉卿家一谈良久，遇章真生叔。

初十日甲申　　晴

到馆授课。考问。问日本交还辽东，赖何国之力，其心愿否？问俄人借租旅大，有何所为之事？问中国之人多以忌嫉为心，试明其弊之所在。改乙班课卷。

十一日乙酉　　晴

朝，同李稚菊、陈粹琳过飞云渡，买小舟往□□地方陈鸿钧家取结费，未定议，留宿。月色如银，村庞吠影，林叶堕声，大得静趣。

十二日丙戌　　晴

朝，在陈家以数未合即言别。同稚菊、粹琳步行归。福润局送到《日报》一封。叶耕经送来《新民丛报》第六、七册，原五十四五卷。夜，家毓卿有迁乔之喜，余与杨君竹坪同往一贺。

十三日丁亥　　晴

丁期，率诸生谒圣，因昨旷功二日，是日补课，不放假也。文课。《魏太武毁佛像，梁武帝崇佛教论》。夜有月色，访管杏浦晤谈甚久。

十四日戊子　　晴

到馆授课。考问。问晋国为何人所夺？试明其衰弱之故。问以手足比兄弟，有何左证？问秦始皇既定天下，犹分封诸侯，不改前朝遗规否？

望日己丑　　晴

朝，到馆授课。考问。问俄人租借旅大，其意如何？问人类何以异于动物？午刻，谒竹崖公祠，并为祭奠，共设三席。宵，访管杏浦。

十六日庚寅　　阴。冬至节

朝，到馆授课。考问。问孟子所云谨庠序之教，申之以孝弟之义，与今日设立学堂，其主义有相合否？问文侯犯风而罢猎，以践虞人之约，其心果真乎，抑假托乎？试为一辨。夕，设酒二席，至大宗祠祭祖，并邀族人酌议拨抽众产，以作讼事开消之费。宵，在李丽生家饮节酒，过姜岳仙处一谈。

十七日辛卯　　　阴，天色寒冷

朝，往金慎三家送葬。仍到馆。考问。问我人殴骂，其甘心而受之否？李幼梅过访。改诸生玉尺课卷。宵，成玉尺书院课一篇。题《孔斌论》。

十八日壬辰　　　晴

不到馆。朝，往家梅仙暨邱馨如德涵家迎主反袝。夕，作控陈庆瀛盗葬呈词并抄，亲自投署。宵，在邱家饮轿后酒。席散，访李玉君表弟，坐谈至夜半。

十九日癸巳　　　晴

到馆授课。考问。问中国之衰弱其故何在？问郑伯伐王射之中肩，其罪之轻重如何？宵，过李彬臣表兄家坐谈，遇钟志夫。

二十日甲午　　　晴

到馆授课。考问。问撤兵之期几次，俄人亦准期如约否？至俄日交恶，其故何欤？问始皇死于何地，葬于何山？至于不立长而立幼，并明其故。得赵羽仪汴省所寄书。福润局送到《日报》一封。高岙陈尚量叔来，邀余往其地收租。宵，访王玉卿，遇叶熏如共谈甚久。

廿一日乙未　　　晴

到馆授课。考问。问楚既知随有季梁，其设赢师也何欤？问全球诸国，凡土地户口及政教诸项合以相较，以何国为优，以何国为劣？试为明之。问五洲之方向如何？

许孟龄来，属作祭章。作覆赵羽仪妹丈书。丙文课。《饱食暖衣论》。改丙班课。宵，访管杏浦，坐谈至月上东窗而归。

覆赵羽仪

昨接尊札，捧读之馀，稔知足下禔躬多吉，旅祉日增，至以为颂。弟本年值办院试，财气较去岁稍旺，自恨一身不能两用，应得之数致减色耳。岜如回里，遣伻送到纹银二十两，已查收矣。但过门不入，心窃非之。又伊函来，遣人讨取昨年兄所假之洋，本计六元，息计乙元六角，弟均如数交足。因足下未知，特为表明。令侄春涛之尊人，已作古十馀日矣。弟亦薄有所赠。其家颇觉冷淡，人生世上，有如泡影，良足叹已。舍下自家慈以次暨舍妹均平康，诸亲戚亦俱祥顺，令姊亦康强逢吉，无劳远廑。承嘱所购之件，俟向同丰制定，冬底可陆续寄奉。朔风瑟缩，千万珍摄为重。此颂公安百益。

廿二日丙申　　晴

到馆，课诸生温积熟。文课。甲，《岁寒松柏论》。乙，《为弟子当遵师训论》。张震轩妹丈来。薄暮归舟。改乙班卷。宵，过王玉卿家一谈，叶熏如、李声玉亦至，共谈至三鼓始各言别。

廿三日丁酉　　阴

到馆，率诸生谒圣，散学。偕管杏浦、李彬臣、伍宝滋买舟往董田陈素征炳书家讨结费。邀周小泉表弟同去，管、李二人至丁田。午后，顺途过张震轩妹丈家一谈。宵，步行而归。

廿四日戊戌　　晴

天早，改许德美卷。到馆授课。考问。问孟子谓齐王易牛之事，即可以王天下，其说然否？问群心何以不服？许一美自桐溪至馆读书，计旷功十馀日矣。是夜二点钟，内子分娩，得一男，落地声宏，洵为英物，家中屡添丁口，门第增高，恨不及先君子亲见之也。取燠榆二字，嘱山兄书之。

廿五日己亥　　晴,晨霜甚白

到馆授课。考问。问人知俄人在鸭绿江之东,有何所事? 问中国败于外人者几次,所赔之款其数若干? 合为证之。改蔡作醴课卷。宵,同伍宝滋表弟过张宗纲、胡宸龙、吴丹臣家取结费,均未定数。

廿六日庚子　　晴,晨霜铺瓦甚厚

到馆授课。考问。问太子忽力辞齐昏,其意然欤? 问列国共议瓜分中国,其地界若何,创此议者究系何人? 问西人欲分中国,我将何以处之? 遣伍宝滋、陈粹琳往一都黄灿、五都蒋蔚、李震东家收取结费。宵阴,过郑一山家一谈。

廿七日辛丑　　晴

先君生辰。是日除日。朝,为内子作三朝,并请道家解秽。往王质甫家送葬。改许德美、家乃蓉课卷。夕,到馆授课。考问。问日本与俄绝交,所告何国,至谕各报馆,其意欤? 问中国土地被人侵夺,比人之身有何所似? 宵,过云坡叔家一谈,谓恩赏耆民,示谕已发,宜遣人赴各都通知也。写通饬地保数十函。是夜四鼓,岳家有迁乔之喜,余往观焉。转到孙家作赞襄,为中恺公子行大祭礼代,其母林夫人明早开吊也。

廿八日壬寅　　晴,天气极温,似交首夏

在孙中恺公子家陪客,为孙母林夫人开吊也。卓午设筵款客,余亦与焉。宵,在岳母家饮酒,席散已二鼓矣。微雨有雾。

廿九日癸卯　　阴

早辰,访王玉卿。到馆授课。考问。问中韩二国独守中立,人竟议之,不知所耻,何欤? 问沛公与项籍之待子婴,其仁暴有何分别? 郭仲裳、陈丹卿过访,以酌议宾兴之事,不愿听普通学堂提去也。宵,张祝田、包雨臣来晤。陈粹琳、伍宝兹自河乡返。作东嘉师课成一艺。生题:

《唐牛李党论》。

晦日甲辰　　晴,气温如春

到馆授课。考问。问人君能忠于民而信于神,其国能治否? 问土耳其与波兰将亡,其微弱何由? 改家乃蓉东嘉师课卷。邀陈粹琳,袖谕示并函,通知各都地保,点验老民,遣县差到四十都马屿办催田租。托郑一山抄东嘉课卷寄郡。

十二月

朔日乙巳　　阴。小寒节

到馆授课。考问。问挟山超海与折枝之事,二者合以相较,其难易何如? 问国灾害灭亡,其苦惨有何可证? 张震轩妹丈来,至暮返舟。宵,过薛玉坡家一谈。作东嘉师课成一艺。童题:《宋洛蜀党论》。

初二日丙午　　阴

到馆出文课。考问。问自古至今,新旧何以递有改变? 问水皆清否,制水之法何在,至于人饮之有何见益? 问薛包、寇准居于家庭,何以见其孝友? 试为证之。问洁净有关于养生否,今之士人于洁净之法,有何相合? 甲,《陶侃取酒器、蒲博①之具投诸江中论》、《伍子胥覆楚,申包胥复楚论》。定是日冬季大考。乙丙二班温课。乙,温课本第五十二课至七十课止;丙,温课本第六十六课至八十课止。宵过王玉卿家一谈。

初三日丁未　　晴

到馆率诸生谒圣。仍考问。考问。问乐羊子、牛弘二人之妻儿均贤淑否,至其侍姑事夫如何合理? 并为证之。问土木二偶所制有相同否,至名不倒翁如何形状? 并为明之。作经古师课,成一艺。生题:《美洲巴拿马开河

---

① 蒲博,底本误作"箍博"。

记》。福润局送到《日报》一封。叶耕经亦送来《新民丛报》二册,本年第八、九册,原五十六七二卷。薄暮,过杨慕廉、周小苓先生家,收取结费。过岳母家一谈。

初四日戊申　　阴

到馆课诸生温积熟,并考问。考问。问善于技艺者,或古昔,或中西,其人何名?并指明其事。问儿童聚斗蟋蟀,而棚之倾,盂之碎,其故何欤?问金银铜锡其质有相同否?至于采而用之,各有所得,并为证之。问天下之物有天生人造二种,试分证之。问贤与不贤,取以为友,有何可证之物。问闵子骞、韩伯俞二人之孝何在?试合论之。廿一、廿二两都地保全顺发、苏士纬、金永发来。作经古师课,成一艺。童题:《拟日本伐俄檄》。宵,过郑一山家一谈。是日乙,温第七十一课至九十课止;丙,温第八十一课至乙百课止。

初五日己酉　　阴

朝,到馆课诸生,温熟多少,所计温课。乙第九十一课至一百〇六课止;丙乙百〇一课至乙百二十课止。夕,考问。考问。问蚁能保其种族,究有何术?问奴婢何为不可轻贱?试明其故。抄经古师课卷,其一托蓉侄抄之。薄暮,嘱宋子枢交缴。叶耕经来,遂取交胡宅款英洋三十元。宵,访王玉卿,坐谈甚久。

初六日庚戌　　阴

天早,云坡叔来,催所印信单送署盖印。三十八都地保林得发、陈得升来。到馆课诸生温熟。乙,史,温五十六课至八十课止。丙,温第一百廿一课至乙百四十二课止。夕,考问。考问。问张良纳履,魏照煮粥,均甘受人之使,其间有分别否?作经古师课。童题:《巴比伦埃及古文字体考》。并为抄缴。宵雨,王玉卿来邀饮。是夜大雨滂沱。

初七日辛亥　　天雨终日

天早,改宋子枢卷。到馆课诸生温熟。乙史学第八十一课至乙百课止。丙，史学，问："康王之子"起至"敬王崩"止。夕，考问。考问。问发匪之首领何名，其后因何内乱，为我所歼破之者将帅何人，至于乱之终始年数若干，占地多少？并为明之。问朋友来往之情，而两儿有以相合，其故何欤？问伊犁为俄所占，其问衅若何，至其后主权归还中国，藉何人之力？试为明之。问蚁微虫也，而能解合群之学，试明其故。问晋齐史官称为直笔，其故何在？问厉王、幽王其君皆贤否，至其周室被祸，其故何欤？改蓉侄卷。十四都地保郑必成来。宵，寒气逼人，改丙班大考卷。

初八日壬子　　雨

天早，四十五、三十七两都地保朱时翥、陶永盛、林得升、蒋玉树来。到馆课诸生温熟。乙，史学，第乙百〇一课至乙百十一课止。丙，史学，问："继敬王之后"起至"庄襄王名楚也"止。夕，考问。考问。问戊戌变法有何政治？至其变而旋伤，试明其故。问日还辽东，藉何国之力？至于日俄交恶，战争不已，其故何欤？问春秋时之列国，不少贤臣，试指其名以对。问六国均灭于秦，其亡也孰先孰后？试定其次。

改许德美、宋子枢卷。宵，阅乙、丙课卷。

初九日癸丑　　阴雨

朝，到馆温诸生积熟。乙，《左传》。丙，史学，问："庄襄王在位"起至"巾车县地"止；兼《孟子》书。夕，毓卿过访，出王宅借券交之。本年十一月廿七日起，至三十一年四月廿七日止，计本息廿一元九角二分。与诸徒考问。考问。问齐宣王以羊易牛，其爱财乎，抑有心怜牛乎，至其为民所讥，孰是孰非？试为一决。问堂下之牛有何所用，至齐王见之以羊相易，何欤？改乙班史学卷。宵，改乙、丙夏季大考课卷至天曙。因馆课繁剧，不及改阅，故寒暑互换，至此补改，而懒惰之责又何辞焉。

初十日甲寅　　阴

袖笔墨到馆，奖给诸生，并散大考课卷。燃香烛谒圣，放假。夕，稍晴，阅《日报》。宵，过云坡叔家一谈。

十一日乙卯　　阴

邀洪熹表叔往马屿收租。十四都地保郑必成,三十八都地保林得高、林得发、陈得升均来,约定明日造册,送署点验耆民。五十三都地保陈庆升、陈成发来领信单,计三纸,收入英洋乙元。宵,往李玉君表弟家一谈。

十二日丙辰　　阴

造册送署点验。三十七八两都耆民计领信单乙百零六纸,共收验费英洋十九元,小龙洋乙百三十元,钱二千三百文。宵,过云坡叔处一谈。逆探伊家有私购之弊,心甚恶之。《诗》曰:"为鬼为蜮。"有面目者靦然为此,《巷伯》之章,所以刺暴公也。

十三日丁巳　　阴

造册点验一都、四十五都耆民,地保林步升、朱时翯来领信单四十一纸,共收验费英洋四元,小洋四十五角,钱乙千七百廿文。作寄赵羽仪妹丈书,并食物二件,交邮局递汴,计邮费英洋六角二分。宵,过家云坡处一谈。

寄赵妹丈

前月二十日,接到尊札,领悉一是,稔知足下近来起居叶吉,旅祉康强,鄙人深以为慰。承命购奉白糖、三炊羔及冬米糖,共一匣。计四觔八两。又虾米,计一小篓。二觔十两。送到时乞察收,是否合意,祈示知。舍妹自本月初九日回尊舍过年,因新岁拜真,乏人检点,故赋言旋,而令姊亦于初十日言归,俟新正过后再往尊处。舍妹续赋归宁也。内子前月廿五日丑时分娩,又获一雄,取名燠榆。天上种白榆,榆为寿星,故本此义以名之。八字之格如何,祈兄代为一定。食指日繁,用度甚巨,以一人之力,而效十馀人之劳,恐不胜任,奈何? 奈何? 来年之

馆，依旧设于丽生家，舌耕生活，不免为有识者所嗤。敝舍自慈
闱以次，大小均叨福庇，诸亲戚亦俱平安，毋劳廑念。寒梅送
腊，春寄一枝，千万珍重，为祷。泐此肃候，即颂岁安百益。

十四日戊午　　　阴，小雨

十三、十四两都郑必成、蔡笃修地保来，计付信单廿一纸，收英
洋四元。宵，过李玉君表弟处晤谈。

十五日己未　　　雨

早辰，诸生过馆谒圣，余亦如约到塾。四十五六九各都地保陶
永盛、郭升安、方国良、叶振升来，并邀耆民赴署点验，计领信单七十
纸，共收英银八元，小龙洋十三元，钱五千七百三十文。改乃蓉侄课
卷。福润局送到《日报》一束。宵，过王玉卿家一谈。

十六日庚申　　　阴，旋晴。大寒节

气温如首夏，天晴不正，宜加珍摄。家中换新。四十九都地保
叶振升、高炳发来，领去信单廿一纸，收叶、高二人英洋各乙元。高
所该四数，又邀彭宅埠开烟馆人名红银识认，约定廿五日缴交。宵，
大雷雨，温俗谓响冬雷，主来年丰熟，而余则谓热气熏逼所致。

十七日辛酉　　　雨

十七都地保薛顺发、东北隅地保李绍昌来，共领信单廿五纸，收
英洋四元，小龙洋三元。宵，雷雨。在王玉卿家，邀家仲梅、邵博甫、
仲浦，酌立奖赏，老民领照公据，各押花字，盖恐有人徇私，亦要盟约
誓之意也。

十八日壬戌　　　雨，大雾蒙蒙

一都地保林步升、郑昌发遣人来，领信单三十一纸。又三十八
都地保林得高、陈得升来，领信单四十八纸，共得英洋十一元，小龙
洋六十一元，钱一千文。王玉卿来谈，交付分份英银五元，又小龙洋

二十元。伊已入计簿矣。作控陈庆瀛盗葬呈词并抄，嘱陈粹琳觅人投递。宵，闻雷，继以大雨。作方母丁孺人寿五旬楹联："劳分篷室，星月齐辉，守清节卅馀年，课子成名，母媲敬姜昭懿范；锦敞华堂，笙匏叶奏，符大衍五十数，晋觞附祝，我为公瑾旧通家。"郑一山送来节略，云方氏节母丁孺人，系故职员讳京之侧室也。十五岁归方氏，十六岁生一子，即庠生平章也。十七岁夫亡，迄今守节三十四年，生平勤苦异常，与正室郑孺人以针黹度活，积有馀赀，购田园筑新室，抚子成立，乡里有声，今年五十，含饴弄孙矣。已请旌于朝，尚未得报耳。叙事大略如此，故本此意以成之。

十九日癸亥　雨

天早，洪老熹自马屿返，计收秋谷七百廿九斤，折色除外。廿九都地保王高升来，计领信单廿五纸，收英银五圆，小龙洋五角，钱九百五十文。叶耕经送到《丛报》本年第十册，原第五十八卷。丁田阿姆兄来，写函递张震轩妹丈并膰以报。宵，雷电，继之以雨。阅《春在堂尺牍》。

二十日甲子　雨，有雾

十七都地保薛顺发、项笃平来，领信单十四纸。三十四都地保朱秉中、章进升来，领信单六十五纸。三十七都地保林得升领信单十一纸。共收英洋十七元，日洋乙元。遣陈粹琳袖蚨钱三千，交王玉卿作为坐股之款。又玉卿字来，计交英银十圆。张震轩妹丈来，因伊叔蕙仙先生有旧借券在管杏浦处，送交英蚨三十七翼，以相抵销。谈顷，即驾舟归。宵，阅《中外日报》。

廿一日乙丑　晴，旋阴。申刻雨，天气酷寒

家中做年糕。王玉卿来，邀余再刷信单乙千纸，盖为家仲梅徇私偷刷。集二邸约定，再刷以抵之也。遂遣伍宝滋表弟购纸再郡

交。王借息英洋七元,小龙洋五角。

廿二日丙寅　　阴雨

三十七都地保蒋玉树来,领信单八纸,收计龙洋乙元,小龙银洋二元。过郑一山兄处一谈,闻前次玉尺师课,在超列二篇,遗落一篇。薄暮,叶耕经来,付交胡款,英洋廿元,息未付楚。宵,过王玉卿处,晤谈良久,至三鼓归。

廿三日丁卯　　阴雨有雾

一都地保郑昌发来,领信单十纸,收计铜钱乙千七百文。午刻,在陈宝宗家饮福首酒。宝宗为竹生先生嗣子,与弟宝镓溺志烟赌,俾昼作夜,人品卑鄙,堕厥家声。自其父故后,妄于挥霍,以致家产荡然。今过先生旧庐,凄凉增感,庭树犹存,音容已渺,杜工部诗云:"生儿不象贤",洵非诬已。宵,过李丽生表弟处,坐谈甚久。归,检破纸堆中,有前年瓯人留学日本,愤俄强占东三省,大告同人勤王率师恢复文,计千馀言,哀音急节,读之令人心伤。

附录　温州留学生林调元、陈蔚、孙任、黄瓒、许鞭、林文潜、吴钟镕、王鸿年、朱鼎彝、陈华、游寿宸、黄曾延、曾锴、曾铭、林大同、大间、张正邦,痛哭流涕,谨告于瑞安之士者、农者、工者、女者曰:

诸君,诸君:亦知数日内有极痛苦极惨烈东三省一事乎?中历三月之杪,俄国以七条约要我政府,俨然独踞东三省一部,美、英、日怒俄侵权利,群起而反对之。我等居留之日本,当鸣锣警报之。日全国之民,上而政府贵族,下至车夫下女,莫不鼓手加额,扬眉狂喝曰:"击俄! 击俄!"我知一周日间,东北一片肥土地,必变为群鲸竞吼、赤潮怒涌之大血海。

诸君,诸君:亦知此举也,非徒东北偏鄙之关系,而我国通部之关系乎? 四国胜负无论已,而东三省必不我有可决。东省既去,则长江流域必入于英,山东必入于德,两广必入于法,福建必入于日,而我最敬爱最亲切之产区,独谧然盘石乎?

诸君,诸君:曷不披览瓜分支那图乎? 焕然眩目,三大红字,出现于南部,而冠踞于我浙之黑字上者,非意大利乎? 呜呼嘻嘻! 诸君,诸君,毋藐作名山佳水、奇花怪禽一幅油画观。

留学生闻警,奋然集合,全体九百馀人开临时大会于东京锦辉馆,痛哭流涕,大声疾呼,以留学生编成一愤火卷浪,热血铮铮之义勇队,判两大部,一部北上径造袁门乞师抗俄,袁不出兵,亦以死战;一部分往内地及新加坡、夏威夷、美洲、日本沿岸,运动华商[①],以结其成,议既决[②],中签名者百馀人,而女学生林宗素与焉。伟矣哉斯举! 壮矣哉斯行! 我国留学生之爱国心于是乎真发见。

虽然,以百馀人之义勇队,撄百千万貔貅之可萨克兵,螳臂拒车,微虫撼石,曷不澌灭! 诸君,诸君:试一思之,蓬蓬勃勃之义勇队,非一寻死就死之队乎? 明知万不可回,而乐就之,乐赴之,以表我通国尚武之精神,煽我同胞之勇气,蓬勃哉百馀人之怒火[③],卷黑风而倒浪。

虽然留学日本九百馀人,胡列名入队者独此少数乎? 诸君,诸君,试一思之。等生也,有公生,有私生;等死也,有公死,有私死。义勇队既公死,公死即公生;非义勇队既公生,公生即

---

① 华商,《温州文史资料》第七辑胡珠生《温州早期留日学生》引文作"华裔"。

② 底本中无"决"字,据胡珠生《温州早期留日学生》引文补。

③ 怒火,底本作"憨火",不通。上文有"愤火卷浪"词,或许是"怒火"之笔误,故改。而胡珠生《温州早期留日学生》引文作"百馀人之憨大卷黑风而倒浪",亦或许是"憨大"之误。

公死。不有死者，谁铸国魂？不有生者，孰开国花？彼为程婴，我为杵臼。烈矣哉百馀人之勇气！重矣哉八百馀人之责任！

瓯人留学生十八人矣，而挺身不顾为国从命于死不复还之义勇队者，独某县之一人其①。诸君，诸君，岂我等之畏死遁死哉？我十七人，公任第二义务，俟开战期决，束装旋里，誓与诸君出死力，以鼓我瓯人尚武之精神，造就国民之本领，日日针炙，日日鼓扇，组织一合邑皆兵之新东瓯，以待死期之至，右手搴旗，左手悬首，同就流血之场，与碧眼红髯儿决一震天撼地之大战于数百里瓯江之滨，宁藏尸江心，葬身鱼腹，誓不忍作一刻奴隶、作一日牛马，则我瓯民为支那灭亡史放一缕之光线，而留一大纪念。

诸君，诸君：不闻印度、波兰灭亡，旅、大、胶、台分割之不可说不可说之惨状乎？苟非禽兽，曷能勿哭？曷能勿痛？乌乎！印、波之惨，旅、大、台、胶之惨，人人痛哭，人人声哑，而今日万倍印、波，亿倍旅、大、台、胶之惨，吾悲其痛哭无人，哑声无人。诸君，诸君，勿谓朝廷去，而国家尚存；勿谓东部割，而南部尚全；勿谓我浙分，而我瓯尚保；勿谓我瓯亡，而我国家妻子财产无恙。乃一我支那数万口，通种绝命之日也。

诸君，诸君：试忍思之，瓜分以后，异族烈喷其歼此朝食之毒念，演出牛马不能忍之辣手，乱锋闪火，山水变色，际斯时，立斯境，争则死，忍亦死，洋洋万里，腥血战风，茫茫四顾，跬步死地，吾知黄河、扬子江之水，将为我数万口同胞之藏尸穴，而我最亲切数万之瓯民，以将饮瓯江之一勺水，异日披图临风，吊古

_____

① 胡珠生《温州早期留日学生》引文此句作"独一乐清之石宗素"。

于河之梁、江之干者,岂尚是我支那之人乎?

　　我述至此,哭无泪无声。悲哉!痛哉!我等何忍述是书!我述此书,一字一泪,一泪一血①,滴笔管而沾尽一幅江户川笺,发竦眦裂,馀哀绕梁,然我等乌敢不忍述此书,与我诸君,我少年,我同胞,公哭之,公奋之。

廿四日戊辰　　阴,寒气积重,山有微雪

三十八都地保林得发来,领信单四十一纸,收计英洋三元,小龙银洋二十一元,钱二千九百文。访郑一山,嘱书灶神门联。宵,备酒果祀灶,循旧例也。是日,福润局送到《中外日报》一束。

廿五日己巳　　大雪

早辰,访王玉卿,袖借券一纸,嘱其转达竹君处,以为券转三十一年七月初伍日期,计本英洋五十元,利七元五角。同陈粹琳冒雪到各新进处收结费。宵,交玉卿印费,大英洋八元,小龙洋三十元。向内署领来信单七百纸。宵,天色寒冽,不出门。成雪诗七律六首。天曙雪止。②

廿六日庚午

晨起雪止,四山积雪,地白如银。读杜诗。午后,仍雨。往诸新进家取结银。宵,寒甚,早眠。

廿七日辛未　　雨

往各新进处取结费。十四都地保郑必成来,领信单五纸,收英银一圆。是夜子时,设牲醴燃香烛解冬,遵古时腊祭之例也。

廿八日壬申　　阴雨

天早,袖英蚨十五翼,交李丽生。往各新进姜渭贤、张宗纲处,

---

① 二"泪"字,底本均作"洞",笔误,按文意改。
② 底本此下留空白二十一行,拟抄雪诗七律六首。

取结费。备肴馔送李玉炯、王浦东两义儿，取分爨之义，俗所谓分饭也。宵，写典屋字券一纸，交邵司务收压契，英洋十元。屋为祖父所遗，坐落西南隅申明巷口，坐北向南，计平屋二进五间，东畔壹半，又东首横轩二间，书院西首正间乙间，又正间后河窗头壹小间，收得典价英洋七十七元，修理英洋五数在内，借典十年为限，典与□□□家居住，邵□□作中。又结算衣裳工金，付英银四圆抵销。夜挑镫阅《日报》。是日叶芰汀自鄂归，过访，赠余《奏定学堂章程》。

廿九日癸酉　　　除夕。天霁

叶耕经送到本年《丛报》第十一册，原第五十九卷。往各新进家友龙、丁松夫、朱荣卿处收长短结之费。又解拆诸账。宵，设馔祭祖先，饮分岁酒，一家团坐，和气如春，心甚乐也。北堂萱草，爱日方长，依恋深情，何时敢懈。邀郑君一山写春联。以入不敷出，向借英洋十元，以补不足。郑兄慨然应允，即时付下，心颇感激。夜深，送同丰欠款十数。又访叶耕经，交缴胡息英洋七元，不值。遇其弟云村，托为转达此款。借洋均已截清，惟借票未收还，刻因夜漏将阑，往取不及也。归，守岁，至曙始睡。

光绪三十一年（1905）①

正　月

元日甲戌　　晴

早起焚香，盥手读《朱默斋文集》中"取士议"。劈红笺试笔。并课诸儿读书。袖香烛往圣庙，谒至圣先师。午刻，备酒醴祭竹崖公祠，共设三席，循旧例也。到仲妹家贺年。李彬臣表兄来贺。戌刻立春，烧樟叶，饮春茶，俗名燂春，成七律一首。宵，阅《日报》。②

初二日乙亥　　雨，寒气逼人，时下米雪，敲檐如珠，丁丁有声

遣枏、栩两儿往诸亲戚家贺年。宵，阅《中外日报》。

初三日丙子　　阴，日暂见

天早，李友樵、漱芳两内弟来，有要事邀余酌议，叶耕经、云村昆仲在焉。卓午始归。薄暮，寒不胜衣，雨霰交下。入夜雪花纷飞，声如蟹之爬沙，至晓始止。

初四日丁丑　　阴寒，雨霰

内子生日。李稚菊、缪琳两表弟、蔚文、钟文、乃文、鸿文四表侄、宋拱辰、门人乃蓉侄，均来贺年。余往李丽生、玉君家一贺。宵，排设香案，敬接诸神，邑俗谓是日诸佛下降，为接佛之期，余家未能

---

① 原稿题识曰："颇宜茨室日记，乙巳。"按：该年日记止于四月初三日，下缺。

② 底本此下留四行空白，拟抄七律一首。

免俗也。

初五日戊寅 终日大雪

平地高积二寸。拥炉阅《中外日报》。成《咏雪》七古长短句一章。吴君伯屏来贺年。宵,在李彬臣表兄家饮圆真酒,管杏浦、仲凌、稚菊、缪琳均同席,饮罢高谈,至夜半,雪势加大,冒寒而归。①

初六日己卯 天早雪止,大放晴光,一望四山,白如玉积

邀刘玉樵、吴伯屏、周晓秋登西岘山眺雪,豁开眼界,真一快也。卓午,以岳丈生辰,到岳家一拜。李友樵、漱芳诸内弟留饮,家梅仙、叶云村均在。饮罢同叶声石访孙中恺公子,坐谈至暮。宵,成七古一章,七言四绝。②

人日庚辰 晴霁

阅《中外日报》,录近作策论。宵,阅《鹿洲公案》。

谷日辛巳 阴

遣仆至丁田馈糖果诸物,与诸甥女儿辈作朵颐之资。阅《中外日报》。向晚,家家设火盆亮红,余家亦如之,盖取鲁人猎较之意也。是夜微雨。

初九日壬午 阴

录近作古今体诗。宋门人拱辰来晤。宵,阅《中外日报》。

初十日癸未 晴

午刻,备酒醴往云江桥祭南岳公祠,同族人享馂,并酌议客腊易田之事。宵,月色清澈可爱,成七言四绝句。③

---

① 底本此下留十三行空白,拟抄《咏雪》诗。
② 底本此下留十七行空白,拟抄七古、七绝。
③ 底本此下留十二行空白,拟抄七言四绝句。

初四日丙午　　终日雷雨

到馆出乙丙文课。改卷。宵,学算。

初五日丁未　　阴雨

到馆谒圣。乙丙二班休假,留甲班课文。因县试在迩故也。宵,阅联会卷。

初六日戊申　　阴

不到馆,为特班生往应童试检点书箧之故。宵,大雨彻旦。是夜进场,在考棚前为诸生送考。

初七日己酉　　朝雨夕阴①

十一日甲申　　晴

南岸郑宝育义弟来贺年,率枬、桙、樛三子登万松山,省一十八世祖圣庚公墓。卓午,下山归。伍宝滋表弟、蔡作醴门人来晤。②

十二日乙酉　　雨

在家,阅《日报》。

十三日丙戌　　晴

早晨率枬、桙、桐三儿登集云山,省二世祖,暨曾大父、伯祖研山公、稚石公诸墓。过本寂寺小憩。午后下山。孙公侠、叶芟汀过访,不值。姜泮琛、潘震炯来贺年。薄暮,足力颇殆,精神困倦,就枕睡。③

十四日丁亥　　阴,寒气加甚

偕陈粹琳买舟到仙峡周鹿峰处表兄拜年,转到丁田张震轩妹丈

---

①　底本此处出现的没有月份的初四、初五、初六、初七共四天日记,可能是其他年月残页窜入。姑录于此。
②　底本该条日记从"贺年"的内容看,可与上面初十日衔接。又,此下留空白四行。
③　底本此下留空白十行。

家贺岁。轩兄往南河已数日矣。薄暮返棹。薛君玉坡过访。是夕上灯时节，往各庙宇游玩，至三鼓写祭忠烈武毅侯文。

望日戊子　　　雨

邮局递到汴省唐叔玉鼺墀大令，暨赵羽仪荣黻妹丈书。福润信局送来《中外日报》，计十四纸。

十六日己丑　　　雨。雨水节

录旧诗。卓午，同管杏浦、杨稚田先生往珂鸣社收购字纸。宵，往陶尖殿观剧。是夜月食。浙江杭州府月食四分二十八秒，初亏丑初三刻四分，食甚丑正三刻十三分，复圆寅正初刻七分。

十七日庚寅　　　雨

朝，过孙中恺公子家，邀公侠门人共话。夕，叶芰汀来晤。补改旧作二律。宵，往陶尖殿观剧。[①]

十八日辛卯　　　朝雨，夕稍开霁色

邵博甫、仲溥来，留午餐。邀伍宝滋表弟装钉《周易述义》四册，此书得自破纸堆中也。宵深仍雨。

十九日壬辰　　　阴，旋雨

在家阅杜诗。叶耕经送到《新民丛报》原第六十册。

二十日癸巳　　　雨

朝，西北学堂开馆。余居司事之列，整衣而往，与诸同事率徒谒圣拜师。是年计教习三员：潘式如寿权、洪晓村秉宽、金小璜建中。教育学徒共三十八人。监督一员周眉仙之冕。夕，阅《中外日报》。宵，在学堂饮酒。

廿一日甲午　　　雨

阅《中外日报》。过郑一山家晤谈。合社有迎会之举，姜岳仙、

----

① 底本此下留空白六行。

杨润谷二君为显佑庙司事,出知单集同志以阻之,余亦与焉。

廿二日乙未　　朝雨夕霁

李丽生表弟邀山兄写春联,余亦嘱署求是学塾横额。宵,成挽郭雨田先生楹联,代郑一山作也。

郭雨田丈平生酷好丝竹,善吹洞箫,嗣君雁秋曾从郑君一山游,今年六旬有三,客腊作古。

> 通德共里间,我昔见知北海,世交推后辈;陶情在丝竹,公今已去广陵,绝响失传人。

廿三日丙申　　朝阴,近午晴霁

先舅氏李鹤坡先生忌日,为大祥期,往彬臣表兄家拜奠,留午餐。丁田张震轩妹丈携寓甥来贺年。申后,登岘山阁纵览,枬、栩两儿及毓寓从焉。宵,偕张君在丽生家小饮。

廿四日丁酉　　阴

开馆,仍设帐于李丽生表弟家。计从游者宋拱辰、家乃蓉、姚炳魁、蔡作醴、洪步源、黄启元、李庆浏、戴正泮、姜泮琛、管廷恺、廷元、李乃文、玉宸、鸿文、涣文、管廷献、枬、栩两儿,旧相从者十四人,新受学者四人。卓午,李玉君表弟邀震轩妹丈小饮,予亦往焉。宵,在蕴斋表兄家夜宴。过西北学堂,与同人议定学务。

廿五日戊戌　　阴,疏雨

到馆。福润局送到《日报》一束。宵,与震轩坐话。

廿六日己亥　　阴

先君忌日。到馆授课。邮局递到汴省许州赵妹丈书。震轩妹丈携寓甥返丁田。宵,阅《日报》。

廿七日庚子　　　雨

到馆。①

廿八日辛丑　　　阴,气寒

到馆。宵,过西北学堂,与诸教习暨同事商议下班学生分教事宜。

廿九日壬寅　　　晴暖,颇得春气

到馆,出文课题。

三十日癸卯　　　阴,日暂见

到馆。宵,写文帝诞祭文,暨胙肉票。

二　月

朔日甲辰　　　大晴。惊蛰节

到馆。张震轩妹丈来。宵,阅《奏定学堂章程》。

初二日乙巳　　　朝晴夕阴,日暂见

到馆。是日郡城送寄中学堂甄别题目。生,问:京房为魏郡太守,请得除用他郡人,是汉时掾属,无不用本郡人。杜氏《通典》言:汉县丞尉及诸曹掾,皆以本郡人为之,三辅乃得用他郡,及隋氏革选,尽用他郡人,何焉? 江北置行省,揆之地形利便,宜如何申画郊圻,以定疆界议。童,泰西海市之道始自荷兰,通市粤东始自葡萄牙,二国皆甚小,独能取利于数万里外,其故安在? 彼得、明治合论。甲班诸生作中东课。宵,阅《日知录》。五鼓,祭文昌。官属斋戒,备大牢以祀。余家有礼房旧缺,适值其司,遂偕仆及栲儿,登西岘山阁,排列豆品。

---

① 底本此下留空白一行。

初三日丙午　　晴

到馆。出乙丙课题。改甲班中东甄别卷。访郑一山兄,遇之。宵,改丙班卷。

初四日丁未　　晴

谒圣,休息。改乙班课卷。张震轩妹丈至,谈顷去。近暮,钟剑云过馆。

初五日戊申　　阴雨终日

到馆。张愚若大令出玉尺课题。生、童共:《无纵诡随以谨无良义》、《治世以大德不以小惠论》、《宽严滥苛辨》、《书梅伯言刑论后》。问:西国税重而民从之,中国税轻而民多抗违,其故安在? 宵,作玉尺课,成经义一篇。

初六日己酉　　晴,气温

到馆,改诸生玉尺课卷。午刻,同李稚菊表弟、郑一山姻兄、李启文表侄、管君杏浦□人,许孟龄往章粲士先生家饮人情酒,盖为其喆嗣孟杰婚娶也。宵,大风疏雨,阅《奏定学堂章程》。

初七日庚戌　　晴,旋阴

到馆。宵,过仲妹家一谈。

初八日辛亥　　辰晴,旋阴

是日各都地保赴城点卯,顺便过舍托填恩赏耆民信单,应接不遑,故不到馆。福润局送到《日报》,计十二纸。作致汴省赵羽仪妹丈书,交邮递寄。宵,开夜课,来学者姚、宋二生也。

　　与赵羽仪书

　　荏苒光阴,忽逢二月,想春风消息,海燕将南旋矣。前月十四、廿六两日,迭接唐君华翰暨足下手札,展读之下,稔知旅居康泰,宾主交欢。又邮奉诸件,均已察收,深以为慰。客腊令姊回家度岁,至今未到尊府,其中有大曲折,盖为所居之屋,典自项家,刻下二房议择来月迁移他所,但令姊屋本毗连,势难孤驻,倘亦先后迁徙,而典价成数不免参差,诚难逆料,且新居未卜,一时跋胡疐尾,进退两难,行道迟迟,职是故耳。舍妹株守一隅,孑身羁住,自恨无应门之仆调遣自如,况夜静更阑,恐遭肤箧,以故萱堂过虑,特遣桐儿随身作伴,以壮其胆,此亦妇人家之见也。迩来尊舍园篱破坏殆尽,牵萝而补,徒费工夫,刻已雇数匠人,取竹黄冈,大为修葺,四围麀眼,焕然一新,不似当年之凋敝,君可无他顾也。舍妹性质甚寒,医士恒言,须用温暖药饵以培之,意欲购全鹿丸十数两,惟嫌本邑所配之品,真赝难辨,如大省配有佳品,切祈一购,交邮寄下,感甚感甚!至嘱绣枕头缎顶及新茶等件,俟令亲邕如赴许时,托为寄奉。唐玉如附寄之茶,旧冬嘱邮递还,完璧归赵,亦一快事也。鄙人平素酷爱诗文,汴省定多文献,倘故家藏有遗集,便中访觅一二种惠下,增光邺架,君之赐也。各省学堂,年来丛如林立,汴地想亦同然,至于办法如何,教科如何,所课何书,所学何种,尚祈详叙示知,以开弟之茅塞。又,近日报章,计若干种,有何名目,并乞附叙片言,幸勿忘也。新正五、六两日大雪,未知许都亦降雪否?舍下自慈闱以次均平安,令姊暨舍妹身子均康健,知念附闻。春光明媚,桃杏迎红,佳景怡人,谅两地有同情也。肃此泐候,惠我好音,即颂公安百益。

初九日壬子　　　朝阴夕雨,雷震一声

到馆。宵,阅笔算数学。

初十日癸丑　　　阴雨,闻雷,气寒

到馆,出文课题。郡城送到东嘉题目。生,《温故知新义》、《叶味道、倍根合论》。童,《其新孔嘉义》、《书东坡〈范增论〉后》。宵,改乙班课

卷,写祭武帝胙肉票。

十一日甲寅　　朝阴雨

到馆。丁田妹子来归宁,计相隔九年矣,天伦叙乐,不可言状。宵,写祭文帝颁胙票。

十二日乙卯　　朝晴夕雨

到馆授课。改甲班文。代长女弟作函致轩兄。宵,作东嘉课成一艺。

代妹作家书

舍妹昨日归宁,天伦叙乐,诚不易得,但恐家中诸儿女年少,未必周到,而巧女又当哺乳,久驻有所不便,然渠离家已隔多年,诸妹颇系怀思,仲妹株守旧庐,不能离步,季妹为小儿所恋,亦多事徘徊,连日折柬相邀,只得过访,作半日之谈,颇费时刻,本拟十三日返棹,诚恐急促,少留一日,稍得盘桓,如宽至十四日更佳,未知此两日内,均叶吉否?祈兄翻阅宪书以为定,如再宽至丁期,弟为休息之日,定当亲送,是否?任凭尊裁也。诸处门户,舍妹吩咐诸女,切为留心,戚、亹两儿亦切切乞兄照料,彼虽在此,而心犹驻家中也。兹特遣伻走问,尚乞惠我好音为幸。

十三日丙辰　　阴雨,天气寒冷

到馆,出文课题。改甲班东嘉课。代杨稚田先生作挽联。宵,在广馨圻土店坐谈颇久。

韩巨川兆清丈与杨稚田先生交最为莫逆,暇时恒过其庐作竟日谈,今岁孟春上浣十日得疾殁故,而年逾六旬矣。

风月作竟夕清淡,此会难常,回首蹉跎成旧梦;泥雪亦偶然留印,吾衰已久,伤心零落少知交。

十四日丁巳　　阴雨,气寒

到馆谒圣,休息。过杨仁大纸铺,购来《近世中国秘史》二册,价英银壹圆;《中国之武士道》一册,价英银二角五分,是书均系梁任公手辑也。午后,丁田舟子来迎长妹归,余送之,近暮始抵其家。

十五日戊午　　晨晴旋阴,夕雨

泛舟自丁田返。到馆授课。宵,改乙丙两班课卷,又姚子琪文。

十六日己未　　雨。春分节

到馆授课。宵霁见月。改家乃蓉、宋子枢卷。

十七日庚申　　朝阴,夕日暂见

到馆。邵衣匠送来典价英银二十元。改蔡作醴卷。宵,月色清朗。

十八日辛酉　　阴,日暂见

到馆,作控盗葬呈词并抄,嘱族人增楠投署。福润局送来《日报》,计十一纸。暮雨。宵,阅《笔算数学》。①

十九日壬戌　　阴雨

到馆出文课题。宵,学算,知定位法。

二十日癸亥　　阴,日暂见

到馆改乙丙课卷。宵初,雨旋止。学算。

廿一日甲子　　晨大雾。

到馆。叶耕经送到《新民丛报》原第六十一册。丁田张震轩妹丈携诸甥女暨毓寓来。

廿二日乙丑　　晨雨夕晴

是日迎三港社神,放假,不到馆。约郑一山出门游玩。宵,学

---

① 底本此下留空白五行。

算,略知加法。

廿三日丙寅　　　阴,日暂见

不到馆。①

廿四日丁卯　　　晴旋阴

到馆谒圣,休息。与轩兄坐话半日。宵,三港神归庙,各花户备灯送神,凡所制花鸟走兽诸类,其象惟肖。余随高堂,同轩兄及诸甥女往门人姚子琪家坐看迎灯,笙箫聒耳,灿烂烛光,人往人来,无异游齐市者,摩肩而击毂也。更阑,天忽下雨,灯散人归,天公之妒,何其甚也? 余遂败兴而返。

廿五日戊辰　　　朝晴,旋阴

到馆改甲班课卷。震轩妹丈携寯儿暨诸甥女乘舟返丁田。宵雨,学算。

廿六日己巳　　　朝晴夕阴

汇钉《日报》附张。不到馆。②

廿七日庚午　　　朝晴旋阴,夕雨

到馆。郑一山来晤。改甲班课卷。作致赵羽仪妹丈书。宵,学算演加法,颇得头绪。

　　与赵羽仪

　　　前函谅已尘览,兹寄上红缎枕头顶一付,并竹布袜三双,递到之时,乞即察收。邑如兄闻此躺轮舶赴许,俟久不来,未知消息,且乏人过其家一询,只得交邮寄奉。舍妹尚在尊处,令姊亦未过驻尊舍,吾妹惟是雇一老媪相伴,聊以消岑寂也。家中自慈闱以次,大小均平康,诸亲戚亦俱安泰,毋劳远注。两家钱粮

---

① 底本此下留空白一行。
② 底本此下留空白两行。

弟已交库现完,知念附闻。草草布达,顺叩近佳。

廿八日辛未　　阴雨

到馆。巳刻,往郑一山家,为义儿闳梼发蒙。午刻,设筵款予。邮局送到唐君叔玉函。福润局递来《日报》一束。袖函并物,交邮寄许。宵,过李玉君家,晤采极和尚,坐谈良久。

廿九日壬申　　朝雨夕阴

余为桐、槑两儿发蒙。品莲上人过访,璧还《和笛吟诗本》,并赠以旧作。到馆出文课题。宵霁见星,改乙丙课。

三十日癸酉　　晴

到馆,改乙班课卷。宵,学算,于加法渐觉纯熟矣。在桐昌家饮上坟酒。

三　月

朔日甲戌　　晴,清明节

到馆率诸生谒圣,遵学堂例,节假五日。张震轩妹丈遣人送胙肉来。抄《瓯北诗话》缺幅。汇钉《七日奇缘》附张。午刻,设馔往大宗祠祭祖,邀族人饮酒。宵,学算,写祭先农文。

初二日乙亥　　晴

是日祭先农,官僚行□推之礼①,春耕农亩,东作之事兴矣。终日在家学算,深赖姚子琪指点,所演加法得入其门矣。福润局送到

---

① 底本此处"行□推之礼",句中空缺一字。《礼记·月令》载:孟春之月,"天子乃以元日祈谷于上帝。乃择元辰,天子亲载耒耜,措之于参保介之御间。帅三公、九卿、诸侯、大夫,躬耕帝藉。天子三推,三公五推,卿、诸侯九推"。似日记作者,一时该用几"推",心中犹豫,故暂空缺而后未补。

《中外日报》一束。宵,同蔡作醴、姚炳魁往小沙堤观剧,遇洪楝园师。

初三日丙子　　晴

先大母生辰。终日学算。午刻,家庭兰邀余陪客,为夏君伯龙有反马之喜也。

初四日丁丑　　晴

到馆率诸生谒圣,放假。终日在家学算,加法演毕。宵,同姚子琪往小沙堤观剧,遇张霖生鬹大令。

初五日戊寅　　晴

是日城隍神清迎。往杨仁大纸铺,购来《笔算数学》三册、《读通鉴论》十册、《訄书》一册,计书价英银二圆五角。宵,学算,初演减法。

初六日己卯　　晴

五日假期已满。到馆。张震轩妹丈来。①

初七日庚辰　　乍晴乍雨

到馆。②

初八日辛巳　　朝阴夕晴

到馆。吴乙生送到县课题。生,《苏秦张仪合论》。童,《惠迪吉义》。改甲班课卷。宵,学算。

初九日壬午　　朝阴夕雷雨

到馆。宵雨,旋阴。学算,得减法之原。

初十日癸未　　朝阴夕雨

到馆改甲班县课,薄暮寄郡。宵雨旋阴,学算。

---

① 底本此下留空白一行。
② 底本此下留空白一行。

十一日甲申 　　朝阴夕雨

到馆改甲班课卷。宵,雷雨,学算。

十二日乙酉 　　朝晴,夕雷有雨

到馆。宵,学算。

十三日丙戌 　　晴

到馆出文课题。改丙班课卷。宵阴,改乙班课卷,学算。

十四日丁亥 　　晴

到馆率诸生谒圣,散学休息。夕,同家乃蓉、蔡作醴、姚子琪出郭散步,过飞云阁,沽酒而饮,中心半醉。访周少苓先生,转往明因寺一坐,至暮始返。宵,月色如昼,学算。成许逊梅表伯挽联。

　　登飞云阁①

　　　许逊梅绍南先生为先伯祖稚石公内侄也,夙擅文名,蜚声庠序。喆嗣仲笙金镛孝廉,少登贤书,雏凤清于老凤,洵不虚谈。□□岁中笙游幕鄂省,患喀血而逝。先生当兹晚景,忧郁不堪,得疾之由,都在于此,今岁仲春二日遽归道山,骏有葭莩之亲,爰作数语,以悬诸影堂,用叙先生平生之大略云。

　　　贡树早分香,家学渊源,几多问字停车,令我追思横塘派;葭莩忝末谊,老成凋谢,到此临风怀旧,哭公忍过望江庐。

望日戊子 　　晴

到馆,写致汴省赵羽仪妹丈书,又代作致闽省书。过仲妹家一谭。暮雨。②

　　与赵羽仪

前月上浣所覆之函,及托蔡星阶兄寄奉诸件,想一一登收。

---

① 底本该诗题下留空白二行,但未补抄诗篇。

② 底本此下留空白一行。

兹续奉白糖炒米四斤六两,市白六斤,计一匣;芙蓉糖六斤四
两,市吹廿,同一匣,吹皮五斤计一匣,到时即登入计簿,此等对
象承刘元先生赴鄂之便,托为带至湖北,转交邮局达许,到时希
即惠我好音。令姊尚在郭家,舍妹仍居尊舍,诸亲戚俱平安,弟
家亦叶吉。前托访求汴省诸名集,切切便中觅购一二,幸勿见
忘。本山茶叶为雪所困,时届谷雨,卖者寥寥,恐今年无佳茗
也。专此布达,顺颂近安。

　　代

　　暌违两地,渴望弥殷。足下大省驻旌,事贤友仁,学业日
茂,羡甚羡甚。弟雌伏里门,谋生计拙,尘途鹿鹿,无补时艰。以
视吾兄有志四方,不啻天渊之隔矣。曩者舍妹与兄订鸳鸯之谱,
屈指于今,忽忽数载,银河未渡,乌鹊桥成,迫吉之期,已预定今
岁孟夏中浣三日,至期乞兄如约而来。弟当扫榻以待,入觐之韩
侯,梅实倾筐,卜云其吉,想兄必不误此佳期也。舍下大小均获
庇,无劳远注。新燕呢喃,随风双至。专此肃候,即颂近安百益。

十六日己丑　　朝晴夕雨

到馆。[①]

十七日庚寅　　阴寒。谷雨节

到馆。宵雨,学算,颇知演法。改小课。夜,闻雷。

十八日辛卯　　雨

到馆作控陈庆瀛盗葬呈词,亲同族人投署。[②]

----

① 底本此下留空白一行。
② 底本此下留空白一行。

十九日　　雨,气寒

到馆出文课题,改甲班课卷。①

二十日癸巳　　朝雾,晴

到馆。邮局送到唐君暨赵羽仪妹丈书。宵,月色清澈。城隍神回宫。携枏、杼、槱诸儿出门游玩,至三漏下始返。

廿一日甲午　　晴,旋阴

以昨宵游玩甚晏,不到馆。停课一日。福润局送到《中外日报》一束。宵,学算。

廿二日乙未　　朝阴,夕雷雨

到馆改甲班课卷。宵,学算,减法演毕。

廿三日丙申

朝雨旋阴。到馆。出文课题。甲班作玉尺课。玉尺题:《国必自伐而后人伐之义》、《中西社会异同论》、《绘瑞安县城内街市图》、《瑞安迎灯会记》或作《观瑞安迎灯会》古近体诗亦可。改丙班课。宵,细雨。改乙班课。学算,始演乘法。

廿四日丁酉　　晴

到馆率诸生谒圣,休息一日。成玉尺课一艺。夕,同姚炳魁、蔡作醴、家乃蓉侄登隆山,过东皋玉泉寺,成诗二章,至暮而归。宵,成四书义一篇。②

廿五日戊戌　　晴

到馆改诸生玉尺课卷,代姚子琪作《观灯》七言六绝句。

　　观瑞安迎灯会③

---

① 底本此下流空白两行。
② 底本此下留空白六行,拟抄诗文。
③ 底本此处题下留空白十二行,未录迎灯会诗。

廿六日己亥　　晴

到馆。改诸生玉尺课卷。与郑一山约作一卷。门人姚子琪代予抄卷,并绘城市图附之。宵,访山兄,约作古体,允之,谈良久归,成二十四韵。①

廿七日庚子　　朝雨夕阴

天早,访山兄,送诗托抄交缴。到馆。改甲班课,闻四月初七县考之信。宵,学算。

廿八日辛丑　　晴,气温,颇近仲夏

到馆。宵,学算。

廿九日壬寅　　天早雨,旋晴

终日到馆。宵,学算。

四　月

朔日　　晴

癸卯。到馆。②

初二日甲辰　　晴

到馆。福润局送到《日报》一束。③

本早接到华翰,捧读之下,一切领悉。蔡、黄二兄前月赴许,奉寄诸件均已察收,心实慰甚。至唐兄托购新茗,刻已买就,俟下躺轮舶到温,交邮奉寄,断不迟缓。又前托刘元先生所寄食物等件,实因斤两太重,邮局不收,刻即还存。然函已发,

---

① 底本此下留空白一叶,外加一行。

② 底本此下留空白一行。

③ 底本此下留空白三行。

物未合寄,恐兄见疑,特为一言。俟后日分剖小数寄许。全鹿丸汉口并未寄到,知念附闻。家中大小,以及诸亲戚均平康获福,无劳远注,手此肃候,即颂公安百益。

初三日乙巳　　　晴,天气颇热。立夏节

到馆改甲班文课。宵,雷雨达旦。学算。作《感怀》。

　　　感怀①

---

①　底本此题下留空白九行。

光绪三十二年(1906)^①

正 月

元日己巳　　晴

早起,焚香盥手,读《周易》,□□□□读书。赵羽仪妹丈、李彬臣表兄、陈丹卿表弟均□□年。午刻,整衣冠,谒竹崖公祠,定例以元旦设馔祭祖,分糕橘与子姓,敦古处也。祭毕享馂。席散,往诸中表家道贺。宵,阅袁《随园诗话》。

二日庚午　　晴

往各亲友处道贺。李稚菊、玉君二昆仲来贺年。宵,试笔成二十八字。

新正二日试笔

韵笔迅速似飙尘,爆竹声中改岁新。题得红笺廿八字,笔花先占管城春。

三日辛未　　阴

王浦东义儿初来拜见。家乃蓉侄、宋子枢门人接踵来道贺。连日双目患热,看书颇不如意。

---

① 原稿题识曰:"颇宜茨室日记八册,筱竹遗墨,光绪三十二年丙午正月之七月四日止,三十三年丁未正月之五月半止。""颇宜茨室日记,丙午,筱竹。"

四日壬申　　　阴

郑君一山携其子闳栒来贺年。李鸿锵、王宸两内侄,暨黄庆润门人接踵而至。宵,在李玉君表弟家饮圆真酒。是日内子生日,诸义儿家馈面桃来祝,颇丰。

五日癸酉　　　晴

李漱芳内弟、蔡作醴、管黼、夔黼,同黼堂诸门人均来贺年。宵,演算。

六日甲戌　　　晴

李友樵内弟以岳父生辰,邀余往其家饮圆真酒。叶云村、家梅仙均在席。申刻,姚子琪、宋子枢门人过访。宵,演算。

七日乙亥　　　雨

补钞高季迪诗缺本,家藏旧本缺卷三、四、五共三卷。余壬寅设馆孙学士止园先生家,见此本,假归欲为补缺,无如癸岁为西北蒙学教习,课无暇晷,甲乙两载,亦任教育之责,代人作嫁,岁月蹉跎,事阅五年,依然在箧,幸乘此暇思,逐日补抄而还之云。薄暮,苦雨,成七古一章。

　　　　人日

　　　驹隙光阴比箭疾,新年忽忽逢人日。当檐雨溜挂如绳,终朝痴坐读书室。门无剥啄客不来,耳听庭叶战萧瑟。人生休误少年时,春风消息透花枝。莫言此日少佳胜,题向草堂续旧诗。

八日丙子　　　雨,雷始发声

终日抄青邱诗。宋子枢过访。宵,演算。

九日丁丑　　　朝雨夕霁

抄高青邱诗缺幅终日。宵,阅《随园诗话》。

十日戊寅　　　雨

福润局送到《日报》。雨窗闷坐,百感交集,因成伤今七绝八章。

戴正泮门人来访。

雨窗纳闷有感

纷纷邪说甚洪流，革命倡言效美欧。记得宣尼麟史笔，春王正月为尊周。

满朝植党际熙丰，冰炭当年两不同。佐政率皆贪黩辈，为嗤新法创荆公。

王杨卢骆皆浮躁，圣世需才重老成。今日朝廷喜年少，野蛮空自说文明。

烂熟羊头关内侯，中郎灶下拥貂裘。年来官爵太轻贱，如此功名羞不羞？

纳粟加官汉滥觞，朝披短褐夕丝缰。明珠鱼目真难辨，仕路今开大市场。

科名已废蓄真才，争说中华学界开。树木树人同积久，工夫岂是速成来？

夏变于夷伪乱真，中邦文物叹沉沦。伊川非复神州土，野祭都为被发人。

慷慨挥戈称侠豪，头颅饮血表勋劳。英雄有意争名利，终让严光钓隐高。

十一日己卯　晴

携栌、桐两儿登集云山，省曾王父、祖父母，暨先府君诸墓。是夜，月明如昼。丑刻交春，烧樟叶，饮春茶。遣人送糖果与诸义儿，观我朵颐，分甘示惠，循旧俗也。郑一山亲家以《会吉通书》投赠，俗名"宪书"，为"万年书"。山兄报我，殆取斯义，以万永吉之意欤？赵羽仪妹丈步月来谈甚久。

十二日庚辰　晴。立春节

成七言一律。抄青邱诗。赵羽仪妹丈过舍，畅谈良久。

立春日偶成

容易流光似转轮，土牛迎暖遍郊圻。当炉樟叶初烧火，邑俗:立春家家烧樟叶，谓之煨①春。隔屋梅花早放春。

十三日辛巳　　阴

抄青邱诗。申刻，仲妹遣人送蜡梅数枝来，置诸胆瓶，清香扑鼻，静坐斗室，颇得禅悦之味。张震轩妹丈携毓寯义儿，驾舟自丁田来贺年。暮雨，邀李丽生、赵羽仪二妹丈同饮，留轩兄宿。

十四日壬午　　晴

张震轩妹丈暨寯甥返舟归丁田。周君晓秋来，谓宋子枢拟入杭州陆军小学校，须向温郡学务处备齐册结，直接武林。闻池君仲鳞之门人亦欲赴考，遂冒雨往访，托其合办，以免一番转折也。遇之，见允。宵，阅《随园诗话》。

十五日癸未　　雨

抄高青邱诗。宋子枢门人来辞行，谓今晚束装动身，为备墨银一圆，作七言二律，遣梂儿送赠，以壮其行。宵初，天开霁色，蟾月一轮，朦胧在淡雾中，如隔帘之佳人，颇形妩媚。过李玉君表弟家一谈。

附录宋生志侠游学武林拟入陆军小学校即以送别

春江水绿送轻舟，千里云山赋壮游。年少从军怀邓禹，书生投笔学班侯。雄心直欲摩三岛，豪气真看压九州。此去鹏程高展翼，横磨长剑定安刘。

英雄事业比风雷，不建奇勋志不灰。中土文明龙德曜，列强争逐鹿场开。丰城已夺斗牛气，天厩都收骐骥材。爱尔春华须努力，伫看姓氏署云台。

① 煨，底本作"天"，沈克成《温州话词语考释》有"煨春"一词，据改。

十六日甲申　　　阴

朝往珂鸣社收买字纸,此期系余值收。申刻,月食。偕赵羽仪、李丽生二君买舟往丁田贺年,近暮抵震轩妹丈家。夜雨。

十七日乙酉　　　终日闷雨

在廒隐园偕李丽生、赵心仪、张震轩三妹丈,寓甥掷骰子,俗名夺标图,交相争胜,精神振刷,都存先鞭我着之心。宵,则继之以烛。

十八日丙戌

余与赵、李二君倦,有归意,为雨所阻,仍在廒隐园作骰子戏以解闷怀。寓甥屡掷颇出色。宵,偕震轩兄坐论算术。

十九日丁亥

朝阴。同赵、李二君买舟而返,便过董田恒春酒肆,访周小泉表弟,谈顷别归,午刻抵家。福润局送到《日报》。夕雨,抄高青邱诗。宵初,孙公侠门人遣伻来假《谏垣奏议》李维樾著,家藏抄本;《瓯乘拾遗》洪守一编辑;法幢禅师《明州大梅山语录》先宫詹公当有明鼎革后,隐迹缁流,行帜其别号也。主席明州大梅密印诸寺,参透禅理,凡有所言,随笔手录,故成是编,末附公传,详谱所略,得之品莲诗僧也。共三册。

二十日戊子　　　雨

西北初等学堂开课。余居司事之列,随同人而行修谒师礼,计教习五人:包小亭,作雨,史学。项□□,奖玖,舆地。张异臣,鸿,经学。胡□□,算学。周眉仙,之冕,专教蒙养。沈□□,□□,体操。巳刻,往胡□□家,为桂第表甥发蒙。午刻,设筵款余。宵,邀赵羽仪妹丈,栯儿随之,同往董星珊光第家饮拱瑞山众福首酒。更阑,过李彬臣表兄家一谈。

廿一日己丑　　　雨

抄高青邱诗。

廿二日庚寅　　雨

抄高青邱诗。刘玉樵来,谓李玉君表弟昨宵在金眉孙家犯赌,为庄典史逻获,羁留在署,陡然闻之,过其家询问,所言皆实,余为不平者久之。夫赌博一事,误人非浅,犯此者俾昼作夜,耗削精神,一掷千金,挥霍如土,品行由此堕,财产由此倾,目见浮浪子弟,坐席祖业,未阅一年,而田舍荡然,甚至囊金告罄,鬻子卖妻,踽踽独行,无家可托,饥寒交迫,鹄面垢形,以乞丐自居,实为人类所不齿,身既至此,后悔奚追?今日赌风最盛,无论士农,以及工商,被其迷者十居八九,不思建树,慢游是好,日作无益,坐废居诸,中国衰危,皆由若辈以致之也。有官守之责者,力为厉禁,以身先之,颓风可挽,其庶几乎?不然,官疲民惰,风俗日偷,国本已亏,桑榆莫挽,惟有与之俱亡而已。彼庄典史羁押玉君以示罚,而不畏宵行,儆一可以惩百,大局已明,季孙行父,所谓于舜之功二十之一者,庄令有焉,苟直省之民牧均能效庄典史,心廑鼓励,以厚民风,进化有机,岂不美哉!

廿三日辛卯

朝阴。抄高青邱诗。申刻,雨。各都地保来署点卯,以旧岁耆民照费尚有尾欠,往县署候而讨之。过杨仁大纸铺,购来《欧洲十一国游记》一册,著者康有为,笔法简老,如读《南华》,宜玩之不置。

廿四日壬辰　　雨

抄高青邱诗。宵,演算。

廿五日癸巳　　雨

抄高青邱诗。宵,往捕署。与李玉君表弟一谈。

廿六日甲午　　雨

先君忌日。雨水节。求是学塾开馆,受业者黄启元、李庆浏、乃文、泮文、鸿文、洪文、曾昭仁、徐益芬、李涣文、枏儿共十人。出题考甄别定甲乙班次。宵初，李蔚文表侄束装赴杭，拟入陆军小学校，往其家送行。

廿七日乙未　　雨

在馆定课程表，改丁期为来复，以符各学堂授课日期体例。其表如右：

甲	上午	下午	乙	上午	下午
一			一		
二			二		
三			三		
四			四		
五			五		
六	温积熟作文		六	温积熟作文	
来复			来复		

廿八日丙申　　雨

到馆。福润局寄到《日报》。邮局递到宋子枢上海寄函。叶耕经送来第三年《新民丛报》第二十三册，原第七十一号，附赠《德育鉴》一册，此书系梁任公所编辑，分辨术、立志、知本、存养、省克五大纲，采拾前贤论学精语，逐节下一案语，立辞警炼，洵为有用之书，置诸案头，时勤披览，修身克己，获益不浅。

廿九日丁酉　　雨

到馆。

二　月

朔日戊戌　　雨

到馆，率诸生谒圣。写文帝诞祭斋戒三日榜谕。枬儿写颁胙票。

二日乙亥

到馆出文课。终日霾雨,家藏名贤手札为屋漏所侵,幸早知觉,被湿者惟十之二,遂备火炉烘之。雨势极大,有如倾盆天压,近檐沉黑,不辨溜水,滴下若漏壶之丁东。诗云:"床床屋漏无干处",信然。宵,写祭文昌祝文。是夜五鼓致祀,余家值办。遣桿儿排列豆品,候官僚同祭。

三日庚子　　终日霾雨,沉闷不堪

来复,不到馆。抄高季迪诗。

四日辛丑　　阴

到馆。午刻,抄高青邱诗。宵,赵羽仪妹丈约李稚菊与余,公禀捕主担保玉君出押,竟为王夔拊所阻,心颇憾之。

五日壬寅　　晴

早起,抄高青邱诗。旋到馆改乙班课。

六日癸卯　　晴

早起,抄高季迪诗。旋到馆改甲班课。

七日甲辰　　晴

到馆。午刻,抄高青邱诗一页。

八日乙巳　　晴

到馆。午刻,抄高青邱诗一页。

九日丙午　　晴

到馆出文课题。福润局递到《日报》。叶更今送到第三年《新民丛报》二十四号,原七十二册。

十日丁未　　晴

为丁星会合之期。到馆率诸生谒圣,散学休息。闻刘菊仙自鄂来省母，余与刘君为丱角交，复订兰谱，最为莫逆。辛丑之岁，偕黄叔颂观察赴鄂，黄任盐政，菊仙依之为幕，驻足七稔，颇有蓄积，由廪成均，纳粟捐职，以分发知县用。今日衣锦言旋，省亲叙旧，何快如之？以骏无能，徒以书籍耽心，终日呫唔，依然故我，彼此相较，奚啻天渊？自抚厥躬，多所滋愧，然盟同车笠，何论富贫？俟暇过访，乐为之叙契阔焉。宵，过李玉君表弟家，因渠是日出押，故往探问，且进规劝之箴，以作后来之戒。

十一日戊申　晴

到馆。午刻，抄高青邱诗一页。薄暮，访洪蓉轩，袖折扇索画，以受羽仪之嘱也。

十二日己酉　晴。惊蛰

邀圬人修葺书舍，谓罅漏之处，插瓦太重，水壅不流，且重而平，故有此患，善铺瓦者贵轻不贵重，贵峻不贵平，疏密相间，曲折适宜，始为得之。噫！匠者之言，洵确论也。即小见大，由浅观深，行文之道，何独不然？到馆授课。宵，与赵羽仪妹丈坐谈良久。

十三日庚戌　晴

辰起，抄高青邱诗二页。到馆。宵，演算。与羽仪坐话。

十四日辛亥　晴

到馆。长妹偕寀、𧰼二甥泛舟自丁田至。午刻，李云苓、管仲凌二君合设酒馔，延刘菊仙小饮，招予陪席，在座者李漱梅孝廉、王小博明经、蒋仲笙国学。申刻，仍赴馆。洪蓉轩过访，袖还画扇，并假去墨银二圆。宵，挑灯演算，因数未熟，心思颇苦。自姚生子琪不及门，无人指点，或作或辍，大坏功修。

十五日壬子　天早疏雨,旋阴

到馆率诸生谒圣，始授课。宵晴，月明如昼，同赵羽仪、李丽生二妹丈、李稚菊表弟往东山观灯，人来人往，热闹异常，所制之灯，或花卉，或人物，形容毕肖，当此纸醉金迷之地，观之顿忘倦也。至夜半而返。

十六日癸丑　朝阴夕雨

到馆课诸生温积熟，并出文题。宵，月明如昼。族长成良公，暨毓卿、增楠、桐昌来群议，邀余作呈词，投县斥逐杨氏。查杨氏平阳林岱人，为某姓之妻，锦姆之母，夫故家贫乞度日，未几至瑞，代人浣衣，媭母其形，无盐其状，而杨花水性，固其素心。族兄立桂，驼背废疾，晚年未婚，蓄有家田，足以自赡，但恨井臼躬操，无人扶助，杨氏日往来其门，彼贪其鳏，此乐其寡，一时撮合，遂成为野鸳鸯。杨氏悍泼成性，桂反为其所制。欺桂废疾，利桂积赀，串同前夫之子，私将林乾发户数十亩田，变卖于王啸牧大令家，实得价英银六百馀元，侵蚀者半，花消者半，桂心知之，实无如何也。先是杨氏依桂未久，抱来小沙堤某姓之子，以作螟蛉，阅五岁而夭，续又于桂亡之前一月，抱东山某姓子，认为养子，以为后日长成争继轮值张本。光绪二十六年某日，桂得宿疾身故，未殓之夕，同房之焕卿、桐昌往其家理论，谓继桂者为焕卿之子乃纬，两相争执，彼此不允，南门之房长静山从中艳贿，首鼠两端，邀同两造，冒立合同执据，载明焕卿子乃纬，例应祧继，分田二亩零，作披麻执杖之用，杨之养子既受收养，亦当析产安顿，所有林泗垟字号田二亩零，及桂生前所筑之屋，均交与伊食用，至入席轮众，宜归一例。又以桐昌代理丧事，拨坑舍一所，聊酬其劳。其次，焕诰亦得染指。惟前被族人林子韶盗卖三亩有奇之祖田，系桂赎回，拨归大小宗为上坟办祭之用。静山暗中播弄，分三分之一归己，以饱私囊。据字草率，启厥争端，实由不肖之静山酿成之也。客岁静山病没，杨氏与焕卿、桐昌二人口角，又听比邻刘莼村明经挑唆，把持立据，备呈控卿与昌，张邑尊严明，一再不准。旋串同地保曹玉锵，捏诬禀准，屡次饬差，查履协理，因卿、昌二子不谙事理，姑妄听之，遂致养痈成患，迭架呈词，而焕卿之弟毓卿，更不识案情，冒倩杨竹坪捉笔具剖，天然凑合，以伪为真，邑令批提质讯，所失又在此也。今日族中伯叔闻之不平，群来余家商酌，乞余臂助，盖恐一误之后，复遭再误，坏兹大局，悔何可追？共议斥逐之策，以免异姓而乱吾宗，此则族众之心也。嗟乎！以一乞丐之妇人，挟假子而妄控，以一不肖之房长，贪浓贿而败谋，蔑祖乱宗，厥罪惟均，吾辈读圣贤书，所学何事，数典忘祖，其可乎？屏逐之责，余乌敢辞？古人云："非其种者，锄而去之。"为朱虚侯，亦自尽其天职而已，不然，稍加回护，决非令子，与众立誓，鸣鼓而攻，岂为过乎？

是日上午，往珂鸣社收买字纸，得《红藕山庄尺牍》残本，共九册，缺首卷，而著者姓氏未详，俟异日再考。

十七日甲寅 晴

来复，休息。抄高季迪诗五页。宵，过桐昌家一谈，归写祭关帝祝文。

十八日乙卯 晴

到馆授课，作控陈庆瀛盗葬呈词，邀族人增楠投递。宵，叶味兰过谈。

十九日丙辰 朝晴夕雨

到馆。福润局送到《日报》一束。

二十日丁巳 晴

到馆改甲乙班课。宵，学算，至命分诸等之化聚。

廿一日戊午 晴

到馆。午刻，抄高青邱诗四页。宵，学算。

廿二日己未　　　晴

到馆改丙班课。抄高青邱诗二页。宵,作斥逐杨氏呈词而未脱稿。

廿三日庚申　　　晨晴,旋阴

到馆出文课题。为合族攻斥杨氏足成。昨宵所构呈词,言颇中肯,内有数字未合,赖赵羽仪妹丈润色之。

查大宗族谱,立桂与焕卿并出庆哲派下,庆哲生三子,长春年、次华年、三逢年,焕卿为锦滢继子,而锦滢出自逢年,桂为锦深之子,其祖高哲无出,以兄庆哲之次子华年为嗣,华年生锦深,锦深生立桂,虽分两房,实一家也。桂无子,又以焕卿子乃纬为嗣,循分使然,至桂年老不娶,谱系分明,且谱光绪十二年重修,桂犹在世,并非遗佚,杨氏冒为正妻,以假子为真嫡,宗支淆乱,豁然可明,为林氏子孙力为正本清源,其可也。防微杜渐,有鉴于斯。

附录　斥退呈词为乱宗冒族,有玷血支,佥请恩赐作主,严惩斥退,以清宗派事。窃生等祖居本邑,为济南氏族,俗称南门林,自始祖元章公由闽迁瑞,计二十五世,自宋至今,历千馀年,族衍支繁,一脉相传,从无渎姓,大宗分派鱼塘、河汇、成试、竹崖共四房,而竹崖房又分四派。兹缘竹崖公派下之侄孙,立桂即立贵,驼背废疾,晚年未娶,突有平阳林岱地方之丐妇杨氏,即锦姆之母,当时因夫故后往来丐食,时常代桂浣衣,艳桂积产,引诱百端,烈火干柴,势所必焚。桂在日,曾抱本城大沙巷陶姓之子,五岁而夭,继于桂亡之前数月,又抱东山下埠地方婴孩,取名姆儿,认为己子。然按图立后,应以焕卿之子阿纬承继,奈桂房之前房长林静山,年老昏耄,竟存私见,不顾混派,姑息宕延,事隔六年,养痈成患。刻因杨氏挟有假子,欲轮流大小宗祀田,耸词诬控,贿地保曹玉锵,狡串朦禀,上渎宪闻。窃思杨氏系乞丐寡妇,诱桂苟合,来历暨已不明,养异姓婴儿,觊觎众产,居心更不可问。生等忝居族长,推本穷源,何堪坐视?苟听其混乱,弄假成真,由小宗而及大宗,由入席而列谱系,乱宗之渐,由我而开,千载谱图,定污蝇点,势必受子姓讥弹,被后人唾骂,惴惴滋惧,责何能逃?非种必锄,古人深戒,如蒙仁宪严加斥退,端本清源,合族感德。迫此金叩,伏乞老公祖恩赐作主,严惩泼丐,立加斥退,以清宗谱,以正血支。公侯万代。上呈。

廿四日辛酉　　　晴,天气燥热

来复,休息。抄高青邱诗二页。成咏水仙七言四律。

　水仙花

　独抱孤芳自古今,玲珑不受俗尘侵。亭亭洛女凌波影,脉脉江妃解佩心。身擅仙才融玉骨,歌成水调抚瑶琴。最难清伴幽人梦,睡鸭香温到夜深。

　冰霜炼格月传神,吹气如兰最可人。独立依然高洁士,此生休负岁寒身。剧怜萍絮茫无主,自惜芳华不怨春。愿效米颠来拜石,数拳白石倚为邻。

　香草美人寄所思,岂同兰怨托微词。前生本是天家种,出世应超国色姿。秋水神凝原不俗,冬心冷抱有谁知。湘江洄溯情无限,明月清风入夜时。

　淡到无言思悄然,自全真性洗华妍。裁云镂雪非凡质,勺水拳山小有天。斗室生春留逸韵,瑶台降谪始何年。群芳争宠终销歇,清气惟君占独先。

廿五日壬戌　　　朝雨夕晴,天气温暖

到馆。赵羽仪妹丈来谈。

廿六日癸亥　　　晴,天气温暖

上午到馆。下午至宫詹公祠,为侄乃奴指斥德甋、焕卿、桐昌三人盗卖祀产投呈,已三次矣。余以骨肉构衅,同室操戈,事之不祥,莫甚于此,故邀集族人,设席祭祖,以调息之。宵,李□□楷来舍,坐谈甚久。

查南祀户田额:高岙四亩三角、山坑四亩五角、钟山并江头四亩五角、新启一亩六分、铜乾五亩、垟坑十一亩、外桐二亩五分。南祀房长焕卿暨德甋、桐昌擅将高岙、钟山、江头、新启等田出卖,共得英银一千又百馀元,后恐族众问罪,转买吴桥新田若干亩,付出英洋六百一十元,又凭中出入户号,及饭食行船诸项费用,计花消英洋乙百二十馀元,合成公用计七百三十馀元,其馀存银,三人均坐分肥,饱填欲壑。乃奴为林府房中一分子,愤其私卖祖田,暗中逐利,备呈控告,职是故耳。

廿七日甲子　　　春,朝雨,旋阴

到馆改乙丙课卷。午刻,抄高季迪诗二页。宵,演算。

廿八日乙丑　　　阴

到馆。宵,过赵羽仪妹丈家,因渠受唐叔玉大令之招,将赴汴梁,行旆在即,故与畅谈,以伸雅意。

廿九日丙寅　　　雨,旋晴

到馆改甲班课。薄暮,赵羽仪妹丈束装告别,与其戚黄鬯如同行。余往其家少叙,送至河干而返。

晦日丁卯　　　阴

朝,到馆出文课题。夕,设会席于飞云阁,在坐者叶耕经、云村

昆仲、家毓卿、李丽生、郭仲裳代吴伯屏。暨余,共六人。而叶寿如、孙中恺、李彬臣不至,此期收会资归诸恺兄,席散已近暮矣。抄高季迪诗毕功。门人孙季芃送来《国粹学报》,计十三本。宵,雷雨终夜。

三 月

朔日戊辰　　雨

来复日,到馆谒圣,散学休息。邮局递到河南唐叔玉大令书。内附汇票二纸。作覆书。过季芃家一谈,袖还青邱诗,复假来《慎江文征》计三本,《瓯括先正文录》一册。《慎江文征》计六十卷,为永嘉周天锡所编辑,吾乡先正遗文搜采得十之八,先宫詹公有奏疏数道,为诸书所未载,亦曾列入,故假归而录之。

覆唐

本日接到尊函及汇票二纸,承委购采茶叶,理当助力。前羽仪兄面与弟道及,刻已徧嘱本山主人,俟出茶时,择上品者罄其所有送到,舍下届斯再作品选也。二十元之汇票须向温邮亲取,待后数日上郡领来。羽仪、畅如二兄,均于二月廿九晚起程矣。尊嫂夫人嘱购花洋布书包,并天足鞋样,俟下躺轮舶到温,寄奉可也。

二日己巳　　雨

到馆。叶更今送到《丛报》第四年第一号。福润局递到《日报》。午刻,偕管杏浦、丹三、周晓秋、榴仙、眉仙、吴伯屏、潘子璜、姜岳仙,设馔祭奠李松岑先生。李君永嘉人,寄居瑞安,曾游庠,善谋货殖,内西北创办惠民仓,与有力焉。宵,演算。

三日庚午　　雨

先大母生辰。到馆。宵,姚炳魁、黄启元来舍夜课。

四日辛未 雨

往毅武女学校赠教一日。本塾授课上午定以七勾钟,下午则以一勾钟二十分,此来彼往,事获两全,以免招芸人舍己之讥。宵,演算。

毅武女学校在西北卫房宫,为吴伯屏个人创设,计来学者五十人,分甲乙丙丁四班;女子年岁,则以十龄以下为定例也。

五日壬申 雨

朝,到馆。夕,张大令悬牌,招杨氏暨焕卿、桐昌到堂讯鞫。余为族中一分子,实难袖手旁观,随同族房长到署备质,俟至一更后,未闻传呼,恨为私费所搁,约以来朝。

六日癸酉 阴

朝,到馆。夕,县传杨氏讯鞫,余同族长往署备质。张令谓乃桂一派谱系,未载所娶杨氏,必非正嫡无疑,且谱系光绪十二年重修,隔二十六年,乃桂之亡,中间仅十五载,妻子不详,又非遗漏,但杨妇既随桂数年,暂以旧日所居之屋,暨二亩零之田,作为养老。而入席轮众一节,均不允许,以免启乱宗之端。吁!张邑尊明察秋毫,片言折狱,有仲由氏之遗风焉。

七日甲戌 朝阴夕晴

到馆,改甲乙丙三班文课。得赵羽仪妹丈汉上书,暨宋子枢门人武林书。本日为昨夕讯案私费未了,差使屡来剥啄,颇嫌骚扰,然掯钱不交,实毓卿从中播弄以致之,为鬼为蜮,腼然面目,实可恶也。宵初,桐昌送到而开费始了。往族长成良公家,指毓卿之不良,揭其原由,畅为之谈。夜归挑灯,学命分之诸等加减。

八日乙亥 大晴

来复,休息。朝,学命分之诸等加减。午后,姚子琪过谈。申刻,往东山见延骶姑母,日晚强留予宿,辞归。宵,月生晕。过广馨土药肆,与鲍佩琛、杨稚田二老人高谈至夜半。

九日丙子　　大晴

到馆作书,覆宋生子枢,邮寄杭省。叶更今送到《新民丛报》第二号。黄启元、曾昭仁有事请假。宵月如昼,身子困倦,眠息甚早。至夜深始起,独坐斋窗,演算良久。

与宋生书

河梁话别,屈指蟾圆已三度矣。想足下驻跸武林,耳目所历,学力日增,较之跧伏蓬门,心拘墨守,得失奚止分毫? 三月上浣七日,接到手书,一览之馀,知君急于立业,皇皇汲汲,已流露楮墨之间,但近日各处学堂,创立如林,虽有章程,虽有名目,亦不过敷衍铺张,毫无实际,或定一月而落成,或定数月而招考,热心入学者,仆仆道途,不惮修阻,原冀稍得地步,为后日吐气而扬眉。奈各堂学务,内容不修,而外观有耀,苟当局者一往直前,而不审所择,非特招逃杨入墨之讥,悔不能及,即虚縻多费,获益更难,是在胸握智珠者自为主耳。足下前闻杭省开办陆军小学校,欲附名肄业,继因办未藏事,转入练军营,复惮其烦,拟另入武备速成科,一为速于毕业,一为便于进身,况一年之费,虽需百金,学成致用,反得十倍之偿,出谷迁乔,高明之见,鄙人深羡君之善自为谋也。得此消息,即为叩府,向令尊代言,但令尊深嫌学费数巨,力不能支,且诿足下出门时勉强挪措,获数十金,续又寄付英番七八,尊诚恐出路之人,斧资维艰,内顾不遑,更为集腋,今又变局,三倍其数,杯水车薪,势不两敌,自恨家无积产,薄留数亩硗田,食不足一年,钱亦入不敷出,惟藉纸业稍得微利,聊以自赡,怒形于色,难措厥词,虽为足下之故,从旁慰解,终无如何也。足下当自量力,与其财力不及,进退两难,不若静以待时,束装回里,少纾亲怀。古人云:"慈母手中线,游子身上衣。""留将寸草心,报得三春晖。"为人子者不可不思,倘足下寄栖异地,定罄囊金,将伯谁呼,黑貂告敝,其奈之何?是否酌裁为要。舍下自家慈以次均平安,毋劳远注。春风和煦,化日舒长。手此布覆,顺问近佳。

十日丁丑　　晴

到馆。夕,往集云山扫墓,不上课。张震轩丈来。宵,月色如霜。过李云苓表弟家,与稚菊坐谈至夜半。

十一日戊寅　　晴

到馆。十勾三十分钟,往毅武女学校授甲班国文。福润局送到《日报》。夕,改三班课。宵,过杨仁大书庄购来算术教科书上卷一册,原著为泽藤利喜太郎,译者为泰兴刘启文、张文廉二君,算式明晰,惟下卷未出版。过姚子琪家一谈。

十二日己卯　　寒食节

朝雨,登集云山谒九坛坟不果。到馆。夕阴,在族侄乃奴家饮上坟酒。宵,演算。

十三日庚辰　　清明节。朝阴夕雨

是年大宗众田,为余值拔,族长议定,酒食之费折存以作讼款,惟设一席以祭祖,而铜乾族人不知其由,均来赴席,一时失措,不及备馔,恨无厚物,心甚愧之。

十四日辛巳　　朝雨夕晴

代周榴仙作联语赠管君杏浦,为近日招股开放香山药肆也。宵,演算。

望日壬午　　大晴

是日,庄济王出巡安方,循俗例也。出门散步半日。

十六日癸未 晴

嫌前日联语颇不惬意,复改作之。其语云:"以香为缘,拾神农草;与山同寿,永韩康名。"

十七日甲申 晴

闻长女弟近日身患乳疮,邀李彬臣表兄泛舟往丁田探视,至暮返棹。

十八日乙酉 晴

朝,上万松山扫墓。

十九日丙戌 朝阴夕雨

得赵羽仪妹丈汉上寄函。福润局送到《日报》。

二十日丁亥 雨

节假已过,到馆授课。宵,学算。

廿一日戊子 朝雨夕霁

到馆出文课题。

廿二日己丑 朝晴夕雷雨

来复,休息,不到馆。阅《日报》。宵,演算。更深雨止。

廿三日庚寅

朝,大雾漫天。到馆。暮雨,孙公侠门人书来,假阅《新民丛报》,并谓其侄公权已东归。

廿四日辛卯 阴雨

到馆。过公侠家一谈,并假去《丛报》共五册,得昭显寺品莲和尚书,附以和诗。

廿五日壬辰 朝雨夕霁

到馆。十点三十分钟往毅武女学校授甲乙二班国文。宵,往杨仁大书庄,代诸生购来最新初等中史,共五部。

廿六日癸巳　　阴

到馆。暮,雨。

廿七日甲午　　雨

到馆。宵,演算。

廿八日乙未　　晴,天气温暖。谷雨节

朝,到馆授课。仓圣诞日,登岘山阁公祭字祖,本年珂鸣社值祭李彬臣表兄与余也。午刻,疏雨,旋止。邀同人饮酒,席散仍到馆,出文课题,改甲班课。余学算至命分已三阅月,其法深奥,变化无穷,终未洞悉。今夕,姚子琪门人来舍指点一番,稍为觉悟。校《瀛寰全志》,中缺一页,心颇惜之。

廿九日丙申　　雨

来复,不到馆。写函寄汴省许州,一与唐叔玉大令,一与赵羽仪妹丈。

　　与唐

　　前函谅已尘览,委购茶叶已于谷雨前陆续买就,本年霪雨缠绵,茶芽较去年为粗,然中略有佳者,俟收焙一齐,再为评定,分别寄奉。兹先交邮送上四匣,计十一斤八两,乞察收。至统买斤数若干,价钱若干,俟下躺递齐开单呈缴可也。肃此手泐,即候公安不备。

　　与赵

　　沪、汉二函均捧读矣,稔知足下出行叶吉,步履平康,无任忻慰。茶叶已陆续照数采就,属三都岭为多。弟于商务一道,实门外汉,所购茶品,未知有合叔翁尊意否,兹先奉寄四函,使唐君公馀之暇品味评尝,余俟逐躺寄出。令姊舍妹均在家平安,舍下大小亦托福。斥逐杨氏一案,经官讯鞫,获全胜矣。知念

附闻。本乡多雨,莺粟淹没十之五六,未知许邑阴晴如何,念念! 筏春在即,化日舒长。手此肃候,并颂近佳百益。

晦日丁酉

朝雨。检点茶叶并函,交邮寄与汴省许州厘税局唐叔玉大令,又填免税单四纸。到馆授课。夕霁,泛舟往丁田探望长女弟,为近日身患乳疮,奉母命一往也。日暮返舟。

四 月

朔日戊戌　　晴

到馆,率诸生谒圣。得河南许州赵羽仪妹丈书,谓前月初十日到汴,自瑞至许,计程四千馀里,中间相隔只十馀日,何其速耶! 迩来铁道大开,征夫远游,水路则驾轮舶,陆行则乘火车,一时税驾,飘忽而至,古有缩地之方,不图于今日见之。董田村人过访,为伊族人安启因案被羁,欲余设法以脱之也。宵,演算。

二日己亥　　雨,旋晴

到馆,叶耕经送来《新民丛报》第四年三号一册。十勾三十分钟,往毅武女校授甲班国文。下午,在馆。

三日庚子　　晴

到馆。宵,雷雨。

四日辛丑　　雨

到馆,改乙班课。

五日壬寅　　朝雨,旋阴

到馆,出文课,改甲班课。是夜,社人送城隍神回宫,出门游散,至夜半而返,鸣钟三下。天雨。

六日癸卯　雨旋阴

来复，不到馆。过岳母家一谈。访孙经畲。宵，姚子琪、黄庆润来开夜课。

七日甲辰　雨

节交首夏，天气沉寒，衣犹装棉，天时不正，莫甚于此。到馆授课。宵，演算。

八日乙巳　天早晴，旋阴

到馆。夕，小雨，作呈词控陈庆瀛，遣族人增楠投署。宵，演算。

九日丙午　阴旋雨

到馆。

十日丁未

朝晴。到馆。夕雨，为李松岑先生送葬，至南门而返。宵，演算。

十一日戊申　天早大晴，旋雨

到馆。午后二勾钟，往毅武女学校，为甲班诸生拚文。申刻，还馆。宵，演算。

十二日己酉　天早晴

到馆出文课，改甲乙班课。福润局寄到《日报》。季芄门人送来《国粹学报》第二年第□册。宵，成《饯春词》八绝。

饯春词

春光去住最分明，一曲骊歌怕倚声。珍重东风初告别，漫天飞絮触离情。

绿叶成阴梅子肥，园林何处觅芳菲。蝶心亦自怜春去，争逐残花不住飞。

群鸟多情倚树啼，长亭流水界桥西。天涯芳草无穷碧，夕照匆匆促马蹄。

　　百结回肠孰慰侬,积成别恨计重重。千金一刻怜宵烛,只恐明晨报晓钟。

　　为招歌妓舞当筵,似我情长怨绿天。九十韶光容易过,曲江饯别记年年。

　　醉倒江头唤奈何,衣襟孰浣酒痕多。青山为主还相送,如许柔情托绿波。

　　漫向风前惜别离,文通我亦订心知。送君南浦一挥手,忍唱青青柳色词。

　　莫似浮萍负夙因,愿偿后约定来春。琼杯酌尽春江绿,付与同心结佩人。

十三日庚戌　　天早雨,旋晴。立夏节

来复,不到馆。震轩妹丈来。叶耕经来《新民丛报》第四年四号一册。过孙季芄处一谈,其侄延曙暨叶芰汀接踵而至,拍手坐论至暮。宵,雷雨,姚、黄二生不至。

十四日辛亥　　雨

到馆。宵,演算。

十五日壬子　　雨

到馆授课。宵霁,见月。成五言古风一首。

　　积雨匝月,春霉困人,今夕陡然开霁,银蟾正圆,清晖入户如对良朋,喜成五言古风一章

　　久不见嫦娥,苦遭雨师妒。遥夜思美人,云泥隔不遇。一旬复一旬,恒恐生迟暮。天公反见怜,为我拨云雾。宫阙耸舳棱,环佩锵玉辂。清韵传邻箫,微风吹庭树。昂头望九霄,咫尺天可步。心事银蟾知,相见今如故。真若耐久朋,握手通情素。

爱之不成眠,坐对生幽趣。一刻抵千金,良宵幸无误。仆本多
情人,爱月有深痼。

十六日癸丑　　　晴

到馆。十勾三十分钟,往毅武女学校授甲班国文。袖叶家所收
会洋二十四圆,交孙中恺公子。宵,演算。

十七日甲寅　　　晴,旋阴

到馆授课。

十八日乙卯　　　晴

到馆授课。下午二勾二十分钟,往毅武女校督甲班拚文。四勾
钟仍回馆。宵,与姚子琪论算法。

十九日丙辰　　　晴

上午到馆,督诸生温课。下午出题作文。周田人蔡姓来,诉三
官堂住持妙安盗卖堂产,众为不平,且遇事生风,狡险好讼,村人半
为鱼肉,众愤殊甚,欲鸣官驱逐,以靖地方。近乡绅士,又欲收堂田,
充作学堂常年经费矣。闻此田系林姓所置,故特贡一言,余闻之不
悉其详,约以明日,过庵查访,再为计较。

二十日丁巳　　　朝阴夕雨

来复。泛舟往丁田。在舟中得七绝八首。过张震轩妹丈家,留
午餐。饭后转往周田,过三官庵访住持,不遇。向其徒索笔手录碑
记。遂过董田周筱泉表弟酒肆中一谈,款以佳酿,至暮阻雨不得归,
转往汀川妹家过宿。

　　　泛舟至丁田书所见

　　为驾扁舟逐野凫,连朝雨足水平湖。万重山翠浓如滴,付
与诗人补画图。

　　村屋编茅近水斜,炊烟午起野人家。千红万紫浑相间,一

路争开莺粟花。

满堤芳草透生机,绿长林阴护四围。掠水双双新燕子,多情傍桨不停飞。

十里山光长短亭,鸣蛙阁阁最堪听。新秧刺水如针小,绣出芳塍一段青。

催到林间布谷声,野田流水自盈盈。农家东作功方始,一雨扶犁叱犊耕。

石桥高跨曲如虹,聚影游鱼唼落红。无限轻舟来复去,棹歌隐隐水云中。

浮波大小数青苹,风景江村已暮春。隔水梨花开似雪,淡妆半面肖佳人。

脱却羁尘寄画桡,此生我愿伴渔樵。未逢明月三分地,先度春风廿四桥。

是日午后,往周田,过三官堂访住持妙安不遇,散步堂后墓垄,依然地广二亩,规以短垣,上列石碑五方,中署友默林真人墓,其左为乐闲方真人,其右为天泉徐真人,次于左者为虚白包先生,次于右者为野鹤陈真人。墓前有碑碣痕迹,今竟无存,问诸村人,曰:“相传为五进士坟,前竖石碑,闻系前明林姓刊置,上载田亩。兹为住持妙安所碎,欲没旧迹,以为己物。且其人虽属女流,而狡诈好讼,胜于男子,兑顶田产五亩有奇,一归林培育,一归蔡一聪,中获赢馀英洋一百九十元,又向各佃增加耕本,极意罗掘,为数颇溢,佃户租谷有尾欠者,不论多寡,即架词捏控,胥差不时到门,屡遭骚扰,吾等乡民深畏涉讼,只得隐忍听之,然合村之人,心抱不平,久思驱逐而未发也。闻墓田二十馀亩,光绪初年归上码林家掌管,春秋设祭,颇尽心力,陈庆瀛继之经管二十馀年,只供中饱,因犯盗葬重案,被人告发,遂为武举林星楠收管，迄今十馀载，彼此朋烹，愈趋愈下，直不啻为妙安一家之私产也。"言之如此，默记于心，即向妙安之徒索碑一观。欹侧床下，石已零落，计大小六七枚，取而联合，碑字尚不模糊，长六尺，阔半之，正面刊记，田亩租额载在碑阴，于是索笔手录。记则一字无脱，而亩数坐段则缺十之三四焉。碑记云："置腴田二十馀亩，以作岁时享祀之需。祭之前一日，必告于炼师之孙林氏者。间有改易，林氏得以纠正之。"其为林家之物无疑。末又云："炼师为南社林氏旧家子，字本然，友梅其号也。"其为我南门林氏无疑。妙安为堂管理之人，私卖墓产，黄夜碎碑，为将来吞没地步，特意中事，始信村人之说固不诬也，中心愤激不可言状。

　　附碑集真林友梅墓祭田记

　　赐进士出身大中大夫云南布政使司左参政平阳陈宣撰

　　赐进士出身承德郎北京工部都外清吏司主事平阳童器书

　　赐进士出身奉政大夫南京吏部验封清吏司郎中邑人季敩篆

　　吾温之瑞安集真道观，落魄真人炼丹之地也。落魄仙去，地因人胜，往往居此者多超尘拔俗之士，友默林炼师其一也。炼师标高气清，夙悟玄旨，为士夫所敬礼。曩观宇久敝，不蔽旁风，遂慨谋兴作，乃捐衣赀，及募诸善信，若殿堂，若门庑，悉为维新，如克家之令子极其力，至于就绪，玄门遂为改观，尝筑坟构庵于邑华表村，厝其师。方乐闲剑履而已之寿藏侧焉。兹置腴田贰拾亩，以备岁时享祀之需，仍贮羡馀以为葺理计，使嗣其后者掌之，祭之前一日，必以告于炼师之孙林氏者，间有移易，林氏得以纠正之，其用心良笃，作法良要也。属予为之记。

　　予谓墓之设田，所以广恩爱而绵世泽，吾儒之追养继孝，莫先于此。炼师生儒家,由儒入道,见其制行,皆率天性,故所举自与吾儒合,有孝敬仁爱之可传,况其所以为父子祖孙者,非天属之懿,苟不设羊以存礼,缘石以举实,其不至忘其远而遗其久者几希!此其具田以供祀,诚所思之匪夷也。炼师常能导引六气,以回元阳,故耆耄若少壮,修龄永年,将必齐□广成子,傥丘木日拱,忽三岛十洲之兴,思而游神于紫府丹台之上,为之嗣者起春雨秋霜之感,精神流通,薰蒿凄怆,尚期披氅衣,驾卿云,而或来香花钟鼓黍稷,惟馨稽首望其灵光者,恍若有见,人和神悦,福宗风而衍玄化,永有所赖也。炼师为邑南社林氏旧家子,字本然,友梅其号也。兹为记而书其事,俾刻石以告来者,若夫田亩之町段与租之多寡,则具载诸碑阴。[①]

银壹百两,买田贰拾亩,□□□□□□□,作祭享修理坟墙之需,其田粮役出此租内,今□□□□□于后:

| 五角 | 一角 | 四亩 | 二亩 | 五角 | 五亩 | 三亩 | 二亩 |

一段十亩三丘坐蔡元　一段一亩二分一丘坐陈屋东

　东蔡得阜高园　南　东蔡宅田　南河

　西本观高园　一亩　西蔡宅田　北蔡得阜田

　早租八扛　晚租扛　一角　早租五勾　晚租二勾四方

　一段十亩半三丘坐殿　河　一段二分四厘坐殿后路东

　东本观高园　南　田　东潘宅田　南马迴田

　西蔡元钦高园　北河　角　西蔡宅田　北郑宅田

----

① "碑阴"下,留空白二行,似作补充内容之用。

　　早租六扛　　晚租三扛　　早租一勺　　晚租二方
　　一段五角坐浃尾　　早租共十六扛晚租共八扛平
　　东官塘　南本观高园田
　　西河浃尾　北
　　早租一扛　　晚
　　正德四年己巳正月立

廿一日戊午

朝晴。张震轩妹丈嘱余先将石碣载归，免遭椎没，生意外之虞，颇信其言，遂自丁田买舟，往周田载之而返。夕，阴，不到馆。叶芰汀门人赠予师范讲义，共四册。宵，演算。

廿二日己未　　　　朝雨夕晴

到馆。福润局送到《日报》。叶更今递到《新民丛报》本年第五册。得许州唐叔玉大令寄书，写覆函寄唐并茶叶四匣。又作书寄杭与宋子枢门人。宵，学算。

　　覆唐

　　今晨捧读尊札，知首次寄呈茶叶四匣，均已登览，慰甚。未稔此品有合尊意否？办事未谙，恐负重托。兹再奉上四匣，计六斤十两，内有一匣较为上品，内已标明，其一匣为次，馀二匣平平，到时乞察收。此外尚有二三匣，及购买若干银之清单，另容下躺奉寄。舍下及诸亲戚均平康，毋劳远注。刻因行轮期迫，不遑细叙，祈恕之。羽仪妹丈不另札，乞代为致声。肃此奉覆，谨颂公安。

　　与宋

　　紫枢仁弟如晤：前接手书，已知贤弟得遇知心，获插足之地，仆不胜为之欣喜。书问仆近日安砚何所？如闵子所谓"仍旧贯"者,同学较去岁少三四人,馆课纷忙,日不暇给,则又过之。窃叹代人作嫁,实无多意趣也。黄启元犹恋恋不舍,尚来就学,姚子琪、家蓉侄考入中学,蔡作醴、戴正泮考入高等,管家昆仲送入西南初等蒙学。知念附闻。鄙人学算,渐有头绪,命分将近演毕,未知贤弟迩来有工夫习算否? 念念。努力春华,宜自爱,并问近佳。

廿三日庚申 　　天早雨旋晴,时气较热

到馆。上午九勾钟,往毅武女学校授甲班国文。夕,仍在馆。宵,演算。

廿四日辛酉

朝晴。到馆。近午,偕同人管杏浦、姜岳仙、潘志篁、吴伯屏、薛玉坡、朱玉如往彭耀卿拜祭其萱堂傅孺人,遂留饮。时大雨倾盆,平地水溢寸许,席散始少止。宵,学算。

廿五日壬戌 　　朝雨旋晴

到馆。张震轩妹丈来,日夕返舟。宵,演算。

廿六日癸亥 　　晴

到馆,改甲乙二班课卷。邮局送到汴省赵羽仪妹丈书。宵,习算。

廿七日甲子 　　晴

来复,不到馆。周田人来说,斥逐三官堂住持,因渠架词诬控,串差侵扰,邀余急为举行,阖村志德,辞以缓办。叶芰汀门人过访。

廿八日乙丑 　　晴

到馆。近日谷价腾贵,民心悚惶,张愚若大令柬请四隅绅士,议开平粜公局,赈济贫民,遂偕徐昭甫、管杏浦、姜岳仙、潘子璜、朱玉如往署谒见,定期来月十一日开粜。宵,雷电少雨。

廿九日丙寅　　雨终日。小满

到馆，作挽王孺人联语。孺人我友周君晓秋之元配，于本月中浣陡感痰疾而逝，闻其持家甚善，贤而无子，殊足惜也。联云："縈彼妇德，椎髻可风，相敬表齐眉，不愧孟光，群羡梁鸿得嘉耦；念我先人，敝庐不远，悼亡感良友，为怜潘岳，忍闻金鹿谱哀词"。

闰四月

朔日丁卯　　晴

辰刻，率诸生谒圣，始授课。九勾三十钟，往女学校授甲班国文。夕，仍到馆。宵，习算。

二日戊辰　　晴

到馆。午刻，往珂鸣社收买字纸，得残本《疑雨集》一册、《名赋汇选》二册、《寄岳云古今体诗》一册，闻系陈竹生先生家藏本，陈翁为邑茂才，好诗，善卜筮，风雅自喜，晚年蓄花嗜饮，亦一老名士也。殁后数载，嗣子不肖，积产荡尽，篇帙无存，今见残卷，为之黯然。

三日己巳　　雨

到馆。申后，周小泉表弟过访，为渠三房侄订姻于叶耕经之妹，为人所间，邀余同往叶家说情。宵，学算。

四日庚午　　雨

到馆。改甲班课，出文课。福润局送到《日报》。宵，学算。

五日辛未　　朝雨夕霁

来复，不到馆。董田人过访，论救解食鸦片之毒。法如下：硼沙钱三分、漏芦钱一分、胆矾十文、甘草五文、柿漆六文，用半镬水煎混，凉些服下，即解。申刻，率诸生到明伦堂听演说。姚子琪门人有迁乔之喜，拟联语以赠,乞郑一山书之。其句云:"团体一家,以和为贵;高迁乔木,依仁而居。"宵,学算。

六日壬申　　晴,天气颇寒

到馆。宵,姚子琪不来,为是夜有莺迁之喜。

七日癸酉　　晴

到馆。宵雨,旋止。演算。

八日甲戌　　晴

到馆,孙季芄门人送来《国粹报》第三册。是日,邑民为米价腾贵,鸣锣罢市,势甚汹汹,各处米店,均遭倒毁,沿街诸肆,坚闭不启,庄捕主至暮出署弹压,竟为众人所辱。夜半,张邑令出示,定价米一升制钱三十文,准于十五日开局平粜,而人心始靖。吾观今日民皆思乱,富户居奇,彼此交争,积愤成仇,一旦有土寇煽惑其间,以之劫掠,攻城夺邑,其将何以处?此由来者渐,力为预防,是在贤宰官操之先耳。

九日乙亥　　晴

往西北初等学堂作监督,以周君晓秋辞退,同人集议司事,排日轮班,暂膺其任,余亦与焉。本日系余轮值,恐招芸人舍己之讥,邀李稚菊代课。宵,演算。

十日丙子　　晴

在馆。九勾三十分钟,往毅武女学校,课甲班国文。下午,仍到馆。李彬臣表兄为舅氏作七十冥寿,邀余作寿言,成骈体叙文,借胡蓉村大令名以重之。宵,学算。

十一日丁丑　　晴

到馆课温熟,出文题。申刻,西北学堂暨毅武女学校,邀天然轩为诸同事及诸生撮影,余亦与焉。宵,疏雨,演算。

十二日戊寅　　晴

来复,不到馆。宵,学算。

十三日己卯　　晴

到馆。叶更今送到《新民丛报》本年第六号。润色昨作寿言。日暮,张震轩妹丈来,喜极,邀为改削三十馀字始定。访郑君一山,乞代书之。作寄汴赵羽仪妹丈书。

> 寄赵　尊札二笺均捧读矣。第二次茶叶四箧,于前月二十日交邮寄奉叔翁,想已察收,馀俟下躺再缴。我乡迩来谷价腾贵,计英洋乙圆(粜)〔籴〕谷四十八斤不等。富家闭(籴)〔粜〕,团积居奇,实为可恶。月之初九,贫民乏食,势不安居,满城汹汹罢市。二日,张令不得已出示定价,米一升三十文钱,谷价未定。四隅设平粜局,以赈贫困。自十五日为始,至五月三十日止,中间计有四十五日之久,合城内外,贫户鳞杳,获谷济急,为数甚巨,执其事者,不知若何挪措?弟为西北本隅值办,所藏之谷只有八万馀,肩此重任,窃恐公私不能两全,奈何奈何?云苓失声,宿恙至今未愈,刻欲托兄代购干蛤蚧十对,闻(蚧蛤)〔蛤蚧〕最为补阴之产,其重在尾,倘全身寄带,碍于包裹,不妨摘取后尾,以便邮达。汴省(省)此物,其价尚廉,大约壹角五分左右,我瑞价培五倍,芸弟屡托,切切乞兄拨冗代为采购,价值若干,另行寄奉,至嘱!至嘱!舍下自家慈以次,大小均叨福庇。舍妹暨令姊皆康强逢吉,知念附闻。专此奉达,顺问公安。

　寿李鹤坡先生暨管太孺人七十双庆序代

> 皇上御极之三十二年,丹宸祥凝,彤廷诏下,广崇学校,首重明伦。西伯文王,躬修仪于寝膳;宣仁太后,埒圣寿于乾坤。兴孝导以一人,推恩远及四海。矧在士庶,同隶衿幪,援善则归

亲之义,有美必彰;歌锡以纯嘏之章,隐德可表。此我姻兄彬臣昆玉所由,为高堂称觞,而来乞序于元也。独是元宦游吴郡,摄篆金沙,案牍劳形,笔砚久废。一行作吏,每鞅掌于簿书;片纸传音,愧无辞以献颂。既承诿诿,敢谢不文?谨就鹤坡先生之□行而扬榷陈之。□乎!先生为蓝田望族,陇右故家,嗟失怙之童年,领投机之母训。绩怀赠橘,智解分甘;容馔设鸡,礼能娱客。自惭墨守,以端木为可师;夙善经营,学陶朱而追步。苟完苟美,卫荆遗风;买宅买邻,僧珍雅谊。况乎得姒氏之内助,为伯鸾之令妻。戒旦鸡鸣,静好而瑟琴在御;齐眉鸿案,俭德而椎髻可风。易著家人,诗称偕老。而我姻母管太孺人,于归韩氏,善事庞公。鹿挽何劳,桓少君拜姑当礼;鸩毒志警,齐姜氏相夫成名。计数十年来,王孙善贾,富奭僮笮马之储;主馈有人,安裙布钗荆之乐。固宜象贤继起,凤雏蜚声。陈氏三君,尽是璠玙之器;刘家七业,各擅书数之长。长君则贡选成均,仲子亦□□泮水,使非敬谐嘉耦,义尚一门,证阴德之耳鸣,得上天之孕育者,其孰能如斯乎?先是同居五世,乐聚一堂,吐萼辉楼,种荆分树,诸昆有秦针惧选之志,乃公存姜肱共被之心。财产中分,为薛包独让其美;豆萁燃急,鄙魏文忍弃其亲。公之所为,胜人一等,有共昭也。岂其得伯姬之助,而让枣推梨,抑其体虞舜之情,而祇夔齐栗,此公之必得其寿,坐享大名,良有由已。今者楝风告至,化日舒长,届揽揆之辰,衍古稀之算,并头花放,百子草熏,孺人以十四日设帨而纪庚,而公以十七日悬弧而登寿。椿萱竞茂,杯泛双螺;桥梓相承,名齐三凤。香生燕寝,佳儿均莱彩承欢;阴展龙门,文孙与芝兰并秀。元葭莩忝附,荫暍久叨,仰齿德之俱尊,瞻桑梓而弥敬。所憾板舆缺奉,花诰贲封，留春晖寸草之心，动白云思亲之慕。抚躬自问，抱愧滋多。羡君绛树征歌，已雅谱双声之曲；惜予吴江隔水，愿遥飞三侑之觞。

十四日庚辰　　　晴

到馆。

十五日辛巳　　　晴。芒种

是日西北开粜仓米。到馆，率诸生谒圣，始授课。近午往女校授甲班国文。夕，仍在馆。宵，不演算。

十六日壬午　　　晴

是日，往西北蒙学堂权任监督之事。邀李稚菊代课。宵，雷雨，旋霁，学算。

十七日癸未　　　晴，申刻雨，旋霁

是日，李舅氏生辰，诸中表为作七十冥寿，特放假一天。卓午，往拜，遂留饮。宵，演算。

十八日甲申　　　朝晴，夕雷雨

到馆，改甲乙二班课，出文课。宵，演算。

十九日乙酉　　　朝乍晴乍雨，夕雷雨

来复，不到馆。宵霁见月，演算。

二十日丙戌　　　晴

到馆。宵，数学命分演毕，计命分共四百四十问。自客岁十月十日起，至本日止，共演二百一十馀日，甚矣其难也。

廿一日丁亥　　　晴

到馆。

廿二日戊子　　　晴

到馆。近午，往女学校授甲班国文。夕，仍在馆。闻孙德鸿门

人感暑,庸医误药,阅数日而亡,中心伤悼。

廿三日己丑 雨

邀李稚菊表弟代课。往西北学堂权膺监督之任。

廿四日庚寅 晴

在馆。夕,往毅武女学校,命甲班拼文。

廿五日辛卯 晴

在馆,课诸生温积熟,出文课题。得宋生书。

廿六日壬辰 晴

来复,不到馆。得汴省唐叔玉大令书。

廿七日癸巳 晴,夕空雷不雨

到馆。福润局送到《日报》。

廿八日甲午 晴

在馆。孙经畲铣公子代购《明儒学案》一册,此书系黄梨洲先生原本,梁任公节定之,原书计六十二卷,颇嫌繁衍,经饮冰子节略为二十卷,使阅者较为便焉。价英银一圆五角,作九折算。宵,学算,始演小数。

廿九日乙未 晴

在馆。近午,往毅武女学校,授甲班国文。夕,仍到馆。宵,演算。

三十日丙申 晴

邀李稚菊表弟代课,往西北初等学堂权充监督之任。宵,雷势甚锐,心为之颤,雨又极大。

五　月

朔日丁酉　　晴,立夏节,天气炎热

到馆,率诸生谒圣,始授课。卓午,初闻蝉声。下午三勾钟,往毅武女学校课甲班拼文。仍在馆。宵,疏雨,演算。

二日戊戌　　晴

到馆。卓午,往珂鸣社收买字纸,得《扁鹊心书》残本一册,缺下卷。夕,雷雨虹见。出文课题。日暮命诸生放节假,以初四日为始,定一礼拜先后也。

三日己亥　　晴

来复。在家阅《日报》。夕,大雷甚雨,平地水溢二寸。

四日庚子　　晴

在家,解拆赈务。夕,雷,大雨倾盆,平地水溢四寸。

端阳日辛丑　　晴

朝,书雄黄字,糊贴门楣,循俗例也。拟一联,云:"三年艾蓄为医国;九节蒲应拜此君。"福润局送到《日报》。

六日壬寅　　晴

朝,泛棹往丁田。在舟中倚枕看《环游月球》。近午,抵震轩妹丈家,日暮返舟。叶耕经送到《新民丛报》本年第七、八两册。

七日癸卯　　晴

往西北学堂作监督。夕,同沈教习眉川游观各处学校。西南、东北为上,东南、翼圣次之,高等中学不在列,惟竞智最劣。宵,空雷不雨。

八日甲辰　　晴

阅《日报》。是夕,夏家鼎、家鼐昆仲来舍夜读。

九日乙巳　　晴

在家阅《日报》。

十日丙午　　晴

来复。

十一日丁未　　晴

假满到馆。

十二日戊申　　晴,天气炎热,如火之蒸

到馆。

十三日己酉　　晴,气热如火

到馆,九勾钟往毅武女学校,授甲班国文。夕,仍在馆。宵,过薛玉坡处一谈。

十四日庚戌　　晴

在西北初等学堂权司监督之事。邀李稚菊表弟代课。宵,雷,少雨。

十五日辛亥　　晴,夕空雷无雨

到馆。

十六日壬子　　晴

到馆。得汴省赵羽仪妹丈书。

十七日癸丑　　晴,小暑

来复,不到馆。福润局送到《日报》。夕,率诸生赴明伦堂听演说。

十八日甲寅　　晴

到馆。大考期近,朝课诸生温伦理,夕考问。得宋子枢书。宵,周眉仙来谈。

十九日乙卯　　晴,天气极热

到馆,课诸生温经学,并考问,改甲课。宵,周眉仙来谭。

二十日丙辰　　　晴热

到馆,朝温经学,夕考问,改甲课。往毅武女学校,课甲班作日记。孙季苊处送来本年《国粹学报》第四册。

廿一日丁巳　　　晴热

到馆,朝课诸生温经学,夕考问。宵,雷雨,炎威顿退,演算。

廿二日戊午　　　晴,天早雨

到馆,课诸生温经学,并考问。

廿三日己未　　　晴

天早,率西北初等诸生往东较场,与高等中学暨各隅合操,张邑尊往阅,孙中容、项申甫二主政偕焉。诸君演操,阵式整肃,以之相较,惟西北最上。张令赞赏不置,每人奖给纹银服章一具。巳正散队。仍到馆,温经学并考问。夕,率西北蒙养诸童,往高等学堂应试,桐儿亦在其列,颇中规矩。宵,演算。

廿四日庚申　　　初伏。朝晴夕阴

来复,不到馆。演算得四式。夜雨。

廿五日辛酉　　　朝阴夕雨

到馆课诸生温经学,并考问,往东北学堂集议,同人署名禀公拆毁赞幽庙,以儆恶俗也。①

廿六日壬戌　　　天早雨,旋阴,夕晴

到馆课诸生温中史并考问。是日,吴君伯屏为义渡改办尚未就绪,特借罗木寺开设义渡改良雄辨会,同人到会,集议颇多,彼此交争,言少中肯,《诗》云:"谋夫孔多,是用不集。"发言盈庭,谁敢执其咎? 古人之言,洵不诬也。

---

① 底本此下留十七行空白,似拟补抄同人集议的内容。

廿七日癸亥 晴

往丁田张震轩妹丈家探问寓甥,嗽恙尚未愈也。暮归。福润局送到《日报》。

廿八日甲子 天早雨,阴晴不定,微有风意

到馆课诸生温中史,并考问。张县尊押拆赞幽庙。购备女学奖赏。

廿九日乙丑 阴雨不定

到馆。下午,往显佑庙会议,为本年义仓暨庙众轮交瓜期已及,同人公举择交仓董,则管杏浦、徐昭甫、王□□,庙事则归周晓秋、姜文初、张□□也。

六 月

朔日丙寅 阴雨不定

到馆,率诸生谒圣,温西史并考问。卓午,往陶尖庙饮交众酒。席散,仍在馆,作书与赵羽仪妹丈,交邮寄汴不及。

二日丁卯 东北风未定,时雨时晴

来复,不到馆。朝患腹泻。午刻,在李丽生家试新,余家亦尝新。宵,邀亲友就饮,惟陈丹卿不至。

三日戊辰 东北风未静

到馆。朝,课诸生温舆地。夕,考问。宵,演算。

四日己巳 晴,风定。大暑节

到馆。朝,课诸生温舆地。夕,考问。宵,演算。

五日庚午 晴,连旬酷热,溽暑逼人

刻因各学校暑假,爰向吴伯屏假女校以避暑,遂迁往焉。是日

温课,不考问。周田人蔡正海过谈。

六日辛未　　晴

乘舟往周田饬保丁世荣,封各佃户早租不许被妙安私取,顺途过丁田乞震轩妹丈,代构控妙安呈词,允之。日暮,始返。

七日壬申　　晴

到馆课诸生温舆地。夕,考问。申刻,震轩妹丈遣人送呈词来。

八日癸酉　　晴

不到馆。朝,拓墓田碑记。夕,同族人递呈,控道姑妙安盗卖墓产。暮,雷,无雨。宵,演算。

九日甲戌　　晴

到馆,招诸生考算学。夕,雷,疏雨。宵,往孙中恺公子家饮人情酒,为喆嗣延曙缔姻,娶项申甫崧进士之女公子也。夜半,曾廷溥、黄韵初来访。

十日乙亥　　晴,热甚

不到馆。午刻,在曾君廷溥家试新。申刻,空雷无雨,偕卢光荣老人步往丁田,为妹家尝新践约赴席故也。

十一日丙子　　晴,夕雷无雨

暮,自丁田归。福润局送到《日报》。接沪省唐处寄来蛤蚧二具,并宋子枢门人函。宵,演算。

十二日丁丑　　晴,夕雷无雨

到馆,为诸生补温地理,并考问。周田人来诉,被妙安诬控,为差骚扰。余闻之中心大为不平。叶更今送到《新民丛报》本年第九号。宵,演算。

十三日戊寅　　晴

到馆,为诸生补温国文,并考问。作覆赵羽仪妹丈书,交邮寄汴。成控盗葬呈词并抄,倩人投署。宵,演算。

　　覆赵

　　羽仪妹丈足下:时光迅速,溽暑初交,竹径纳凉,瓜棚消热两心印,可谅同情也。接读十二日覆札,一切领悉。足下禔躬叶吉,旅祉日增,早符忭祝,但近阅《中外日报》中载:五月初旬,许州大水,老少被水淹没,计二千馀口。忆自汴梁一省四月亢旱,土麦歉收。五月大雨,沙水涨溢,民没为鱼。水旱不时,一岁两见,上天降炎,何酷乃尔,未知此信果确否?念念!切切惠我好音,以纾远虑。土税近日加重,许地亦一例否?如实行其事,本年公项,较去年大觉为难,使司权者无所措手耳。蛤蚧二具已收到,价钱若干,乞为开明,以便交缴。舍妹嘱购浅色丝绸多少尺数,凭兄酌裁。又丽生托购土丝绸,以应酒肆中之用,粗亦无妨,切乞一并代剪。舍下自萱堂以次均平康,令姊、舍妹亦逢吉。叔翁处不另札,乞代为致声。专此手覆,顺颂近祺百益。

十四日己卯　　晴

到馆。得县署批谓:“妙安管理该堂,历有年所,如果出自夤缘,借名纳污,该族长等何以均置不问,直至今日,始行呈控,其间显有插帮情弊,所请碍难照准”等语。余览此批,不胜大愤,气不平者竟日。

十五日庚辰　　晴

到馆,率诸生谒圣,始授课。戌刻,月食。

十六日辛巳　　晴

来复,不到馆。下午四勾钟,叶芰汀门人折柬邀余,往飞云阁饮会酒,在席者孙忱叔公子、项幼彝、洪授龄、德斋昆仲、张衡甫、家漱泉及余也。日暮,始散。宵,在李稚菊表弟家尝新。

十七日壬午　　晴

李丽生妹丈因连日酷热,诸生徒朝来夕返,恐中暑气,嘱余暂放半月暑假,故不到馆,在家阅《日报》。

十八日癸未

朝晴。再作呈词控妙安,因前日访曾叙卿先生,得其盗卖田产实据,中间铺叙眉目最清,未知一投得中否?申后,闻雷大风少雨。往署亲递,张邑尊有要公不遑坐收,酌以来朝,至暮而返。宵,雨极大。演算。

十九日甲申　　立秋节

朝晴。袖昨日呈词往署投递。夕,雷雨虹见,阅《日报》。宵,张君肖维过访,谈至夜半。

二十日乙酉　　晴

朝遣卢光荣老人,袖昨所构呈词,乞张震轩妹丈一评。夕,访孙经畲公子,购来《西史纲目》二函,计八册,价英银二圆。孙季芃送到《国粹学报》第五册。

　　　附函　震轩妹丈大人左右:前日呈词不及寄削,已投署矣。未知得胜否?中间盗卖田号,昨向曾处取来,至鱼鳞田段亦尽详悉。刻存敝架,指实之处,皆本于此。昨地保来云:沈子瑶代妙安周旋,嘱其代放田租,渠以林姓来村,亲封诿之,予无大力,不能担认此任云云。本日妙安又向族长处欲自讨情,族长亦置之不理。弟以为租谷存在各佃处不称,等诸饩羊,不若凭众称归,以作官司之费,且林姓之田称归,林姓必非格外,吾兄以为何如?专此手肃,顺请近佳。

廿一日丙戌　　晴

卢光荣老人自丁田返,袖还昨呈,并轩兄所拟之词。来函云:此系再呈,与初呈不同,务须将批词一一解剖,方能案无遁饰。尊词复衍前呈,是文不对题,故易之。此词颇具匠心,勿草草阅过为盼云云。阅其来信,所言颇当,刻已投署,悔不及追,大为志恨,深感良朋忠告不我弃也。宵,演算。

附轩拟呈 为踞久弊生,串刁兑卖,再祈恩准,吊核究逐,以便更正完管事。窃生等前控道姑陈吴氏盘踞周田三官堂,盗卖族祖林友梅墓田,并椎碎墓碑一案,沐批该道姑居住多年,如果盗卖纳污,该族长何以不早呈控,保无插捏情弊,碍难照准云云。生等思该道姑若非占住多年,焉敢夤缘串卖,是盗卖正由住久而来。生等现已查得确实证据,再为宪天一一陈之:考从前三官堂住持,均系道人,与集真观声气联络,冤缘光绪二十八年间,生家集云山祖墓被讼棍陈庆瀛盗掘,生族祖生员林冠南风闻周田林友梅祖墓祀田,亦遭庆瀛盗管,因转托族绅丁田武举林星楠就近招人住持,此道姑陈吴氏夤缘入住之因由也。该道姑初住之年,尚假托清修,不露劣迹。生等亦得过且过,无事苛求,不料盗掘之案,迭控多年,巨憝依然漏网。生等方椎心泣血之不遑,更何暇再问周田墓产。此道姑陈吴氏占居多年,盗卖纳污,生等不早发觉之实在情形也。该道姑自恃住久,遂上结刁绅,下串地痞,胆于光绪廿八年间,朦耸林前宪将墓田集真观观岁修两户改充入八都三官堂户。又藉端修庵转札加耕,田户尽怨声载道。该道姑知无人阻挠,旧冬遂将结字号田一亩五分契卖与林培育家,又二亩四分契卖与蔡一聪、蔡一柳家,均由三官堂户除,入三十五都林友增户、八都蔡瑞发户,完粮粮额扣除,架册铁炳。又复包藏祸心,冀泯痕迹,胆将四百馀年注明祀田之墓碑,夤夜雇人椎碎,若非田户等知情,预先通风,更阅数年,则族祖墓难保不馁痛若敖。此生等所以再祈恩准，吊核究逐之实在情形也。总之，祖为林祖，田为林田，林氏子孙私卖，生族且当鸣究，何况卖自道姑，祖业被侵，子孙理应追复，何所用其插捏不已，粘电田单迫词，再叩伏乞老公祖恩准电核，严提陈吴氏究卖惩串，吊架更正，庶祀产得以完管。大德上呈。

廿二日丁亥　　　晴

在家，阅《日报》。董田陈竹桃来邀余构禁赌呈词，允之。

廿三日戊子　　　晴

卢光荣老往丁田。写函覆张震轩妹丈，代作禁赌呈词，交陈竹桃投递。访王玉卿。宵，演算，至小数除法。

　　覆轩兄　轩兄足下：接读尊词，所叙情节，照批翻驳，直如对症发药，无可移易，但憾鄙词于十八日冒昧投署，铺叙之事，终觉颠顸，必遭批驳，悔何可追。本日拟欲不待县主批语，再将尊词投入，据房友云：进之太骤，于理未合，姑俟明日批示何如，再于廿八投入矣，亦未甚迟。兄见高明，代为一决。称租一节，本欲速行，奈族人增楠在铜乾收租，此人能干，一胜千百，且俟一二日后举行可也。寓甥嗽恙及热疠平复否？南河甥女身子舒畅否？戚甥身上瘰蠡已退否？念念！肃此手奉，顺请暑安。

　　附呈　陈成银、陈春水等，为赌风日盛，先事预防，佥请准予饬保，一面出示严禁事。窃身等居邑八九两都董田东垟地方，安分务农，各尚俭朴，自昔至今，恪守乡约，凡有违禁之事，杜之益力，所以靖里闾、敦乡俗也。近来赌风甚盛，逐逐者多，闻有不法之徒，每借乡村会市之名，逞聚赌开场之志，暗中摸索，以为利薮，少年为其引诱，害莫甚焉。本村游闲之辈，亦欲尤而效之者。此风断不可长，身等平素守己择仁而居，诚恐恶少见利生心,犯例开赌,一则破坏风俗,一则愤击寻仇,苟不自预防,任其聚赌,将意外生虞,岂堪拖累?请示惩禁,以杜恶萌,固分内事也。再烟馆为藏盗之所,三十年来,本村从无开卖,近亦有人议股合开,而跃跃欲试者,倘一听开放,必滋多事。仁宪凤以锄奸除暴为心,厚视子民,必不容恶莠以扰乡里。烟赌二项,如蒙饬保,随时查禁,一面出示禁止,则阖村安靖而匪类不生矣。为此不已佥叩,伏乞大老爷恩赐准予分别饬保示禁,以弭恶俗,以安闾里,身等不胜衔感之至,大德上呈。

廿四日己丑　　晴

偕族人增楠往周田各田户处收早租,均说暂为告缓,俟晚禾清交,总以认付林姓为主。合村老少闻余至,皆乐迎见,并邀余驱逐妙安,为地除害,铭佩无忘也。过蔡君锡敖家一谭,至暮而返。房友送来呈批,仍有不准之语,中心愤激,自不可遏。

廿五日庚寅　　晴

福润局送到《日报》。得宋生子枢书,知自随营考入弁目学堂,中心为之欣喜。代族弟增楠写函,寄与童西园,为族叔寿乾束装赴苏附入武备学堂。童君系楠妻兄,在苏某营掌办文案,欲渠代为周旋,免致棘手也。宵,演算。是日末伏。

　　附童函　西园内兄足下:许久不晤,渴想弥殷。足下驻辇勾吴,名誉学业,日益加进,较之弟仆仆市廛,刺添弱线者,相去奚啻分毫。启者今日停罢科举,学堂林立,各直省大相合符,有志向学者,不惮千里,均趋之若鹜。为功名计,为自立计,无怪其然,敝族叔寿乾,为菊樵先生之五子,近束装往苏省武备学堂肄业,奈年尚少,乏人作荐,稔知足下驻足吴中,必多知己,又令侄为武备教习,以同乡之故,定不见弃,伊到之日,乞驾代为周旋,

附名应考,以慰来学者之心,想近水楼台,必先得月,叨在至戚,
谅不我拒,至恳至恳! 舍下大小均托庇,毋劳远注。专此奉候,
顺请公安。

廿六日辛卯　　晴

在家阅《日报》。黄庆润门人拟入沪上理化速成科肄业,本晚束
装晋郡,余赠赆仪英银一圆。

廿七日壬辰　　晴

在家阅《日报》。作书覆宋子枢门人。访家庭兰,欲托伊往铜乾
收早租,约以今宵订定。宵深,竟不负约来订明日启行,谈至夜半。

　　与宋　紫枢仁弟足下:昨接手笺,知足下于是月二十日,由
小队选入弁目学堂,出谷迁乔,高明之见,从此得机得势,风顺
鸿毛,幸甚慰甚! 闻足下前时,滞迹小队营,身受奇虐,营官之
刻峻,军法之森严,饮食之菲薄,备尝艰苦,此中景况,固不堪
言,至于稍蹈微愆,动辄得咎,非加以诟詈,即棰杖交下,甚至羁
束綦严,一犯其规,闭之暗室。我辈为柔弱书生,为进身计,弃
文习武,属之不得已,身未加进,反遭辱身,古人云:“士可杀不
可辱”,足下殆未之思耶? 迩来土匪充斥,奔命不时,武备成军,
必以兵生为先导,如来书云出师剿匪,昼夜奔走,无论草木丛杂
之处,岭径逼仄之区,枪驾于肩,弹束于腰,从事戎行,不胜其
苦,而况杀贼如锄恶草,壮者犹能举枪发弹,怯者不免破胆惊
心。足下所言,实乃身亲其境,而毕肖其形,虽诸君屈意从军,
冀得微劳,以收后效,自鄙见揣之,如此世界,满目荆棘,且蔑视
士类,衣冠扫地,诚有所不忍言者矣。宣圣云:“成事不说,既往
不咎。”亚圣云:“仕非为贫也,而有时乎为贫。”抱关击柝,为家
贫亲老计,各行其是,要不容相强耳。足下善自为谋,已超苦

海,愿此后详加审慎,择木而栖,当知命而乐天,勿徼幸以行险,白圭三复,师事南宫,今日为孝子,他时必为忠臣,使堂上心安,无亏子职,斯为得也。鄙人株守蓬门,井蛙见小,年逾不惑,功名念灰,所言每与世忤,难免为高人所讥,然直言不讳,特为知己勉耳。月前书来辱问,家中琐务,此节尚属子虚。闻令弟居家,屡拂亲意。令尊中年失偶,内助无人,抚此琴弦,弥增帐触。足下千里远游,久疏定省,望月思乡,能无滋感?惟期努力自爱,稍获寸进,即以报亲,家督之分不可干也。启元同学,本晚束装乘轮赴沪,拟入理化速成科肄业,以求他日成立地步,同学相从,皆不及门,颇动离索之感。足下其谅予心否?试论暂存,俟暇改削归赵。酷暑未退,汗雨如珠。手此布覆,顺问近佳。

廿八日癸巳　　晴

曝书。下午,家庭兰兄偕卢光荣老人往铜乾收租。暮,雷,少雨。宵,演算。

廿九日甲午　　晴

曝书。申刻,雷,骤雨即止。

三十日乙未　　晴

曝书。申刻,闻雷,疏雨。

七　月

朔日丙申

曝书。家庭兰兄自铜乾收租返,获谷计八百馀斤。申刻,空雷无雨。

二日丁酉　　晴

曝书。柳老仁送来旧本施注苏诗,计十册,陶集二册,邀予购之。闻系周焕文菂□家物。

三日戊戌　　　晴

曝书。宵,演算。

四日己亥　　　晴①

_____

① 光绪三十二年(丙午)日记到此,以下空缺。

光绪三十三年(1907)[①]

正　月

元日癸巳　　雨

早起，盥手焚香，拜祖先，谒萱堂。读王兰泉先生《集经义制事异同论》。试笔。郑一山明经来贺年，坐顷，邀余往陶尖殿观剧。宵，阅《著作林》。

二日甲午　　雨

朝，赵羽仪妹丈、李彬臣表兄、缪琳表弟、乃文、鸿文、泮文、涣文、洪文诸表侄均来贺年。夕，李稚菊、陈丹卿二中表造门来贺。偶成五言一律。课诸儿读书。宵，阅《著作林》。

新正二日偶成[②]

三日乙未　　雨

朝起，校《东嘉文征》，此书共六十卷，均故乡先哲遗文，前明周天锡参政所辑，系藏钞本，客岁假诸孙季芇门人而钞之未藏。李友樵内弟、蔚文表侄来。夕，往仲季二妹家，暨诸舅氏处贺年。宵，阅《著作林》。

---

①　原稿题识曰："颇宜茨室日记，丁未。"
②　底本此题下留空白，未补诗句。

四日丙申　　雨

内子生日,适当不惑之年。朝,校《慎江文征》。夕,往岳家暨洪授龄表兄、刘祝尧表叔、陈丹卿、伍宝滋二中表处贺年。申后,雨止,微有晴意。黄庆润门人来谒。宵霁见星。阅《著作林》。

五日丁酉　　晴旭射窗,暖气满室,颇悦人意

朝,洪德卿、伍宝滋二表弟、王浦东义儿、蔡巍夫门人均来贺年。午刻,在李丽生表弟处饮圆真酒。夕,过裕牲鱼行,与友樵内弟坐话。宵初,李稚菊家圆真,来招余饮。

六日戊戌　　天早晴,旋阴

校《东嘉文征》。近午,张震轩妹丈来贺年,李玉君表弟留饮,余亦与焉。夕,寒气凝重,雪珠散下,轩兄返棹归。宵,阅《著作林》。

七日己亥　　雨

近午,郑一山兄携其子闳枰来拜年,坐谈颇久。夕,雨止。同赵羽仪妹丈过卫房宫,遇伍襄群,转往悟真寺游玩。时有匠人以泥塑送子观音像,庐山面目,宛然如生,谁谓工匠中无善技乎?宵,阅《著作林》。

八日庚子　　雨水节

朝雨,阅《曾文正公批牍》。夕,西北风骤起,阴云四散,天宇开朗,谚云:"谷日晴,主年丰",未知有验否?薄暮,家家燃火盆,余家未能免俗,诸儿在庭前戏放花筒,火焰成花,足以寓目。宵,阅《太平广记》情感类。

九日辛丑　　晴

终日演算。姚子琪门人过访。宵,阅《著作林》。

十日壬寅　　晴

朝,携枡、栘、桐三儿登九坦山谒二世祖暨曾王父、大父及先君

子墓,维时天气初晴,鸟声清脆,陌上油花,遍开盛尽,黄如金散,尤增清趣,得五言二律、七言二律。近午始归。卓午,李友樵内弟来邀饮,盖今晨胡邦桢袂兄夫妇有反马之喜,特设筵以相叙也。家梅仙、叶云村亦在座。宵,复留饮至夜半,踏月而归。

附录郊行①

十一日癸卯　　　晴

终日演算。宵,校《东嘉文征》。

十二日甲辰　　　晴

朝,过李彬臣表兄家一谈。午刻,赵羽仪妹丈设席款唐叔玉大令,招余陪饮,李蔚文表侄与焉。剧谈至莫。宵深,天气增寒,米雪随雨而下,挑灯校《东嘉文征》。

十三日乙巳　　　雨,天色昏暝,闷人心绪

演算,得比例法。近午,李丽生表弟来,留饮。赵羽仪妹丈亦至。姚子琪门人来,旋去。夕,周眉仙过访,坐谈颇久。宵,校《东嘉文征》,至先宫詹公所著《叔孙得臣败狄于咸解》,言颇激烈,盖借古人之经传,作近世之讽辞,中间引晁错谏伐匈奴一段,言匈奴隐指蒙古也。其时,先公当明之季,内政外交,均坏于枢臣之手,以致思陵身殉社稷,九鼎迁移,易海变桑,黍离故国,先公所言,诚见之先也。呜呼! 枢臣误国,何代蔑有,以前证今,如同一辙,彼任国家之责,而身居权要者,其亦有鉴于此欤? 是夜,挑灯校阅至四鼓。

十四日丙午　　　巳刻,阴云稍开,略有晴意,旋东北风骤起,复雨

代郑一山拟节孝亭联语:"地展半弓留母荫;流长十里衍东湖。"演算。福润局送到《日报》一束。申刻,家毓卿过访。姚生子琪接踵

---

① 题下留空白十二行,似作补抄《郊行》诗之用。

而来。余欲询以比例中率外率之理，又被客阻，不能畅论，洵乎求学之难也。明晨，官僚祭周湖叶公，写祝章。宵，阅《著作林》。

十五日丁未　　雨

终日演算。薄暮，赵羽仪妹丈招饮。宵深，往陶尖殿观剧。

十六日戊申　　雨

朝，演算。近午，往珂鸣社收买字纸，得残本《五经类编》七册，《文选集评》四册，检阅题签，系宋象臣王宾先生家物也。先生少时，家贫好学，旋游庠，以上舍生即贡成均，舌耕自赡，俭师晏子，至中年颇有蓄积。产有四子，心好游荡，均不成名。先生捐馆后，诸子浪游，田园尽废，刘梦得诗云："生儿不象贤"，斯言固不诬也。对此残编，令人兴覆车之感。薄暮，姚子琪来，阅余所演算式，颇有进步，且指点公同比例之理。宵，往陶尖殿观剧。

十七日己酉　　雨

朝，习算。孙桐轩主政，折柬来订明晨开馆。夕，焕卿族兄为桐昌侵吞南祀众产，邀同毓卿、伯舆暨南门房子侄辈来舍，乞余核对谱系，排定各房轮值先后次序，免致争越，谈至日暮始去。宵，往陶尖殿观剧，夜深雨止。

十八日庚戌　　晴。早晨瓦霜铺厚，其白如银

巳刻，馆主人孙桐轩主政，遣使邀请开馆，从游者孙延锦、韵茶二兄妹、李庆浏内弟附学。午刻，设席款留，在坐者项莲溪先生暨其侄幼彝、叶声石、陈云生也。暮，自馆归，闻孙季芃门人来访，不值而去，留下改良德象女校广告，而德象同人，亦有知单，余一时见疑，即访季芃，询其改良原由，盖为萧君亦陶腐败之故也。德象之发起人项志贞、旭仙、薛仲渠、张毅夫诸君，萧侃为监督，萧仁果、许□□二女士为教习。初时，侨寓汇头刘氏宅为校舍，生徒计五十馀人，不计少

长,均许入校。凡来观学者,萧君谓女校非他校者比,皆拒之不纳,以故内容外表,深浅莫明,一如夫子之宫墙,而美富无从窥也。暑假之后,因刘宅湫隘,改僦玉尺书院为讲学之地,萧君恃其女为教习,已为监督,遂挈家移居校舍,若将终焉。阅二月,季芇之妹及侄女,与其侄媳,因邻近,始入校受课。所授之课,字皆传误,乌焉倒置,伏猎不分,于是教员之空疏,教科之腐败,一时发现,欲掩弥彰,此季芇改良之说所自起,而任德象之义务教习所由兆也。且萧、项诸人,有可疑者,本邑有担班分子,军六民四,积年以来,具有章程,项志贞先受民班贿嘱,复欲军班每岁报效女校经费,遂具禀温处劝学公所,递下照会,改为军二民八。继见军民两班交哄不已,恐生他变,复备禀温之劝学所,朦耸孙总理私发照会于瑞邑陈令,转定为军三民七。此事舞弊,实项君主使之也。季芇获此消息,暗地上郡,搜出私稿,向其兄仲容先生表明,萧、项之鬼蜮,舞弊狥私,实难曲恕,此季芇第三次军六民四之照会所由复出也。自有第三次之照会,倡办德象之诸君,大兴矛戟,自有第一改良之广告,而前之教督萧君愈起冲突,彼则攻其夺主权,此则责其强盘踞,遂有翌日明伦堂公议之订。刻闻萧、项私党甚多,团结坚固,季芇则同志寥寥,寡不敌众,正不知胜败谁属也。呜呼!合群公理,谁不云然,学界同人,名难副实,欲求进步,洵乎非易,若季芇虽近冒昧,而热心勃发,势不可遏,犹足取也。坐谈久之,即袖《国粹学报》第二年十二、十三两号而归。宵,往陶尖殿观剧。

十九日辛亥　　　朝晴,旋阴,天气极寒,霰下如豆

到馆。夕,同人为德象女校交争接办,集议于明伦堂。余为馆事所羁,不得去。宵,雨,阅报。

二十日壬子　　　晴日融和,微风骀荡

各处学堂开课,送桐儿进堂读书。已刻,李漱芳内弟邀余为其

子玉炯暨其侄玉钿发蒙。夕，访孙季芁，茶话之间，始知昨夕会议，彼此交争，势不两立，几至用武，所赖项申甫太守在会，力为排解乃散。然芁之愤激，心不能平，亦势所必然也。转过仲恺公子家，遇项申甫，畅谈德象今日争讦之原因，芁弟以监督自居，固太唐突，而萧之腐败，甘为盘踞，其迹亦不可掩，此事系于地方名誉，必当衷诸一是，以敛其锋。项君直任调停之举，谓士林中人自相鱼肉，大不祥也。余默然而出，项君亦去。日已薄暮。宵，在岳家饮酒，计设二席，余居首座。

廿一日癸丑　　晴

到馆，暂定课程，改星期为丁期，以为休沐之日。傍晚，自馆中归，见县署砖墙贴有孙季芁改良德象，并指萧侃盘踞公地第二次广告，大小计一千五百馀字，言颇激烈，想挟私者对之，应惶然而汗下矣。宵，阅《日报》。

廿二日甲寅　　晴

到馆，阅《著作林》。曾永均、徐永绿二人进塾读书。宵，演算。姚子琪来。

廿三日乙卯　　晴。惊蛰节

毅武女校开学，余居同事之列，往为襄赞，计学生四十馀人。已刻，到馆，功课馀暇，习演算数。舅氏忌日。卓午，李丽生表弟邀余往拜，遂留饮。夕，仍在馆。宵，阅《日报》。

廿四日丙辰　　晴

到馆课诸生温积熟。夕，出文课题。三勾钟后，项调甫、杨小村、洪小迁、胡友松诸君设会于中学堂。此会为萧、孙交责德象腐败，出而为之调停，邀集同人酌议，余亦与焉。调停之法：德象女校仍归发起人接办，其居玉尺之萧君，须择地移居，以免贻人口实；担班分子,裁定军五民五,彼此相当,不滋蛮触,报效学费,军民均以乙百五十数为限。当此之时,项申甫主政,邀在会诸人识定是非,辨明可否,当凭面一决,不袒萧,亦不徇孙,照单签字,以承认多数者为之的,列会诸人皆谓,军民均平,最为公允,认可者十之七八,惟何菉斋、张毅夫、项任础、薛玉坡诸君则谓民班人数甚夥,须照三七定章为妥,否则争哄恐未已也。王衍秋言近中立,于是座上诸君心知有偏于萧,皆不之许,又认可居多数,须订今日之议,备禀垂为定案可也,不然则以四六旧制为率,即谓偏袒于孙,亦势所必然也。又议季芄须另办一校,不可干预德象,至经费定以成立一年者,始许提去。其班分报建效之费,酌以十股,德象及季芄另设之校,须以七成匀派;其三成,则已成之毅武、长春二女校匀摊,因两校系初等,开用尚未巨也。所议如此,至日暮始散。宵,习算。

廿五日丁巳　晴

休沐,不到馆。朝,往毅武女校赠教丙班。夕,演习算数。福润局送到《日报》。薄暮,李彬臣表兄过访,嘱作祭周幼仙明经文。幼仙为彬臣之妻弟,谈顷而去。宵初,过周眉仙家,与姜文初、夏家鼎坐谈至夜半。

廿六日戊午

先君忌日。早起雾气蒙蒙,庭阶潮湿。近午,始散见日。终日在馆演算。叶更今送到《新民丛报》第四年第十四号。薄暮,过杨仁大书庄,代曾昭仁门人购来《通商书札》一部,余亦购取《谢皋羽集》四册、《嘤求集》二册。傍晚,母氏往季妹家。宵,至丽生处,与羽仪妹丈坐话颇久。

廿七日己未　天早,雾幔重重,四山不见。近午,放晴

到馆,周鹿峰表兄来拜真。夕,代作祭周幼仙文。宵,访李彬臣

表兄,袖所作祭章草本,嘱蔚文表侄誊真。

　　呜呼!人谁不死?生宇宙间,没没无名,腐同草木,死而成名,犹生之年,是知人之身死,无论夭寿,而所重均在名也。君少而聪颖好学,擅其名矣;长应童试冠军,博其名矣。旋登上舍,即贡成均,而士林又震其名。此外如书法之肖于钟、王,授徒之埒于马、郑,名誉日以富。君之生平,躬修实践,文行兼优,以因证果,已决其身后有馀荣矣。去岁,君就青田讲席之聘,适际朝廷举行立宪新政,发达之初,年当强仕,躬任先知,组织文明,诱掖后进,非君其谁任之?乃有志未逮,年假旋里,阅十数日而疾作,疾数日增剧而遽逝,病之所因,其热心勃发而至此耶?其积瘁劳神而至此耶?抑多才而招造物之忌耶?否则,其死也乱投药石而误于庸医耶?以君之孝友,人无闲言;以君之廉直,人所共信。似宜永其天年,以收后效,况席先德之馀荫,有以报后人。宋太孺人,君之生母而邦之外姑也。孺人不以篷室自嫌,归我外舅苓仙先生,产君兄弟姊妹三人,年未三十,而外舅捐馆舍,家无儋石,抚子成立,男女婚嫁,恒藉针黹之资以供。复不以邦之不才,慨然以君之姊来归。君伯兄小苓,外姑之从子也。少失怙恃,外姑爱怜备至,一如己出,延师课读,长而成名,皆君之母之力。贤哉,母也!有贤母必有贤子。一门聚顺,欢乐无极,固其所已,无如月不常圆,春难长驻,升沉靡定,聚散无常。丙戌五月,外姑辞世,享年四十有九;癸卯二月,君姊云亡,得年四十有六;去冬君又撄疾而终,年仅四十有四。母姊及弟,均遭厄于中年,何其不幸也。君之去矣,妻茕子幼,谋生无从,灵其有知,不胜凄楚。呜呼!昊天不吊,哲人云逝,良材秀挺,遭飙折颓。天耶!命耶!复何言耶!邦自君之姊亡后,内助无人，年近知命，躬撄家累，断弦抱戚，又触山阳，人非木石，孰能无情？昔江文通云："送君南浦，伤如之何？"君家滨东湖，流水汤汤，伊人不在，碧草犹春，为之招魂湖上，岂不倍增惆怅耶？虽然，邦之哭君吊君，犹不离儿女之态，生来死往，君心早自分明。立德立功，死且不朽。君念及此，不禁翩然而含笑矣。临风洒笔，用敢摅情，君灵在天，尚其鉴诸！

廿八日庚申　　晨有雾，巳刻放晴

出东门吊周幼仙明经，循途到馆。夕，习演算数。宵，校《东嘉文征》。

廿九日辛酉　　寒气逼人

朝阴，到馆。近午，雨霰。夕，访孙季芘门人，袖校过《文征》三册还之，复假来五册，谈顷仍往馆，习算。宵，阅《日报》。

二　月

朔日壬戌　　阴

到馆，写祭文昌致斋三日榜。薄暮，往裕昌鱼行，与李友樵、漱芳内弟坐谈剧久。宵初，母氏自季妹家归。

二日癸亥　　辰阴，巳刻雨

到馆。长妹自丁田来归宁。宵阅《日报》。是夜备办祭品，遣枛、栲两儿上西岘山，伺候官僚谒祭。余家旧有礼书房缺，故任办祭之责。

三日甲子　　晴旋阴

到馆录近作诗文，习算。是日，诸生或感风寒，或绊家事，均不在塾，惟女学生韵茶一人。周晓秋遣伻来邀，备述吴君之屏，请洪

□□为毅武女校教习,后因年龄太少,恐滋物议,以西北初等戊班程度太杂,议延洪君为帮教,同人集议均不认可,且钟点无多,而脯金颇厚,恐对各教习有所龃龉也。此事原因,系之屏与洪德斋直接,特邀同人至德斋家辞之。宵初,之屏闻之,大不为然,且怪同人未识其心,邀众再议,举为校中庶务员,始可两全其美,吴君始允。

四日乙丑

朝阴。李乃文表侄到馆读书。夕晴。长妹返棹归丁田,命栩儿随行送之。申后,王玉卿遣其徒来馆,邀余往署,与同事酌议,盖内署刻开条子,速缴各坛庙祭祀分肉印簿,并历年办祭豆品开消钱数也。馆课未竟,订以晚间。宵,往县库同议。邵仲溥向内署周旋其事,始无蔓语。

五日丙寅　　阴

到馆。朝课诸生温积熟,夕出文课题。栩儿自丁田返。宵,习算。

六日丁卯

朝阴。往毅武女校授课甲乙两班。命枡儿随林德星司务学习裁缝,邀李稚菊表弟送之。此子性质鲁钝,恐学书不成,故令弃儒习艺,建一事业,为将来地也。夕雨,习算至二鼓。

七日戊辰　　雨

到馆。午刻,同李乃文、曾昭仁往孙经畲公子处,购来《文明改良书札》教科书一函,余亦购得《郑所南文集》、《郑菊山诗》、《甲申传信录》、《金陵癸甲杂识》、黄梨洲《行朝录》,共书六种,计六册。宵,演习算数。

八日己巳　　晴

到馆。宵,张震轩妹丈来,邀余参考王景治河根原,惟顾氏《日知录》载之甚详。赵羽仪、李丽生后至,谈久。轩兄冒雨而去,而赵、李则坐谈至二鼓。

九日庚午 　大雨竟日。春分节。朝,闻雷

到馆。孙延锦前数日感风,告假不至,今愈,始来受课。宵,在李丽生妹丈家,与蒋中笙先生坐谈,至夜半。

十日辛未 　阴

枏儿初入商界,邀李丽生妹丈送往裕泉鱼行,拜李漱芳内弟为师,弃儒学贾,特欲补余之缺,亦效西人重商之一法也。到馆授课。宵,微雨,阅报。

十一日壬申 　阴雨

到馆授课,福润局送到《日报》。代李丽生妹丈作书,寄与其侄公任。时公任表侄在北京东安门译学馆中肄业也。宵,课枏、桐二儿读书,并写春祭武帝分胙票。

与公任侄书　寄京师东安门译学馆。申后书。

晨接来函,近况备悉。想译学开馆,课程严密,逐日无馀闲矣。本年学费定已缴齐,衣食诸件未知可敷用否? 旧冬支用介师印结之费,正月已付还其家,英洋乙百元。今岁各项细用理应自备,逐躺寄出。近与陈宅订过,京中俸银,许侄支取,偿还陈款,无庸转寄京津,陆续直交陈介师处家用。刻已立下手折,逐次汇付矣。此节甚便,一则省却汇票,二则先后付还,均系小数,不似多数,猝无以应。介师之惠,不可忘也。徐老伯处已修函通知,未得侄之回鸿。念念! 但愿贤侄用度节制,不以此款顺便有所藉手,当用则用,不可则止,勿丰勿俭,独运辘轳,斯为慰耳。至诸项一岁中定额开用,计数若干,下躺切切开单寄知,以便预算应付。其译学之章程,与夫上下两学期之学费膳费,定数如

何，或增或减，一并寄览。来札论及学费膳费，有所增减，计一年中开消尚未明白。杨志龄先生五十之款，元正自鄂备函来讨，贤侄当辨明来历，或凑足归赵，或修函回复，是否急为，酌定作答，以践前言。本店支用颇巨，实难撑拄，三家鼎峙，都仰给于此中。加以食指日繁，费用甚广，且婚嫁喜事接踵而至，倘一竭泉源，枯难分润，其奈之何？今春欲与汝伯商酌店务，另立章程，筹善后之策，免致掣肘，贤侄以为何如？汝兄蔚文，思往杭省投考警察，本月初十晚已动身矣。同仁医学，今已停办，彼虽有志向上，犹恐不免浪游也。泮文、洪文、鸿文、珪文、龙文均选入西北初等小学肄业，乃文则从小竹表伯读书。表伯本年设馆于孙主政桐轩家，馆金颇丰，从者较少，且安砚之所，大觉清幽，谅受学者得力必多也。近闻贤侄与姜牵不睦，大相龃龉，此节断不可也。客冬牵虽卤莽，修书催侄就馆，为未得真消息之故，热心所发，恐意外生虞，未雨绸缪，情犹可谅，假令急需，其人定期受课，牵居日下，不致一辞，侄亦见怪。凡事须作退一步想，则芥蒂自消，且谊关中表，彼此参商，有所不便，愿自三思，以释前嫌可也。京中风气，多尚奔竞，花天酒地，借此应酬，贤侄置身其间，切宜自伸主权，勿效随波逐流，堕斯气节。古人云："与善人居，如入芝兰之室，久而不闻其香。"又云："居是邦也，事其大夫之贤者，友其士之仁者，要在守厥名言，无负此躬已耳。"侄之亲事定于邱家，介师之甥女也。已于二月初十纳采，侄为陈家甥婿，想介师当必格外相亲，将来学问进步，财力赞助，胥于此日基之，再三思维，具此美举，其有裨于侄也多矣。项君莆初，曾于初十束装赴津，托带酒汗一瓶，衣包一具，至时察收。侄家琐事，余当力为调排，不必远注，以疲精神，以妨功课，至嘱至嘱！家中大小,及诸亲戚处,皆康强逢吉,知念附闻。春寒逼人,宜自珍重。专此手泐,顺问近佳。

十二日癸酉　　阴云不散,细雨如丝

到馆,是夜雨止。仲春例祭关帝,使枹、栳两儿伺候官僚谒祭。

十三日甲戌　　阴

到馆授课。暇时习算。薄暮,往中学堂访张震轩妹丈,坐谈至宵深而返。

十四日乙亥　　阴,微雨

到馆授课,暇时习算。宵,雨止,写仲春祭文昌分胙票。阅《中外日报》。

十五丙子　　朝晴夕雨

到馆。孙延锦、李乃文往潘埭谒墓,不至。课诸生温积熟,并文课题,馀暇演算。宵,阅《日报》。是夜,文帝春祭,遣枹、栳两儿上西岘山阁,伺候官僚。余因雨势滂沱,山径偪仄,积多泥泞,恐儿失慎,中心彷徨,遂冒雨登山,相与检点,遇郑一山、管仲凌、李幼梅诸君,盖任赞襄之事也。天曙始归。

十六日丁丑　　雨

不到馆。朝,往毅武女校赠教甲乙两班。夕,倦眠。宵,雨止。在李丽生妹丈家饮节酒,曾定甫先生、赵羽仪妹丈均作不速之客而至。席散,坐话颇久。

十七日戊寅　　朝阴,旋雨

到馆授课,暇时习算。薄暮,过裕泉鱼行,与漱芳内弟坐谈颇久。宵初,往姚子琪门人家,研究算学驳论比例之理、钧衡度尺轻重短长比较相等,颇于数理得其涯涘者。

十八日己卯　　和风吹暖,大放晴光,颇畅人意

朝,到馆,成七言二律。午后,天气清朗,乍动游兴,同赵羽仪妹

丈、李乃文表侄登城散步,过飞云阁,倚栏纵目,春景生新,徧陌菜花,黄如金布,湖云岭树,罨画初晴,此景此楼,比之蓬莱仙阙不多让也。日过晡,始由大较场而西,过裕牲鱼行小憩,与司帐董美叙话,及归已薄暮矣。李彬臣表兄过访。宵深,同至其家一谈。是夜,天宇无尘,月光如水。①

十九日庚辰　　晴

在馆。

二十日辛巳　　晴,寒气未消

在馆。宵,李丽生妹丈设席款留,孙子珍先生邀余陪饮,震轩妹丈亦在座。

廿一日壬午　　晴

在馆。福润局送到《日报》一束。宵,阅《日报》。

廿二日癸未　　雨

在馆授课。夕,李庆浏、曾昭仁、徐益芬不至。作《大宗清明扫墓规书序》,并祭墓文。薄暮,过岳母家,与李潄芳内弟坐谈颇久,至宵深始归。

大宗寒食扫墓规书序

今夫木以本荣,无本则不植;水以源远,无源则易枯。吾人之生,原出乎祖,一如木之有本,水之有源也。苟拔本而塞源,欲其枝昌叶茂,泽远流长,抑亦难矣。吾济南氏族,由闽迁瑞,始于文质公,再世正仲、懿仲二公,先后登巍科,理学传家,芳承双桂,本乎此也。溯自文质公迁卜瑞邑,家称素封,既营第宅于望江,复筑吉圹于集云,今藏字三百一十五号之山,名为炮涂坦

---

① 底本此下留八空白,拟录七言二律之用。

者,即昔日我祖宅卜佳城之处也。冈陵广敞,周围五六里,环出附葬,遗冢累累,不下百馀数,墓志碑碣,肖然具存,由宋而元而明,以至圣清,中间贤六七作,文修行植,或以忠介著,或以隐遯传,非皆祖宗之遗德,有以荫之乎?然而有可虑者,族大支繁,迁徙靡定,年湮代远,展谒不时,倘使无人过问,冢埋青草,转滋他族之实偪处此者,故夫壬辰冬杪,为邑之巨猾陈庆瀛盗掘先茔,举族惶惶,鸣官究诘,历十寒暑,始复旧观。瀛亦被锢而死,虽先人灵爽有所式凭,而祭典久虚,致启觊觎,实为子孙之咎。夫一误,岂容再误?鉴厥前车,欲缺憾之能弥,必慎修而思永。时竹崖公派下之□十□世孙立贵,家有薄积,老年鳏居,以客岁殇故无嗣,争继而染指者多。此外,惟众田二亩六分,系贵手赎回,不敢分烹,悬而未定。余乍闻之深喜,谋置墓田之有基础,因是商诸族长成良公,暨毓卿、增楠、鼐奴、焕镐、桐昌五人,议拨此田作为大宗清明祭扫之用。先一日致祭,不得违期。间一岁,南祀房长静山,谓贵属南岳公支派,此产应归本支,私自捏饰,强分八分,充入己户,而二亩有奇之田,遂三分而去一矣。余援大义责之,唇焦舌敝。静山强项,终不之屈,然为祖宗而启争端,大为不祥,干糇失德,朋友垂戒,况同姓之骨肉乎?彼甘背本,姑隐忍听之而已。所憾置产无多,蹄涔易竭,恐此后不继,等诸饩羊,反负谋始者之苦心,甚愿二三同志,严守规约,力补前愆,毋以世远而见歧,毋以物微而见弛。秋霜春露,永厥孝思,斯为孙子者,其职稍尽。若夫广置祀田,规模闳远,用扬前烈,勿替馨香,则俟诸异日,尤为余所乐成之也。是为序。

　　寒食祭祖墓文

　　懿欤我祖,兆此佳城。继世二仲,巍巍科名。儒林循吏,志乘光荣。宋元以降,而明而清。贤六七作,勿替簪缨。济南望族,赫奕有声。载祀六百,绵衍云礽。群叨祖荫,寿石永贞。枝昌叶茂,莫之与京。惟山之阳,集云峰撑。风承双桂,宅我先茔。挹河之秀,钟岳之英。祥霭东聚,爽气西迎。馨香明德,永保生生。秋霜春露,报答宗祊。年年寒食,祀事孔明。羞荐苹绿,杯酹泉清。神其来格,鉴此虔诚。尚飨!

廿三日甲申　　晴旋阴。寒食节

假,不到馆。同族人增楠、萧奴、桐昌上九坛山扫墓。山人谢学银款留午餐,山肴野蔌,颇觉适口,至日晡始下山。宵,在桐昌家饮上坟酒。是年碎昌值祭,因其家居南岸,往返维劳,桐昌盖为之代庖也。席散,族人邀余暨毓卿、增楠访池云珊志澄先生,面说酌租树滋堂房舍,近因李漱梅孝廉、洪莱仙、王小博、管仲凌、李仲谷四明经、郑子筹典籍暨池君创办公育初等学堂,暂租南门堂为讲习之所。此堂檀樾归我族姓,且有额数户名,非泛为公地者比,堂旁数楹,复有桐昌佁之王氏妇者,特恐族中之蠹,暗地分肥,故集同人,向司董公认而订租也。谈久之而返。

廿四日乙酉　　晴朗风和。清明节

客冬震轩、羽仪、丽生三妹丈购送寿屏六幅,预为家慈七旬祝寿。轩兄撰文,新春嘱郑一山明经书之,今日良辰,山兄代予悬之。屏右抄祭大宗始祖祝文。午刻,往宗祠拜谒,值祭为族长成良公,余居襄赞之列。申后,席散。张震轩妹丈偕寯、戚两甥,自丁田至。宵,在李稚菊表弟家饮节酒,席散后,同寯甥、桐儿在灯幔下散步,过中学堂,与轩兄坐谈甚久。

廿五日丙戌　　阴旋晴

朝,补钉明刻《盐铁论》残本。夕,阅《日报》。宵初,震轩妹丈同寓甥、戌儿泛舟归丁田。

廿六日丁亥 阴旋雨

朝，习算。卓午，设馔祭祖先。留赵羽仪妹丈小饮。夕，池云珊先生遣地保曹玉锵送来顶首英洋十五元，并嘱赁居之娄王氏，即日他徙，以便安排讲舍也。随唤王氏之戚，面交前存顶首款项，又嘱桐昌凑付五元，合成二十之数以还之，始了其事。毓卿同来面付。宵，阅《日报》。

廿七日戊子 晴

朝，孙桐轩君遣人邀余上馆。余以有事辞之。遂携枏、枵、桐、檰诸儿上集云、万松二山祭扫祖墓。宵，同毓卿族弟访管君仲凌，以公育租札之事相托，坐谈颇久。

廿八日己丑 朝阴，薄雾迷漫

郑君一山过访，遂相约出游。午后，周眉仙来，代夏家鼎关说改课之事，允之。同往小沙堤城隍行宫观剧。徐昭甫懋燊君为其尊甫祝嘏，折柬索诗。宵，阅《日报》。

廿九日庚寅 晴

城隍神清迎。孙季芃门人遣伻送到丁未《国粹学报》第一册。往裕泉鱼行小坐，包小亭、姜文初亦至。宵，习算。

三十日辛卯 晴

早晨，家毓卿来，邀余同访池云珊先生，遇之，谓立札一节，俟之明日开堂时与众酌定，谈顷而归。校中学堂地理课本，系轩兄编辑所课也。夕，为夏家鼎议历史数题与之。震轩妹丈偕寓甥自丁田复至。宵，同枏、桐两儿暨寓甥在灯幔下游玩。复至羽仪家一谈，时唐叔玉之夫人黄氏在其家，嘱儿辈谒叩。

附历史题：《汉文帝好贤，不能竟贾生之用论》，《韩侂胄、孟珙皆主重伐金以雪前耻,乃韩败而孟竟成,其故安在》,《中国仿行立宪以图自强,可能畅行无阻,而比美于泰西否?试畅论之》,《中国刑律改重为轻,取法泰西,能决其后日之无流弊否?试抒己见而论定之》。

三　月

朔日壬辰

朝阴微雨。阅《日报》。夕晴。同赵羽仪妹丈寯甥、枏儿往后垟观剧,遇郑君一山。是日,里人奉辅正王像出巡,驻跸后垟,且赴周岙展墓,每岁此日,乐为迎神演剧,实定例也。考邑志,辅正王即蔡公敬则,为汉安乡侯,曾为南阳宰,有循吏风,遗爱在民,里社感之,而崇奉靡已,或谓公汉建安时人,建安为献帝年号,《汉书·循吏》不为公立传,亦一疑也。宵,阅《日报》。

二日癸巳　　　晴

朝,在家阅《日报》。夕,闻李漱芳内弟与顺记老三争执,遂往询之,赖蒋中笙君从中调停,其事始寝。便过陈府庙观剧,遇家雨臣、胡邦桢、叶云村诸君。福润局送到《日报》一束。叶更今送来《新民丛报》第四年十五、十六两册。宵,阅报。

三日甲午

祖母生辰。天早,晴。代李丽生表弟作书寄其侄。公任始到馆。潘震炯门人过访,代改挽岳丈堂联。李庆浏伤风告假而归。夕,同张震轩妹丈过孙经畬公子家,采购国粹新出诸书,均未寄到,遂别轩兄,冒雨到馆。宵,往裕泉鱼行小饮,系顺记息事和酒,在座者沈艺轩、家梅仙、雨臣、叶云村、胡邦桢、邵□钱及李友樵、漱芳两内弟也。

　　附书

前月二十日之函已接阅矣,得稔贤侄康强逢吉,欣慰欣慰。

印结之费，未知介师修书通知徐老伯否，近日陈太夫子备函寄广东，定为此事嘱托介师，且本店付款，已立手折，想陈家决然无疑，况偓系伊家甥婿，更为亲近，倘或徐老伯处未接此信，偓当寄函广东与介师直接可也。近来市面较为清静，不比上年辉煌，米价腾贵，人心惶惶，本店生意亦觉岑寂，财力之艰，甚可叹也。项弟秋定已到京，所带酒汗及衣包等物想交到矣。念念。草此布达，顺问近好。

四日乙未 雨

到馆授课，馀暇习算。午刻，便过县东库司帐。□□□出新编尺牍课本，邀余解说指示颇久。宵，阅《日报》。

五日丙申 雨

到馆课诸生温积熟，并授干支月令诸名义。夕，出文课题。宵，往姚子琪门人家，研究同理繁比例之理。

六日丁酉 雨

不到馆。朝，往毅武女校授甲班国文，并出文课题。《智愚说》。夕，阅《日报》。宵，习算。

七日戊戌 朝雨夕晴

到馆改女校甲班文课。宵，习算。

八日己亥 朝阴，旋晴

到馆改课。宵，阅《日报》。

九日庚子 雨。谷雨

周老浦送到《惜抱轩全集》计二十册、《归震川集》计十六册，系其叔小苓先生家藏本也。余忆去年，小苓曾与余谈及此二集，欲以求售，余嫌囊涩，不能倾以相易，而心未之忘，今春偶与老浦言及之，故转致其叔而搜箧送来也。计来价英银四元，作九折算，须三元六角,约以四日后缴楚。到馆。申后,曾定甫先生有温溪扫墓之行,邀余同往游眺,辞之不赴,坐谈至暮。宵,习演算数。

十日辛丑　　晴

到馆,曾昭仁、徐益芬往郡扫墓不至。宵,习算。

十一日壬寅　　晴

到馆。福润局送到《日报》。午刻,往九如钱庄假来英洋二元、小洋二十二角,以备小苓偿书之价。宵,社人奉城隍神夜巡,携诸儿寓甥出南门,往裕牲鱼行看灯。

十二日癸卯　　晴

朝,到馆授课。夕,在家阅《日报》。宵,社中人奉城隍神回宫,携栲儿、寓甥出门,在神前随众装扮罪人,此乡俗也。过金文兴帽庄,遇洪栋园师,游玩至三鼓。

十三日甲辰　　晴

朝袖香烛,代寓甥往城隍殿叩谒。过周小苓先生家,缴交书价,坐谈半日。夕,到馆。孙经畲公子送到《血史》一册。此书原名《暗杀案》,所载皆泰西烈侠之士,阅之诸传,令人动天外昂头之举。宵倦,眠甚早。

十四日乙巳　　晴

到馆,暇时演算。洪栋园夫子送到《著作林》第十号。

十五日丙午　　晴

朝,到馆授课。孙延锦、韵茶二门人随其母往头陀寺拜佛。夕,不赴馆,阅《日报》。宵初,同人为旧冬集股开张裕牲鱼行,未获面订规约,特设席邀诸君少叙,以成其事。

十六日丁未

不到馆。天色晴朗。借李乃文表侄旧馆为安砚之所,欲为避嚣计耳。成《杂感》七律八首。宵，访姚子琪门人不值。

　　杂感

　　制胜端由运智圆，羡鱼无网笑临渊。平生志不求温饱，王道情非近党偏。岂有山林开捷径，恒多仕宦藉夤缘。夏虫未许谈冰雪，逐热因人蝇与蝉。

　　群如傀儡戏登场，我本书痴别有肠。世路险巇多棘刺，人情翻覆最炎凉。敢言天命非归汉，近留学东国者颇有革命思想，政府电咨驻日公使，防之甚严。畴恤民艰为发棠。淮湘大水，民遭陷溺，朝廷屡诏振恤，而官吏徒事虚文，惠不下逮，以致辗转沟壑者不下数十万，惨矣！读史翻滋兴替感，年来国事等蜩螗。

　　江河日下不堪论，衮衮诸公负圣恩。未鉴秦亡终覆辙，竟成晋政列多门。亿千民孰惊狮梦，三百人皆寄鹤轩。近今仕途太杂，或报效而得卿衔，或纳赂而膺上选，至其家世如何、才识如何，不问也。空仿欧西求进化，夕阳虽好近黄昏。

　　城社凭依偏鼠狐，书生无力绝根株。英雄事业成刍狗，憔悴年华过隙驹。圣学昌明传孔孟，孔子为中国大教育家，客岁季冬有宣圣升入大祀之诏，并饬学部编《孔子世家》为教科书，以崇圣教。邪言横恣甚杨朱。近日私家著述，层见迭出，皆非正论，少年子弟半为所惑，甚可惧也。六经未火斯文在，好古任人笑我迂。

　　爱国无人起热心，谁歌板荡进诗箴。波兰夷灭为殷鉴，典午衰微感陆沉。九鼎奠安犹是昔，六州铸错始于今。各省铁路纵横万里，渐次告成，或借洋款筹办，或招西商集股，利权旁落，不能独揽，致多交涉。狂澜欲挽嗟何及，徒效贾生泪满襟。

　　日彩飞扬耀国旗，维新枉法昔周姬。儒生毕竟无奇策，时局真如不定棋。凤岂随群栖择木，鸡犹断尾惮为牺。葭苍露白情洄溯，愿伴伊人在水湄。

我家故物只青毡，坐困春秋年复年。末路谁邀知己顾，丈夫绝不受人怜。九州疆域多沿革，万古沧桑几变迁。每恐危言招党祸，载歌抑戒与宾筵。

俗眼从来只相皮，千金骏骨几人知。读书岂为求名计，退食常深补过思。自信安贫能安道，漫言履险视如夷。权衡独握端趋向，免致亡羊辨路歧。

十七日戊申　　雨

天早，郑一山君过访，嘱予代其侄作挽祖母联语。"家学渊源溯通德，苦节早励冰霜，方期棹楔邀荣，扬彤管之辉，启我后人，衍祖清芬常领训；府君弃养无多年，抱憾未干血泪，今复重慈下世，读陈情一表，闵予小子，馀生孤露更吞声。"欲买舟往丁田，舟子张姆凤有烟癖，恨其趑趄不前，叱之使去，遂不果行。到馆授课，馀暇习算。孙季芃门人遣伻来讨旧年代垫报费，并道其侄公权刻已东旋。宵，过姚子琪家，研究算理至二鼓。

十八日己酉　　晴

到馆。午后，访孙季芃门人，袖小银圆十元送之，遇公权、芰汀二门人，坐谈颇久。仍赴馆。宵，习算。

十九日庚戌　　晴

到馆。孙延锦感风不上课。馀暇演习算数。宵，姚子琪门人来，谓将有武林之行，应试高等，恐其尊人不允，邀余往为关说。遂至其家，谈论届更深而返。

二十日辛亥　　晴

天早，同毓卿访池云珊先生，乞写公育学堂租札，每年交租银英洋七元。到馆。孙延锦、李庆浏二生不上课。补作《杂感》二首。申刻，过中学堂，与震轩妹丈坐话。薄暮，过姚子琪门人家一谈。宵，删改近作诗。是夜五鼓有雨。

人生离合与悲欢,情绪纷纷变万端。闻道南风歌不竞,空嗟东晋失偏安。中原久被群胡扰,英扰西藏,法窥云南,德占胶州,俄艳伊犁,日驻辽东,强邻扰扰,国势日蹙,桑榆晚景,其何以堪? 广厦能支一木难。坐对河山增旧感,惟留明月照阑干。

名利胥忘叹寡俦,讵随流俗共沉浮。储书还望佳儿守,数典毋忘乃祖修。鸟倦还巢甘息影,虫能应候惯吟秋。自怜自爱行吾素,笑彼崇朝抱杞忧。

廿一日壬子　　阴

到馆。暇时演算。夏家鼎自平邑顺溪寄到课文二篇。

廿二日癸丑　　晴,天气骤热,近早夏矣

到馆。孙韵茶往亲戚家饮酒不至。习算,比例式已毕课。季妹来归宁。薄暮,闻雷少雨,送妹归。过姚子琪家研究算理,为薛允浚、蔡作醴乍至,遂败兴而返。

廿三日甲寅　　晴

在馆。朝,陈丹卿表弟过访。宵,代唐叔玉大令成《寿张子蕃先生六十》七言二律。

寿张子蕃演先生六十代

清河耆旧著名门,花甲初周晋酒樽。曲水精庐甘隐逸,曾辟小园傍临曲水,以佐盘桓。横渠家学有渊源。松乔炼骨征多寿,桐竹添枝庆抱孙。君今夏喜抱孙矣。游宦汴梁天万里,飞觞何日赋高轩。

庭萱瞬届古稀年,家慈来岁寿跻七秩,群议觞祝。介祝为君纪寿先。百忍堂铭添菊颂,三春花事话桃筵。齐眉相敬传鸿妇,弱岁蜚声得象贤。令郎醒同弱冠游庠,名噪一时。愧我有才输子

畏,聊吟芜句寄汀川。

廿四日乙卯　　雨

朝,到馆。午刻,请唐叔玉大令酌,设席于飞云阁,邀张震轩、赵羽仪、李丽生三妹丈、郑君一山同饮,惟叶云村不至。薄暮始散。归成七言二律。宵,阅《日报》。

春暮即事

风光回首是耶非,单袷新裁换旧衣。蹋地落花当昼永,漫天舞絮怅春归。细评经史常排榻,每避宾朋为掩扉。芳草阶前随意绿,一般活泼透生机。

东郊晚步

健步何须借杖藜,径茅辟尽自成蹊。夕阳点点翻鸦背,芳草青青恋马蹄。一带村容留画补,无边山色与天齐。农家检点春耕事,叱犊田间绿上犁。

廿五日丙辰　　晴。立夏节

到馆课诸生温积熟,出文课题。宵,往姚子琪门人家研究算数。

廿六日丁巳　　晴雨不定

朝,往毅武女校授甲乙两班国文。夕,演习算数。薄暮,访薛君玉坡,遇萧亦陶侃、项志贞廷珍、周晓秋之桢、吴伯屏之翰、家树斋敏诸君。余之此行,盖为张林氏控王炳雨赖婚,呈词系坡老主笔,炳雨与赵羽仪妹丈稍有瓜葛,余受其托,而邀薛君调处,以息事也。宵,在姚子琪门人家习算,研究九减之法,至三鼓而返。

廿七日戊午　　晴

到馆授课。送姚子琪门人往武林,成七言六绝。宵初,袖诗并赆仪往其家赠之,坐谈至二鼓。

送姚生子琪瑾往武林时将应试杭省高等学堂也

一载从游契若斯，不才如我拥皋比。谈经促坐眠同榻，莫问更阑鸡唱时。君于乙巳从余学，计一载矣。挑灯坐对，结契独深。

谁知青色胜于蓝，数理精微许共谭。余素不解周髀之学，君劝余习之，两相研究，今始稍识门径矣。自悔从前工末技，桑榆虽补抱多惭。

少年志气尽豪横，破浪乘风壮此行。转瞬飞腾张翮健，鹏天万里展云程。

前途事业莫从容，江浙潮声壮拓胸。借力扶摇伸独步，快登千仞最高峰。

我也离群又索居，及门聚散怅何如。人言教学原相长，犹望卜商一起予。

今朝娄尾报开花，判袂河梁日已斜。到此临歧无别赠，愿君努力爱春华。

廿八日己未　　晴

晨，往姚子琪家送行不及。近午，登西岘山阁，谒拜仓圣。是年值祭者余味兰、邱叔祥也。夕，到馆。宵，在叔祥家饮酒，席散漏已三下。

廿九日庚申　　晴

到馆。福润局送到《日报》一束。代周君仲明熙海成《咏商务公所花木》七言一律，盖受张震轩妹丈之嘱也。

商务公所新植花木当春繁盛喜而有作步胡鹤汀先生韵

新政当阳日正中，承天佳荫发葱茏。十年树木从今始，一洗尘心万古空。非种必锄图蔓草，扬仁共许纳和风。家园合愿春长驻，驻春，余家园名。莫负前人培植功。

四　月

朔日辛酉　　晴

到馆。叶耕经送来《新民丛报》第四年十七、十八两册。暇时习算。宵，阅《日报》。

二日壬戌　　晴

到馆。夕，出信札课。宵，阅《日报》。夜雨。

三日癸亥　　雨

到馆改课。午刻，过中学堂，与震轩妹丈坐谈。池君仲鳞出俞曲园先生贺孙止庵学士重宴鹿鸣诗相示，并获见孙仲容刑部挽俞荫甫太史联。

孙橐田前辈重赴恩荣之宴赋诗寄贺即呈雅正

迭颁恩命下彤墀，盛事流传到浙西。昔岁鹿鸣曾再赋，此时雁塔又重题。青云千辈皆居后，近科翰林认启单共一千馀人，而公为之冠。黄合三公孰与齐？朝中大学士皆公后辈矣。更有临淮元老在，同将山斗拜昌黎。李少荃傅相为公会试分校所得士。

头衔一世似冰清，今日欣邀异数荣。二品官阶新拜命，四朝声望旧登瀛。却符故事黄昆圃，本朝重宴恩荣，自乾隆辛未黄叔琳始以詹事加侍郎衔。为溯遗闻张杲卿。宋张升，字杲卿，大中祥符八岁，在乙卯登科，至熙宁八年乙卯，历六十年，庞元英《文昌杂录》载之，以为佳话，按此乃重宴恩荣之权舆。只惜未留莘老在，《宋史》孙觉、孙览兄弟同传，莘老乃觉字也。今借谓令兄琴西太仆同年。令人回首不胜情。

孙中容先生挽俞太史联

一代硕师，□□在嘉定、高邮而上，方冀耄期集庆，齐算乔

松,何图梦兆嗟蛇,读两平议遗书,朴学销沉同坠泪;卅年私淑,
愧未列赵商、张逸之班,况复父执雕零,半悲宿草,今又神伤化
鹤,检三大忧手墨,馀生孤露更吞声。①

四日甲子　　雨

到馆。作寿徐小云先生七十眉寿七古一章。宵,阅《日报》。

　　寿徐小云先生七秩双庆兼祝昭甫姻兄五十

　　桃花红绽春醅绿,绛树交奏双声曲。堂开昼锦敞琼筵,当
庭莱舞皆兰玉。我翁门第非寒微,翁之尊人为邑副戎。徐熙遗派
知者希。不求导引身强健,鹤发童颜臻古稀。平生爱花花作
主,栽菊种蕉惯听雨。评花之外工丹青,笔底烟萝俱入古。围
棋赌墅仰高风,抚琴目每送飞鸿。昔人奇才擅三绝,翁抱清才
许共同。梁案齐眉成白首,天之所赋洵独厚。庞公偕隐栖鹿
门,神仙眷属今徐叟。雏凤声胜老凤清,文坛鏖战早驰名。昭甫
姻兄少负文名,身列黉序。一门具庆家之瑞,堂构相承桥梓荣。翁
与金太孺人年偕七秩,而昭甫复与项孺人适当知命之年,父子具庆,洵盛
事也。松芝寿并商山皓,长生不饵安期枣。明德之后有达人,九
如晋颂诗天保。寸心留草答萱帏,转瞬黄花进菊卮。家慈寿臻七
秩,今岁九月拟举觞祝。为公先谱南飞曲,惭我未超梅鹤姿。

五日乙丑　　雨

到馆。终日代郑一山、吴伯屏、周晓秋作寿徐小云先生七律三
首。薄暮,过中学堂访震轩妹丈,出所作邀为改易。谓此诗格律警

---

　　①　底本此联与张宪文《孙诒让遗文辑存》中所收略有不同,且"在嘉定"前脱二字,
未留空。下联"忧"字不辞。《孙诒让遗文辑存》作:"一代硕师,名当在嘉定、高邮而上,方
冀耄期集庆,齐算乔松,何因梦兆嗟呲,读两平议遗书,朴学销沉同堕泪;卅年私淑,愧未列
赵商、张逸之班,况复父执凋零,半悲宿草,今又神归化鹤,拈三大帙手墨,馀生孤露更吞
声。"

严,无懈可击也。宵,阅《日报》。

代郑　古稀初度兆遐龄,桃杏筵前拜寿星。石奋名门征具
庆,公与金太孺人年均七秩,昭甫姻丈与项孺人又逢五旬,一门重庆,并
祝齐眉。庞公偕隐仰前型。清才自昔推三绝,公善琴棋,尤善画。
诗学于今踵四灵。徐照字灵晖,徐玑字灵渊,为永嘉四灵之二。通德
里居承祖荫,愿将带草附松苓。

代吴　吾翁门第占清华,乔梓重荣庆迭加。公与金太孺人年
均七秩,而昭甫仁兄与项孺人又均五十。梁氏齐眉臻白首,新丰一集
为传家。宋徐九成,崇安人。惟耽琴画闲寻趣,不让仙人好种花。
公善琴棋,又善丹青。分得德仁佳酿在,登堂介祝泛杯霞。吴瑛,字
德仁,宋时人,临溪筑屋,酿酒种花,以鸣高蹈。

代周　琼筵夕敞奏笙簧,眉寿公今过杖乡。身比乔松能炼
骨,手栽桃杏久成行。公好种花木。三山日月春常驻,万石门庭
庆有光。公与金太孺人年均七秩,昭甫仁兄偕项孺人年亦五旬。我本
濂溪老居士,并头莲放侑霞觞。

六日丙寅　　晴

晨,访郑一山君,嘱书寿诗,并以代作律体赠之。到馆课诸生温
积熟,出文课题。宵初,月色清澈,同李乃文表侄往三港殿观剧,遇
孙子珍先生、李丽生妹丈。转过丰润庄,与曾定甫先生坐谈至三鼓。

七日丁卯　　晴

朝,往毅武女学校授甲乙二班国文。夕,倦眠半日。宵,阅《日
报》。

八日戊辰　　晴

到馆。赵羽仪妹丈邀余代拟呈词二件,一为王炳雨投讯,一为
族里公剖,颇得头绪。午刻,过其家乞为润色,留午餐。嘱叶味兰抄

就,候其来城投递。仍往馆。宵,阅《日报》。

九日己巳　　晴

在馆。宵,同郑一山兄往三港殿观剧,遇曾定甫先生。孙君子珍邀余过丰润钱庄一坐,山兄先归,茶话至夜半,郭门已闭,启钥而入。

十日庚午　　晴旋阴

到馆。福润局送到《日报》一束。下午代李丽生妹丈寄与其侄公任家书,片刻成之。薄暮,大雨闻雷,彻夜阅《日报》。

> 附札与公任侄　三月初旬续札谅早入览。侄所寄安函,叙及近况,均已阅悉。闻译学又于前月续行招考,班次当有更动,新入选者定复不少,近未知揭晓否? 侄居何班? 学习何国文字? 并所课何书? 系何善本? 望下躺便鸿细叙,以慰远怀。所作文课,切为寄阅一二为好。前言店中之事一节,用款太繁,须另立章程,三家协力,为善后计,近日主义与前说大相反也。汝伯愿提款退出,自立门户,店业均归三四两房管理,诸多曲折,深赖孙子珍、蒋仲笙两先生暨管仲凌表叔鼎力周旋,渐有定局,想事之成与否,即在目前矣。贤侄以为何如? 汝兄蔚文羁迹杭城,未获插足之处,刻闻警察续次招考,是否应招,尚无消息。糟鱼近已制就,俟便邮寄。仲凌表叔托购京式金顶及烟袋带二件,切代采买,幸勿遗忘。汝妹四月十三日出阁,婚期在即,知念附闻。馀事续达,便询近好。

十一日辛未　　阴。小满节

朝,到馆改课。夕,偕周晓秋、眉仙、吴伯屏、朱玉如,往徐昭甫君家饮酒,盖渠为尊人设寿筵,招同人宴会也。席散,冒雨而归,时已薄暮。宵,在同丰南货店与张震轩妹丈、管君仲凌、蒋君中笙坐谈,为受丽生之托,代为彬臣表兄订立合股约也。

十二日壬申　晴旋阴

夏家鼎自平邑北港顺溪寄来课卷二篇,即为改。前寄二艺,托周眉仙代寄。申后,往李友樵内弟家,盖玉锵内侄明晨婚娶,今晚备牲牢祭天,邀余作襄赞也。宵初,大雨。焚香谢天,余司祝,同列执事者家梅仙、雨臣、李友兰、叶云村、方砺石。

十三日癸酉　晴

终日在李友樵内弟家,偕李友兰同司礼物出入。薄暮,玉锵内侄接娶刘氏女行亲迎礼,偕家梅仙乘轿随之,以为后殿,名曰压轿,亦乡俗使然也。刘家之接客者方絜夫、章子贞也。迨新人迎门,时已更许,合卺成礼,筵设佳期,席散而归,漏三下矣。

十四日甲戌　晴

终日在李友樵内弟处。午刻,饮闹房酒。申后,族侄乃纬来白,其父本日在四贤祠中聚赌,为警察所窥,送县羁押,邀余设法救挽,以无力辞。然为同族故,中心犹耿耿也。薄暮归,倦眠。至二鼓起视披衣,满庭朗月,遂出门往岳家听曲,四鼓始返。

十五日乙亥　晴

午刻,往孙中恺公子家饮人情酒,为延春门人有燕喜之咏,同席者项小石、渭渔、家友槎、李幼梅,公权门人掌壶。筵散时已申后。宵,在友樵内弟家听曲,更深踏月而回。

十六日丙子　晴

到馆改课,出文题。闻桐儿患肝热而便溺失常者已七八日,刻苦头眩,即命其偕仆谒家梅仙一诊,投以解热之剂。薄暮,仲妹归宁。宵初,桐儿小腹作痛,适李丽生妹丈来,见此情况,邀其弟稚菊来诊,投一剂,越片时许溺稍下,余心始定。

十七日丁丑　　晴

休息不到馆。晨起,闻桐儿小便稍适,心为之安。往访李稚菊,邀酌清凉数味药投之,以杜病根。转过毅武女校,授乙班国文。夕,阅《日报》。南门外仙岩头某板行,有佣工二人,贪食河豚肝,中其毒,顷刻而亡。噫!饮食之误人如此。事详记中。宵初偕栲儿送仲妹归。

书食河豚肝中毒事

饮食之受奇祸者,莫如食河豚。四月十七日,南门外仙岩头恒盛鱼行,获一河豚甚巨,佣取而剖之,以其肝能毒人也,将举而投诸江,主人不忍弃,悬竿曝之,意欲留此毒鼠。旋被猫衔去,堕某木行檐下。适有某甲某乙者,正锯板,陡见此物,无因而至,甲心疑之,未敢取。乙则不胜喜,谓一块紫肝,天之所赐,非人力所致,遂取而切为脍,合姜桂煮之,沽酒邀甲对食,赞其味之甘脆。一壶未罄,而甲已痴若木鸡,问其故,则谓下咽后,小腹胀闷,气冲胸膛,喉间觉格格气不续。言甫毕,竟踣地不省人事而毙。乙转瞬间,睹此形状,心大震栗,亦忧毒发,然已食不得出,思用药以救之。其时旁观者甚众,或劝取石膏解之,或劝用生尿化之。乙闻众言,遂急购石膏嚼下,孰知甫嚼即大呕,惟吐白涎满地,彼见药无效,转用生尿,而腹中之毒大发矣。然犹健行数十步,向厕桶取尿数大碗,张口肆喝,计往返者二三次,始觉足力渐倦。初而危坐,继则低头,疲困之馀,犹回头视甲,泪涔涔下,一若同病相怜者,阅片时许,自言毒气上升,死必不免,俄而面色大变,双目渐暝,游魂飘泊,直到泉台矣。当斯时也,两人同时食河豚,同时中毒,而死竟不同时,何哉?盖乙方壮岁,甲届中年,精力固不同耳。尤可异者,主人妇方午炊,亦就其热釜治馔，讵料馀毒未消，饭后竟如醉如痴，几蹈不测，幸中毒尚轻，解之即醒。呜呼！险矣。方二人受困时，非无业精歧黄者偶来过问，对此暴症，竟至束手，岂真无药以救之乎？抑斯人应登鬼箓，而天心无可挽乎？得之者奇，食之者奇，而其死为尤奇，谁实致之？天耶？命耶？人耶？冤耶？古人云：病从口入，斯言谅哉！若甲与乙，因口腹之贪，蹈杀身之祸，世有得傥来之物，逞快一时者，尚其举此为殷鉴也夫。

十八日戊寅　晴

到馆改课。拟作《佞佛说》，为乙班课本。宵，李乃文表侄往裕牲鱼行楼上观剧，系品玉班，脚色整齐，衣袍鲜耀，颇觉出众。家梅仙、叶云村、孙生箋宾均在，看至二鼓。是夕，演《屠狗记》传奇，本沈大、沈镛故事，被外人离间，以兄虐弟，以妻劝夫，节义一门，观之足以起顽而立懦，已其详具诸记中。附成七言四绝。

佞佛说

呜呼！人之好求佛者，何其愚也。日日到寺焚香拜祷，固无益也。夫佛一土偶耳，枯朽无灵，岂有祸福致人之术？设筵以求福，佛固不知；叩头以免祸，佛亦不佑。彼既不知，又不能佑，人携香花而殷供养，适贻君子之笑柄矣。在恶人行险欲资求以免祸，佛即有灵，亦不见佑，况佛而并无其灵矣。佞何为哉！孔子曰："敬鬼神而远之。"又曰："未能事人，焉能事鬼。"圣言如此，可不知所戒欤！

观剧有感有序

《屠狗记》院本，叙沈大、沈镛兄弟遗事，其时代与里居均未之详。沈氏昆仲身列儒林，而家素裕。大性嗜酒，不慎择交，有甲乙某无赖之流也，大与之友，称莫逆交，利其多金，因大好酒，日导以饮,必醉而后已。复见其柔懦可欺也,时构蜚语,离间其弟,大深信而逐镛。又向镛诮大,并劝其鸣官,析产自立门户,镛不为动。然大自逐镛后,日在醉乡,朝出暮返,二人必相随。一日,天寒雪甚,甲乙扶大,将送之归,至中途推大于地,醉倒雪中,镛偶过之,见兄僵卧,即背负还家,嫂氏感其义,留酒饭。大醒,妻举以告,大召镛,而反挞之,且责其存心不良,窃去身畔之藏银也。先是,大与甲乙至肆沽饮,有以玉杯求售者,二人暗与之约,欲以分肥,故昂其价,杯固赝物,大不辨,遽易以十馀金,馀金犹藏袖中。及玉山颓倒,被二人攫去。大之挞镛责镛,盖以此也。妻某氏贤而且智,屡见其夫与镛失睦,都由甲乙二人,思有以绝之。乃购黑犬,刲其首,穿以人衣,虚掩后门,横尸当户,一似人之被刺而倒地者。大至暮醉归,见前门下钥,转向后门而入,贸贸来前不之防,为死犬所绊,衣污于血,心甚仓皇,其妻给以人命攸关,乘此夜静,无人知觉,当邀甲乙来设计,盖藏以免后祸,大遂出门访之,告以所遇,二人均诿病不往,大乃丧气而返。妻曰:“以甲乙之密,饮食与俱,今竟闻难不赴,何为离亲而重友乎?叔系手足,必能为我分忧,宜邀叔共议。”不得已,与妻偕往,镛不辞,往负而瘗诸野。镛当黑夜,亦不辨犬与人也。翌日,甲乙来,大绝之不纳,心怂鸣公,欲以倾大。邑宰提两造质讯。镛恐累兄,托以被大见逐,杀人陷兄自认。其嫂闻之,至公庭直诉所杀者狗,特借此以警夫,如其不信,犬尸犹在。宰乃遣隶按验,果如所言。于是贤其妻而杖甲乙,其案始了。呜呼!贤哉此妇也。沈大愚暗,比昵恶友,视兄弟如寇雠,苟无贤助,借端规戒,其得祸岂浅鲜哉?谚云:“妻贤夫祸少。”不其信夫!余观此剧,有裨风教,因沁笔记之,系四绝句于后。

须防浸润进谗言，颠倒亲疏叹寡恩。煮豆燃萁忍相逼，一家骨肉本同根。

死生枉说订知交，酒食征朋半斗筲。急难相扶惟手足，岂真异姓胜同胞？

贤哉佳妇切规箴，能使良人作悔心。《列女传》中应补录，须眉巾帼少知音。

风化攸关挽岂难，借将优孟演登坛。兴观群怨诗人旨，鉴古惩今一例看。

十九日己卯　　晴

到馆。阅《著作林》。内子自母家归。暮少雨。宵，与张震轩、赵羽仪、李丽生三妹丈坐谈颇久。阅《日报》。

二十日庚辰　　晨雨，旋晴，夕复雨

到馆。宵，同吴丹臣、伯屏、周晓秋、眉仙、彭耀卿、伍襄群、姜文初往姜岳仙家饮，因姜君有卜迁之喜也。席散而归，阅《日报》。

廿一日辛巳　　阴

到馆。福润局送到《日报》。得杭城李蔚文表侄书，已知考入巡警，名居优等。午后，蒋中笙先生、李丽生妹丈来访，因钟文表侄在北京译学馆覆试，不在列，邀余代作一札，托孙子珍向电局发码，欲其暂留京津也。

子珍先生阁下：舍侄公任本日有信自北京寄到，谓近在译学大有变动，意欲南旋。弟恐其少年志气，不顾前功，迅速言归，实所不免。敢恳阁下，向电局照所拟数字，先发电码到京阻之，使舍侄暂留，以便另筹地步。至电费一切，代为一付，劳费清神，另容面谢。手肃，顺叩财安。

如有回电，不必尊驾专差送下，祈向德昌处邀曹君一译寄下。

廿二日壬午　　雨

在馆,闻周湖赵寿仁之女与某有染,非一日矣,昨日以酒醉其夫杀之,沉尸于河。夫弟告发,已提押在署。噫! 风俗日偷竟如此也。事详记中。薄暮,曾定甫来邀夜饮,为令爱纳采志喜,同席李仲谷、丽生也。

廿三日癸未　　雨

在馆。洪棟园师送到《著作林》第十一册。温数学命分。薄暮,过李彬臣表兄家一谈。宵,阅《著作林》。

廿四日甲申　　雨

在馆。闻赵阿娇之奸夫已被获,强狼就缚,我心为之一快。宵,阅《名文珠玑集》。终宵绵雨,滴不绝声。

　　书周湖赵氏谋夫事

　　居室之变,莫甚于妇之杀夫。因奸谋毙其夫,罪尤不容于死。周湖赵氏阿娇,寿仁之女也,年十七嫁与胡寿浩之次子三姆。为室结褵,已二载矣。三姆农家子,性粗莽,赵氏自嫌非偶,有不屑与之倡随者。邻居陈保喜,游荡子也。曾供信局之奔走,暇日时过其家,赵氏既薄其夫,见喜佻达,常注目之。野花陌上,未免有情,然犹秘而未露也。娇之母水性杨花,夙有淫行,三姆屡道其隐,今见女不安于室,诉其婿劣,心憾之,欲议离婚。寿仁性懦,亦听之。喜逆得其情,因阿娇在其母家,间相过从。仁妻有心于喜,故疏防范,任与其女为乱,且谓之曰:"苟能图胡婿,我必以女妻之。"阿娇流连母家,将届半载,三姆屡促之归,丈母颇厌之。一日,复往邀,语侵及丈母。某氏记前憾,初而诟詈,继则鞭挞,终以缠脚之布凌辱之。彼见势恶,含忍而去。邻人不直其所为,喻以正论,不得已送还胡家。然杀婿之

念,固无刻或忘。此犹客岁事也。今春二月,阿娇又赋归宁,喜
常来叙旧,母女暗与喜约,谋所以死之。间一月,娇忽返,夫妇
之间颇相睦,三姆见妻改颜服从,心甚安之,而不知阿娇之用心
险也。四月二十日,三姆从事耕樏,疲劳过甚。阿娇窃喜得间,
薄暮,预邀保喜入室猱伏床下,以伺之。三姆自田间归,娇迎
之,婉言备至,旋杀鸡暖酒,并坐对酌。三姆量本不宏,数杯即
醉。娇乃扶掖就榻,夜过半,呼喜出,抽卷被褥,并去床板,取绳
坚捆其手与足,复用竹棍扼其喉,彼左此右,猛力压下,三姆虽
壮身,已受缚,加以大醉,直如鸡置釜汤,奄然就死而已。二人
心恐复苏,更取纺车上铁锭刺伤一目,又穿透其左额角,始毕
命。当其下手也,喜之父闻声惊起,欲出探视,后寂然,遂中止。
盖胡、陈两家居屋所隔者仅十馀步耳。其同居之兄二姆业仵,
有事赴乡,故亦不及救。保喜、阿娇既谋死三姆,欲乘深夜求掩
其迹,思及家有替船可载,遂自墙拖出其尸,驾舟而南抵十八
家,用巨石压而沉之。时河干有结伴网鱼者,于残月朦胧中,见
刺舟而过,俄闻水声澎湃,惊问何为,喜含糊以淘水答。尸既沉
后,转以船泊岸,取所携之粪桶及杓,布置田畔,一似三姆失足
而落水者,作为后日证据。既毕事,仍到阿娇处,相叙天明乃
去。日晡,其兄二姆自乡中归,闻邻人言之聒聒,心颇惊疑。又
以弟傍晚不归,诘诸阿娇不吐,出门密探,与捕鱼者遇,即以昨
夜痕迹之可疑告。翌日,二姆迹寻原处,于河畔求之,竟获其
尸。于是指名喊控,并扭阿娇送县。陈子祥大令立即饬役提
喜。喜早遁。坐堂略问数语,按验尸身毕,阿娇发押。阅二日
后,获喜于上码某家,严刑讯鞫男女,未得实供,经再三提问,始
吐实。喜之对簿也,牵涉娇之母,此事实伊指使之。仁妻恐累

及身,闻风先避。闻陈令之如夫人,爱怜阿娇年少,招入内宅,密授己意,须诿以年弱无知,谋死亲夫均出喜手,当堂作答,似此覆供,或者得本官仁慈,避重就轻,未可知也。盖陈令之妾,曾在申江卖娼,故有同病相怜之语。谚云"惺惺惜惺惺",此之谓矣。呜呼!男女居室,人之大伦也。相亲相爱,分所当然。赵家母女,卖奸引奸,行同禽兽,岂所谓人尽夫也?欲援雍姬之母之训其女乎?佳耦竟成怨耦,虽曰阿娇致之,实保喜致之;非仅保喜致之,实娇之母先为导引而致之也。娇、喜二人,宜枭其首。某氏之罪尤难姑容。春秋之律,乱臣贼子,人人得而诛之,甚愿贤有司革正风俗,不事曲恕,施以大辟,榜之通衢,儆一惩百,庶有瘳乎!

廿五日乙酉　　雨势极大

早晨,阿木来作月老,取蕙女庚甲与董志谦明经之嗣君原复作合。志谦与余故交,倘天假之缘,亦一美事也。在馆温命分算法。薄暮,张君选闱过访。宵,闷雨无聊,伏枕颇早。榆儿感风不适,呱呱而泣,中夜辗转,遂不成眠。

廿六日丙戌　　朝雨夕晴。

到馆课诸生温积熟,出文课。宵,过李玉君表弟家一谈。

廿七日丁亥　　晴。芒种节。风日清和,一似仲春天气

朝,往毅武女校授甲乙二班国文。夕,出甲班文题。《论女子之品格》。薄暮,过中学堂,与张震轩妹丈一谈。宵,往李玉君表弟家坐话颇久。转至承天宫观剧。

廿八日戊子

朝晴。到馆改女学课卷。夕雨,改馆课。闻薛里某妇以药毒毙奸夫,其家鸣于官,事竟反坐。具详记中。宵初,习算。闷雨,伏枕颇早。

　　记薛里某妇

　　二十七日，薛里某氏妇，有以药毒毙奸夫者，洵一奇闻也。奸夫某甲某村人，性甚凶很，险恶如虎，一村畏之。艳某氏色，时过其家，又欺其夫懦，逼奸之，有数年矣。然某妇失节，迫于强暴，心非所甘也。近以周湖谋夫事发，复见某甲强悍乘隙图夫，恐蹈覆辙，思有以惩。后一日，某甲来，诈与约曰："予与君为野鸳鸯，不能长相叙，须毒死拙夫，始赋白首。后日俟君来，当设小点二碗，一粗一细，以作标识，粗碗置毒，细则无之，君其勉行。"后数日，某甲复来，其夫亦在座。谈次出小点款待，其夫暗受妇嘱，取其粗者食之，甲取细碗以食。某妇背地相易，而甲不知也。少顷，邀甲附耳谓之曰："今者我下药杀夫，倘毒一发，子在我家，耳目难掩，子暂还家，我夫即毙，人或以暴死信之，不幸见疑，我当孑身受之。"甲是其言，遂归。至夜，某甲毒发，辗转床褥，顷刻而亡。临死谓其母曰："我与某妇有染，已非一日，不意购药毒我，忍哉某氏也。我死后，当鸣官指控，苟妇罪相抵，死亦瞑目。"明日，甲母如其言喊告，官即饬提某氏及甲母，某氏尽举前情以对。官判之曰："汝子奸人之妻，罪不能避，又欲死人之夫，忍心害理，实为天地所不容，且其死在家中，与某妇无涉，汝之子不肖，生不能教训，死又遂其过，有何面目为人之母乎？我不汝责，恕汝年老耳。"某妇则受慰藉数语，案遂结。噫！此妇也始则因强而忍辱，继则设计以除奸，破镜重圆，鸡鸣告警，贤而且智，与私相淫奔者高下不啻天渊。孔子曰："人之过也，各于其党，观过斯知仁矣。"若某氏妇者，固未可一例论已。

　　廿九日己丑　　雨
到馆。代李丽生表弟作书覆其侄公任。宵，习算。

钟文贤侄青及:廿一日接阅来函,备知近日北京译学大为变动,有岌岌不可终日之势,侄之难乎为继,岂与当事者偶有龃龉乎?抑触犯堂规而居屏退之列乎?否则,非有龃龉,非犯堂规,或者未进苞苴,受人谗间,数者之中,必居一于此矣。屹屹神京,堂堂太学,诸公办事,有初鲜终,京师如此,直省可知,大学如此,小学可知,比之科举时代,其腐败特有甚焉者!贤侄自前年仲冬,束装赴杭,顺途往北,投考浙学,旋入译学,光阴弹指,已历年馀,统计学费、膳费诸项开消,为数甚巨,一旦遭逢不偶,麾之使去,从前培植付诸东流,负负之呼,其曷能已?来函云:"此次被屏,与其留京自修,虚縻岁月,不如先行回里,再作商量。"如侄所言,胸中早有成竹矣。然以余之主见,欲令贤侄暂驻燕京,静候月馀,别谋地位。刻下陈介石太夫子在粤,提倡学务,于教育一家,大得名誉,又素性质直,最喜提拔他人,况与吾家有葭莩之谊,余特修书叙明原因,向介师处直接,彼见贤侄失所,定必加意见怜,而一枝许借,俟得机会,可以束装赴粤,遵道而南,省却一番周折也。当此囊金告罄,裘敝黑貂,返辔言旋,恐俗人见苏季子书十上而不售,适滋姗笑。故知躁急不可,迟缓尤不可。古人云:"善自为谋。"愿侄守此言以定趋向,免致歧路亡羊,贻厥后悔,始为可也。前因此事,开轮期促,不及作覆详叙,惟向温电局先发电码,嘱侄缓行,至今未得回电,岂愤懑未平而无遑及此乎?念念。家中大小均平康,毋须远虑。专此布达,顺问近好。

再,本日接到来札,谓店事一切,已邀诸亲戚议,分而复合,但此事非一朝一夕所能定。愚本意力扶大局,其如汝伯不明道理何?成与不成,听诸天也。附托介师一函,未知粤东学堂何名,所寓何处,接此函时,嘱侄填明信面、寓居,交邮寄粤,方不误也。又笔。

三十日庚寅　晴

到馆。代李丽生作书,寄陈介石主政,为其侄公任托谋安插地步也。宵,习算。

　　寄陈　夫子大人钧座:未拜芝颜,时深翘企,比维门墙英萃,铎教宏宣,为颂为祝。敬启者:舍侄去年得承夫子庇荫,取入译学,按班受课,四阅月矣。本年季春,忽起风波,复加甄别,新生经陶汰者计四十馀名,舍侄适当其列。闻之学部为经费不敷,刻意求新,将学生减数,监督欲保全位置,迎合之下而设法折磨,京师学界,考选生徒,似此举棋不定,公不胜私,无怪有心求学者每向隅而叹矣。晚家产平常,藉商糊口,只为舍侄求学之故,勉集川赀,许其北游,接济年馀,冀得成效,奈石尤风迅,见阻于中途,竟蹈书空,前功尽弃,恐长安返辔,适贻金尽貂敝之讥,回首江东,羞见父老,将何以处之?刻下夫子驻旌南越,山斗望隆,化雨春风,群沾广被,昌黎以后,惟公一人。意欲遣舍侄去燕就粤,亲炙师门。舍弟瀛琳,曾受教诲之恩,再世通家,在夫子必将厚其父者,兼厚其子。且舍侄近遭失怙,茕茕孤立,畴与提携,谅夫子于此,一以世交,一以新特,当必加意垂怜而不我拒也。矧暑假在即,或者得遇机缘,考进贵堂,附诸骥尾,尤为美举。如蒙不弃,是否乞赐佳音,以便专为趋向,是所至感。家中大小,均叩福庇,便笔附闻。临颖神驰,欲言不尽。恭请铎安,统希垂鉴。

五 月

朔日辛卯　　晴

朝,到馆,代李丽生作书覆其侄蔚文。福润局送到《日报》。夕,在家楷书三封手札,交邮递寄,一天津,一粤东,一杭城,均受丽生之嘱也。薄暮,过裕牲鱼行兑换洋银,计英洋三元,得小洋三十四圆,又贴水八文钱,较之城内钱庄盈馀卅数。中国圜法,不能一律,一城内外,尚见参差,其他可知,其腐败甚矣。顺途过姚子琪门人家,闻其自杭返瑞已二日矣。出枇杷露一杯以饷余,甘美沁齿,谈久别归。宵,在李玉君表弟处畅谈至三鼓。

> 与蔚文书
>
> 廿一日接阅来信,知侄投考巡警,位次其亚,闻声之下,心为一快,但愿努力自爱,专心向学,不负初心,斯为望耳。应用诸费,已向汝父说明,预备寄出,毋劳过虑。前函询及酒捐,办事之张君,实名正册,为时已久,可否宜衷一是,可行则行,不可行姑为置之而已。至行帖一节,此事办得平安,其中不无微润,侄倘与当事者通气,不妨如裕泉等帖,认领一二张,于暑假回里时,将帖交与其行,诸行家得此佳音,必陆续而来托领,多多益善,或可得利市三倍矣。侄其留意可也。小竹表伯嘱购时式折扇金叶,并骨一副,兼托索名手书之,即日寄下,价值若干,开明便缴。汝弟公任为译学覆考,竟遭退班,可憾之至。馀言难罄,专此布覆,顺询近好。

二日壬辰　　晴

到馆。近午,邀管仲凌往惜字局收买字纸。作书寄杭省与李蔚文表侄。夕,馆主人孙桐轩遣伻送到脩脯英银二十五元,纸券五元,凑足卅元之数。照客冬关约,上半年三十七数,尚短七圆。余陡见之,中心悴悴,直谓王戎复生,贪婪无厌,实可鄙也。随过李丽生妹丈诉知,并邀曾定甫先生调停其事,至暮遂凑足银数,而纸券交还曾君也,余恨始平。宵,过季妹家一谈。

　　　与李蔚文表侄

　　　前接来札,知贤侄投考巡警,一战获胜,从此吐气扬眉,激昂青云,可为预贺。所歉者,令弟公任自去岁应试译学,幸藉同乡诸公之力,加意扶持,得登堂陛,随班受课,四阅月矣。近闻学部以经费不敷,与译学之监督员章一山先生大相龃龉,深咎旧冬考取生徒为数太滥,以强迫之手段,袭陶铸之虚声,任意折磨,刻减额数,以故今岁二月,爰借甄别,而新生被汰者计四十馀名,公任亦在其列。窃怪京师为首善之区,巍巍公学,创定初基,如此狥私,如此腐败,他何足论!夫寒素之家,无多蓄积,为其父兄勉集多金,使子弟负笈远游,原冀得借一枝,收厥后效,乃神山将近,旋被引回,殊令有心求学者目为畏途。伊谁之过?际此学界新开,动曰求实效,进文明,名不副实,粉饰外观,其奈之何?诸公衮衮,只解皮毛;举世滔滔,畴为砥柱。有心人缅怀科举时代,谓其今不如古,良有以也。学堂学堂,随波逐流,滥竽日众,莫问前途,吾知国未亡而其文先亡,人未死而其心已死。虽有善者欲为挽救,不其难乎?任侄被遗,前车宜鉴,我为一人惜,我并为同人惧也。但愿贤侄乘此盛年,努力自爱,专心向学,独具辘轳,毋贻后悔,始为可耳。鄙人跧伏蓬门,拘守旧学,自知所言不伦,适招姗笑,然身经阅历,有激而谈,亦知我者所共谅,贤侄以为何如?宋紫枢门人,在弁目学堂,计有年馀,毕业在何学期未知,近得相晤否?念念!姚生子琪,已返旆回里。至侄家店业一节,刻已定议。一门荆树,同气连枝,共事扶持,以承先德,可无远注。家慈以次均平康,附笔告知。暑期不远,馀俟面谭。此覆,并问近佳。

三日癸巳

朝晴。在家,解拆诸账。夕,同周晓秋、眉仙、吴丹臣、伯屏、姜文初、岳仙往胡仲玉先生家收取柴业捐款,约以晚间交付千金,谈顷,冒雨返。申后,访孙季芃,遇其侄延曙,茶话之间,谓《国粹学报》于朔日已送至馆中,余以未收对,即遣阿喜取还,计二册,坐谈至暮。转过孙经畬处,缴交书价。迨归,已上灯时候。宵,阅《日报》。

四日甲午　　天早晴,旋雨

在家,解付诸账。改夏家鼎课卷。薄暮,访季卿族弟,前嘱抄《东嘉文征》已毕工,袖归。宵,阅《日报》。

五日乙未　　天早晴,巳刻少雨

过悟真寺,访庆慧和尚,坐谈甚久。午刻,书雄黄字以辟邪气,循乡俗也。夕,改夏家鼎课卷。宵,在李稚菊家饮节酒。归阅《日报》。

六日丙申　　晴

朝,阅《日报》。午刻,在李丽生表弟家饮节酒。夕,府委郑□□大令来勘视城工,以验绅士前日所控工书之虚实。洪栋园师集同人诣场所迎候,郑令履勘,余亦与焉。是日到会者王啸牧大令、项申甫进士、王玉侯、胡□、李漱梅孝廉、鲍漱泉、家幼卿、王桢叔、刘纯村明经、池寅三先生,陈子祥邑尊亦到会,随委验勘,并召工房方□□暨匠人甲乙某问话。匠人谓工程浩大,为淫雨故,旋收修而旋破坏,所领修费计三百五十元之数,工房并无克扣,此皆受方工房之愚也。众人听之,咸为不平,谓此数中有前修款六十元,已有报销证据,工房从中移抵,而石匠甘受指挥,欲使匠人直言不讳,势无如何也。且陈令意多偏袒,反怒吾辈之多事。噫!官贪吏狡,上下相蒙,世局至此,尚忍言哉!薄暮,袖课卷还夏家鼎,过其家,遇周眉仙。宵,习算。

七日丁酉　　晴,旋阴

天早,代李丽生作书寄公任佺。巳刻,买舟同卢光荣往丁田。近午抵妹家,始知妹于端阳日举一男,今日适值三朝,并为道贺。闻此子堕地时,恰当五日午时,且状貌魁伟,声音宏亮,其为英物无疑。古人如田文,曾于此日诞生,为齐贵族,位至将相,儿之生同日,将来建功立业,未可量也。午餐后,携寓、宬、豐三甥泛舟,泊峡口观龙舟,日暮鼓棹而归。宵,阅《日报》。夜,雷雨。

　　钟文贤佺:初六日接到来函,悉知贤佺有束装回乡之意,而徐班侯老伯则多情留佺,章一山先生又嘱徐关照,并有六月招考德文来为取录之说。此事若固有之,得仍旧贯,比之远赴广东别图地位,较胜一筹,贤佺当努力向前,毋得迟缓,收残馀烬,背城一战,败军之将,复为录用,不其幸乎!如其不然,宜从前言,转辕南越,趋谒介师,巢借一枝,亦未为失也。佺以为何如?初一覆札,内附介公一函,直嘱蒋黼翰君转致,如接到时,幸勿被人看见,倘得招考德文实信,仍留行箧什袭藏之,以为后日备可也。此问近佳。

八日戊戌　　雨。午刻,稍放晴光,阴云复合

到馆,阅《血史》。宵,演习小公倍数。

九日己亥　　雨

到馆。

十日庚子　　雨

到馆。午刻,往孙经畲公子家购来陈榥所演洋装数术二册。宵

初,袖书访姚子琪门人赠之,研究算数至二鼓归。

十一日辛丑

阻雨不到馆。朝与李丽生、赵羽仪二妹丈坐话。夕,在书室披阅《日报》。薄暮,稍有晴意。宵,仍阅报。

十二日壬寅　　雨,夏至节

天早写武帝诞祭分胙票。到馆。宵,与各屠户结算分肉赈。写祀武帝祭章。是夜,官僚致祭关圣,遣梣儿偕田坤祥到庙陈设豆品。

十三日癸卯　　阴

到馆。福润局送到《日报》。薄暮,家慈乘轿往赵羽仪妹丈家。宵,习算。

十四日甲辰　　阴雨

朝,到馆。夕,往西北平粜局,与诸同事发给各贫户籴米手折,至暮始归。宵,阅报。

十五日乙巳　　阴

西北开平粜公局,管汝姆胁众到局滋闹。余以分居同事之列,虽非值年,亦当与之分谤。

光绪三十四年(1908)①

正 月

元旦丁亥　　风日融和,祥迎宇宙

晨起盥手,焚香向祖先前叩头,请慈帏安,始展卷读蒋智由《修身》课本,已之总说一则。午后,携桐儿登岘山阁谒文昌帝,转往显佑庙拜神。赵羽仪妹丈、陈丹卿携子楚□、李稚菊、缪琳暨其侄再民、珪文、涣文、乃文、泮文、鸿文、郑闳栐义儿均来贺年。宵,课儿读书。试笔得七言四律。

> 元旦试笔书怀
>
> 年年依旧逢元旦,此日天晴更乐心。庐舍如蜗堪憩影,庭际有鹊报佳音。中原疆域犹畴昔,韦布衣冠不改今。何日斧柯酬志愿,出山展策作甘霖。
>
> 荡平王道本无偏,操缦何须屡改弦。未到知非先寡过,不妨闭□学忘年。治经孰解传心理,读史期搜未火篇。我有权衡忘毁誉,浮名逐逐也徒然。
>
> 时光如水去滔滔,献岁符新气象豪。敢诩学随年并进,须知道与德俱高。封侯年少争投笔,宰肉吾儒未奏刀。荫展陔兰

---

① 原稿题识曰:"颇宜茨室日记九册,筱竹遗墨,光绪卅四年戊申正月之十月七日止。""戊申,颇宜茨室日记。"

春昼永,辛盘聊佐醉仙桃。

　　自惭枵腹术空疏,碌碌随尘四十馀。朝局苍黄谁后劲,党
争洛蜀鉴前车。不求捷宦终南径,且守先人旧敞庐。但愿诸儿
能奋学,芸窗努力惜居诸。

二日戊子　　阴雨

朝,阅《日报》。郑一山兄来拜年。一点钟出门,欲往诸亲戚家
道贺,途中遇孙钱宾门人来余家拜谒,即与偕返,谈顷乃去。三点钟
仍往李丽生、玉君、稚菊、桂琳诸表弟家,暨彬臣表兄、公任表侄处拜
真。宵,眠息颇早。是夜雨霰。

三日己丑　　阴

朝,阅《日报》。遣桐儿往伍宝滋表弟、刘祝尧表叔家拜真。二
点钟,亲往岳母家、赵羽仪妹丈、陈丹卿、洪德斋表弟处拜年。王浦
东义儿、曾昭仁门人来道贺。宵雨,宋子枢门人来。

四日庚寅　　立春节

天晴日丽,谚云:“立春晴,主年丰。”余预为农夫庆矣。朝,往李
丽生表弟家,与赵羽仪妹丈坐话良久。午正,□春,饮春茶。此品用
红豆和糖煮之,味极甘脆。成七言一律。内子生日,欲作诗志贺,为
拜年之客所扰,以致败兴。刘祝尧表叔来拜真。宵,设香案,备果酒
接佛。今人谓诸神腊月廿四日上天,正月四日下降,名曰接佛,盖乡
俗也。

　　立春日偶成

　　一年春去又春逢,积岁方知改旧容。樟叶争烧初试火,槐
庭当昼忽催钟。午时立春。学如蚕续迟成茧,人似鸿泥屡印踪。
且喜天公开霁色,有秋预卜慰耕农。谚云:“立春晴,主年丰。”

五日辛卯　　晴

八点钟,携枌儿、栯儿、桐儿、檞儿登集云、万松二山展墓,过万

松寺,遇陈君紫峰、燕夫、郑君卓如。禅室幽雅,大改旧观,后添小筑三楹,尤觉清绝,住持均属女僧。时杨君鼎畴之妻、妾到此谒佛,主人接待,颇深款洽。少年妇女,入寺烧香,本干例禁,我邑人之蹈此何其多也!日晡,下山还家,始知本晨张震轩妹丈携寓、戚两甥来舍拜年,因未遇余,故少俟之夕阳西坠,乃话别刺舟去。宵,往李镠琳表弟家饮圆真酒。

六日壬辰　　晴,晨霜铺瓦,颇觉严厚

九点钟,李丽生妹丈来拜年。夕,遣仆人戈干柱去。补改近作,阅《日报》。宵,在丽生家饮圆真酒。

七日癸巳　　阴雨侵晨

张震轩妹丈遣仆步莲,来订明朝拜年之约。补校孙氏嘉澄《南游记》。夕,阅尤悔庵《西堂杂俎》初二集。改易近作诗。宵,阅杜甫律诗。

八日甲午　　天色晴霁

八点钟,丁田张震轩妹丈遣舟子钦良来迎,即邀赵羽仪、李丽生二妹丈暨鸿文表侄同去。近午抵其家,杜紫石、陈紫峰、叶墨山先在。是日汀川会市,迎社神,仪仗鲜明,异常热闹,各家皆设筵会客,交相馈问,具有古风。午后,陈冕卿、薛博如、家苹洲均至,坐谈剧久。宵初,迎灯。金迷纸醉,大堪寓目,较之本城清明佳节设张灯幔稍胜一筹也。

九日乙未

朝阴。与赵羽仪、李丽生、杜紫石、叶墨山、轩兄同坐清谈。鲍田戴筑臣来。戴君寓甥受业师也。午后,杜君返棹去。三点钟,与赵羽仪妹丈暨寓甥、戚甥、蕈甥、绣巧甥女往宫中观剧,未散场,细雨霏霏,沾衣欲湿,遂携手偕返。近暮李、赵二君买舟不辞而归。宵,

坐西书室，与叶墨山甥壻闲话至更深。

十日丙申　　阴雨

朝，出近作诗乞轩兄改削，为易卌馀字，较原作甚为熨贴。午后，叶君返棹，归南湖。余亦告辞，驾舟往仙峡周丽峰表兄家拜真，顺途旋里，抵家日近晚矣。宵初，过李玉君家一谭。

十一日丁酉　　阴雨

终日校点《东嘉文征》十二三两卷。是书为孙季芃门人家藏本，去年乞假，倩人传钞，计届二稔，已抄竣，奈终年教授，代人作嫁，不遑披校。前年冬，惟校就二册，今日始把卷参校，流光如水，俗事累人，不能静坐读书，此一憾也。近暮，往孙氏广明社，见架上藏有《神州女报》一卷，取来翻阅，中载秋女士遗事，附以流血惨状撮影，又手摹信札、律诗真迹，即为购回，并取来第三年《国粹学报》第十一号。宵，阅《女报》。

十二日戊戌　　阴雨

终日校点《东嘉文征》十四五两卷。未刻，宋子枢门人来谈，璧还前所赠书二种：一《秋瑾遗书》辑录颇俭，不及《神州女报》中叙竞雄始末之详；一《催眠术讲义》，理想深僻。余谓经史诸书，浩如烟海，未能读遍，似此闲书，不遑及阅，且鄙心甚粗，看之大相隔膜。两种之书，秘置巾箱，徒供蠹饱，不如完璧而还赵也。转邀余同往广明社购风琴，因未携囊钱，订以异日。宵，阅《日报》。

十三日己亥　　檐雨连绵，滴不绝声

朝，演习百分法。夕，阅《渔洋山人精华录》王公墓铭神道碑诸篇。暮，往李玉君家一谈。转往陶尖殿散步。元宵灯节，各社祠庙放灯以此夜为始，惜中宵风雨，游人寥寥耳。更深乃归。阅《十八家诗钞》黄庭坚七律诗。

十四日庚子　　雨

先伯祖妣鲍太孺人忌日。朝，携钱托李桂琳表弟买蛏、蛤等物，特为明晨致祭叶公豆品耳。过李丽生家坐谈良久。夕，抄《怡怡轩算草》，此书为北京译学馆本，旧冬向李公任表侄假抄也。唐叔玉大令折柬邀饮，屡遣使来招，坚意辞之。宵初，写忠烈武毅侯祝文。赵羽仪妹丈来。是夜雨少止。

十五日辛丑　　天气峭寒

晨阴，备牲醴，遣枬儿、梓儿偕田坤郎往周湖，俟徐令致章祭谒叶公。近午，天仍落雨，聒耳不休。福润局送到《日报》，自客腊廿一日起，至本正十日止。一点钟，家慈往陶尖庙观剧。傍晚，大雨霰，簇聚瓦沟，其白如玉。宵，往观剧。

　　天寒雨霰

　　镇日天如暝，阴云瘴不开。风尖频折竹，香静只闻梅。酒熟当炉煮，诗成为雪催。夜寒增十倍，装就玉楼台。

十六日壬寅　　阴

晨起，开门一望，北郭诸山，峰头积雪，其色皓然，如展画图，如登胜境，顿触诗兴，成五言二律。赵羽仪、李丽生二君来谈半日。夕，抄《怡怡轩算草》。宵，月色澄澈，家慈往陶尖庙观剧，余亦随往。是夜，演《前蜃楼》《比目鱼》二剧，极有情致。

　　晨霁望北郭诸山积雪皓然喜而有作

　　晨喜天开霁，尘心早涤胸。清辉明远树，积翠失层峰。画未郭熙续，仙谁姑射逢？耐寒眈目赏，独立不扶筇。

　　忘却居城市，风光到眼新。波平明若镜，树老立如人。日色犹含嫩，禽声竞洽春。寻诗随处好，何必出郊闉？

十七日癸卯 侵晨西风大起，冻云渐开，颇有晴意。巳刻大放霁色，黄绵袄子出矣

吴丹臣、姜文初、伍襄群过访，袖戏目来点戏，本定本日下午演《琵琶记》，夜演《绣襦记》，不可改易。取去仓款英蚨五十翼。十一点钟，丁田张震轩妹丈偕寓甥、戒甥、霤甥至。二点钟，平邑浦南张满周□□来访。轩兄谈顷辞去。往陶尖殿观剧。宵，仍往观，至夜半返。是夜，改演《醉菩提》。

十八日甲辰 晴

朝，同轩兄暨诸甥坐谈。午刻，李丽生来招轩妹丈饮，余亦偕往，在坐者蒋仲笙、管仲凌、赵羽仪、鲍公权暨泮文表侄。席散，偕寓、戒、霤三甥，往罗木寺卫房宫一游。宵，月光如水，往陶尖殿观剧，演《折桂记》。

十九日乙巳 晴。雨水

曾大父诚轩公忌日。早晨，陈宗易明上舍过访，为受郡中学堂刘总理次樵绍宽之托，来聘轩兄为史学教员也。轩妹丈辞之再三。余从旁力劝，始允。午刻，赵羽仪妹丈设席请轩兄，余亦陪饮，同席者唐叔玉大令、李丽生、黄茂椿暨寓、戒、霤三甥。席散，丁田舟子驾舟来，迎震轩携诸儿返棹。去时，鸣钟已四下。宵，往李再民表侄家，闻彬臣表兄，近患痰喘，往为一问。情亲中表，两届中年，岁月如梭，不堪回首。坐谈至更深，踏月而归。

二十日丙午

朝雨。合邑诸学堂开学。余居司事之列，往西北初等小学暨毅武女校，随众安排。送桐儿暨鸿文、龙文、燨文表侄上学。本年西北教员吕梨轩嶙授国文，包小亭作雨授地理，姜文初兆辛授史学，胡哲甫授算，家棣甫任体操，阮商缄亨授音乐，监学潘子璜。女校教员吴丹

臣、李烈卿、金子兰、伍襄群。夕阴,抄《怡怡轩算草》。四点钟,曾昭仁门人来,同往丰润钱庄,访其尊人定甫先生,坐顷,丽生来,清谈至暮。宵,西北小学设席,请诸教习,余亦与饮,棣甫不至。

廿一日丁未　　　晴

孙桐轩主政,请余上馆,旧相从者孙篯宾、韵茶、李庆浏、曾永锦、李乃文、涣文,新附学惟鲍公权一人。朝授史学,夕授修身课。宵初,馆主人设筵款予,同席者项小溪、幼彝、孙莘农、洪幼园、曾永锦也。幼园询余,藏有《热河志》,系曾祖孝廉公稿本,今犹在否?且谓家藏书籍甚富,半为伯祖稚石公散佚。公为石笥公之嗣君,以茂才旋进太学,好诗酒,尝在京都读书。归途得句云:"十年春梦依京邸,一路秋风到浙江。"曾采其诗入诗话中。余答以此二句从未寓目,询以何人采辑,则曰偶忘之矣。姑记之,以俟考。

廿二日戊申　　　晴

到馆。终日授经学课,抄《怡怡轩算草》。暮,过李玉君家一谈。宵,因目力看书甚艰,伏枕颇早,以养精神。

廿三日己酉　　　晴

到馆。终日授修身课。抄《怡怡轩算草》。管竹君明经折柬来邀饮,不赴。宵,往赵羽仪妹丈家饮酒,同席者黄畅如、绥生、茂椿昆仲、唐叔玉大令、余与桐儿也。遇郭奇元,坐谈至更深。

廿四日庚戌　　　晴

到馆。终日授历史课,抄《怡怡轩算草》。午刻,过县库,与薛松如先生坐谈良久。宵,往李玉君表弟家一谈。

廿五日辛亥　　　晨雨旋阴

早起,读姚惜抱所辑五言今体诗。到馆授经学课,抄《怡怡轩算草》。薄暮,过赵羽仪妹丈家坐谈留餐。

廿六日壬子　　阴

先君忌日，不到馆。终日在家抄《怡怡轩算草》。宵，阅《日报》。

廿七日癸丑　　晴热

到馆授修身课，并授古文。终日抄《怡怡轩算草》。宵初，宋子枢门人来谭。八点钟，始闻雷鸣，一声震动，万蛰俱起，春回暖律，草木发生矣。

廿八日甲寅　　雨

到馆终日授史学。午刻，往县库取祭款，抄《怡怡轩算草》。宵，作覆姚子琪门人书。时在杭省高等学堂肄业也。

　　与姚子琪

　　客冬两接来函，备询一切，多情之至，不急作覆，惟以馆课家政交为羁绊，未遑操笔耳。披阅札语，芟尽枝叶，知贤弟于国文一门，定多得力，去肤存液，由质而文，斯道殆有悟欤！际当富盛之年，矢精勤之志，譬彼登山，拾级而上，层峦跨陟，愈进愈锐，身凌千仞，高处振衣，此境何似？况掉臂于新学界中，钻研各门科学，又如建章门户，游历其间，步步引胜，吾知他日诞登道岸，超出尘表，可预为足下决也。尚期努力春华，勿沾染名士习气，戒盈持满，储为有用之才，是为至要。鄙人龟伏里门，笔耕糊口，中年适届，故我依然，虽日事简篇，而无异痴蝇之钻故纸，腐儒见解，无补时艰，老境渐臻，学知不足，此后空山买隐，将与草本同腐也。承询习算，臻何境界，近勉习至利息，作辍不时，苦无指点，今岁拟欲极力加功，以完三册之数，但未识能如愿否。本年馆地仍旧贯，从学者七人，馆谷较去年胜一筹。代人作嫁，为救急之图，燕幕栖巢，终非久计。邑中学尚存，生徒以数十计，形等赘疣。宋子枢任西南体操教权，时来晤对。黄启元应诸处考验，均不见售，守拙在家，废然思返。圣人有言："君子谋道，禄在其中。"乃知学成未得致用，不足为患；不学徒求诸禄，斯足患耳。闻蔡麹夫热心科学，于文辞尤极注意。念念！令尊俯允桪儿结亲，于客腊中浣三日，备礼纳采矣。朱陈交谊，古处可敦，贤弟其许我乎？新式□□，乞采一二，以开茅塞，幸甚！春寒犹殢，岸柳苗芽。景物□□，彼此同节。手此覆达，顺问近佳。

廿九日乙卯　　　阴雨

到馆。写函交邮寄杭。终日授经学课，抄《怡怡轩算草》。暮，过孙季芘家一谈。福润局送到《日报》，计十一日起，至廿三日止，共十三幅。宵，在陶尖庙饮福。客岁因蒋姓霸租，店业鸣公押退，今始完璧，董事吴丹臣设席相邀，以谢同人也。归，阅《春融堂集》"王青浦先生年谱"。

三十日丙辰　　　阴雨

到馆，朝课诸生温积熟。夕，出文题。《读书以立诚为本》、《饮食宜慎》。抄《怡怡轩算草》。暮，过李丽生妹丈家，留餐，谈至更深而返。写祭文昌斋戒榜，并祝文。

二　月

朔日丁巳　　　阴

晨起，写祭文昌颁胙票。到馆。终日授修身课。抄《怡怡轩算草》。柳君赓扬过访，送来《太鹤山人文集》一册，邀余购藏，披览一过，系钞定本，手经校勘，为戴铜士先生之笔，惜卷数不全，中又攫去数幅也。山人姓端木，名国瑚，字子彝，登甲榜，青田人，太鹤其别号也。学问渊博，著作甚富，工诗文，有《周易葬指》等书，名噪一时。

与余家曾大父以文字交,最为莫逆,未阅数传,象贤不继,所遗著稿竟成覆瓿之物,岂孟子所谓"君子之泽,五世而斩"欤? 今日把卷,为之黯然。宵,阅《日报》。

二日戊午

朝阴,寒气逼人。夕,西风卷雾,颇有晴意。到馆。终日授经学课,抄《怡怡轩算草》。宵,陈云消散,繁星满天。衙役季锦暨柬房池闽先后□取胙肉票。宋子枢门人蓉侄过舍坐谈,至更深而去。是夜官僚□祭文帝,余携枬、桴两儿登西岘山阁伺候,天明始还。

三日己未　　晴

文昌诞日。八点钟,长妹携寓甥驾舟自丁田至,为今朝午刻大舅母陈氏孺人卜葬助执绋焉。家慈亲往送之,余亦随从送至丰湖而返。申刻,母子鼓棹归。宵,雨。李玉君表弟行设灵题主礼,邀余偕王夔拊、潘子璜、金炼百同任赞襄,事毕开筵,畅饮至十二点钟始散。是夜,大雨彻旦。

四日庚申　　惊蛰。雨

五点钟,偕玉君表弟乘舟至沙塘底,旋舍舟登东峹山,岭峻径仄,滑滑歌泥,足力几为之殆。已刻,下窆封圹。余代为祀土。下午二点钟,诸亲戚出东郭迎主归袝,余亦与焉。宵初,饮轿后酒,计九席,余代主人执壶,席散听乐人奏曲,至十二点钟而归。

五日辛酉　　晴

朝,到馆,授国文课。午刻,玉君表弟遣使招饮,往焉。族侄乃奴与杨桃老人有口舌之争,来诉,余使西北隅地保吴庆墀往为排解。宵,阅《日报》。

六日壬戌　　晴

六点钟,往族兄绳卿家,为其子乃□安床,以今宵有结褵之喜也。到馆,终日授修身课,出修身试验题。问:过有轻重,知与不知,其皆可改否? 问:父母与师,教育之恩,其均不可忘否? 访孙经畲公子,取来《日报》,奉赠月份牌一纸。宵初,□侄迎娶木宝□之女,为藜仙乙燃老伯之女孙,邀余同薛蓉渠剑波广文调谐花烛。我邑之俗,凡人家婚娶,无论亲族,必请两人夫妇齐眉,子息繁衍者,作为傧相,取其利市也,名之曰利市人。人以为荣,而我则为之辱焉。饮佳期酒,至十点钟始散筵。

七日癸亥　　阴

到馆,终日授经学课,改课卷。宵初,往族兄绳卿家饮人情酒,九点钟席散,冒雨而归。宋子枢门人来舍夜读。

八日甲子　　晴

到馆,终日授历史课,出经学试验题。问:齐鲁两国也,陈恒弑君而孔子请讨,何意? 问:三郤之见害,其自致之乎,抑人使之乎? 试言其故。即为改削。得郡中学堂震轩妹丈书,附示挽鲍川戴鲲南先生律诗。宵初,银蟾皎洁,虚白生庭,计不见月者二旬馀矣。逢此良夜,如对故人,爱之不释。蓉侄来告辞,谓明晨有晋郡之行,将入初级师范学校肄业也。谈顷去。与宋志侠门人研究算理,习演四题。

　　附震轩诗　挽亲翁戴鲲南先生

　　一夜文星暗,河乡失老成。秋轮迷旧梦,壬午秋闱,予与公同乘汽轮晋省,接席连茵,颇蒙照拂。社鼓咽悲声。公归神之夕,去元宵仅四日。病久医无术,时危气不平。公得气喘疾,遍延诸医,卒无成效。有缘悭面诀,何以慰交情。公寝疾数月,予屡思问候,卒以身羁校务,未获面□,遂至永诀。

　　我本迂疏者,承公赏识多。文章通沆瀣,儿女结丝萝。公第五公子,聘予第三女为室。未得陪樽酒,偏教续挽歌。黄垆如话旧,凄绝泪滂沱。

福命如公少,公年近古稀,堂开四世,河乡福人,首屈一指。传家况象贤。文通兼武达,斗曜更星躔。公有七嗣君,食饩游庠者五,馀亦文望斐然。稍毕向平愿,旋归兜率天。只惭薄柳质,景仰隔重泉。

天不慭遗老,骑鲸竟远之。缥缃传世业,道范失前师。许结忘年友,公长予十馀龄。偏乘后会期。扁舟空访戴,怕唱鲍家诗。公居四都鲍田,离予村仅六七里,而今已矣,无由再访公矣。

九日乙丑　　晴

到馆,朝授国文,夕授修身。作覆震轩妹丈书,改课卷。宵初,家慈自玉君表弟处归。同宋志侠门人研究算理,演成三题。

覆震轩　昨日午后,辱惠华翰,附示琅章,捧读之馀,爽我眉宇,一似空山茅屋,忽闻磬音,快甚快甚! 兄迩来任郡中学教务,颇畅心机,出谷迁乔,别开一界,加以群贤□聚,相得为欢,每届公馀,唱酬寄兴,此乐更为可羡。弟自憾为家累所羁,不能出外,青毡困守,故我依然,二者之间,相隔不啻天渊也。陈氏大舅母,于本月初三日卜葬东岙山,舍妹携寓甥买舟来城随众执绋,朝至夕返,妹之拨冗往送,特代兄一行耳。《神州日报》二束,即日亲交带归。至《月月小说》,间一日,因玉君处送点心之便,托伊价琅弟带至尊处,想寓甥已收存矣。《国粹》诸报均未到。戴鲲南先生已作古,老成凋谢,闻之怃然,承谕托作烛奴一件,刻向余文一纸铺订制,俟数日后,尊纪来取可也。肃此覆上,顺颂讲安。

十日丙寅　　晴

远望郭外,诸山隐隐,在麹尘中,如隔薄罗,若远若近,春气蓬勃,暖意恰到二分矣。到馆,朝课诸生温积熟。夕出文题。《书阿林斯传后》、《王旦自悔不谏天书论》、《伊尹放太甲,而人不议其非,试明其故》。抄《怡怡轩算草》。宵初,月光如水,十分皎洁。往李玉君表弟家一谈。归与宋志侠门人说修身课本。

十一日丁卯

朝晴。休息,不到馆。往毅武女校授甲班地理,乙班历史。午刻,福润局送到《日报》,正月廿四日起,至二月初七日止,计十四日。孙季芃送来第三年《国粹学报》第十二册。阅报。宵,与宋子枢门人解说修身课本,至礼让课,叙及刘熙载为国子祭酒。国学故事,伴读生以次出补吏云云。考元代国学生,有正录、伴读之别,其肄业者每岁考察优劣,视以分数为准,积分多者为高等生员,得试贡;分多阙少,则以坐斋日月先后多少为定。近今学堂规例,无论大小,有正录、预备两科,每届年终试验,分数合格者,准给文凭,许以毕业。中学则拔为廪增附;省学则升为举贡;京师大学则升为进士,即所谓得试贡也。如不及格者,只给修业文凭,或留堂修业,或在家自修,即所谓坐斋也。按之学校章程,元代已然,今固沿其旧也。至唐,以国子、太学、广文、四门、律、书,六学为六馆。考《唐书·何蕃传》有六馆之士语,如今之留学日本,肄习诸科学者,毕业回国,按科廷试,习医科则为医科举人,习农科则为农科博士,习法政则为法政科进士,最优者为贡士,次者为举人,又次者为五贡,馀科皆如此选,所谓六馆之士,殆近是欤?

十二日戊辰　　雨

到馆。朝授修身课。午刻,写仲春祭关帝祝文。夕,授舆地课,兼算学,抄《怡怡轩算草》。暮,雨止。宵初,李丽生妹丈来谈。与宋子枢研究算理,得二式。是夜,备豆品,遣梣儿往首坦关圣庙伺候官僚公祭武帝,心绪未安,辗转不寐,挑灯写仲春祭文昌颁胙肉票,至天明。

十三日己巳 雨

到馆,终日授经学课,出修身试验题。问:人以恩怨为是非,其弊何在?问:人勤于沐浴,有何见益? 并为笔削。宵,与宋子枢门人研究算理。

十四日庚午 阴

到馆,终日授历史课,写仲春祭文昌祝文。宵,阅《日报》。是夜五鼓,官僚公祭文昌帝,备豆品,遣枬、枬两儿,登岘山阁候祭。

十五日辛未 阴

到馆,终日授国文课,出经学试验题。问:子羔、仲由均食孔氏之禄,一赴难,一不赴难,其是非如何? 问:齐杀国佐,其果有可杀之罪否? 即为改审。过孙经畬处,购来《吴长庆伯集》一册。

十六日壬申 阴

遣枬儿从邵奴司务学缝纫之业。到馆,朝授修身课。午刻,过惜字局,见案头有《石门山房诗录》残本,系端木先生家物,袖归。闻此期古书甚伙,余不及往收,竟付一炬,惜哉! 丁田张震轩妹丈遣价赠余刘次饶绍宽明经《东瀛游学记》一册。夕,授地理课,出信札试验题,抄《怡怡轩算草》,改课卷。季妹携藻甥暨银荷二甥女来归宁。宵雨,前垟村人王金鳌来,伊子前夜,往申明里,过周汝浏家,冒挑园泥,为其家人所获,凭保认罚,所费颇昂,以余与周定有情谊,诉余欲求末减也。即遣桐昌邀地保曹玉昌来,向周关说,未知俯允否耶。

十七日癸酉 雨,天气严寒,不减冬日

到馆,终日授经学课,出历史试验题。问:王安石之新法均可取否? 而司马光诸贤竟为反对,何意? 改课卷。宵初,西南风极大,颇有雪意。与宋子枢门人解说乡土史。夜半天降微雪,天曙即止。

十八日甲戌 晴

到馆,终日授历史,并课信札。孙延锦、李庆浏为昨日感风不

至。抄《怡怡轩算草》。为王玉卿所收四十三都忽遭更换，受其暗嘱，即向库房薛松如讨情，坚执不允，且诉以旧憾云云。余□如何不过尽友之情而已。闻李彬臣表兄近患痰喘。薄暮，往其家问疾，坐谈甚久归。与子枢门人研究算理，得悟四题。

十九日乙亥　　春分。晴

朝，到馆课国文，出经学试验题。问：祁奚举雠荐子，论其公私之所在。孙幼轩、李庆浏仍不至。抄《怡怡轩算草》。夕，不赴馆。宵初，补设拱瑞山福首酒，赴饮者董升三、韩郁庭、范步星昆仲，在福计四人，而赵羽仪、李丽生则陪饮也。假来西北小学风琴一具，与宋子枢研揣声律至三鼓。憾余平素不谙音律，侧耳听之，终觉隔膜。是夜月色大佳。

二十日丙子　　晴阴不定，有时作数点雨

天早，李庆星舅送友樵字来，谓近有要事，火速到舍待商云云。心甚狐疑，岂桿儿在行不守规矩？欲有所诉以祛之耶？急往其家一询，得其来历，近以裕泉鱼行积年拖欠甚巨，逐日到期，无从偿抵，醉石内弟已于十五日侧身远扬。闻其在温，前日函来，取鸦片数碗去。今竟未来，且各债主，以管理不在，逐来探讨，进退两难，恐不易完全。余陡闻此言，直如隔世。醉石平素谨慎，何至托大如此？随访叶云村袂兄一探近状，竟非虚也。谈次即告辞，然余对此事，返躬自问，颇深前车之戒。到馆。朝，课诸生温积熟。午刻，张震轩妹丈来，留午餐，同往广明社处一谈。夕，仍到塾出文题。《魏绛不恕扬干乱行之罪论》。抄《怡怡轩算草》已完。宵，往岳母家，与家梅仙、叶云村商议裕泉欠款，设完全、破坏二策，两觉棘手，坐谈久之，相与垂头丧气而返。

廿一日丁丑　　晴

不赴馆。朝，往毅武女校任教。九点钟，授甲班国文，十点授乙

班地理。夕,录近作。宵,往岳母家,问讯近日各债主有无发动,谓诸家虽届期限,尚觉安静。余心稍舒,至三鼓而返。

廿二日戊寅　　晴,天气温暖

到馆,曾昭仁乞假。朝,授修身。午刻仲妹辞归。夕,授地理。宵,过岳母处,问讯近日情状,仍无头绪。昨日往女校授甲班国文一课,中论月球真体,借日而光,朔望盈亏,各有定数云云。因仓猝任教,未获预备,只按图谱略为解说,然理未明透,心犹耿耿也。兹阅天文地球图说,颇得其详,爰节录二则,断以己意,以备考核。

月体一球也。借日而光,返照地面。日道在外,月道在内。月之真体,一半明,一半暗,而明面互有盈亏之别,盖月本无光,得日而生亮。日天居上,月天居下,日之照月,恒照其向日之半体。朔日之日月同一经度,月正当日轮之下,上半体向日,下体背日,人在地上,独见其背日之下半体,而不能见其受光之上半体,故每遇朔日,视月全无光也。至初三四,月向日之面少向地,则视如蛾眉。至初七八,月向日之面半向地,则视如半轮。至十五,月向日之面全向地,而圆轮毕现,人目所共见也。过望以后,逐日渐亏,以至于晦复朔,仍不见光,其理与上同已。

月轮之行,必以太阳为主,其在黄道旋行,只南北各出入五度。四时皆随太阳运行,此阴必从阳之理,朔后月光渐长,望后月光渐消,逐日消长不同,盖月轮每日自西而东,约行十三度,朔日以后,每日月轮离日轮亦十三度,凡是朔日,日轮西落,入于地平,斯时月在日之东十三度,计其入地平,皆须迟三刻,次日又离十三度,又长三刻。以后各日俱然,以至于望,而日月两轮,乃东西上下正对,而月光圆满,望后月自西移,又渐次近日,以至合朔。统计朔日以后,每日进三刻,五日为一候,每一候之中,另多一刻,三候为一节气,共当四十八刻,月光始圆。是故行夏令之时,有十六日而望,望后每日,月轮退行三刻,亦如前进之数。欲知每日月轮生光之多寡,可即此而证之已。

廿三日己卯

晨闻雷,小雨,旋晴,气温。到馆终日授经学课,出修身试验题。问:人之好恶,贵得其公,今之人多涉于偏,何故? 问:居住清洁,有何益处? 随改随发。午后,往广明社,代李乃文、涣文、鲍澍熄购来《普通尺牍》教本,计三部。孙季芃过馆访余,不值。曾昭仁有事乞假。福润局送到《日报》,自初八日至十八日止。薄暮,雷雨。宵初,往岳母家探问消息,仍无把握。廿四都潘岱村人黄兆庚培良来谓:"已代借银款甚巨,债家均与余为难,李家此局不定,余亦无家可归也。"闻之黯然,坐谈至夜半。

廿四日庚辰　　朝阴如暝,夕始放晴

到馆,终日授历史课。周眉仙邀余拟题数科,转寄夏君家鼎。问:学问本与功名两事也,而实则一,孔子曰:"言寡尤,行寡悔,禄在其中。"斯言足信,何今之求学者,先存利禄之见,是求学非出于本心,特迫于求禄耳。古之圣贤,岂若此乎? 试广其说。午后,孙君仲闿过馆,谈顷去。薄暮,馆东以裕泉近将倒闭,问予真假,意欲为醉石内弟周旋也。余甚感激。宵初,访曾君定甫,茶话间,责醉石所为太不近情,且谓自今以后,不论亲疏,银项交接,宜取以节,当援裕泉以为鉴。余乃丧气而返。更深,叶云村邀余访桐轩,托伊代为调处,竟允余托,然须汇清欠数,又须本人返东,乃可设法也。坐话久之,始各别。

廿五日辛巳　　晴

到馆,终日授国文,出经学试验题。问:子贡讥鲁哀公之诔孔子,何故? 问:穆叔不答肆夏之奏,何故? 夕,曾昭仁乞假不至。潘逸斋门人过

访,出近作家谱序跋邀余改正,辞以一字无可易还之,坐谈良久。宵初,往岳母家,酌议近日欠项甚巨,作何调排? 遇□步进至,坐话颇有激切之语,友樵内弟汇录各债主清单,计四十九家,欠款共一万五千有奇,其中票名有非出本人者,欲访孙桐轩主政,因夜将半,不果往,转过叶云村家,与其兄耕经暨步进团坐清谈,并咎醉石为人,不量力而行,丛积厥躬,息肩无自,左支右绌,只唤奈何? 我辈无能,徒嗟袖手,及归荒鸡唱曙矣。

廿六日壬午　　晴

到馆,朝授修身课。许秬村表兄来,探裕泉鱼行倒闭消息。近午,叶云村过馆,袖醉石各欠项清单,托交孙桐轩君代为调处。夕,授地理,出信札课。《约友人上巳往某家花园看牡丹书》。改文课。宵,改宋子枢卷,研究算学,得四题。

廿七日癸未　　晴

到馆,终日授经学课,出历史试验题。问:伊凡为君,暴虐之酷,其与我国之商纣有相同否? 问:金之兴属于何种何地? 其创业何人? 并为明之。改课卷。季妹携甥藻文、甥女银娇、荷娇归。俗礼甥初来,外家必以牛羊相赠遗,余家亦举此礼,盖未能免俗也。薄暮,与馆东孙桐轩君商议裕泉欠款,孙君谓醉石内弟负欠甚巨,大约作一万二千计,以平均对折之数列之,作为六千,一半作会,一半作成数拨还。且作会之款,负数百元以上者在一千会之列,负一二百元或四五十元者,在五百会之列。行面仍旧,当核其账底,并一年生意进出寡多之数而预算之,或四成或二成均可,然须俟醉石至,方好调排,洵如今之私议,幸而告成,彼此可无大失也。余拍掌称是,辞别而归。宵初,过岳母家,告以孙君之言,嘱伊是否作速安排,坐顷而返。与宋子枢门人研究算数,得三解。

廿八日甲申　晴

到馆,终日授历史课。宵,过岳母家小坐。与宋子枢门人研究算理,得二解。

廿九日乙酉　雨

到馆,朝授国文柳子厚《桐叶封弟辨》,出地理试验题。问:日本地形之大小若何? 问:日本民数多少,其性质若何? 问:明治维新有何可观之政? 问:轩利第四为人若何? 至其被刺原因何在? 并为明之。夕,解说国文,兼授算数。薄暮,叶云村过馆,谓许秬村、李潄梅、洪小湘诸君出为调停,与友樵直接酌有定局,我等可作局外闲人,然前日孙桐轩君嘱余二人并力运动,渠甘代庖,今转托潄公,恐负盛情,并拂其意,须先达一言,以免贻为口实也。遂向孙君说明,幸无别说。宵,同宋子枢门人研究算理,得四解。

三　月

朔日丙戌　阴

到馆,朝课诸生温积熟。夕,出文题。《寒食日集云山上冢记》、《上巳日招同人在锦湖亭燕集记》。阅《吴兴伯集》。丁田步连来,作书覆寓甥。宵,与宋子枢门人解说乡土史。

> 寓甥青览:卓午,步连来,接阅来札,备悉清明节近,循俗迎神,定有一番热闹,届日甥当与宬、𪋤两弟,同至城中一游。纸面具自为定购,无须过虑,茶叶等件前托二姨娘采买,且俟清明、谷雨先后可也。桐茶余自购采,代为致意汝母,以便放心也。菊花盆已购就送上,价甚昂,计洋五角五分。甥近日读书有进步否? 先生恒在馆否? 宬、𪋤两甥均受拘束否? 前日附来

戚所习之格行字及花样各一纸,用笔颇清楚可喜。甥辈肯极力用心,不思懒惰,当此幼年,努力前途,是所厚望。

二日丁亥 　　阴,细雨蒙蒙

晨起,闻比邻周晓秋之大母许太宜人于寅刻仙逝,年臻八旬有二,于余为祖母辈也。巳刻,往毅武女校任教,头堂授甲班国文、丙班拼字,二堂出甲班文题。《清明日踏青记》。丙班检课。夕,到馆补授修身课,改卷。宵,往岳母家一谈。

三日戊子 　　阴,有雾,日暂见

祖母生辰。晨起,改女校课,代伍襄群拟八言楹语,以盛昌二字为冠:"盛德日新,如天之福;昌期星应,其道大光。"到馆,朝授修身,夕授地理,改文课散卷。薄暮,放清明节假。宵,阅《归震川集》序记类。

四日己丑 　　大雾,细雨如丝。寒食

巳刻,同族长成良公、增楠、蕭奴、沛旸登集云山,谒始祖暨二世祖、五世祖诸墓。申刻,始下山作记一篇。大日族人熏婥来谈。阅《日报》。宵,在成良公家饮上坛酒。席散,众人谓余上年结讼赔垫之款,须筹款偿还,奈今无的款,凭众公议,准于三十六年众产拨抵一切。毓卿竟谓余上年出贡,既拔一年,廪贡本在捐例,拔去已获赢馀,且补廪曾拔两年,亦太自厚,如此议定,决不承认。复以恶言相触,中心愤激,遂起口舌之戒。

　　寒食日登集云山扫墓记

　　出北门二三里,佳气郁葱,挺然森耸者集云山也。山场甚广,邑之远近者,胥卜葬焉。我族之祖山,别名炮涂坦,为集云之母山,上坛为宋二世祖乡贤颐叔公墓,其次附厝而稍侧左方者为中夫公,次直接者为任道公、复道公,又次为本公,他若左右四旁丛厝附葬,列有碑碣,皆阖族远代之祖先也。自宋而元

而明，以至于今，历易四朝，班班可考，则知先德流泽，永永弗替，诚有与此山俱传者。矧我乡贤公，生于前宋，为乾道丙戌年进士，任玉山县尹，政绩卓著。少从陈文节公游，崇经稽古，早入堂奥，东嘉理学，薪火相传，故其一行作吏，宣布善政，未始非得平日治经之力也。族中规例，每岁于寒食日展墓，违则有罚。是年三月初四，适届此节，循例上山展谒，值祭者族长成良，随行者余偕增楠、鼎奴、沛旸共四人。是日也，积雨初歇，天低如幕，绿沉径筱，红醉篱桃。同人并肩而行，不先不后，迷漫春雾，滃滃生阴，冲冒来前，隐约四围高低，几无以辨，村路甫尽，旋而登山，陟巘愈高，云气愈重，又复新泥滑滑，足力颇孱，未几越数岭，曲抵祖垄，扫地陈祭，苹藻荐芬，彷佛山灵相迎，而受我之揖者。事毕，诸人坐石小憩而相谓曰："前者邑之陈某为葬亲故，贪我吉壤，盗我祖墓，举族鸣官，构讼十有一载。独怪官吏避重，不以大辟置陈，惟以起迁定谳，祖冤未雪，案仍虚悬。然而得免他族之实偪处此者，不犹不幸中之幸乎？"余答之曰："往事已矣！缺陷固不可弥，凡我同族之人，但愿此后毋忘数典，勿起参商，承馀荫于先人，祀春秋而非懈，守非种必锄之训，永孝子不匮之思，则历数十百年，土壤依然，宗风勿坏，岂非尽我孙子之责乎？岂非表我孙子之情乎？不然，旷疏祀典，启异族之侵凌，殷鉴不远，不尤可惧欤？"诸人唯唯。久之，日向夕，雾淞加密，湿衣欲透，不能久停，转寻旧径，相与偕返。深宵默坐，因有感于所言，爰泚笔以记之。

五日庚寅　清明节。朝晦，大雷雨

铜乾浩干叔、瑞琳兄过访，坐谈半日。近午，张震轩妹丈携甯甥至。午刻大宗祠设祭，值办者漱芳叔。余因昨宵与毓卿龃龉，且为所欺,胸愤未平,誓不到祠。族长暨各房伯叔亲造劝予,并谓为一人不睦,遂忘祖先,岂读书者之所为乎?爰循众意,不得已整衣冠出门,到祠与祭。是日乡村族人来赴席甚众,例设三席,坐少而人众,余故相让不与饮而归。申后,轩兄返棹。宵,与宋子枢门人挑灯研究算理,得三解。

六日辛卯 天旱少雨,旋阴

终日录近作,钉汇报中《妒海》小说。福润局送到《日报》,自十九日起至廿九日止,计十一幅。宵,宋子枢门人不来,挑灯独坐,细究算数,得二解。

七日壬辰 阴,旋晴

晨,宋子枢门人来,颇形悻悻之色,询之,谓被后母虐待,大相龃龉。余慰之再三,并引古人之善事异母者以为之劝。子枢默然。渠又恐其母家来与其父为难,遂代邀余君味兰出为排解。余盖与宋家比邻者也。午刻,城隍神出巡,因连日阴雨不定,至今日始出巡也。夕,演解算理,得二式。宵,与寓甥在灯幔下闲步。

八日癸巳

朝阴。校点《东嘉文征》卷十九、二十、二十一。午刻,放晴。往项鹤庚家饮福首酒。席散,遂访郑一山,同行游玩。循途到广明社,与孙经畲公子晤谈,谓本年《国粹学报》大祝册寄到,刻交协兴信局转递矣。复往城隍行宫观剧,日晚还家。因报未送到,往询局人,据说中途为叶奇颀取去,心甚憾之。然与叶有师弟情谊,只得婉词托局,急为取还,免致污损。宵初,始递到。此期书报插画计五十馀页,翻阅之下,古香古色,爱不释手。

九日甲午 晴

早起,偕友樵访许秬村表兄,谓欠项事体急不及待,邀渠代为转圊，犹以醉石未来，难为之决为答，谈顷而出。校《东嘉文征》卷二十二。往瑞发苎店看迎神。午刻，城隍神巡街，至第二巷，里社诸人设牲醴，邀余整衣冠主祭。申刻，受友樵之嘱，访蒋君中笙，转过同丰南货店，谈至日暮而返。宵初，孙季芃遣使来取《东嘉文征》，函言行期在迩，检点书籍归藏邺架。答以录未毕工，再以告宽为托。黄启元门人来相与研究数理，得三式。二鼓后，往岳母家探问排款如何，仍无把握。

十日乙未　　　天早晴旋阴，作数点雨

终日校点《东嘉文征》卷二十三四五六。午刻，铜乾族兄立熙弟立标过访，留午餐，谈久辞去。申刻，伍翼如来取粮米，以客岁未纳，折净燥谷二百二十八斤偿之。时遭骤雨，少坐倾谈，雨止遂去。续叩门，家鉴庭老伯来访，索余五十寿章，受其嘱者，计二十馀稔矣。今届古稀，犹未报命，赧颜甚矣。然学业日荒，操笔非易，奈何？宵，挑灯覆校《文征》，因过客不时造访，恐疏漏之甚，故加意勘之。

十一日丙申　　　晴

校点《东嘉文征》卷二十七、二十八、二十九、三十。宵，同寓甥、桐儿、槗儿往灯幔下散步。

十二日丁酉　　　晴，天气温暖

朝，访孙季芃门人，先袖还《东嘉文征》三册。谈次，余观书厨二十馀号依次排列，甚为齐整，随手开览，半属明刻本，及书局刊本，至末一厨，均近数年新书，见有《浙江潮》十馀册，余自言家藏只六本，惜亏缺不全。季芃则曰："幸中间馀有数册，可否凑合，似未可知。"余抽而阅之，得八、九、十册，并赠余《日本兴学之经验》一册。近午始归。夕，往赵羽仪妹丈家一谈。宵，录近作。是夜有雨。

十三日戊戌　　　天早雨，旋阴

借内子英蚨五翼，向桂琳表弟兑钱一千一百文，买办明朝祭先

农牲醴。过西北小学，遇金君炼百。归写祀先农祝文，并颁胙肉票。午后，携英蚨三翼，访曾定甫先生，交缴前月柴项，谈顷而返。偕寓甥往小沙堤城隍行宫观剧。曾永锦门人亦至。薄暮，过赵妹丈家，访唐君叔玉，遇胡仲谦先生、唐榆村君。宵初，冒雨同伍襄群仍往观剧，是夜雨甚。

十四日己亥　天早雨

嘱田坤郎备牲醴。同枬、栲两儿往东门外神农庙伺候官僚致祭先农，即《礼·月令》所云"祈谷于上帝"，行"三推"之典也。到馆授经学课。午刻，赵羽仪妹丈过访，谓王玉卿前收之四十三都，曾与余稍有干涉，近已为薛松如所夺，转归凌三收管。客冬凌某与唐叔玉孝廉为难，虽揭去廿四都图册，而积憾未平，幸有本都之徐□□萱荫茂才，愿出名指控凌某，而玉卿凭空遭夺，情亦可怜，意欲邀二三同志，联名具控，得所藉手，诚未可知，然可以泄余关说不允之愤也。即往访玉卿，说明来由，彼虽应允，犹不免首鼠两端也。宵，往唐叔玉大令处一谈。

十五日庚子　雨天

早，郑一山来邀余，代改管竹君五秩寿联，成八言四句："两世簪缨，耕云清德；五旬弧算，佳日中秋。"到馆，终日授历史课，并算数。夕，鲍澍熜上山扫墓，不至。宵，校点《东嘉文征》卷三十一、三十二、三十三。

十六日辛丑　雨

到馆，终日授国文。薄暮，云收雨止，觉有晴意。宵初，郑一山来，为桐儿、寓甥写字影二纸，并代余签题文存，计十册。校点《东嘉文征》卷三十四、三十五、三十六。

十七日壬寅　阴

早晨，高峇陈上量叔来，袖英蚨三翼，作本年纳赋之资。朝，到馆授修身课。夕,在家校点《东嘉文征》卷三十七、三十八、三十九,继之以烛。宵,散净积云,明悬镜月。宋子枢门人来读,计旷课者有十有一日矣。

十八日癸卯　　晴

城隍神清迎,不到馆。陈上量叔购货而归。校点《东嘉文征》四十、四十一、四十二、四十三,计四卷。福润局送到《日报》,自三月初一起至十四日止。薄暮,袖英蛱一翼,往赵羽仪妹丈家,托为代购本山春莸,谈顷而归。宵,过岳母家一谈。

十九日甲辰　　朝雨夕阴

终日到馆,授历史课。午刻,张震轩妹丈来。申刻,携寓儿去。宵初,携桐、檾两儿在灯幔下散步,遇周眉仙君,雨丝细袅,遂返。是日,校点《东嘉文征》自晨至夜共三卷。

二十日乙巳　　阴,谷雨

到馆,终日授国文课,校点《东嘉文征》卷四十四、四十五、四十六。宵,阅《日报》。

廿一日丙午　　雨

到馆,朝课诸生温积熟,夕出文课。《驳论泥人之戏》。校《东嘉文征》四十七、四十八、四十九、五十,毕工。此书总六十卷,因倩人分钞,未能顺序,又以连年为馆政所羁,不获逐本手校,故卷数参差,原书假自孙季芇门人处,忆丙至戊,已三稔矣。今日始得完卷,亦藏书家之一快也。宵,往岳母家一谈。

廿二日丁未　　晴

朝,往毅武女学校授甲班地理、乙班国文。午刻,比邻周母许太宜人三七之期,其壻项月昕茂才值祭,邀余作赞襄,留饮。席散,备牲醴,携枡、桐两儿登集云山扫墓,日晚始归。途中遇孙公权门人、陈鲁夫、家树斋。宵,携桐、樯、榆三儿,往灯幔下游玩,至三鼓。

廿三日戊申 晴

朝,到馆授修身课。午刻,李友樵内弟来,谓已约蒋中笙丈代往各债主处安排欠项,须邀余偕行,允之。造庐访之,不值。遂袖《东嘉文征》访孙季芃还之。任松岑、叶茭汀暨其侄公权,亦陆续而至。季芃出甲岁游日本纪游诗相示,笔意古雅,酷似鲍、谢,睠怀祖国,寄托遥深,以我所作,相与比例,不啻天渊。语云"青出于蓝",殆不虚欤!宵初,过岳母家小坐,转往城隍行宫观剧。

廿四日己酉 晴

朝,到馆授经学课,出修身试验题。问:恩使人易忘,怨竟使人不解,二者之间,何不公乃尔?试明其故。问:勉强与自然有何分别?午后,为受友樵内弟之嘱,访蒋君中笙,同往访王尊臣不遇,转往王小泉先生处,出家产清单相示,小泉谓醉石欠此巨款,不易抵偿,须先作二成,以安众心,否则,恐不济事,以余论之,先定成款,以好进言也。蒋君颇信其言,坐谈久之始出。遂往友樵处言之云云。且谓此事未易了也。宵初,城隍神游幕,携枬、樯、榆三儿往观之,转往小沙堤观剧至三鼓。

廿五日庚戌 阴雨,天气极寒

终日到馆授历史课。闻孙籀顾先生陡中风寒,得恙极危。余心彷徨不已,先生为吾郡学界第一人,远近瞻仰,文名甚噪。客岁黄提学中弢绍箕先生遽归道山,已折邑中梁栋,倘不幸又弱一个,其奈之何?宵初,潘子璜遣人来邀,为姜文初不胜教员之任,且有违规例,同到者吴伯屏、周晓秋、姜岳仙也。张君肖维,因孙姓占及义渡公地,亦来聚谈,至三鼓始各辞归。

廿六日辛亥 阴

到馆,终日授国史课,出经学试验题。问:子西楚贤而智者也,不信叶公之言而召胜,卒至国乱身亡,智者果如是乎?试明其故。问:晋侯以乐赐魏绛,其合礼否?薄暮,叶云村过馆,为裕泉欠款渐有头绪,邀余向馆东桐轩君致意一声,勉措一成五偿还,桐轩口虽应允而心则未平也。谈顷,冒雨而归。宵,过岳母家小坐,转往小沙堤城隍行宫观剧。

廿七日壬子　　阴雨,酷寒,如近隆冬

到馆。朝授修身;夕授地理,出信札题。《戒同学旷课书》。诸卷颇合体格,随改随发。薄暮,友樵内弟邀余访蒋中笙丈,订以明日往各债家致意一声,照一成五议,劝其全此美举也。宵,同宋子枢门人研究算数,得二解。

廿八日癸丑　　阴,酷寒

朝,到馆授经学课,出历史试验题。问:北宋之亡,徽、钦被掳,其原因何在?问:的文之刺路易十五,其虚实何如?试明其意之所在。随改随发。午刻,为王星垣抚辰先生初叙万寿宫福,到集真观叙饮,计一十六人,郑一山、方晓畦、项声玉均在列。夕,受友樵内弟之托,同蒋仲笙丈访王小泉先生,遇洪君筱湘,谓裕泉欠款暂议以一成半交还,邀余到诸君通知说情,王、洪二君心许之矣。至王萼臣处,晤谈之间,言颇激烈。过丰记,访戴碎姆不值。宵,至岳母家,说明各债主允否之近况。

廿九日甲寅　　阴

朝,到馆授历史课。夕,为裕泉欠款,同蒋中笙访胡君醉茗,仅允交息,展期换券,他无所言也。转访杨君志龄,直谓醉石任意倒闭,存心大觉不良,如此行为,断难应允,坐谈久之。过方滋生染坊,访其主人不值。又往淳生钱庄,谓所该之款,数计四百,然均非与余干涉者,其二百元系本正借去,概归沈量,又二百惟归赵梧孙取去,与裕泉有风马牛不相及者。余与蒋君陡闻斯言,遂默然而返。是日

早辰,成许太宜人挽联。宵初,邀郑君一山书之。

　　荣叨翟茀,人奉为女礼宗,历八十二年,守郝氏遗风,懿德与英皇合传;末附葭莩,我亦在诸孙列,先上巳一日,悲太君下世,诘朝感大母生辰。

四　月

朔日乙卯

　　朝雨。到馆授国文课,出地理试验题。问:台湾今昔之所属,其气候又如何? 问:印度支那半岛之气如何,有何国附居于此,并为明之。问:太子疾杀浑良夫,其公乎,抑私乎? 而卫侯允其请,其真心否欤? 夕,气稍温暖,天有晴意。往馆,孙篯宾门人私改积分,一时愤怒,不禁拍案大骂,乃父恐余盛怒有加无已,转启他变,遂上楼相揖告罪。余颇悔之,然事既猝发,如驷舌之不及追也。此后须力戒暴气为要。改文课。宵初,往岳母家,始知本日李漱梅、王竹君、蒋仲笙三君,因余前日往各债主处订定,以一成五先行交款,其已承允者,备知单向各家通知,署一"知"字。余则再行设法矣。诸君订约今宵叙议,至三鼓竟爽约不至,与叶云村坐谈良久而归。闻子琳表弟于戌刻作古,陡获凶音,因夜已深,不敢过问,但探其致疾之原因,以客秋天旱,往汲井水,与悟真寺园丁相争,时园佣在园锄草,愤其辱骂,以锄柄直撞胸膛,致令内伤,今春大发,遂至不起。噫! 忍之一字,终身行之,固有馀矣。李君不忍,遂丧其身,可畏也,亦可哀也!

二日丙辰

　　朝雨。到馆课诸生温积熟。夕阴,到馆出文课题。《太子疾以三罪杀浑良夫论》、《石乞不言白公死所论》、《靡收二国之烬以灭浞论》。申后,章槑士先生遣人折柬来邀，大概为李稚菊诸昆弟愤兄致死，大与寺僧为难，以余至亲，欲相托从中调停也。订以晚间准到。暮，雨。宵初，为李家事出门，访郑君一山，叩其扉未启，瞥见姜姓祖屋临街右厢之楼窗外，馀火一片，恍若炉中榾柮煨之有未烬者。转眼望之，稍觉缩小，顷之火星迸起，余心颇疑烟囱中之灰煤为火所延，遂就近察之，光所飞处，但见红球一颗，直冲而上，其形椭圆，其光明亮，直同鸢灯之随风飘泊。谛目而观，若远若近，久之从东而下，为屋檐所隔，不见而返。途中遇修发匠名庆全者，余述所见，彼则曰其火球乎？闻之颇信，盖余家昨夜遗火于字纸篓中，幸早知觉，不至焚如。得庆全之言，遂回家告戒一番，而出往悟真寺，与同人约议洋款借奠仪名目，以安李姓之心。未成议。稚菊暨其嫂与弟穿凶服又来滋闹，其势甚猛，并责章槑士、余味兰二君包庇僧徒，横行乡里，其不堪入耳之言，殊难罄述。余君潜身避去，章君亦欲匿迹，予强留之，续又邀王君夔拊来劝稚菊，诸人先归，约其成否，以今夜为限，否则任子鸣公也。于是邀请胡鲁芗、苏来卿、李彬臣同议，向僧众勉筹三十五数，约二十日交缴，立券画押，始寝其事。归家就枕，东方渐白矣。是夜，大雨彻旦。

三日丁巳　　晴

朝，往毅武女校授甲班国文、乙班地理。午刻，过丽生妹丈家，述昨宵所遇甚奇，渠云如子之言，不类火球，或者邪神过往，为人识破，因是避去，未可知也。适鲍澍熄门人至，语及对门金家少妇，昨晚忽患痰症，甚为危殆，至今不言不语，沉睡未醒，死生莫卜，甚可惧也。余闻其言，始悟所见，适当金妇之闺窗，丽生邪神之说，殆应之欤？申刻，往黄大昌布庄，剪来轴料五尺，嘱内子以线钉上联语，即送邻舍周家也。戌刻，子琳表弟入殓，携儿辈偕往送之。玉君留余晚餐。

四日戊午　　晴

朝,到馆授修身课。夕,以本晚迎灯,不赴馆。宵,携桐、樯两儿,往季妹家看城隍神回宫,至三鼓始归。

五日己未　　晴

不到馆。阅《日报》。宵,身觉畏寒,伏枕颇早。

六日庚申　　晴

身子不适,勉强到馆。终日授历史课,并算数。成春燕七言四律。近午,叶云村过馆,为裕泉欠款,袖知单,邀余同向馆东一订,竟获许可。广明社送到《国粹丛编》第九册。申后,身体发热,中心焦燥,即散学。因前日受友樵之托,顺途过方滋生染坊,代裕泉说情,孰知方无该款,而移甲作乙,虚实倒置,实由银伢李安银也。余遂默然辞归。宵初,身热异常,精神备倦殆甚,终夜呻吟,苦难言状。是夜,邀李稚菊表弟来诊,谓伤风甚轻,而失力颇重,然自今须投散风之药,以清其源也。方列后:淡香豉一钱,白菊花一钱,忍冬藤二钱,生杷叶八分,炒支子钱五分,石决明钱五分,肥知母一钱,白桔梗四分,天花粉一钱,土杏仁二钱,生甘草二分。

七日辛酉　　晴。立夏

身热勃发,口常焦渴,辗转枕褥,不堪终日,邀李稚菊表弟诊脉,谓伤风未散净也。曾定甫先生送鲥鱼来。福润局送到《日报》,自三月十五至廿九止。李玉君过舍问疾。是夜,寤寐甚觉难安。

八日壬戌　　晴

身热稍退,口尚焦渴,燥嗽旋起,倚枕颇嫌觉沉闷。申后,邀李稚菊表弟来诊,谓先治馀热,后可养肺也。方列后:白菊花一钱,白桔梗五分,炒栀皮钱五分,旱莲草三钱,石决明钱五分,肥知母一钱,淮牛膝钱五分,赤茯苓一钱,原白芍一钱,生甘草二分。宵,肺触作嗽,左胁隐觉沉痛,至夜四鼓,嗽愈甚,痰皆杂血,燃烛见之,心颇惊惶,起告慈母,恐平素性情最为卞急,肺气大有所伤也。

九日癸亥　　晴

身热渐消,精神犹倦,崇朝倚枕,时醒时眠。李稚菊表弟来诊脉,谓风已散净,须专顾润肺一边。川楝子钱五分,原白芍钱五分,石决明钱五分,大开冬一钱,丝瓜络壹钱,厚青皮三分,白桔梗三分,肥玉竹八分,旱莲草三钱,白菊花一钱,法半夏钱五,炙甘草二分。申后,宋志侠门人来问候,坐谈至暮。宵,身复患热,母氏担忧,即邀稚菊一诊,略谓神未复元,因坐太久以致于此,药味毋劳再进,竟一夜静养之功,无他虑也。是夜,作嗽颇剧,倚榻呻吟,不能稳睡。

十日甲子　　雨

朝起,宿热已退,心为之喜。是日上午,母氏邀彬臣表兄来诊,谓病在心肺,须静养为佳。为拟方:炙枇杷叶一钱,石决明三钱,青木香五分,白桔梗八分,土杏仁一钱,侧柏炭一钱,法半夏一钱,忍冬藤三钱,全栝蒌钱五,加杭菊花七朵。稚菊亦来,诊方如下:川水莲二分,原白芍二钱,薏米仁钱五,马兜铃一钱,淡吴萸一分,其馀,石决明、肥知母一钱,法半夏、旱莲草、大开冬、白桔梗、生甘草,钱数与昨日无增减。明晨雩祭,余家承办,勉强握管,写分胙肉票,至午精神不支,嘱枬儿续写之暨祭章。夕,身倦殆甚,冷汗时出时收。孙季芃门人有山左之行。宵初,亲来告辞,余方发汗,不获握手晤别,殊抱歉心。

十一日乙丑　　雨

早晨雩祭,嘱枬、枟两儿备祭品,同田坤郎往神农殿伺候官僚。已刻,丁田张震轩妹丈偕吾妹与寓甥冒雨驾舟来,闻余抱恙,故过舍一问,始叹情关手足,不比他人也。是日,身热全退,精神甚倦,每一合眼,即流冷汗。邀李稚菊来诊,投以清肺之药,方列后:粉沙参乙钱,川黄柏乙钱,女贞子三钱,大开冬一钱,芡实子二钱,肥知母一钱,法半夏钱五,加元眼三枚引,原白芍钱五,石决明三钱,旱莲草三钱,真白薇钱五,炙甘草三分。蓉侄自郡寄来太仓吴簪臣所述数学课本,共四十二纸。申后,震轩夫妇二人及毓鹤返棹而归。是夜,睡眠甚稳。

十二日丙寅　　晴

嗽犹未平,痰中带血,而食量则渐充。李稚菊表弟来诊,谓须静养,方觉无虞,痰虽见血,非属虚损,特天时致之耳。拟方一纸:粉沙参钱五,女贞子三钱,肥知母钱五,原麦冬钱五,浮海石钱五,土杏仁三钱,炙甘草三分,制龟板二钱,石决明三钱,川黄柏一钱,栢子仁二钱,旱莲草三钱,真白薇二钱,加元眼五枚。李蕴斋表兄来询疾,坐话良久。宵,眠安稳。

十三日丁卯　　朝小雨,夕晴

曾二伯祖诞辰。嗽犹见血,而食颇觉有味。李稚菊来,代拟一方;正西洋五分,兔丝子钱五,血馀炭五分,生牡蛎二钱,生龟板二钱,黑元参一钱,原白芍钱五,原麦冬、土杏仁、柏子仁、女贞子、粉沙参、加元眼七枚,炙甘草钱数与昨方同。吴伯屏、伍襄群来问疾。宵,眠颇安。

十四日戊辰　　晴

先高王母罗太安人忌日。晨遣桐儿邀伍君襄群到舍,盖为前借李烈卿款,明日到期,近因遭疾,未为备齐,欲托伍君转达李君而告宽也。午刻,李稚菊来诊,拟一方以润肺:北沙参三钱,土杏仁二钱,制龟板三钱,灵兹石三分,真白薇二钱,芡实子二钱,黑地榆八分,原麦冬钱五,炙桑皮一钱,川断续钱五,淮牛膝一钱,炙甘草三分,加元眼七枚引。宵,眠尚安。

十五日己巳　　雨

气触作嗽,胁痛未消。终日阅《随园诗话》。却药不食。宵,眠较早。

十六日庚午 雨

精神略振,惟间时作嗽,痰血未净。终日阅《随园诗话》,以解闷怀。宵,郑峻卿老伯来,为李家妇女辱骂寺僧,托余致声,以免再兴口舌之戎也。辞以病,未出户。更深稚菊来,坐话颇久。

十七日辛未 晴

早晨,郑一山来问余疾,谈顷去。为嗽疾仍未愈,痰犹带血,邀李稚菊来诊,背拟一方:北沙参三钱,血馀炭五分,真白薇钱五,淮牛膝钱五,黑地榆八分,海螵蛸二钱,炙白前一钱,灵兹石三分,制龟板二钱,原麦冬钱五,生牡蛎钱五,土杏仁三钱,炙甘草三分,加元眼七枚。夕,始出门散步,足力颇屝,过季妹家小坐,转过仲妹家坐谈,至晡而返。宵,眠甚早。

十八日壬申 雨

余病已退,但作嗽左胁触痛,举步而脚无力耳。朝,比邻周晓秋为其祖母许太孺人开吊,余以姻戚,勉往拜之。过季妹家一坐。夕,阅《随园诗话》。宵,眠颇早。

十九日癸酉 晴

朝,往季妹家一坐。夕,阅《随园诗话》。宵,宋子枢始来夜读。

二十日甲戌 晴

稚菊寺款到期,往其家代邀同人,向寺僧一催,急为交缴,以告缓为辞。夕,无事,握管重叙四月二日夜笔记,大致无异,惟字句略有增损耳。宵,眠安适。

廿日再录 神鬼之设,余素不信。戊申四月二日,为中表李某与寺僧争闹一事,章霖士约余暨诸同人乘夜排解,以杜他虞。宵初,冒雨访郑一山君,叩其门未启,瞥见姜姓祖屋临街右厢之楼窗外,馀火一片,约三寸许,若炉中榍柮煨之有未烬者,转眼而望,渐觉缩小,顷之火星迸起,余犹疑其处为烟囱,急近视之,则光所飞处,惟见红球一颗,直冲而上,其形椭圆,直同鸢灯之在半空随风飘泊,追步凝视,若远若近,久之东下而没。归途遇修发匠名庆全者,骇述所见,彼则曰其火球乎? 闻之颇悟,盖余家昨夜遗火于字纸篓中,幸早知觉,即为扑灭,不至焚如。兹聆庆全言,遂回家告诫一番而出。明日过李丽生表弟家,述昨所遇云云。渠云如子之言,似不类火球,或者邪神过往,被人识破,因是化去,未可知也。适鲍澍煝门人至,语及对门金世杰之媳,昨晚陡得痰症,势甚危殆,至今不省人事,僵卧未醒,死生莫卜,始悟示怪之处,与金姓之女房相对,丽生邪神之说,殆有合欤? 余因其事奇诡,特为笔之。

廿一日乙亥　　晴,气温

朝,访苏来卿,为稚菊寺款爽期,邀渠出助一臂之力也,并以急向寺僧讨取为嘱。夕,在稚菊处闲话至暮。宵,间时作嗽,左胁触痛尚未平复。意者日间过劳,力有未转,以致此乎?

廿二日丙子　　晴,小满

朝,往仲妹家坐谈良久。夕,往季妹家闲坐至暮。薄暮,遣地保吴庆墀向寺僧讨取稚菊之款。宵初,过彬臣表兄家。

廿三日丁丑　　晴

天早,伍襄群来谈,盖受李栗卿之嘱,旧岁借项促余早缴也。朝,闷坐无聊,阅《随园诗话》以消遣。福润局送到《日报》,自四月初一起至十六止。作书覆家乃蓉侄,交局东寄郡。

廿四日戊寅　　晴

朝,精神委顿,倚枕半日。午后,阅《随园诗话》。广明社送到戊申《国粹学报》第二册,丁未《国粹丛编》第十册。申后,西北小学诸教习遣院夫持名片来,邀余有要事议判,盖为乃文表侄愤弟鸿文腹痛,体操不请假,当场呼骂,有坏学规,且伤诸教习颜面也。余允为调处,诸君始散。宵,宋子枢门人不至。

廿五日己卯　　　晴

余遘病不到馆,计十有九日矣。恐旷日持久,有妨诸生功课。左胁因嗽作痛,尚未平复,勉强就馆。朝,授经学课。镤宾患肝热不受课。夕,为所坦宫演剧,与馆为邻,金鼓之声,聒耳有扰,清课不往。李丽生妹丈造访,余受诸同事之嘱,劝其明晨到校,向诸教员告罪,以消其不平之气也。渠即应允,余心始慰。宵初,周晓秋、眉仙、潘子璜、吴伯屏均造庐问讯,答以李君如君所命,届日亲往谢过,诸君皆欣然而去。宵初,腰痛不耐久坐,伏枕颇早。

廿六日庚辰　　　天早疏雨,旋晴

偕李丽生妹丈到校,向诸教习作揖谢过,坐谈片顷始别。到馆终日授历史课。镤宾不至。出经学试验题。问:穆子因己有废疾,而以嗣卿之位让弟,其是非何在? 随交随改。为诸生演解算数。宵,宋子枢门人来,余以精神未复,不敢翻阅经书。

廿七日辛巳　　　朝阴夕雨

到馆终日授国文课,出修身试验题。问:人无节操,其为人所重否? 问:小事不践约,其无所害否? 又补出信札题。《与友人缴书价函》。随交随改。福润局送到《日报》,自十七起至二十日止。薄暮,因无雨具,冒雨归家。余病新愈,足力颇觉维艰。宵,云散见星,宋子枢来受夜课。余演算,得二解。

廿八日壬午

到馆。朝雨,授修身课,出历史试验题。问:秦桧之杀岳飞何意?

夕晴,授地理课,出信札题。托友人买扇,并剪纱书。二课均随交随改,又改文课。薄暮,过季妹家,留晚餐,为李稚菊之僧款未交,同往彬臣表兄处,嘱其向王夔拊一催,即刻应期归赵,否则,一误必至再误,终作子虚矣。宵深,归家,与宋子枢门人解说历史。

廿九日癸未　　晴,天气渐热

朝,到馆,授经学课,出地理试验题。问:孟买之西所达何地? 有何国土? 问:阿剌伯之气候风俗如何、国势强弱,并为明之。问:亚洲之四界? 随交随改。并改文课散卷。夕,为篯宾肝热未退,不能受课。余亦腰痛不耐久坐,故不往馆。在季妹家闲话半日。宵初,为仲妹清恙未愈,往其家一问,至二鼓归。

三十日甲申　　晴

到馆终日授历史课,篯宾不至。出经学试验题。问:郑侵蔡,国人皆喜而子产不顺,何故? 随交随改。并授算课、信札二门。午刻,过金文兴帽店,购夏扇。宵深,李丽生妹丈造访,坐谈良久。宋子枢不至。

五　月

朔日乙酉　　晴

到馆,朝,篯宾来上课。授国文,出历史试验题。问:元之崛起,始于何人,其种族姓氏,并为明之。问:西域王被追,其将何人可能免于见获否? 问:元主有何戒二将之言? 随交随改。午刻,往王景梁家饮福,因客未到,在夔拊处一谈。李氏表妹出而问讯,始叹中表亲情,颇为加厚。席散,往馆授修身课。宵初,往李彬臣处一谈。归途遇李友樵内弟,邀其至家,详询近状,答曰:"如丝之棼,不易治也。"余为恻然,谈久去。是夜有雨。

二日丙戌　　雨势极大

到馆，朝，课诸生温积熟。午刻，往惜字局收买字纸；邀李彬臣表兄来助，供午膳，留杨稚田先生同食。夕，出文课。《韩侂胄渝盟伐金论》。闻范视学某承支学使之委，来温催取分数课程诸表，暂寓中学堂，被人攫去英银五六十元。学堂本系重地，出入皆属生徒，本春理化教员陈冕顾失去英银三十馀元，尚未分辨，今又范君被窃，求学之区，反为藏奸渊薮。首为管理，次为监学，何一无防范如斯耶？其中腐败情形，不堪设想。客岁张震轩妹丈任国文教科，失一银表，嘱项调甫查诘，反责张君，以过客太多为辞，过访不时，难保其皆属善类，凭空会议，均主不赔，后藉某君之力，从中排解，始获赔了事。今岁陡获二失，学堂名誉付诸流水，吾固为轩兄吐气扬眉也。薄暮，放节假。宵，以腰痛失常，就枕颇早。夜半雨止。

三日丁亥　　晴

终日在家，解拆诸账。福润局送到《日报》，四月廿一日起，至廿八日止。过季妹家坐谈良久。馆东送脩脯来，计英银五十圆，即付李烈卿借项，计子母英银二十一元五角。随入随出，自叹无储积相也。薄暮，在陈泉记土膏店遇蓉侄，叙话半顷。宵，袖英洋二十元，先还王玉卿，此款计三十元，到期已久，前因钱力单薄，未获应期缴楚，今又不敷，先交本二十元，尚欠本银十数，而息洋则全未交也。族长成良公来访，不值。至其家一询，盖为公育学校租款未付，欲余向池寅三先生讨缴也。成挽李子琳表弟联语，计五十字。为出联字句未安，推敲计十馀日，至此始定矣。

　　子年当强仕，鬓竟成丝，家累苦偏多，自顾此躬，只为妻孥消壮志；君殁未经旬，身忽遘疾，我祷固已久，幸占勿药，须知天命不由人。

四日戊子　晴

天早,访郑君一山,索书联字。在家解拆诸账。近午,张震轩妹丈来,出近作《春燕》律诗嘱为批阅,谓前二首颇佳,后二首稍伤口气,然诗律尚觉圆熟也。余于此诗改易草稿计四五次,至此始定。学业日退,概可知矣。申刻,轩兄返棹。吴伯屏遣人送赠《初等小学乡土历史》一册。薄暮,在李稚菊家坐谈颇久。宵,在季妹家一谭。

咏春燕　附引　燕为小鸟,秋北春南①,寄身如客,营巢翼子,辛苦终年。我生寄迹,与彼同然。触目兴怀,因托鸟言以自比。

年年时节届春明,不爽归期总践盟。辛苦直同羁客况,往来莫负主人情。承天碧荫张如幄,徧地飞花蹴落英。旧垒新泥勤补缀,卒瘏予口几经营。

顾影生怜只自知,莺花三月动相思。有怀南国春依旧,珍重东风慰别离。敢效轻狂同舞絮,须防飘泊绊游丝。世途惯作炎凉态,怕届深秋捐扇时。

柳叶成丝万绿齐,门前凡鸟旧留题。哺雏原为贻谋计,得所犹嫌借幕栖。故国青山迎面面,天涯芳草怅萋萋。南辕北辙终年事,爪迹如鸿印雪泥。

家园景物未全非,转瞬凉秋又北归②。同梦岂随花蝶去,双栖不羡野鸳飞。为怀远道留明月,倦返居巢每夕晖。王谢华堂今已矣,垂杨门巷问乌衣。

五日端阳己丑　半晴半雨

朝,过季妹家坐谈。午刻,书雄黄字,贴诸壁上,以辟恶邪。申后,过仲妹家谈顷,转过桂琳表弟家,留饮节酒至三鼓。

---

① 底本此句疑误,燕子习性应是秋南春北。
② 底本此句疑误,秋凉时节燕子应是往南飞。

六日庚寅　　雨,午刻日暂见

朝,假寐半日。夕,阅《日报》。申后,李丽生妹丈来,谈论至暮。宵,闷雨,眠息顾早。

七日辛卯　　晴

葭匠来作工,共四人。节假期满,到馆终日授国文课,出历史试验题。问:夫差、勾践二人之智愚何如? 张震轩送挽联吊李子琳表弟,过其家见之,其句云:"大家权利推牛耳;中表亲情哭雁行。"薄暮,过丰润庄,与曾定甫先生坐谈,并缴还束金洋乙元,感其惠我太丰而还之。宵初,较场人为米价腾贵,鸣锣鼓众,作罢市之举。徐邑尊闻声,即遣差查拿首事者,众遂敛迹。善哉! 宽猛相济,徐公其有焉。往李彬臣表兄家一谈,适隔湖通济宫演剧,登前楼坐观至三鼓。

八日壬辰　　晴,芒种

到馆,朝授修身课,出修身试验题。问:暴己之长,攻人之短,又掠人之美以为美者,为人甘心蹈此,其心地何如? 问:人有悲悯哀怜之情,其生也何由? 问:朋友交,相责善,其所为有合理否? 夕,授地理课,出信札题。《覆友人托购扇纱书》。均随改随发。校《怡怡轩算草》。宵,宋子枢门人来受夜课。因近日为西南小学教员授课,《乡土历史》中载州县官制未详,向余询问,偶取《策府统宗》翻阅,而纪载嫌略也。李友樵内弟来谈,家无积产,饥寒不时,此生直无了日,闻之增楚。

九日癸巳　　晴

到馆终日授经学课,出地理试验题。问:卫庄公为人何如? 至其被杀,由于自取否耶? 问:亚洲中部气候土产,其与他处相同否? 问:希腊之国,或地势,或土产,以及古今政治,有何强弱,并为明之。问:土耳其之国界。随交随改。授算数。薄暮,过李丽生妹丈家坐谈,留晚饭。宵,宋子枢来读。李友樵内弟过访,谓伊弟醉石近存歇业之意,恐此后债项各家丛集，相与为难，必至无了期也。是日午刻，阅《文献通考》，徧查官制，宋置管界巡尉，掌巡逻机察之事，巡尉即巡检也。河泊所官，系洪武十五年定，统各省凡二百五十二，掌收鱼税。岁课粮五千石以上，至万石者，设官三人；千石以上者，设二人；三百石以上者，设一人。管勾一官，元设之。设有管勾承钱架阁库，照磨兼覆料官，部役官兼壕寨一人，注上京同。管勾一人，掌佐缮治；受给官一人，掌收支之事；壕寨官一人，掌督修造。前代职官名目，虽与今不同，而职掌所系则相符也。

十日甲午　　天早阴，旋放大晴

到馆，终日授历史课，出经学试验题。问：吴庆忌始则骤谏其君，继则适楚，而又告归，欲除君侧之不忠者，孰是孰非，其有可议否耶？问：吉凶祸福，天所致乎，抑人自致之乎？试明其故。随交随改。又改文课。薄暮，往福润局取来《日报》，自四月廿九至五月初五止。宵，夏家鼎来夜读，与余畅谈算理，代解三题。宋子枢旷课不至。夜雨。

十一日乙未　　雨

早晨，郑一山袖《题胡□□参戎遗像》诗来，嘱余推敲，代易二三字还之。到馆，朝授国文课，出国文试验题。问：胡铨上疏，言甚激烈，不恤后患，为忠臣者固如是焉否？随交随改。夕，授修身课，并算数，改文课。暮，过仲妹家一坐。宵，宋志侠、夏家鼎均来夜课。家鼎为余解算理，中有一题，论甲乙丙三酒桶，其量不等，理甚明晰，作式相示，代为解注，然余中年学算，心颇粗浮，终嫌隔膜。

十二日丙申　　晴，天气骤热

到馆，朝课诸生温积熟。夕出文题。《士贵抱远大之志论》、《容止为世人邪正之证论》。校《怡怡轩算草》。书祭关帝诞日祝文，并颁胙肉条。宵，雨。与夏家鼎说《鉴》，演算得二解。宋君不至。是夜，官僚祭关壮缪,遣枏、栯两儿,同木哥往武庙,排列豆品,伺候公祭。

十三日丁酉　　雨旋止旋作

天早,往屠牛袁高福处取牛肉,送曾定甫先生。巳刻,往毅武女校授甲班历史课,二堂作文。《论蚕桑之利》。题系金君子兰拟也。近午,冒雨过季妹家,留午餐。夕,阅《日报》,访孙经畲。薄暮,季妹来归宁。宵,与夏、宋二君说古文。是日俗传关帝圣诞,朝廷亦于此日设太牢致祭,诏谕煌煌,颁行各省,历有年所,而各种宪书,则列关平,事出两歧,顿生疑窦。或造历家所载,得有原本;或王朝祀典循旧,相沿必有所折衷矣。余家未备通典诸篇,姑阙其疑,以俟再考。

十四日戊戌　　雨

到馆。朝,授修身课。午刻,改女校甲班文课,邵拜强居首。夕,授地理课,并授算课。宵,与宋、夏二生说盲左演算,得二解。

十五日己亥　　晴

到馆,终日授经学课,出修身试验题。问:人有苟且草率之心,其弊若何? 问:人品之高,何以为人所敬? 问:卑鄙之人,有何所为之事? 丁田步连来,出寓甥函,约以后三日雇舟来迎。宵,与夏、宋二人说《鉴》,出夜课题。鲁隐公被弑,其自取乎,抑人致之乎? 试明其故之所在。

十六日庚子　　晴,时作数点雨

到馆,授历史试验题。问:廪丘之役,莱章何以知晋师之将还? 问:子囊论晋之不可伐,其见识何如? 随改随发。改削文课。近午,往惜字局收买字纸,过时不及,彬臣已为代庖矣。午刻,访王星垣先生,渠前日遣伻邀余酌议周田三官堂一事,闻住持陈吴氏私卖公产,背易户名,集真观之旧田均为所夺,同人意欲整顿,以复旧观。余以为前岁合族鸣公,反遭陈令驳斥,真易为赝,实千古人之奇事也。诸君若再鼓而战,吾愿随其后,惊弓之鸟,只为退避三舍可也。王君颇是余言,约以相时而动,方无一着之输。宵初,同夏家鼎、宋子枢说晁错《论贵粟疏》,作质数不成式。夜,小雨。

十七日辛丑　　阴雨

朝,到馆授国文课。问:胡瑗有何教授之法? 从游之士皆贤俊否? 问:周、邵有何所著之书? 问:二程之学,所主之义同否? 其所著何书? 有何尊称? 并为明之。问:程门四先生,能详其姓氏否? 试验史学,随交随改。午后,福润局送到《日报》,初六日至十二日止。邮局递到姚生子琪函,时姚生在杭省高等学堂肄业,大考期近,又婚期在来月十二,乃父屡次函催,嘱其早日旋里,以免愆期。生因进退两难,父命当遵,考验恐误,特修简邀其父婉劝,以毕考课,始得归里完姻,倘过期不及,转择吉辰云云。志洵足嘉矣。得书后,即往其家一酌,伊父只许考竣旋梓毕姻,不允转覆吉日。坐顷回家,作覆交邮寄省。丁田步连雇舟接余去,中流遇提学黄鲜公灵榇自郡返,观者甚众。傍晚抵妹家。宵,与大妹坐话至夜半。

> 附录

> 子琪贤弟如晤:午后接到来札,备悉一切,即刻往尊府,向令尊一议,谓学堂最为要事者惟大考,且以足下赴杭求学,离乡别土,将届一年,不知费尽心思,更不知开消若干学膳等费,一旦决然舍去,心岂能安? 此事当许其完毕;以副后日之望,是为至要。令尊闻鄙人言,始听足下考毕;至覆完娶吉辰,则未之允。如来函云堂中本月廿五日考始,至月尾乃毕,诚如所言,按日考竣,不俟揭晓,即于六月初三动身,可以从容回里。于十二日吉期婚娶,尚未碍也。足下自酌裁之,幸甚! 速笔草率,专此覆上,顺问近好。

> 鄙意谓足下先顾考课,专心向前,万不得已,或至愆期。令尊亦必有转圜之意。

十八日壬寅　　乍晴乍雨

在丁田大妹家，与诸甥女坐话，并解说《画报》近事。宵初，寓、戌、亹三甥，与其二姊，以字块拚文，余从旁指点良久，始就枕。夜半，右臂作痛，辗转不寐，推枕起坐，与妹论家事，至鸡鸣时矣。

十九日癸卯　　乍晴乍雨

在丁田大妹家。朝，寓甥出其父近日郡中学所授各班课本，特检一份赠余。夕，代寓儿改削信札，以为程序。戌甥终日作画，用笔颇清秀，设色颇匀称，年少好作绘事，他日学步，成为作家，未可料也。宵，与大妹坐话。余因囊金告罄，便中谈及，吾妹即许借藏，以慰我心。近日右耳时作钟鸣，似有物填塞，想积劳伤气恐此后不免重听也。阅破世情，滞迹他家，以为偷闲之一乐。

二十日甲辰　　大晴，天气躁热

朝，雇舟自丁田返，抵家已午。近因柴草昂贵，执炊者无从措手，然不能舍此以为炊者。余家购此物，甚费力，向妹借积柴一十一担，计廿二把，以应爨，附载而归。夕，阅《日报》。薄暮，袖英洋一元五分，访章㮪士先生，不值，交其子孟杰收藏。宵，夏家鼎来，温习质数，得八解。

廿一日乙巳　　晴

到馆。朝，授国文、试验地理。问：土耳其北部相率而叛，共有几国？其名与族何如，并为指明。问：俄罗斯系何族类，人民之性情、君主之政治，试一一详之。问：威连士坦之为人何如？至其被杀，系何原因？并为详之。夕，授国文，并算数，补出信札题。《约友人廿四日游登隆山函》。随改随发。薄暮，访洪楝园师，时师设织业学堂于西岘山阁，启文表侄与王景梁稍有龃龉，屡遭谣诼，师疑之，命余致声彬臣也。遂往其家一询情状，并劝启文静守，以观其变，不必作破坏之先导，致招人尤也。谈顷归。宵，与夏家鼎、宋子枢说《鉴》，演习算数，得二解。

廿二日丙午 晴

到馆,课诸生温积熟,作西北惠民仓开粜禀。夕,出文课。《伍子胥谏灭越论》。改夏卷。孙中颂先生于是日上午九点钟仙逝,合邑大小学校,为之辍课半天,以表举哀之意。先生经学湛深,著作甚富,声名藉藉,远迩皆知,甲子初周,遽捐馆舍,哲人云逝,良可痛也。宵,与夏、宋二生说古文,演习算数,得三解。

廿三日丁未 晴雨不定

到馆补课。朝授修身,夕授盲左。福润局送到《日报》,十三日起,至十九日止。薄暮,邮局送来姚生子琪函,谓来月初七、八日,准期旋梓,以完姻事,邀余至其家一言也。薄暮,母氏往季妹家。宵初,访周晓秋与眉仙,坐谈至更深而返。是夜,夏、宋二人不至。

廿四日戊申 夏至。晴雨不定

天早,高峇陈阿安送粮银来。到馆。朝,授修身课。午刻,张震轩妹丈来。午饭后,轩兄雇舟往河埭桥大久保罐头厂,访李墨西君,余亦同行。时墨西在厂招女工,生剥枇杷,计三十馀人,每日一人工资制钱五十文,幼者减钱十文。其枇杷自申江购来,较本邑为大。墨西出以相饷,味亦较本邑为佳。厂地借本寂禅寺,最觉宽敞。近于寺旁建一茅亭,四围草地,以瓦片布置,作海棠形,中栽西洋花,娟好可爱,同坐久之,始告别。轩兄遂购鲥鱼、冬笋、山药、菜心等件,计十一罐,返棹而回。郑一山送来《挽黄鲜公提学联语》一册,又附录章观岳挽杞岩公诗七言一律。一乡文献,宜力搜罗,况祖先乎?良朋欣赏,我心羡之。阅《日报》。宵,与夏、宋二人说盲左,温习分数加减法,得三解。出夜课题。《书晁错〈论贵粟疏〉后》。

廿五日己酉 阴,间作数点雨,天气闷热

到馆,终日授经学课,试验修身。问:人之事业、学问有止境否?问:

实行为人之至要,有何可证?改文课,抄西北惠民仓开粜禀,送入内署,定期廿九。宵,为宋、夏二人说《鉴》,习分数乘除法,得五解。

廿六日庚戌 晴,暑气溽蒸,令人难耐

到馆,曾昭仁感风不至。终日授历史课,试验经学。问:出公辄出亡之,原因何在?问:晋侯定息民之谋,得强国之本,犹得胜楚否?随改随发。改宋卷。是巳刻,黄鲜厂先生灵柩进城,奠安府第,仪仗齐整,士绅迎送,颇臻盛轨。广明社送到《国粹学报》本年第三号。薄暮,高岙陈上量来,留宿。宵,与夏、宋二人说国文,演习分数乘除法,得七解。

廿七日辛亥 晴,天气酷热

到馆,终日授国文课,试验历史。问:朱熹之学行何如,从学何人,所著何书,并为及之。问:宋学有四大派,试详其人。授算数,改宋卷。午刻,为瓜期已近,特邀江笑梅往大赉典,算结存储洋款利息,计得墨银十二元五角四分四厘。宵,为宋、夏二人说盲左,演算,得三解。

廿八日壬子 晴,酷热,骄阳甚烈

到馆。朝,授修身课,试验修身。问:不进步终归于无用,其故安在?问:度量之小者,有何可证?午刻,丁田福锦伯来,得轩妹丈历史课本一封,作书覆之。夕,授地理。薄暮,雷雨。宵,与宋子枢说《鉴》。

附 轩兄足下:午后福锦伯来,接到历史课本一束,承惠多矣。弟处《国粹报》广明主人送过已二天矣。闻尊报未接着,盖本日为仲容先生来复之期,经畲不遑检付,须俟明后日送交,未知嫌太迟否?眼镜等件,祈于暑假后,费神代为一购,价钱若干,另容面缴。木板《曾文正全集》,闻兄言郡庄存有一部,倘未售去,祈暇时代弟一行,叩其价值多少,如得格外周折,亟为示我好音,以便向友人处叚借,顺手购来。弟家藏有铅板一部,久嫌字细,目力维艰,诚得兄采取,获此大板,副我所愿,晚年可以

翻阅,受惠多矣。

廿九日癸丑　　晴,酷热

朝,到馆,授历史课,试验史学。问:元代官制法度若何? 问:元代政绩有何优劣? 改文课。午后,访刘菊仙同谱。县委汤□□声清少尹来,验开仓庙司事,集同人酌议,举贤交代,庙交刘蓉波、郑一山、方□□三君,仓则举姜岳仙、王一臣、金世杰、林友楼。薄暮,偕吴丹臣,往诸处邀订,王某与方某则未之允。宵,往丹臣家坐谈,姜君于管仓司事,犹迟疑不决,苦口而言,心始稍转。

三十日甲寅　　晴,酷热

朝,到馆,授经学课,试验经学。问:宋六卿三族降听政,因大尹以达,其是乎,抑非乎? 试明其故。问:偪阳见灭伊,谁之力欤? 吴伯屏来访,出挽孙公联语,邀余斟酌,易数字而去。夕,为瑞郎叔查阅竹崖公第三房派下谱系,并为绘支图。福润局送到《日报》,二十日至廿四日止。宵,往吴丹臣家坐谈至三鼓。

六　月

朔日乙卯　　晴热

朝,到馆,授国文课,试验地理。问:瑞、那、丹三国之都城何名? 问:三国之气候如何? 至种族何自而出? 并为明之。问:三国之地势如何? 问:约翰兄弟何以爱国之心甚盛? 夕,为仓事瓜代,备牲醴酬神,不到馆。宵,设交扇酒,并请小学诸教员,共四席。

二日丙辰　　晴热

到馆,朝课诸生温积熟,夕出文题。《文天祥建四镇合防之策论》。阅《子史精华》。薄暮,过丰润钱庄,访曾定甫先生,为门人永锦稍患腹痛,往为一问。宵,伏枕颇早。

三日丁巳　　　晴热

终日在惠民仓开籴储谷,每元早谷四十七斤、京谷四十六斤,收墨银壹拾柒元。宵,阅《日报》。宋子枢门人来夜课。

四日戊午　　　晴热

终日在惠民仓开籴储谷,价与昨日同,得墨银四十四元。午刻,饮酒过多,醉卧至暮。得孙季芃门人山左来札。申刻,雷雨。宵,代孙桐轩君作祭中颂先生文,至四鼓脱稿。

季芃札

竹师左右:濒行走别,骇审清恙。自违丈席,倏易四旬,临风南望,怅虑奚如。比惟德门多祜,道履逾休为颂。历下古齐峯邑,鹊华带郭,虎爆襟城,山川明媚,甲于禹皋。遗乐其风土,肆意纵泞,近郭名胜,曾穷数区,而华注舜井、泺水历山、明湖趵突诸胜,尤为遗所神醉魂驰之境。每怀舜禹桓管之伟业,李杜曾元之雅踪,未尝不黯然魂销,迺然神往,但恨樵风不竞,华棹以梗,不克践明湖杯酒之约耳。是行每得一胜,必载之于记,记之于诗,希踵遗山沧溟之作,未审能遂厥愿不? 匆匆陈臆,敬候起居。

祭中容先生文代孙桐轩作

呜呼! 天何夺吾兄之速耶! 山河无恙,庐宇依然。岁序有定,寒暑无愆。惟天道之不爽,奈世事之变迁。缅兄之遗范,读兄之遗编。自今思昔,由后溯前。合令闻与懿行,曷胜往复而流连。兄之生平,醉心经史,广志丹铅,上窥秦汉之诸子,近括唐宋之鸿篇。凡奥窔之未辟,精理之未宣,靡不殚毕生之精力,竭昼夜之钻研。郑耶贾耶,程耶朱耶,合汉与宋,早已探其底

蕴,衍其学派,而目窥乎豹之全。以故得《墨子》而训诂,引官礼
而疏笺。扩绪言之十万,胜《道德》之五千。所著之书日富,辑
成之集竞镂。喜杀青之都竟,洵足广乎流传。庚辛以后,政略
易辙,科第改弦,晦盲顿辟,如扫云烟,睡狮破梦,潜龙出渊。以
吾兄当新学胚胎之日,文明启运之年。扩商业耶而佐以财力,
开女界耶而义伸平权。移西欧之美备,补东亚之多偏。每热心
而组织,着欧美之先鞭。统瓯栝之两郡,主持学务,直以吾道为
仔肩。而况心殷时事,精一维专。感沪宁之路事,为英夷所垂
涎。苦口劝导,集股筹捐,不惮跋涉,躬履山川。此所谓不为身
计,不为家计,以一人维持大局,心乎爱国服膺,而勿失拳拳。
向使安之若素,待后守先。究天人之绝学,参僧佛之真禅。长
为玉海楼中之主,不让蓬瀛岛上之仙。夫何至鞠躬尽瘁,精神
削朘,积劳致疾,终不见痊,而今已矣! 哲人云逝,不吊昊天。
东嘉之理学将绝,盘谷之轮月不圆。茫茫东土,渺渺重泉。兄
今没耶,非独动一家之哭,一族之哭,即合一十六属之学子,全
浙之学子,忽焉闻讣,畴不泣涕而涟涟。呜呼兄耶,今何往耶?
诸侄稚弱,失怙痛焉。楹书富有,望子传焉。不才如豫,辍学多
年。年逾不惑,家事多牵。日月云迈,相见无缘。有刍一束,有
酒一樽。佐以椒荔,敬陈几筵。灵其有知,暂驻云軿。

五日己未

朝雨,午刻放晴。终日在惠民仓开籴储谷,得洋二十九元。福
润局送到《日报》,廿五日至廿九日止。薄暮,大雷雨。宵,困倦殆
甚,眠息颇早。

六日庚申 晴

终日在惠民仓出籴储谷,得墨银三十元。宵,作挽孙仲容先

生诗。

七日辛酉

天早,姚子琪、李竞植过访。姚自杭返,李亦自乐邑暑假归。巳刻,大雨。终日往惠民仓出粜储谷,得墨银一十五元。叶芰汀过访。代夏家鼎拟课题二。四夷君长诣阙请帝为天可汗论。管仲没而齐国乱,王猛死而苻秦亡,岂以二人不荐贤之故乎?试抒所见而论之。申刻,雷雨。宵,宋、夏二人来夜课。天仍大雨,雷声迅疾,心为之颤。温重分数。

八日壬戌　　阴,微雨,天气较凉

终日在仓出粜储谷,得墨银一十元。叶芰汀、蔡作醴过访。宵,夏家鼎来夜课,温重分数。

九日癸亥　　小暑。晴热

朝,往馆,命诸生温修身课。夕,在惠民仓开粜储谷,为谷价甚低,来粜者寥寥,以故违例而出粜米铺也,计有九千馀斤之谱。福润局送到《日报》,五月卅日至六月初二止。宵,夏家鼎来夜课,宋子枢来最迟,温算得三解。

十日甲子　　晴热

朝,往馆,出修身试验题。问:吾人修学,要在立志。立志岂外专心?是立志与专心非两事也。然人之资禀不同,或上智,或下愚,其皆能决其成功否?问:廉洁之人恒守俭约,其美尚矣。然世不中礼,矫廉为高,反成恶德,岂廉俭适足以滋弊乎?试明其故。问:吾人皆有癖性,或偏或正,试为详之。改夏卷。夕,在惠民仓出粜储谷,谷价较低,得洋四十七元,盖本城富户积藏甚富,左宜右有,且豆麦皆稔,此亦有年之庆也。宵初,雷雨。宋、夏二人不至。成哭孙籀顾先生诗。

十一日乙丑　　晴热

朝,往馆,课诸生温盲左。夕,在惠民仓粜谷,得墨银三十元。

申刻,雷雨,旋止。宵,夏、宋二人来,为说《纲鉴》,温习迭分,得三解。夜,仍大雷雨,少顷止。

十二日丙寅　　晴热

是日为姚子琪门人婚娶之期。朝,偕李玉君表弟往蔡硕卿家督搬妆奁,蔡闻甫作醴款接。夕,在惠民仓出籴储谷,得墨银三十元。宵,往姚家同玉君作压轿之行,并为调谐花烛,人曰利市,吾则以为贱役也。事竟,饮佳期酒,三鼓始归。

十三日丁卯　　晴

终日在惠民仓出籴储谷,得墨银一十一元。午刻,姚传光君为其子妇行庙见礼,邀作襄赞。李丽生妹丈家尝新,邀余同食,适震轩妹丈来,亦同在座。申刻,过唐叔玉孝廉家坐谈,至宵深始返。

十四日戊辰　　晴

朝,到馆,课诸生温经学课,改夏卷。午刻,往姚家饮人情,与方君醒庐同席。往惠民仓出籴储谷,得墨银二十七元。偕江阆仙袖谷银往大赉典交存,计英银三百六十元。宵,夏家鼎来夜课,习算数,得二解。

十五日己巳　　晴

到馆。朝,试验经学。季札救陈之日,既知吴君不务德,而徒尚兵争,遂率师西归,子胥、庆忌屡谏吴王,未闻札进一辞,明其利害,岂存亡有数而不敢言耶,抑其老耄之无能为乎? 试明其故。子西召白胜,不信沈诸梁之言,岂迫于亲族之情乎? 试考其得失。陈恒弑齐君,孔子斋戒三日,而请师伐齐,何意? 问魏绛和戎之意。孟子曰,惟智者能以小事大,鄫与莱皆小国也,一灭于莒,一灭于齐,岂鄫、莱不善于事大乎? 抑齐、莒之甘于欺弱乎? 试明其故。书偃执厉公而召同僚,士匄、韩厥不至,何欤? 夕,往惠民仓籴谷,得墨银三十一元。福润局送到日报,自初三起,至初九止。宵,夏家鼎来夜课,习算,得二解。为夏拟课题。吕后乱汉,赖平、勃以安刘;武后篡唐,得狄仁杰以图复。使汉与唐均无贤臣,亦能保二代之祚绝至于不绝乎?试抒所见而畅论之。是日下午,集议举代接管义渡,举项调甫者,得六十票,举渭渔得五票。

十六日庚午　　晴。初伏

朝,到馆,课诸生温史学。广明社送到《国粹丛编》第十一号。夕,往义仓粜谷,得墨银一十五元。宵,夏家鼎读盲左,详为解说;习算,得一解。

十七日辛未　　晴

朝,到馆,课诸生讲习史学。复得《哭孙籀顾先生》七言二绝。夕,往义仓粜谷,得墨银一十五元。申后,雷雨。宵初,周眉仙君、姚子琪门人过谈。夏家鼎来夜课,习算,得二解。

十八日壬申　　晴,微有风意

朝,到馆,课诸生温史学。夕,在惠民仓粜谷,得墨银五十五元五角。台京则扫数无馀,而早谷储有二万,拟将交代新司事矣。宵,小雨。夏、宋二人不来夜课。过李玉君表弟家一坐。

十九日癸酉　　晴

早晨,袖《哭孙籀顾先生》诗二十首绝句,过栋园师家,请为改正。已刻,到馆试验史学。问:宋与金不共戴天之仇也。高宗继起,南渡偷安,使孝宗处此,其亦忍于杀飞而听桧和议乎?试畅而论之。问:金、元二族,北方崛起之最强国也。宋为所困,亦已甚矣。或谓北宋之亡,误于似道,是欤否耶?问:金世宗称为小尧舜,有何善政之可证?午后,过周眉仙家一谈。往洪师处取近作,师为予易三十馀字。访唐叔玉孝廉,索观挽诗,谓诗中押"文"字韵句,亦复二字;押"途"字句"阻前途"三字,一为稚嫩,一为语气与上四字未贯,须为改易。又谓首数次序须更订定,"昔年末席"一首,为定交之始,当定第二,"先人遗墨"当列第三,以下稍为移易。余深感交朋之不可少,而琢磨助我,获益良多也。故至薄暮而返。宵,夏家鼎来习算,得二解。

二十日甲戌　　　天早阵雨

朝,到馆课诸生温地理。斟酌挽诗,得易二句,计十四字。散学后,谒栋园师,所改之句请为再正,师谓此二句较前为胜,可成完璧。遇仲芙,少叙寒暄。芙兄昨年赴省,考入官费师范生,留学东瀛,计三稔矣。今届暑假回里,谈次间及吾国诸郡游学日本近作何状,渠谓官费留学,计有七八千人,名虽求学,实则在外浪游,苟且因循,不进堂不受课,此辈在法政学堂居多。刻驻日公使,风闻确实,已除革矣。然此皆属外省人,暑假后,恐浙省留学亦有十馀人趋步后尘矣。吾国被嗤于日人,其颜孔厚,良足悲也。谈顷告别。午刻,为义渡交代设席,酌议改良,余亦在座。新接管者项调甫、渭渔、应兰亭、蒋仲屏也。福润局送到《日报》,初十起至十三止。傍晚,过唐叔玉大令家,坐谈良久。妹家留餐。

挽诗　哭孙籀庼先生

斗山失仰感同群,兰芷招魂盼楚云。鲁直先亡莘老继,乡邦今日丧斯文。客冬提学黄公鲜厂在鄂仙逝,于今夏五月十六日奉榇旋里,阅七日而先生归道山矣。

昔年末席厕藤阴,春满颐园躔展临。屡过师门聆绪论,平生私淑久倾心。藤花楼,先生仲父孙止庵学士藏书处也。骏曾馆其家读书,馀暇与门人公权辈,往先生家颐园散步,时亲道范,获益良多。

吾宗遗墨旧搜罗,赏鉴曾承枉驾过。为语太常梅帧好,算来不及此图多。先官詹任先公,原名增志,胜国后遁隐头陀,别号云居和尚,精绘事。骏家藏先祖山水墨迹一大幅,真希世之宝。先生闻之,造庐索观,展玩不置,自云家藏任道逊太常山水四直幅,不及此卷之可珍。嘱骏善护持之。

木鸢制造存工艺,攻守诸篇失考求。治墨专家通绝学,赖公训诂辟源流。先生著《墨子间诂》,精审处突过毕秋帆、王怀祖诸校本。

玉海楼深万卷储,搜罗金石汉秦馀。峄山碑刻臣斯篆,此后无人辨六书。先生通金石之学,秦砖汉瓦收藏甚夥,吾瓯人未有能及之者。

瓯海遗书考核精,当年太仆久闻名。手民刊未留完本,校正何人续告成。《瓯海轶闻》数十卷,先生尊人先太仆公所辑也。先生细加校勘,付刊未终卷,而先生殁。

官礼书成十万言,疏笺经义得心源。杀青甫竟人凋谢,汉学更谁继郑元。先生著《周礼正义》,卷帙浩繁,一生精力,毕萃于此。

焉乌帝虎辨微茫,谬许鲰生勘对详。所识不能逾十字,敢为李淑校书郎。先生以所著《周礼正义》,命骏校勘,勉成五卷。

宋陵发掘憾髡僧,十载锄强力不胜。为念先贤防护录,唐林高义信同称。邑土豪某盗占骏二世祖乡贤颐叔公墓隧,举族鸣究,当事者受赇,几不得平反,赖先生笃念乡贤,联士绅七十馀人,首衔公剖,祖墓获保,泽及枯骨,殁存衔感。

明堂议礼尚儒宗,束帛蒲轮下九重。东汉桓荣经术贵,征君未许屈高踪。时朝命征先生为礼学馆总纂,先生称疾不起。

吾公积学务求新,岂止渊源绍叶陈。七百年来将废坠,孙阳一去孰传新。

主持教育栝瓯区,提倡宗风在海隅。太息河汾诸弟子,齐声恸哭效唐衢。

畴将砥柱挽狂澜,举世滔滔不忍看。痛绝读书真种子,千年国粹保存难。

他族群嗟偪处来,浙中铁道几成灰。殉身力为争权利,社会欢迎不再开。浙路议起,桑梓权利必为所存,且立约逾期,例应作废,

于是设会演说拒款,举先生为会长,于旧冬十月间,命驾赴杭,士商欢迎,
纪为盛事。

撼树蚍蜉计亦愚,涅磨岂损白坚躯。叔孙空毁尼山圣,日
月高天不可逾。

前朝水火兴朋祸,伪学空诬朱考亭。公已盖棺名不朽,此
生无虑党碑铭。

国事艰难日已非,吴山越水剩斜晖。浙东坛席今谁主,憾
失经师息鼓旗。先生殁后,瓯栝教育总会奉电裁撤。

昔贤棠憩系人思,卜筑云庵话酒棋。谢客岩深霞洞古,三
弓地未剪茅茨。刘君次侥、郭君筱梅,昨岁邀集同人,议聚赀构别墅于
飞霞洞侧,为先生游憩之所,工未兴而先生逝矣。

集云溪涧咽流泉,盘谷林深月不圆。天夺斯人何太速,岘
碑堕泪合俱传。

师资久已振瓯东,道德文章自此终。我本孤山居士后,为
招白鹤吊兴公。

廿一日乙亥　　晴

朝,到馆,试验经学。问:朝鲜、日本二国之地势如何? 并及其气候。
问:朝鲜、日本二国文治,证其兴废,今与古相同否? 问:安南、暹罗、缅甸国境居
于何方,其种族是否相同? 并为明之。论亚细亚洲地形国界之大略。附问:伊
凡有何暴戾之政,试详列之。问:威连士坦之为人如何? 至其被刺,近冤枉否?
美梨阴柔奸险,近于中国雉、瞿二后,而丹梨为人,亦可比汉之高皇、唐之高宗
否? 试为论之。改文课。午刻,李玉君表弟家试新,邀余同食,金炼百
亦在座。得震轩妹丈书,作覆函。夕,到馆课诸生温国文。宵,阅
《日报》。

震轩妹丈足下:挽孙籀公诗,刻又增作四绝,足成二十首,
承栋园师之命,又经唐叔玉孝廉核定首次,并代易卅馀字,已完

璧矣。今托郑一山兄书之，因字伙一时未就，俟明后日完笔可送去也。购书无积赀，大一恨事。郭氏《乐府》寄售处，未知属何书庄，俟兄因便晋郡致声，备价奉存尊处，便为购取也。《丛编》第十一期已送到，《国粹学报》本年第四期未接着，曾否此躺寄到，未获消息，且待之。散处食粮将告罄矣。早禾收获，定当来月初旬，寒家虽有数日之粮，青黄尚恐不接，乞假二百数，顺便交妥带上。舍妹前患乳癖，近乎复否？麴糖草敷调有见效否？念念！诸甥儿女，想日日于西室盘桓，柳翠桐阴，南熏纳爽，绕膝之乐，自不待言。弟为舌耕中人，朝往夕返，读"劳人草草"之章，殊觉滋愧，吾兄其笑我乎？

廿二日丙子　　　晴热

朝，到馆，出信札课。《约友人观剧书，并作覆函》。夕，为馆舍近所坦赤帝庙，是日赛会演剧，故不赴，在家阅《日报》。楷儿昨日感风，精神疲倦，家慈担忧，遂邀稚菊表弟一诊，谓无他虑，酌数味药以退之。

廿三日丁丑　　　晴热

朝，阅《日报》。夕，邀郑君一山书挽孙籀颐公诗。薄暮，遣人送去。宵，阅《日报》。

廿四日戊寅　　　晴，酷热

朝，到馆，出大考文课。《崇神演剧最为无益论》。代夏家鼎作札寄李再民表侄，渠因铁路学堂招考，将束装赴杭，恐无人为之引荐，欲再民代运周旋力也。夕，在家阅《日报》。宵，在刘菊仙家饮酒。是年抢元福，适为菊君值祭。山兄谓菊仙又将赴鄂，邀渠预祝，以叙数年契阔之情也。席散，偕往所坦观剧。过馆东孙桐轩家一谈。

再民表侄如面：别来已半载矣。稔知贤侄学业日新，交游日广，驾云直上，顺遇鸿飞，无待鄙人赘语矣。巡警大考，想早告竣,侄之毕业,适际其时。考验各科,谅均列诸优等。闻当事者,刻已安排毕事。诸君视等级之高下,分省府县三项,届时派差,省俸较优,府次之,县又次之。以贤侄才识之敏,知交之多,位置定列上游,薪俸定见加彩,且将来警政发达,媲美东瀛,实有赖乎贤侄诸同人之力。鄙人当拭目以俟之。刻铁路有招考之举,敝徒夏君家鼎,有志应试,定于本月廿四日束装赴杭,但初出茅庐,无人为之先容。贤侄驻辇省城,此邦人士定多晋接,况管理路政诸君子,如汤蛰仙先生、贵翰香先生,尤为足下所亲炙,近水楼台必先得月,家鼎到时,烦足下代为属托,格外扶持,或直接,或间接,是否任凭尊裁,千万曲体,鼎力周旋,如得入彀,皆君之赐也。叨在至亲,必不以非分之干见却。前托购时式上品纬帽并缨一付,今未购赐,倘毕功旋梓时,切代购来。至嘱至嘱。舍下自家慈以次均平康,知念附闻。专此坚托,乞望留情。

廿五日己卯　晴热,大暑天

早往惠民仓覆晒旱谷,因近日谷价渐低,出售大不合算,欲存储以交新司事也。然计鼠耗并□□,已化去六百馀斤矣。午刻,往李稚菊表弟家尝新。王夔拊君设席于飞云阁,盖代稚菊为罗本寺争执之事,以谢同人效劳也。四勾钟而往,到者郑峻甫老伯、章槑士、胡鲁芗、苏来卿、王夔拊及余,共六人。维时天容海色,掩映双清,风纳南熏,举觞快饮,至暮而席始散。宵,在赵羽仪妹丈家尝新,在座者唐叔玉孝廉、李丽生妹丈、黄茂春、鸿文表侄也。

廿六日庚辰　二伏。晴热

天早,夏家鼎来辞行,余赠墨银一圆,以作赆仪。朝,到馆,出算学课。有四种酒,每斤之价计三十八文、四十文、四十二文、四十四文,问四种各以等量混合,则每斤之价若干?甲在前一十八里,乙自后追之,计甲每日能

行四十八里,越六日追及,求乙每日走若干里?瑞安县城经线在京师以东四度
一十七分,问瑞安午正京师何时?夕畏热不到馆,而大考已毕,可以告宽
也。阅《日报》。福润局送到《日报》,十四日至廿二日止。申刻,雷
雨。宵,同郑一山往刘菊仙处送行。刘君明早束装起程,复往鄂也。

廿七日辛巳　　　晴热

朝,到馆,授左氏书。午刻,鲍澍熄门人邀余尝新,力辞不去。
午后,震轩妹丈遣仆步连送食谷来,计二百斤,并乞假魏氏《左传经
世钞》八册,作覆函之。阅《日报》。薄暮,偕郑一山过颐园访叶耕
经,见壁间悬挽孙籀顾先生联语甚夥,有如过山阴道上应接不遑之
势。宵,往李稚菊表弟处,与诸表侄女露坐,清谈良久而返。

　　　　殿隐主人台鉴:奉上《左传经世钞》八册,乞察收。此书系
家藏旧本,纸章朽败,散佚殆尽,客岁遣人装钉,勉成八册,中缺
十六七八数卷,特备空白一册,留后补抄,但无其本,未抄补耳。
姚子琪门人有翻板一部,今留在杭州。前老谷处取来之本,自首卷至
十五卷止,适与我藏本同缺。今均为诸徒攫去。食谷二百已收
到,俟晚禾登场时谢还。敝处试新,拟定七月初四,届时备柬来
请。《国粹》诸报近均未到,挽孙籀公诗已写就送悬矣。此覆。

廿八日壬午　　　晴热

朝,到馆,授修身课。午后阅《日报》。送惠民仓谷款,交大赍当
铺,计英洋壹百柒拾元。结算义仓收租佃额清单。电报自鄂来,得
蔡逸仲念萱君凶耗。蔡君丙申拔贡生也。前在黄提学任为书记,今
闻端中丞招致入幕,故驻足楚中也。宵,庙居陈忠金来。徐焕琪致章
邑尊因托病告退,府委熊履常辉旗明府接篆[①],是日来瑞,定明日未刻

---

　①　"焕琪""履常"底本空缺,据民国《瑞安县志稿》卷十八补。

接任视事。

廿九日癸未　　晴热

朝,到馆,授《左氏传》。夕,在家草结义仓各佃收租欠数,转入总清租簿。莲花连开两朵,成七言二绝句。宵,访姜岳仙,同潘志篁、蔡星甫、吴丹臣坐谈至三鼓。

　　庭前荷花连开两朵偶成七言二绝

　　先人手植已多年,君子之花独抱妍。如玉亭亭初出水,家风清白合俱传。先君酷爱白莲,溯自手植,历三十餘载矣。

　　一花一叶见天真,不染淤泥不着尘。夜静香清和露冷,当风眠觉着吟身。深宵苦热,安排竹榻,仰卧花下,恒至天曙,花香露冷,如置身仙界也。

七　月

朔日甲申　　晴热

次弟忌日,枞儿亦于是日殇矣,历已三稔。朝,到馆,授史学课。夕,在家草结义仓细账。广明社送到本年《国粹学报》第四册。宵初,往季妹家坐谈良久。归,坐书斋,闻兰香扑鼻,喜成五古一章

　　盆兰盛开清香袭人喜而有作

　　我读《离骚》经,美人比香草。兰为王者香,斯语深可考。艺得一盆花,相对消烦恼。香国缔仙缘,此即蓬莱岛。满室散清芬,其天见浩浩。结佩纫秋兰,愿订同心好。余情其信芳,玉壶清在抱。臭味无差池,妙悟谈庄老。我亦素心人,长与汝论道。

二日乙酉　　晴热

天早,访管杏浦,坐谈良久。已刻,到馆授国文课。近午,叶芰

汀过馆。夕,核算义仓细账。宵,李丽生表弟来,坐谈至二鼓。

三日丙戌　　　晴热

朝,到馆授《左氏传》。福润局送到《日报》,十三日至廿六日止。夕,结算义仓细账,草创稍有就绪。薄暮,闻雷作,雨数点。宵,翻阅仓用细目至三鼓。

四日丁亥　　　晴热

朝,张震轩妹丈携窝甥买舟来舍,为余家本日试新来赴席也。季妹归宁,仲妹亦至,近暮先备一席招诸义儿团饮,在座者李涣文、郑闳梓、王浦东、张毓窝。宵初,设席邀诸亲戚饮,到者李玉君、献琳二表弟,周元来义弟,及震轩、羽仪、丽生三妹丈也。是日薄暮,许柜村表兄来访震轩,盖为唐姓亲事,且责冒昧作书也。闻唐榆村黼枢之嗣君□魁,曾聘汀川张玉洲维瑶茂才之女,计有年矣。玉洲在日,其女已不修帷薄,与乃松有苟且之行。松为女之族叔,雄狐绥绥,诚非人类。洲殁后,女益不检,其母柔弱,屡戒不悛,人多间言,丑声远播,榆村习闻其事,遂萌悔亲之念,隐犹未发也。时□魁留学日本,微闻之,未知其详,但于家书中叙及一二,劝其父和平调处,可止则止,云云。无如榆村心如铁石,竟不可,转思无左证,设计写函,以寄震轩,借危言以激之,并谓其族中,曾刊有渎伦斥逐之戒碑。轩兄蓄愤已久,漫不经心,爰作辞以答,不平之语露诸毫端,彼盖以诚实视人也。孰知榆君一获轩书,如同异宝自得,有所藉手,留作绝婚证据,因转聘胡芳谷先生之女孙,已于六月初旬纳采矣。玉洲夫人陡闻确信,即乘肩舆来城,至叔玉大令家,恳其缓颊,并乞鼎力周旋。未几,魁暑假东归,张女恐其迎娶胡女,捷足先得一时,微服出门,携婢潜往,突登榆氏之堂,榆君乍遭此变,仓皇失措,黉夜携其子上城,背与胡姓议定,即日入赘,以绝张女之望。榆村之冒率可知。近因张女盘踞其家,责以大义,自谓生为张氏女,死为唐氏妇,言颇正大。榆村大为所窘,苦邀二三亲友,妥善排解。又出轩兄手札示人,扭为铁券,许君之来,原因在此,其归咎震轩,并责其蒙昧也。盖见事甚棘手,非一人之力所能致,苟不了了,恐此后诸多牵涉,于轩兄两有不便,许与轩君情关至戚,实亲爱之至也。噫!世风不古,渎乱人伦,女子不贞,宜其见弃。虽然,榆村之失大矣,诚使堂堂正正,问罪兴师,未始不俯首而甘为引退也。不此之计,徒挟旁人一纸之书,即为春秋一字之贬,何其误耶!治其丝而棼之,固其所已。

五日戊子 晴

晨,检惠民仓收租簿籍,送交新司事。开局称租,内有佃户王姆之尚欠札银,作数行字,以代舌并为附交。

周峜徐阿南田,前私与王姆之分种,旧年除过早晚租谷外,尚欠壹百捌拾陆斤,屡次向南催找,拖缓无期,后因姆之赴局,谓阿南之田,如改札归伊耕种,尾欠租谷当代找楚。凭众面议,允改立札。查原耕本一千五百文,申作一元五角,归姆之与南顶付,另加英洋五角,凑成新札耕本二元之数,其尾欠之谷,面付折英洋三元,又收小银圆七枚,据伊说洋一元,折谷五十四斤计,三元应申谷一百六十二斤,馀廿四斤,折小洋四角半,此外小洋二角半先归耕本。面订即日补交小洋三角,两款始得清楚。乃自冬至春,屡次催补,一味甜延,其人实刁巧已极。周峜各佃所找之租,每一元折谷五十斤,姆之果实意待人,旧冬如数找楚,不妨放宽一点。今彼拖延,其挟轮管隔手,囫囵朦混,固为意中之事。据鄙见折价,仍照周峜之数,洋三元当申谷一百五十斤,其三十六斤折作小洋七角,使欠租一边归楚,耕本净欠五角,俟姆之来交早租时,乞诸公催彼缴齐,以符佃札实数。非鄙人反复无信,实彼自贻伊戚也。是否,请高明裁之。

到馆授史学课。夕,在家算核义仓交代草付。宵,遣桾儿招做寿桃工匠,不遇。往返计数次。

六日己丑　晴

早晨,自往蒲梅家招之,约以下午。到馆授国文课。夕,在家督匠作就米桃,以数颇巨,按簿遣人分送,留十二份排架,送卫房宫祝寿,成兹粉饰之观。宵初,阵雨颇大,旋止。天热甚酷,排榻花架之旁,睡至夜半始入。

七日庚寅　晴

朝,备牲醴,往卫房宫祝寿。是年七巧福,余家值祭,同人均到。先君所叙长生福,值胡声石老伯家。到宫陈祭,余作赞襄。夕,阅《国粹学报》。薄暮,虹见。宵,设席招同人共饮,在座者李彬臣、公任叔侄,姜岳仙,金炼百,管中凌、丹三昆仲,洪晓村。胡家饮福,则遣桾儿赴席也。席散,往卫房宫观剧。

八日辛卯　晴

近午,丁田舟子庆浩来,出张震轩妹丈小简,谓本晚试新,邀余买舟赴席也。作书辞之。录近作。福润局送到《日报》,廿七日至七月初三止。孙中恺先生遣价来借《墨子间诂》。近为省垣大吏汇奏皇上,为仲容先生国史立传,检其平日所著诸书,备齐呈览,此书余未获藏也。作数语覆之:"《墨子间诂》一书,敝处未获赐存。是年刊刻,弟适假馆胡方谷先生家,以故未得藏部,郑一山兄处亦无存本。此覆。"傍晚,步行往丁田,以践尝新之约。中途见田禾黄槁,无活泼生趣,盖天晴已久,炎日烈烈,熏炙连旬,未经雨泽,虽野农桔槔,运水施之莫周,不知上天赐下甘霖,何日以慰农望已。抵轩兄家,恰上灯时候,顷之坐席,与余同座者张蓼洲先生,云汀、载旸、陈席儒诸君,轩兄暨寓甥也。设筵于廞隐园,桐柳阴清,紫薇花放,当风把酒,颇拓襟怀。

九日壬辰　晴

朝,在廞隐园与蓼洲先生暨轩兄坐话。夕,轩兄以下学期将届,编《左传》课本,定四大纲,细目数十条,尽觉揭要,其序计有二千馀言。余出近作改正。申后,告辞,步行而归,抵家已暮。宵,往卫房宫观剧。

十日癸巳　晴

到馆,朝,授修身课。曾昭仁、李涣文、鲍澍熄不至。夕,授国文课。李乃文不至。宵,过李玉君表弟家,闻吴伯屏为大顺昌班,在女学重地,违干例禁,私演淫戏,鸣公请究,大不理于众口也。

十一日甲午　晴

到馆,终日授历史课。鲍澍熄赴乡收租,不至。薄暮,过仲妹家一谈。宵,访周眉仙,遇之,包小亭、伍襄群亦至。

十二日乙未　晴。立秋节

到馆。朝,出信札课。《劝友人敦品行书》。并算数,随改随发。曾昭仁、鲍澍熄不至。夕,授历史课。宵,过李玉君表弟家,闻其欲遣人过南岸乔里收租,余家众租亦与同处,遂订明朝下乡之约。是日,为筹办劝学所事,准下午三勾钟,在明伦堂开选举总董会,城乡学界中人赴会颇众,投票公举。举郭筱梅者计若干票,举陈孟聪者计若干票。

十三日丙申　晴

天早,偕工人乘渡船过南岸,转雇河船往乔里前金二处称租。早禾薄收,所定早四晚六,收不及额。午后驾河船而出,转雇渡船过岸,迨起谷还家,日已西下。宵,过李玉君表弟家一谈。

十四日丁酉　　晴

到馆,朝授修身课,夕授地理课。宵,阅《日报》。

十五日戊戌　　晴

到馆。朝,出文课。《论孟兰会》。午后,访江笑梅同事,邀渠结核义仓诸账,约以明日。夕,授经学课。宵,月明如昼。过季妹家,转往稚菊处一谈,至夜半始回。

十六日己亥　　晴

朝,到馆,授经学课,改文课。夕,江笑梅来斟酌义仓账目,并嘱另为细核。宵,过季妹家,坐谈良久。

十七日庚子　　晴。末伏

是日,孙氏开吊,邀郑一山、方晓畦二君同去拜吊。巳刻,到馆授历史课。夕,俟江笑梅至晚不至。录近作。宵,往孙家饮开吊酒,阵雨旋晴,至二鼓始席散。

十八日辛丑　　晴

熊明府因亢晴已久,田禾将枯,拟行祈雨,出示禁止屠宰,赴城隍殿投牒。朝,到馆授历史课,作覆孙季芃门人书。夕,为义仓诸账未了,在家久俟江笑梅不至。张震轩妹丈往孙宅吊唁,顺便过访,谈顷返舟。薄暮,吴伯屏过舍,嘱余抄录《惠兴纪念祝辞》,并歌词数阕,以便交邮寄杭刊入《惠兴女学报》中。谈顷去。宵,过李稚菊处一谈。月有晕,余私揣雨师之降期不远也。

　　与孙季芃门人

　　芃弟左右:清和上浣十日,足下有山左之行,乘夜造庐,濒行告别,适贱躯负恙,发热出汗,不能晤叙,大觉歉心。今顽健如常矣,承询近况,深感眷注。但不急走笔,修我双鱼,身为馆课、家政两相羁绊,以故迟迟耳。足下襟期远大,志在四方,揽辔纵横,乘风万里,不徒遨游山水、振濯冈流已也。命驾巾车,停骖齐鲁。岱宗秦岳,寻秦皇汉武之碑;水绿明湖,践雨棹烟帆之约。千秋名胜,留待才人,天假之缘,夫亦三生之幸。昔司马子长,遍览名山大川,其文辞浩瀚,洋洋万馀言,诚得江山之助。足下振宗步武,无愧前贤,寄咏留题,特其馀事,具大气之磅礴,以展拓胸怀,经此名区,洵非易得。鄙人境历中年,躬撄俗累,精神日退,学殖渐荒,奈何犹冀不我遐弃,时寄琼章,使寂寞空山,闻清磬而破尘梦,幸甚!箬庼先生遽归道山,故国乔松,空留馀荫,乡邦文物,群失瞻依,东嘉学术,自此坠矣。天胡不仁,曷胜追悼!本邑亢晴,计二十馀日,河干水竭,陌苗将枯,此后秋收,不无减色,未知彼苍肯润泽生民,赐下甘澍否?日来游履,臻何佳境?念念。新秋甫届,残暑未消,挥汗濡毫,顺颂眼福。

十九日壬寅　　晴

朝,到馆,授国文课,录《惠兴纪念歌辞》交吴伯屏,写覆书与芄弟,交邮寄山东。夕,偕曾定甫先生、昭仁、鲍澍煃、李乃文表侄,往小码道乘舢板,登夹板船一游,船身宏敞,径六七又阔半之,名曰黄吉安。商船主人姓黄,司帐姓方,一年一度,到瑞已四世矣。日晚返舟。宵,过李玉君表弟家,谈久而归。是夜,有雨。

二十日癸卯　　乍晴乍雨

朝,到馆授国文课。夕,邀江笑梅君、李丽生妹丈到舍,核算义仓诸账,渐有头绪矣。馆人遣价来邀,谓篯宾近有烟癖,私出吸食,欲余往馆施驾驭之术也。以有事辞。薄暮,姚子琪来,取李竞植前所绘瑞邑村庄草图去。宵,阅《日报》。

廿一日甲辰

朝雨。到馆授经学课。午后,西北风骤起,雨势倾盆,河干水涨,没旧痕矣。农殷望泽,至此告慰,有秋可卜,天之爱民也厚矣。惟藏书之室庽漏不堪,幸早知觉,得免沾湿。薄暮,大雷,风始息,雨势则未稍减。宵深,雨过新凉,颇爽。阅《归震川集》张贞女等记。

廿二日乙巳

朝,到馆授史学课。崇朝大雨,势如倾盆,馆东款留,为藏书之室近苦鼏漏,未获先事堤防,恐遭濡湿,遂勉强辞归。孰知甫出门,街衢水溢,计四五寸许,足皆没踝而行。中途又遭骤雨,衣衫尽湿,此日苦况,有生以来未之历也。夕,阻雨不出,安排炉火烘焙诸书。宵,仍检点半置厨内,丙夜雨复大下,恐书漏透,坐守至天明。

廿三日丙午　　　乍晴乍雨

街衢积潦未涸,不到馆。检点漏湿之书,细加烘干,仍置书簏。宵,检阅家藏名人手札。

廿四日丁未

天早雨,巳刻放晴。到馆出信札课。《问友人连日大雨,田禾可庆有秋书》。随改随发。夕,授历史课。叶荟汀过馆。宵,检阅家藏名公手札至四鼓。夜小雨。

廿五日戊申　　　晴

到馆,朝补出文题。《方孝孺义不草诏论》。是日午后少雨见虹。夕,以诸生文法未合,又多闲冗之句,先握管就其草稿而削之,以为规矩。宵,往季妹家一谈,转过玉君表弟处小坐。

廿六日己酉　　　晴

天早,过玉君表弟家,与品莲和尚坐谈,近挂锡于绿屿乡石壁庵,绿屿与马屿高峇,相隔仅四五里,约秋季往高峇收租时,定来造访。到馆授修身课,出偶句课诸生,略指示诗法入门之意。夕,授地理课。吴子屏寄示近作诗三绝,颇有脱旧之语,然犹嫌近俚耳。

生未学诗,夫子所知也。昨晚李君杏塘强以伊友章君小照勒题,苦不可言,力辞不获命,勉写三绝以应。今早覆阅,憨气勃勃,自为捧腹者一勾多钟。兹录呈夫子一览,以分我笑。班门弄斧,颇亦有趣,然亦见生平时明知招怨,但自亦不解何以不能自已耳。此杏浦君所以目我为不解事也。诗如下:

世事纷纷乱似丝,欧风亚雨日相驰。先生知亦关心者,端坐从容有所思。

憨痴顽诞惹人讥,招怨多因论是非。那得如公看得破,松间独坐默忘机。

匡我助我惟有我,依人望人卒无人。独坐独思知独得,愿公珍此自由身。大风痴夕,清浊子伯屏造于西麓独立自由台傍之敬憩亭。

宵,阅《日报》。

廿七日庚戌　　晴。处暑

到馆,终日授经学课。丁田步连来,出寓甥札。薄暮,访江笑梅,闻其赴乡收钱粮账矣。余素不谙折算,义仓诸项细账静候江君,计有一月之久,至月望始来,欣喜过望,邀为复核,以全始终,以便交代,今又不辞而行,交盘之期一愆,同社之疑必起,中心愤恨,怒而不言,悻悻而返。宵初,默坐,为思仓事未了,有愧同人,辗转终宵,不寐达旦。

廿八日辛亥　　晴

天早,遣曾永锦门人向丰润庄借来英蚨二十翼。到馆,终日授历史课,并算数。宵,袖所录义仓各账往同丰南货店,托蒋冠臣先生覆算,至二鼓。又至李丽生妹丈家覆算谷数,至四鼓始归。

廿九日壬子　　晴

晨刻,同郑一山往家献之都戎家,为其□氏夫人送葬。福润局送到《日报》,十六日至廿四止。夕,抄录惠民仓细账,而收付大纲则全未核也。宵,李丽生妹丈来,为算结出粜,并鼠耗谷数尚未合式也,至三鼓去。

三十日癸丑　　　晴

以仓账未结清楚,不暇到馆。出文题,为诸生课。《范宣子让荀偃为中军帅论》。下午,李丽生妹丈为余覆算仓内诸账,终未就绪。宵,抄细账。

八　月

朔日甲寅　　　朝晴,夕雨旋止

终日抄录惠民仓交代总簿,并贴墙报,销细目各账。李丽生妹丈恐账项推算有错,邀蒋冠臣先生到舍同核。宵,继之以烛,至三鼓始就绪。是日,闻管竹君明经疾亟,于晚间辞世矣。余与竹君世交,一旦仙去,亲朋零落,不胜悼感!

二日乙卯　　　晴

终日在李丽生妹丈家,抄录惠民仓交代总簿,并核定各款收付总数已就,检点簿籍,欲付交新司事,因庙居不至,且日已暮,勉俟来朝。闻金荇舲先生于是日仙逝,先生与先君子交最密,性耽隐逸,昔年卜筑别墅于集云山,自号寄隐,后以家道多艰,徙居瓯郡,业医糊口,与余不相见者五六年矣。老成凋谢,言之黯然。宵,在李丽生家留餐,坐谈至三鼓。

三日丙辰　　　阴,间作数点雨

到馆终日授史学课,并授作诗之法。福润局送到《日报》,廿五日至三十日止。是日午刻,邀姜岳仙、金粹杰二君到庙,交惠民仓存款,并历年交代簿籍,计存典英洋七百零九元,现交廿六元五角六分五厘,又早谷一万八千零三十斤。宵,阅《日报》,成五言一律。

秋夜感怀

未脱书生气,牢骚每放歌。秋凉侵竹簟,夜影淡银河。友隔情犹密,心劳梦更多。躬惭无寸进,国事近如何?

四日丁巳　　晴

到馆,朝,补出文课。与友人论作诗札。午后,丁田步连来,出轩兄札,作书覆之。夕,课诸生温国文。

附

轩兄足下:来札领悉。弟为惠民仓瓜代,连日结算各款,颇觉辛苦,且誊抄簿籍,均系一手,手力目力,均为之疲。《诗》曰:"大夫不均,我从事独贤。"始信好事者适足自苦也。今毕事矣,惟报销之禀,未递尊处。八月初一会市,弟不叩府,正为此耳。《国粹报》第五期均未送到,本年不能按期寄下,未知何故。玉君好作牧猪奴之戏,得一着之输,实由自取。家母节前诸事,均赖专司出入,谕云中秋节后二十外,准定来尊府盘桓数天,日子另择,乞向吾妹致声。中秋夜月色如佳,弟当造庐聚酌。寄隈金老伯暨管竹君明经均已作古,人生泡影,及乐须时,故旧凋零,言之惨痛。专此肃覆,顺叩秋安。

五日戊午　　晴

到馆。朝补出文课,《书〈快哉亭〉后》。夕授修身课。抄报销仓款四柱交代清册。宵,阅《日报》。

六日己未　　晴

到馆终日试验修身。问:宗族姻戚皆须和气,何欤? 授经学课,添《论语》一科。作义仓报销禀。午后,补写义仓四柱清册并禀,随时往县署投递。公事已毕,中心快然。薄暮,过赵羽仪妹丈家坐话,留晚饭。过叔玉处,遇□□龢元君,坐谈至三鼓。

七日庚申　　晴

到馆,试验经学。问:人能厚重,始有威仪。孔子曰:"君子不重则不威,学则不固。"故知品节详明者而德性乃能坚定也。试广其说。终日授史学课,并算数,改文课。遣西北院夫往高等学堂吴伯屏处,取来《小学乡土历史》一册。薄暮,虹见。宵初,阵雨旋止。阅《儿童矫弊论》。夜,小雨。

八日辛酉　　晴

到馆。朝,试验史学。问:英宗北狩,误之者谁欤?温习国文。午后,过孙经畲处一谈。夕,授国文课。阅《国粹学报》。薄暮,遣桐儿往周眉仙君家,取来《惠兴女学报》,计四册,盖吴伯屏所赠也。宵,李友樵内弟过舍,坐谈近日家事,极形苦况。

九日壬戌　　晴

先伯祖忌日。到馆。朝,试验《左传》。问:宋宣公不立与夷而以位让其弟,穆公不立公子冯而以位还其侄,二公所为,于天伦中两无所愧,乃前人尽相爱之情,而后人兴争夺之祸,岂其中有未尽美尽善乎?试明其故。问:子囊谥之以共,其得当否?授修身课。午后,族人增枬、桐昌来邀余,往沙塘底某山查勘,订以明日。夕,仍授课修身。宵,阅《日报》。

十日癸亥

朝晴。到馆试验修身。问:世人往往只知有家,而不知有国,爱身私也,爱国公也,二者之间,试明其利害之所在。授经学课。福润局送到《日报》,八月初一至初三日止。午后,族人增枬、桐昌邀余往沙塘底某山调查祖坟。买舟而往,至中流遇雨,不果。过城隍殿避雨。申后,天霁始归。宵,阅报。

十一日甲子　　天早虹见,雨

到馆。朝,试验史学。问:英宗北去,命郕王继统,有合理否? 问:景帝之废见深,而立见济,何意? 终日授史学课,并算数。阅《国粹学报》。宵,过玉君表弟家一谈,闻渠近日溺志樗蒱,屡次而北,所负计有一百六七十元之谱。吾谓好此事者,有损无益,耗废精神,虚掷时日,且银钱浪费,必罄床头,将来罗织穷搜,不至达于极点不止,玉君蹈此可惧已。

十二日乙丑　　晴

到馆。朝,试验经学。《论语》云:"有朋自远方来,不亦乐乎?"此才学之广,所以名倾遐迩也。今之人不求所学,徒务虚名,自丑不知,群皆指摘,远者且然,况近者乎? 乐耶? 苦耶? 试举其情以答。授诸生国文课。夕,授修身课。阅《草莽私乘》,得五言律诗□首。轩兄遣步连送中秋节礼,并附来函。宵,过周眉仙家坐谈良久。

宵深雨过

一雨晴还好,声声乱野虫。庭花开夜露,阶叶陨秋风。境静眠初觉,诗成愧未工。天涯知己感,两地印心同。

山居

独得山居乐,吾生不慕华。评花常把酒,扫叶为烹茶。思构林间屋,嗟乘海上槎。渔樵真我侣,啸傲托烟霞。

十三日丙寅　　晴。白露

先伯祖姒忌日。到馆。朝课诸生温积熟,阅《无邪堂答问》;夕出文题。《建文恐自负杀叔父之名论》。阅《春融堂使滇日记》。宵,阅《日记》。

十四日丁卯　　晴

节假,不到馆,在家中阅《杜诗详注》。余家此节无收入之款,以故分拆者无几,家道艰难,谋生无力,始叹拘于墨守者,适以自困也。中心彷徨,竟日不已。震轩妹丈来,邀余往其家赏月,订以明朝。薄暮,高乔陈上量来。宵,往李玉君表弟家坐谈至二鼓。夜起,成七言二绝句。

秋夜睡起

竹榻安排睡未成,秋风一枕嫩凉生。庭前留得残荷叶,疏雨宵听三两声。

北斗疏星转夜深,半轮落月照墙阴。不平似我虫能解,为抱秋心太息吟。

十五日戊辰　　晴

朝,录近作。福润局送到《日报》,初五日至初十日止。午后,丁田轩兄遣步连来舍取肴馔,为釜甥观我朵颐之食,余偕往焉。中途雷声隆隆,北山挂雨,幸为南风所抑,故无一点沾湿也。申后,抵妹家。入门甫坐定,而雨如倾盆矣。宵初,团坐饮酒。是时晚雨初过,积云未散,饮毕始云开见月,与妹丈暨诸甥儿女露坐清谈至三鼓。

十六日己巳

朝晴。在丁田与轩兄坐论,出所录江湜题壁绝句相示,嘱寓甥一录。午餐后,轩兄乘河轮赴郡,余亦欲归,旋闻雷声,西方黑云迭起,暂留片顷。申后,虹见雨止,始步行还家,时已薄暮。宵,开筵赏月,合家团坐,放怀快饮,洵天伦之一乐也。

去长林留题寓廨壁有序

长林旧无题名,不知前人姓氏,有居邻言,幼时曾见数官,大约来时肥去时瘠,来时舆去时步,有以乌靴来,而草鞋去者。又积弛二十馀年,而余来承乏,明日去官,并草鞋不办矣。此邦士林,乃争为余买舟治装,各为诗文赠,情长语挚,或载酒肴就饯,并临歧殷殷致送。以余拙劣,何以致兹? 留题壁间,以志厚幸。

一官困我已经年,得去生机喜再延。两脚尚存终一走,不愁难办草鞋钱。

不自知愁友代愁,士林争为买扁舟。人情厚处难为别,到得行时却愿留。

十七日庚午　　雨

高王父忌日。到馆。朝,验史学。问:于谦之死,其由己乎,人致之乎? 试明其故。终日授史学课。阅《右台仙馆笔记》。宵,天气较凉,阅《陶渊明集》。

十八日辛未　　雨

到馆。朝,试验国文。问:霍光灭族之祸,已兆于骖乘之时,信欤? 终日授国文课。阅《右台仙馆笔记》。宵,天气颇爽,挑灯阅《杜诗详注》。

十九日壬申　　阴,间作微雨,天气极凉,身穿袷衣

到馆。朝,试验修身。问:登山观水,何以有益于人? 授修身课。午刻,震轩妹丈自郡学寄函,云千顷堂书庄寄到郭茂倩所辑《乐府》,刻已向渠论价,幸已就绪,邀余是否作覆,即写寸笺,交协兴信局寄郡。顺途过广明社小坐。夕,出信札课。《与友人论定钟表读书札》。随交随改。薄暮,过赵羽仪妹丈家小坐,留饭,谈久而归,过周眉仙处一谈。

本晨接读尊言,均悉。弟于十六申刻雷停雨止后,即时动身步行,抵家已薄暮矣。十七八两日,秋雨连绵,闷人实甚,闻郭氏所辑《乐府诗集》,千顷堂书坊刻已带来,承兄费神,得与论价,幸已就绪,但书贵一时未备,当即挪措,烦兄先向书贾一订,

准定廿二日备洋寄存兄处，以便往取，不致再为他人捷足也。广明社《学报》尚未寄来，憾极，姑俟明后日消息，如何？

二十日癸酉　　晴

到馆。朝，试验经学兼舆地。问：华督弑君，而诸侯不声罪致讨，反受其赂，甚至有纳郜鼎于大庙者，岂诸国讨督之罪，力有不足乎？抑皆篡逆之辈，而愿与同心乎？试论其是非。问：伦敦为英国之都城，有何景象？其中商埠属何方向，曾否衰盛？并为明之。问：英国矿产如何？至其民族与其性情以及宗教，并为详之。授盲左并算数，竟一日之课，读《毛诗》兼录眉批。丁田大妹遣步连来，并出甥函。宵，阅《右台仙馆笔记》。

廿一日甲戌　　阴雨，云罅间时漏日光

到馆。朝，试验经学，问："见义不为"，讥其无勇，试论其弊。授史学课。午刻，过西北毅武女学一叙，季君栗卿谓下学期女学生较少八人，计在堂者共二十馀人。转过西北小学一坐。旋往馆授史学兼舆地课，改文课。薄暮，过赵羽仪妹丈家，仲妹留餐。宵深，天雨极大，余无雨具，妹遣上埠女媪往家中取之，并邀桴儿来伴归，时钟十二下。

廿二日乙亥　　阴，日暂见

到馆。朝，试验史学。问：王守仁所主何学，其功勋若何？并为明之。问：兴献典礼所定若何？授国文课。福润局送到《日报》，十一至十四止。午刻，向金秀钰假来英银二圆并小洋二角，凑成英洋三元小洋四角，写函交福润信局寄郡中学，存震轩兄处，以便转付书价也。夕，授修身并算数，改文课。宵初，双目焦燥，胸膈格格不快，恐用心太过，又成疾病，勉强出门，过玉君家一谈。闻丁田张友夔上舍有事上城，中途为尸亲所遇，扭送交差，当面受辱，不堪言状。是日，熊令即鸣梆传讯，高坐大堂，向渠问话。张君无多口供，遂发落捕厅看管。衣冠扫地，莫此为甚。余为推究原因，其中有别故焉。八月初

一,为丁田会市,崇神演剧,颇觉热闹,博徒每乘此机,设场局赌,以收巨利,友夔则为之倡。有某甲者,系城中人,与丁田村妇有染,计有年矣。而妇所私之人,不止一夫,与妇后私之乙、丙,因起妒心,乘间结恶党数人,伺甲欲以毙之。狭路相逢,拦殴毒打,甚至扭断阴囊,登时即死。时,乡人以人命至重,共议私和,向友夔之赌局贴集英洋五十元,以了其事,磋磨良久,所亏者惟五六元之数,友夔坚执不允,致尸亲愤激,骑虎难下,来城指名鸣官,谓张某设局,聚赌酿成人命,官竟批准出票验收,遂至一溃不可收拾。渠今日受此大辱,盖由此耳。余因断之曰:某甲本以奸起衅,受妒奸者击毙,与友夔诸人无干,友夔虽无罪而开局肆赌,不自检束,受祸招尤,亦自取也。《书》曰:"自作孽,不可逭。"信夫!

　　震轩妹丈左右:前奉覆辞,谅已登览,兹寄奉书价英洋三元、小洋四角,乞察收。该书购来,或暂存尊处,俟星期日带来可也。洋收到时,即赐覆音,以免错误。至嘱。广明社弟已问过,《国粹报》本年份洋已汇付上海矣。下躺准定寄到,此布。

廿三日丙子　　晴

到馆。朝课诸生温积熟,夕出文题。《君子食无求饱论》。阅《春融堂滇行日记》。薄暮,季妹归宁。宵,倦早眠。

廿四日丁丑

晨阴。震轩妹丈自郡托李君墨樨送到《乐府诗集》,共十六本,计一百卷。续又福润局送来覆函。已刻小雨,寓甥偕步连驾舟自丁田至,慈母即时检点行装,驾棹而行,余亦随侍。午刻,抵妹家。饭后,欲辞母归时,雷鸣雨下,天色沉黑,不得返。宵,闷雨,阅《铁花仙史》。闻蓼洲先生于十八日无疾而终。先生喜植花木,耽咏诗歌,此外无他嗜好,年逾周甲,倏尔仙去,其殆有凤根欤?

廿五日戊寅

晨起,晴。写覆函寄轩兄,交夏佩哥带郡。

　　轩兄左右:昨晨由同丰送来《乐府》一部,已收到矣。信局覆札,续又展读,费神,谢谢!巳刻,窝甥泛舟来接家慈,弟即与偕行抵府,日恰午正,饭后东北风起,闻雷下雨,不得返辔,勉留尊府,过宿一宵,今早拟归家矣。友夔赌博一案,二十日因事赴城,旋为尸亲所值,中途邀差即行扭送,受辱一节,自不待言,衣冠扫地,莫此甚矣。闻是日扭县送押时,熊令高坐大堂,传呼问话,友夔无多口供,兹寄押捕厅矣。近有人连日托秋门叔代为料理,老人家以其平日跋扈,目无长上,甘作旁观,概不之允。兄今在郡,不与闻其事,无怨无德,进退自如,一大幸也。尊意以为然否?蓼洲先生于十八日无疾而终,此老具有宿根,自在登天,超出尘界,诗言巳兆,惜少一倡和人耳。秋风透爽,灯火可亲,夜静挑灯,悄无俗响,洵读书者之一乐。此肃。

　　巳刻,同步连步行还家。孙延曙门人过访,遣仆持赠仲容先生所著《周礼正义》十二册,为酬昔年校勘之劳也。不值,遂去。午刻,阵雨,旋霁,设筵会叙,到者孙中恺、吴伯屏、叶云村、家毓卿、李巨文、鸿文二表侄、叶寿如丈、更今二人不至。席散,时已申后。闻更今前患痢症甚危,今渐痊可,过其家问疾,适张松如医士来诊,同坐清谈良久而别。途中遇江笑梅,因渠所欠仓款八元之数,谓余核算有误,邀至家翻簿籍覆算,并邀丽生同核,余所错者计二元左右,而渠应我出者尚须五元五角之多,幸余犹有底稿,不然必遭赔补也。甚矣司帐难也。宵雨,阅《日报》。

廿六日己卯　　　阴雨

到馆。朝,试验经学。问:卫献公纳孙宁二大臣饮而日旰不召,其故何在？问：少师已死而楚谓随未可艾，何故？午刻，协兴信局送到轩兄函，中附《述学吟》长歌，并同人和诗。诸君于课馀之暇，倡和联吟，此乐此情，何羡如之？恨余身遭家累，不能快遂所愿，信才人福命，不易得也。夕，授《左传》。宵，阅《日报》。孙延锦门人，平日读书不肯用心，较之去年怠玩尤甚，假馆其家，受其父之托，每当课暇，苦口危言，舌几为之敝矣。昏昏终日，醉梦奚如，甚至客岁课文，经余删改，另本抄改，无复匡庐之真面目者，且舛误太多，其害甚大，似此作为，真自暴自弃之流，洵乎不足与之言矣。圣人云："不愤不启，不悱不发。"余非不屑教诲也，无如"朽木之不可雕"何？甚矣教子弟之难也。

廿七日庚辰　　　阴雨

曾王父生辰。到馆。朝，试验经学，问：《关雎》乐而不淫，哀而不伤，《风》诗中有可证否？并史学。问：杨继盛之劾严嵩，其得当否？授史学课。见延锦恶习尚不知改，特书数十言于粉版以为警。

　　本塾课约定于每日考问，实热心以望诸生，较之学堂尤为密切。乃诸生中竟有违约者，遇平易题，即草率了事；遇曲折题，虽伸纸握管，半睡半醒，至午尚未见交缴者。此等读书，纵日在塾，随声附和，一如木偶而已，尚何益乎？况当课文之日，非讨寻旧作，即抄袭成文，屡次责言，竟不知耻，试问父母望子成业，不知若何之殷，为人子而甘蹈此，师长无足论，对之父母，于心安乎？少年如此，到老可知；自待如此，视人可知。仆假馆将及二载，旁听者犹有进步，当局者反故我依然，余故自问，何颜以对馆东？时近隆冬，为时无几，我分略尽，渠竟不悛，苟其知戒，于我无所荣，苟不知戒，于我亦无所辱，只自尽其天良而已。爰书数语，以代舌劳，以伸愤懑，悬诸座右，以励其馀。

午后，福润局送到《日报》，十五至廿三日止。广明社寄来戊申

《国粹学报》第六册,其第五号久未寄到,主人谓已失落,俟购偿也。得姚子琪书。夕,不到馆。伍宝滋表弟,因旧年所叙单百之会,改设五十,适当是日,开筵收款,余婉辞不赴。宵,阅《日报》。

廿八日辛巳　　　阴雨。秋分

到馆试验国文。问:自暴自弃之人,尚有法可以挽回否? 终日授国文课并算数。成挽金荇舲先生联,和刘冠山景宸《秋怀》、《赏月》二题韵七言四律。宵,推敲良久,无生新意,不敢下笔,至五鼓始起,挑灯改易数联,觉所得之句,大胜于前矣。

廿九日壬午　　　晴

晨,袖和韵诗,并挽金老叔联,谒洪栋园师呈削。洪师代易律句十馀字,联语又改廿馀字,较为熨贴。不亲道范,忽已五年,好为人师,自矜自满,一经斧削,误悔从前。圣人云:“学如不及,犹恐失之。”非虚语也。到馆。朝,试验修身。问:中西之学可参用否? 授修身课。午刻,抄和韵诗,并作函覆之,寄郡呈震轩妹丈,交福润局带上。夕,出信札课。《与温郡友人论河轮与河船之迟速书》。随时改削。授四子书。宵,往李彬臣表兄家借纬帽,留晚餐,谈至夜深始归。

　　挽金荇舲先生联

　　鲤庭叨对,袖简犹新,忍看父执凋零,墓草长埋,孤露倍增风木感;鸿爪留题,雪泥已杳,为溯愚溪畅叙,桃花依旧,集云无复足音来。先生昔构别墅于集云山中,徧植桃花,自号寄隈。骏曾造访作竟日谈,有《集云看桃》诗六首。

　　秋怀和刘冠山景宸韵

　　英雄事业付沙淘,为写深情托素毫。技小雕虫嗤我拙,才推绣虎让君高。终羞李广无奇骨,愿学陶潜作酒豪。谁是秋江仙客侣,乘舟泛月着官袍。

槐叶风光过冷淘,入秋清景助吟毫。举杯放饮愁城破,拔剑长歌天宇高。处世恒多尘俗累,此心未脱少年豪。竟陵夜集严诗律,让尔先鞭夺锦袍。

附原韵

一奁皓月净于淘,喜把清光入粉毫。佳夜况逢凉雨歇,朗吟欲遏彩云高。偶随烟景还乡乐,未减风尘作客豪。回首去年今夕燕,酒痕和露浣征袍。刘冠山

清宵百感逐波淘,犹惹闲情入兔毫。遥忆故人千里隔,时凤轩赴粤自沪寄书归。起看秋色一天高。湖边列坐凉初拂,病后传杯饮不豪。惟爱谢公牛渚咏,新诗如听郁轮袍。刘次饶

大江东去浪沙淘,偏有幽怀托素毫。佳句如观秋水朗,长吟恰对月轮高。愧非张绪三河少,输尔刘郎一世豪。太息神州丛外侮,愿移诗笔赋同袍。殷隐子

年来心事付沙淘,愁绪纷纷绕紫毫。千里故乡尘梦断,一天秋气月轮高。吟边强病酬诗债,醉后狂谈仗酒豪。又是西风催落叶,空将客泪湿征袍。吴寅斋

和刘君冠山八月十六夜赏月偶成韵寄赠震轩妹丈

静闻广乐奏钧天,依旧蟾光十倍圆。今夕杯盘欢老稚,自君家归,是夕开筵赏月。此身尘网脱机缘。檐收残雨犹馀滴,傍晚小雨旋霁。衣袭轻寒异压绵。独抱高山流水志,憾无知己和琴弦。

宫阙高寒敞九天,银盘光挹露珠圆。莼鲈吴下谈乡味,梅鹤山中结宿缘。竟夜阶虫如叹息,经秋堤草不芊绵。羡君觞咏通宵乐,愧未依声续管弦。

附原韵

昨夜冰轮迥碧天,今宵依样十分圆。喜调鲈脍开清燕,漫

抚鸿泥忆旧缘。洗盏高堂歌美满,传杯诸弟话缠绵。灯前况对痴儿女,合有新诗付管弦。刘冠山

　　昨夜霓裳奏九天,广寒宫殿大团圆。应添世界无穷恨,漫续人间未了缘。晓露芙蓉浑似玉,秋风杨柳不吹绵。客中最怕干闲事,一任瑶台自管弦。吴寅斋

　　皎皎银蟾挂碧天,飞觞高咏玉盘圆。一家具庆无双乐,八斗清才有宿缘。酒暖三杯如挟纩,秋深半臂未装绵。新诗示我饶真趣,合付红儿韵管弦。瓯隐子

　　轩兄左右:廿六日接到手札,并赐示佳章,盥诵一过,殊令人眉飞色舞矣。兹先奉上拙作和韵四律,乞为登收,下里巴吟,固不足动君子之听,尚望斧正为幸。《述学吟》刻拟下笔,容俟数日后脱稿录呈,未知如成完璧否?昨广明社送到本年《国粹》第六号,谅渠亦寄递兄处,中有夹单,据说第五册想已失脱,即行购补,姑试听之。孙中恺兄因赴会之便,持赠《周礼正义》一部,计十二本,系光蜡纸刷印,但所镌属铅板,其质甚劣,字多脱落,颇为可惜,然获此巨价新书,所幸何似,亦为昔年躬效校勘之劳,有以酬我耳。知心良友,益我多矣。家母在尊府盘桓,计过数天,诸多滋扰,感甚!连朝阴雨,不堪沉闷。午后,忽放晴光,为之一快。积日未通音问,想课徐之暇,同人觞聚,锦囊中定增许多佳句矣。肃覆。

九　月

朔日癸未　　　天早,晴旋雨

陶尖圣王诞日,各庙首事均来贺寿。郑一山兄邀予同家友槎、

吴丹臣、姜岳仙到庙陪客。午刻,丁田步连来,出甯甥函,作书以答。一山来催饮酒,草率书就携去。夕,阅《日报》。宵,往陶尖庙观剧。

甯、宬、豊三甥儿青览:今午接到来函,一切都悉。宬甥画笔,极有秀逸之气,可喜。令尊于廿五日自郡寄到手札,并和诗数首,愚昨夕已和就数章寄郡呈交矣。孙中恺先生来饮会酒,当筵持赠《周礼正义》一部,计十六册①,因酬余昔年校勘之劳也。外祖母在甥家盘桓,代为告禀,不必挂念家事。愚自当平和处事也,但自憾家累多端,日夜焦灼,终费心力,目光为之一减,精神亦不及从前。汝辈读书,趁此青年,不可懒惰,努力以图,学殖滋培,宜防荒落。至嘱。

二日甲申　晴

朝,往惜字局,同李彬臣表兄称收字纸。杨稚田先生亦至,得石印《月令粹编》一册。午刻,供膳送局,留同事午餐。夕,携榆儿往陶尖庙观剧。宵初,瑞郎族叔为鹤山派下之众,上年失值办祭,今邀族长等婉劝其同房桂芳、寿仪、庆来诸人,平均轮值,都已允许,特借余家设筵招饮,以了其事。余恐彼此将来复有翻议,面立执据字样以为券,至三鼓始就。席筵散已四鼓。夜坐不寐,成挽管竹君明经联。

三日乙酉　晴

到馆,试验经学。问:春秋翚帅师葬原仲何意。课诸生温国文。午刻,邮局送到李再民表侄书,附省城法政学堂添招校外生章程,计一学期缴学费洋陆元,邮费在外,讲义按月寄到,设此一科,为将来宏达起见。再民谓余热心教育,所以来劝报名入学也。深恐近来新政,朝令暮更,徒费银钱,且无所益,况当局添此名目,亦不过为敛钱

① 底本上月廿五日、廿九日均言十二册,此处说十六册,似笔误。

计,寄以讲义,无异报章,纵有试验之时,山川迢递,应课应考,终居下乘也。中心狐疑,不能自主是否,尚未作答。池仲鳞明经过访,谓友夔在押,恐失冠裳之体,闻轩兄来城,欲一相见,拟合力出为调停也。谈顷去。夕,授史学兼舆地。宵初,雨。身倦,伏枕颇早。夜起,嫌挽管君联语未见熨贴,再加斟酌,易去十数字,始安。

四日丙戌 晴

天早,袖挽管君联谒栋园师,惟代一山兄作之联,改易过半,始叹学力不易得也。到馆,试验舆地。问:大清先世若何?其国号有何改革,系何君长?并为明之。问:大清先世建都,其所辟之土大小若何?并为明之。授国文课。午刻,邀山兄书管君挽联。夕,出文课。《郑人取成周之禾论》《尹公佗背师射公孙丁论》。福润局送到《日报》,自廿四起至廿七止。薄暮,邀人购采旧式书厨,过仲妹家一坐。宵,微雨,阅《日报》。

挽竹君先生联

世交缔两叶,于义则友,论长则兄,羡故人风尚耕云,祖德可宗,出岫无心甘息影;晦朔纪仲秋,君以此终,亦以此始,忆客岁筹添大衍,联诗附和,流光回首已成尘。

代郑作

哦松寄意,自知余不负丞,平时萝薜关情,人似幼安,高隐竟成孤鹤志;学易假年,所惜命限于数,曩岁屏帏宛在,才非逸少,题名难媲换鹅书。

五日丁亥 阴,间作数点雨

余生日也。到馆。朝,补授经学。午后,阅《日报》。夕,补授修身课并舆地、算数。宵,挑灯欲作《述学吟》和诗,心绪不清,遂搁笔。改黄庆润门人卷。是日,曾昭仁上郡,往亲戚家送葬,不来上课。

六日戊子 晴,间作数点雨

先大父生辰。招泥水匠补葺书室,兼修正屋,在家督工终日。宵,过季妹家一谈。

七日己丑 晴

天早,访王玉卿,为旧款未清也。余前举行抬廪,曾托玉卿向王竹君处假来英蚨五十翼,已付过本洋四十元,计转过三次,息洋付过二十馀数,今则本银一十元,息计五六元。竹君心甚狡狯,欲将予款移抵婴堂欠项,洪师前日道及,予心不平,欲访玉卿,意将与竹君兴问罪之师也。特为致声。到馆。朝,试验修身。问:学问无穷,而岁月有限,人将何以处此?随交随改。授四子书。午后,作书寄杭,交李彬臣之喆嗣再民表侄,并管杏浦姻兄,余愿为法政校外生,嘱其代垫学费,并为周旋也。过李彬臣表兄处,袖函托其合寄。夕,授盲左并补修身。宵初,赵羽仪妹丈来,谈久而去。过稚菊处小坐,转过眉仙家一谈。

再民表侄览:初三日展诵华笺,并法政校外一切章程均悉。辱承厚意,铭佩莫忘。法政一门,凡为士绅随幕,宜加研究,从前自命儒士,务求章句,徒事咿唔,甚至墨守过拘,冀名场之命中,刑名法律,都不讲求,即获魏科,而博一官,无吏治之才,挟书生之气,人民社稷,其谓之何方?今宪政萌芽,修明政律,讲习吏治,设以学科,将洗旧而新之,欲期桑榆之可补也。多士如卿,应接不遑,法政学校之开,已周一载矣。兹又添设法政校外生一科,当局望法政之发达也,周而且详。为国士者,当体设教之心以为心,但鄙人身逾不惑之年,精神日减,不自量力,妄思求新,不知老妇施妆,适形其丑,当前献技,为可笑耳。兹奉上三代年貌籍贯一纸,乞向该处照式填写,其学费英银六圆,并邮费五角,为数无多,交邮甚嫌周折,刻与令尊关说,乞贤侄暂为代移,或向管君杏浦处暂为代垫,俟竹君先生世兄黼翰事毕赴杭,托其如数带缴,决不食言,此事实属两便。至照片,一时摄影无人,如其急需,俟下躺寄出,未知嫌太迟否?是否,乞赐一音。此节若得妥当,该堂课本或由堂直接,或由足下领寄。千万代为措置是祷。专此手覆,顺问日祉。

杏浦姻兄左右:法政今设校外生一门,弟不自量力,尚学东施而效颦者,倘舍表侄再民学费未能周到,祈足下暂代转圜,照片未到,亦乞代为担认。仓事已毕,计存英洋七百零九元,又现交廿六元有奇,又存仓早谷一万八千馀斤,知念附闻。肃上。

八日庚寅　　晴

到馆。朝,试验舆地。问:阿非利加之地界。问:尼罗河其源何在?至其所流入之地。并为指明。问:非洲之地属何带?四处之地有肥瘠否?问:非洲人民系何种类?所奉之教其民均一律否?问:三甥谏邓侯杀楚文王,邓祁侯不之听,岂三甥有恨于楚而故害之乎?抑见楚子鸷悍终为邓危而心殷保国乎?孰信孰疑,试为折衷。授史学课并算数,竟一日之课。宵,过仲妹家一谈,约羽仪妹丈诘朝重九登山之约。

九日辛卯

先大母忌日。天早阴,巳刻,同赵羽仪妹丈出门游眺,中途遇雨,将近隆山寺,强步登高至其处。遇汤□英小尹。是日,各商家竞备牲醴,上山致祭杨府爷,往来之人,络绎不绝。余徘徊其间,登观海亭,过钟楼,钟形宏大,悬诸梁间,几若不胜力者,志其年月,乾隆十八年铸也。近午下山,过羽仪家留午餐。天雨渐大,恐见阻,遂归。夕,阅《日报》。宵,阅《乐府诗集》,此书计一百卷,洋洋大观,古今乐章,无体不备,古音古节,按拍皆符,果能用力于斯,挖雅扬风,岂有让美于前哲乎？读不释手，遂至四鼓。

十日壬辰　阴

到馆。朝，试验修身。问：人生以寿为贵，使其人寿而且康，一生毫无学问，绝无善状，其亦可贵否耶？授修身课。午刻，雨旋止。福润局送到《日报》，八月廿七至九月初六止。杨家桥人来取蕙女庚帖，为陈国珍之第三子作伐。丁田轩兄遣步连送来糕盘节物，作书覆谢。夕，出信札课。《托表叔购皮鞋书》。随交随改。授经学课。薄暮，闻李友樵内弟，与醉石有析爨之举，向裕泰磁庄购来荷叶式碗三付，并红烛，送于其家。俗语碗者稳也，烛者足也，故二物取以为赠，此亦未能免俗也。宵，赵羽仪妹丈来，谈顷而去。

震轩妹丈左右：惠赐刘题之糕，谢谢！前奉拙作，草率之笔，以吾兄素知，冒昧录正，乃转付之刘君，信手抄阅，适足滋愧。重九佳节，天早偕羽仪兄登隆山一眺，至中途忽遭霹霖，强步而归，未能畅厥所怀。下午，本拟叩府省母，因雨缠绵，以故中止，歉甚憾甚！明后日如得晴霁，当拨冗一省也。《述学和吟》将脱稿矣。但为韵所窘，其中情致恐欠熨贴，是宜加意推敲，容俟审定录呈。昨宵不寐，挑灯夜起，展《乐府》而读之，大得旨趣，且此书计数一百卷，洋洋大观，古乐源流，无美不备，若能致力于此，歌行诸体，不难深入堂奥矣。吾兄以为然否？《左传经世钞》空白一本，晋郡时乞交邮寄下，因姚生子琪俗版本自杭寄来，将下笔补抄也。弟家藏盲左旧本，实阙何卷，其数若干，乞示知。翻阅日久，不免遗忘，勿以得鱼忘筌，见责为幸。附上李蔚文表侄来函，乞登收。贵恙须静养数天，当占勿药矣。肃覆。

十一日癸巳　晴

到馆。朝，试验经学。问：犹是儒也，或为君子，或为小人，有何分别？

授盲左。夕,仍授《左氏传》,并算数,改文课。宵,阅《乐府诗集》。夜起,成《和述学吟》古风一章。

十二日甲午　　　天旱,虹见,小雨,旋晴,热如庚伏

为叶姓会银未收,访杨君雨村,嘱其致意寿如丈,早日缴付下家,杨盖为叶司会计也。到馆,曾昭仁来受课。朝,试验经学。问:颜子好学,有何可证? 终日授历史并舆地,改文课。薄暮,过岳母处,及诸内嫂家小坐,为昨夕分爨,先后往其家道贺。时友樵内弟赴闽未返,两内嫂向余云:家遭不造,积产空空,鼎峙三分,遽行析爨,蹄涔勺水,恐不能支,其奈之何? 余闻之怅然,坐久而返。宵,月色明亮。过季妹家一谈。

十三日乙未　　　阴

到馆。朝,试验历史。问:东林诸贤何以招人所忌? 问:齐楚浙三党倡者何人,和者何人? 试为详之。授国文课。午刻,过大兴祥布庄,得蔡宗礼门人自杭省寄问起居书。广明社送到本年《国粹学报》第七册,并补寄前期第五号学报。夕,授修身课。薄暮,过赵羽仪妹丈家,仲妹留余晚餐。饭后,黄畅如来谈,邀余同过唐叔玉孝廉家一坐。黄埙来在焉。茶话间谈及张女结褵之事,盖唐榆村于是月初旬,为其子魁与张姓女完姻,胡家女之父兄闻其背议,仍行正式礼,遂兴问罪之师,愤往浦北唐宅,大肆咆哮,破毁什物,并责其居心狡诈,骗娶其女,两聘正妻,大干禁例,当赴公庭,直诉其事,以听长官断,如不得已,以免出丑,宜应前言,拨分家产傥居而自成一家,以为赡养之计,事可暂了,不然鸣鼓而攻,决不汝恕也。近闻洪君中芙欲调停其事,拟邀魁君寄函于胡家女,遵守原议,叙厥旧情,认为正室,曾否见许,未可预知,然此事未易平也。噫! 榆村小人也,惟知其利,不恤家声,始以张女不贞,力倡悔婚之举,继以张姓多财,心艳其富,袒张而抑胡,

实昧天良之甚。似此作为,置其子于何地?《传》云:"物莫能两大。陈衰,此其昌乎?"张、胡二女,势不两立,唐室之衰,其将不远,榆村父子自此之后,欲其高枕无忧得乎?夜归,阅《国粹学报》第七号,缺美术篇第一幅。成五言二律。

> 不寐

> 深夜披衣起,残灯剔短檠。入秋边雁到,将晓寺钟鸣。志不输宗悫,心难慰向平。西风催鬓白,老我太痴生。

> 偕寯甥随慈母泛舟往丁田

> 天伦方叙乐,侍母驾轻槎。浅碧浮萍叶,疏红认蓼花。鸟声催客棹,秋色遍田家。指点前村路,到门日已斜。

十四日丙申　　阴

是日,管仲凌为其兄竹君先生开吊,予偕鸿文表侄往其家吊唁。巳刻,袖缺幅之《国粹报》往广明社一换,尚存全幅一册,幸而得之。公权亦以缺本来易,捷足先得,何快如之!到馆课诸生温积熟。下午,文课,因篯宾感风不上课,且赴管宅饮酒之约。出题交诸生居家作之。《宋向戌责仲孙蔑美其室论》。遂往管君处赴席,在坐者李漱梅、姜岳仙、蒋中笙、金慎三、涣文义儿、鸿文表侄也。宵初,阅《日报》。更深,榆儿因食过多,且中风寒,腹饱作痛,身汗涔涔,口甚焦燥,而牙关微作噤状。余与内子中心惊颤,即遣梓儿往邀稚菊来诊。时已深夜,叩门不应,徒劳往返。久之,呕出积食,始神清气爽,汗亦旋收,盖自吐后,眠息如常,而我与妻心始安矣。

十五日丁酉　　阴,日暂见。寒露节

是日,乘丁期休息之暇,侵晨往丁田省母。中途遇张仆步连,将往余家,袖出轩兄来函,云前日患痢,今已减十之八九,但精神未复元耳。家慈日昨耳后陡形浮肿,今邀本地黄先生用菊花叶敷治,旋就平复。阅竟私为告庆,遂别张仆前行。过董田,夹路皆稻田,禾皆结穗,而间有开花者,其色白,形如桂粟,而粒尤细,余到中年,秋稻之花至今始得见之,可笑也。抵妹家,日未交午,向萱堂请安,并问候轩妹丈,都如函言,团坐清谈半日。申后,辞母而归,天晚抵家。宵,过季妹家一谈。

十六日戊戌　　阴

朝,往惜字局,偕李彬臣表兄收买字纸,得《簪花赋钞》二册,系巾箱本。午刻,供膳,李仲宽丈、杨稚田先生、彬臣兄、陈老逵同饭。夕,到馆,授地理课并算数,兼补修身课。宵,榆儿体复发热,邀稚菊来诊,谓肝太躁,恐有疟气之侵,俟明日探之始定,拟一方先为疏通。淡香豉一钱,忍冬藤钱五,炒支皮一钱,花槟榔三分,括蒌实钱五,晚蚕砂一钱,大腹皮一钱,生甘草二分,炒竹茹三分,老射根四分,信前胡三分。更深,族长成良偕增楠、同昌过舍,以本年竹崖公祀产,值首房碎奶办祭,增楠与彼同房,拟分一半合办,因奶不允,邀余同往,奶外出不遇,其子兆庚在家,向众而言,语多不逊,余与诸人含怒而返。谚云:"养子强于父",信已。

十七日己亥　　阴

天早,往东门外金贡牧家吊祭苻舲先生。到馆。朝,试修身。问:有情之人与无情之人,其存心同否? 问:改过与不知改,其人皆可取否? 授《论语》。篯宾来上课。夕,授《左传》,并信札课。薄暮,散学遇雨,身无雨具,暂过仲妹家避之,坐顷而归。宵初,吴伯屏来访,谓前托借之款,已向王子程君说妥,计大衍之数,渠附借小数在内,余即应允,合立一券与之,期订明年二月十七缴还。因傍晚宋生子枢来,询余永嘉理学诸先生事迹,代为翻阅诸文集,节录传志大略数条。

十八日庚子　　晨雨旋霁

宋志侠门人来取《东嘉诸先哲节录》,谈顷去。闻管杏浦君在杭得恙,昨有电来,邀其妾赴省侍疾,未知可庆无恙否。巳刻,到馆,试验经学。问:长勺之战,齐败于鲁,曹刿操何术以胜之? 问:子罕分谤何意? 终日授史学课并算数,改文课。下午,鲍澍熄请假不至。薄暮,吴伯屏送来英洋五十元,余坐取三十五元,吴取一十五元,谈顷去。宵初,过缪琳表弟处,闻其兄桂琳近嗜麻雀之戏,所积床头付诸空空。弟兄诟谇,实觉耳不堪闻者。是日午刻,增楠为碎奶不允分众,欲构词控县,过余家言之,力为劝阻,并许其再为调处。宵深,邀族长成良、同昌再向碎奶关说,无如辞色俱厉,激怒众心甚矣。强项之心,实可惧也。我恐同室操戈,近在眉睫矣。榆儿患疟,寒热分明,想无他虑,心为之宽。

十九日辛丑

天早,微雨,旋晴。夕,阴,仲弟生辰。到馆,试验国文。问:信札一门,男子可学,女子亦可学否? 终日授国文课。遣门人曾永锦,袖英蚨二十元,交还丰润庄,子钱未交。改文课散卷。黄庆润自浦北乡寄课卷来。宵雨,因倦,伏枕颇早。

二十日壬寅　　雨,天气颇温

晨,袖英洋十元交李丽生妹丈,盖本年值收之会款也。到馆。朝,试修身。问:崇奉佛教,其益何在? 授修身课。午刻,福润局送到《日报》,初八至十三日止。夕,出信札课。《覆表侄购寄皮鞋书》。授《论语》。随交随改。薄暮,榆儿疟气又来,然寒热均分,较前更清也。宵,大风甚雨,闻雷。改黄庆润卷二篇。

廿一日癸卯　　雨

晨,遣西北小学院夫,往黄处通知课卷已改就,嘱其取去。顷黄启元之尊人亲来袖去。到馆。朝,试验经学。问:祭仲最机巧之人也,宋欲逐忽而立,突召仲而遂执之,智者果如是乎? 试明其故。问:宋人得玉,不自为宝,而反献诸子罕,何意? 曾永锦、李涣文二人文笔颇隽。钱宾则无一字,委靡不振,实无药以救之。随交随改。授《左氏传》。夕,苦雨缠绵,不赴馆。宵初,阅《乐府诗集》。夜起,成五言二律。

轩窗夕坐

斗室堪容膝,轩窗生夕凉。雨含苔藓绿,风送木樨香。酒客原无俗,诗人别有肠。得闲耽寂坐,荣辱两俱忘。

睡起

下酒须何物,雄心未肯降。凉催风入账,睡醒月当窗。一点灯如豆,三椽屋似艭。花村人影过,争吠警邻尨。

廿二日甲辰 阴

到馆,试验史学。问:方从哲之赉可灼,而惠士扬、孙慎行斥之,其是非何在? 问:李选侍数召光斗,而拒不赴,何欤? 历史、舆地课,补授《左氏传》。闻胡鲁芗之子镛,因前有外遇,往来已久,为其夫侦知,当场扭获,迫勒交银以自赎,不得已写田券与之,及期取偿,无以应,屡次催讨甚严,镛见事无可缓,遂吞阿芙蓉而尽。时有知其事者,镛之死天致之也。今春邑人某,柬请青田某,设织业厂于西岘山阁,镛亦入厂学习。妇之母家居此山之麓,妇适归宁,性喜佻达,镛见而艳之。有李烟浩者,素无赖,镛之邻也。闻其事,欲暗中摸索,便以取利,为镛先导,遂得与此妇结露水姻缘。镛又得陇望蜀,永作偕老计,爰借学堂之名,架词控妇之夫,时到工厂滋闹,发押已三阅月,然无术以离之也。期满出押,憾镛深入骨髓,今日相逢狭路,勒迫罚赎,正所以报复也。或曰镛之作恶,皆烟浩导之,逢恶长恶,无事不为,为虎之伥,死机已兆。呜呼! 镛之生平毫无善状,嫖赌两者,均犯不韪,背亲逞私,天岂容之乎? 本根既戕,必不长于世矣。宵,挑灯复改窜《述学吟和韵》七古,夜起,更加润色,始定稿。

述学吟和韵答张震轩妹丈

君不见楼护好名依五侯,身为上客夸豪游。又不见幼安割席为歆羞,藜床膝坐春复秋。昔人志趣两不似,一言一行征诸史。我弃其短取其长,敢以一得即自喜。半生攻苦忘饥困,斗室图书我所愿。自憾终非远到才,小草何劳出山劝。张君学力富且强,鲲鹏其志大海翔。便便腹具五经笥,史有二长更能详。君粹于史,著有《史读考异》若干卷。日与圣贤结古欢,独标一帜主骚坛。述学成吟期相勖,菁华可撷秀可餐。清河世德南轩裔,文字之交有深契。羡君讲学驻东嘉,一二知心时把袂。君与刘君次侥、冠山,吴君寅斋,谢君剑秋,王君子祥,沈君良臬,章君心夔,陈君宗易、守庸,黄君万里,分主郡中学讲席,交相结契。治《春秋》学今董生,君分教《左氏传》。才名藉藉屈公卿。伏胜《尚书》京房《易》,谈经不兴门户争。愧我考古下铅黄,目力字难过十行。惟求其博忘反约,空储卷轴富缥囊。忆昔鲤庭《诗》《礼》授,此心滋惧苗不秀。严父之教同严师,简兮如新犹在袖。《汉书》下酒徒自豪,校经雠史我心劳。解疑终苦质迟钝,有如隔靴痒爬搔。郊岛之诗本寒瘦,我亦耽吟师谢守。诗学憾未穷源流,汉魏元音欠精透。每惭制锦不能工,正乐无从振休风。矧非夺锦穿杨手,五言漫诩长城攻。寸铁不持鏖白战,健如飞瀑悬匹练。君为钟镛发大声,我似春莺学百啭。同学少年皆翩翩,执经问字心最虔。擅拥皋比廿馀载,材非大匠拙雕镌。年来从游散复聚,登堂晤对相告语。旧学商量邃密加,寥寥谁属同心侣?方今宪政布明堂,一奋螳臂大车当。鲰生老犹伸壮志,自笑丑妇施红妆。前月杭垣法政学堂添设校外生一科,骏托友人填入。不才如我非博雅,岁近知非期过寡。学易恒愿假之年,敢附史公走牛马。

新学发达初萌芽,分科理想各专家。蓬蓬勃勃生机畅,依然草木春光华。我到中年敢云老,以学未竟勤搜讨。学问深如无底囊,时雨可兴苗枯槁。人言国粹存乎微,欧云亚雨竟交飞。孔教一发千钧系,古调独弹知者稀。自我言之中西学,此经彼纬皆可作。试看北学先陈良,矫矫不让鸡群鹤。读书之篇浸入古,矢心无懈不自侮。东隅虽失悔莫追,桑榆犹冀晚能补。精神误用伤脑筋,躁进何如惜寸分。读书有味同鸡肋,启我新知扩旧闻。

附原诗

吾家博学壮武侯,娜嬛异境恣遨游。又闻江东老步兵,菰鲈高风迈千秋。廞隐不才两无似,拙守衡茅拥图史。与古为徒聊自娱,浮名何关我忧喜。年来翻为婚嫁困,未遂向平五岳愿。知交怜我谬揄扬,簿笨屡作出山劝。大官变法图自强,东西新政参翱翔。调查游学士如鲫,宏开校舍科条详。广厦万间多士欢,皋比宣讲拟杏坛。我时抗颜登师席,半载碌碌愧素餐。世交幸遇太邱裔,国文教员乐清陈明宗易,理学明经仲舫先生喆嗣,与予为世交。谐谈文史心最契。光风霁月豁我襟,大小二刘快把袂。大刘经术汉更生,总理平阳明经刘绍宽次饶邃于经。小刘诗笔唐长卿。舆地教员永嘉刘景宸冠三。万石老翁勤且朴,监学乐清石蕴辉聘南。锋棱岳岳谁敢争? 就中颖异陈与黄,英文教员平阳陈权东守庸、黄骥万里。钩辀画革字旁行。羊皮绲帙牛腰富,对之缄口如括囊。谪仙化工本天授,通家子姓后来秀。理化教员瑞安李祖林墨西,余友漱梅孝廉之喆嗣。文采风流玉溪生,勘罢丹黄倚翠袖。国文教员瑞安李式揆轵斋,尝携姬自随。林生矫矫人中豪,监学瑞安林祝黄尧民。短小精悍事忘劳。延陵公子富腹笥,博物教员吴德亮寅斋,湖北汉阳人。葩经雅训侔爬搔。更有东阳沈腰瘦,算学教员沈骞良皋，宁波慈溪人。思绮主人相伴守。章文谦心夔，玉环厅人。
角弧布算精入神，微积溯源奥而透。元晖发端句最工，历史法制
教员乐清谢德铭剑秋。榑桑鼓打回帆风。傲岸太原褪裘至，经学教
员永嘉王景羲子祥。经史划界鸿沟攻①。季子纵横善言战，体操教
员永嘉季复子真。跳荡健儿分组练。王郎年少妙写真，况奏新声
百莺啭。图画教员瑞安王鼎元韵初。吾宗硕彦态翩翩，更工八法老
郑虔。书记员永嘉张耀绅群絜、乐清郑明仲愚②。墨灸史针各磨厉，
银钩铁画费雕镌。群公宛似德星聚，晨夕同堂恣笑语。而我衰
老厕其间，诗酒幸订忘年侣。应弦赴节勉升堂，稽经诹史态郎
当。上学期忝任历史，下学期则改任经学国文。抖擞精神示矍铄，譬
如丑妇施红妆。济济诸生都彬雅，教课分八班，来学者近二百人，均
孜孜勤学，彬雅可风。听之则受难者寡。不闻失晨诮荒鸡，犹幸识
途推老马。方今宪政初萌芽，学贵保粹光邦家。文科质科铢两
称，毋骛秋实忘春华。忆昔乾嘉诸大老，专尚训诂勤搜讨。一
字一义数万言，销磨年华心枯稿。那知天演微乎微，人为淘汰
海水飞。欧化东渐势力锐，圣贤古调弹者稀。弹者愈稀国无
学，世衰道微邪说作。横流谁为填海禽，悲唉徒付空山鹤。大
造生材无今古，英雄立志宜御侮。疾呼震四万万群，山可移兮
天可补。天有雷电人脑筋，为电为脑两不分。脑筋失觉贯以
学，六通四辟环球闻。

廿三日乙巳　　晴，天气较温

先伯父生辰。晨，袖近作诗谒洪师，请为改削，假来《楝园主人
自叙》一册，盖师届周甲，嘱余勉作寿章也。谈顷而别。到馆，试验

---

①　攻，底本缺，据温州市图书馆《殿隐园诗钞》稿本卷三补。
②　愚，底本作"黑"，据温州市图书馆《殿隐园诗钞》稿本卷三改。

国文。问:作诗一道,亦为人所宜学否?终日授国文课。所授之文,篇幅甚长,不遑再及他课。承师之命,录巗隐主人近作古今体诗。傍晚,过师门遂奉楝师,袖还所削之近作也。宵初,赵羽仪妹丈至,谈次檐雨丁丁作响,遂匆匆去。阅《楝园主人后叙》数篇。

廿四日丙午　　晴

到馆。朝课诸生温积熟,夕出文课。《明熹宗进魏忠贤爵上公配享孔子论》。阅《国粹学报》。宵,过李公任表侄家,其母姜氏向余絮语,大概谓家用不敷,往店中取款,为叔所拒,已非一次,言语之间,颇露不平。余惟婉辞以慰之。转过伊伯彬臣处,询其虚实,且责其居长当思相助为理,况店务繁琐,丽生以一人独肩其任,必不能胜,而耳目尤有所不周,譬如大厦,以一木支之,岂胜任乎?彬臣闻余言,反责丽生所为甚偏,于彼诚厚,于我则薄,彼之指摘,不谅其情,亦丽生自致之也。店事败坏殆甚,盈绌如何,我实不知,亦不能分任厥咎。余聆其言,斯知其存心之险,甚为丽生危也。坐久辞出,转访丽生,并为其述两造之言,力劝其勤于操作,且各房另立章程,此事亟为力之,犹可以解,不然,同室操戈,祸不远矣。谈至四鼓而归。

廿五日丁未　　晴

晨,泛舟往丁田大妹家省母,并携棉衣什物为母氏御寒。计抵其家,日未交午,南湖甥女在焉,盖闻萱堂在其母家,遂驾舟来省也。过午餐,团坐谈论半日。申刻,返棹。是日,坐舟中阅《右台仙馆笔记》。福润局送到《日报》,十四日至二十日止。宵初,赵羽仪妹丈来,谈顷去。身子困倦,右臂作痛,伏枕颇早。

廿六日戊申　　晴,天气温暖,颇近清和

朝,到馆,试验修身。问:人能自补其短何如?授修身课。录《述学吟和韵》七古,并写函交福润局寄赠张震轩妹丈,复作函寄家镜蓉

侄,并付信局。午后,往小沙堤观剧,为闽省三连福班。闻孙季芃门人自山左回里,邀叶雨村同往访之。仲恺公子、叶奇顾、篯宾均在,共坐观演,至暮而归。宵,与赵羽仪仍往小沙堤观剧。茫茫人海,势如奔潮,余力嫌孱,立足不定,勉看二出,而汗浃背矣。

　　黻隐主人左右:勉和四十韵,录呈大驾电政,蛙蚓之吟,不足言诗,切勿示人为幸。昨夕,驾舟亲趋尊府,一为省母,一为甥女归宁,聊与晤叙,共坐畅谈半日,天伦叙乐,固不可言。蓼洲先生家,已于来月朔日开吊矣。昨有讣文送到舍下,而黻处轴仪全未送去,拟欲作联语送悬,以俗事琐冗未下笔也。届日当亲往吊唁。贵体安康,乞为节劳。念念!

　　蓉侄垂青,前托两事,至今无消息可通,未知能如愿否,乞为留意。贵校功课如何? 所受诸课本,均想可观,贤侄肄业其间,实栖枝得所也。公任表侄考入师范,进堂未满一礼拜,身缠疟气,不能受课,回家养疴,至今未克进校,大为憾事。学膳诸费已交缴,填入计簿,想两失之矣。人云"有福方读书",斯言固为不谬,犹冀贤侄努力自爱,乘此春华,是为至要。

廿七日己酉　　晴,天气颇温

到馆,试验经学。问:海人不倦,至圣犹谓未尽,岂教人果非易乎? 试明其故。授《论语》。夕,授《左氏传》,补舆地课。阅《右台仙馆笔记》。宵,与赵羽仪妹丈往小沙堤观剧。人如山海,拥挤难堪,余身材短小,看之颇觉维艰,始叹矮人登场,实可笑也。归,成挽张蓼洲先生联:"前身证梦境,先生夙具仙根,香国归真,从此趣园常有主;先生于甲辰八月,忽得奇梦,神游异境,离奇变幻,不堪摹绘,趣园是其梦历之所也。有《纪梦质言》一篇笔其事,自甲至戊,五寒暑耳。今岁中秋后四日,先生无疾而终,其殆有夙根欤? 八夕溯时光,一别竟成永诀,宾筵叙饮,由来良会不重逢。七月八日,廐隐主人家试新,折柬招饮,先生亦在座。明日袖题词及摄影相示。自此之后,两不相值,人生聚散固无定也。"

廿八日庚戌　　　阴,时作雨丝

萱堂寿日。晨刻,买舟与赵羽仪妹丈往丁田大妹家祝诞,近午始抵其家。同坐廐隐园,与戴筑臣畅谈。午刻,妹设盛筵,在坐者戴筑臣、赵羽仪、寯、罿二甥及余也。申后,余返棹,羽君独留。到家已上灯时候。宵,过李玉君表弟家,与□琳坐谈家事至二鼓。

廿九日辛亥　　　晴,旋阴,间作微雨

曾大父生辰,先大父忌日。访郑一山,袖挽联草稿,托为书之。到馆,试验《左氏传》。问:连管作乱,襄公被弒,小臣如徒人费、石之纷如、孟阳等,均曲赴君难以死,其从容就义,可谓忠矣,而史氏竟不书其名,后世有多所议,其故何欤? 因昨夕旷课,补授历史。夕,孙季芘门人过馆,述游泰岱之胜,按之吴谷人所著游记,景物变态一毫不差。又述游柳埠绝句云:"山色溪声□□□,柳烟深处□□□。"①坐谭至暮同归。宵,过李玉君表弟家,遇彬臣表兄,畅谈至二鼓。是夜,大雨如注,至天曙始止。

三十日壬子　　　晴,气温如夏。霜降

到馆。朝修身授课,夕出信札课。《上家叔父书,请安,并借〈史〉〈汉〉书籍》。授《论语》。丁田步连来,托带挽联并烛仪送赠张次石家。宵初,李醉石内弟邀余向其兄友樵关说,虽近已分爨,而积债数巨,一人不能肩任,须立据分担云云。余含糊应之,并嘱其大邀诸亲戚同议,约以来月。然此事颇难调处也。转访友樵,不值。过□□嫂家一坐,谈及家无积产,伯叔分居,子幼食贫,难以度日,邀余代为

---

① 温州市图书馆藏孙季芘(诒梸)诗稿中未录《游柳埠》诗。

调排,侧耳听之,倍觉凄怆,顷之辞归。

十 月

朔日癸丑　　　晨雨,巳刻放晴

偕方钰买舟往丁田张次石家吊祭蓼洲先生。午刻,叙饮,与震轩妹丈、叶裔卿、金子彝、张轶尘同席。过妹家省母。申后,返棹。赵羽仪妹丈、轶尘附舟而归。抵家,日已暮矣。宵,过李玉君表弟家一谈。镠琳表弟为其兄桂琳近日溺志樗蒲,祖遗□□亏空甚巨,邀亲戚议行分爨,欲已独树一帜也。余切言之,兄弟如手足,独力不若同心,再三慰劝,终不之允。

二日甲寅　　　晴,气温

到馆。朝,试验修身。问:兵为国家权力之根本,何欤? 授《左氏传》。夕,仍授经学课并舆地,改文课。福润局送到《日报》,九月廿一至廿五日止。薄暮曾省三来,为张鸿宾先生昔年曾欠馆东旧项,今已殁故,桐轩君屡次催交,且谓收过一百四十元,尚多子母未清。张子年幼,邀曾君代为料理,渠以余为其西席,特欲作介绍以通词。时蓉波刘君适至,坐谈至晚。宵,过李醉石内弟家小坐,转往其兄友樵处一谈。叶云村君亦来,相与谈论,至二鼓归。

三日乙卯　　　阴

到馆。朝,试验经学。问:□子□朔而立黔牟,何意? 问:苟偃之梦,确有鬼神,信欤? 授历史课。午刻,过广明社,访孙经畬君,取来《国粹丛编》第十二册。夕,授史学并算数、文课散卷。宵,东北风极大,阅《太平广记》。

四日丙辰

天早,阴。出北郭,邀泥水匠修葺瓦罅,约以下午。巳刻,小雨。

到馆,补授国文。午刻,南岸陈友珍来送租。夕,在家监匠人修屋漏处。宵,过李玉君表弟家坐谈,遇周小泉表弟,盖为戚家请薛云如医士诊脉也。宋生志侠明日与沈姓女结褵,夜过半,邀余及池云珊先生往其家监匠安床,盖取余二人利市也。微雨。

五日丁巳　　阴

到馆。朝,课诸生专温修身一科。午刻,宋生志侠有结褵之喜,余同池云珊先生调谐花烛。夕,仍往馆,出文课。《士贵自立,以居人下为耻论》。终日算结诸生功课积分,自正至四月,烦多殆甚,一时不能了耳。薄暮,柳老仁袖各算书邀购,因非急于所用还之。宵,往宋生家饮人情酒,与张轶尘、余昧兰、李友兰同席。访曾定甫先生,坐谈至二鼓。夜过半,天雨。

六日戊午　　阴雨

朝,到馆,试验修身。问:有天地自然之美,而无人情之美,可乎否耶?授修身课。周春生携笔过馆,余购笔大小计五支。鲍澍煜请假不至。夕,授地理兼血史,并补修身课。宵,雨止。

七日己未　　晴

天早,邀山头人来晒谷。终日监工,不到馆。福润局送到《日报》,九月廿六至十月初三止。申后,在曝谷场中为寒风所中,陡觉畏冷,□□作痛,恶气下坠,归即出恭,谷道艰涩,五内焦燥,精神颇倦,势难撑拄,遂伏枕蒙被而卧。宵初,赵羽仪妹丈造访。孙季芃遣仆送赠《岱蓍四茎汉柏图赞》一幅,《平等阁诗话》一册。余无木李之投,屡受琼瑶之赠,负惭实甚。夜起,身子安适,开窗一望,月华皎洁,对之欣然。

故明经内兄林君小竹别传①

君讳骏,名宝熙,字簫云。予外舅文学林竹缘先生子,故号曰小竹。幼时啼哭,见书即止。长遂嗜书若渴,其天性也。

外舅本教育名家,设帐授徒,从游颇盛,而课君尤严,偶文不中程,即呵斥不少假,由是君于学砥砺弥笃。家有藏书,皆君先曾祖石笥先生所遗。石笥以名孝廉游诸公卿间,奈屡踬礼闱,殇于京邸。而君祖学廉公,又世业礼房,专意办公,故石笥之图书翰墨、古器珍玩,均予外舅宝存之。君弱冠游庠,旋丁外舅艰,读礼家居,乃尽搜遗书研究之。自帖括及古今体诗文,皆为之极工。洎予娶君女弟为继室,往还尤密。君每值官师课,及平时兴到之作,必就正于予,始定稿,盖其服善之诚有如此。同邑洪栋园先生,为诗赋哲匠,君从之问业,得其指授,业益进。□科,果以经古试,邀宗师赏拔,得食饩。君文名既振,邑之大家子弟,弥不争聘君为师,而教授最久者,为孙止庵学士家。学士公子季芃德宏,及仲恺诸子延曙、延聪等,均切磋受益,拳拳服膺。清光绪三十四年,朝廷有言扬行举之典,邑之知交,咸荐君为孝廉方正,惜次年十月间,君竟以微疾殇,得年仅四十有七。呜呼!予与君中表旧谊,兼郎舅至亲,熟悉君之性情莫如予,然予历溯生平交游,才具卓卓者固多,而求能淑身淑世,好学有恒,孟晋逴群,诲人不倦者,独君一人。使天假之年,其造就宁有涯欤!

---

① 本篇原在卷首,今移至日记正文之后。作者为林骏之妹夫张枬。

乃中道夭阏,志不得伸,后嗣又凌替不振,丛残著述,大半沦亡,惟存有手钞《颇宜茨室诗稿》八九卷、《日记》遗墨十数册。而回思往日与君文字商榷,函札往来,忽忽已暌隔三十有三年,日月逾迈,残年幸存,执笔传君,实不胜风雨人琴之感矣。①

　　民国三十年岁次辛巳国历仲冬月,毅园八十二老人震叟撰。

---

①　该篇别传,与张钧孙等编《毅隐园诗文辑存》中所收《林小竹小传》文字有多处不同。

主要人名索引

戴羡门：**24.**2.14,5.13

戴瀛仙：**25.**2.3,3.2

戴云祥：**28.**4.18

戴正泮：**32.**1.10

戴筑臣：**34.**1.9,9.28

悼棠子：**27.**8.8

涤尘居士：**27.**8.8,12.28

涤翠山房：**27.**8.8

钓　叟：**27.**8.8

丁惠康：**27.**6.29

丁巳生：**27.**7.1

丁日昌：**25.**12.22

丁世荣：**32.**6.6

丁叔雅：**25.**12.22

丁松夫：**30.**1.21,2.24,12.29

丁肖松：**25.**6.23

东瀛布衣：**27.**8.7

董　美：**33.**2.18

董福祥：**27.**9.24

董思白：**24.**3.7;**25.**1.13

董霞樵：**24.**5.8

董星三(升三)：**23.**9.28;**34.**2.19

董岳文：**28.**6.12

董志谦：**23.**5.25

董子凡：**27.**12.12

栋大憨生：**27.**6.29

斗酒学士：**27.**7.1

独立杨新：**27.**8.7

杜茂珍：**25.**11.5;**27.**10.30,12.13;**28.**1.14,1.19,1.25,2.2,2.9,2.11,4.11,4.13,4.24,4.28,4.29

杜紫石 a：**24.**1.8,1.9;**25.**8.1,8.2;**29.**8.2,8.3;**34.**1.8,1.9

端　王：**27.**9.24

端木国瑚：**34.**2.1

端木叔总：**24.**3.7

端木仲锡：**23.**8.4,11.8

段紫沧：**24.**4.25,5.1,5.2,5.3,5.4,5.6,5.14,5.15,5.16,5.17,5.18;**25.**11.23

多恨道人：**27.**8.7

E

萼辉楼主：**27.**7.1

F

范步星：**34.**2.19

范锦松：**29.**11.14

方鸿初：**25.**10.6,10.11,10.16,10.20

方鸿藻：**30.1.1,**2.12,4.13,5.17,7.12

方乐闲：**32.**4.20

方励石：**33.**4.12

方晓畦：**23.**1.21,5.10,5.24,5.29,6.9,6.27,6.28,6.29,7.19,7.21,7.23,

H

洪中芙:**27.**12. 23;**28.**1. 13,9. 11;**29.** 9. 11;**30.**1. 11

洪子迁:**23.**12. 7,12. 10;**25.**1. 3,1. 22; **27.10.**7，10. 17，11. 11；**28.**1. 2, 7. 1,9. 4;**33.**1. 24

红豆词人:**27.**8. 8,12. 28

红豆子:**27.**8. 7

红萱馆主:**27.**8. 8

胡　绪:**24.**2. 26

胡邦桢:**34.**1. 20,3. 2,3. 3

胡步蟾:**28.**3. 28

胡朝兴:**30.**5. 6

胡宸龙:**30.**11. 25

胡楚卿:**29.**4. 7,4. 8,4. 12

胡德润:**28.**10. 10

胡方谷(芳谷):**23.**1. 16,7. 6;**24.**9. 23; **34.**7. 4,7. 8

胡莫荪:**23.**1. 16,2. 13,5. 22,6. 6,6. 15, 6. 27，9. 26，10. 1，10. 21，10. 27， 11. 7,11. 20,11. 28,11. 29

胡汉章:**29.**2. 22,2. 23

胡惠卿:**28.**4. 13

胡巨泉:**29.**7. 19

胡鲁卿:**27.**6. 6,6. 27,6. 28,12. 12;**28.** 5. 28,9. 6;**29.**6. 2;**30.**3. 28;**34.**4. 2, 6. 25,9. 22

胡琴舟:**25.**10. 17

胡蓉村:**27.**12. 13,12. 18;**28.**2. 28;**29.** 4. 14,12. 20;**32.**4'10

胡润玉:**27.**12. 13

胡声石:**23.**7. 7,7. 13;**24.**2. 14;**27.**7. 7; **34.**7. 7

胡绳荪:**23.**1. 16,2. 11,2. 12,2. 13,2. 15,2. 19,3. 2,3. 19,3. 30,4. 4,4. 10, 4. 16, 4. 20, 5. 2, 5. 15, 5. 22, 6. 5, 6. 6, 6. 27, 7. 2, 7. 5, 9. 25, 9. 27, 10. 1, 10. 9, 10. 26, 10. 29, 11. 1, 11. 10, 11. 13, 11. 14, 11. 28, 11. 29, 12. 4,12. 5;**24.**9. 23;**25.**8. 9,11. 21;

胡绶卿:**28.**4. 13

胡硕卿:**23.**10. 11;**30.**4. 18

胡崧甫:**23.**7. 27

胡小谷:**23.**1. 16;**24.**8. 22

胡小谦:**27.**12. 22,12. 23;**30.**8. 3

胡小蓉:**29.**2. 17

胡小玉:**29.**11. 26

胡杏村:**23.**12. 8

胡雪帆:**25.**4. 16,4. 21,11. 27,12. 13; **28.**7. 10,9. 7

胡雪汀:**29.**11. 6

胡友松:**33.**1. 24

胡兆薪:**29.**3. 24

胡哲甫:**34.**1. 20

胡芷卿:**23.**3. 9,7. 18;**24.**11. 26;**27.**7.

9. 20,10. 20,11. 1,11. 2,12. 13,12. 16,12. 20;**28.** 1. 1,1. 4,1. 16,1. 20, 3. 28,4. 23,6. 6,6. 29,7. 5,7. 6, 8. 27,10. 14;**29.** 1. 2,1. 13,1. 24,1. 28,1. 29,2. 3,3. 5,3. 7,3. 11,3. 14, 3. 16,3. 20,3. 21,3. 28,4. 7,4. 8, 4. 9,4. 12,5. 3,5'16,5'25,5'26,5' 29,6. 17,7. 5,7. 7,7. 9,7. 12,7. 24, 8. 28,9. 20,11. 27,12. 21,12. 25; **30.** 1. 1,1. 18,2. 19,6. 24,8. 2,11. 19,11. 23;**31.** 1. 1,1. 23;**32.** 1. 1, 1. 20,2. 30,3. 17,3. 28,4'10;**33.** 1. 2,1. 12,1. 25,1. 27,2. 18,2. 20, 4. 11,4. 23;**34.** 1. 2,1. 19,2. 18,4. 2, 4. 10,4. 22,4. 28,5. 1,5. 2,5. 7, 5. 16,5. 21,8. 29,9. 2,9. 16

李炳光:**28.** 9. 16

李炳寰:**27.** 10. 17

李博文:**29.** 1. 11;**30.** 1. 2

李笛樵:**25.** 1. 3,10. 14;**30.** 1. 24,3. 13

李殿铭:**27.** 9. 19

李萼甫:**27.** 6. 24

李公任:**34.** 1. 14,9. 24

李珪文:**34.** 1. 1

李桂琳:**25.** 11. 7;**30.** 9. 1;**34.** 1. 2,1. 14, 3. 13,5. 5,9. 18,10. 1

李国杞:**25.** 2. 8

李翰西:**29.** 8. 29

李合肥(鸿章、合肥相国):**24.** 2. 11; **25.** 12. 22;**27.** 8. 11;**28.** 2. 24;**30.** 1. 10

李鹤坡:**23.** 1. 20,1. 27,2. 17,2. 26,5. 22,7. 3,9. 16,9. 18,11. 16,12. 19, 12. 23;**24.** 1. 4,1. 18,1. 19,4. 11, 4. 22,5. 3,5. 13,5. 28,6. 6,6. 8, 6. 27,7. 14,8. 8,8. 10,8. 18;**25.** 1. 18,5. 16,6. 17,9. 25,10. 30,11. 2, 11. 11,12. 19,12. 23,12. 28;**27.** 8. 25,10. 21,10. 2611. 9,12. 20;**28.** 1. 4;**29.** 1. 18,1. 19,1. 23,3. 7,3. 11, 3. 19,5. 25,8. 25,9. 14,9. 16;**31.** 1. 23;**32.** 4'13

李鸿昌(鸿锵):**30.** 6. 20;**32.** 1. 4

李鸿秋:**23.** 1. 21;**24.** 4. 13;**27.** 11. 12; **28.** 9. 4,9. 5,9. 6

李鸿文:**30.** 1. 22,6. 20;**31.** 1. 4;**32.** 1. 26;**33.** 1. 2;**34.** 1. 1,1. 8,1. 20,4. 24, 6. 25,8. 25,9. 14

李涣文:**28.** 1. 3;**29.** 6. 15;**30.** 1. 13,6. 20; **32.** 1. 26;**33.** 1. 2;**34.** 1. 1,1. 21,2. 23, 7. 4,7. 10,9. 14,9. 20;

李家驹:**28.** 7. 19

李泾琳:**25.** 12. 24;**27.** 7. 19

李竞植:**34.** 6. 7

李巨文:**34.**8.25

李老蒸:**27.**8.1

李栗卿:**34.**4.23

李丽生:**23.**9.5;**24.**6.9,6.19,7.9;**25.**11.11,11.17,11.25,12.27;**27.**8.4,8.25,8.26,10.18,10.19,10.21,10.29,11.25,12.14,12.16,12.21,12.24;**28.**1.17,5.1,5.4,6.1,6.16;**29.**1.11,1.26,1.29,2.5,4.24,4.27,4.28,4.30,6.12,6.15,6.20,6.22,6.25,6.28,6.30,7.2,7.8,8.10,8.22,8.24,8.25,9.6,9.20,9.24,9.25,9.27,9.28,9.30,10.1,10.7,10.8,10.10,10.16,10.18,10.21,10.27,11.2,11.3,11.11,11.12,11.16,11.18,11.29,12.1,12.9,12.19,12.22;**30.**1.2,1.4,1.6,1.7,1.12,1.19,1.21,1.22,2.8,2.9,2.10,4.2,4.26,6.20,6.29,7.8,8.15,11.16,12.23,12.28;**31.**1.4,1.22,1.23;**32.**1.13,1.16,1.17,1.18,1.19,2.15,2.30,6.2,6.17;**33.**1.13,1.23,1.26,2.7,2.9,2.10,2.11,2.16,2.24,3.3,3.24,4.6,4.10,4.11,4.16,4.19,4.21,4.22,4.29,4.30,5.1,5.2,5.6,5.7,5.11;**34.**1.2,1.4,1.6,

1.8,1.9,1.14,1.18,1.19,1.20,1.30,2.12,2.19,4.25,4.26,4.30,5.6,5.9,6.13,6.25,7.2,7.4,7.20,7.28,7.29,7.30,8.1,8.25,9.20

李莲英(联英):**25.**12.22;**27.**9.24;**30.**4.9

李烈卿:**34.**1.20,4.14,5.3

李烈文:**30.**1.22,3.26,4.5,4.10

李镠琳:**31.**1.4,1.5;**33.**1.2;**34.**1.1,1.5,9.18,10.1

李龙文:**34.**1.20

李梅笛:**27.**8.16

李梅生:**27.**10.12

李铭之:**29.**6.23

李墨樨(墨西):**30.**5.3;**34.**8.24

李乃文:**24.**3.28; **25.**12.24;**29.**10.15;**30.**1.22,2.12;**31.**1.4;**32.**1.26;**33.**1.2,2.4,2.7,2.13,2.18,4.6,4.18;**34.**1.1,1.21,2.23,4.24,7.10,7.19

李泮文:**32.**1.26;**33.**1.2;**34.**1.1,1.18

李平书:**25.**11.26

李启文:**31.**2.6;**34.**5.21

李琴轩:**27.**11.17;**28.**8.5;**29.**1.9

李庆浏:**29.**1.22;**30.**2.10,3.7;**31.**1.24;**32.**1.26;**33.**1.18,2.22,3.3,3.20;**34.**1.21,2.18,2.19

李庆星:**34.**2.20

李庆章:**28.** 6. 26 ,8. 23

李庆燕:**23.** 10. 25 , 11. 30 ; **24.** 1. 24 , 6. 9 , 7. 19 , 7. 27 ; **25.** 10. 14 ; **29.** 9. 10 ; **30.** 10. 19

李全通:**28.** 7. 6

李少樵:**28.** 3. 17

李绍昌:**30.** 12. 17

李声玉:**23.** 11. 23 ; **27.** 12. 20 ; **28.** 1. 19 ; **29.** 4. 25 ,5' 28 , 12. 9 ; **30.** 5. 11 , 5. 27 , 8. 3 , 11. 22

李石农:**24.** 3. 7 ; **25.** 1. 13

李士彬:**23.** 7. 20

李叔诚:**23.** 7. 22

李漱芳:**24.** 8. 19 , 8. 20 ; **28.** 3. 14 , 3. 16 , 6. 26 , 8. 29 ; **29.** 7. 19 , 11. 10 ; **32.** 1. 5 ; **33.** 1. 20 , 2. 1 , 2. 10 , 2. 16 , 2. 22 , 3. 2 , 3. 3 ; **34.** 3. 5

李漱梅:**25** , 5. 7 , 7. 8 ; **27.** 8. 14 ; **28.** 6. 11 ; **29.** 5. 18 ; **30.** 2. 24 , 4. 7 , 4. 16 ; **31.** 1. 3 , 1. 6 ; **32.** 2. 14 ; **33.** 5. 6 ; **34.** 2. 29 , 4. 1 , 9. 14

李松岑:**27.** 6. 22 , 6. 23 , 7. 2 , 7. 3 , 7. 4 , 7. 5 , 8. 2 , 8. 9 , 10. 2 , 11. 5 , 11. 15 , 11. 23 , 11. 26 , 12. 23 ; **28.** 5. 19 , 5. 20 , 5. 21 , 5. 22 , 5. 28 , 9. 11 ; **29.** 5. 10 ; **32.** 3. 2 , 4. 10

李崧征:**30.** 1. 24

李提摩太:**29.** 8. 28 ,9. 1

李味莼:**24.** 4. 12 , 5. 7

李蔚文:**23.** 7. 4 , 9. 15 , 11. 23 ; **24.** 7. 8 ; **28.** 1. 8 , 8. 26 ; **29.** 4. 12 ; **31.** 1. 4 ; **32.** 1. 26 ; **33.** 1. 3 , 1. 12 , 1. 27 , 5. 15 , 5. 2

李西垣:**23.** 1. 15 , 3. 30 , 6. 15 , 9. 7 , 9. 8 , 10. 5 , 10. 19 , 10. 25 , 11. 10 , 11. 20 , 11. 27 , 12. 1 , 12. 2 , 12. 4 , 12. 7 , 12. 15 , 12. 25 , 12. 28 ; **24.** 1. 11 , 1. 24 , 2. 5 , 3. 2 , 3. 6 , 3. 10 , 3. 30 , 3' 3 , 3' 24 , 4. 4 , 4. 9 , 4. 22 , 6. 3 ; **25.** 1. 3 , 1. 9 , 1. 15 , 2. 19 , 2. 20 , 2. 26 , 3. 1 , 3. 20 , 6. 15 ; **27.** 8. 3 , 9. 6 , 12. 22 , 12. 23 , 12. 24 , 12. 29 ; **28.** 1. 2 , 3. 16 , 5. 17 , 8. 23 , 5. 24 , 9. 3 , 9. 5 , 9. 9 ; **29.** 7. 18 , 7. 19 , 10. 9 , 10. 17 , 10. 19 , 10. 26 , 11. 1 , 11. 4

李献琳:**34.** 7. 4

李小石:**25.** 7. 28

李笑梅:**30.** 1. 3

李笑庭:**27.** 10. 13 , 10. 20 , 10. 21 , 10. 25 , 10. 23 , 10. 27 , 10. 29 , 10. 30

李燮堂:**23.** 9. 4

李杏芳:**28.** 4. 4

李伊人:**24.** 10. 19

李钇斋(乙斋):**23.** 9. 22 ; **29.** 3. 26

7. 8,9. 3;**29.** 1. 4,1. 11,3. 29,4. 7,
4. 19,4. 27,5'25,6. 12,9. 6,9. 10,
10. 28,10. 29,12. 19,12. 22;**30.** 1. 2;
31. 1. 4;**34.** 4. 12

李再民:**34.** 1. 1,1. 19,6. 24

李兆藻:**25.** 2. 29

李震东:**30.** 11. 26

李稚菊:**23.** 3. 3,4. 4,6. 29,12. 4,12. 12;
24. 1. 5,2. 22,2. 25,3. 6,3'19,3'21,
5. 23,6. 9,6. 17,7. 16,10. 14,10. 17,
10. 29,11. 1,11. 2,11. 9,11. 10,
11. 14;**25.** 6. 15,6. 20,6. 21,6. 22,
6. 26,7. 8,7. 9,8. 10,9. 2,10. 6,
10. 7,10. 11,10. 12,10. 16,10. 30,
11. 1,11. 7,11. 8,12. 1,12. 27;**27.**
6. 24,7. 4,.8,7. 9,9. 29,9. 21,9. 22,
10. 4,10. 8,10. 15,10. 16,10. 21,
10. 24,10. 25,11. 16,11. 17,11. 18;
28. 1. 10,1. 14,1. 18,1. 24,1. 27,
1. 29,2. 18,3. 23,4. 11,4. 14,4. 16,
4. 18,4. 23,4. 24,5. 12,6. 8,6. 25,
6. 26,6. 30,7. 3,7. 6,7. 7,7. 14,
8. 13,8. 23,9. 14,9. 16;**29.** 3. 29,
4. 7,4. 19,4. 30,5. 7,6. 10,6. 15,
6. 28,7. 5,7. 8,7. 12,8. 9,8. 13,
8. 22,9. 15;**30.** 1. 2,1. 4,1. 12,2. 16,
2. 17,2. 18,2. 21,2. 23,5. 21,5. 26,

6. 20,6. 22,6. 29,8. 25,9. 13,9. 21,
9. 24,10. 4,10. 5,10. 7,10. 8,10. 9,
10. 10,10. 11,10. 12;**31.** 1. 4,1. 5,
2. 6;**32.** 1. 1,2. 4,2. 15,3. 10,4'9,4'
16,4'23,4'30,5. 14;**33.** 1. 2,1. 5,
2. 6,2. 24,4. 16,4. 17,5. 5;**34.** 1. 1,
1. 2,4. 2,4. 6,4. 7,4. 8,4. 9,4. 11,
4. 13,4. 14,4. 16,4. 17,4. 20,4. 21,
4. 28,5. 4,6. 22,6. 26,6. 27,7. 15,
7. 18,9. 16

李钟文:**29.** 1. 8,1. 10,3. 24,3. 25,4. 6,
4. 8,7. 7,7. 8,8. 22;**30.** 4. 9;**31.** 1'. 4

李仲都:**28.** 5. 15

李仲谷(中谷):**24.** 11. 25;**28.** 8.
12;**33.** 2. 23,4. 22

李仲宽:**23.** 10. 11;**24.** 1. 15,9. 3;**25.**
12. 23;**27.** 10. 1,10. 15,10. 17,11. 1,
11. 2;**34.** 9. 16

李仲梅:**30.** 8. 10

李子常:**23.** 11. 23

李子琳:**23.** 7. 4;**24.** 7. 17;**25.** 6. 23,7. 9,
8. 10;**28.** 4. 7;**29.** 1. 23,4. 20;**34.**
4. 2,5. 3,5. 7

李醉石:**24.** 4. 2,4. 9;**34.** 2. 20,2. 24,2.
25,2. 26,2. 27,3. 9,2. 24,5. 9

厉樊榭:**23.** 5. 27

梁阿金:**28.** 2. 4,

梁启超（任公、卓如）:**24**. 8. 14, 12. 3;
　25. 12. 22; **28**. 8. 2; **30**. 4. 11; **31**. 2. 8,
　32. 1. 28, 4'28

梁祖诒:**29**. 7. 10

两其子:**27**. 7. 1

廖　鳌:**28**. 10. 11

廖鸿荃:**25**. 2. 8

林　敏:**27**. 6. 29

林　骧:**28**. 4. 24

林　旭:**24**. 10. 1

林阿蒙:**29**. 5. 19, 5'17, 7. 18, 8. 12,
　12. 29

林阿有:**28**. 1. 28,

林炳槐:**29**. 2. 8

林伯龄（伯鳞）:**23**. 3. 9, 12. 2; **28**. 2.
　28, 3. 5; **27**. 9. 19, 10. 20, 10. 27

林步升:**30**. 12. 13

林成良:**25**. 3. 21, 4. 22, 9. 25; **27**. 8. 21,
　11. 12; **29**. 6. 24, 6. 25, 7. 6, 7. 7,
　9. 10, 11. 6, 11. 28; **30**. 2. 20, 4. 20;
　32. 2. 16; **33**. 2. 24; **34**. 3. 4, 5. 3,
　9. 16, 9. 18

林诚轩:**25**. 1. 7

林粹琪:**28**. 9. 12

林大间:**30**. 12. 23

林大同:**30**. 12. 23

林旦坪:**24**. 6. 28

林澹庵:**25**. 1. 7

林得发:**30**. 12. 6, 12. 11, 12. 24

林得高:**30**. 12. 11, 12. 18

林德星:**33**. 2. 6

林德矞:**25**. 1. 12

林棣甫:**34**. 1. 20

林调元:**30**. 12. 23

林蕚仙:**25**. 7. 7; **27**. 7. 7

林凤冈:**28**. 4. 29

林凤沼:**29**. 7. 15

林福熙:**28**. 6. 18

林凫渚:**28**. 4. 12

林富纯:**29**. 1. 26, 2. 8, 3. 13, 5. 14

林公著:**27**. 6. 29

林皞农:**29**. 2. 2, 2. 8, 2. 13, 2. 20, 3. 4,
　5. 14

林和叔:**23**. 1. 18, 2. 28, 6. 26, 9. 9, 12.
　19; **24**. 1. 3, 1. 4, 4. 30, 6. 16, 8. 17,
　9. 10, 9. 13; **25**. 6. 22, 9. 6, 9. 9, 9. 10,
　9. 18, 10. 7; **27**. 9. 9, 9. 17, 10. 3,
　10. 9; **29**. 9. 15, 10. 5

林焕东:**29**. 5. 19

林蕙娟:**23**. 5. 17, 6. 15, 6. 18; **24**. 3. 20,
　3. 22; **30**. 2. 13;

林蕙秀:**24**. 3. 20; **29**. 11. 12; **30**. 2. 21;

林纪东:**28**. 1. 22

林鉴亭:**23**. 12. 21; **24**. 4. 5; **28**. 2. 29, 4.

8. 25，8. 26，9. 7，9. 26，10. 1，10. 24，
11. 8；**31.** 2. 18；**32.** 2. 16，2. 18，4. 8，
6. 24，6. 25；**33.** 2. 22，2. 23

林增浩：**29.** 7. 15

林增志：**27.** 8. 9

林兆藻：**24.** 9. 2；**25.** 1. 7，1. 12，1. 13，1.
16，1. 27，1. 29，2. 14，3. 9，3. 12，
3. 15，3. 16，3. 24，3. 29，3. 30

林振三（晋三）：**25.** 3. 21；**28.** 4. 10，5.
13，8. 5；**29.** 6. 5，7. 18，11. 21；**30.**
2. 8，4. 28，9. 2，9. 3，10. 15

林振献：**29.** 4. 21

林仲梅：**30.** 10. 23，12. 17，12. 21

林仲彝：**27.** 9. 19，10. 20. 10. 27，12. 29

林竹崖：**25.** 3. 23，3. 29

林竹逸：**27.** 6. 24

林子韶：**32.** 2. 16

林子耀：**24.** 10. 8

林紫来：**24.** 3'8

林总仙：**23.** 7. 27；**24.** 3. 7；**25.** 9. 6；**27.** 8.
19，8. 20

林祖芬：**24.** 9. 1；**25.** 4. 21

林左髓：**27.** 8. 6，8. 11，12. 14；**28.** 1. 26；
29. 1. 8，1. 9，2. 1，5. 1，5. 4，5'. 15，5'
20，8. 28，10. 24

留溪适庵：**27.** 12. 28

留有馀客：**27.** 8. 7

刘　元：**28.** 7. 9，8. 8，8. 10

刘炳煌：**30.** 3. 14

刘炳辉：**30.** 3. 14

刘炳干：**30.** 3. 14

刘莼村：**31.** 5. 6；**32.** 2. 16

刘冠山：**34.** 8. 28

刘建勋：**25.** 1. 7，1. 12，1. 20，2. 16；**27.**
9. 25

刘菊仙：**24.** 8. 17 24. 8. 17 9. 10，9. 13；**25.**
1. 11，8. 20，9. 9，9. 11，9. 12；**27.** 6. 28，
7. 7，9. 9；**32.** 2. 10，2. 14；**34.** 5. 29，
6. 24，6. 26

刘橘园：**27.** 11. 6

刘老元：**24.** 11. 1，11. 2，11. 24；**29.** 7. 23，
9. 3；**30.** 3. 14，

刘蔾山：**24.** 43. 16；**28.** 7. 11

刘凌霄：**28.** 7. 11，8. 16

刘启文：**32.** 3. 11

刘蓉波：**23.** 9. 9；**34.** 5. 29

刘绍宽：**34.** 1. 19，2. 16

刘味之：**25.** 1. 29

刘玉樵：：**31.** 1. 6；**32.** 1. 22

刘钟福：**25.** 4. 8

刘祝尧：**29.** 1. 5；**33.** 1. 4；**34.** 1. 3，1. 4

柳赓扬：**29.** 9. 26；**34.** 2. 1

柳老仁：**32.** 7. 2

柳琴山：**24.** 2. 25；**25.** 6. 10，7. 25；

Q

孙韵芙:**24.**1.19;**29.**5'4

孙韵莲:**23.**4.25

孙志侠:**32.**1.19;**34.**2.8,2.9,2.10,5.
11

孙仲阁(仲恺、诒泽):**23.**1.15,6.14,
11.25,11.26,12.3,12.7,12.8;
24.1.12,1.16,1.19,2.1,2.18,
2.28,3.26,3'25,4.17,4.22,6.9,
6.18,7.2,7.9,7.18,7.20,8.14,
8.22,9.9,10.15,10.18;**25.**1.10,
1.13,1.21,2.3,2.29,4.14,4.21,
4.26,6.1,6.26,7.13,8.19,9.1,
9.10,9.23,9.24,9.25,10.17,11.2,
11.26,11.2,12.13,12.22,12.23;
27.7.21,8.1,8.11,10.29,12.14,
12.16;**28.**1.9,1.13,1.17,1.18,
1.21,2.17,2.24,3.8,3.15,3.20,
5.24,6.17,8.7,8.19,8.21,8.27,
9.1,9.7,9.13;**29.**2.30,3.6,3.20,
3.26,5'4,6.14,9.20,9.28,10.25,
10.28,12.8,12.9,12.14,12.22,
12.26;**30.**2.19,2.21,6.24,7.3,
11.27,11.28;**31.**1.6,1.17;
32.2.30,4.16,5.23,6.9;**33.**1.20,
4.15;**34.**2.24,7.8,8.25,9.1,9.26

孙仲容(中颂、籀庼、诒让):**23.**2.16,
10.26,11.26,11.29,12.3,12.8;

24.1.3,5.7,7.9,8.14,8.28,12.3;
25.3.1,11.27,12.24;**27.**10.20,
12.10,12.18;**28.**1.21,2.13,5.11,
5.22,7.16,9.6,9.7,9.11;**29.**1.15,
4.26,5.1,8.15,8.26,8.27,9.1;
33.4.2;**34.**3.25,5.22,6.4,7.8,
8.26

孙子珍:**33.**2.20,4.6,4.21

孙梓山:**27.**12.13

T

太痴生:**27.**12.28

谭嗣同(浏阳):**24.**10.1;**28.**8.2;**29.**
5'26

谭颐年:**27.**6.29

谭友夏:**25.**6.6

汤昭卿:**28.**12.24

唐才中:**27.**10.17

唐春卿:**24.**10.27,11.2,12.3;**25.**2.8

唐福荣:**29.**5.12

唐福枢:**30.**9.24

唐黼裳:**24.**11.25

唐景崇:**24.**10.16,11.23

唐叔桐(叔桐):**23.**3.5,3.15,7.19,7.
21,7.23,7.24,7.25,7.27,7.29,
8.1,8.3,8.14,8.15,8.20;**29.**
4.14

8. 14，10. 28，12. 9；**30.** 1. 7，8. 17，
9. 23，9. 24，9. 25，10. 14，10. 15，
11. 9，11. 20，11. 22，11. 29，12. 2，
12. 5，12. 6，12. 15，12. 17，12. 18，
12. 20， 12. 21， 12. 22， 12. 25；
32. 6. 23；**33.** 2. 4；**34.** 3. 14

王兆藻：**24.** 11. 11

王桢叔：**23.** 8. 21，9. 1，9. 3；**27.** 10. 25，
12. 21；**33.** 5. 6

王质甫：**24.** 11. 24；**27.** 7. 25，7. 27，8. 25，
11. 15；**28.** 1. 24，2. 3，2. 7，3. 3，3. 20，
4. 7，4. 13，4. 15；**29.** 3. 25，4. 11；**30.**
11. 27

王仲兰：**29.** 3. 4

王竹君：**25.** 11. 21；**27.** 8. 16；**28.** 6. 6；**29.**
8. 7；**34.** 4. 1

王卓人：**27.** 10. 11，10. 12

王子程：**28.** 3. 24；**30.** 5. 17，5. 23，6. 4，
10. 6；**34.** 9. 17

王祚昌：**24.** 2. 25

王祖馀：**27.** 8. 8

王三麻子：**27.** 12. 28

望淞楼颂椒：**27.** 12. 28

翁润芝：**27.** 12. 28

翁遇甫：**23.** 8. 9；**27.** 10. 28

乌目山僧：**27.** 8. 7

吴璧华(钟镕)：**29.** 5. 4；**30.** 12. 23

吴伯屏：**27.** 8. 12，8. 17，8. 24，10. 14，11.
11，11. 13，11. 16，11. 24，11. 25，12. 7，
12. 8，12. 10，12. 12，12. 14，12. 16，
12. 17，12. 23，12. 27；**28.** 1. 10，1. 15，
1. 19，1. 20，1. 28，4. 16，5. 11，5. 22，
9. 11；**29.** 1. 5，1. 25，2. 5，2. 15，3. 1，3. 5，
3. 8，3. 11，3. 15，4. 14，5. 3，5. 18，5'12，
5'15，5'25，6. 1，6. 2，6. 26，8. 28，9. 11，
9. 20， 10. 24， 12. 15， 12. 19， 12. 20，
12. 21；**30.** 1. 4，1. 21，1. 22，3. 22，4. 18，
5. 7，5. 17，5. 19，5. 23，5. 24，6. 9，6. 24，
6. 25， 7. 3， 7. 10， 7. 14， 8. 12， 8. 29；
31. 1. 5，1. 6；**32.** 3. 2，3. 5，4. 24，5. 26，
6. 5；**33.** 3. 26，4. 5，4. 11，4. 20，5. 3；
34. 4. 13，4. 25，5. 30，7. 10，7. 18，8. 7，
8. 8，8. 25，9. 17，9. 18

吴伯荪：**25.** 11. 27

吴步鳌：**30.** 5. 2

吴丹臣：**28.** 2. 29；**29.** 10. 4；**30.** 3. 24，11.
25；**33.** 4. 20， 5. 3；**34.** 1. 17， 1. 20，
5. 29，5. 30，6. 29，9. 1

吴篆梅：**29.** 12. 13

吴骇生：**25.** 11. 27

吴凤梧：**25.** 2. 9

吴桂华：**25.** 2. 9

吴和甫：**25.** 12. 24

吴敬恒：**28.** 8. 17

29

萧　侃:**28.**3. 27

萧亦陶:**29.**1. 15,2. 1,3. 1

潇洒侯:**27.**12. 28

嚚嚚子:**27.**8. 7

谢学勤:**24.**9. 10

谢学银:**25.**9. 15;**27.**7. 29,10. 10,10.

　17, 10. 22;**28.**1. 7;**29.**6. 24, 6. 25;

　30.2. 28,2. 29;**33.**2. 23

谢渔孙:**27.**8. 7

辛丑生:**27.**8. 8

辛未生:**27.**8. 7

新萌氏:**27.**12. 28

熊履常:**34.**6. 28

熊一圃:**30.**8. 20

休半闲斋:**27.**12. 28

修月户中人:**27.**8. 7

秀林樵夫:**27.**8. 8

绣馀女史:**27.**12. 28

徐　彪:**25.**10. 11

徐　骏:**28.**6. 14

徐阿南:**32.**7,5

徐宝生:**30.**9. 27

徐电发:**30.**10. 7

徐福人:**29.**12. 20,12. 24

徐鹤樵:**28.**3. 28;**30.**8. 2,8. 10

徐焕琪:**34.**6. 28

徐季和:**25.**2. 12

徐景熙:**27.**6. 29,7. 5

徐来英:**27.**6. 24;**28.**7. 11

徐梅友:**27.**7. 30;**29.**9. 9

徐溥熄:**27.**11. 19

徐让卿:**23.**10. 11;**27.**12. 12

徐寿蘅:**25.**2. 8

徐寿九:**28.**3,23

徐邃梅:**28.**6. 18,6. 25,6. 28

徐天泉:**32.**4. 20

徐小勿:**30.**10. 7

徐小云:**33.**4. 4,4. 5

徐杏汀:**24.**2. 26

徐萱荫:**24.**7. 17

徐益芬:**32.**1. 26;**33.**2. 22,3. 10

徐永绿:**33.**1. 22

徐岳樵:**29.**5. 10

徐昭甫:**23.**11. 23;**27.**12. 12;**28.**7. 10;

　29.6. 1;**30.**5. 27;**32.**4. 28, 5. 29;

　33.2. 28,4. 11

徐肇英:**27.**8. 7

徐自佳:**29.**5. 12

徐自元:**29.**1. 22,5. 12,5'7

许　鞭:**30.**12. 23

许　壬:**24.**4. 14

许　申:**24.**4. 14

许　祥:**24.**4. 14

Y

7. 2

叶江梓:**24.** 6. 15

叶兰垞:**25.** 2. 4,6. 1,6. 6,9. 15,9. 17,
10. 8, 10. 11, 10. 13, 10. 18, 10. 24,
11. 6, 11. 17, 12. 22, 12. 23;**27.** 7. 6,
8. 7,8. 22;**28.** 1. 5,1. 17,2. 24,7. 27

叶老芝:**28.** 4. 13,4. 16,4. 18,4. 23,4.
26, 4. 27, 4. 28, 6. 9, 6. 11, 6. 12,
6. 14, 6. 18, 6. 19, 6. 22, 7. 5, 7. 10,
7. 11,7. 15,8. 15

叶藜青:**28.** 2. 25,2. 28

叶墨山:**34.** 1. 8,1. 9,1. 10

叶奇颀:**27.** 10. 9;**28.** 3. 10,6. 7,8. 9,8.
10, 8. 16, 8. 21, 9. 4, 9. 7;**29.** 1. 5,
1. 9, 2. 22, 2. 30, 3. 21, 3. 25, 3. 27,
3. 29; **30.** 1. 13, 1. 23, 1. 24, 3. 29;
34. 3. 8,9. 26

叶庆畲:**27.** 7. 19

叶庆梓:**23.** 2. 17,3. 1,3. 20,3. 25,5. 2,
5. 10,5. 8

叶商缄:**34.** 1. 20

叶声石:**24.** 9. 14;**25.** 11. 27,12. 13;**31.**
1. 6;33. 1. 18

叶石坪:**27.** 12. 12

叶寿如:**23.** 11. 18,12. 9,12. 10;**25.** 1.
27, 6. 26; **27.** 9. 21, 12. 14, 12. 16;
28. 1. 20,1. 21, 1. 22,3. 10;**29.** 9. 20,

9. 30,10. 5,12. 19;**32.** 2. 30;**34.** 8. 25

叶廷铣:**27.** 7. 277. 27,8. 3

叶味兰:**29.** 1. 23,1. 26,1. 28,2. 9,2. 13,
2. 19,3. 6,3. 13,4. 11,4. 13,4. 21,4. 23,
5. 6, 5. 8, 5. 14, 5. 15, 5. 19, 5'18,
6. 27, 7. 3, 7. 25, 7. 26, 8. 24, 9. 5,
9. 11, 10. 16, 10. 18, 10. 23, 10. 27,
11. 11, 12. 29; **30.** 4. 5, 5. 1, 9. 4;
32. 2. 18; **33.** 3. 28, 4. 8; **34.** 3. 7,
4. 2,10. 5

叶文藻:**29.** 4. 13

叶翔卿:**29.** 4. 11

叶熏如:**30.** 11. 20,11. 22

叶禼卿:**34.** 10. 1

叶云村:**27.** 12. 14, 12. 16;**28.** 3. 16,5.
17,9. 5,9. 16,8. 14,8. 23;**29.** 5'1,5'
2, 6. 27, 9. 20, 10. 15, 11. 10, 12. 9,
12. 25; **30.** 1. 28, 2. 20, 4. 11, 6. 8,
6. 24, 7. 21, 8. 3, 9. 18, 10. 4, 10. 5,
10. 6, 10. 19; **31.** 1. 3, 1. 6; **32.** 1. 6,
2. 30;23. 1. 10,3. 2,3. 3,3. 24,4. 12,
4. 18; **34.** 2. 20, 2. 24, 2. 25, 2. 26,
2. 29, 3. 26, 4. 1, 4. 6, 8. 25,
9. 26,10. 2

叶振木:**30.** 6. 20

叶振升:**30.** 12. 16

叶仲辛:**24.** 11. 6;**25.** 10. 4

18,8. 24,9. 6,11. 16

张秀绵:**24.** 3. 20,24. 3'21;**25.** 8. 1,12. 5;**28.** 2. 28,2. 29,3. 1,3. 4,3. 12,3; **30.** 5. 26,5. 27,5. 29

张绣巧:**34.** 1. 9

张选闰:**28.** 2. 28

张瑶贞女史:**27.** 12. 28

张仪夫(毅夫):**29.** 5'10;**30.** 5. 6,6. 9; **33.** 1. 18,1. 24

张乙生:**28.** 6. 11

张翼臣(逸尘):**25.** 1. 19,8. 2,12. 30; **29.** 1. 8;**32.** 1. 20,**34.** 10. 1,10. 5

张友夔:**28.** 4. 18;**30.** 5. 3;**34.** 8. 22

张佑仁:**29.** 1. 22

张愚若:**30.** 7. 3,8. 8;**31.** 2. 5;**32.** 4. 28

张玉洲:**34.** 7. 4

张毓宬:**27.** 10. 15,10. 26;**28.** 1. 29,8. 5; **33.** 2. 24,2. 25;**34.** 1. 9,1. 17,1. 18, 1. 19,5. 19

张毓亹:**30.** 5. 26,5. 27,5. 29;**34.** 1. 9, 1. 17,1. 18,1. 19,9. 28

张云帆:**27.** 12. 28

张云汀:**30.** 5. 21;**34.** 7. 8

张蕴石:**28.** 2. 25,2. 28

张载珏:12. 20

张震轩(张枬):**23.** 1. 11,1. 19,1. 20, 1. 21, 1. 27, 1. 29, 2. 6, 2. 7, 2. 9,

2. 27, 2. 28, 3. 4, 3. 10, 3. 11, 3. 18, 3. 19, 3. 21, 3. 25, 3. 30, 4. 7, 4. 11, 4. 19, 4. 23, 4. 27, 4. 28, 5. 8, 5. 18, 5. 24, 5. 27, 5. 28, 6. 6, 6. 9, 9. 12, 9. 13, 6. 21, 6. 26, 6. 29, 7. 14, 8. 2, 8. 4,8. 5,8. 7,8. 8,8. 11,8. 13,8. 14, 8. 16, 8. 19, 9. 6, 9. 12, 9. 13, 9. 14, 9. 28, 9. 29, 11. 15, 12. 1, 12. 2, 12. 11, 12. 17;**24.** 1. 8, 1. 9, 1. 18, 1. 19,2. 1,2. 2,2. 6,2. 7,2. 8,2. 26, 3. 5,3. 6,3. 7,3. 25,3'12,3'13,3'1, 3'18,3'19,3'21,3'29,4. 15,4. 16, 4. 17, 5. 14, 5. 19, 6. 1, 6. 9, 6. 11, 6. 12, 6. 13, 6. 27, 6. 28, 7. 3, . 5, 7. 21,7. 28,8. 18,8. 26,9. 11,10. 9, 10. 20, 11. 4, 11. 7, 11. 11, 11. 15, 11. 16, 11. 18, 11. 19, 11. 22, 11. 24, 11. 25, 11. 26, 11. 28, 11. 30, 12. 3, 12. 4;**25.** 1. 9,1. 17,1. 18,1. 19,2. 5, 3. 6, 3. 7, 3. 26, 3. 27, 3. 28, 4. 15, 4. 16, 4. 27, 5. 6, 5. 7, 5. 15, 5. 19, 6. 4,6. 12,6. 15,7. 22,8. 1,8. 2,8. 3, 8. 10,8. 11, 8. 12, 8. 24, 8. 25, 8. 26, 9. 11, 10. 9, 10. 22, 10. 25, 10. 27, 10. 30, 11. 1, 11. 2, 11. 9, 12. 20, 12. 21,12. 29,12. 30;**27.** 6. 24,6. 25, 7. 18,7. 24,7. 25,7. 28,8. 11,8. 13,

9.13, 9.30, 10.9, 10.10, 10.12, 10.14, 10.15, 10.20, 10.25, 10.26, 10.27, 11.15；**25.** 1.6, 1.8, 1.30, 2.1, 2.4, 2.9, 2.27, 3.3, 3.7, 3.11, 4.1, 4.11, 4.13, 4.16, 4.19, 4.21, 5.10, 5.11, 5.12, 5.15, 5.17, 5.18, 5.22, 6.1, 6.5, 6.6, 6.10, 6.12, 6.15, 6.16, 6.19, 6.20, 6.21, 6.22, 6.23, 7.17, 7.21, 7.27, 7.28, 8.4, 8.11, 8.19, 8.20, 8.28, 8.30, 9.1, 9.9, 9.10, 9.12, 9.15, 9.23, 10.1, 10.2, 10.5, 10.16, 10.21, 10.29, 11.1, 12.1, 12.6, 12.10, 12.15, 12.17, 12.22, 12.23, 12.24, 1.27, 12.28, 12.29, 12.30；**27.** 7.7, 7.13, 7.19, 7.22, 7.23, 7.25, 8.4, 8.5, 8.7, 8.12, 8.14, 8.17, 8.21, 8.29, 9.4, 9.5, 9.6, 9.8, 9.9, 9.11, 9.12, 9.13, 9.14, 9.18, 9.21, 9.23, 9.27, 10.7, 10.9, 10.14, 10.20, 10.23, 10.27, 10.28, 10.30, 11.2, 11.4, 11.5, 11.13, 11.18, 11.20, 11.24, 11.14, 11.26, 11.30, 12.10, 12.10, 12.19, 12.27, 12.28, 12.29；**28.** 1.8, 1.13, 1.14, 1.28, 2.2, 2.3, 2.9, 2.10, 2.13, 2.19, 2.20, 2.21, 2.22, 2.23, 2.24, 3.1, 3.5, 3.11, 3.14,

3.18, 3.19, 3.20, 3.23, 3.28, 3.29, 3.30, 4.6, 5.2, 5.3, 5.7, 5.10, 5.21, 5.22, 6.20, 6.21, 7.6, 7.26, 8.4, 8.21, 9.2, 9.5, 9.8, 9.12, 9.14, 9.16, 9.22, 9.25, 9.27, 10.2, 10.10, 10.11, 10.12, 1013, 10.14, 10.15；**29.** 1.6, 1.22, 2.26, 2.28, 3.11, 3.28, 4.11, 5.4, 5.22, 5.23, 5'3, 5'27, 6.10, 6.12, 6.13, 6.17, 6.27, 6.30, 7.1, 7.3, 7.4, 7.11, 7.12, 7.13, 7.14, 7.15, 7.23, 8.5, 8.6, 9.15, 9.22, 10.28, 11.5, 11.13, 12.1, 12.8, 12.13, 12.15, 12.25, 12.30；**30.** 1.3, 1.9, 1.18, 2.3, 2.10, 2.22, 3.5, 3.7, 3.18, 3.19, 3.22, 3.27, 4.1, 4.7, 4.12, 4.14, 4.15, 4.18, 4.24, 4.30, 5.1, 5.6, 719, 9.9, 9.18, 9.19, 10.21, 11.8, 11.24, 11.26, 11.30, 12.4, 12.18, 12.22；**31.** 1.21, 1.22, 1.23, 1.24, 2.3, 2.6, 2.22, 2.27, 2.28, 3.26, 3.27；**32.** 1.4, 1.11, 4'5, 4'13；**33.** 1.1, 1.7, 1.14, 2.15, 2.24, 2.28, 3.1, 3.17, 3.24, 4.5, 4.6, 4.9；**34.** 1.2, 3.8, 3.15, 3.16, 3.28, 3.29, 4.2, 4.17, 4.20, 5.4, 5.11, 5.24, 5.29, 6.21, 6.23, 6.26, 6.27, 7.8, 7.1,